国家出版基金项目
NATIONAL PUBLICATION FOUNDATION

中国社会科学院近代史研究所中华民国史研究室

总编 李 新

中华民国史

第七卷

(1928—1932)

曾业英　黄道炫　金以林　等著

中 华 书 局

国民党中央政治会议成员合影。

编遣会议合影。

国民党"三大"代表合影。

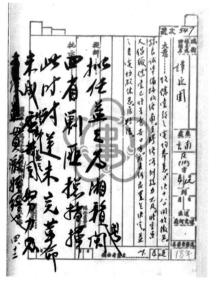

1929年4月，蒋介石布置进攻红军电。

孙中山奉安大典行进途中。

蒋介石。

冯玉祥。

汪精卫、胡汉民、孙科。

阎锡山。

李宗仁与白崇禧。

1929年6月6日，杭州西湖博览会开幕典礼。

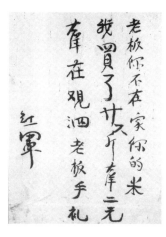

红军向老百姓买米的字条。

红军女兵。

武汉大水情景。

中原大战爆发前在潼关集合的冯玉祥部炮兵。

参加中原大战的东北军进入天津。

"九一八"事变时侵入沈阳的日军。

日本关东宪兵队本部。

日军残害中国抗日志士。

蒋介石在南京国民会议致辞。

1931年5月，国民党实力派在广东成立国民政府。

目　录

前　言 ……………………………………………………………… 1

第一章　南京国民政府统一局面的初步形成 ……………………… 1

　第一节　新疆的归顺 …………………………………………… 1

　　一　杨增新率先宣布新疆服从南京国民政府 ………………… 1

　　二　南京国民政府承认金树仁的合法地位 …………………… 5

　第二节　直鲁残军的肃清 ……………………………………… 9

　　一　蒋介石决心武力解决直鲁残军 …………………………… 9

　　二　白崇禧东征直鲁残军的经过 ……………………………… 14

　第三节　"东北易帜"的实现 …………………………………… 21

　　一　和平统一方针的确立 ……………………………………… 21

　　二　张学良未能兑现七月"易帜"的承诺 …………………… 30

　　三　蒋介石双十节"易帜"希望的落空 ……………………… 42

　　四　张学良宣布"东北易帜" ………………………………… 52

第二章　南京国民政府统一初期的内政 ………………………… 61

　第一节　国民党的蜕变 ………………………………………… 61

　　一　清党对国民党的影响 ……………………………………… 61

　　二　国民党组织规模与基础的变化 …………………………… 65

　　三　国民党党员的社会构成 …………………………………… 70

　　四　社会对国民党的观感 ……………………………………… 74

　第二节　"训政"体制与五院制的建立 ………………………… 79

　　一　"训政"的理论渊源与发展 ……………………………… 79

　　二　"训政"体制的建立 ……………………………………… 88

　　三　国民政府的组成 …………………………………………… 93

　　四　五院制的建立 ·················· 98

　第三节　地方制度的重建 ··············· 106

　　一　省制和省政改革 ··············· 106

　　二　市制和特种地方军政制度的建立 ······· 114

　　三　县制的改造和创建 ············· 121

　第四节　蒋介石巩固最高统治权的努力 ······· 128

　　一　整顿内部与编遣计划的提出 ········ 128

　　二　编遣会议的召开与流产 ··········· 138

　　三　国民党第三次全国代表大会的召开 ····· 148

　　四　孙中山奉安大典的举办 ··········· 157

第三章　南京国民政府统一初期的外交 ········· 166

　第一节　初期外交政策与"修约"外交 ········ 166

　　一　转向与列强妥协的外交政策 ········ 166

　　二　寻求各国承认的活动 ············ 173

　　三　与列强"改订新约"的交涉 ········· 183

　第二节　中东路事件和中苏边境之战 ········· 201

　　一　中苏关系恶化与中东路事件的发生 ····· 201

　　二　中苏交涉的破裂与中断 ··········· 209

　　三　中苏边境之战的爆发与收场 ········ 219

第四章　南京国民政府内部的派系杯葛与争战 ····· 228

　第一节　反蒋派自立门户和"人权派"的集结 ···· 228

　　一　第三党倡言"平民革命" ·········· 228

　　二　"改组派"以"改组"国民党相号召 ····· 236

　　三　"人权派"直击国民党的"党治" ····· 246

　第二节　征讨桂系的战争 ·············· 251

　　一　"湘变"与讨桂战争的爆发 ········· 252

　　二　政治、军事双管齐下与武汉之战的胜利 ·· 258

　　三　攻防结合与征桂目标的实现 ········ 269

　第三节　征讨冯、张、唐及"护党救国军"的战争 ·· 282

　　一　蒋、冯矛盾的发展与两次讨冯战争 ····· 282

　　　二　征讨张发奎及"护党救国军"的战争 ·········· 298

　　　三　平定唐生智、石友三之变 ·········· 306

　第四节　阎、冯、桂系联合反蒋战争的爆发与失败 ············· 316

　　　一　蒋、阎矛盾的加剧与激化 ·········· 316

　　　二　阎、冯、桂系联合反蒋战争的爆发 ·········· 324

　　　三　陇海、平汉、津浦各路战况 ·········· 330

　　　四　北平"扩大会议"的召开 ·········· 338

　　　五　东北军入关与阎、冯、桂系的惨败 ·········· 343

　第五节　争战不断的西南、西北地方割据势力 ·········· 348

　　　一　龙云入主滇政及对南京中央的态度 ·········· 348

　　　二　贵州桐梓系军阀统治的兴衰 ·········· 355

　　　三　四川军阀内战不断与南京中央的倾向 ·········· 360

　　　四　甘肃雷、马之变 ·········· 369

第五章　中共农村革命根据地的发展壮大与南京国民
　　　　政府的"围剿" ·········· 376

　第一节　中共以工农武装割据反抗南京国民政府的统治 ····· 376

　　　一　中共在全国各地深入开展武装革命 ·········· 376

　　　二　中共"六大"的召开与工农武装割据理论的提出 ·········· 389

　第二节　苏区的壮大与南京国民政府的"围剿" ·········· 394

　　　一　土地革命的开展与苏维埃中央政府的成立 ·········· 394

　　　二　国共接合部的"赤白对立"和两党的不同态度 ·········· 399

　　　三　南京国民政府对中央苏区和红军的
　　　　　第一、第二次"围剿" ·········· 408

　第三节　南京国民政府对中央苏区和红军的第三次
　　　　　"围剿"与红军的壮大 ·········· 423

　　　一　南京国民政府第三次"围剿"的发动 ·········· 423

　　　二　国民党军队对红军的"追剿"和失败 ·········· 429

　　　三　其他苏区的反"围剿"及中央苏区的壮大 ·········· 440

第六章　南京国民政府内部矛盾的发展与广州"非常
　　　　会议"的召开 ·········· 451

第一节 南京国民政府内部矛盾的发展 ……………… 451

一 蒋、胡矛盾的发展与胡汉民被扣 ………… 451

二 国民会议的召开与主要议决案 ………… 463

第二节 广州"非常会议"的召开 ………………… 474

一 反蒋派系的再度大联合 ……………… 474

二 广州"非常会议"的召开与宁、粤对峙 … 491

第七章 "九一八"事变与南京国民政府各派联合
统治的基本确立 …………………………… 509

第一节 日本发动"九一八"事变 ……………… 509

一 中日关系的曲折发展 ………………… 509

二 日本发动"九一八"事变 …………… 516

三 南京国民政府的应变方针 …………… 525

四 东北军民的抵抗与蒋介石的"攘外安内"政策 … 536

第二节 宁、粤和谈与合作分开国民党第四次
全国代表大会 ……………………… 541

一 宁、粤为和谈讨价还价 ……………… 541

二 上海"和平统一"会议的召开 ……… 554

三 国民党合作分开第四次全国代表大会 … 564

第三节 南京国民政府的改组与重组 ………… 584

一 蒋介石下野与南京国民政府的改组 … 584

二 "焦头烂额"的孙科内阁 …………… 598

三 蒋、汪合流与南京国民政府各派联合统治的基本确立 … 609

参考文献 …………………………………… 616

人名索引 …………………………………… 628

前　言

　　本卷记述的是南京国民政府统一初期的历史,主要反映国民党"二次北伐"告成后,以蒋介石为主导的南京国民政府各派政治、军事势力,由互争正统和派系利益到联合统治基本确立的过程。上起 1928 年 6 月,下迄 1932 年 3 月蒋介石被国民党四届二中全会选为军事委员会委员长,计三年又八个月。

　　1928 年 4 月国民党举行"二次北伐",6 月进占北京,结束了盘踞北京长达十六年的北洋军阀的统治。随后,新疆杨增新致电南京国民政府,表示新疆各界议决服从国民政府,奉行三民主义,并改组省政府,一律悬青天白日旗,以归统一。张学良也于半年后的 12 月 29 日,与张作相、万福麟、翟文选、常荫槐等人发表联名通电,表示东北自即日起改易旗帜,遵守三民主义,服从南京国民政府。而西南川、滇、黔等边远省份的地方军阀如杨森、刘湘、刘文辉、龙云等则早在 1926 年 7 月广东国民革命军出发北伐以后即已陆续内附南京国民政府。至此,除 1927 年蒋介石"四一二"政变后中共建立的各地农村革命根据地外,全国已形式上归顺南京国民政府,初步形成了国家的统一局面,南京国民政府成为新的中央政权。

　　尽管这一局面的形成,特别是张学良"东北易帜",对蒋介石此后的政治前途意义重大,但并不等于蒋介石已就此确立和稳定了他在南京国民政府的统治地位。相反,由于国民党"清党"以来的血腥屠杀政策,在严重打击共产党的同时,也重创了国民党自身,蒋介石不仅未能与党内原有派系,如"西山会议"、元老等派系弥合裂痕,又新添了如"第三党"、"改组派",以及在"二次北伐"过程中形成的李宗仁、冯玉祥、阎锡山等内部政治、军事竞争对手,更对其最高统治权构成了严重威胁。

"二次北伐"后,蒋介石依据孙中山的《建国大纲》,宣言"军政时期"即告结束,此后将进入"整顿与建设"新国家的"训政时期"。在政权建设方面,他与胡汉民合作,组成五院制政府,出任国民政府主席,推行国民党一党专政,"以党治国"。在内政方面,他召开财政会议、经济会议,采取裁军、减少军费支出,统一财政、军政等措施。在外交方面,他由联俄倒向英美,改采与列强妥协的"修订新约"外交政策,而对苏联则不惜唆使张学良挑起中东路事件,引发边境战争,遭致全面失败。

蒋介石在国家满目疮痍,人民啼饥号寒之际,提议裁军缩编,减少军费支出,本是应社会需要,得民心之举。但是,他却私心自用,打着"中央"旗号,将国家军队视为私家军,并在自身实力不足的情况下,急切"横柴入灶",强力推行损人利己的编遣计划,企图借此削弱同样参加过"二次北伐"的冯玉祥、李宗仁、阎锡山等军事集团的实力,因而遭到后者的武力抗争。1929年4月,以李宗仁为首的桂系首先揭开反蒋战争的序幕。随后,冯玉祥、张发奎、石友三、唐生智等为求自保也前仆后继,先后起兵。1930年4月,更爆发阎、冯、桂系联合反蒋的"中原大战"。阎、冯等不但投入全部兵力,在陇海、平汉、津浦铁路沿线与蒋介石所部展开激战,还与"西山会议派"、"改组派"在北平召开"扩大会议",组织"国民政府",对抗南京国民政府。

依靠职务和资源上的绝对优势,以及"联甲倒乙,拉丙图甲"的策略与攻防结合等战略战术,蒋介石虽然取得讨桂、讨冯、讨张(发奎)、讨唐(生智)和"中原大战"的胜利,暂时统一了国民党各军事集团。但是让他始料不及的是,曾遭其"清党"沉重打击的共产党,在毛泽东创建、发展红军和农村革命根据地,实行工农武装割据、建立工农民主政权和以农村包围城市、武装夺取政权思想指引下,竟奇迹般地在这时迅速发展壮大起来。不仅创建了新型武装——红军和赣南闽西中央根据地,还在湖南、湖北、安徽、河南、广东、广西、浙江、江苏、陕西等省建立了众多的农村革命根据地,星星之火,已成燎原之势。为此,蒋介石在 1930 年 10 月"中原大战"获胜后,随即剑指各地的中共农村革命根据地和红军。他连续三次调集重兵,对中共农村革命根据地和红军发动大规模军事"围剿",大有不达目的誓不罢休之势。不过,此时的中共已不是蒋介石当年发动"四一二"政变时的中共,红军更非阎、冯、桂系等反蒋派的军队可比,蒋介石的三次军事"围剿",无一不以失败告终。

在国民党内部,蒋介石继续操弄政治,压服异己,就在蒋介石对中共农村革命根据地和红军发动第二次军事"围剿"之时,他又一次亲手为南京国民政府制造了新一轮的政治危机。1931 年 2 月 28 日,因立法院长胡汉民坚决反对他接过北平"扩大会议"的旗子,假借召开国民会议,制定训政时期约法的名义,进一步个人集权,垄断政权,蒋介石居然罔顾法制,将胡汉民囚禁于南京汤山总司令部,并于 5 月 5 日按期召开所谓"国民会议",通过《中华民国训政时期约法》。蒋介石的专制独裁,再次激起国民党内乃至全国舆论的普遍不满,并由此促成国民党内以粤籍人士为主导的胡汉民派、孙科派、汪精卫派、"西山会议派"、两广地方实力派,以及其他反蒋势力的大联合与限令蒋介石"引退"的局面。一场新的政治危机,再次向蒋介石汹涌袭来。5 月 27 日,反蒋各派在广州召开国民党中央执监委员"非常会议",正式宣布成立"国民政府",与南京国民政府相对峙。广州"国民政府"成立后的头件大事,就是整顿、扩充武装力量,准备对蒋宣战。7 月 21 日,粤方正式颁布北伐讨蒋令。9 月 1 日,下达出师讨蒋总动员令。13 日,粤、桂军分五路向湖南进攻。同日,蒋介石公开宣布粤方反蒋各派系的军队为"叛军"。宁粤之战,一触即发。后因突发"九一八"事变,才意外改变了这一走势。

"九一八"事变,暴露了日本蓄谋已久的侵略中国的野心。随之而起的团结御侮、共赴国难的呼声,迫使本已剑拔弩张、一心想在战场上一决高低的宁粤双方,不得不面对民族危亡的现实,坐到了和平谈判桌前。谈判的焦点是蒋介石下野、南京国民政府改组与统一问题。经过双方代表一个多月先后在香港、广州、上海等地的会谈和讨价还价,11月7日终于在上海达成以下和平统一的初步协议:双方以合作精神,各于所在地克期召开第四次全国代表大会,开会时双方发表通电,以示统一;双方四全大会一切提案,均交四届一中全会处理;双方协商中央执监委员候选人产生办法;由四届一中全会修改国民政府组织法并改组政府;广州"国民政府"于中央政府改组后"当然取消";前拟定蒋介石表示下野通电"原稿无须发表"等。依据此项协议,国民党四全大会先后在南京、广州和上海(由广州汪精卫等分裂成员组成)三地分别召开,随后在南京召开四届一中全会。蒋介石为粤方所逼,不得不辞去南京国民政府主席、行政院长、陆海空军总司令本兼各职,让位于新的以林森为国民政府主席,孙科为行政院长的所谓"统一合作"政府。

但是,孙科上台后,既未能求得蒋介石的合作,也无法取得胡汉民的支持,很快就在"焦头烂额"中倒台。1932年1月28日,蒋介石以中执会常委、中政会常委身份主持国民党临时中政会,决议"接受"孙科辞职,推定汪精卫为行政院长。3月1日,国民党在战时首都洛阳召开四届二中全会。国难当头,各政治、军事派系不得不相互妥协,选举蒋介石为军事委员会委员长。蒋介石纵横捭阖,再次重掌国民党军事大权,一雪数月前被逼下野之耻。

蒋汪合流后,暂时结束了宁粤对峙的局面,原本四分五裂的南京国民政府,终于较为稳定地确立了以蒋介石为主导的各派政治、军事势力联合统治的局面。

本卷主题与梗概,大致如此。所述内容,虽也涉及军事、外交,但只是为了说明相关政治问题,并非专业意义上的军事、外交史研究。因此,总的说来,本卷所述仍基本属于政治史范畴。我们所以如此取舍,一是为了与以记述政治史为主的民国史总体设计保持一致;二是为了尊重历史,因为这一时期历史本身所呈现的主要表征就是政治史;第三,还与我们对政治史在社会发展过程中的地位和作用的认识有关。或许因为前一时期历史学界的研究过于集中于政治史的缘故,有不少研究者自觉不自觉地转向人类文明史、社会生活史、风俗习惯史等方面的研究。衣食住行、祭祀、礼仪、庙会、茶馆、宗族、士绅等等成为一些研究者竞相追逐的时尚,而政治史则明显受到一些人的冷落,甚至有人提出要将其清除出中学历史课堂,倡导历史教学不要再讲第一、第二次世界大战了。其实,针对以往历史研究过度突出政治史的状况,在新的历史时期有所改变和侧重是可以理解的,也是无可厚非的,纯属正常现象。因为历史本来就是丰富多彩的,政治史并不是历史的全部,而仅仅是其中一部分,何况历史学家如何选择研究方向,也是个人的自由,他人无权干涉! 但是,如果将此类研究与政治史研究对立起来,变成非此即彼、有我无他的二元对立问题,意欲人为地将政治史从历史本身中抹去,让人误以为没必要再从事这方面的研究了,那就是另一回事了。一则政治史是客观存在,不是人为抹去得了的;二来平心而论,政治虽属上层建筑,不如经济基础那样对社会发展起决定性的作用,但事实早已证明,其对社会发展的反作用也是显而易见的,在一定条件下甚至起着关键性的作用。试想,哪个时代的社会变迁不和政治密切相关,不是政治大变动的产物? 因此,我们没有理由忽视政治史研究,更无理由轻视政治史研究。这可说是我们选择主要写政治史的思想根源。

作为历史著作,自应有一定的学术追求。结合本卷历史特点,我们在编写时主要遵循了以下学术指导原则:

一是反映历史本来面貌的原则。迄今为止的历史著作,大体可区分为三大类:一类是反映历史本来面貌的,即作者对过去的事实本身的记录,一般都比较客观、公允;另一类是作者个人眼中的所谓"事实",即作者对过去的事实有意识、有选择的记录,一般都打上了意识形态的烙印,对历史本身存在或多或少的曲解;第三类是既有对过去事实本身的记录,也有对过去的事实有意识、有选择的记录,因而二者的优长和不足皆兼而有之。我们追求的当然是前者,而不是后二者。为此,本卷对历史本身进行了一些新探索,提供了一些新的内容。如张学良"东北易帜"写了张学良对东北军团体利益的维护和追逐;蒋介石"四一二"政变写了这一事件对国民党自身的重创;南京国民政府统一初期的内政写了地方制度的重建;中共农村革命根据地和红军写了"赤白对立";等等。

二是以时间为序的原则。历史的基本概念是时间,今天的事实还暂时不是历史,而前天、昨天的事实就是历史了,可见没有时间概念就没有历史。历史长河中的事物,通过时间概念而定格在一定的水平上,于是就有了事物的发生、发展等变化,有了前因后果的关系。比如,没有蒋介石强推损人利己的编遣计划,就不会有国民党内部各派军事集团的大规模内战。没有胡汉民的被扣,就不会有广州"非常国会"和"国民政府"。没有"九一八"事变,就不会有宁粤双方突由准备兵戎相见转向和平谈判,等等。没有时间概念,一切发生、发展皆无从谈起,更谈不上因果关系。因此,编写历史,必须严格把握时间概念,否则就不能准确解读历史,就可能出现逻辑混乱,甚至倒果为因等严重背离事实的错误。我们充分注意到了这一点,无论对本卷总的主题的阐释,还是对各相关问题的阐释皆遵循了这一原则。

三是从事实的全部总和中掌握事实的原则。在历史发展过程中,我们发现常常存在这样的现象,即人们所希望达到的目的,实际很少有如愿以偿的;实践的结果,往往根本不是先前所预期的,或者不完全是先前所预期的。以本卷所述广州"非常国会"和"国民政府"为例,其预期目的无疑是希望借此取代以蒋介石为主导的南京国民政府,但实践的结果,不但未能如愿以偿,最后反而出人意料地促成汪精卫与蒋介石合流,巩固了以蒋为主导的南京国民政府。这是为什么呢?根本原因是历史运动从来就不是只有一种力量在行动,而是参与其中的各类人群综合力量的结果,各类人群的力量有大小,但都将对历史运动的最后结果产生或大或小的作用。而且每种力量在事件发展的不同阶段又会发生作用力度不同的变化。广州"非常国会"和"国民政府"欲取得预期目的,就需克服国内蒋系势力的阻力、内部分裂势力的离心力和国外势力不同方式的干扰,更不能违背一定时期国内民心的取向,等等。在如此众多力量的相互作用和前后变化不定的条件下,其预期的目的未能如愿以偿就不足为奇了。所以,我们研究历史,必须毫无例外地掌握与所研究的问题有关的全部事实的总和,仅靠单方面的甚至个别的事实是难以掌握真正的真相的。本卷对广州"非常国会"和"国民政府"事件及其他问题的记述,可说大体遵循了这一原则。

　　四是揭示历史变迁成因的原则。可能不少研究者都有这样的经历,在聆听学术先进的治学经验时,常常会听到这样的教诲:"我们研究历史,不仅要告诉人们'是什么',更重要的是要告诉人们'为什么'。"意思是说不仅要研究事物是什么样子,发展轨迹是怎样的,具体过程怎样等等较为表象的问题,更重要的是要研究为什么会是这个样子,为什么会有这样的发展轨迹,为什么会有这样的具体过程等等比较深层次的问题。换言之,就是要研究形成这个样子、这个发展轨迹和这个过程的具体原因是什么。这是有道理的。主要是研究深层次的原因,难度相对大,解决难题,方显功力,更重要的是它的研究价值远远超过表象性的研究。我们为什么研究历史?唐太宗说过,"以铜为镜,可以正衣冠;以古为镜,可以知兴替;以人为镜,可以明得失"。这就是说,我们研究历史,不是为研究而研究,更不是为"宣传",为贤者讳,为尊者荣,当然也不是为墙倒众人推、落井下石之类,而是为了汲取历史的经验教训,增长智慧,减少盲目,避免失误,以利于社会健康发展,国家繁荣富强,民众幸福安康。就此而言,研究历史变迁的深层次原因,显然较仅仅作历史表象性研究的价值大得多。所以,我们十分重视学术先进这一教诲,尽可能对"为什么"的问题展开研究,并在本卷各章节中皆有所体现。如不但写了中共在赣南闽西建立中央根据地及发展壮大的概况,还特地阐述了何以能在这里发展壮大的原因;又如,不但写了广州"非常会议"及"国民政府"与南京国民政府对峙的种种表现,还比较详尽地记述了产生这些现象的种种原因;等等。

　　五是充分占有第一手资料的原则。编写历史，与文学创作不同，不能靠"灵感"，任何记述皆须有充分的而且是靠得住的史料的支撑，来不得半点虚假和想当然。因此，尽可能搜集、研究、利用第一手资料，就成了编写历史著作的基本原则。这是研究者无人不认可的理论共识。为此，我们相对广泛地阅读了这一时期的人物文集、日记、档案汇编、相关文献及各种背景的报刊，其中有国民党办的，有共产党办的；有国民党当权派办的，有国民党在野派办的；有民间人士办的，还有由不同国家为背景的外国人办的，等等。特别是开放不久的台北"国史馆"收藏的蒋介石档案、阎锡山档案、国民政府档案、陈诚档案、美国斯坦福大学胡佛研究所收藏的蒋介石日记手稿，还有台北中研院近代史研究所郭廷以图书馆的馆藏资料和近代史研究所档案馆收藏的国民政府外交档案，以及台北中国国民党中央党史馆收藏的档案等未刊资料，均纳入了我们的视野，为本卷增加了丰富的内容。

　　以上是我们编写本书时思考较多，或者说比较在意的一些问题。虽说主观上对这些原则的确有所遵循，但只代表我们有过这方面的追求，做过这方面的努力，并不表示我们做得很好，已无改进必要了。

　　事实上，稍加审视，就不难发现，本卷还是有不少疏漏和遗憾的。如在内容方面，南京国民政府作为一个初步实现国家统一的政权，实际上也在财政、金融、交通、法制、教育、新闻、出版等方面出台过一系列政策，采取过一些措施，但本卷主要写的是南京国民政府统一初期的政权结构及其演变，而对这些政策和措施却基本没有反映。在布局谋篇方面，则存在一定程度的畸重畸轻，彼此失衡情况，有些篇幅明显分量不足，有些篇幅又过于臃肿。在资料运用方面，有些地方剪裁不够，略显堆砌，有些地方太过依赖资料说话，缺少应有的解释和分析。在文字表述方面，除了存在时下集体著作风格不一的通病外，还相对缺乏对语言大众化、通俗化和生动化等可读性的追求。虽然，历史著作实证性要求很高，不能不引用史料，更不能以牺牲真实来换取可读性。但是，这并不能成为我们放弃追求和认定无法追求可读性的理由。事实上，学术著作也同样可以写得生动、活泼,关键在作者是否有此追求。有两个实例,大概可以佐证,一个远在天边,那是法国自然科学家法布尔(1823－1915)写的十卷本科学巨著《昆虫记》。此书本是一部"严肃的学术著作",法布尔却把它"写成了优美的散文,让人们不仅能从中获得知识和思想,更能获得一种美的享受"(中国科学院院士张广学语)。法布尔也因此成了文学家。另一个近在眼前,那就是本所范文澜、蔡美彪先生撰写的《中国通史》,其简洁、隽永、行云流水般的清新文风,是今日众多历史著作无法比拟的。可见,只要我们不放弃追求,可读性这个目标也并不是不可企及的。不过,需在这里向读者致歉的是,我们最大的遗憾尚不在此,而是因为付梓在即,对于这些疏漏和遗憾,虽有弥补之心,却已无暇了却,只能留待他日,看是否有机会了。

　　本卷编写过程中,曾得到京内外、国内外和海峡对岸不少科学文化机构和学者的无私帮助,因所涉机构和人数众多,恕不一一列名了,仅在此表示我们衷心的感谢。

　　本卷各章节的作者如下:

　　前　言　曾业英

　　第一章　曾业英

　　第二章　王奇生(第一节),黄道炫(第二、第三节,第四节第一、第二、第三目),陈蕴茜(第四节第四目)

　　第三章　黄道炫(第一节),杨奎松(第二节)

　　第四章　贺渊(第一节),曾业英(第二节),黄道炫(第三、第四节,第五节第一至三目),金以林(第五节第四目)

　　第五章　黄道炫

　　第六章　金以林

　　第七章　黄道炫(第一节),金以林(第二、第三节)

　　黄道炫于撰写相关章节之外,还缀辑过某些篇章,搜集、提供了本卷相关图片,编制了人名索引,并做了许多联络协调工作,对本卷的编写和出版,贡献良多。曾业英通读了全部书稿,对本卷主题定位和章节安排及标题作了较大调整和修改,补充、修改了若干章节的部分内容;所撰前言则仅征求过个别作者的意见,未经作者集体讨论;所有这些,如有不妥,均由修改、撰写者负责。

2011 年 3 月 20 日于中国社会科学院近代史研究所

第一章　南京国民政府统一局面的初步形成

1928 年 6 月中旬,以蒋介石为总司令的国民革命军平定京津,奉系军阀退出关外,盘踞北京长达十六年的北洋军阀统治终于结束了,南京国民政府成为新的中央政府。但是,南京国民政府所取代的仅仅是北洋军阀的中央政权,北洋军阀残部直鲁联军还在津东滦河一带负隅顽抗,奉系军阀大本营东三省的地方政权仍掌控在"少帅"张学良手中,新疆等省也还挂着北洋军阀政府的五色国旗。因此,尽快实现各省地方政权与中央政权的统一,仍是南京国民政府的当务之急。

第一节　新疆的归顺

一　杨增新率先宣布新疆服从南京国民政府

新疆是国民革命军平定京津以后,第一个通电南京国民政府表示归顺的省份,而做出这一选择的关键人物是时任该省督军兼省长的杨增新。

杨增新,字鼎臣,1864 年 3 月 6 日(清同治三年正月二十八日)出生于云南蒙自县一个官宦之家。1889 年中进士,以知县用签派往甘肃任职。1907 年被新疆巡抚联魁调入新疆,先任阿克苏兵备道、道尹,后升任镇迪道兼提法使。辛亥革命后,由北京袁世凯政府任命为新疆都督兼民政长。自此以后,不管杨增新的官衔名称怎么变化,他始终是新疆的最高军政长官,前后主政十七年。

　　杨增新这时选择归顺南京国民政府,既有历史原因,也有现实的需要。所谓历史原因,就是他认同新疆是中国领土的一部分,历来重视维护国家领土完整,不允许任何外来势力侵犯中国主权。辛亥革命后,哲布尊丹巴活佛在沙皇俄国的煽动下,于库伦宣布外蒙"独立",并派兵攻占科布多,威胁阿尔泰特别区。杨增新认为"阿存则新疆可保,阿亡则新疆难以独全",毅然往援科布多,终于保住了阿尔泰①。俄国十月革命后,数万被苏俄红军击溃的白俄军及其随军"难民",窜入新疆伊犁、塔城、喀什等地,杨增新严守中立政策,运用外交智慧,迫使白俄败兵就范,同时与苏联保持和谐的外交关系,订立平等商约,收回种种已失利权②。对于国内中央政府,杨增新始终抱定"认庙不认神"的态度。袁世凯称帝时,他表示新疆"以拥戴中央为天职"。袁氏垮台后,北京中央政府屡易其主,不管中央当权者是何人,他都表示承认。此外,杨增新还一贯主张政治改良,反对"共产党鼓吹平民革命"。所谓现实需要,就是杨增新这时的恋栈之心,仍不亚于当年。他虽已年过六旬,"塞外皇帝"也连续当了十七年了,虽说在北伐战争胜利发展的形势下,1927年就已将子女夫人等家眷送回内地大连,有了一旦在新疆混不下去,就回大连做寓公的打算,但高官厚禄仍是他放不下的情结,"1928年5月间,他派教育厅长刘文龙假道苏联去内地察看风色。后来他看到一些北洋军阀如阎锡山等人归顺了南京,依然保持住旧日的地盘,这就加强了他拖下去看看的念头"③。这些条件,决定了杨增新除了归顺反共起家的南京国民政府外,很难做出第二种选择。

　　在南京国民政府方面,首先打新疆地盘主意的是冯玉祥。1927年下半年,冯玉祥控制豫、陕、甘等省以后,就计划向新疆发展。大约

---

　　①　陈宁生:《杨增新》,娄献阁等主编:《民国人物传》第10卷,中华书局2000年版,第115—116页。

　　②　李信成:《杨增新在新疆》(民国元年—民国十七年),台北"国史馆"印行,1993年4月,第285页。

　　③　包尔汉:《新疆五十年》,文史资料出版社1984年版,第107、111页。

1928 年 2 月间,又通过甘肃省政府主席刘郁芬派赵淼川、徐之赞两名使者,前往迪化(今乌鲁木齐)联络杨增新。但是,杨增新这时对自己的统治地位尚不觉得有什么危机,加上当时国内外皆有中国"赤化",尤以冯玉祥"国民军为甚"的传言①,杨增新对冯玉祥向新疆发展的企图并不示弱。他"一面封锁边界;一面赶装五百架白布帐篷,架设在星星峡驻军之营房附近。而冯氏中计,按星星峡驻军情况分析情报,判断新疆有相当兵力,更加以长途戈壁,大军行动不易,乃根本打消向新疆发展的计划"②。冯玉祥派往新疆的使者,也一进入星星峡,便被杨增新"软禁起来,秘密解进省城"。冯玉祥如此直接谋求进入新疆的计划受挫后,又转而采取通过南京国民政府达其控制新疆的目的。6 月 5 日,大规模的北伐战事刚刚告一段落,他便迫不及待地在河南开封电陈中央三事,其中之一就是希望新疆问题早日解决。这个呈文的具体内容虽不得而知,但冯玉祥驻军西北,不难想象,新疆问题一旦提上议事日程,执行任务的,在他看来,舍我其谁?

　　然而,事态的发展,却出人意料,不等南京国民政府拿出解决方案,杨增新就抱持"认庙不认神"的老原则,公开表态服从国民政府了。6 月 16 日,他致电南京,首先解释南京国民政府成立后,新疆没有"望风响应",是因该省不仅民族复杂,"苟意见稍有不同,则国防因之动摇";而且地处边陲,与外蒙、苏联、阿富汗等国接壤,"措置稍有不当,则外邦乘虚而入,后患何堪设想"。后经十余次会议的讨论和研究,齐称新疆地处极边,民气宜静而不宜动,仍以维持现状、保境安民、巩固国防为第一妥当办法。"俟国民政府革命成功,新疆当然一致服从等语。众论金同,增新未便独异。"最后,他表示:现国民革命已经成功,新疆各界当

---

　　①　中国第二历史档案馆编:《冯玉祥日记》第 2 册,江苏古籍出版社 1992 年版,第 476 页。

　　②　盛世才:《新疆十年回忆录》,转引自张大军著《新疆风暴七十年》(五),兰溪出版社有限公司,台北 1980 年,第 2655—2656 页。

经开会议决"服从国民政府,奉行三民主义,并改组新疆省政府,一律悬青天白日旗帜,以后新疆一切善后事宜,均禀承国民政府办理,以归统一"①。20日,杨增新又派教育厅长刘文龙亲往南京陈述一切。刘在呈文中,除介绍新疆地理环境、政区划分、民族构成等一般情况外,着重强调了杨增新主新期间的内政、外交政绩,并最后挑明:"民国改元,内省纷扰,无岁无之,杨主席主治新省至今,阅十有七年,以保境安民为职志,苦心维持,领土尚未丧失,各族并庆安局,似乎在上可以对国家,在下可以对人民,并以呈明,想国府诸公当为谅解也。"②显然,杨增新此举的目的,也是为了争取南京政府对他的信任,继续维持他在新疆的地位。27日,为进一步表明自己归顺的诚意,同时也借此造成人事安排上的既成事实,杨增新再次致电南京国民政府,表示新疆省政府已于"六月二十日组织成立,以增新、金树仁、徐谦、刘文龙、阎毓善、张正地、樊耀南、屠文沛、李溶为委员,并由增新充任主席,金树仁兼任民政厅长,徐谦兼任财政厅长,刘文龙兼任教育厅长,阎毓善兼任建设厅长,张正地兼任司法厅长,樊耀南兼任外交署长,屠文沛兼任秘书长"。7月1日,杨增新召集地方官绅开会,正式宣布新疆服从南京国民政府,督办公署改为新疆总司令部,由他本人出任省主席兼总司令职。他在讲话中说其实新疆早就实行三民主义了。他要求大家承认南京中央政府,同时也要承认新疆省政府,他"打个比喻说,比如一个商店,买卖亏了本,破了产,以后把商店的招牌换了,货还是货,买卖还是要做,我们就不能因此不承认这家商店了"③。听者心里都明白,实际就是要大家承认他的店主身份。4日,杨增新呈明南京中央政府,新疆地方行政已将旧有八道改为八个行政区,分设五十五县、十一分县,县知事改称县长。

---

　　① 《新疆实行易帜》,《一周间国内外大事述评》(自6月29日起至7月5日止),《国闻周报》第5卷第22期,1928年7月8日。

　　② 《杨增新治下的新疆》,上海《中央日报》,1928年7月19日—20日。

　　③ 《新疆五十年》,第112页。

10 日,南京国民政府举行第七十八次会议,"决议任命杨增新为新疆省政府主席,兼理新疆边防事宜"①。

二　南京国民政府承认金树仁的合法地位

但是,南京国民政府 10 日作出的这一决议,事实上只是一项过时的决议,因为杨增新早在三天前就遇刺身亡了。7 月 7 日上午 10 时,新疆省立俄文法政专修学校举行毕业典礼,杨增新和军务厅长兼交涉署长樊耀南、民政厅长金树仁、迪化道尹李溶等及其他"军事长官同莅观礼"。典礼仪式结束后,除金树仁以"簿书旁午","即行回署办公"外,其余官员均出席了学校举办的大型午宴。宴席上,杨增新"因国民政府现在实行统一,我新已表示服从,于省于国,皆可乐观,意态甚喜,遂畅饮"。正与李溶猜拳行令之际,"忽闻枪声,一刹那间",已击中杨增新头部,李溶"即大声呼救"。杨增新副官及侍卫"未及来救",即被击毙,杨也连中七弹,当即气绝。随后,樊耀南率领二十余人,冲入省政府,占据机要重地三堂,力图控制局面。而"不及与宴"的金树仁闻讯后,又以"锄暴靖乱"为名,调集军警,包围省政府,"激励兵士,勇猛围攻"樊耀南等人所占三堂,并于下午 7 时将樊等二十一人捕获,处以极刑②。这就是新疆历史上的"七七"政变,因为发生在民国十七年,又称"三七"政变。

樊耀南,字早襄,湖北公安县人。早年留学日本早稻田大学,回国后任新疆法政学校校长、地方审判厅长。辛亥革命后,回到北京国务院任职,1917 年被黎元洪任为阿克苏道尹,再次进疆。起初,杨增新怀疑他奉有"相机赶他下台"的使命,曾一度冷落他。但由于自 1922 年起,

---

①　《第七十八次国府会议记》,上海《中央日报》,1928 年 7 月 11 日。
②　《新疆交涉员樊逆耀南篡杀始末》,石印本,不著印行时间和页码。考其内容,当属事发后数月所印。

他便以迪化道尹之身,同时兼任外交公署署长,1926 年又兼任军务厅长,因此,在一般人眼里,樊又是杨增新"手下最红的人"①。樊耀南虽说"为人谨慎小心",但免不了也会对杨增新的所作所为发点牢骚。据当年参加过西北科学考查团,并与樊有过不少接触,关系不错的徐旭生说,樊耀南参加杨 7 月 1 日宣布新疆易帜会议后,曾于 5 日在其寓所抨击杨增新"虽换旗帜,然名为主席而无委员会",不过是想用换汤不换药的办法,保住他的地位,并说"此间隐忧恐未有艾"②。金树仁,字德安,1880 年(清光绪五年)出生于甘肃省导河县(原名河州,今改称临夏),是杨增新督办甘肃学务时的门生。1917 年经杨"约往新疆,襄理边局",初授"邑令",1927 年"调省使长民政重任"③。樊耀南和金树仁十余年来同在新疆为官,又都是杨增新的高级同僚,却因杨展开了一场震惊各方的拼杀。

　　杨增新为什么这时被杀?或者说谁是这次事件的主谋?当时有三种推测,一是"共产党的阴谋"。南京国民政府就是这样散布的,李烈钧在 7 月 16 日国民政府纪念周上说,杨增新"归顺国府,而忽遭意外,我想此事恐又为共党造乱"④。日本人也趁机造谣说"杨之受害,系俄党所为"。樊耀南的儿子樊筠青为洗刷其父的责任,更是顺水推舟发表声明,说"必为共党所为,移祸家父"⑤。第二种推测是"内地人的主使"。所谓内地人,实际指的是冯玉祥。这种推测一直延续至今⑥。第三种推测是"新疆省政府的委员争权"。樊耀南及其追随者已于政变当天晚

　　①　《新疆五十年》,第 104 页。
　　②　《徐旭生西游日记》第 3 册第 3 卷,第 103 页;"附录一",第 8 页;中国学术团体协会西北科学考查团理事会印行,1930 年 9 月初版。
　　③　《新疆交涉员樊逆耀南篡杀始末》。
　　④　《新疆杨增新被戕情形》,《申报》,1928 年 7 月 18 日。
　　⑤　《新疆刺杀案关系重大》,北平《益世报》,1928 年 7 月 18 日。
　　⑥　罗绍文:《杨增新、冯玉祥之间的矛盾和新疆"三七"政变》,《西北史地》1995 年第 4 期。

上被金树仁全部处决，当然不可能再对谁是刺杨主谋问题开口说话了，而最后的胜利者金树仁则一口咬定杨增新"系樊耀南所杀"，但也"有人疑为金氏所为"。对第一种推测，不要说今天，即使当时也没有人相信它有何真实性可言。8 月 7 日，一个署名寄萍的北平师大青年学生就公开发表文章指出，要说这是共产党的阴谋，"我很大胆的说一句，绝对是不会发生的事"。至于第二、第三种推测，虽有点影子，如前所说，冯玉祥的确有染指新疆之心，樊耀南也确在政变前夕向人表示过对杨增新的不满①，而金树仁在政变过程中的种种表现更难免不让人生疑，但动机和推测毕竟不能代替证据。正因如此，直到今天，也还是个谜。

8 日，金树仁以"民政厅长兼临时主席总司令"名义，宣布关闭四门，全城戒严，任何人不得自由出入。9 日，他致电南京中央政府，报告杨增新被"乱党"樊耀南戕害经过，并说他"万不得已"，已循军政绅商各界所请，勉就新疆省政府主席兼总司令职，"恳乞速示机宜，以维边局"。而国民党新疆省党部，哈密、吐鲁番回部亲王百数十人，还有迪化商会及各王公各公团各机关，则在这一天分头通电全国各报馆或南京国民政府，要求"中央政府俯顺舆情，速颁明令，任命金树仁为新疆省政府主席兼总司令"②。这些电报，显然是金树仁精心安排的，因为集中起来，它们的意思只有一个，就是促使南京政府尽快承认金树仁的合法地位。

但是，南京国民政府并没有马上满足金树仁的要求，这是因为：首先，南京国民政府刚刚完成北伐大业，善后之事，千头万绪，无暇顾及。其次，与出人意料的新疆归顺一样，这次杨增新之变也"是陡如其来的"，难以"在问题当前处置自如"③。第三，对金树仁和新疆的了解也尚需时日。南京国民政府于 15 日首次接到金树仁的电报，17 日举行第八十次常会，对金树仁的电报，"曾讨论良久，金以杨之被刺，内容定

①　《徐旭生西游日记》第 3 卷，第 103 页。
②　《公电二》，《申报》，1928 年 7 月 21 日；《公电》，《申报》，1928 年 7 月 22 日。
③　《一个学生口中的新疆问题》（续），北平《新晨报》，1928 年 8 月 8 日。

必复杂。若照金树仁来电所云,已将乱首伏法,至其刺杨真相,及处决樊耀南之罪状,只字未提,竟取杨之权位而代之,其中不无有蛛丝马迹之可寻",因而议决由甘肃省政府主席刘郁芬就近查明真相后再议①。至于新疆省的人事安排,经 18 日国民党中央政治会议讨论,认为杨增新被刺问题既未查明,自宜暂从缓议。刘郁芬本是冯玉祥第二集团军将领,而新疆又如前所说是冯玉祥瞄准的目标,7 月上旬,冯还曾对来访的旧部张耀曾说过:"我对新疆事早有筹划,不久将请马福祥赴新一行。"②刘郁芬当然不可能成为金树仁猎取权力的支持者。果然,8 月22 日,刘电告南京国民政府说:"杨督旧时军队,约在八万以上,省驻约两千余人,由杨直接统带","金某本一文吏,肩此重任,而才力复远逊于杨。此后新省多事,内外棘手,恐非金某所能维持……是故今日欲言治新,必须中央派遣才学兼优,声威素著之大员前往,方有建设新新疆之可能。如此种人选一时不易,以目前情形而论,似不如派一老成稳练与负清望之人物,前往收拾,较觉相宜。"③加上如前所说,社会又盛传金树仁也有刺杨嫌疑,金的"转正"要求,自然也就更难落实了。26 日,南京国民政府虽给金树仁发了电令,但仅准其以"暂行代理主席"名义,处理善后事宜,维持地方治安。

金树仁对南京国民政府迟迟不给回电,本来就"颇为焦急",曾多次发动蒙、回王公致电南京"请求任命",指使国民党新疆省党部为其"刺杨嫌疑"辩护,表示维持新疆治安"非金主席莫属",要求中央政府"慎勿为奸人谰言所摇惑"。现在回电虽然盼来了,可竟是"暂代主席",自然更加窝火。他一怒之下,将已受命为南京国民政府宣慰使的刘文龙从邮局寄来的这一中央政府"布告",统统扣下封存,不准"发表"④。

---

① 《国府处理杨增新被害案》,上海《时事新报》,1928 年 7 月 19 日。

② 《马福祥再赴新疆》,上海《时事新报》,1928 年 7 月 13 日。

③ 《新疆现状之报告》,上海《时事新报》,1928 年 8 月 30 日。

④ 《新省党部为金树仁辩护》,上海《中央日报》,1928 年 10 月 4 日;《徐旭生西游日记》第 3 卷,第 114、142 页。

　　金树仁命运的转机出现在南京国民政府内部纠纷渐趋表面化之后。冯玉祥日益明显的经营西北以抗蒋的意图,最终导致了蒋介石放弃拟派马福祥带兵入疆的打算。10 月 31 日,国民党中央政治会议正式议决以金树仁为新疆省政府主席。11 月 17 日,南京国民政府明令改组新疆省政府,任命金树仁、王之佐、徐谦、刘文龙、阎毓善、李溶为委员,金树仁为主席。随后,又增补陈继善、屠文沛、鲁效祖为委员,并先后任命屠文沛为秘书长,王之佐、徐谦、刘文龙、阎毓善分别兼任政务、财政、教育、建设各厅厅长,陈继善为外交部特派迪化交涉员。金树仁的总司令一职,虽然延至三年之后的 1931 年 6 月 6 日,才正式任命并改称边防督办,但就新疆归顺来说,总算暂告一段落了。

　　新疆地大物博,无论从眼前,还是长远看,其归顺的意义,都是值得重视的。

第二节　直鲁残军的肃清

一　蒋介石决心武力解决直鲁残军

　　张宗昌、褚玉璞直鲁残军,是和平接收京津的遗留问题。1928 年 6 月 12 日,直鲁残军"约有六七万人",遵约由天津撤往汉沽至滦县一带,大本营设在唐山裕丰饭店,称直隶军务督办行辕,褚玉璞就驻在这里;王琦任唐山临时警备总司令兼警察厅厅长;许琨任前敌总指挥,"驻在芦台;袁振青驻在开平,于世铭驻在迁安或滦县守备"①。

　　蒋介石对直鲁残军,虽曾于 7 月 15 日下达过讨伐令,任命白崇禧为前敌总指挥兼右路军总指挥,负滦河方面军事全责;方振武为左路军总指挥,负热河方面军事全责;陈调元为总预备队总指挥,负责策应左右两路军。但由于平(6 月 20 日国民党中央政治会议议决北京更名

---

　　①　《流民诉苦记》,天津《大公报》,1928 年 7 月 28 日。

"北平")奉铁路沿线有英、日等国驻军,张宗昌又得到日本的暗中支持,9月以前实际上并没有采取真正的军事"追剿"行动,而主要依靠和促使已于7月1日表示"决无妨碍统一之意"的张学良将其"收束"出关,以避免发生第二个"济案"。8月5日,蒋介石指示陈调元:"山海关内之直鲁残部处分问题,已点编,克日率领出关,故所有军事行动,即时停止。其东征各军,可暂集中原定地点,以待后命。"①在蒋介石看来,这样做,对张学良是否真心拥护统一,也是个检验。

但是,张学良实际并不希望张、褚直鲁残军退往关外。他屡次拒绝张宗昌请升任其为黑龙江省督办的要求,便说明了这一点。张学良深知张、褚直鲁残军只是奉系的外围部队,军纪一向不佳,而且张宗昌又是个桀骜不驯、难于驾驭之徒,令其退到关外,无异于引狼入室,难保不发生肘腋之变。他认为较为理想的办法还是就地和平编遣。

为此,7月29日,张学良致电白崇禧,表示愿负编遣整理张、褚残军全责,请白暂停东征。白崇禧复电接受张的要求,但希望他能在五星期内解决问题。随后,张学良"电招【召】张宗昌到奉讨论一切,张旋即派褚玉璞到奉与议,经议决第一期暂将该军号称七万众者,遣散两万,其余五万,内有枪者不过二万",限于四个月内裁至仅存此二万人为止,并当即发给褚玉璞遣散费现洋25万元②。但褚玉璞回到唐山后,并未依议行事,直到8月中旬,白崇禧仍未见到直鲁残军的任何编遣迹象。白随即致电张学良,指出张、褚失信,所部盘踞如故,延未改编,要求张学良履行前次承诺,严加督责。张学良于是再次电召张、褚赴奉磋商编遣办法,张宗昌仍拒不出席,仅褚玉璞一人到奉。参加这次会商的还有先期到达奉天的白崇禧代表何千里。据何后来回忆说,褚玉璞曾私下请他转告白崇禧,"能不能约定各守地界,互不相犯",何当即意识到这是"要和白划界自守,免去后顾之忧,好向奉方讨价发展",而拒绝了褚

---

① 《直鲁残军的处置》,上海《中央日报》,1928年8月12日。
② 《张学良述收编直鲁军经过》,上海《中央日报》,1928年9月26日。

的要求①。张学良为了说服张、褚接受编遣,表示"此次裁兵,非只限于直鲁军队,即予三省军队,亦决于近期内裁去四分之三,所余军额只御外人不侵凌,及捍卫省境为度",并允诺可适当追加部分编遣费。他要求直鲁军"裁编为四师,老弱不驯者,悉行淘汰"。希望褚玉璞、张宗昌"交出兵柄,俾呈请国民政府予以其他名义,以为身体自由之保障"。至于他们的个人花费,表示"奉天可以供给"。最后,张学良会同何千里与褚玉璞议定:褚部直军"全部分别遣散,克日实行"。大致办法是增拨褚玉璞遣散费现洋 15 万元,按军官每人 50 元,士兵每人 10 元分发。计滦河以西"遣散者约一万八千左右,余部再开到滦河以东,陆续裁编,前后结束,留至三旅为止"②。从协议中只字未提张宗昌鲁军怎样遣散可以看出,张学良与褚玉璞实际仅达成遣散褚部直军的第一步计划。

为表示对南京国民政府的诚心拥护,8 月 21 日,张学良致电白崇禧等北平有关人士,对未能如期速办收束关内直鲁残军一事表示"甚为愧怍",同时通报他这次与褚玉璞所议定的编遣计划,请白崇禧派监视员二人赴奉会同监督执行。白在与张学良的往复商讨过程中,要求张宗昌、褚玉璞"将芦台、宁河驻军先行撤退,以表诚意",并派徐承煕、钱承德二人前往奉天监视一切。张宗昌本来就对褚、张所定编遣协议不满,现在又要求他们先从芦台、宁河撤退,自然更加窝火。他与褚玉璞表面复电张学良,"承诺"撤退,而暗中却在节外生枝,借口道路泥泞,大队人马行动困难,要求展限,"期于十日内撤尽,务请健兄(白崇禧字健生)转令所部,俟彼军撤退以后,再行接防,以免赓续跟追,致生误会"。张学良一心希望通过和平方式解决此难题,随即转电白崇禧,表示张、褚所请,"尚在情理之中,似颇出于诚意","请予谅解"。30 日,又分别

───────────────

①　何千里:《1928 年我代表白崇禧到东北商谈纪要》,中国人民政治协商会议全国委员会文史资料研究委员会编:《文史资料选辑》,第 52 辑,中国文史出版社 1986 年版,第 87 页。

②　《张学良述收编直鲁军经过》,上海《中央日报》,1928 年 9 月 21 日;《肃清关内终赖武力》、《关内褚部解决办法》,天津《大公报》,1928 年 8 月 22、23 日。

致电傅作义、何成濬、方本仁等人,并通过何、方转陈蒋介石,称白崇禧所派监视员 9 月 1 日可到,一俟双方会同点验后,张、褚直鲁军"即可撤退滦河以东,是此事不日当可告一段落"。请求蒋介石、傅作义等人也能循张、褚所请,展限 10 日①。但是这一次,南京国民政府已没了耐心。31 日,白崇禧复电张学良,"大意谓本人奉令担任肃清关内军事,月余以来,停师未进,即因奉方对张、褚残军,允负责收束。讵一再迁延,张、褚仍无悔祸之意。应即撤退滦河以东,听候解决,宽限一层,决难承认"。张学良迫不得已,即电白崇禧,表示"不复过问"张、褚之事,促其从速进剿。张宗昌获知展限 10 日被拒后,又径自"派代表郑大伟至津","图接洽缓攻",同样是无功而返②。

南京国民政府这时转而坚持强硬态度,据白崇禧前敌总指挥部参谋长、驻平办事处长杨杰说,其原因有以下四点:"(一)平津华洋杂处,平奉要道,常任一隅之寇,为之梗塞,殊属妨碍国际观瞻;(二)平津食粮,多来自关外,平奉交通断绝,则平津粮食,终有断绝之虞;(三)张学良对所扣车辆,确全放回,但因道梗阻,无法交割,而影响国计民生,殊为重大;(四)以一隅之寇,致数十万大军,常驻平津附近,亦多不便。故白总指挥对张学良之展期要求,不能接受。"③杨杰所讲第一点从中外关系立论,当时平津两地,外国侨民较多,所谓"妨碍国际观瞻",无非是怕外人因直鲁残军问题久拖不决,对南京国民政府统一中国的能力失去信心。第二、三点是讲直鲁残军横亘平奉铁路沿线,不但张学良久已答应交回的当日奉军出关时所扣铁路车辆无法通过,影响平奉及其他各铁路的运输,而且平津所赖以生存的关外粮食,也因平奉交通断绝而有告竭之虞。事实上,除了粮食,平津的用煤也是个大问题。据当时舆

---

①　《津东肃清不远》,天津《大公报》,1928 年 9 月 1 日。

②　《白离平时之光景》,天津《大公报》,1928 年 9 月 3 日;《一周间的大事·军事》,上海《中央日报》,1928 年 9 月 9 日。

③　《对直鲁军将下总攻击令》,上海《中央日报》,1928 年 9 月 3 日;《津东解决在三五日内》,天津《大公报》,1928 年 9 月 2 日。

论指出，平津用煤，受交通、军事之累也很大，"如开滦煤阻于铁道，抚顺煤则又扼于海河，而山西煤产更苦无法运出。查开滦公司本自有机车车皮，专供运煤之用，只以畏惧军队截留，不敢开出。日前曾由平津卫戍总司令部通令沿路驻军，不许截留开滦车辆，然津东未克，车不能通，故开滦之煤，终不能运"。怎么办呢？"根本办法，只有速决津东问题，打通平奉铁路，收回关外车辆"①。第四点实际是说，如不尽快解决直鲁残军问题，平津一带数十万南京国民政府军队，将面临更多的不利因素，因为8月一过，京津地区，寒冬即至，且不说给养问题，即气候一项，也让许多来自湘、桂等南方地区的部队难以适应。

杨杰所言，当然都是实情，但并不全面，尚有几个重要原因，被其有意无意忽略了。首先，南京国民政府这时决心对直鲁残军动武，表明蒋介石对张学良编遣直鲁残军的能力失去了信心。白崇禧对此有明确说明，他说："直鲁残部，分子复杂，迁延数旬，尚未就范，恐张汉卿难以收拾。若任长此盘踞，殊非得计，故最近（中央及蒋总司令）迭次电催，从速进兵解决。"②其次，还和蒋介石当时所极力推行的裁军政策有关。京津和平接收后，蒋介石认为统一告成，开始要求各北伐集团军裁军。但直鲁残军一日不消灭，各集团军就有拒绝甚至继续扩军的理由。据当时报载，河北各地云集北伐第一、第二、第三、第四集团军"约计五六十万"，"平奉路上有白崇禧部，保定一带有商震部，津东前方有徐永昌部、郑大章部、高桂滋部、陈调元一部，北平附近有张荫梧、方振武部……这些军队所到的地方，仍有强迫招兵，征发给养，且有师旅长委任县知事的"③。为打消各集团军的招兵借口，蒋介石认为有必要尽快消灭直鲁残军。最后，也是北方民众，特别是津东地区民众，强烈要求的结果。由于直鲁残军横征暴敛，靡无底止，欲借津东之地，作困兽之斗。因此

① 《社评·平津燃眉之急的两大问题》，天津《大公报》，1928年8月30日。

② 《白崇禧访公使团记》，上海《中央日报》，1928年9月10日。

③ 《直鲁余孽未解决前的河北》，上海《中央日报》，1928年9月10日。

自 7 月初起,就不断有津东各县民众,或呈文平津军事当局,或投书各言论机关,请求速即派兵进剿:"(一)于最短期间肃清津东残余军阀。(二)早日完成革命,全国统一。"①以天津《大公报》为代表的平津言论机关,除经常报道直鲁残军的暴虐和民间疾苦外,也不断告诫南京国民政府不可不重视津东问题,甚至说:"近来肃清关内之说,业已搁置不谈,而残军败将盘踞津东者,又迄未闻关外有具体之收拾办法,此方东征各军之刁斗相连者,不进不退,亦足令地方苦于供应,凡此皆可使地方益陷于绝望悲惨之境,适予煽动勾串者以运用之资,此诚北方之大隐忧,其性质严重,未必亚于南方,特觉察之者尚少耳。"②再次,也是南京国民政府推动张学良宣布"东北易帜"的需要。蒋介石接受了代表他和白崇禧前往奉天与张学良谈判"东北易帜"问题的方本仁的建议,暂时搁下热河军事,而集中全力先解决关内直鲁残军问题③。所有这些,都在一定程度上影响到南京国民政府武力解决直鲁残军的抉择。

二　白崇禧东征直鲁残军的经过

白崇禧奉命东征直鲁残军后,迅即将所辖各部分为左翼、右翼及中央三军,左翼以第四集团军李品仙、叶琪、廖磊部为主力,由李品仙任总指挥,沿平榆大道前进,自玉田、遵化进攻丰润;右翼以第三集团军部队为主力,由徐永昌任总指挥,自北塘沿平奉路前进,直趋唐山;中央一路原由第二集团军韩复榘部担任,后因该部追剿樊钟秀建国豫军,奉调南下豫、陕,改由第一集团军范熙绩部担任;后方总预备队由第二集团军刘镇华部负责,分驻宝坻、武清、杨村、廊坊、落垡等地。为避免平奉铁

---

① 《旅津同乡吁请东征》,天津《大公报》,1928 年 8 月 1 日。
② 《社评·时局之隐忧》,天津《大公报》,1928 年 8 月 20 日。
③ 《白崇禧呈蒋总司令佳电》(1928 年 8 月 9 日),转引自王正华论文《蒋中正与东北易帜》,笔者收藏未刊打印稿。以下凡转引自该论文的资料,均为台北"国史馆"藏《蒋中正总统档案》,不再注明,谨此说明。

路沿线的外国驻军及侨民节外生枝,再次制造"济南事件"之类的外交问题,白崇禧于 9 月 1 日偕少将参议鲍观澄、外交部驻平交际科长刘乃藩,遍访荷兰、美、英、日、意、法、德、葡、挪威、瑞典、丹麦等国公使、代办,告以此次特访各位公使、代办,除为国际上友谊的拜访外,主要在陈明奉命出征直鲁残军的有关事宜。他着重解释和承诺了以下三事:一、武力解决直鲁残军,已刻不容缓。"关内直鲁残部,军纪不良,骚扰地方,妨碍交通,破坏统一,不独为中国人民之患,即各国寄居天津及平奉线上之侨民,亦不能安居乐业……故最近迭次电催,从速进兵解决"。二、对直鲁残军,有必胜把握。"就军事上而论,直鲁残部,号称四五万人,枪枝不过三万,该军之战斗力,不问可知。故对此次军队之解决,极有把握……最多不出一月,必可肃清,届时津榆交通,必可恢复,此当为中外侨民所共盼望者"。三、当全力保护各国侨民利益。"本军经过各地,对于中外人民生命财产,自当一体竭力保护,应请转告贵国侨民,安居乐业,毋相惊扰"①。各国公使及代办对白崇禧的承诺普遍表示"满意",有的甚至答应"派遣武官随军前进,遇事妥商"。白崇禧运用外交手腕,取得了"免外人之阻碍"的预期效果②。

9 月 2 日夜,白崇禧出发东征,由北平抵达天津。4 日,正式下达作战命令,其要旨如下:一、右翼徐永昌所部,务于 7 日以前占领芦台、杨家泊之线后,以主力与中路军联络,由铁路以南地区进攻唐山、开平之侧背,破坏敌人后方铁路,断其退路;奏效后,即向乐亭追击前进,至滦河西岸待命。二、中路军范熙绩所部,务于 7 日以前占领宁河、丰台之线后,与右翼军联系,进攻胥各庄与唐山正面之敌;奏效后,即沿铁路追击前进,至滦河西岸待命。三、左翼李品仙所部,务于 8 日以前占领丰润至大鹿河之线后,以一部进击榛子镇,向沙河驿、迁安方面警戒,以主力进攻唐山、开平敌之右侧背。奏效后,即由铁路以北地区追击前进,

---

①　《白崇禧访公使团记》,上海《中央日报》,1928 年 9 月 10 日。
②　《杨杰报告津东战事经过》,上海《中央日报》,1928 年 10 月 27 日。

至滦河西岸待命。四、第二集团军郑大章、第三集团军孙长胜所部骑兵暂归李品仙指挥，由铁路以北地区破坏敌人后方交通，警戒我军左侧方，准备袭击向迁安、冷口逃窜之敌。五、各军对于外侨所驻之地及其生命财产，宜保护安全。六、总预备队暂驻天津附近，候军事进展后即向军粮城、芦台前进①。与此同时，张学良也在规劝无效的最后关头，电令胡毓坤部扼守滦河，与白崇禧共同夹击张、褚残部，阻其肆扰出关。

在白崇禧的强大军事压力下，9月6日，直鲁残军纷纷自丰台、宁河、芦台等地退守老庄子、韩城、胥各庄一线，在丰润、唐山等地构筑防御工事，准备负隅顽抗。8日拂晓，李品仙督率左翼军魏益三、刘春荣部进攻丰润，激战数小时，逐次击破城外之敌，由东北、西南两门攻入城内，上午10时，占领丰润，残敌向东南方向退却。9日，右翼徐永昌指挥所部占领唐坊、胥各庄，连夜绕袭唐山，守敌惊惶退往洼里、古冶。10日，左、中、右三军胜利会师唐山，白崇禧随即在此召集前敌各重要将领会议，商讨第二期作战计划，决定"由李品仙指挥西路，进攻滦河，徐永昌指挥东路，攻乐亭"②。同日，南京国民政府发布命令，通缉张宗昌。11日夜，中、右两军同占开平、榛子镇，12日晨占洼里、古冶。白崇禧亲临前线督战，命令各军乘胜前进，夺取滦州。下午1时，徐永昌部骑兵第三旅首先攻入城内，李品仙部则在城外雷庄车站与敌激战。与此同时，范熙绩部也加入作战。是日夜，滦州完全克复，残敌大部东渡滦河，向东北逃窜，小部分南北两路退往迁安、乐亭，滦河西岸基本为白崇禧东征军所占领。

张、褚残部渡河东窜后，白崇禧因奉军未加阻拦，曾电责张学良失信，违背了当日"夹击"诺言。张学良内部也议论纷纷，困惑不解者有之，大为不满者也有之。为此，张学良一面电复白崇禧，解释这是"因前

---

① 罗家伦主编：《革命文献》第21辑，台北中央文物供应社，第1562—1563页。
② 《各将领决定第二期进剿计划》，上海《中央日报》，1928年9月13日。

线见有张宗昌眷属车东开,不便阻止,故尔放行,其部众乃乘机挤过。但奉军现决以武力解决,已命杨宇霆赴前方督战,负责执行编遣"①。一面召集奉天省垣各机关各法团负责人至总司令部,演说他这次准予直鲁军渡河的经过及最后决心。他说:鉴于直鲁军"野蛮性成",他曾电令胡毓坤军长"扼守滦河","嗣据胡军长电询,如张之家眷因败退渡河,可否令渡?本总司令以其末路可悯,复电准予放行,不意该部竟于列车内,满载武装军士,冒充家眷列车。渡河后,立将奉军守桥之一部分军队缴械,并向驻守奉军开枪反抗。胡军长当即返奉面陈经过,并谓张宗昌曾云,可以凭借某种军队,夺还直鲁,恢复当日地盘,汝(指胡)可随我取一致行动等语。本总司令以此冥顽,终难同化,予对彼决不瞻徇私交,贻误大局,此节决请安心。即以现事证之,便可了然,前因江(指黑龙江)省督办一席,张(指张宗昌)自以资格较万(指万福麟)为深,屡请畀伊,予始终未允其请,盖恐其匪军所至,至酿成第二之山东耳,此可见本总司令对张之态度矣。且张部之恶暴,举国共恨。此次决计彻底铲除,只为国家削除大患,预计一星期内可完全解决。请转告商民,俾知此次战事之真相,勿滋疑惧,是为至盼"②。张学良一如既往,对这次武力铲除直鲁残军,仍表示要由奉军独力担任。当他得知白崇禧东征军,已有部分部队渡过滦河,追击张、褚残部时,曾不止一次致电白,提出奉军已在石门寨等地与张宗昌残部接火,不日即可肃清,请白电令所部不必过河,由他自行解决。白崇禧有感于张学良已表示愿意服从国民政府,自应以"新奉天视之,解决直鲁残孽,是奉方立功国家之绝好机会。吾人既不以旧日眼光看奉方,故乐将此种机会与彼";另一方面也因东征军内部有少数部队(主要是所属冯玉祥第四集团军)与"奉军颇隔阂",怕引发不必要的"误会";再加上北戴河、秦皇岛、榆关等地均有"外军屯驻,关系复杂",万一因此引起"外交纠葛",更是他担当不起的,于

---

① 《滦东军事舞台一转》,天津《大公报》,1928 年 9 月 15 日。
② 《张学良述收编直鲁军经过》,上海《中央日报》,1928 年 9 月 26 日。

是当即电令各部:未渡河之师,"俱陈兵滦河岸,架桥待渡",已渡河之师,就地待命,暂勿前进,"河东之事,暂听张学良负责"①。

张宗昌见奉方与直鲁军似已无多少调和的余地,失望之余,于9月14日发表抗奉通电,指责张学良"视余等为敌寇,勾连赤贼,向南请和","实背先人(指张作霖)之遗训",故"不得不还师向奉,与奉军兵戎相见",并假借名义,将奉军汲金纯、胡毓坤、于学忠等军长列名其中,企图挑拨奉军内部和张学良、白崇禧之间的关系。张学良也针锋相对,于是日通电奉军各军官予以驳斥,指出奉军"对南妥协",实为"尊重民意","避免战争"。"效坤(张宗昌字效坤)对于屡次议定之收束(军队)办法,延不实行,及国军进迫,反率队渡河,退踞我军战地。初不解其用意所在,今接来电,始知效坤本意,实欲牵率我军入于漩涡,以偿其拥兵之志愿,及我军不受愚弄,乃一转而为攻奉之谋。其尤可笑者,电尾署名仍将我方军长牵连加入,实则汲、胡、于各军长现正着手将该军解缴武装,何至有列名之事?"但他最后仍幻想通过他与直鲁军之间的个人旧谊来消除战祸,因而委婉表示:"效坤果能觉悟来归,友谊自当如故",学良"日来所取断然之处置","实具不得已之苦衷"②。9月17日,张学良还特地发表劝告直鲁将士一文,表示他与直鲁将士"袍泽多年,久同患难","对于该军意在保全,并非歧视,该军如能恪遵命令,解缴武装,将来改编以后,仍当留用,即编余之将校,亦悉照募待军官章程办理"③。但是,张学良的"个人友谊",丝毫没有打动张宗昌的心,奉军与直鲁军的战事仍在继续进行。

由于奉军准备不足,白崇禧东征军又应张学良之请暂未加入作战,

① 《徐永昌谈国军何以暂不渡河》,天津《大公报》,1928年9月17日;《杨杰报告津东战事经过》,上海《中央日报》,1928年10月27日;《杨杰谈滦东军事》、《滦东军事舞台一转》、《滦东军事尚未解决》,天津《大公报》,1928年9月21、15、17日。

② 张友坤、钱进主编:《张学良年谱》上册,社会科学文献出版社1996年版,第305页;周毅等人主编:《张学良文集》上卷,香港同泽出版社1999年版,第111页。

③ 《张学良劝告文》,天津《大公报》,1928年9月19日。

奉军在战事最初的几天里，明显处于不利地位。9 月 20 日，杨杰向报界记者透露："关内奉、鲁两军之激战，迄十八日止，奉军确受挫败，张、褚残部作战殊猛，奉军曾一度退北戴河，秦皇岛闻炮声隆隆不绝，一时奉军几有出关之势。"①张学良也不否认这一事实，据当时报载，张学良致白崇禧巧（18 日）电，"对安山奉军初战之失利，亦承认不讳，并自述其种种苦心，称为向所未遇之困难"②。实际上，9 月 12 日，驻守滦河东岸的奉军胡毓坤部就被直鲁军包围了。据白崇禧此前派往奉天监视改编直鲁残军，并随杨宇霆亲至滦东视察战事的徐承熙当时告诉记者：9 月 11 日夜，直鲁残军在白崇禧东征军的追剿下，纷纷向滦东奉军防区溃退。起初，他们佯称："将空车放回滦东，情愿受编，胡毓坤信以为实，未加戒备。后该项空车，到距滦河桥约二里之米各庄车站停车，而东面六列车所藏者，均为作战兵士，并纷向安山附近布置战壕，胡毓坤部遂陷于重围状态。迄十二日上午，张、褚各部完全渡河，并向两翼布置防御，胡毓坤部一时被直鲁军截为三段，无集合之能力，胡毓坤亦被张、褚所包围。胡无法，乃承认与张、褚合作驱张学良，并对张、褚通电签字。"这就是前文提到的胡毓坤"列名"张宗昌 9 月 14 日抗奉通电的由来。但是暗地里，胡毓坤仍在"安山谋集中攻击（直鲁军）。事被张、褚侦知，以胡合作既无诚意，乃令全军于十三日拂晓向胡军猛烈攻击，胡军第十四师几全军覆没。胡在安山附近之司令部，即被直鲁军重围。旋第八军李振唐部向安山东方增援，亦被直鲁军击溃一旅之众……十四日拂晓，张宗昌亲率所部由大李店绕到安山北方，褚玉璞亦上阵督师，当时势焰颇大"③。白崇禧见奉军形势吃紧，不忍坐视，除命令原在滦东的陈调元部两师采取必要行动外，又于 9 月 15 日调李品仙一部渡河加入滦东作战，夹击直鲁残军。张学良一面命打虎山王树常全军火

----

① 《杨杰谈滦东军事》，天津《大公报》，1928 年 9 月 21 日。
② 《滦东军事将结束》，天津《大公报》，1928 年 9 月 20 日。
③ 《奉方解决直鲁残部经过详情》，上海《中央日报》，1928 年 10 月 5 日。

速入关参战,一面从榆关、昌黎调兵增援。16 日,杨宇霆亲临北戴河,督率胡毓坤、于学忠、汲金纯、李振唐等部自东向西发动全面反攻,富双英部自芦龙向南进逼。白崇禧东征军则配合奉军在滦河东岸截击,对安山一带直鲁残军主力形成三面包围之势。经过两日激战,18 日,奉军占领安山,直鲁残军完全丧失斗志,纷纷改换门庭,自寻出路。19 日,褚玉璞亲至安山,向杨宇霆请求停战,听候改编。21 日,张宗昌化装村野匹夫,自朱各庄向滦河东岸下游潜逃。

　　退守滦东的直鲁残军总计九个师,情愿重新渡河而西,投奔白崇禧东征军者为姚钰、王恩贵、于世铭、祝祥本、张骏、刘振邦部,袁振青部愿归附奉军,方永昌、王琦两部已先在秦皇岛被奉军缴械。为尽快结束战事,白崇禧原拟暂予收容姚钰等六部,准其于 9 月 21 日携械渡河。经蒋介石批准,他权委姚钰、王恩贵、于世铭为暂编师长,祝祥本、张骏、刘振邦为副师长,并采取分而治之的策略,指定于世铭部驻开平、胥各庄,刘振邦部驻古冶、洼里,王恩贵、张骏部驻雷庄,祝祥本、姚钰部驻滦州。但很快又发现各该部"军装缺乏,形同乞丐",本部军队,尚虞饥寒,安有余力供其给养?加上各该部"野性难驯,军纪不良",渡河以后"又有不稳风传",特别是蒋介石当时屡以扩军为厉禁,收编乃是蒋系以外各军一大忌,便于 22 日在滦州召集范熙绩等前线将领开一军事会议,决定于 23 日晚将各该部悉数缴械遣散,并规定:"兵士每名给资五元,上士十元,尉官二十元,校官五十元,将官二百元。议既定,遂于二十三日晚各处同时包围缴械。当缴械时,张骏、王恩贵两部无甚抵抗,祝祥本部亦尚服从,惟胥各庄之于(世铭)部及古冶、洼里之刘(振邦)部等,抵抗甚烈……胥各庄二十三晚八时开火,十时始平复,国军亦死伤约二百人。"[①]与此同时,袁振青部也于 21 日在安山附近被杨宇霆缴械。24 日,白崇禧、杨宇霆会晤于滦州桥上杨的专车内,主要讨论了以下三个

---

① 《东征军事完全终了》,天津《大公报》,1928 年 9 月 26 日;《直鲁军缴械遣散的经过》,上海《中央日报》,1928 年 10 月 1 日。

问题,并都取得了圆满的结果:一、各自向上级报告此次战事经过;二、滦州东西的防务问题;三、奉军交还被扣机车车辆问题。至此,白崇禧肃清张、褚直鲁残军的津东滦河之役宣告胜利结束。

第三节　"东北易帜"的实现

一　和平统一方针的确立

东北三省本是奉系军阀的大本营,张作霖北京安国军政府的稳固后方。由于张作霖在退守东三省的途中被日本人炸死,少帅张学良取而代之成了东三省的新首领。自"京津易帜"以后,如何解决东三省的问题,是和平解决还是武力解决,开始成为举国上下普遍关心的热点问题。

就社会民众而言,无论关内还是关外,无疑都是主张和平解决的。因为民国以来,中国一直处在北洋军阀的统治下,大战连年,灾荒频仍,长城内外,满目疮痍;大江南北,民不聊生,人民太需要一个和平安定的环境来休养生息了。天津《大公报》为东三省问题所发的一篇"社评",可说是这一民情的反映。它说:"全国人士立待正式罢兵,其尚未能者,仅以东省问题未决之故……吾人由人民之地位上,希望东省易帜,及早实现,先使天下罢兵,再办政治善后。"①而另一篇"社评"则更明确指出:"张作霖已逝,目标既失,更无专用兵力之必要,此固人人得而知者。"②

但在南京国民政府的领导层里,意见就不那么一致了。蒋介石作为南京国民政府的主要军事领袖和政治领导者,早在"京津易帜"前,就表达过在和平解决张作霖北京安国军政府的同时,也愿以和平方式解

① 《东三省之善后》,天津《大公报》,1928 年 6 月 18 日。
② 《全国商民速发起裁兵协会》,天津《大公报》,1928 年 6 月 26 日。

决东北问题。5 月 22 日,他指示吴忠信:"奉军如能先行自动出关,则此间不惟不加追击,而且必有推诚相予之表示。"①30 日,奉命北上的南京国民政府谈判代表孔繁蔚、尹扶一,在北京与张学良、杨宇霆、张作相、孙传芳等人达成"奉张出关"等三项协议后②,蒋介石、谭延闿回电表示认可,其中之一便是"国家政务由国民政府处理,奉方要员可加入国民政府"。6 月 1 日,蒋介石见安国军已有必退之势,立即派于济川前往奉方传达三点意见:一、不使东三省为日本保护,致我中国失地;二、从速退出关外,勿守滦河,以免内战;三、如张作霖能下野,则中正本不重权利,亦可下野。又亲笔致函张学良和杨宇霆,吁请"'爱国革命',拥护国家统一"③。"京津易帜"特别是皇姑屯事件发生后,蒋介石意识到张作霖这个奉方内部的最大和平障碍毕竟不复存在了,因而对和平解决东三省问题更加充满了信心。6 月 26 日,他指示阎锡山:"对奉计划,剿抚并施,甚为同意",原则是"东省政治必受中央派员监督与指挥"④。蒋虽说"剿抚并施",但重点显然在"抚","剿"只是为了促"抚"。

主张和平解决东三省问题的,除了上述国民政府主席谭延闿外,政府方面还有于右任等人⑤;而军队方面则还有阎锡山、李宗仁、白崇禧等人。阎在"二次北伐"中,就曾与蒋的谋和活动,采取过配合措施⑥。6 月中旬,又与白崇禧、商震等人在北京多次会议,"对东北时局,决定采取以政治手段解决"⑦。7 月 1 日,更向蒋介石明确表示:"遵照中央

① 《蒋总司令致吴忠信养亥电》(1928 年 5 月 22 日),《第二期敌情概况与我军战略》,第 45—46 页,转引自王正华论文《蒋中正与东北易帜》。

② 《孔繁蔚纵谈时局问题——以政治手腕解决时局》,《盛京时报》1928 年 6 月 15 日。

③ 王正华论文《蒋中正与东北易帜》。

④ 《蒋总司令致阎锡山宥辰电》(1928 年 6 月 26 日),转引自王正华论文《蒋中正与东北易帜》。

⑤ 《于右任谈时局》,《盛京时报》,1928 年 6 月 15 日。

⑥ 《南北和议问题与蒋冯阎之态度》,《盛京时报》,1928 年 5 月 29 日。

⑦ 《阎白商等会议对奉策》,《盛京时报》,1928 年 6 月 26 日。

策划,用政治手腕解决东省事。"①李宗仁因社会流传他力主"乘胜出关,完成北伐",特于 6 月 12 日发表通电,全面阐述他的对奉主张:"此次奉天炸弹案发生地点,密邇省城,虽动因如何,未得真相,而东三省因此发生极大变故,则无待言。外而外兵压境,有触即发,内则军心无主,险象环生,若再穷追,非特糜烂地方,且恐横生意外。故此时如能于军事外别以政治手腕解决,自必有当人心,事半功倍。而奉军经此巨创,度亦无敢再蓄异志,自外生威。果其服从党义,效顺中央,似不妨优予包容,即就该地组设政治分会,以整理地方,从事建设,更由中央善为指导,使就范围。既可缩短军事期间,及早完成统一,而举全国人一致对外,尤可团结民族精神,以实现总理遗教。"②李宗仁深刻分析皇姑屯事件对奉军是一次"巨创",东三省将因此面临严峻的形势:"外而外兵压境,有触即发,内则军心无主,险象环生。"在此形势下,奉军大体不敢"再蓄异志,自外生威",倘若继续采取穷追出关,武力解决,不给出路的政策,则"非特糜烂地方,且恐横生意外"。因此,他主张"别以政治手腕解决",既得人心,又"事半功倍"。作为李宗仁的主要干将白崇禧,也早在 6 月 11 日便已向社会公开表示过:东三省之事,"希望张作霖部下将领自行觉悟,只要服从主义,自可避免战祸"③。当然,李、白如此主张,也有不便明言的隐忧,生怕政治解决的结果,奉军这支武装力量又成了蒋介石的"私家军"。7 月 17 日,李宗仁复张学良,隐约透露了这种心情。李宗仁的复电,特别强调两点:一是"所贵乎统一者,要在精神一

---

① 《阎锡山呈蒋总司令东申电》(1928 年 7 月 1 日),转引自王正华论文《蒋中正与东北易帜》。

② 《第四集团军移驻南苑》、《李宗仁电陈时局意见》,《盛京时报》,1928 年 6 月 26 日。由此看来,《张学良传》(张魁堂著,东方出版社 1991 年版,第 32 页)认为,李宗仁和冯玉祥一样,也是"主张乘胜出关追击并消灭奉军的"。《张学良年谱》(第 291 页)称李宗仁是"经王树翰等四代表赴平陈述东北情况,反复洽商"以后,才"转而支持蒋介石、阎锡山之主张"的,均与事实不符。

③ 《阎白访问记》,天津《大公报》,1928 年 6 月 14 日。

致，不在形式偶合，现代国家，内政动关外交，前此联甲倒乙之纵横捭阖手段，已不适用"；二是"服从三民主义即是自谋生存，与服从个人势力迥然不同，势力之结合属于形式，主义之服从属于精神，属于形式者可暂不可常，属于精神者乃历久不敝"①。征诸此前此后，蒋、李多有明争暗斗，李宗仁所言，显然是在暗示张学良切不可效法"前此联甲倒乙之纵横捭阖手段"，仅为服从蒋介石"个人势力"。

　　反对和平解决东三省问题的势力，主要来自军队和国民党党部两方面，军队方面主要是冯玉祥及其部属。冯在"二次北伐"中，由于历史的积怨，一直对奉持强硬态度，不但对张作霖所发"息争"通电不以为然，常常斗志"激昂"，对撤退中的安国军"肆意追击"②；而且在张作霖离京出关后，仍命所部"为除恶务尽起见，务必乘胜追过京津间一段铁路，向天津东北芦台、宁河一带截击，使敌片甲不归，永绝后患"③。所以，奉、蒋代表磋商"京津易帜"步骤时，奉方所提"唯一之要求，即为冯玉祥军队中止北进，以免冲突"④。值得一提的是，冯玉祥的武力解决主张几乎始终不变，即使和平大势已定，不便再公开反对时，也没有放弃之意。7月初，日本东方电通社记者问他："目下东三省问题，当如何解决？"他表示："对此问题，或武力解决，或政治解决，或与张学良所派代表作妥协交涉等，均非余所能知，一切当服从南京政府之命而行。"又问："如与东三省妥协，是否以改悬青天白日旗为绝对条件？"他仍拒绝正面回答："此事亦待国府之命，予并不能言明。"⑤实际是在外交辞令下，表达他对蒋所持和平态度的不满。而其所部鹿钟麟同时期与另一

---

　　① 《李宗仁致张学良电》(1928 年 7 月 17 日)，上海《新闻报》，1928 年 7 月 19 日。

　　② 《京汉线奉军实行反攻》，《盛京时报》，1928 年 5 月 19 日。

　　③ 《令鹿钟麟等乘胜追敌过京津电》(1928 年 6 月 6 日)，《冯玉祥军事要电汇编·军略》上，民国史料编辑社 1933 年版，第 81 页。

　　④ 《王士珍任维持京师治安》，《盛京时报》，1928 年 6 月 5 日。

　　⑤ 《关帝庙中冯总司令之谈话》，北平《京报》，1928 年 7 月 10 日。

记者的谈话,虽也因对蒋有所顾忌,说得相当委婉,但毕竟直率多了。记者问鹿钟麟:外间传言东三省问题,"有政治与军事两种办法,究竟如何? 鹿答以此事如全用政治手腕,恐怕不行吧。记者问以如全用军事手段,有无窒碍? 鹿答我意东三省问题,军事到相当程度时,始以政治手段解决之。"①显然,冯、鹿看重的不是"政治手腕",而是"军事办法"。在国民党党部方面,主要是从自身利益出发的国民党奉、吉、黑三省党务指导委员会。迄至 7 月 12 日,他们还专函战地政务委员会主席蒋作宾,严厉责问:东三省问题,"近忽闻有政治解决之消息,敝会等实大惑不解,不知诸革命伟人,是何心理? 论奉系军阀之罪恶,为吾党革命最后之目标。吾党革命四十年,牺牲几许同志之头颅,最后竟与万恶军阀谋妥协,何以对地下诸先烈? 更何以自解于国人"? 他们表示:"为保全自己之人格,为保全吾党革命之真精神,誓死反对以政治解决。"②

但是,在当时的南京国民政府中,蒋介石的地位和权力,毕竟是他人无法比拟的。他的决策,虽然常常遇到挑战,却是难以动摇的。对东三省问题的决策也是这样。事实上,皇姑屯炸弹一响,蒋的和平统一方针,就已成竹在胸了。而且,早在 6 月上旬,他就通过其派往北京的谈判代表孔繁蔚,以答记者问的形式公诸于众了。当有记者问:"东三省问题,将用何法解决,用武力耶? 抑用政治方法耶?"孔毫不犹豫地回答:"国民政府预定计划,以武力解决东三省问题。但张作霖被炸后,东三省已失去一大领袖,继任无相当人物,将来数领袖如张学良、杨宇霆等管辖三省,彼均为奉方之新派。在此外交紧急之中,在政治上恐有合作之可能,惟须服从三民主义,受国民政府节制。倘彼有如此之觉悟,即可不必再藉武力以解决。"③不难想象,孔繁蔚作为南京国民政府的

---

① 《鹿钟麟司令访问记》,北平《京报》,1928 年 7 月 6 日。
② 《东三省问题绝对不容政治解决》,北平《京报》,1928 年 7 月 13 日。
③ 《孔繁蔚纵谈时局问题——以政治手腕解决时局》,《盛京时报》,1928 年 6 月 15 日。

谈判代表，没有蒋的授意，是不太可能发表这类事关大局的言论的。代表南京联络奉方的参议何成濬当时曾对人说过的一件事，可以证明这一点。6 月 24 日，"奉方有电约彼赴奉，彼未奉命令，不能自主，故未往也"①。何因未接到蒋的"命令"，便不敢自作主张，应约前往奉天接洽，孔繁蔚不经蒋授权，就敢于自作主张向记者公开国民政府解决东三省问题的大政方针？可见，蒋介石的和平统一方针，早在 6 月初就确定了，并且一直不为异议所动。

　　蒋介石如此坚持和平解决东三省问题，是由当时的国内外环境决定的。首先是迫于日本的外交压力。正如阎锡山所说："国府之所以欲求避免以武力经营关外者，只为顾虑外交关系之下，并非力有不逮。"②阎所说的"顾虑外交关系"，虽未明指为何国，但当时举国皆知，就是中日关系。因为日本早就公开声明过，东三省有其特殊利益，北伐战火不能扩大到关外，而且还有"济南惨案"的先例。对奉问题，本是中国的内政，只因中日、日俄战争的历史关系，日本在"彼有数万万之投资，二十万之侨民，其政府运命，且往往系于是焉"③，蓄意把它变成了对日问题，蒋介石自然有所顾忌。国民党《中央日报》发表的编辑部成员署名文章，对此也有清楚的说明："对奉的正当办法自然是用军队去讨伐，但是我们一用军队去讨伐，日本一定又要出兵来捣乱。""因为要避免那疯狗一样的日本政府的凶焰，不得不用政治方法去解决东三省政局。"④其次，也是为了贯彻国内施政方针的需要。6 月 12 日，"京津易帜"刚刚实现，蒋介石就审时度势，提出了包括裁军在内的五大施政方针。既要裁军，当然就不便再坚持武力解决了，否则非但裁军不可能，且势必

　　①　《东三省问题如何处理》，天津《大公报》，1928 年 7 月 5 日。

　　②　《东三省问题如何处理》，天津《大公报》，1928 年 7 月 5 日。

　　③　《日本对华政策与中国对日政策》，天津《大公报·社评》，1928 年 8 月 11 日。

　　④　彭学沛：《对奉问题和对日问题》；《解决东三省政局的最低条件》，上海《中央日报》，1928 年 7 月 13 日、16 日。

引起新的募兵热潮。诚如当时舆论所言:"若再用武力讨伐,则当此高唱裁兵之时,又未便复作旷日持久之大举。"①最后,关内外民众一致呼吁各方和平解决东三省问题,不能不说也是影响蒋介石决策的因素之一,尽管不是主要的。

6月中旬以后,南京国民政府主张和平解决东三省问题的消息,或公开或秘密地通过各种渠道,纷纷传到张学良的耳边案前。6月16日,阎锡山在京津卫戍司令部召见奉军留京代表邢士廉、于珍,"并面交亲笔函一件,令转达张学良氏。函内大意,力劝奉军将领宜顺应潮流,勿再固执偏见,使地方糜烂"②。18日,国民政府委员钮永建也以私人资格致函张学良、杨宇霆,指出:"吾党本先总理之遗教,以建立全民政治为旨归,同是中国人民,苟能幡然憬悟,服从主义,笃守党纲,莫不兼收并致,咸与维新。武力征讨,事非得已,往事俱在,可以复按。执事与部属……若能及时表示,翕然来归,此千秋之业也。如复徘徊歧路,坐昧先机,成则使三省为朝鲜之续,败则致一身蒙覆亡之祸,计虑之拙,孰逾于此,夫岂智如执事者所应出耶。"③此外,蒋作宾、何成濬、方本仁等人都通过不同方式,对张学良做过类似工作。但张学良迟迟没有任何响应的表示。6月20日,他虽然为就任代理奉天军务督办,发表过一个纲领性的施政宣言,却只字未提赞成和平统一与否。诚如当时《盛京时报》的评论所说:今吾读新任奉天军务督办张汉卿(张学良字汉卿)号日通电,除了已故关外王每次因战败而回,郑重申明其保境安民之志愿,如停止军事,息事宁人;如交邻亲善,共存共荣;如整饬戎政,兵农实边;如实事求是,尊重民意等由来已非一次的"同样之宣言"外,对于"将以如何方法,对待南方势力"这个人人所欲知的问题,仅有"非自他方危害,侵及生存,决不轻言战事"一语。"至于是否容纳实行和缓他方侵害

---

① 彬彬:《东三省归附问题近讯》,上海《中央日报》,1928年8月16日。
② 《阎白商等会议对奉策》,《盛京时报》,1928年6月26日。
③ 《钮惕生致张杨电》,上海《新闻报》,1928年7月8日。

的危险性之手段,绝不言及。质言之,将绝对否认三民主义到底乎,抑或容认而悬青天白日旗于辽水之滨乎"①。岂止如此,他在同日复钮永建电中,甚至将钮的劝导,视为"威武之力",颇不以为然地说:"今日全师而退,保我乡邦,虽永怀此厌战之心,而亦不甘屈于威武之力,但有正当之解决,自亦无不愿闻。"②可见,张学良此时对和平解决东三省问题,并不十分主动,仅愿听听"正当之解决"而已。

　　张学良暂未对蒋介石的和平统一方针表态的原因,主要是张作霖被炸后,"内部布置须经时日"③,此其一。这虽是邢士廉等谈判代表,对张学良"迟迟"未与蒋介石"接洽"的解释,带有几分开脱之意,倒也大体符合事实。首先,他要及时采取措施,如为张之死保密、部署军事善后、统一内部意志等,以稳定东三省局势,使之不致因张作霖之死而发生动乱。其次,也要为自己回到奉天后的政治出处作出安排。第三,更要考虑与日本的关系问题。第四,还要观察南京国民政府究竟谁能坐稳第一把交椅,"因彼等宗旨随日俱变,何人当权,则以何人之意见为准定也"④。所有这些,都是"须经时日"的⑤。

　　其二是不满于蒋介石以武力促和的高压态势。"京津易帜"之前,张学良确曾力主停战议和。据说,5月15日,他还为此特地从前线赶回北京,与"孙传芳、褚玉璞等之强硬论"者"舌战通宵"⑥。但也须指出,和他父亲一样,也是强烈坚持以北伐军停止前进,实行对等的和平

---

①　青白眼:《读张学良督办号日通电》,《盛京时报·论说》,1928年6月26日。

②　《张学良复电》,上海《新闻报》,1928年7月8日。

③　《奉方乞降代表抵平记》,上海《中央日报》,1928年7月17日。

④　《张学良谈新政治纲领——对路透社奉天访员谈》,天津《大公报》,1928年6月23日。

⑤　以往学者对此已有精彩论述,这里不再重复。详见司马桑敦《张学良评传》(台北,传记文学出版社1989年版),第45—51页;[美]傅虹霖著,王海晨、胥波译《张学良的政治生涯——一位民族英雄的悲剧》(沈阳,辽宁大学出版社1992年版),第35—39页。

⑥　《奉方决计先战后退》,《盛京时报》,1928年5月19日。

为先决条件的。5 月中旬,张学良复上海总商会和北京银行公会两电,清楚表明了这一点。他在两电中,对北伐各军的"弯弓而射之成心",颇有怨恨地说:"所可慨者,今人日詈军阀,乃口则骂之,黩武穷兵,变本加厉。故非有同等之觉悟,断无实现之和平。""若同根萁豆,必不相容,则非学良等之所敢知也。"①"京津易帜"以后,他在代理奉天军务督办宣言中强调,只有"他方危害""不侵及生存",才"不轻言战事",而只字不提奉方是否也放弃或和缓侵及他方生存的"危害"。他在复钮永建电中表示,"不甘屈于威武之力",都是这种心态的具体表现和延续。

其三是东三省的政治权益,没有得到南京国民政府的足够重视。6 月 16 日,阎锡山让邢士廉、于珍转告张学良的条件是:一、东三省军民兵官宣言服从三民主义,改挂青天白日旗;二、改组东三省政府为委员制,并由国民政府派委员加入;三、须受国民政府命令指挥;四、东三省各地设立国民党及宣传机关②。一切大权,操自于我。而张学良向蒋作宾所提出的要求却是以张学良主席政治分会,杨宇霆主席奉天,张作相主席吉林,吴泰来主席黑龙江③。两相比较,差距之大,可以想见。正因如此,一向沉稳的张学良,竟在五天后与路透社访员的一次谈话中,表现出情绪失控。据媒体报道:"张氏对国民政府态度能谅解,并愿与国民政府谈判根据于平等之和平条件,但东三省为中国重要一部分,彼对于不令三省参预国家大事之图谋,绝对不同意,故张氏决定以全力破坏此图谋。"④

---

① 《张学良文集》上卷,第 90、91 页。

② 《阎白商等会议对奉策》,《盛京时报》,1928 年 6 月 26 日。

③ 《蒋作宾呈蒋总司令铣电》(1928 年 6 月 16 日),《东北易帜》,第 19 页。转引自王正华论文《蒋中正与东北易帜》。

④ 《张学良谈新政治纲领——对路透社奉天访员谈》,天津《大公报》1928 年 6 月 23 日。《张学良文集》编者将此段媒体报道,改成张学良本人的直接谈话,收入书中,曰:"吾对于不令三省参预国家大事之图谋,绝对不同意,故决以全力破坏此图谋。"(见该书第 93 页)此种编辑态度,似不可取。

　　然而,就在这时,由于南京国民政府宣言废除不平等条约,要求各国遵正当之手续另订新约,日本感到要想拒绝南京国民政府修改中日通商条约的要求,并达到"满蒙特殊化"的目的,最好的办法就是向张学良施压,促其自立于南京国民政府之外,阻止蒋介石和平统一计划的实现。于是,6 月 25 日,田中外相通过驻奉天总领事林久治郎传话给张学良:"东北宜以保境安民为重,切勿过于向南方采接近态度。"①29日,再命林久治郎转告张:"此际匆促采取迎合南方的态度,非但毫无必要,且有危险。暂应维持现状,保境安民,以观形势变化。"甚至警告道:"如有扰乱东三省治安者,日本准备根据必要,采取相当手段。"②但是,张学良毕竟是中国人,而且生来吃软不吃硬,想到晚清以来的亡国之惧,和不久前皇姑屯杀父之仇那一幕,田中的强硬态度,反而促使他向南京国民政府迈出了关键性的一步。7 月 1 日,张学良急电蒋介石等人,说:"至国难所在,学良当以民意为依归。所盼当局诸公,以国家大计为前提,同时收束军事;一面以最简捷办法,速开国民会议,解决目前一切重要问题。学良爱乡爱国,不甘后人,决无妨害统一之意。"③张学良此电,尽管也有前提条件,要求蒋也要以大局为重,"同时收束军事",并通过召开国民会议,来解决一切重要问题,但毕竟首次向蒋介石表达了赞成和平统一之意,说明张自此与蒋达成了共识,将和平统一方针作为国家根本大计,而正式确定下来了。

二　张学良未能兑现七月"易帜"的承诺

　　张学良是个说干就干,不尚空谈的人。7 月 2 日,他电告北平何

　　① 《田中外务大臣致奉天总领事电》(昭和三年 6 月 25 日),外务省编纂:《日本外交文书》昭和期 1,第 1 部第 2 卷,东京平成二年 12 月,第 203 页。
　　② 日本防卫厅战史室编纂、天津市政协编译委员会译校:《日本军国主义侵华资料长编——〈大本营陆军部〉摘译》上,四川人民出版社 1987 年版,第 162 页。
　　③ 《张学良文集》上卷,第 94 页。

成濬,由他亲自指派的全权代表王树翰、邢士廉、米春霖、徐祖贻,正在大连候船赴平面谒蒋介石,请知会平津军警加以保护。这表明张学良已以实际行动,正式启动东三省与南京国民政府的和平统一谈判。但他同时又是个宁折不弯,不轻易屈服于人的人。3日,蒋介石为"祭告总理,收拾北平军事,解决奉天问题"①,邀约冯玉祥、李宗仁等人尽早北上到达北平。同日,张学良宣布就任早在6月27日,便已由东三省省议会联合会选举产生的东三省保安总司令兼奉天保安司令之职。张早不宣布晚不宣布,偏偏在蒋抵平后的同一天宣布,是历史巧合,还是有意的安排?征诸王树翰等人抵平后,向新闻界公开发表谈话说:"东三省目前确成整个的状况,一切由汉卿指挥,此次赞成统一,亦系各方与汉卿主持,只要事确【实】上不发生困难,定可从容接洽。"②显然,张学良是要借此向蒋介石及世人表明:他现在已是东三省说话算数的"整个"领袖,即统一领袖,不是可以随便轻视的。

其实,蒋介石早就摸清了张学良的心态,所以历来都很照顾张的面子。还在6月中旬,他就通过孔繁蔚表过态,"以政治手腕解决时局",绝不会"以征服者待奉军"③。7月3日,又通过李烈钧向报界公布"政府处分东三省问题"的三项基本原则,以表达其对奉方宽大为怀之意:"(一)以政治手腕为三省人民谋福利;(二)对三省新旧派兼容并顾,不偏于任何方面;(三)以公正办法处理东省政务军事。"④张学良全权代表王树翰等人抵达天津后,蒋先是派漆英赴津看望,后又派张品哲促其早日赴平。10日下午抵平时,命方鼎英等百余人前往东站迎接。12

①　《蒋谭在纪念周重要报告》,天津《大公报》,1928年8月1日。

②　《奉方乞降代表抵平记》,上海《中央日报》,1928年7月17日。

③　《孔繁蔚纵谈时局问题——以政治手腕解决时局》,《盛京时报》,1928年6月16日。

④　《李烈钧谈对奉问题》,上海《新闻报》,1928年7月5日。

日，又在碧云寺先与阎、冯、李等人单独会见①。13 日，更在中外新闻记者招待会上，对当时报界各种有损张学良及奉军尊严的言论，进行了善意的批评和制止。他说："刻下奉天代表已来平。自从张学良东电（指 7 月 1 日电）发表后，有谓奉方求和，有谓奉方投降，其实这一类的话，皆能引起不好的感想。要知道我们不是用武力统一国家的，是用主义统一国家的，无论奉方派代表来，或是通电表示，我们为国计民生计，均不能再战，只要大家服从三民主义，同在主义下努力就行了，并不像国际战争，有所谓求和、投降等名词。以后请各位对于奉方代表和通电，不要随便登载，引起他们的恶感来。"②

　　为排除各方干扰，确保和平统一谈判顺利进行，蒋介石刚到北平就推出了两项重要措施：一是实行新闻控制，不许本国新闻媒体随便报道谈判内容。7 月 11 日，国民革命军总司令行营办公厅根据蒋的面谕，分函北平新闻界："关于东三省问题，正在秉中央决定妥善之处置，外人传说纷纭，用意多不可问，本国新闻界对于此问题，宜格外慎重登载，免惑观听。"③他这样做的目的，当事人邵力子曾坦率告诉记者：东省问题，"已嘱各报不必登载，尤其是接洽内容，各报即有所闻，亦不可披露。因日本人正拟设法以【从】中作梗，假使将内容随便揭晓，则日人必大使捣鬼之伎俩也"④。蒋介石推出的第二项措施是由蒋亲自主持对奉谈判事宜，他人不得插手。蒋先于 7 月 11 日在北平汤山会议上，向冯玉祥、阎锡山、李宗仁等人提出此项动议，迫使向来主张武力解决东三省问题的冯玉祥不得不承认："关外的问题，由蒋总司令主持办理。"⑤然后于 13 日电告南京谭延闿："奉方事现由中（正）负责接洽，如有该处代

---

　　①　《王树翰等尚未见蒋》，天津《大公报》，1928 年 7 月 12 日。有关论著均谓蒋 7 月 10 日已会见张学良四代表，皆误。

　　②　《蒋总司令和中央委员北上记》，上海《中央日报》，1928 年 7 月 20 日。

　　③　《蒋总司令所望于本国新闻界者》，天津《大公报》，1928 年 7 月 13 日。

　　④　《蒋总司令和中央委员北上记》，上海《中央日报》，1928 年 7 月 20 日。

　　⑤　《冯总司令昨晚离北平》，天津《大公报》，1928 年 7 月 15 日。

表来京商承者,请转知国府各委员一概拒绝,以免纷歧。"谭随即复电表示:"一切请公主持,专电已示同人,极为赞成。"①蒋名正言顺地取得了处理东三省问题的最高主持权。

张、蒋此次和平统一谈判的第一个问题,是张学良7月1日通电中提出的"速开国民会议"问题。王树翰等谈判代表抵平后公开声明:这是张学良易帜的前提条件,"前提决定,以后一切自易协商",并表示他们将按张学良7月1日通电"述明"的"接洽范围"办理②。张为何提出这一前提条件呢? 首先,国民会议是孙中山1924年北上宣言中首次提出,后又成为其遗嘱中与废除不平等条约并列的一大政治主张,以此为"易帜"的前提条件,或许不致引起南京国民政府的反对。其次,张学良行事,向来标榜"尊重民意",用王树翰等谈判代表的话说:"张总司令年来一切措施,纯以民意为依归。"③国民会议,乃是民意最高机关,"易帜"与否,一旦议决,谁好反对? 可以借此让"易帜"反对者闭口。第三,更重要的是张学良对"易帜"尚有一层顾虑,诚如他自己所说:"因对外则有某方(指日本)窥伺,对内则新遭大故,变更太骤,虑生枝节,但须经过一重正式手续,全国一致解决。"④张学良此言,除了表明他希望东三省"易帜",能经过国民会议这样"一重正式手续",以示其尊重民意,不给日本干涉以借口外,还透露了他不希望"易帜"进程"太骤"这样一层心思。怎样才能使"易帜"进程不致"太骤"呢? 国民会议自然是最佳选择。因为依据孙中山的设计,国民会议召集之前,尚须先召集一预备会议,决定国民会议之基础条件及召集日期、选举方法等事。如此一来,

---

① 《蒋总司令致谭主席延闿元电》(1928年7月13日);《谭主席致蒋总司令盐电》(1928年7月14日),转引自王正华论文《蒋中正与东北易帜》。

② 《奉方乞降代表抵平记》,上海《中央日报》,1928年7月17日。

③ 《与某外人谈时局》(1928年7月17日),《张学良文集》上卷,第96页;《日本警告张学良后》,北平《京报》,1928年7月24日。

④ 《宋渊源呈蒋总司令冬电》(1928年7月2日),转引自王正华论文《蒋中正与东北易帜》。

"易帜"进程还快得起来吗？至于张学良何以不希望"易帜"进程"太骤"？征诸后来的事实，可以肯定和他所要求达到的条件不无关系。或许正因如此，张学良这一先决条件，才自始不为南京国民政府所接受。蒋介石还在北上途中即已宣布："召集国民会议，不可急剧从事，在第五次中全会当有决定。现在训政时期，国民会议尚非其时。"①7月4日，阎锡山也表态说：张学良对"三民主义只有服从，无所谓妥协。张请召集国民会议解决东三省问题，尤属误会，因全国统一后，方能召集国民会议，并非以国民会议来谋统一"。邵力子完全赞成阎的意见："国民会议须俟统一后召集，非开国民会议后始能统一。"②此后，国民会议便没了下文，可以肯定是张学良已意识到此路不通，彻底放弃了这一要求。

由于张学良不再坚持速开国民会议为"易帜"的先决条件，谈判随即转入"易帜"条件、何时"易帜"等具体问题的磋商阶段。尽管张学良代表声称"余等此次来平接洽，本无条件"；蒋介石也公开宣布："现在我们不一定积极的要他们挂青天白日旗，我们也不一定积极的要他们明了主义，我们是要他们知道国家有统一的必要，否则名义上虽然统一，而实际仍不统一，是无用的。"③但事实上，条件还是有的，甚至少不了讨价还价。张学良除通过王树翰等人在北平直接与蒋介石接洽外，还在奉天亲与蒋所派代表参谋厅长刘光、前北京政府财政总长张弧之子张同礼周旋。综合奉天、北平两地所谈，涉及"易帜"条件的问题，总体而言，蒋介石要求张学良：一、东三省归国民政府节制；二、奉行三民主义；三、改悬青天白日旗；四、撤退关内全部奉军。张表示均可办到，但也提出一反要求，"国民革命军不进往关外，东三省兵力照比例裁撤"。分别而论，主要是：一、指示外交机宜问题。张学良希望南京国民政府

---

① 《蒋总司令五大政见》，上海，《新闻报》，1928年7月3日。

② 《阎对张学良电意见》；《邵力子对奉事谈话》，上海《新闻报》，1928年7月6日。

③ 《日本警告张学良后》，北平《京报》，1928年7月24日；《蒋总司令和中央委员北上记》，上海《中央日报》，1928年7月20日。

外交部全力办理对日交涉,东三省外交方面由国民政府指示机宜,声称:"只要国府对外交有把握,东北易帜不成问题。"蒋表示:"中央自有外交准备,必能为先生负责。"二、设立政治分会问题。如前所说,张学良此前就向蒋提出过,"易帜"后须在东三省设立政治分会,并由其亲任主席。对张学良这次旧话重提,蒋同意由其组织、请委,不加干涉,并表示"对东北人才特别延揽"。为防口说无凭,张要求蒋明复一电,以安部下之心。三、组织国民党党部问题。张学良以东三省人民未经训练,希望暂缓组织国民党党部,先派员赴南见习,再行举办。蒋则拟请周震鳞、田桐、王乃昌、戴季陶等前往指导党务。四、暂停热河军事行动问题。张学良借口难保不引起全局误会,恳请蒋介石暂停进兵热河,待三省全局议定,再从长讨论。但遭到蒋的拒绝。7月15日,蒋任命方振武为左路总指挥,负责热河军事。五、肃清关内直鲁残军问题。蒋介石本拟"依照政府计划",早日肃清关内直鲁残军,张起初也曾同意由蒋"负责处理",但后又"声明中央若予以犹豫期间,彼方能设法将该项军队解决"。蒋"为息事宁人计,准予所请",但限定须于五星期内一律改编,且"仍准备军事,以防不虞"。六、恢复交通和放还铁路车辆问题。蒋要求张学良尽快恢复平奉路通车,并速还平汉、津浦、平绥各路车辆,以利交通。张复电告以代表赴平时,就"曾嘱提议及此……如或虑有不便,亦可分段开车"。至于所扣车辆,也"确允放回",但又有消息称,"张学良愿还其半,蒋则要求全还"[①]。由此可见,张学良"易帜",的确"不是无条件的投降,而是有条件的妥协",诚如当时社会舆论所指出:

---

　　① 　参见《中华民国大事记》1928 年 7 月条;《刘光张同礼呈蒋总司令寒电》(1928 年 7 月 14 日),转引自王正华论文《蒋中正与东北易帜》;《张学良所提条件》,上海《新闻报》,1928 年 7 月 9 日;《日本警告张学良后》、《又有第三者奔走直鲁军问题》、《杨杰谈直鲁军亟须解决》、《奉代表谈三省问题经过情形》,北平《京报》,1928 年 7 月 24 日、8 月 6 日、9 月 2 日、8 月 19 日;《关外易帜问题》,天津《大公报》,1928 年 7 月 18 日;《奉系接洽投诚的近报》,上海《中央日报》,1928 年 7 月 18 日。

张学良"须以确定东三省地位为前提,决非为三民主义而牺牲一切者"①。

　　对于"易帜"时间,蒋介石当然希望张学良能在其留平期间"立即改帜"②,以便借此赢得国际社会的承认和支持,也为他争夺国民党内部统治权取得更加有利的地位。但张却认为东三省情势特殊,"不能不斟酌环境状况,循序进行",希望蒋也能据此"斟酌一最快捷最完美方法,俾对内对外均无遗憾"③。显然,他并不以立即"易帜"为然,只是在蒋介石的强烈要求下,才勉强与其达成了热河先于 7 月 19 日宣布"易帜",东三省再于 20 日发表"易帜"通电的协议④。19 日,热河都统汤玉麟倒是在张学良的授意下,如期宣布热河"易帜"了。但东三省却未能于 20 日兑现"易帜"的承诺,原因是 19 日发生了日本驻奉天总领事林久治郎奉田中外相之命,再次警告张学良不可"易帜"事件⑤。为此,21 日,张亲电蒋介石,痛呈愧疚:"日方警告情形,迭请代表转达,谅荷察及……通电易帜,弟已承诺在前,独以顾虑桑梓目前危险,不克立时践约,愧疚实极。"同时表示:"弟此后行动,一以兄为依归,易帜固为袍泽之良友,不易帜亦为精神之信徒。东省行政方针,当本先总理训政方略,亦步亦趋,为不拘形式之统一。"希望蒋能体谅他暂不"易帜"而为"精神之信徒"的苦衷。为进一步消除蒋对其未能践约的疑心,张还建

　　① 《张学良的政治生涯——一位民族英雄的悲剧》,第 37 页;《东北问题之主张》,北平《京报·评坛》,1928 年 8 月 8 日。

　　② 《致国民政府代表祁暄电》(1928 年 7 月 14 日),《张学良文集》上卷,第 95 页;《宋渊源呈蒋总司令铣电》(1928 年 7 月 16 日),转引自王正华论文《蒋中正与东北易帜》。

　　③ 《复叶恭绰电》(1928 年 7 月 28 日),《张学良文集》上卷,第 100 页。

　　④ 王正华论文《蒋中正与东北易帜》指出:张、蒋"最初商定东北'易帜'的时间,是七月二十日"。

　　⑤ 〔日〕林久治郎著,王也平译,邹念之校:《林久治郎遗稿》;日本防卫厅战史室编,天津市政协编译委员会译校:《张学良易帜与日本干涉经纬》,章伯锋主编:《北洋军阀》(1912—1928)第 5 卷,武汉出版社 1990 年版,第 850、830 页。

议蒋于离平返宁途中指定一会面地点，以切商此后进行方法，并表示他"决不惮此一行"①。但蒋急需的是"形式之统一"，而不仅仅是"精神之信徒"。他一面以"东北治安极关重要"，婉言拒绝了张学良的求见之请，表示"俟时局平定，再图嘉会"②；一面通过何成濬、刘光转告张："东三省之存亡，即全中国之存亡，系乎先生今日之举措，务望即日宣告易帜，完成统一。无论如何困难，必以毅力排除，勿稍瞻顾，致误事机。"因为"日人此等举动，非仅悍然干涉我国内政，直已视东三省为彼俎上物，今惧别生枝节而犹疑不决，以后将永远受其宰割，东三省不复为我国领土，先生亦岂能更有立足之地？若不受其恫吓，毅然易帜通电而以独立之精神出之，则东省为全中国之东省，全国皆将深致崇敬，为先生后援，且中央自有外交准备，必能为先生负责，日人未必敢遽肆吞噬。即彼真占据东省，吾人必以全力对日，援助先生，真爱国之英雄，决不患无用武之地也"③。在蒋介石的再三催迫下，张学良不得不又一次答应 22 日为"易帜"之期（后延至 24 日）。蒋满以为这次总可以如愿以偿了。殊料 7 月 24 日，他在寝食不安中苦苦等来的张学良之电却如是说："东省易帜，不能立时实行……如兄以为非易帜不可，则弟只有去职，以谢我兄相待之盛意。"④至此，蒋已意识到他期盼中的东三省"易帜"是绝无可能在北平看到了，于是一面复电安抚张学良，东三省"惟兄是赖，务望努力前进，以达最终志愿"⑤；一面怀着失望和不安的心情于 25 日离平南下返京。他在日记中写道："东省未定，关内未清【靖】，而来京开会，汗颜而已。"⑥就在蒋介石离开北平这一天，张学良将东北暂缓"易帜"

---

① 《张学良文集》上卷，第 97 页。

② 《日本警告张学良后》，北平《京报》，1928 年 7 月 24 日。

③ 《中华民国大事记》第 2 册(1923—1929)，第 851—852 页。

④ 《张学良文集》上卷，第 98—99 页。

⑤ 《中华民国大事记》第 2 册(1923—1929)，第 855 页。

⑥ 王宇高等编：《省克记》第 2 卷(1928 年)，第 9 页，转引自王正华论文《蒋中正与东北易帜》。

的决定,告诉了日本驻奉天总领事林久治郎,表明他已完全放弃了7月"易帜"的计划。

　　东三省未能如蒋所愿在其逗留北平期间宣布"易帜",张学良强调是日本压迫的结果,"如我方不听劝告,(彼)即用武力。确非空言恫吓"。他信誓旦旦地要蒋相信这都是千真万确的事实:"弟之为人,向不肯欺人自欺,请询君实(刘光字君实)、小岱①即可尽知。如再怀疑,并可派员来奉监督一切。"还说他接到了东京的情报,日本"民政党联合贵族院反对政友会对于东省之举动,以为破坏统一,干涉中国内政,此种拙劣外交,徒伤中国国民感情,使日本益立于不利之地位,而政友会少壮派亦起而反对干涉"。这一切都表明田中首相的地位已"行将动摇,我倘于此时予以借口,彼转可借对外问题以延长其政治生命,故为大局计,似不必急此一时"②。他详细向蒋报告了东三省保安委员会所讨论的对付日本之策,"不外三种:一曰强硬,二曰软化,三曰圆滑。强硬则必用武力,不但东省力有不足,即全国协力亦无把握;软化则东省将成保护国,为朝鲜第二,非所敢出;暂用圆滑之法,以延宕之,一面于国际间着手运用,折其野心,始有办法"③。由此看来,张学良暂缓"易帜"也不全是消极的表现,而是为了在国际上寻求更为有利的时机,待坚持强硬对华政策的田中下台以后再行"易帜"。

　　张学良的"易帜"诚意不容置疑④,诚如其谈判代表所说:固然"不能因日本一纸警告而中止其固定计划,但奉日接壤,关系较切,亦不得不与国民政府及海内贤豪商榷一番";况且张学良"为东三省之责任人,稍一不慎,未必不演成第二济南惨案,人方寻隙,我当镇静,理势

---

　　①　疑为张同礼,因为正是他与刘光一起被蒋介石作为接洽代表派赴奉天的。而张同礼是张弧之子,张弧字岱杉,故张学良称其为"小岱"。

　　②　《致蒋介石电》(1928年7月24日),《张学良文集》上卷,第98页。

　　③　《致蒋介石电》(1928年8月9日),《张学良文集》上卷,第104页。

　　④　王正华:《蒋中正与东北易帜》,第16页。

然也"①。但是,实事求是地说,张学良暂缓"易帜"也远非他自己所说的那样单一、纯情。7月23日,他对某报记者的一句真情告白便说明了这一点。他说:易帜"断不因日本警告即行终止,或当藉日本警告便诚心地进一步与国府早谋妥协"②。原来,日本的警告,在张学良眼里,其实也并不那么重要,既然断不会因日本的警告而终止"易帜",说明他并不那么惧怕日本,既然不会"藉日本警告","与国府早谋妥协",说明他也不那么依赖南京国民政府,更非不少研究者所过分强调的那样把"爱国"看得高于一切。种种迹象表明,他对易帜踌躇再三、裹脚不前,还有一个不愿示人,或者说不愿他人发现的重要原因,这就是包括他本人在内的奉系军事集团的群体利益,同样是左右他抉择"易帜"时机的重要标准,甚至是更为重要的标准。因为他很明白,他愈是重视奉系军事集团的群体利益,他在该集团内部所获得的支持率就会愈高。

　　张学良暂缓"易帜"后,其谈判代表随即在北平向新闻媒体声明:"东北此次毅然主张赞成统一,系鉴于中国频年内乱,国将不保,确有速谋团结之必要,并非藉统一运动,以巩固个人地盘与权利。此种主张系诚恳的、一致的,外传张辅臣(张作相字辅臣,也作辅丞)、万寿山(万福麟字寿山)颇不赞同,皆离间挑拨文章,别有用意……易帜一事,因精神一致之倾向,迟早总须达到目的。"③意思是要人们相信张学良不是为了"个人地盘与权利"而暂缓"易帜"的,三省内部对"易帜"也没有分歧。这是不打自招,恰恰说明与"个人地盘与权利"有关。但是,最能说明问题的还不在于此,而是张学良授意汤玉麟7月19日宣布热河"易帜"一事所反映的真实意图,一在缓和社会各界对其迟迟不宣布东三省"易帜"的不满情绪,如张学良、汤玉麟派往北平的交涉代表金鼎臣所说:

---

①　《日本警告张学良后》、《奉代表谈三省问题经过情形》,北平《京报》,1928年7月24日、8月19日。

②　《张学良文集》上卷,第97页。

③　《日本警告张学良后》,北平《京报》,1928年7月24日。

"张总司令因外间对彼'易帜'迁缓多持异议,遂决命热河先行'易帜',以示促成统一之决心。"二在掩饰东三省内部所存在的新旧派系之分。用金鼎臣的话说就是:"汤司令及张叙五(张景惠字叙五)、张辅丞与张雨公(张作霖字雨亭)为数十年之患难交,时人号为奉方之旧派。今汤既听张(指张学良)命,服从国府,可见东北对服从国府并无新旧之分。"①而张学良派往北平的一位谈判代表则说得更加坦诚、直率:"现热河汤玉麟业已'易帜',可证东北新旧派之说无稽。"②第三,也是最重要的。如前所说,7月15日,蒋已下令进军热河,且部队也已开始向热河前进了。显然,宣布热河"易帜",不过是阻止蒋介石进军热河,保证这块地盘不致落入南京国民政府之手的应急措施。这是整个东三省"易帜"谈判中,张学良始终坚持不放的条件。据金鼎臣说,他此次赴平所负首要任务,就是向有关方面说明"热河既已换旗……希望国府以同化者看待,勿再对热进兵"③。如此看来,张学良授意汤玉麟7月19日宣布热河"易帜",其实不过是个借此巧妙控制热河的骗局。而且,还是个早在张学良派出王树翰等四人赴平谈判之前就已设计好了的骗局。据徐祖贻说:他们赴平谈判之前,在张学良召集的一次对策协商会上,张作相就提出了这一策略和建议:"当力促关内汤阁丞(汤玉麟字阁丞)先服从国府,以示真诚。"④这是张学良此时放弃东三省"易帜"计划的根本原因,说穿了就是还有太多的内部矛盾需要时间来协调,还有太多的包括他本人的权利在内的奉系军事集团的群体利益需要时间来维护。正如当时一个自称"彬彬"的《中央日报》记者所说:"小张所虑青白(指南京国民政府的青天白日国旗)一挂,委员之任命,党部之组织,均由中央主持,己之权力,势将剥夺,非将此层说妥,得有相当之保证,未

---

① 《张学良确有诚意?》、《汤玉麟撤回古北口军队》,北平《京报》,1928年8月8日、17日。

② 《日本警告张学良后》,北平《京报》,1928年7月24日。

③ 《汤玉麟撤回古北口军队》,北平《京报》,1928年8月17日。

④ 《奉代表谈三省问题经过情形》,北平《京报》,1928年8月19日。

肯高悬青白,皈依党国。"①可见,张学良暂缓 7 月"易帜"计划,固然有日本警告的客观原因,而张学良"藉统一运动,以巩固个人地盘与权利"的主观原因也是不容否认的,而且其重要程度,丝毫不亚于前者。

张学良在当时的中日两国三方中,明显处于弱势地位,竟敢如此大胆地向蒋讨价还价,不能不说与他对中日两国三方格局的正确把握和对蒋介石、日本田中义一方面的细微体察是分不开的。他清醒地看到,他与蒋及田中之间虽然存在利害冲突,但也存在相互依存的关系。蒋介石企图实现自我为中心的国家统一,要求张学良从速"易帜",这是矛盾的一面。但是,东三省问题,实际又是个对日问题,因为日本在此拥有许多不愿放弃的特权②。在当时的历史条件下,蒋自知得罪不起日本,要想解决东三省问题,便不能不寻求张学良的合作,于是他们之间又有了相互依赖的一面。用蒋介石的话说:"东三省为我重要国防地,乃日本势力侵入已久,吾处置方法,非慎重周详不可,否则东亚战祸之导火线如一开,将不可收拾矣。总理所谓和平统一,吾必以至诚,力促奉军将领觉悟,欣然而来归也。"③为此,当张学良派代表赴平"表示诚心服从中央及国府"时,蒋则答以"如能乐意服从本党,统一中国,甚佳。如系勉强,仅形式统一,不如待瓜熟蒂落"④。张学良从中感悟出,蒋介石是在暗示他东三省"易帜"必须自觉自愿,"欣然来归",不要让人觉得"勉强",是他人逼出来的。而蒋这样做的目的又在于告诉田中:东三省"易帜"是张学良的"觉悟",非我所逼,你日本不要借口挑起"东亚战祸"。隐隐透出蒋介石对日本干涉的几分惧怕。正是这种惧怕和期待,使张学良意识到,在蒋介石面前,他并不处于绝对弱势,仍可在一定范围内,借助日本对蒋的牵制,转化为强者。

---

① 　彬彬:《东三省归附问题近讯》,上海《中央日报》,1928 年 8 月 16 日。

② 　彭学沛:《对奉问题和对日问题》,上海《中央日报》,1928 年 7 月 13 日。

③ 　王宇高等编:《民国十七年之蒋介石先生(七月)》,第 473 页,转引自王正华论文《蒋中正与东北易帜》。

④ 　《蒋谭在纪念周重要报告》,天津《大公报》,1928 年 8 月 1 日。

至于田中义一的心思,张学良也是一清二楚的。因为如前所说,蒋介石在追求统一的同时,又宣布要废除一切不平等条约,重订新约,势必就要威胁到日本在东三省的特殊权利。他既然赞成东三省"易帜",自然就和蒋介石一样,也成了田中的对立面,诚如当时的日日社记者所论:"日人之阻止奉方易帜之内幕,实虑国府外交政策行之于东省,深恐于日本所得之特殊权利,有若何之损失。"①但是,张学良也了解,田中这时的目的,毕竟还只限于维护日本在东三省的特殊权利。7月16日,林久治郎便亲口向他表示过:如果他愿意遵守有关铁路和其他日本权利的条约条款,那么即使他加入了国民政府,日本也会保证支持他②。很明显,他与田中虽有矛盾和争斗,但同样也有相互依赖的一面。而且,张学良还亲身体验到,田中这时对东三省"易帜",虽然气势汹汹,态度强硬,却又在挑拨他和蒋介石的关系,要蒋相信他没有向张施压,东三省未能践约"易帜"不是他的责任。用他自己对蒋的话来说就是:"日方近来手段对东则施以压迫,对尊处则又极力掩饰,既以淆乱欧美之耳目,又以离间我辈之交情。"③这一事实,让张学良意识到,田中对东三省"易帜"的干涉,也是底气不足的,他在维护奉系军事集团的地盘和权利方面,不仅有利用日本的必要,而且还有利用的可能。这就是张学良敢于以弱势之方,与蒋较劲的动力。

三　蒋介石双十节"易帜"希望的落空

蒋介石7月"易帜"计划受挫,田中大受鼓舞,自觉其压张逼蒋让步的政策,已初见成效,于是决定趁热打铁,继续利用张学良为其父举办

---

①　《林权助在奉行动的经过》,上海《中央日报》,1928年8月17日。

②　《林久治郎致田中电》(1928年7月16日),日本外务省档案,转引自《张学良的政治生涯——一位民族英雄的悲剧》,第43页。

③　《张学良文集》上卷,第101页。

葬礼之机，加大对张的施压力度。8 月 4 日，他所派特使林权助男爵，衔命到达奉天。6 日，向张递交所携田中信件，田中在信中明确表示，日本反对东三省与关内统一，要求张学良实行"东北自治"①。张作霖葬礼结束后，林权助又两次会晤张学良，重申田中的强硬态度。特别是 9 日的会晤，尽管张学良小心翼翼地"致谢此次吊丧盛意，并表示此后奉日关系益亲，愿本共存共荣本旨，与日提携，实现东三省和平经济政策"。但林仍然一点面子也不给，当即发言道："屡次传达帝国政府对南北统一反对意志，谅已谅解日本意向所在。总之，日本政府此刻认为国民政府内部杂乱无章，行为尚多共产色彩，东三省若与国府妥协，势必侵害日本既得权利与特殊地位，所以日本政府今劝汝暂观望形势为妥，倘若东三省蔑视日本警告，擅挂青天白日旗，日本必具强固决心，而取自由行动。此刻请汝毅然决然，行其所是，勿为浮言所动。"与林权助一起会晤张的林久治郎甚至恫吓说："简言之，日本政府具有决心，反对奉方与国府妥协，即谓干涉内政，亦所不辞，请为三思。"②张学良虽未当场示弱，表示其不能背弃三省人民的心愿，而自行其是，但权衡再三，还是不顾 7 月 31 日刚刚向蒋介石承诺过："弟将丧事（指将于 8 月 7 日举行的其父的葬礼）办完，自必对国府有表示，决不有负我兄之意也。"③经东三省保安委员会讨论、议决，于 10 日再次派代表刘哲通知日方，东三省"易帜"继续延期，并且不是一般的延期，而是长达"三个月"④。

张学良一再延期"易帜"，给蒋介石和他本人都带来了巨大的政治压力。在蒋方内部，如前所述，本来就存在一股主张武力讨伐，反对政治解决东三省问题的势力，这股反对势力即使在蒋、张 7 月"易帜"谈判

①　《中华民国大事记》第 2 册（1923—1929），第 860 页。
②　《林权助以石敬瑭视张学良》，上海《中央日报》，1928 年 8 月 13 日。
③　《张学良文集》上卷，第 101 页。
④　《中华民国大事记》第 2 册（1923—1929），第 863 页。

的蜜月时期,也没有销声匿迹。7月15日,他们以东三省特务委员会的名义通电全国,声称"本党誓师北伐,志在消灭军阀,铲除一切反动势力,建设三民主义国家"。可是,"近者张逆学良、杨逆宇霆,复拟定由三省保安联合会,产生东三省军政长,由三省硕学鸿儒会,产生东三省民政长,总管三省军政民政,添设兵工初级高级中学,招收吉、黑土匪,从事扩充军备。观其目前之布置,断无归附之诚心,所派来平之代表,完全以探索实况为主衷。亟望本党忠实领袖,勿为所惑,致铸百年大错,并语专事投机,到处拉拢之革命伟人,息其欲念,免为本党遗臭,设对誓与本党为敌之军阀而可言和,则何人不可妥协?"①矛头直指张学良和蒋介石(所谓"革命伟人")。张学良宣布暂缓"易帜",似乎验证了他们的预见,自然更加坚定了他们的武力讨伐立场。据当时电通社消息,蒋介石回到南京后,曾向有关方面"报告与奉方磋商统一之经过,蒋声言奉派确有诚意,遂将其所带南下之张学良等亲笔手书若干通,同时披露,一部分人员,悉已谅解。昨尚有认为不能满足者,谓须具备下列三条件,方可承认其有诚意:(一)要求张学良即日通电遵守三民主义;(二)改悬党旗,实行组织政治分会,人选不能限于东三省籍人;(三)表示排斥孙传芳、张宗昌、褚玉璞及安福系、交通系等"②。

　　至于社会舆论的指摘就更不绝于耳了。当时的新闻媒体,特别是京、津两地的民间报纸,多不以张、蒋的表现为然。8月8日,北平的《京报》就曾公开表态说:本报"不赞成蒙头盖脸之张学良已有诚意,不日即可解决的空头宣传"③。它们认为张派邢士廉等人到平与蒋、阎、李(宗仁)等要人晤谈,"虚空之成分为多"。对他将延缓"易帜"的责任,通通诿于日人极为不满,"苟有服从国府诚意,则对于日方不相干之劝

　　①　《东三省特委会主张以武力彻底讨伐奉逆余孽》,上海《中央日报》,1928年7月15日。
　　②　《东省问题之新审查》,北平《京报》,1928年7月31日。
　　③　《东北问题之主张》,北平《京报》,1928年8月8日。

告,本可不惜意",如"放还车辆,此与外交无关,不能诿为日人不许,而完全为张学良权力所及者也"①。它们认为张学良此举,不过是"假日本提出警告之机,以泯其毁约之迹",是"躲在外交幌子之下,谋与国府及日本双方之谅解而生存"②。它们揭露"自中央决定对热河用兵后……汤则电请张学良派兵援助,张乃派遣于芷山、戢翼翘两军先后来热。于军驻平泉,戢军驻凌源,准备在古北口外,以图抵抗国军"③。指证"吉(林)、黑(龙江)两省当局曾向张请示应否易帜,张答以暂缓。又三省可以易帜空气传播后,颇有从事活动者,张特通令各县,如有组织党部者,可以共党论,均随地正法"④。对于蒋介石7月初所采取的新闻控制政策也多持异议,如北平《京报》就公开说过:"本报一向谅解政府慎重之苦心,但可声明者,例如邢士廉等到北平,其时当局即传谕各报勿登载,实则邢等来平,既非军事,又非外交,本无何等关系。其结果外报尽行发表,而禁华报登载……凡此办法,概为未当。至日本林权助到奉,张学良任用何人之新闻,亦被抽除(八月六日本报空白),则尤使爱国者大惑不解者也。"它坚决主张:"党国之新闻纸,一不必讳言日本田中内阁侵略之政策,二不必讳言奉天军阀内部之问题,苟并此而亦讳言之,是蔽聪塞明,而自谓革命已成功也。"⑤

但是,不管内外政治压力多大,无论蒋还是张都没有动摇和平统一的信念。蒋虽然不满意于张学良迁就日本,拖延"易帜",警告他:"如对日作进一步表示之电,此乃无异卖国而说价也,当慎重注意,勿自惶

① 《东省问题之新审查》、《军事结束中之试验》(上),北平《京报》,1928年7月31、29日。
② 《时局中三大问题最近趋势》、《东省政情鸟瞰》,北平《京报》,1928年8月5、2日。
③ 《东北声明服从中之消息》,北平《京报》,1928年7月30日。
④ 《时局中三大问题最近趋势》,北平《京报》,1928年8月5日。
⑤ 《东北问题之主张》,北平《京报》,1928年8月8日。

惑。"①还拒绝了张所提停止热河军事行动的请求,指示白崇禧:前方部队中止前进的底线,是张学良让出热河②。但这一切并没影响他在南京继续会见张学良所派代表吕荣寰,也没影响他指派方本仁、何千里为他和白崇禧的代表,前往奉天与张学良继续进行"易帜"谈判。而张学良虽则仍然坚持"东省情形较异,(易帜)不能不稍俟迟徊",甚至向8月3日刚刚抵达奉天的方本仁表示,东三省"易帜"须分三步走,"第一步停止热河、关内军事行动,所有军队由国府收编给饷;第二步,三省政治分会人选,由三省人员充任;第三步,党务指导委员会须三省政府同意后始成立"③。但却频频致电蒋介石等人,解释"或有疑日方警告系弟故弄手段",不过是流言蜚语,说他"年未三十,来日方长,为政治人格前途计,岂肯自丧其信行",表示"无论何时,愿对国府服从到底,虽是个人只身,亦甘为介公效力"④。且采取实际行动,无罪释放了四五月间在保定、石家庄一带拘捕的"国民党员及国军便衣队等嫌疑者"钟少梅、白国庆等13人,主动命令热河前线与蒋军发生冲突的奉军"向后移动",等等⑤。这些情况,足可说明张学良同样没有放弃和平统一之意。无怪乎北平的白崇禧、何成濬等人,在接到方本仁、何千里与张学良接洽的有关报告后,会认为"当有继续维持政治手腕解决东省问题原议之可

① 《民国十七年之蒋介石先生(七月)》,第497页,转引自王正华论文《蒋中正与东北易帜》。

② 《致蒋介石电》(1928年8月3日),《张学良文集》上卷,第102页;《民国十七年之蒋介石先生(八—九月)》,第521页;《白崇禧呈蒋总司令江电》(1928年8月3日),转引自王正华论文《蒋中正与东北易帜》。

③ 《致何成濬阎锡山电》(1928年7月25日),《张学良文集》上卷,第99页;《中华民国大事记》第2册(1923—1929),第859页。

④ 《致蒋介石电》(1928年7月24日);《致何成濬阎锡山电》(1928年7月25日);《致王树翰邢士廉电》(1928年7月26日),《张学良文集》上卷,第98、99、100页。

⑤ 《张学良释被捕人员》,北平《京报》,1928年7月27日;《致蒋介石电》(1928年8月3日),《张学良文集》上卷,第102页。

能"了①。

　　为了打破谈判僵局,蒋介石派往奉天的代表,一直在探求问题的关键究竟在哪里? 他们发现实际就在热河问题上。据林权助访奉时奉蒋之命赴奉了解情况的郭同说,他先后接触过军界如杨宇霆、孙传芳等,绅界如袁金铠、刘尚清等,吉、黑省议会议长如孙鹤皋等,张学良之左右如郑谦、朱光沐等,政客如罗文幹、孔昭焱等,以及东北大学之教职员和商会会长之类的人物,感到张学良现时确能统一东三省,惟其左右对南隔阂犹存,多主保境待机②。这也证实了当时新闻媒体的传言不虚,在东三省内部的确存在新旧派之分,而这些人几乎又都是张学良的父执,也就是新闻媒体所说的旧派。据方本仁、何千里报告,恰恰是张的父执们多昧于大势,对方振武左路军进兵热河和张学良不能谅解。他们责备张学良亲南,令张苦于应付,惟以攻"热区"为目标的左路军暂停前进,始能释然。为此,方本仁建议蒋介石,对于热河问题不宜操之过急,纵张学良允诺让出,其内部也必生怀疑,于统一不无妨碍。当前要务是"实现易帜统一当较热河问题为重,以军事而言,则解决直鲁残部较热河问题为先"③。方的分析无疑是有道理的,况且直鲁残军的解决也须张学良的协力和配合。征诸后来的事实,蒋介石显然是接受了方本仁的建议,将原拟热河问题与直鲁残军问题一揽子解决的计划一分为二,暂时搁下了热河军事,而集中全力先解决关内直鲁残军的问题,并在一定程度上得到了被热河问题困扰多时的张学良的响应和协助。

　　细察张学良在南京国民政府征剿直鲁残军战事中的表现,诚如台北学者司马桑敦所说:"不但参与了,而且负责打了一个硬仗。"④需要

---

　　①　《张学良确有诚意?》,北平《京报》,1928 年 8 月 8 日。

　　②　《郭同呈蒋中正函》(1928 年 8 月 9 日收到),转引自王正华论文《蒋中正与东北易帜》。

　　③　《白崇禧呈蒋总司令佳电》(1928 年 8 月 9 日),转引自王正华论文《蒋中正与东北易帜》。

　　④　《张学良评传》,第 60 页。

略作修正的是，如前文第二节所说，这个"硬仗"并不是奉军单方面"负责"打的，而是与白崇禧东征军共同打的，至于滦河西岸各役，则根本与奉军无关。张学良在整个事件中始终处于被动地位，仅仅是个无法控制事态发展的配角。集中全力先解决关内直鲁残军的计划不是他提出和决定的，承诺"夹击"直鲁残军完全是他的和平编遣计划破产的结果，最后的"硬仗"更是张、褚公开攻奉逼出来的，他惟一主动想做的，就是由他独负解决直鲁残军全责，阻止白崇禧东征军东渡滦河，控制事态朝着有利于自己的方向发展。

关内直鲁残军解决后，一年一度的"双十节"即将来临，如果张学良能在此之前宣布东三省"易帜"，不但会给即将于"双十节"开始"训政"新时期的南京国民政府平添几分喜庆色彩，还将使蒋介石的"统一"心愿得到最大的满足。为此，9 月 25 日，蒋再次向邢士廉提出尽快"易帜"，且希望能在"双十节"以前宣布。尽管当时的南北舆论，仍对张学良诚意服从国民政府充满不信任，如上海的国民党《中央日报》，就发表了一篇题为《张学良是否诚意服从国府》的署名文章，说张学良声称服从国府，乃迁延至今，"易帜"尚未实现。"而张氏最近的种种行动，尤足令人怀疑"。对张氏近日行动，该文列举了包括某些不尽符合事实的传闻在内的五种：一是始终要维持汤玉麟在热河的地位，"以保存他在热河方面的势力"；二是几经交涉，仍拒绝交还"关内各路的车辆"；三是自直鲁残部解决后，白崇禧等人屡次提出"奉方军队应即全部退出关外，滦东各地应由国军接防"，却"始终无具体答复"；四是听说还借参加解决直鲁残部有功，索要报酬，"请将关内昌黎等数县划归他做地盘"；五是听说邢士廉在活动"张氏加入国府会议为委员"①。北平的《京报》也发表评论说，张学良以张、褚为"节礼"，送与国府，"吾人之意，终嫌其太菲。盖北方唯一不冻之秦皇岛，北平唯一建瓴的屏障之热河，尚须声明

---

① 《中央日报》，1928 年 10 月 6 日。

归奉方所有，而不肯以为节礼，毋乃太吝乎"①？但是，为了如期实现统一夙愿，蒋介石还是在 10 月 8 日的国民党中常会第一百七十三次会上，提出了加推张学良为国民政府委员的动议。他加推张为国府委员的理由是："东三省乃中华民国的领土，并非国际间特别的地方。过去的一切，追求【究】无益，便不必追【究】。目前张委员对于中央，已经一再输诚，实在因为有困难，所以形式上极难有所表示。中央为顾全统一，为使当事人不能再有所规遽【避】躲闪，为给国际上一个明白的表示，不能不马上把东三省看得和其他各省一样，以公正的态度，统一的精神，加推委员入国民政府。"蒋的提议，遭到中央政治会议中不少人的反对，"有人怀疑：张委员是否同志？张委员对于中央，目前形式上固然不够，但是精神上是否已够？有许多为党国努力多年，劳苦功高，政治上的资望能力，俱属不弱，足为国府委员的人，皆未经加推，而独加推张委员，似乎说不过去。应该郑重从事，严格考求，以表现国府委员的地位如何重要，人选如何精确，然后政府的威信才能彰著。又有人主张张委员虽可加推，但宜先令其形式上有所表示，然后在中央方面，庶几有辞可借"。如此讨论几个小时，仍不能决定。后经主席谭延闿解释这是"蒋同志"的主张，并电请蒋介石立即赴会，作了如下说明后，才取得大家的谅解，表决通过："这件事的意义不仅对内，而且对外，乃统一之中所必须有的。人的问题尚在其次，最要紧的是地方问题。我们要问：统一的中华民国中，究竟包含不包含东三省的地方在内？如果要使国际上承认我们确已统一，要使某国（指日本）少一些借口；要使东三省的当局无观望的心思，回旋的余地，只有如此决定去做。一般同志，见不及此，暂时的不谅不满，是一定难免的。但是这件事的关系很大，久后一般同志对于事情的本身如果明白了，对于我们目前的如此决议，一定也会谅解的。如果东三省方面，并非真正觉悟，到了必要的时候，中央自有正当的态度表示，绝非没有主张的。并且现在只该问这件事应不应

① 《节礼》，北平《京报·评坛》，1928 年 9 月 25 日。

当实现,如果应当实现的,中央自有中央的权衡,径自决定去做好了;如果不应当,便决定不做,不必犹豫狐疑,更不必打电报去征询意见作种种的先容,中央惟有取至公至诚的态度而已。"①可见,蒋介石在加推张学良为国府委员的过程中,是起了决定性作用的。他不依不挠,力排众议,坚持加推张学良为国府委员,一方面是为了向国际社会宣言,"我们确已统一",使日本"少一些借口";另一方面也是为了打消张学良的"观望心思",逼其尽快"易帜"。在蒋看来,既已是国府委员,便没了"回旋的余地",想"规避躲闪",也不可能了。万一不行,他也还有一手,"如果东三省方面,并非真正觉悟,到了必要的时候,中央自有正当的态度表示,绝非没有主张的"。其良苦用心,的确非一般人所能见及。这正是蒋介石的高明之处。

张学良被加推为国府委员后,蒋介石当日即告诉了张,定于"双十节"举行受任礼,请同时受任,惟"易帜"一事,只字未提。第二天,张学良复电表示:"届时请加列贱名,宣布就任。"②这样,张学良就在事实上承认南京国民政府为中央政府,东三省只是南京国民政府的一部分,东三省政府与南京国民政府的关系,只是地方政府与中央政府的关系了。蒋介石意识到事态正沿着他预设的方向发展,随即向张提出了"易帜"问题:"委员既经发表,应乘此时同时更换旗帜,宣言就职,以十七年双十节为兄完成统一之纪念日也。"③但是,张学良也清楚,国府委员只是个中看不中用的空头衔,南京方面很多人实际并不把他放在眼里。早在 9 月 1 日,白崇禧的前敌参谋长王泽民就公开向日本驻华公使芳泽谦吉说过:"至东三省问题,鄙人为贵国设想,宜同国民政府及国民全体协议,不可同一二人私议。譬如到人家办事情,不同主人商量,而同两

---

① 《胡汉民解释国民政府和五院的组织法——在十五日中央党部纪念周的报告》,上海《中央日报》,1928 年 10 月 19 日。

② 《致蒋介石电》(1928 年 10 月 9 日),《张学良文集》上卷,第 122 页。

③ 《蒋总司令致张学良佳巳电》(1928 年 10 月 9 日),转引自王正华论文《蒋中正与东北易帜》。

三个管家的商量,恐怕是办不好的。比如到铺子的【里】买货物,不与管事讲价钱,而同二三徒弟讲价钱,买不好的。张学良不过国民一分子,他即能代东三省全体作主,就是作主,亦不能算数。"①现在国府委员的任命虽已发表,不是照样还有国民党"上海市党部所属的某某区党部"在报纸上公开发表反对意见吗②? 加上因解决直鲁残部搁置下来的热河归属等重大问题,至今仍未得到蒋介石的认可,他觉得委员可以接受,"易帜"则尚待时日。用他自己的话说就是:"学良对于统一早有决心,易帜事必实行,但因有未了事件甚多,须先办理完结";"(学良)决不卖国,但有为大势所迫,非办不可之事,此乃弱小民族被人压迫之实况,人应谅之。"③因此,10 月 10 日,他复电蒋时,并未正面回答"双十节"是否"易帜"的问题,仅含糊表示:"东省易帜,早具决心在前,实因某方之压迫,致生障碍,当时敝处之面约,以三个月为限,届期即行易帜,详情业请方耀庭(方本仁字耀庭)兄转达。承电示谓已派张岳军(张群字岳军)兄赴日解决此事,不知彼方论调如何,未蒙示及。现计算约定之期,已不甚远,敝处拟积极准备,事前秘不使知,筹备就绪,即行通电宣布。"同时又提出两项要求,其一是"政治分会,五次会议(指国民党二届五中全会)虽主取消,惟东省情形特别,此种过渡办法,绝不能少。拟请中央将东北政治分会及奉、吉、黑、热各省省政府主席分别任命,使易帜就任之事,同时举行,庶可一新耳目"。其二是"关于军队服装,中央当有规定,事虽微细,惟观瞻所系,必须整齐划一,拟求将前项服装图样及公文程式手续已经颁布者,每种各备数份,派员交下,以资仿效,而归一律"④。谁都看得出来,所谓划一"军队服装",不过是张学良拒绝接受

①　《王泽民与日本驻华公使芳泽的谈话》(1928 年 9 月 1 日),北平《京报》,1928 年 9 月 3 日。

②　《胡汉民解释国民政府和五院的组织法——在十五日中央党部纪念周的报告》,上海《中央日报》,1928 年 10 月 19 日。

③　《致驻京代表赵志白函》(1928 年 11 月),《张学良文集》上卷,第 134 页。

④　《致蒋介石电》(1928 年 10 月 10 日),《张学良文集》上卷,第 123 页。

受任、"易帜"同时举行的托词,实际是政治分会及奉、吉、黑、热各省的人事安排影响了他宣布易帜。蒋介石的"双十节""易帜"希望又落空了。

四　张学良宣布"东北易帜"

张学良何以拒绝"双十节""易帜",却欣然接受南京国民政府的任命,原因之一是经过数月观察,他已认准蒋介石在南京国民政府中的统治地位确已巩固。此前,他一直担心蒋介石坐不稳第一把交椅,和平统一方针难保不发生变化。而且,他宣布延期三月"易帜",也有借此进一步观察南方政局发展趋势的意思,连日本人都看出了此中奥妙,认为"张学良此种犹豫,固为静观南方政团之建设事业如何而决定"①。现在五院制的南京国民政府宣告正式成立,蒋介石又新任为国民政府主席,他当然踏实多了。原因之二是他看到国际形势,对南京国民政府愈来愈有利。首先,南京国民政府废除、修改不平等条约的宣言,被愈来愈多的国家所接受。张学良是赞成"修约"的,早在7月23日,他就旗帜鲜明地对记者发表公开谈话说:"关于对日本修约问题,余之意见,以为缔结条约,需缔约国双方合意之后,方能成为条约,否则专以片面的意见为前提而缔结之条约,即为不平等条约。中日两国历来所缔结之各种条约,均属此种,故今后约满后,凡与日本或其他各国缔结新约,自当以双方合意为条件,而努力达此平等目的。"②但是,南京国民政府的"修约"宣言,在相当长的一段时间内,并未得到各国的响应和赞同,仅到这时才开始逐渐获得日本以外的众多国家的认可,如英国在8月13日正式公布的《中英宁案协定》中明确表示,英政府将委派代表同中国政府商议修订条约。17日中德《关税条约》在南京签字。21日古巴外

---

①　《管理三省财政》,北平《京报》,1928年8月20日。

②　《与某记者谈时局》(1928年7月23日),《张学良文集》上卷,第98页。

交部照会中国驻古巴公使馆,赞同中国政府废除不平等条约,订立新
约①。其次,8 月 27 日,美国驻华代办照会外交部,告以美、英等十五
国《非战公约》,已于是日在巴黎签字,并请中国政府加入。张学良向来
认为"美国对我态度如何,实有莫大关系",且建议过蒋介石参加《非战
公约》,以遏制日本的干涉②。现在美国主动出面邀请中国加入,由此
想到南京国民政府的国际地位的上升是不足为奇的。

　　其实,蒋介石对张学良这次延缓"易帜",也非毫无心理准备,因为
10 月 7 日,作为张学良代表的邢士廉,就在上海答大中社记者问时,公
开表示过,"易帜""在目下形势,双十节恐难实行"③。正因如此,当张
学良婉言拒绝"双十节""易帜"之后,他才能继续耐着性子对张说:"易
帜之事,全属我国内政,彼方不能公然干涉,况目下党国形势,团结一
致,尤无可藉口,为从来所未有,此正其时。尊处果能出以决心,中(正)
深信彼决不敢有所举动,务希毅然主持,三省同日宣布,愈速愈妙。"而
对张学良所提要求,虽明言不同意设置政治分会,但又以东三省情形特
别,表示可另筹妥善办法。至于各省政府主席及委员人选,则请张先行
保荐④。较为大度地向张表达了只要实行"易帜",其他条件均可商量
之意。但是,日本田中与蒋介石不同,他所关注的是张学良接受南京国
民政府的任命,便又在"易帜"的道路上向蒋介石靠拢了一步,加上昭和
天皇加冕庆典在即,需用"某种外交收获向公众宣示,藉以扩大政党声
势",因而坚决要求林久治郎不惜采取"软硬兼施"的办法,迫使张学良
答应其土地商租权和延长吉(林)敦(化)铁路的要求⑤。针对这种情

---

　　① 《中华民国大事记》第 2 册(1923—1929),第 861、866、867 页。
　　② 《致蒋介石电》(1928 年 8 月 25 日),《张学良文集》上卷,第 107 页;《张学良
呈蒋总司令寒电》(1928 年 8 月 14 日),转引自王正华论文《蒋中正与东北易帜》。
　　③ 《邢士廉谈东省问题》,上海《中央日报》,1928 年 10 月 9 日。
　　④ 《蒋总司令致张学良文二电》(1928 年 10 月 12 日),转引自王正华论文《蒋
中正与东北易帜》。
　　⑤ 《林久治郎遗稿》,《北洋军阀》(1912—1928)第 5 卷,第 867 页。

况,10 月 16 日,蒋介石指示张学良:"田中特派要员来京谈商租权问题,弟已口头允其由中央直接商决,不使兄为难,兄也以此复彼,万不可再与其局部交涉,以中其分拆之计也。"①既明确了外交问题由中央统一办理的原则,又减轻了他的日本压力。当然,也打消了他继续拖延"易帜"的借口。

　　蒋介石的表态,大大鼓舞了张学良办理对日交涉中的"非办不可之事"的勇气和信心。对于日本的要求,他采取了一"推托",二"尊从"的应付手段。所谓一"推托",就是往南京国民政府方面推,如 10 月 19 日,林久治郎向张学良提出以废除领事裁判权为条件,交换东三省的土地商租权时,他除了极为自信地指出:日本自动废除领事裁判权,"虽属美举,但必要时,中国自能撤废,原无待于日方此刻之示恩";同时又表示:"奉天不能蔑视国民政府之意向,若不与国民政府充分接洽,纵然解决,亦恐他日再起纠纷。"又如 11 月 5 日,南满铁道会社总裁山本条太郎往访张学良,要求解决延长吉敦铁路问题,张也"以外交问题完全由国民党中央政府统一处理相推托"②。所谓二"尊从",就是尊从民意,即以尊从民意为辞,抵制日本的无理要求。日本谋求延长吉敦铁路消息传出后,以青年学生为主的东三省各界民众,随即掀起了一个声势浩大的反日爱国争路运动。林久治郎怀疑这是张学良"秘密指使"其秘书、东北大学校长刘凤竹煽动起来的。事实真相如何,今已不得而知,但有一点可以肯定,张学良曾利用这一运动,来拒绝日本的要求,却是确凿无疑的。据林久治郎说,他有一次与张学良交涉铁路问题,张的回答便是:"不幸的是,现在这一谈判(指延长吉敦铁路谈判)已在各地传开,许多社会公团以及学生们提出了抗议;特别是当事地区的吉林省已发生了学生反对运动。为了尽量求得问题的圆满解决,应该等到学生

　　①　《张学良呈蒋总司令元电》(1928 年 10 月 13 日);《民国十七年之蒋介石先生》(十月),第 599 页,转引自王正华论文《蒋中正与东北易帜》。
　　②　《张学良年谱》上册,第 315、314 页。

运动缓和以后再作处理,目前只好暂且等待一下。"①如果这样的回答,尚略显含糊其词的话,那么当有记者问他:"吉会、长大两路,近日民众反对甚烈,司令意见如何?"其回答便再明白不过了:"余一人民公仆耳,当然以人民意旨为指归。"②不过,为避免过度刺激日本,张学良在支持反日爱国运动的同时,也要求民众遵守秩序,勿为轨外暴动,以免授人口舌。11月12日,他在东北大学的演讲中就说过:"各地学生群起抗争,自系爱国热情,吾之椎心泣血关怀乡邦,并不落于学生之后。惟爱国运行须有一定程序,不可有轨外暴动,使当局办理外交诸多棘手……诸君宜听吾之劝解,安心向学,以备异日之用,勿为意外举动,致吾进退两难。"③正是蒋介石的外交支持和民众的反日爱国运动,挫败了日本延长吉敦铁路等图谋,而成就了日本压迫下的张学良的"非办不可之事"。

为办理"易帜"谈判中的"未了事件",张学良自"双十节"后直接间接地与南京国民政府进行了多方面的接触。10月中下旬,他或单独或与杨宇霆、罗文干一起,在奉天数次会见蒋介石代表方本仁、张其宽、缪定保和白崇禧代表叶琪,商讨热河政府改组、关内奉军撤防、放还被扣车辆、恢复平奉交通、统一对日交涉责任、宣布"易帜"时间等问题。蒋介石向来要求东三省尽快"易帜","愈速愈妙",此次协商期间,又特地致电张学良,促其"将关内撤防、热河改组两事先行解决"④。但协商的结果,却不尽如蒋所愿,仅达成如下协议:放还车辆及平奉通车,决先提前解决通车事,双方暂以山海关为交界终点;奉军于本月底陆续撤退,平东防地由白(崇禧)部接防;"易帜"时期,须俟省政府组成方能实现,对热河愿以和平方式处置;中日外交由中央完全处理,东北当局决采一

---

①　《林久治郎遗稿》,《北洋军阀(1912—1928)》第5卷,第865—866页。

②　《同奉垣某记者谈对日外交》(1928年11月),《张学良文集》上卷,第126页。

③　《张学良文集》上卷,第125—126页。

④　《中华民国大事记》第2册(1923—1929),第900页。

致方针①。由此可见,恰恰是热河政府改组和"易帜"时间两大问题,未取得实质性的进展。待省政府组成后方能"易帜",除了表明张学良此时尚未明确给出"易帜"的时间表外,还说明他在等待蒋介石对各省省政府人选的任命。至于愿以和平方式处置热河问题,本来就是张学良的一贯主张,现在蒋介石竟也同意照此办理,说明不是张向蒋让步,倒是蒋出现了松动的迹象,因为此前他是坚持要张学良让出热河的。为此,29日回到北平的白崇禧代表叶琪,在汇报此次与奉方接洽经过时,一针见血地指出:"张学良因有杀父之仇,故立志服从国民政府,对关内野心确已放弃,惟对东三省及热河地盘仍图掌握。"②

10月30日,张学良应蒋介石之请,派邢士廉、王树翰为全权正式代表,前往南京向国民政府陈述一切。11月10日,邢、王由沪抵京,下车伊始,便由邢士廉向记者公开了张学良的态度和要求:"东北唯中央意旨是从。东北系中国领土,希国府不偏不倚,一视同仁。"③从当时实际情况看,邢的谈话并非信口开河,张学良从这时起,的确以实际行动,加强了与南京国民政府的合作。11月2日,张派人前往北平,资助白崇禧东征军军费十余万元。4日,命令关内吉军万余人即日撤回原防。12日,由奉天开往北平的列车缓缓启动,停顿七个月之久的平奉铁路正式恢复通车,四百多铁路车辆也陆续拨交平奉路局,平津等北方地区所急需的食粮、煤炭供应开始得到缓解。16日,他通电南京国民政府,报告肃清关内直鲁残部后,即与韩麟春、杨宇霆尊人民公意,力践裁兵宣言,定期召集军缩会议,撤消军团部、军部、师部,将现有步兵四十余师旅,缩成十五个旅,四十余万奉军官兵,裁汰二十余万,留编为十五万。12月2日,张又致电蒋介石,密呈东三省"近忽发现传单多种,内有'打破国民党同东三省之合作',并有'打倒卖国贼之国民党'种种口

---

① 《张学良年谱》上册,第317页。
② 《中华民国大事记》第2册(1923—1929),第901页。
③ 《中华民国大事记》第2册(1923—1929),第911页。

号，自称为'中国共产党执行委员会'及'中国共产青年团执行委员会'
……现已一面密令军警以全国（面）侦查逮治，一面开导学生，劝其勿为
利用。至于组织党部，东省已选定多人学习，俾明了真正党义，与政府
合力建设。"①所有这些，都说明张学良的表态是认真的。

　　那么，他这次陈述的要求是什么？或者说他希望国府"不偏不倚，
一视同仁"的言外之意是什么？尽管今天暂无公私档案可稽考，但只要
看看他怎样回应蒋介石所提易帜日程安排的过程，就不难理解了。11
月10日，邢、王抵达南京，与何成濬、张群等人初次接洽后，蒋即明确提
出了12月29日易帜、1929年元旦庆祝的日程表②。但张学良并没有
立即给以肯定的答复，直到12月12日，邢、王回到奉天，在听取了他们
的全面汇报，并见到了由他们带回来的蒋介石亲笔函之后，才于13日
召集保安委员会，大致议定1929年元旦实行易帜。张学良为什么早不
答应，非拖到这时才答应呢？原因很简单，因为直到这时，蒋才满足他
早在7月北平谈判期间就提出过的要求，以手谕形式明确允诺："东北
内部，仍由现职各员维持，概不更动。"③蒋介石的信虽未明言"由现职
各员维持，概不更动"的省份，是否也包括热河在内，但从后来汤玉麟的
地位实际没有丝毫变动看，答案当然是肯定的。可见，张学良这次所提
根本要求，归根结底还是先前那两条，即热河划归东三省及各省人事维
持现状。现在蒋介石以手谕的形式满足了他的要求，"易帜"当然就不
成问题了。不少论著认为张学良此时兑现"易帜"，是"日本的阻力无形
消解"的结果，理由是张学良所派昭和天皇加冕大典庆贺专使莫德惠，
探知田中在美、英等国及国内反对派的压力下，已默认东北"易帜"是

---

　　①　《中华民国大事记》第2册（1923—1929），第904、905页；《张学良年谱》上
册，第317页；《复孙科电》（1928年11月19日）、《报告东北军队缩编经过通电》
（1928年11月16日）、《致蒋介石电》（1928年12月2日），《张学良文集》上卷，第
129、128、134—135页。

　　②　《张学良年谱》上册，第318页。

　　③　《张学良年谱》上册，第325页。

"中国内政问题",不致再起干涉①。这一信息,对张学良把握"易帜"时机,或许不无作用,但一个不争的事实是:11月中旬,张已接获莫德惠的信息,却仍对蒋的"易帜"安排无动于衷,恰恰是长达一个月之后的12月中旬,得知蒋对其要求明确表示让步之后,才迅速作出响应的。一慢一快,何其鲜明和悬殊。显然,张学良这时决定"易帜"的关键是蒋的全面让步,而不是日本阻力的"无形消解"。

　　蒋介石对张学良的两大关键要求,特别是热河归属问题,采取了最终让步的态度,除了统一大局的需要外,主要还是出于内争的考虑。如前所述,由于热河"完整,无外交关系"②,又是通往关外的门户,而且汤玉麟"在热,措置失当,人民对汤,舆望异常恶劣"③,因此,蒋介石自始就坚持张学良必须无条件交出热河。但是,自关内直鲁残军问题解决后,他便发现国府内部不少人都对热河问题极感兴趣,诚如当时《京报》载文所说:"国军之中图入热者,亦颇不乏人。"④原冯玉祥第二集团军第三方面军总司令,后投蒋任第一集团军第四军团总指挥的方振武就是其中最为积极的一个。10月以来,他不止一次在对新闻记者的演说中,将热河问题抬到至高无上的程度,极力鼓吹以解决热河问题为首要任务。他说:"热河问题,于国防上、外交上及北方之大局上,均有极重大关系。目下黄河以南,济南一带,为日军占领,黄河以北,受军阀及帝国主义者之压迫,革命之力量,极为薄弱,故为党务上,为军事上计,解决热河问题,实为先急之务。热河解决,北伐事业始巩固,并得使河北省之防务,得永久安逸。热河乃国民党之属地,并非奉方之属地,若于

　　① 王正华论文《蒋中正与东北易帜》;《东北易帜》,魏宏运主编:《民国史纪事本末》(三),辽宁人民出版社1999年版,第183页;钱进:《张学良与东北易帜新释》,《民国档案》2000年第4期;来新夏等:《北洋军阀史》下册,南开大学出版社2001年版,第1067页。

　　② 《热河民众反对妥协》,上海《中央日报》,1928年10月18日。

　　③ 《滦东事了热河问题将发动》,北平《京报》,1928年9月21日。

　　④ 《滦东事了热河问题将发动》,北平《京报》,1928年9月21日。

热河有反政府行动,当立即加以讨伐。目下第四集团军(应为第四军团),因为此起见,分右路喜峰口,中路古北口,左路白马关,三路皆以承德为目标,再起军事行动。其先锋已在北山谷附近,与高维岳部对峙中。"①其他如阎锡山、白崇禧等人也都在暗打算盘。蒋介石从中意识到,阎、冯、白等完全有可能利用他与张学良的争执,达到占有热河的目的;而与其看着热河落入这些政敌之手,还不如留在张学良治下更为安全可靠。于是,他开始答应张以和平方式解决热河问题。10月15日,通过何应钦复电阎锡山、方振武,"谓介公之意,国军应暂取监视态度,因正向张学良交涉热河问题,并称预料热河方面,必能与奉方一致服从中央也。究竟是否用兵,尚有所待"②。12月又进一步同意了张学良将热河归入东三省的要求。仅就蒋介石个人立言,他的这一抉择是明智的,有远见的。

　　张学良见所有"未了事件"均有了圆满结果,蒋介石也于12月17日来电,请电告各省委员名单,以便与东北边防总司令张学良、副司令张作相,万福麟等军事人员同时发表③,便于24日召开重要军政人员会议,决议遵循蒋介石之意,29日东三省同时宣布"易帜"。同日,张密电奉省各官员,东三省将于本月29日同时改悬青天白日旗,希即按所告旗帜尺寸,"查明制备,届时悬持",并嘱:"惟事前仍应持秘密,勿稍漏泄,以免惹起他方注意为要。"④28日,蒋介石主持国务会议,正式批准奉天、吉林、黑龙江、热河四省省政府主席及各厅长任命名单⑤。29日,张学良、张作相、万福麟、翟文选、常荫槐发表联名通电,表示此间

---

① 《方振武对热河问题的演说》,上海《中央日报》,1928年10月7日。

② 《中华民国大事记》第2册(1923—1929),第894页。

③ 《王树翰、邢士廉呈蒋总司令寒电》(1928年12月14日);《民国十七年之蒋介石先生》(十二月),第724页。转引自王正华论文《蒋中正与东北易帜》。

④ 《致翟文选等电》(1928年12月24日),《张学良文集》上卷,第140页。

⑤ 《民国十七年之蒋介石先生》(12月),第747页,转引自王正华论文《蒋中正与东北易帜》。

"已于即日起宣布：遵守三民主义，服从国民政府，改易旗帜"①。31日，南京国民政府正式任命张学良为东北边防军司令长官，张作相、万福麟为副司令长官，翟文选、张作相、常荫槐、汤玉麟为奉、吉、黑、热省政府主席。与此同时，经南京国民政府核准，东北不再设立政治分会，由原保安委员会改组为东北政务委员会，任张学良、张作相、万福麟、汤玉麟等十五人为委员。1929 年 1 月 7 日，东北政务委员会举行第一次会议，公推张学良为主席。"东北易帜"终于峰回路转，宣告谢幕。

----

① 《东北易帜通电》(1928 年 12 月 29 日)，《张学良文集》上卷，第 142 页。

第二章　南京国民政府统一初期的内政

第一节　国民党的蜕变

一　清党对国民党的影响

1927 年的清党中,国民党的自我创伤几乎不亚于共产党所受的打击。国共合作之际,共产党在国民党内的党团组织活动是秘密进行的。除少数中共要人外,绝大多数跨党的中共党员和青年团员的身份并未公开。当蒋介石"清党"令下,除少数已暴露的"共党首要分子"外,要从号称百万党员中分辨出谁是共产党,谁是"纯粹"的国民党员,实在不是一件容易的事。除部分国民党青年与"共产党同归于尽"外,还有相当多的国民党员因清党而灰心、悲观失望,以至脱党。在大批农工党员脱党和左派青年被清洗的同时,又有数以万计的"投机分子"涌入国民党内。当时国民党内有人评曰:国民党"军事上虽得胜利,政治上却糟得不堪,土豪劣绅、投机分子潜形混入本党,冒充党员藉词诬害忠实同志比比皆是。武汉赤化,固属事实,而宁方腐化亦无可为讳"。"民众对于本党的信仰,在这时间,可算剥蚀尽净!"①

对国民党而言,清党运动实际上是一场党内人才逆淘汰运动。一批对革命有信仰、有理想和有热情的党员受清洗,有的因致力于农工运动而被当作共产党惨遭杀害。如浙江豪绅地主"藉清党之名,谬指各地之宣传主张减租者为共产党员,向各机关告发。各机关于接受告诉之

---

① 何民魂:《痛念与自惕》,《中央日报》,1928 年 3 月 15 日。

后,大事搜捕,至无辜受累者难以数计"①。这等于提醒那些尚留在国民党内的成员,不要再用制造冤案的方法来解决政治对手的问题。另一方面,那些借党为私的投机腐化分子和土豪劣绅又群相涌入或原封不动地留在党内。1929年国民党"三大"检讨清党运动的得失时承认:清党的结果,"使本党起了一个很大的分化和损失","一般投机腐化恶化分子都纷纷混入本党"②。国民党所说的"腐化"分子,实际指的是土豪劣绅、贪官污吏和投机分子;所谓"恶化"分子,实际是"共产党"。经过这样一场逆淘汰,国民党在孙中山时代遗留下来的革命精神被消磨殆尽,民众对国民党的信仰一落千丈。

　　清党的另一严重后果,是国民党的地方组织遭到极大破坏。国共合作时期,国民党省以下地方党务多由共产党人"包办"。清党一起,国民党的地方组织首当其冲,很快陷入瘫痪状态。当时《中央日报》报道:"几个月来,党务受了不少的摧折……各地的党务今日改弦,明日更张,停顿的停顿,攘夺的攘夺,完全沉入于阴晦悲观的景象中。"③在地方党部中,省市党部居于举足轻重的地位。清党一起,原由共产党人控制的一些省市党部职位也就成了国民党各派觊觎的目标,为了打倒政敌,各派之间互相攻击对方为共产党。昨日刚以"共产分子"罪名置对手于死地者,今日又可能被其他的竞争对手以同样的手段打下去。地方党部今日改组,明日整理,你争我夺,互相倾轧,弄成循环报复的局面。由于各省党部纠纷不止,直到南京政权建立以后的第六个年头,全国建立正式省党部的省份还不到40%,多数省区长期处于混乱失序之中④。这一点,从战前省党部名称的不断变更亦反映出来,如救党委员会、整理委员会、改组委员会、指导委员会、维持委员会、筹备委员会、临时委员

---

① 洪瑞坚:《浙江之二五减租》,正中书局1936年版,第68—69页。
② 《第三次全国代表大会特刊》第12号,上海《民国日报》,1929年3月22日。
③ 《一周间的大事》,《中央日报》,1928年4月1日。
④ 《民国二十三年中国国民党年鉴》,中国国民党中央执行委员会党史史料编纂委员会编印,第(丙)233—241页。

会、特别委员会、执监委员会等,频繁改换。蒋介石对此曾深有感慨地说:"中下级党部本为本党的基础……而今则朝易其人,暮更其名,不足则更互相抵拒破坏,使党外民众见之目眩,党内同志闻之痛心!"①

　　与省党部相比,县以下基层组织和党员受到清党运动的冲击似乎更大。国共合作时期,国民党员多不愿下基层,基层组织多由共产党人主持。清党后,形势发生逆转,除极少数地方的县以下基层组织仍掌握在国民党左派和共产党人手中外,多数县以下基层组织成为土豪劣绅的天下。特别是两湖地区一大批曾被大革命洪流迎头痛击的土豪劣绅借清党之机,沉渣泛起,乘机侵夺国民党基层党权。国民党在大城市主要依靠军队清党,而在省城以下的广大乡村社会,土豪劣绅自发成为清党的主力。清党为土豪劣绅提供了恢复其旧有权势地位并进而侵夺国民党党权的一次良机。《中央日报》社论写道:"清党达到我们目的了,但苏皖闽浙各地,土豪劣绅也乘时蠢起,捏词诬告本党青年忠实同志为CP,从事农工运动者为共党……忠实同志致遭残杀的到处皆是,信仰不坚被金钱软化堕落的更多。"②在湖南一些地方,自国民党宣布清党后,"土劣猖獗,变本加厉,百倍从前。凡曾在外游历,或曾加入本党,及此时留学在外者,无论是否纯洁,均以共党目之,或没收其财产,或捉拿其家属"③。在四川,清党前各地办党人员大多为"共党少年";清党后,国民党四川省党部委派各县的团总或团练局长去填充"共党少年"被清洗后所留下的空缺。这些团总和团练局长均为土豪劣绅。他们"打着清共招牌,乘机混迹党部,陷害忠实同志,收买流氓地痞,实行招募党员,以造势力"④。在广东,"各县市党部自清党后,差不多都被不明党

　　①　蒋介石:《关于党务的提案》,《中央日报》,1928年2月12日。

　　②　何民魂:《痛念与自惕》,《中央日报》,1928年3月15日。

　　③　《湘指委会防止土劣压迫青年》;《反动势力压迫下的湖南石门县》;《中央日报》,1928年5月27日、6月15日。

　　④　《四川旅京党员对于川省党政的意见》、《四川党政情形》,见《中央日报》,1928年3月2日;谢作民:《四川的现状》,见《中央党务月刊》第85期,1935年8月。

义党纪的腐化分子所包办,而且他们极尽其毒辣阴狠,排除异己的能事去诬陷忠实同志,弄到各县市执委几乎多于党员,如革命空气非常紧张的琼崖等处的县市党部,听说只剩下了寥寥无几的党员。不消说,党务亦陷入停顿的现象了"①。土豪劣绅的重新崛起,并对国民党基层党权的侵夺,使一个曾以"扶助农工"为职志的国民党迅速向一个新的军绅政权蜕变。

对国民党中央而言,土豪劣绅和投机腐化分子对基层党权的侵夺,显然非其发动清党的初衷。1927 年 5 月 5 日胡汉民所提出的清党原则中,即声称:"土豪劣绅、贪官污吏、投机分子、反动分子及一切腐化、恶化分子,前经混进本党者,一律清除。"②按照胡汉民的设想,清党有两大目标:一是要清除共产党;二是要清除土豪劣绅、贪官污吏和投机分子,然而清党的结果,却是"恶化"已清,"腐化"代兴。

国民党清党反共和建国统一这两个过程是同步进行的。南京政权建立后,蒋介石面临的一个最大难题是"党权付托不到相当的人"。因为共产党被清除后,国民党内"明了党义而能专心于党务者极少"。蒋介石指责说:清党后,"各级党部的职员大部未曾受过训练,不明白党,不明白社会、国家、世界大势",党员"犹之乌合之众"③。当时各省市党部给中央的报告中,也大呼党务人才奇缺。如在河南,"前省党部为共产党徒把持,自从新筹备后,党务人才几无法取求"④。在地方党权托付无人的情况下,国民党中央唯有听任土豪劣绅和投机腐化分子侵夺和分掠地方权力资源,在地方社会借党为恶。另一方面,蒋介石鉴于清党后国民党"党力"的严重虚脱和裂变涣散,更进而倚赖其武力的支撑,将军事力量直接转化为政治和社会的组织力量。

①　《一月来的广东》,《中央日报》,1928 年 4 月 7 日。

②　蒋永敬编:《胡汉民先生年谱》,台北国民党中央党史会 1978 年版,第 394 页。

③　蒋介石:《整理党务计划案》,《中央日报》,1928 年 2 月 12 日。

④　《河南省党务概况》,《中央日报》,1928 年 3 月 15 日。

二　国民党组织规模与基础的变化

一般而言,一个政党执掌全国政权后,出于维持其政权统治的需要,以及执政党拥有丰厚的政治资源所具有的吸引力,其组织规模一般会呈现出急速膨胀的势头,以至于不得不采取某些措施来适度抑制其增长。而1927年执政以后的国民党,其情形却是另一番景象。北伐时期,国民党的组织规模曾经历了一个急速扩充的过程。在1924年春至1927年春的三年间,国民党党员人数大约增长了五倍,即由不到20万,增至100万,其中国内普通党员约60万。经过清党,据1929年10月的统计,国民党员总数减至65万余人,其中国内普通党员不足27万。

国民党执政后,其组织发展呈现出一个畸形的走势,即军人党员迅速膨胀,而普通党员缓慢增长。1929年10月至1937年1月,国民党军人党员由30万增至101万。北伐战争初期(1926年10月),军人党员仅占国民党党员总数的4%,至1937年1月,这一比例上升到61%。也就是说,在抗战前夕,几乎三名国民党党员中,就有二名是军人。

军人党员的膨胀,显示出抗战前国民党组织的军事化倾向。蒋介石非常重视在军队中发展党员。蒋的出发点是想通过增大军人党员在国民党党员中的比例,以军队的严密组织来改造国民党的松弛散漫。在蒋介石看来,古今中外最合理最严密的组织莫过于军事组织。蒋设想如何让涣散的党机器如军事组织一样严密有序,让每一个党员像士兵一样服从指挥。当军人党员占国民党党员总数60%以上时,蒋的"军队党化"和"党军队化"的设想似乎初步实现。然而,数逾百万的军队党员并不是基于对党的意识形态的真正信仰,而仅在形式上履行一道集体登记入党的简单手续而已。这种有名无实的膨胀数字,无论是对党的组织力量,还是对军队的素质和战斗力,都毫无意义,以至于考察国民党的组织规模时,完全可以将其军队党员剔除在外。

　　真正能代表国民党组织规模的,是普通党员的数量。1927年4月国民党国内普通党员约60万。经过一场清党运动后,到1928年3月,国内普通党员减至22万人。其后国民党普通党员人数缓慢回升。到1937年1月,国内普通党员增至52万多人,其中预备党员近16万,正式党员约36万①。十年间仅增加了30万普通党员,尚未恢复到1927年"四·一二"政变前的规模。

　　如果进一步考察国民党党员与全国人口的比例,则更加清楚地显示国民党组织力量的弱小。以1935年为例,是年国民党党员与全国人口的比例,约为1:300。若将有名无实的军队党员和海外党员排除在外,则这一比例为1:990,远低于同时期苏联、意大利等一党制国家中党员与人口的比例。作为一个执政党,国民党的组织规模实在太小。

　　北伐时期,国民党的地域基础主要是两广,其次是两湖。据1926年10月统计,两广(含广州)党员占国民党党员总数的近70%,两湖(含汉口)约占15%。这与当时国民党的控制地域和军事政治进程基本上是吻合的。国民党执掌全国政权后,其统治中心由珠江流域移到了长江下游地区。党员的地域布局也发生了较大的变化。但抗战前党员的地域分布与南京政权的地域基础并不完全吻合。据1935年8月的资料显示,江浙两省(含上海、南京)党员占16.8%,湖南、湖北(含汉口)、江西、安徽、河南、福建六省党员合计占27.6%,两广(含广州)党员占31.1%,其他省区共占25.5%。据此观之,抗战前南京政权之核心的江浙两省(含上海、南京),其党员所占的比例相当低。即使再加上南京中央还有相当控制力的湘、鄂、赣、皖、豫、闽六省,其党员人数合计亦未过国民党党员总额的半数。另外,抗战前与南京中央分庭抗礼的两广,其党员人数虽较北伐时期大减,但仍占国民党党员总数近三分之一。抗战前国民党显然是一个组织基础非常脆弱的执政党。

---

　　① 《中国国民党党务发展史料——组织工作》(下),台北中国国民党党史会1993年版,第93页。

国民党执政后,为什么没有出现一个急剧扩张其党势的高潮?

1929 年以前,国民党忙于清共和举办党员总登记,在此期间,为了防止"反动分子"和"投机分子"混入党内,基本上停止吸收党员。1929 年 3 月国民党"三大"决定实行预备党员制。"三大"修订的《中国国民党总章》规定,年龄在 16 岁以上,由两名党员介绍,经区分部党员大会通过,并经区党部考查及县市党部核准,方得为预备党员;预备党员受党的训练一年以上,年龄在 20 岁以上者,由区党部考查合格,经县市党部审查及省党部核准,方得为正式党员①。这是国民党自 1924 年"一大"实行直接吸收制以来,在党员吸纳机制上的一大调整。预备党员制度从 1929 年底开始在部分省市实施,最初国民党中央规定各省征求预备党员有一定的期限,一般为二至五个月,并非随时征求②。

从 1932 年下半年起,国民党中央要求各地党部开始大规模征求党员,改定期征求为随时征求。同时鉴于预备党员制有可能使一部分人因感到手续不便而不愿入党,又先后颁布了《免除预备党员程序办法》和《特许入党办法》,规定一部分人可以不经过预备党员程序而直接加入国民党。特许入党和免除预备程序的对象,最初限定为"对党国有特殊贡献或劳绩者"和原为国民党员而未履行总登记者。其后特许入党和免除预备程序的对象日趋宽泛,乃至免除预备程序直接入党的人数,与经由预备程序晋升为党员的人数,几乎不相上下。

预备党员制度于 1938 年废止,前后实行不到十年的时间。这一制度仿自俄共,但与俄共相比,国民党的入党条件仍甚宽松。如俄共针对不同阶级的入党对象,规定不同的入党介绍人和预备训练期。而国民党的预备党员制仅在入党程序上多一道手续而已。

按理,作为一个掌控丰富政治资源的执政党,在入党限制不严的情

---

① 《中国国民党历次代表大会及中央全会资料》上册,第 663 页。

② 《中央执行委员会常务委员会报告》,载《中央党务月刊》(三届三中全会特号),1930 年 3 月。

况下,其组织规模会急速膨胀。而国民党除有名无实的军人党员与年俱增外,普通党员规模一直处于低幅滞长状态。1932年以后,国民党中央一再训令各省市党部加大征求力度,并按各省市人口和环境,规定应征党员数量指标,严饬各地方党部加紧努力不得怠忽。尽管所定指标不高,但各省市均未能按期如数完成中央下达的征求任务。如规定江苏、安徽、湖北、湖南、河北、南京、上海、北平等省市各应征3万人,河南、陕西各应征2万人,山东应征4万人,天津应征2.6万人。但直至1936年底,上述各省市均未完成指标①。

抗战前国民党员数量的低幅增长,至少还和以下两个因素紧密相关:一是党组织松弛涣散,二是党与民众相疏离。由于党组织涣散无力,便不能有效地通过各级组织管道,自下而上大规模地吸纳新生力量。如1936年国民党中央在给地方党部的训令中指出:"各地党部办理党员之征求与晋升手续诸多迟缓,往往申请入党经年,尚未领得预备党证,或预备期满已久,尚未晋为正式党员……向地方申请入党者积年累月,尚不能得一预备党证"②。而党与民众相疏离,则民众对党失去信仰,党对民众失去吸引力,党的组织来源因之枯竭。

抗战前国民党的地方党组织建设滞后于地方政权的建设。直至南京国民政府建立以后的第六个年头,仍只有不到40％的省份建立了正式的省党部,不到17％的县成立了正式的县党部。即使在国民党党务基础较好的长江中下游省份,县党部亦未能普遍建立。据1933年底的统计,江、浙、湘、鄂四省分别只有73％、69％、54％、42％的县正式成立了县级党部③。县以下农村基层社会则几乎不见党组织和党员的踪影。如1931年程天放在考察河南省国民党党务后指出:"河南全省党员总数,在1928年总登记时只有八千人,经过十八、十九两年的变乱,

①　《中国国民党党务发展史料——组织工作》上册,第468页。
②　《指示防止重复入党办法六点》,《中央党务月刊》第97期,1936年8月。
③　《民国二十三年中国国民党年鉴》,第(丙)233—241页。

淘汰了许多,现在只有六千余人……党员不但数量少,并且往往集中在县城内,有许多县份,乡村里面一个党员都没有。"①这种情形不独河南一省为然。从各省市国民党党员与人口比例观之,除南京、汉口、上海、北平、广东、浙江等省市低于 1∶1000 外,江西、广西、福建、山西、河南、湖南、湖北等省都在 1∶1000 以上,江苏、河北、四川、安徽等省则在 1∶2000 以上,山东、陕西等省则平均 5000 至 9000 人中才有一名国民党员。这些为数不多的党员主要集中于城市,"只能在城市的上层可以看到,农村中是很难找到党的势力的微弱影响";"不但在农民中很难找到党员,并且在一切农民运动负责人员中,在地方自治工作人员中,在农村文化教育负责人员中,以及农村经济建设负责人员中,都不容易看到党的踪迹"②。直到抗战前,国民党组织基本上未深入到县以下乡村社会。

　　抗战前已成立县党部的地区,其组织运作情形如何？据 1930 年江苏省党部的调查,"各县党部不健全者甚多,委员与委员冲突,下级与上级反对,政府与党部倾轧,纠纷叠起,怪象百出"。全省各县党务分为两类情形:一类是"可工作而不工作";一类是"要工作而不能工作",结果是"无一好好做工作的县党部"③。1934 年 1 月国民党中央组织部的工作报告中亦谈到,江苏省不仅省党部派系斗争激烈,各县党务亦时起纠纷,党员党籍十分混乱。国民党中央不得不训令江苏各县党部一度停业整饬④。安徽一些县党部空有招牌,并无实际活动。1935 年,中央政治学校学生陈少书在安徽实习调查时发现,安徽各县党务,以经费关系,许多县份均在紧缩中。县党部只设干事、书记各一人。如当涂县

---

①　程天放:《河南省之党务》,《中央党务月刊》第 33 期,1931 年 4 月。

②　何汉文:《如何树立党在农村中的基础》,《中央周刊》第 1 卷第 30 期,1939 年 3 月。

③　上海《民国日报》,1930 年 8 月 20 日,"党务"专栏。

④　《中国国民党党务发展史料——组织工作》上册,第 482 页。

党部干事还不是专职,党部平时无人办公①。

在那些处于半控制或只在名义上"奉国民党正朔"的边缘省区,国民党的组织基础自然更为空虚。在这些省区,地方实力派抵制和抗拒南京国民党组织力量的扩张和渗透,有的明令禁止国民党党部组织在其控制区域合法存在;有的表面上允许国民党在其省区建立党部组织,而暗地里严加防范;还有的地方实力派利用国民党的招牌,发展忠于自己的组织力量。党员数量和地域分布的局限性,以及地方组织基础的脆弱性,均显示出国民党是一个"党力"十分衰微软弱的执政党,其党务组织形态大致呈现出"上层有党,下层无党;城市有党,乡村无党;沿海有党,内地无党"的格局。

三　国民党党员的社会构成

在西方议会政党体系中,党员的地位和作用并不引人注目。党员除在选举中投下自己的一张选票外,并无其他特别的权利和义务。选民对党籍并不看重。政党发展党员的目的,也主要是多拉选票,扩大影响,故对发展党员一般没有严格的标准和手续。如美国两大政党的大多数党员都是不固定的,也没有履行过任何手续。普通选民只要在选举时投某党的票,即被认为属于某党的党员。故从严格意义上讲,这些政党的成员大多是政党认同者,而不是真正隶属和忠于某党的党员,仅从党员的社会构成上很难判断某个政党的阶级属性和政治倾向。

中国国民党则不同,其组织体制借鉴苏俄列宁主义政党组织模式。在革命党的政治文化中,党员被要求在普通民众中起先锋和模范带头作用,引导民众接受党的意识形态,服从、忠诚于党的领导。如国民

---

① 陈少书:《镇江、当涂、和县实习调查日记》(1935年),萧铮主编:《民国20年代中国大陆土地问题资料》第166辑,台北成文出版社1977年版,第83717页。

声称其党员是"训育"民众的"保姆",其党歌歌词中亦要求党员"咨尔多士,为民前锋"。国民党"党员手则"更要求其党员大要知"忠孝"、"仁爱"、"信义"、"和平",小要讲"礼节"、"服从"、"勤俭"、"整洁",还要懂得助人为乐、持之以恒以及学问济世等道理①。此外,各个时期还具体规定党员对党应负的责任和义务。如1935年国民党中央组织部为十五种不同职业的党员分别规定其对党应负的责任,要求党员在各界群众中成为核心②。故在法理上,国民党对其党员寄予了甚高的期望,有别于西方议会政党对其党员的低要求。

由于国民党自称是"全民利益"的代表,同时又要求其党员作全民的"前锋",故在党员吸收上,一方面表示不偏重某一阶级,另一方面又特别注意吸纳和网罗社会各界的"精英"和权势人物。如1936年6月国民党中央组织部通告各省市党部,规定下列六项人员无论对"党国"有无贡献,均可免除预备党员程序径为正式党员:各级学校校长和职员;县以下基层行政人员,包括区长、乡镇长及保甲长;公民训练中的各级干部;各类党政训练班的学员;各社会公益团体的负责人;各职业团体的负责人③。这意味着国民党不是培养党员成为社会各界的楷模,以赢得民众的信仰和拥护;而是网罗原有的社会权势人物或具有权势潜能的人加入国民党后,达到渗透和控制社会各阶层民众的目的。

抗战前国民党普通党员,主要来自城市知识界和政界。知识界主要有教师、青年学生和自由职业者。这三类党员合计约占国民党普通党员总数的三分之一以上。政界主要指党政机关人员。这一部分约占国民党普通党员人数的四分之一至五分之一。这个时期国民党党员的职业构成,缺乏全面完整的统计资料。从部分省市的党员统计数字看,

---

①　中国国民党党歌和中国国民党党员守则,见李云汉《中国国民党史述》第1编文前插图。

②　《中国国民党党务发展史料——组织工作》上册,第584页。

③　《中央组织部函各省市铁路党部》,《中央党务月刊》第95期,1936年6月。

抗战前国民党员的职业构成与北伐时期相比,最明显的变化有二:一是知识界党员中,教师占有较大的比例,而青年学生所占的比例明显下降。如1926年1月国民党"二大"时,湖南、河南、山东等省国民党员中青年学生所占的比例分别为50%、70%和40%,到1929年3月国民党"三大"时,三省学生党员的比例分别降至14%、19%和14%①。1934年,湖南国民党党员中学生比例更降至7.5%。北伐时期青年学生争相加入国民党的情景不复再现,表明执政以后的国民党对那些富有革命激情的青年学生已失去了吸引力。这个时期教师党员的增加,可能大多出于谋职的现实考虑。因为在教育"党化"的口号下,一些地方限制非党员从事教职,或强制教师集体入党。

二是政界党员比例明显增加,而农工党员比例明显下降。如广州市在国民党"二大"时,工人党员占60%,政界党员占10%,到国民党"三大"时,工人党员降至16%,而政界党员则上升至46%。广东省国民党党员比例在1926年10月统计时,农民约占40%,学生和工人各占25%,商人不足10%,其余军、政及自由职业者甚少。到1929年3月统计时,农民占17%,工人占11%,学生占9%,商人占12%,教师占11%,党政军警占16%,其余及不详占24%②。

党员官僚化是任何一个执政党都会出现的现象。而农工党员比例的骤减,则是国民党清共以后与农工乖离的结果。值得注意的是,抗战前国民党官方统计中的农工党员,已不是北伐时期"扶助农工"概念中的"农工"。这个时期国民党所称的"农"和"工",既不是阶级阶层的分野,也不完全是职业的分野,而是以生活和工作的地域场所来划分的一个十分含混的概念。如"农界"、"农业"的分类中,既包括地主("业主"),

① 〔日〕久保亨:《南京政府成立期の中国国民党——1929年の三全大会を中心に》,《アジア研究》第31卷第1号,1984年4月。
② 《中国国民党广东省执行委员会各部工作报告》,广东省国民党党部编印,1926年10月;久保亨:《南京政府成立期の中国国民党——1929年の三全大会を中心に》。

也包括小农（佃农、雇农、自耕农等）；"工界"、"工业"的分类中，既包括资本家（"厂主"），也包括工人。以江西为例，1934 年该省国民党党员分类统计中，"农业"（含林、渔、牧）党员共计900人，其中"业主"668人，"助理人"157人，"雇工"75人；"工业"党员共计56人，其中"厂主"27 人，"职员"29 人①。这意味着该省战前党员中，真正的农民和工人甚少。

据 1934 年中共党员成分统计，农民占 87％，工人占 5.8％②，与国民党党员的社会构成判然有别。中共主要以社会底层民众为政治动员对象，而国民党则以社会中上层"精英"为基本组织力量。这一点从抗战前国民党党员的教育程度亦反映出来。大约有近一半的党员受过高等和中等教育，近 40％的党员受过初等和私塾教育，未受过教育的党员不到 10％。以 20 世纪 30 年代华中地区的经济和教育水平为例：家有良田三十亩，才能供给两个子弟入小学；家有良田五十亩，才能供给一个子弟进城读高小；家有良田二百亩以上，才能供给一个子弟读初中③。以此衡量，国民党党员大多数是家有恒产、受过良好教育的中等以上社会阶层。

在中国传统社会，皇权通过科举等政治吸纳机制将绝大多数读书人紧紧地吸附和控制于体制之内。只有极少数落第失意者隐逸民间，漂游于体制之外，很难形成群体性的反体制力量。科举制度废除后，新知识分子已不像传统士大夫阶层那样有着高度一致的意识形态认同和学而优则仕的单一职业取向。读书人作为一个社会群体，不再天然地融附于政权体制之内，而裂变和分离出一大批体制外知识分子和反体制知识分子。国民党从同盟会至 1927 年以前，其主体即是一批反抗现存政治体制的知识分子。北伐完成后，国民党由一个反抗现存体制的

---

① 《中国国民党江西省党务统计报告》，中国国民党江西省执行委员会编印，1934 年 11 月，第 21 页。

② 《中国共产党之发展及其没落》，第 397 页，作者及出版时地不详。

③ 参见王奇生著《中国留学生的历史轨迹：1872—1949》，湖北教育出版社1992 年版，第 169 页。

革命党转变为一个代表现存体制的执政党。在国民党统治下,中国知识分子依其政治取向,依然可以划分为现存体制的支撑群体、反对现存体制的对立群体以及与现存体制保持距离的中立群体。国民党虽然吸纳了一大批知识分子进入其政权体制之内,而游离于国民党体制之外的知识分子仍占大多数。

四　社会对国民党的观感

北伐时期国民党的革命精神虽不如共产党,却仍称得上是一个富有奋斗精神的革命党。有理想有志向的知识青年群相涌入。胡适即称:"民十五六年之间,全国多数人心的倾向中国国民党,真是六七十年来所没有的新气象。"①胡适所称的"全国多数",当主要指知识精英群体。正是他们所形成的社会舆论,往往被视为"人心所向"的表征。而知识精英中真正倾向国民党的,又主要是青年知识分子。

1927年国民党清党反共无疑在共产党人心中埋下了仇恨的种子,也在追求社会进步的青年知识分子心目中投下了恐怖的阴影。尽管如此,在南京国民政府建立之初,部分从北洋政权时期过来的知识分子对号称要继承孙中山遗志的国民党新政权还是抱有希望和幻想的。他们认为,国民党总比北洋军阀具有现代知识和政治抱负,故而期望国民党能建立一个现代化的新政府。时任南开大学教授的何廉曾记录下他当时的感想:"我们住在北方,我却真心实意地拥护南京政权,例如1928年,我、蒋廷黻和几个朋友从天津到南京。我们在南京见到新国旗时是多么激动呵——对我们来说,那或许是一个伟大新时代的象征。"②在那时"北方学统"的知识分子中,怀着与何廉同样感想的也许不在少数。

---

① 胡适:《惨痛的回忆与反省》,《独立评论》第18号,1932年9月18日。
② 引自易劳逸著,陈谦平等译《流产的革命》,中国青年出版社1992年版,第11页。

但知识界对国民党的期望和好感未能持续多久。1930 年 5 月《北华捷报》有文这样写道:"仅仅在一年半之前,人们还满怀热情,而今天,在所有中国人中间都存在绝望感,这是最糟糕的现象。"①《北华捷报》的看法并非独家之言。1932 年天津《大公报》发表社评曰:"国民党自执政以来,党员未必加增,新加入者,其目的或只在求官,而倔强不羁者,或不满现状而去。各地办党务之人,得意者易腐化,失意者易消极。多年之党人风度,能保持者少矣!"②《时代公论》更痛切指陈国民党党员的"四化"现象:"现在国民党党员的全体,大多数是腐化,次多数是恶化,再次多数是软化,余则不问党事的消极化。说到精锐的党员,直是凤毛麟角,求之不得";"盖以国民党的各级党部,数年来,因为领导人的不良,在各地方实是引起人民的反感不少,痛快地说,简直就是深恶痛恨!"③

北伐时期一度倾向国民党的胡适,此时也改变了自己的看法。1932 年 9 月《独立评论》发表胡适一篇题为《惨痛的回忆与反省》一文。胡在文中总结国民党执政以来四五年的转变说,国民党在北伐时曾得多数人心的拥戴,但执政后,"这个新重心因为缺乏活的领袖,缺乏远大的政治眼光与计划,能唱高调而不能做实事,能破坏而不能建设,能钳制人民而不能收拾人心,这四五年来,又渐渐失去做社会重心的资格了"。

值得注意的是,这时期蒋介石亦毫不掩饰其对国民党的失望和懊恼。1930 年 10 月,蒋在一次讲演中谈到:"我所到的地方,所接近的社会,一般对于我们党部党员的影响印象,均是非常不好……没有一个地方的人,讲我们党部曾为人民打抱不平,为民众求利益的;所讲的话,统

---

① 《北华捷报》1930 年 5 月 20 日,第 297 页,引自费正清主编,章建刚等译《剑桥中华民国史》(二),上海人民出版社 1992 年版,第 153 页。

② 社论:《论保障政治自由之亟务》,天津《大公报》,1932 年 4 月 30 日。

③ 孙佐齐、平凡、杨公达:《关于党部组织简单化》,《时代公论》第 13 号,1932年 6 月。

统是同人家争权利,做包庇词讼的贪污纳贿的事情。"①1932 年蒋介石甚至申言:"中国革命已经失败了!""我现在唯一的愿望是恢复中国国民党 1924 年的革命精神。"②1933 年蒋进一步指责党已经"破碎"、"无能"、"失信用"③。他举江西为例:"江西各县的一般党员,因为一方面极其幼稚,一方面又领导无方,不仅是不能实际协助剿匪,正如现在各地方的警察一样,不仅不能尽到职责,以维持公共的安宁,增进社会的福利,而且反要为非作歹,包烟包赌,做出种种坏事。"④蒋介石这些措词严厉的训话,也许含有激励国民党人奋发自励的良苦用心,但确实反映了当时国民党组织危机的严重性和国民党员社会形象的恶劣程度。

蒋认为在北伐军事胜利以后,国民党又重蹈了辛亥革命的覆辙。他指责国民党人不仅没有负起革命的责任,相反在执掌政权后,"因循弛懈,蔑视党纪"的积弊重新暴露出来。党丧失了革命精神,不成其为一个革命党。蒋为此深怀忧虑,并一再提请国民党人注意。1935 年蒋在国民党"五大"闭幕后的一次讲话中,再次痛切地指出:"外国有革命党,我们中国也有革命党;何以外国的革命党能够建国,能够成大功;我们有革命党,国家现在还是这个样子呢……我以为最重要的一个原因,就是一般党员办事不负责任,没有精神,不能自动努力来研究改善与创造一切以报效党国……现在国家如此危急,如果本党不能及时振作,领导全国国民起来共同救国,我敢说党和国家决不能再苟安三四年! 眼

---

① 蒋介石:《讨逆胜利后本党之重要关头》(1930 年 10 月 20 日),《中央党务月刊》第 27 期,1930 年 10 月。

② 引自易劳逸《流产的革命》,第 12 页。

③ 蒋介石:《革命成败的机能和建设工作的方法》(1933 年 11 月 14 日),《先总统蒋公全集》第 1 册,第 799 页。

④ 蒋介石:《革命成败的机势和建设工作的方法》,《先总统蒋公全集》第 1 册,第 800 页。

看人家就要来摇动我们党国的基础！我们的党和国家就会要灭亡！"①

在蒋介石痛切谴责国民党的同时，另一位国民党领袖胡汉民亦持有大体一致的看法。1930年，胡汉民尖锐地批评基层党部"不知向下层去做工作，却只会向上面拱，只对上级党部上条陈、下批评，说你们应该怎样怎样，而对于自己应该向人民方面做的工作，却不知考察，不知注重"。"所谓'到民间去'在党员已成了一句空话"②。胡和蒋一样，对国民党党部和党员指责最多的，就是党部衙门化，党员官僚化。在胡和蒋的理想中，党部和党员应该是政府与民众之间的桥梁和纽带，一方面能协助政府推行政令，教导和训练民众；另一方面能将下层民众的意见和不满上达给政府。胡、蒋期望于地方党部和党员所担当的，正是传统士绅所扮演的"通官民之邮"的中介角色。国民党中央规定，下级党部不必挂出什么招牌来，表明那里是党部，以免教人民看到党部也是一个官府机关而不愿和它接近③。各级党务人员不归入公务员系列，其官俸不称官俸而称作"生活费"，其官等亦区别于普通公务员，不分特、简、荐、委，而称首长、处长、科长、干事④。凡此，皆有意淡化党务人员的官僚色彩，希望将国民党党员塑造成为民间精英的角色。但是，胡汉民看到"全国各地的党部确能竭尽职守的很不多见"，"省市以下的党部差不多都不见有何积极的效能，尤其是不能做到两句话：接近人民，领导人民"；"人民对党不但不欢迎，不感觉需要，反而嫌多"⑤。

国民党中央对基层党部和党员的期望本身就不切实际。以城市为中心，以知识分子和官僚为主体的国民党党员本已疏离于广大农村基

---

① 蒋介石：《如何创造党国的新生命》（1935年12月23日），秦孝仪主编：《先总统蒋公思想言论总集》第13卷，台北中国国民党中央党史会1984年版，第604—605页。

② 胡汉民：《训政期间党部的责任如何》，上海《民国日报》，1930年3月8日。

③ 胡汉民：《训政期间党部的责任如何》，上海《民国日报》，1930年3月8日。

④ 金铨：《厘定党政军官职俸等刍议》，《人事行政》1942年第1期。

⑤ 胡汉民：《训政期间党部的责任如何》。

层社会。国民党中央号召党员到民间去,而基层党员则将办党当作往上爬的阶梯。国民党农村党员本来很少,而这些"少数在农村作事的党员,从他入党起,有许多人便是想把入党作成到城中来找差事的一个工具。因此,一个原来在乡村很纯良的知识分子,他不加入党,还能在乡村安心工作,一入党后便常常梦想到那高高在城市中的县党部、省党部,以及中央党部去工作,或者希望他的上级党部能因为同志的关系,而在城市的机关中介绍相当的位置"。这样"不惟很难形成党在农村中细胞的发展,并且增加城市知识分子过剩的严重性"①。换言之,地方党部未能成为国家权力向下扩张渗透的触角,却为地方"精英"提供了一条向上爬升的管道。1930年,江苏省党部调查各县党部工作情形时发现:"各县同志在省会逗留者有五六十人。此五六十人之中,皆为各县负责党务工作之同志,今竟有随意离职,不守纪律,放弃责任之情形。"当时江苏共有六十个县,几乎每个县党部均有人借故勾留省城,为个人仕途寻找晋升机会②。

随着党部机关的衙门化,党部委员的官僚化,普通党员的特殊化,在国民党内部逐渐滋生出一批被当时人们称作"党痞"、"党棍"和"党混子"的寄生群体。其时,国民党的中央和省市级的干部职员,基本上由知识分子组成,但在县党部以下,"党棍"的成分越来越大。一方面,城市党员不愿到县以下基层党部去工作;另一方面,国民党中央也不重视对基层党务人才的培养,加之基层党部权力小、待遇差,几乎成为被人才遗弃的角落。"党部不选用人才,什么人都可以办党,没有能力的党员都收容到党部里来了"③。就教育程度而言,省党部委员的素质一般不如省政府委员高;县党部委员的学历往往低于县长。故当时社会上

---

① 何汉文:《如何树立党在农村中的基础》,《中央周刊》第1卷30期,1939年3月。

② 《苏省各县党务状况》,上海《民国日报》,1930年8月20日。

③ 胡梦华:《临全大会以来本党的建设》,《中央周刊》第1卷24期,1939年1月。

流传着"学而优则仕,学而不优则党"的说法①。一些无才无德的土豪劣绅和地痞流氓趁机而入。一个开口"三民主义",闭口"本党"的职业"党棍"群体由此而起。曾任国民党中央秘书长和组织部长的朱家骅曾为这一群体作过界定:第一,靠党过生活。第二,依党做护符。第三,借党争权利②。基层"党棍"群体的崛起,与国民党中央所期望于党员的民间精英角色,完全背道而驰。党部与党员不仅失去民众的信仰,甚至遭到地方政府人员的蔑视。曾养甫在考察湖南、湖北两省国民党党务时发现:"党员对党是消极,人民对党是失望,地方政府对党是责备。"③党不仅未能成为官民之间的桥梁和纽带,反而充当了一个与官争权,与民攘利的角色。

国民党中止孙中山的联俄、容共政策以后,因"违教"而导致全党意识形态陷入混乱状态。党的继承人之争与党的路线之争相互纠缠。为了与共产党划清界限,国民党从政纲政策到组织路线,均改弦易辙,将三民主义意识形态中一切稍带革命精神和社会改革色彩的东西,统统视作"共党"余毒抛弃掉,三民主义意识形态的社会魅力荡然无存,党民关系由动员体制转变为控制体制。与此同时,执政以后政治权力带来的腐蚀,又未能有效加以防患和抑制,在裂变与蜕变交相作用下,执政未久的国民党即成为一个被国民厌弃的党。

第二节　"训政"体制与五院制的建立

一　"训政"的理论渊源与发展

第二次北伐告成,奉张政权倒台后,国民党依照孙中山《建国大纲》

---

① 高廷梓:《过去党义教育的检讨与今后党德的实行》,《中央周刊》第1卷21、22期合刊,1939年1月。

② 胡汉民:《训政期间党部的责任如何》,上海《民国日报》,1930年3月8日。

③ 陈兴唐主编:《中国国民党大事典》,中国华侨出版社1993年版,第297页。

宣告"军政时期"结束,"训政时期"开始。所谓"训政",就是由国民党训练人民行使政权,实际是推行国民党一党专政,"以党治国"。

训政源于约法之治。早在1906年孙中山制定《中国同盟会革命方略》时,曾经将革命进程分为军法之治、约法之治和宪法之治三个阶段①。军法之治的目的是推翻皇权,宪法之治的目的是建立民权。不过这里存在着一个矛盾:"革命之志在获民权,而革命之际必重兵权,二者常相抵触者也。"如何才能解除兵权以让民权,孙中山认为,这中间需要经过一个约法之治。"军政府与人民相约,凡军政府对于人民之权利义务,人民对于军政府之权利义务,其荦荦大者悉规定之",以此来防止军权的膨胀,不致抑制民权的发展②。孙中山规定军法之治为期三年,约法之治为期六年,以期能循序渐进,步向民主。

1914年7月在《中华革命党总章》中,孙中山进一步指出:"本党进行秩序分作三时期:一、军政时期,此期以积极武力,扫除一切障碍,而奠定民国基础。二、训政时期,此期以文明治理,督率国民建设地方自治。三、宪政时期,此期俟地方自治完备之后,乃由国民选举代表,组织宪法委员会,创制宪法;宪法颁布之日,即为革命成功之时。"③

1924年,孙中山改组国民党。他寄希望于提高党权来约束军权,最终实现民权。国民党"一大"通过了孙中山起草的《国民政府建国大纲》,仍将革命程序分为军政、训政、宪政三个时期,并且规定:"凡一省完全底定之日,则为训政开始之时,而军政停止之日。"④

三时期的划分,是孙中山总结民初国民党失败教训后提出的。民国初建时,孙中山及其追随者认为王朝覆灭后,中国立即可以进入宪政

---

① 《中国同盟会革命方略》,《孙中山全集》第1卷,中华书局1981年版,第297—298页。

② 《与汪精卫的谈话》,《孙中山全集》第1卷,第289—290页。

③ 孙中山:《中华革命党总章》,《孙中山全集》第3卷,中华书局1984年版,第97页。

④ 《国民政府建国大纲》,《孙中山全集》第9卷,中华书局1986年版,第127页。

时代,实行政党政治。孙中山主张中国政党之间应展开竞争,一党在朝主政,一党在野监督,"假使本党实施之党纲,不为人民所信任,则地位必至更迭,而本党在野,亦当尽监督之责任","互相更迭,互相监督,而后政治始有进步"①。但是,国民党人的政党政治主张遭到袁世凯等专制势力的强烈阻击,未能取得政权的控制权,中国进入四分五裂的军阀混战时代。孙中山由此坚信在向民主政治迈进的过程中,应有一个过渡时期,即所谓军政与训政两时期,以"训练清朝之遗民,而成为民国之主人翁,以行此直接民权"②。在此时期中,应"以党建国"、"以党治国","一切军国庶政,悉归本党负完全责任"③。

训政时期始于"一省完全底定之日"。这一时期的中心工作是推行县自治,"凡一省全数之县皆达完全自治者,即为宪政开始时期"④。训政的目标是进到宪政,是为宪政顺利实行打基础的预备阶段。孙中山构想的宪政模式是五权宪法。国家大权分为政权和治权:政权就是民权,治权就是政府权。首先是人民有权。所谓人民有权,表现为人民有对官吏的选举权、罢免权,对法律的创制权和复决权,这些权利通过县自治和国民大会得到制度保障。国民大会是国家的最高权力机关,在县自治基础上由每县选举代表一人组成,行使国家层面的民权。其次是政府有能。所谓政府有能就是由行政院、立法院、司法院、考试院和监察院五院共同组成中央政府,行使行政、立法、司法、考试、监察五种治权,实行五权分立的五权宪法,五院各施其责并对国民大会负责。五权宪法是以人民有权,政府有能的权能分治说为基础建立起来的。训政就是要为人民学会熟练使用直接民权、组织国民大会做好各种准备。总体上看,孙中山的建国三时期和五权宪政理论,在 20 世纪初中国改

① 孙中山:《在上海国民党茶话会上的演说》,《孙中山全集》第 3 卷,第 5 页。
② 孙中山:《三民主义》,《孙中山全集》第 5 卷,中华书局 1985 年版,第 189 页。
③ 《中华革命党总章》,《孙中山全集》第 3 卷,第 97 页。
④ 孙中山:《国民政府建国大纲》,《孙中山全集》第 9 卷,第 128 页。

造代议政治思潮中,是最为完整的设计方案。就政体来看,五权宪法论主张在县自治和直接民权的基础上,建立一个由人民支配的、为人民谋幸福的万能政府,主张权力协调、直接民权、行政优先等,这一理论基础虽源自西方政治理论,但与三权分立体制的分权制衡有很大不同,五权分立强调的不是政府权力之间的制衡,而是集权下的分工,其目的在于建立一个真正的"万能政府"。孙中山的上述政治思想对南京国民政府立法体制的设计和形成有着极大影响,其训政理论与实践均渊源于此。

南京国民政府成立初期,蒋介石、胡汉民、李石曾、张静江、蔡元培、吴稚晖等要人虽然在反共、反对阶级斗争学说等问题上有着共识,但在"二次北伐"完成时,对政府权力运作、国家控制方式等具体问题,尚未达成一致,如李石曾等基于孙中山的均权理论,强调地方分治,这和国民党要求加强中央权威的主流舆论就不协调。平津克复后,舆论虽已提及"结束军政,开始训政",但训政究竟从何时开始,至何时结束,国民党中央也尚未作出正式宣示。1928年8月二届五中全会通过的"统一革命理论案"提出:"自总理逝世迄至现在,党的革命理论由同志凭各个对主义的认识,及革命实际变动的观察,致革命理论,纷歧万端,致理论中心不能确立。"[①]基本显示了国民党思想分歧的现实。全会作出的"组织理论审查委员会"的决议,则体现出加强政治思想统一的愿望。

1928年8月7日,蒋介石在审查二届五中全会提案时发表《今后贯彻革命实行主义之主张》的谈话,鲜明主张"以党治国"、以军治国,提出"军队党化"、"党军队化"、"行政机关军队化"、"社会军队化"的所谓"四化论",要求军队党化同时,"党员与行政人员社会民众皆使——军队化"[②]。蒋希望以三民主义的精神改造军队,再以军队严明的纪律改

① 《统一革命理论案》,《中国国民党历次代表大会及中央全会资料》上册,第535页。

② 《今后贯彻革命实行主义之主张》,《蒋中正总统档案·事略稿本》第4册,第61页。

造党、行政机关和社会民众，由此建立一个有组织、有纪律、有效率、有责任的新国家。8 月 9 日，蒋又发表《对时局意见书》，提出："既曰以党治国，则政府与行政人员，断不能离党而独立"；对于各方言论"宜就其利害定一准则，有动摇主义，蛊惑人心，反背本党之主张者，皆在绝对禁止之列。"①

作为两次北伐的最高指挥者，蒋介石此时虽然享有很高声誉，但他的言论更多还被看作军人的发言，其军队党化、党军队化的主张，和国民党内的主流观点也不尽一致。相比之下，胡汉民为首的一批具有理论素养的国民党人在政治上尚具有更大的影响力。"二次北伐"占领京津后，正在巴黎的胡汉民、孙科等联名致电谭延闿、蒋介石、阎锡山、冯玉祥、李宗仁等军政实力派首领，提出《训政大纲草案》，提议改组国民政府成为五院制的政府，"以实现五权之治"。胡汉民等在《训政大纲草案》中提出了如下原则："一、以党统一，以党训政，培植宪政深厚之基；二、本党重心，必求完固，党应担发动训政之全权，政府应担实行训政之全责；三、以五权制度作训政之规模，期五权宪政最后之完成。"②胡汉民、孙科本为 1927 年蒋介石在南京建立国民政府的合作者，蒋介石重新上台并取得军事上的胜利后，与其继续合作实属顺理成章，因此他们的提议得到南京方面的积极响应，国民党中央决定召开二届五中全会讨论训政开始后的军事、政治诸问题。会议作出的关于改组政府的决议中原则提出依照《建国大纲》的规定，在国民政府内设立五院。

二届五中全会召开时，胡汉民、孙科尚在由欧洲回国途中，未能参加会议。8 月 28 日，胡汉民抵达香港，随后北上赴上海、南京。9 月 20 日，国民党中常会加推胡汉民为常委，负责制定《训政纲领》，筹划国民政府的组织结构。随后，胡汉民依据其所提出的《训政大纲草

---

①　《蒋对时局意见》，《大公报》，1928 年 8 月 10 日。

②　《胡汉民孙科为拟订训政大纲致谭延闿等电》（1928 年 6 月 3 日），《历史档案》1983 年第 3 期。

案》及《训政大纲提案说明书》,对国民党的统治理论和体系进行了具体的梳理。

　　胡汉民坚定继承孙中山"以党治国"的理念,强调:"夫以党建国者,本党为民众夺取政权,创立民国一切规模之谓也;夫以党治国者,本党以此规模策训政之效能,使人民自身能确实使用政权之谓也。于建国治国之过程中,本党始终以政权之褓姆自任。"①在胡汉民设计的党国治理框架中,党治之下党、政府、人民三者之间的关系是:行政上,党代表人民行使政权,治权交由政府完成。具体而言:"就党与政府之关系言,党必求其以完固之重心,政府必求其有适宜之组织;就权与能之关系言,党为训政之发动者,须有发动训政之全权,政府为训政之执行者,须有执行训政之全责;就党与政府二者在训政时期与人民之关系言,则党之目的在以政权逐步授诸全国之民众,政府之目的在于逐步受国民全体直接之指挥与监督。此三者,为训政时期建设制度者所必须周顾之根本原则,缺一不可。"②

　　和孙中山强调以党治国是以"党义治国"一样,胡汉民认为"训政"时期,国民党之所以有资格代表人民行使政权,训导人民走向宪政,在于国民党是一个拥有革命主义作指导的政党。因此,"以党治国"的确切含义应该是"以党义治国",用主义和政策来"训政":"政治完全是由党而来,而党的主义也就完全靠政治去实施,所以今后事实上政治如果没有革命的主义,便不成其为革命的政治,而党如果没有革命的政治,便不成其为革命的党。政治与党既是一事,而非二事。那么,政府中同志在政治上所担负的一切工作,当然就是党所给予的;而今后政府一切施政的标准,对与不对,首先就该问到是否遵照党的主义了。由此看

---

　　①　《训政大纲说明书》,《国民党政府政治制度档案史料选编》上册,安徽教育出版社 1994 年版,第 585 页。
　　②　《训政大纲说明书》,《国民党政府政治制度档案史料选编》上册,第 585—586 页。

来，方今全国统一，训政开始，不但应该说'党外无党'；并且应该说'党外无政，政外无党'。"①胡汉民特别对以党治国与一党专制和阶级专政作了区分，认为："一党专政与阶级专政，其精神与目的，皆以政权专于一党或一阶级为归宿。本党训政，则其精神与目的实以党权付诸国民为归宿。前者为专制的，后者为民主的。其趋诣盖正相反也。"②总起来看，训政的目的在于"增进国民的知识、能力，使其足够行使民权，管理国家，成为真正的民国"③；"训政是实现宪政，完成革命的最重要的阶段。训政工作的良窳，可决定整个革命的成败"④。不过，胡汉民或许没有意识到，训政理论本身其实使国民党在专制和民主之间陷入巨大的冲突之中：党作为最高权威，提高党权是训政的应有之义，而这肯定会和发扬民权，扩大政治参与的训政目标相冲突；反之，如果对党权实行限制，则所谓以党训政则又成了无源之水。如何在现实和理想之间理智抉择，如何在专制和民主之间保持平衡，这恐怕是一个成熟的政党都难以把握的。对一个刚刚脱胎于专制社会、依靠武力征服获取政权的政党，要如胡汉民所想顺利走上民主之路，未免有点过于天真。

　　胡汉民构想中，国民党中央政治会议在训政期间起着举足轻重的作用。胡汉民回国前，二届五中全会讨论中央政治会议时认为："政治会议既不能对外发生直接关系，以之为实行训政之最高指导机关，似非所宜。同时，政治会议在党与政府之间，具有相当之效用，亦不必遂议取消。"⑤因此，会议将 1928 年 3 月颁布的《中央执行委员会政治会议暂行条例》中规定的一切法律问题及重要政务由"中央政治会议议决交

---

①　胡汉民：《党外无政政外无党》，《胡汉民先生文集》第 3 册，第 213 页。

②　《训政大纲说明书》，《国民党政府政治制度档案史料选编》上册，第 585 页。

③　胡汉民：《怎样使全国妇女能行使女权》，《胡汉民先生文集》第 4 册，第 1189 页。

④　胡汉民：《推行地方自治是建设国家的础石》，《胡汉民先生文集》第 3 册，第 615 页。

⑤　《中国国民党第二届中央执行委员会第五次全体会议记录》，第 60 页。

国民政府执行"，改为"凡政治会议议决案，应由中央执行委员会交国民政府执行"①。胡汉民不赞成以中央执行委员会直接指导国民政府，主张将中央政治会议建设成国民党中央执行委员会和国民政府间又一决策机关，形成中央执行委员会、中央执行委员会政治会议、国民政府三驾马车的局面。其中，中执会是全党最高指导机关，中政会是训政最高指导机关，国民政府是训政执行机关。

　　胡汉民、孙科回国前给国民政府的电报中就突出政治会议的作用。其拟订的训政大纲第一条即为政治会议，规定："以中央政治会议为全国实行训政之最高指导机关。"政治会议讨论及决议之范围为："（甲）建国大计。（乙）施政方针。（丙）对内对外应取之政策。（丁）政府各院委员、各部部长人选问题。（戊）军事大计。（己）各政治分会决议之审查。"②在随后提出的《训政大纲说明书》中进一步指出："政治会议为全国训政之发动与指导机关"，"政治会议对于党，为其隶属机关，但非处理党务之机关；对于政府，为其根本大计与政策方案所发源之机关，但非政府本身机关之一。换言之，政治会议，实际上总揽训政时期一切根本方针之抉择权，为党与政府间惟一之连锁，党于政府建国大计及其对内对外政策，有所发动，必须经此连锁而达于政府，始能期其必行"。"国民政府在发动政治根本方案上，对政治会议负责；但法理上仍为国家最高机关，而非隶于政治会议之下也。"③10 月 25 日，国民党中央常务会议根据胡汉民的主张通过《中央执行委员会政治会议暂行条例》，全文共十三条，条例规定了中政会的性质等："政治会议为全国实行训政之最高指导机关，对于中央执行委员会负其全责"，其各项决议可"直

---

　　①　《中央政治会议案》，《中国国民党历次代表大会及中央全会资料》上册，第543 页。

　　②　《胡汉民孙科为拟订训政大纲致谭延闿等电》（1928 年 6 月 3 日），《历史档案》1983 年第 3 期。

　　③　《训政大纲说明书》，《国民党政府政治制度档案史料选编》上册，第 586—587 页。

接交由国民政府执行"，"政治会议不直接发布命令及处理政务"。中政
会讨论和议决的事项包括：建国纲领、立法原则、施政方针、军事大计、
国民政府委员及五院院长等政府官员的任命等。"中央执行委员、监察
委员为政治会议当然委员"，"国民政府委员亦为政治会议当然委员"；
"中央执行委员会得推定其他政治会议委员，其人数不得超过前条当然
委员之半数"①。中政会采取主席制。中政会由此从一般政治指导机
关变为训政的最高指导机关，具备了国家最高权力机关的基本特征。
1929 年 5 月、1930 年 3 月，国民党中央又两次修改条例，规定政治会议
之下设政治组、经济组、外交组、财政组、教育组及其他专组，"分别担任
审查与设计事宜"②。

　　在孙中山的宪政思想中，五院制政府的建立当在宪政时期，训政时
期究竟以何种形式建立政府并无详细论述。胡汉民主张训政时期中央
政府由五院组成，设立法、司法、行政、监察、考试五院，国民政府立于其
上作为总枢纽，五院委员为政府委员，以政府常务委员五人，分任五院
的主席，合五院之组织，总称为国民政府。此时设立五院，旨在以其为
雏形，令其在训政的保护下，逐渐发育，在政体上实现由训政到宪政的
有机过渡。因此，训政时期的五院制与宪政时期正式的五院制是不同
的，训政时期的五院"彼此只收联络之功，而不应有对抗之势"，五院统
一于国民党的党权之下，即"国民政府是五院的集体，每一个院是国民
政府的一体，彼此间并立而不对立，没有相互连锁的关系；对外又同受
党的指挥，对于政治会议的决议统一要绝对地遵守"③。

　　胡汉民反对训政时期颁布一部类似于宪法的根本大法。根据他的
意见，国民党第三次全国代表大会决议以孙中山的《三民主义》、《建国

---

　　①　《中央政治会议暂行条例》，转见秦孝仪主编《中华民国政治发展史》第 2 册，
近代中国出版社 1985 年版，第 896—897 页。
　　②　《三届三中全会通过〈修正中央执行委员会政治会议条例〉》，《国民党政府政
治制度档案史料选编》上册，第 42 页。
　　③　胡汉民：《立法工作的二种意义及其他》，《胡汉民先生文集》第 4 册，第813页。

大纲》等著作为训政时期中华民国最高根本法,从正面堵住了订立约法的可能。胡汉民制定的立法方针是:"第一方针应谋社会的安定。第二方针应谋经济事业之保养与发展。第三方针应求社会各种实际利益之调节于平衡。"①将安定社会秩序视为第一需要,因此,他对部门法的兴趣远远胜过宪法。1929 年 11 月,他在《编纂法典是革命建设的基本工作》一文中,正面解释了私法重于公法的理由:"我们却觉得要解决政治问题,社会问题,非专靠公法所能成功。尤其推进民主,改良社会,私法的力量,更较公法为大,在日常生活中,人民与私法的关系,也较公法为密切。所以先定私法,以规范人民的生活,比较更为重要。"②客观看,胡汉民这一立法思路未免陷于褊狭,私法的重要固不待言,但公法原则的确定是一切私法得以制定和成立的基础,而这不应该是个人论著可以代替的。

胡汉民等提出的《训政大纲草案》和《训政大纲提案说明书》,后来除个别有所修正外,其基本精神成为国民党训政期间政治体制的指导原则,尤其是"训政褓姆论"和五院政府主张,成为国民党在全国范围内建立国民党一党政权的政治方略。

二　"训政"体制的建立

1928 年 8 月,国民党二届五中全会通过关于训政时期"实行五权之治",即建立五院制国民政府的主张。会议关于《训政开始应否设立五院案》的决议中强调:"训政时期之立法、行政、司法、考试、监察五院,应逐渐实施。"③在关于《政治问题案》的决议中并规定"行政院下设内

---

① 胡汉民:《社会生活之进化与三民主义的立法》,《革命理论与革命工作》,第801—802 页。

② 胡汉民:《革命理论与革命工作》,第 351 页。

③ 《训政开始应否设立五院案》,《中国国民党历次代表大会及中央全会资料》上册,第 543 页。

政、外交、军政、财政、教育、交通、工商、农矿八部，及建设委员会、设计委员会、侨务委员会、蒙藏委员会、其他特种委员会"①。

值得注意的是，会议前后，制定约法的要求颇具声势。上海四十八个商业团体联合组成请愿团，向国民党中央党部提出十项要求，其中第一项即是"颁布约法"。《大公报》也发表文章，呼吁制定约法，指出："今全国统一，时移势易，非有齐一之规模，不足以坚民众之信仰。而国民之权利义务，中央地方之权责范围，党政国政之关系连络，均须根据国民党之理论，制为党义的结晶之新约法。既符以党治国之旨，又正为事实之所急需。所应注意者，此项约法一经制定之后，即应严格实施，从上彻下，悉受部勒，不得再有旧约法时代违法玩法之敝。"②国民党内对制定约法有相当共识，国民党中央执行委员朱霁青、国民党南京特别市指导委员会、国民政府法制局分别向会议提出制定约法的建议。会议提案审查小组合并审查了朱霁青、南京市党部、法制局制定约法的建议，并作出结论："训政时代，应遵总理遗教，颁布约法，此次全会，应即组织中华民国约法起草委员会，限期完成，由中央执行委员会议决，赶于第三次全国代表大会开会时，呈请通过公布。"③会议通过决议："训政时期，应遵照总理遗教，颁布约法。"④李烈钧在会后曾对此作出说明："世界各国，无论其为君主国家、民主国家，均有一定根本大法。我国因军事方定，人民知识尚浅，宪法至今尚未颁布。然在此根本大法未经颁布以前，不能不有一种法规使民众共求政治之发展，故会议结果决组起草委员会从事着手进行。"⑤这一决议在胡汉民回国后因胡反对制

---

①　《政治问题案》，《中国国民党历次代表大会及中央全会资料》上册，第 536 页。

②　《新约法与五次全会》，《大公报》，1928 年 8 月 12 日。

③　《关于约法案之审查报告》，上海《民国日报》，1928 年 8 月 13 日。

④　《训政时期颁布约法案》，《中国国民党历次代表大会及中央全会资料》上册，第 543 页。

⑤　李烈钧：《在国民政府第四十六次孙中山纪念会上的演说》，《李烈钧集》下册，中华书局 1996 年版，第 666 页。

定约法而被搁置,胡汉民认为:"总理给我们的遗教,关于党的,关于政的,已非常完全,而且事实上都已条理毕具。我们只要去奉行,只要摸着纲领,遵循着做,不要在总理所给的遗教之外,自己再有什么创作。"①对此,当时蒋介石为寻求与胡合作曲予优容,但却由此种下了日后蒋、胡冲突的导火索。

10 月 3 日,国民党中央政治会议第一百五十七次会议和中央常务会议第一百七十二次会议先后通过《国民政府组织法》。同时议决《训政纲领》六条。纲领主要内容如下:(一)训政时期,由国民党全国代表大会代表国民大会领导国民行使政权;(二)中国国民党全国代表大会闭幕时,以政权付托国民党中央执行委员会执行;(三)依照总理建国大纲所定选举、罢免、创制、复决四种政权,训练国民逐渐行使;(四)国民政府总揽行政、立法、司法、考试、监察五项治权;(五)国民政府重大国务之执行,受中国国民党中央执行委员会指导监督;(六)中华民国国民政府组织法之修正及解释,由中国国民党中央执行委员会政治会议议决之②。

10 月 8 日,国民党中央常务会议议决蒋介石、谭延闿、胡汉民、蔡元培、戴季陶、王宠惠、冯玉祥、孙科、陈果夫、何应钦、李宗仁、杨树庄、阎锡山、李济深、林森、张学良十六人为国民政府委员,蒋介石为国民政府主席。同时通过决议,任命谭延闿、胡汉民、王宠惠、戴季陶、蔡元培为行政、立法、司法、考试、监察各院院长。同日,中央政治会议通过并公布行政、立法、司法等院组织法。12 日,通过并公布考试、监察两院组织法。18 日,国民党中央常务会议决定冯玉祥、林森、张继、孙科、陈果夫分任行政、立法、司法、考试、监察五院副院长。李宗仁为军事参议会会长,李济深为参谋部部长,何应钦为训练总监部部长。24 日,国民

---

① 胡汉民:《第三次全国代表大会的使命》,《胡汉民先生文集》第 3 册,第 241 页。

② 《中华民国训政纲领》,《国闻周报》第 5 卷第 39 期,1928 年 10 月 7 日。

政府任命行政院各部部长,特任阎锡山为内政部长,王正廷为外交部长,冯玉祥为军政部长,宋子文为财政部长,王伯群为交通部长,孙科为铁道部长,孔祥熙为工商部长,易培基为农矿部长,蒋梦麟为教育部长,薛笃弼为卫生部长,古应芬为国民政府文官长。

10月10日,蒋介石宣誓就任国民政府主席职务,国民政府各委员也同时就职。蒋介石等政府委员宣誓就职后,五院先后建立。最早建立的是行政院(10月),其次是司法院(11月)和立法院(12月)。考试院成立于1930年1月。监察院长蔡元培坚辞不就,1929年8月,国民党中央准蔡元培"辞职",由赵戴文继任。赵亦未到任。1930年11月的国民党三届四中全会推选于右任为国民政府委员兼监察院院长,故监察院一直拖延到1931年2月才正式成立。

1928年10月26日,国民政府发表《训政时期施政宣言》,宣布:"在此由军政时期向训政时期进展之际,中国国民党本其历史上所负之使命,适应国家实际之需要,代行政权,而以治权授诸国民政府。"训政开始时期进行一切建设之先决条件为裁兵节饷与整理财政,同时开展政治建设、经济建设与教育建设,"实际建设之进展,必恃一强固有能之政府,以为其原动机,故政治建设,乃其他一切建设之首脑。国民政府五院之设立,实为政治建设之创始,今后之努力,则以是为训政之中心,实行建国大纲所指示之直接民权之训练与五权宪法之完成"[1]。

1929年3月国民党第三次全国代表大会除通过"总理主要遗教为中华民国最高根本法案"外,还通过《确定训政时期党、政府、人民行使政权、治权之分际及方略案》,规定国民党、国民政府、人民在行使政权和治权过程中的权力分界线,不允许互相超越。具体内容主要有:一、国民党中央执行委员会:培植地方自治之社会基础,宣传训政方针,开导人民接受四权使用的训练,"国民党最高权力机关"有权"于人民之集会、结社、言论、出版等自由权,在法律范围内加以限制"。二、中央政治

---

[1]　《国民政府宣言》,《银行周报》第12卷第42期,1928年10月30日。

会议:决定县自治的一切原则及训政的根本政策与大计并对中执委会负责;三、国民政府:实行县自治,执行有关训政的根本政策与方案,对中政会负责;四、人民:"服从拥护中国国民党,誓行三民主义,接受四权使用之训练,努力地方自治之完成,始得享受中华民国国民之权利"①。国民党有权,国民政府有责,人民既无权亦无责,只有"服从拥护国民党"的义务,以这样直截的语言解读这一决议案,似并不为过。

1929年6月15日,国民党召开三届二中全会,通过《训政时期之规定案》,决定"训政时期规定为六年,至民国二十四年完成"②。同时通过《治权行使之规律案》,强调政府各机关的权限和职能,主要对立法、司法、考试、监察四院提出要求,规定:"一切法律案(包括条例案及组织法案在内)及有关人民负担之财政案与有关国权之条约案,或其他国际协定等属于立法范围者,非经立法院议决,不得成立;如未经立法院议决而公布施行者,立法院有提出质询之权,其公布施行之机关以越权论,立法院不提出质询者,以废职论";"人民生命财产与身体之自由,皆受法律之保障,非经合法程序不得剥夺,其非经合法程序而剥夺者,司法院及其所属不提出质询者,以废职论";"在考试院成立以后,一切公务人员之考试权,皆属于考试院,其不经考试院或不遵守考试法所特定之办法而行使考试权者以越权论,考试院不提出质询者,以废职论";"在监察院成立以后,一切公务人员之弹劾权,皆属于监察院,凡对于公务人员过失之举发,应呈由监察院处理,非监察院及其所属不得受理;其不经监察院而公然攻讦公务人员或受理此项攻讦者,以越权论;监察院不提出质询者,以废职论"③。

---

① 《确定训政时期党、政府、人民行使政权治权之分际及方略案》,《中国国民党历次代表大会及中央全会资料》上册,第659页。

② 《训政时期之规定案》,《中国国民党历次代表大会及中央全会资料》上册,第759页。

③ 《治权行使之规律案》,《国民党政府政治制度档案史料选编》上册,第596页。

1931年5月,国民会议召开,通过《中华民国训政时期约法》,计八章八十九条。这是一个具有宪法性质的文件,以法律形式确定了国民党一党专政的政体。《约法》包括中华民国的国土、主权、国旗、首都,人民的权利、义务,国民生计,中央与地方权限,政府组织等条款。《约法》规定:"训政时期由中国国民党全国代表大会代表国民大会行使中央统治权;中国国民党全国代表大会闭会时,其职权由中央执行委员会行使之。"国民政府主席、委员"由中国国民党中央执行委员会选任"。《约法》的解释权也由国民党中央"行使之"。《约法》同时规定:"宪法草案当本于建国大纲及训政与宪政两时期之成绩,由立法院议订,随时宣传于民众,以备到时采择施行。""全国有过半数省份达到宪政开始时期,即全省之地方自治完全成立时期,国民政府应即开国民大会,决定宪法而颁布之。"①该《约法》此后即成为国民党统治全国的法律依据,1948年国民大会制宪完成后废止。

三　国民政府的组成

国民政府委员会是国民政府最高领导机关,由国民政府主席和全体国民政府委员组成,总揽中华民国之治权,统率陆、海、空军,行使宣战、媾和、大赦、特赦等权,公布法律,授予荣典等。训政时期,委员会人选由国民党中央执行委员会选任。

国民政府委员会体制屡有变动。1927年4月南京国民政府初建时,仿照广州国民政府的做法,实行委员制,不设主席,以胡汉民等四人为常务委员,日常政务由常务委员以会议形式集体处理。宁、汉合作后,由特别委员会推举产生了新的国民政府。自1927年9月至12月,国民政府的组织系统大致延用二届三中全会修正的《国民政府组织法》,不设国民政府主席一职。1928年2月4日国民党二届四中全会

---

①　《中华民国训政时期约法》,上海商务印书馆1935年版,第70—81页。

通过南京政府组建后的第一个《中华民国国民政府组织法》,共十一条,行直接党治、委员合议制。规定:国民政府受国民党中央执行委员会之指导监督,掌理全国政务。委员由中央执行委员会推举产生。从委员中推举五至七人为常务委员。由常务委员中推定一人为主席。"国民政府委员处理政务以会议行之,日常政务由常务委员执行之"①。谭延闿为国民政府主席,职权为"代表国民政府接见外使,并举行或参与国际典礼"②。

1928年8月,国民党二届五中全会决定开始训政时期。10月8日,国民政府公布《国民政府组织法》,共七章四十八条,该法规定了试行五权制度的具体方案,包括国民政府及五院的组织与职权。主要有:一、国民政府设主席一人,委员十二至十六人。国民政府主席是国家元首,对内对外代表国家,任国务会议主席,兼任中华民国陆、海、空军总司令。国家事务采合议制,由国务会议处理。公布法律与命令,需由主席会同五院院长共同署名。二、国民政府设置行政、立法、司法、考试、监察五院。各院长、副院长由中央执行委员会于国民政府委员当中选任。各院彼此独立,凡院与院之间不能解决的事项,由国务会议议决之。三、规定行政、立法、司法、考试、监察各院在国民政府中的地位、职权以及组织法要点③。南京国民政府实行三级中央政制:国民政府主席、政府委员会(或称国务会议、政府会议)及国民政府直辖机关;五院,即行政院、立法院、司法院、考试院、监察院;五院所属的各部、各委员会。此时国府主席的实际职权,大体同其他五院院长相当,仍采取委员合议制,但该法第九条规定:国府主

---

①　《中华民国国民政府组织法》(1928年2月13日),《国民政府公报》第32期,1928年2月。

②　《中华民国国民政府组织法》(1928年2月13日),《国民政府公报》第32期,1928年2月。

③　《中华民国国民政府组织法》(1928年10月8日),《国民政府公报》第99期,1928年10月。

席"兼中华民国陆、海、空军总司令",国民政府主席获得法定的对军队的控制权。此时,蒋介石被推举为国民政府主席,同时还兼任国民革命军总司令,可谓大权在握,国民政府主席实际已超越其他委员之上,成为国民政府的首领。

1930年11月,国民党三届四中全会通过《国民政府组织法》修正案。修正后的《国民政府组织法》最主要的变更有两项:一是删去了原法第十一条"国民政府以国务会议处理国务"一句,并将国务会议改为"国民政府会议",而以原"行政院会议"取代"国务会议"。新成立的"国民政府会议"的职权,仅是议决"院与院间不能解决之事项",而不再是处理国务的最高机构。此项修改实质上否决了自国民政府成立以来所采取的委员合议制。此后,国家行政完全由行政院长负责。第二项大的修订是第十三条,规定:"公布法律,由国民政府主席署名,以立法院院长之副署行之。发布命令,由国民政府主席署名,主管院院长之副署行之。"①根据该条规定,五院院长对于颁布法律及命令不再负有共同的连带责任,而只对其主管事项负责,此时的国府主席职权已高于五院院长。公布法律、命令,无须经国务会议议决。当时即有学者评论道:"严格地说起来,经此修正而后,国民政府的组织,已自形式上的合议制成为行政院院长总揽行政权之制。"②

1931年5月,国民会议召开,依据国民党中常会第一百三十七次会议提出的《约法草案》,通过《中华民国训政时期约法》。在有关中央制度一节中,规定国民政府主席"对内对外代表国民政府";"各院院长及各部会长以国民政府主席之提请,由国民政府依法任免之";"公布法律,发布命令,由国民政府主席依法署名行之"③。6月14日,国民党

①　《国民政府抄发"国民政府组织法修正案"训令》,《中华民国史档案资料汇编》第五辑第一编《政治》(一),第27—28页。

②　王世杰、钱端升:《比较宪法》第2册,上海商务印书馆1937年版,第184页。

③　《中华民国训政时期约法》,上海商务印书馆1935年版,第80页。

三届五中全会通过修正《国民政府组织法》，共十章五十二条，明确规定：国民政府主席有权主持政府委员会议，兼任陆海空军总司令和其他官职；公布法律、发布命令不需五院院长副署，直接由国民政府主席署名实施；国民政府五院院长、副院长、陆海空军副司令及直属于国民政府的各院、部、委员会官长，由国民政府主席提请国民政府任命；国民政府委员由十二至十六人扩充为十六至三十二人，且五院正副院长为不在此列当然委员。国民政府在组织形式上彻底放弃了委员合议制，国民政府主席权力大大提高，国民政府会议由于人员的扩充及不再管控政府公布法律、发布命令，已完全流于形式，无任何实权，国民政府的合议制变为主席集权制。新组织法成立后，三届五中全会选任蒋介石为国府主席，张静江等三十二人为国府委员。随后，蒋以国府主席名义提请蒋介石、林森等分任五院院长，蒋以主席而兼任行政院长。从此大权独揽。

1931 年蒋介石与胡汉民爆发"约法之争"，广州于 5 月 27 日宣告另组国民政府，宁、粤发生权力之争。后经双方妥协，同年 12 月 25 日国民党四届一中全会通过《关于中央政制改革案》，议决修正《国民政府组织法》，其要点有：第一，规定国民政府主席为中华民国元首，对内对外代表国家，但不负实际政治责任，并不兼任其他官职；任期二年，得连任一次。取消主席提请任免五院院长及指挥五院之权。第二，国民政府委员定为二十四至三十六人，国民政府会议改称国民政府委员会会议，行政院会议复称行政院会议。第三，立法院、监察院委员之半数"由法定人民团体选举，其选举法另定"①。这一规定后来并未真正实行，立法、监察二院委员实际仍由各院院长提请国民政府主席任命。第四，淡化政治会议功能，强调："在宪法未颁布以前，行政、立法、司法、监察、考试各院，各自对中央执行委员会负其责任"，"国民政府委员、五院院

---

① 《一中全会修正国民政府组织法》，《申报》，1931 年 12 月 27 日。

长,由中央执行委员会选任之"①。组织法修正后,由于国民政府主席不负实际责任,行政院院长总揽行政大权。

此后,《国民政府组织法》又经六次修改,前四次均无重大变更。第五次修改规定国民政府主席因故不能视事时,由行政院院长代理之。第六次修改的要点在于,恢复主席负实际责任的制度,并规定五院院长对国民政府主席负责。

南京国民政府初期采取合议制,以国务会议处理政务,行使职权。1928年10月,五院制建立时国民政府会议称国务会议,负责统率陆、海、空军,行使宣战、媾和、大赦、特赦等权,公布法律,授予荣典,解决五院之间不能解决的事项等。国务会议位于五院之上。1930年蒋介石以国民政府主席身份兼任行政院长后,将行政院会议改为国务会议,原来的国民政府国务会议改称国民政府会议。1931年12月后,再将国民政府会议改称国民政府委员会会议,地位和影响明显下降。

国民政府的直辖机构有文官处、参军处、主计处。文官处掌理国民政府一切文告之宣达,印信、关防、勋章、奖章之铸发及关于国民政府委员会会议暨其他机要事项。参军处掌理典礼总务及宣达命令,承转军事报告事宜。主计处掌管全国岁计、会计、统计事务。国民政府各机关编制预算后,送主计处审核、签注意见报送国民党中政会审查,然后再由主计处根据审查意见编成总预算案送国民政府转行政院提交立法院核议。

30年代前后,国民政府直属专门性机关主要有:建设委员会、外交委员会、全国经济委员会、全国财政委员会、黄河水利委员会、导淮委员会、中央研究院、总理陵园管理委员会等。

---

① 《关于中央政制改革案》,《中国国民党历次代表大会及中央全会资料》下册,第119页。

四　五院制的建立

　　五院制是孙中山对民国政制的重要设计。五院制并非五权分立，而是平行五院之间的分工。1928 年 8 月，国民党二届五中全会决定逐次设立五院。10 月 10 日组成的南京国民政府首次明确五院建制，宣告五权制度开始实行。在此前后，国民党中央政治会议先后通过《行政院组织法》、《立法院组织法》、《司法院组织法》、《考试院组织法》和《监察院组织法》。10 月 20 日，由国民政府将五院组织法正式公布实施。

　　五院制度实行之初，国民政府委员兼任五院正副院长，1931 年修正组织法后，国民政府委员不再兼任五院正副院长。五院对各自主管事项的一切重要措施，都要送请国民政府核议或备案，国民政府在审议时可予更正或驳回。五院之间不能解决或相互争议的事项，由国民政府的会议议决处理。

　　行政院是国民政府最高行政机关，于 1928 年 10 月 25 日正式成立。由行政各部署及各委员会组成。行政院设院长、副院长各一人，由国民党中央执行委员会选任。行政院本身的组织有行政院会议、秘书处、政务处等。

　　行政院会议主要议决如下事项：一、提出于立法院之法律、预算、大赦、宣战、媾和、缔约案，以及其他重要国际事项；二、荐任以上行政、司法官吏的任免；三、行政院各部会之间不能解决之事项；四、其他依法律或行政院长认为应付行政院会议议决的事项。行政院院长可提请国民政府主席，依法任免各部部长、次长，各委员会正、副委员长及委员。

　　行政院成立后，设内政、外交、军政、财政、农矿、工商、交通、铁道、卫生等部，建设、劳动、禁烟、蒙藏、侨务等委员会。后陆续设立教育部、海军部，农矿、工商二部取消，改设实业部。抗战爆发前，行政院下设内政、外交、军政、财政、实业、交通、铁道、海军、教育九个部，蒙藏、侨务两个委员会，另有非经常性的赈济委员会、农村复兴委员会、行政院驻平政务整理委员会等。

立法院是国民政府最高立法机关,于 1928 年 12 月 5 日成立。设院长、副院长各一人。立法委员任期两年,1928 年 10 月规定人数为四十九至九十九人,1932 年 12 月修改为四十九至一百人①。1928 年至1935 年,共产生四届,人数分别为四十九人、六十二人、九十人、八十六人。抗战爆发后,立法委员停止换届。

立法院的职权主要有:一、制定法律;二、议决预算;三、议决宣战、媾和、缔约;四、质问。此外,立法院院长还有如下权力:一、提请国民政府任免立法委员;二、主持立法院会议;三、指挥监督院务及其所属机关;四、国民政府颁布有关立法院主管事务之命令,须由院长副署。

根据南京国民政府的立法原则,一切法律案提出后,都要经国民党中央政治会议决定。各种法律案,除秘密政治、军事、外交等法案外,政治会议先交立法院审议,立法院审议后,再送政治会议最后决定。政治会议所定的原则,立法院不得变更,政治会议对立法院的决议可以修改。由于各院均对国民党中央负责,立法院在行使质询权时无强迫他院答复之权,更无答复不满意时的制裁权。所以,立法院作为名义上的国家最高立法机关,既没有对立法原则的实际决定权,也没有保证立法原则得到有效实践的监督权,其职权经常处于有名无实的状况。

为便于审查各种法律案,立法院可设立法制、外交、财政、经济、军事等委员会。各委员会委员由立法委员分别担任,每委员会设委员长一人,由院长指定。院内的日常事务由秘书、编译两处管理。

立法院成立后,院长胡汉民秉持"要以自治来提倡法制,而逐渐代替了人治"②的理念,领导立法工作得到有效推进。从 1928 年 12 月到

---

① 《修正中华民国国民政府组织法第三十条及四十八条条文》(1932 年 12月),《中华民国史档案资料汇编》第五辑第一编《政治》(一),第 44 页。

② 胡汉民:《一年以来立法新制的试行》,《革命文献》第 23 辑,台北中央文物供应社 1960 年版,第 523 页。

1930 年 10 月不到两年时间内，"共会议一百一十五次，共审议案六百三十九件"①。到 1931 年已经制定了民法各编及民事诉讼法、公司法、海商法、保险法、刑法、刑事诉讼法、土地法、自治法、工厂法、工会法、工商法、商会法、劳动法、出版法等多部法规，奠定了南京国民政府宪法、民法、刑法、民事诉讼法、刑事诉讼法、行政法六法体系的基础。继任立法院院长孙科认为，立法院"以过去的工作成绩来说是五院之中最显著的，已为一般国民所承认。大家努力的结果，使一切法规都具备了，最重要的基本法规如民法等等，都由本院同人在胡院长领导之下，经过几年的努力，才议决公布，成绩是很可观的了"②。

司法院是国民政府的最高司法机关，于 1928 年 11 月成立，设院长、副院长各一人。司法院独立行使司法权，对国民党中央执行委员会负责，司法院所属最高法院、公务员惩戒委员会及行政法院等机关分别执掌司法审判、公务员惩戒及行政审判。

在国民政府五院中，司法院的职能变动最多，1934 年前总的趋势是强调其司法审判权。1928 年 10 月颁布的国民政府组织法规定司法院为"最高司法机关，掌理司法行政、官吏惩戒及行政审判之职权"。1930 年 11 月，国民党三届四中全会修改的组织法在其职权中加上"司法审判"③，其司法审判权被强调。1931 年 6 月公布的组织法则将其余几项职权删去，规定其"掌理司法审判之职权"④。12 月，国民政府

---

① 《立法院第一第二两周年立法工作概况》，立法院秘书处 1930 年编印，第 3 页。

② 孙科：《担任院长经过与今后的希望》，《中央周报》第 242 期，1933 年 1 月 23 日。

③ 《国民政府抄发"国民政府组织法修正案"训令》，《中华民国史档案资料汇编》第五辑第一编《政治》（一），第 29 页。

④ 《中华民国国民政府组织法》（1931 年 6 月 15 日），《中华民国史档案资料汇编》第五辑第一编《政治》（一），第 37 页。

再次修正组织法,司法院定位由"最高司法机关"明确改为"最高审判机关"①,司法院院长、副院长直接掌理审判。1932 年 3 月,国民党四届二中全会规定"最高法院院长得由司法院院长兼任"②。司法院成为审判机关后,根据 1931 年 12 月修正国民政府组织法的规定,司法行政部由司法院划归行政院管辖。1934 年 10 月,国民党中央执行委员会常会再作修正,规定"司法院为国民政府最高司法机关"③,次年,司法行政部又重新划归司法院。随后,1936 年 10 月修正公布之《司法院组织法》规定:司法院不仅是最高审判机关,也是"整个的最高司法机关"④。

南京国民政府司法审判制度基本沿袭清末新政以来实行的四级三审制。到 1935 年 7 月 1 日,将四级三审制改为三级三审制,分为地方法院、高等法院及最高法院三级。最高法院为全国终审审判机关,对于民、刑诉讼事件,依法律行使最高审判权。高等法院分设于各省或特别区,地域辽阔者可设分院。地方法院则分设于各县、市,其区域小的,可以几个县市联合组成一地方法院。另特设行政法院为全国行政诉讼审判机关。

南京国民政府成立后,设置政务官惩戒委员会,负责处理政务官违法违纪事件。司法院成立后,改称官吏惩戒委员会。1931 年 3

---

①　《修正中华民国国民政府组织法》(1931 年 12 月),《中华民国史档案资料汇编》第五辑第一编《政治》(一),第 33 页。

②　《修正中华民国国民政府组织法第三十七条条文》,《中华民国史档案资料汇编》第五辑第一编《政治》(一),第 26 页。汇编将此文件时间标为 1930 年 3 月,有误。国民党四届二中全会 1932 年 3 月召开,5 日的第二次会议决定,对组织法第三十七条加以修改(可参见《中国国民党历次代表大会及中央全会资料》下册,第 165 页)。另 1931 年 6 月的组织法公布前,第三十七条均属于考试院内容,6 月版本始在司法院范围,该条修改时间不可能早于 1931 年 6 月。

③　《修正中华民国国民政府组织法第二十四条第五款及第三十五条三十六条条文》,《中华民国史档案资料汇编》第五辑第一编《政治》(一),第 43 页。

④　转见罗志渊:《中国宪法史》,台北商务印书馆 1967 年版,第 241—242 页。

月,立法院通过决议,将"官吏"改称"公务员",官吏惩戒委员会也随之改称为公务员惩戒委员会。根据 1931 年 6 月公布的《公务员惩戒委员会组织法》,公务员惩戒委员会除法律另有规定外,掌理一切公务员的惩戒事宜,分为中央与地方两种。中央公务员惩戒委员会,掌管荐任以上公务员及中央各官署委任职公务员的惩戒事项。地方公务员惩戒委员会,分设于各省及直隶于行政院之市,掌理各有关省市委任职公务员之惩戒事宜。中央、地方公务员惩戒委员会行使惩戒权时,对于荐任以上的公务员,须经监察院成立弹劾案后,方能移付惩戒。

考试院是国民政府的最高考试机关,独立行使考试权,对国民党中央执行委员会负责。1930 年 1 月 6 日,考试院正式成立。设正、副院长各一人,综理全院事务。内部机构设秘书、参事两处。下设考选委员会与铨叙部两机关,分别掌理考试、铨叙事务。

考选委员会主要负责文官、法官、外交官、其他公务员及专门技术人员的考选。设秘书长一人,总揽会内事务。具体的考试组织另设典试委员会及试务处,分别办理试政与试务。典试委员会掌理考试科目的命题、考试成绩的评定,及格人员的录取。

考试分为高等文官考试、普通文官考试、特种考试等。典试委员长由主考官兼任。普通文官考试的主考官由国民政府简派;高等文官考试的主考官由国民政府特派。典试委员由考试院提请国民政府简派。从考试院创立到 1948 年 6 月,分别通过高等考试、普通考试及特种考试者为 4069、6738、154620 人①。他们中许多人进入到政府体系中,"分布在国民党中央的各院、部、会,各省市政府,遍及绝大部分的行政机关和专业部门。一般是担任科长、荐任秘书等中级职务,其中担任县长的有一百多人,担任中央及其派出机关的高级人员如简任秘书、参

---

① 《考选部工作概况表》,1948 年;转见肖如平《国民政府考试院研究》,社会科学文献出版社 2008 年版,第 289 页。

事、司长、处长、局长的约四十人"①。考试制度的实施，使"各部人员中经过考试的越来越多，部长能够控制的职位越来越少，大家渐渐承认部中工作人员（至少是某种人员）需要相当的学历"②。相对公平和超然的考试选拔制度，对现代文官体制的建立是有益的。不过，由于当时考试设计并不针对具体职位，因此考试合格后得不到适当任用者也大有人在，胡适 1934 年曾批评道："考试院举行了两次考试大典，费了国家一百多万元的经费，先后共考了两百余人，听说至今还有不曾得着位置的。国家官吏十多万人，都不由考试而来，只有这两百人，由正途出身，分部则各部会没有余缺，外放则各省或者不用，所以考试制度，至今没有得着国人的信仰。"③另外，在缺乏公开机制的背景下，考试制度覆盖性仍然有限，官员任用的公正性无法充分保证，曾任湖南泸溪等县县长的李惕乾回忆："有人介绍我到薛岳那里……在他的长官部当了几个月的食客，忽然下了一张条子，连我一起任命了十几个县长。"④这样的任命方式很容易使考试成为形式。

　　铨叙部掌理全国文职公务员及各人事机构人员的铨叙事项。包括公务员调查登记及任免之审查，公务员升降、转调审查，公务员资格审查，考试专门技术人员分类登记，成绩考核登记等。内设总务、登记、甄核、考功、奖恤五司及铨叙审查委员会。作为地方自治的核心，铨叙部高度重视对县长的审查，从 1931 年 7 月到 1935 年 9 月，共审查县长1154 人，合格者 881 人，不合格者 272 人，不予审查者 1 人⑤。不合格者报送政府有关机关予以处理。

---

　　①　金绍先：《戴季陶与南京国民政府的高等文官考试制度》，《江苏文史资料》第24辑《国民党的文官制度与文官考试》，江苏政协文史资料委员会1988年编印，第11页。

　　②　《蒋廷黻回忆录》，台湾传记文学出版社 1979 年版，第 175 页。

　　③　胡适：《公开荐举议》，《大公报》，1934 年 3 月 4 日。

　　④　李惕乾：《从旧时县政府看国民党的吏治》，全国政协文史资料委员会编《文史资料存稿选编——政府政党》，中国文史出版社 2002 年版，第 576 页。

　　⑤　《考试院工作报告》，国民政府考试院 1935 年编印，第 38 页。

　　监察院是国民政府的最高监察机关。监察院的主要职务为弹劾、审计、调查、巡察、监试、纠举、建议等。该院先成立筹备处,1931 年 2 月 16 日正式成立。设院长、副院长各一人,监察委员人数时有变更,成立时定为十九至二十九人,后多数时间在二十九至四十九人之间,并分区设区监察使及审计部。院内设秘书、参事两处。

　　1929 年 5 月国民政府公布的《弹劾法》规定,监察委员如发觉公务人员有违法失职的事实时,可以单独提出弹劾。用书面形式把被弹劾人违法的事实详细开列,并附以证据。监察院接到弹劾案后,即派其他监察委员三人从事审查。审查的结果,经多数认为应付惩戒时,则将被弹劾人移付惩戒,但是监察院本身并无惩戒权。

　　监察院在全国设立监察区。1931 年 3 月,监察院颁布《监察使巡回监察规程》,规定监察院院长可提请国民政府特派监察使,分赴各监察区巡回视察,行使弹劾权,其地位与监察委员相同①。监察院会议议决将全国划分为十四个监察区,1934 年 6 月改为十六个。1933 年 2 月,监察院第一次提请简派晋陕、热察绥两监察区之监察使,但尚未在监察区内建立常设之监察机构。1935 年 10 月,监察院公布《修正监察使巡回监察规程》,规定:“监察使于所在监察区内设监察使署。”②监察使署负责将监察区内各官署及公立机关设施事项、各公务员行动事项、人民疾苦及冤抑事项报告监察院,督促改善。

　　为保证监察委员行使弹劾权,1929 年 8 月,国民政府公布《监察委员保障法》,予监察委员行使职权以特别保障,规定:“监察委员除现行犯外非经监察院许可不得逮捕监禁”;“监察委员行使职权时所发之言

---

　　① 《监察使巡回监察规程》(1931 年 3 月 30 日),国民政府档案 001012050002,台北“国史馆”藏。

　　② 《修正监察使巡回监察规程》,《国民党政府政治制度档案史料选编》上册,第 318 页。

论对外不负责任"①。

　　监察院成立后,到1936年6月底,共处理弹劾案件772件,被弹劾者1337人②。初期提出一些颇引人注目的弹劾案,包括弹劾江苏省主席顾祝同违法逮捕《江声日报》经理刘煜生,南京市长魏道明、财政局长齐叙等伪造收据舞弊吞款,江西省府主席鲁涤平、民政厅长王尹西违法失职,北平市长袁良滥用职权,外交部长王正廷背党溺职,丧权辱国,司法行政部长朱履龢违法失职,铁道部长顾孟馀渎职等案。其中影响最大的当数1932年对行政院长汪精卫的弹劾案。1932年5月《淞沪停战协定》签订后,萧佛成等监察委员以汪"对于此次上海停战协定,不交立法院议决,遽行签字"③为由,联名弹劾。此弹劾案背后包含着国民党复杂的政治生态和派系、权力争斗,非单纯的违法违纪弹劾可比,但其牵涉的行政、立法、监察三院间的权力互动,仍然颇具意味。最终此弹劾案由国民党中央执行委员会以"上海停战协定,系中央政治会议第二十九次临时会议决议,此项决定既非媾和条约,应准外交部所拟办理,俟办理完竣,再由行政院向立法院报告在案"为由,决议"应毋庸议"而退回。中央执行委员会出面否决监察委员的弹劾案,充分体现出国民党中央执行委员会及中央政治会议在训政体系中的核心地位,无论是行政院、立法院还是监察院,都更像是国民党中央权威下的执行机构,如此的五权分立和相互监督难免流于形式。所以萧佛成等在接到国民党中央处理报告后认为这是"在职中委自行袒庇"④,虽不一定切

----

　　①　《监察院弹劾法及监察委员保障法》(1929年8月),国民政府档案001012050001,台北"国史馆"藏。
　　②　董霖:《战前之中国宪政制度》,转见皮纯协等《中外监察制度简史》,中州古籍出版社1991年版,第232页。
　　③　《监察院对上海停战协议及违法者提出弹劾》(1932年5月31日),国民政府档案001018310001,台北"国史馆"藏。
　　④　《监察院对上海停战协议及违法者提出弹劾》(1932年5月31日),国民政府档案001018310001,台北"国史馆"藏。

中了问题的要害，却道出了此种体制下极有可能孳生的弊端。蒋介石曾在日记中抱怨："只见监察委员求情舍罪，而未见有一参革声罪之举，所以主席不能不负责，参人押办任怨也。"①其实，体制如此，监察委员也难当责任。

国民政府最初行使审计权机关为审计院。监察院开始筹备后，审计权归属监察院，以审计部属之。1931年3月9日，审计部正式成立。审计部负责审核、监督国民政府所属全国各机关预、决算的执行，国民政府岁入、岁出总决算，稽查全国各机关财务行为。其职权的行使以审计为中心，采取合议制。审计官行使职务，与法官办理审判事务的性质相似，其职务也有特殊保障。

审计部行使职权的对象，为全国各政府机关，并包括国营事业机关在内。为工作便利，在各省市设立审计处或审计办事处，负责处理各省市的财务、审计。

第三节　地方制度的重建

一　省制和省政改革

"二次北伐"占领京津后，南京国民政府对省级行政区域作出调整。1928年6月20日，蒋介石主持召开中央政治会议，决定将直隶省改为河北省，京兆区取消，并入河北省。北京改称北平，以北平、天津为特别市。9月5日，因孙中山手订的《建国大纲》中仅有省治，而无特别行政区的规定，国民党中央政治会议第一百五十三次会议决定青海（1929年1月建省）、热河、察哈尔、绥远、西康特别行政区均改为省（1939年1月1日正式建省）。10月17日，中央政治会议第一百五十九次会议决议析甘肃旧宁夏地区成立宁夏省（次年建省）。"东北易帜"后，1929年

---

① 蒋介石日记，1930年10月19日，斯坦福大学胡佛研究所档案馆藏。

1月28日,将奉天省改称为辽宁省。至此,中国共有二十八省:黑龙江、吉林、辽宁、热河、察哈尔、绥远、河北、山东、山西、河南、江苏、浙江、福建、广东、广西、安徽、四川、西康、湖北、湖南、江西、云南、贵州、甘肃、陕西、甘肃、青海、新疆。

　　1930年3月,国民党中央政治会议依据《建国大纲》,决定废除民初以来实行的道尹制及行政委员等名目,明确地方行政制度采用省、县两级制。和传统中国行政体系比,少了府一级行政体系,在省境辽阔的状况下,省直管县,对地方行政控制力提出重大挑战。从此,民初以来开始的缩省讨论逐渐高涨。1928年宋渊源等发起改革省区运动,缩省讨论在当时形成相当影响,有人根据山川、气候、语言、人口、面积、耕地与矿藏等情况,提出缩省的具体标准上呈国民政府[①]。

　　1930年中原大战后,国民党召开三届四中全会,中委伍朝枢、陈铭枢等提议缩小省区,提案得到胡汉民、孙科、林森、戴季陶、吴稚晖、张静江、何成濬、陈立夫、刘峙等联署,可谓阵容强大。提案强调:"吾国现行省区,一省之大,几同一国,有军队之捍卫,有操纵财政之权力,遂成产生军阀之根基。若省区缩小,省权减轻,则军阀虽有盘踞之心,而无可盘踞之地矣。又省区过大,则省长对于各县自治之监督,不易周密,县之地位过低,则地方行政,因多方转折,而行使不便。地方行政不能尽量用之于县自治之建设。省区缩小,省权减轻,则自治易于完成矣。"[②]大会据此通过决议:"省区应重行划定,并酌量缩小,至如何区分,及其实施办法,交由中央政治会议组,组专门委员会,详细研究,拟具方法案,送请中央常会,以备提交全国代表大会或国民会议决定之。"[③]缩省在当时对于加强国民政府对地方的控制,加强省县间的联系,应该有其

---

　　①　关于改划省区提议,2—1093,中国第二历史档案馆藏;转见翁有为《民国时期的行政督察专员制度及其知识背景》,《史学月刊》2006年第6期。

　　②　《改定省行政区案》,《申报》,1930年11月15日。

　　③　《全会昨开第二次大会决议省区应重行划分并酌量缩小》,《申报》,1930年11月15日。

积极意义。如时人所言："我国省区辽阔，管辖难周，确为事实。以统治数十或百县以上之权授与文人，既虑力难顾全，授与武人，尤恐割据一方。避割据，求易治，则缩小省区实有至理。"①

　　国民党三届四中全会后，中央政治会议指定审查员，对缩省展开专门研究并提出对案。1931 年 2 月底，初步提出设想："将各省天然界限，或以旧道，划为两省至三省，而毗连之地，可由甲省划归乙省。全国将分为六十余省。"②国民会议即将召开前，缩小省区草案拟定"划分全国为六十九省"③。此方案在国民党中央讨论时，鉴于各省经济发展条件不一，重新划定区域范围牵涉太广，未能通过，失去由国民会议决议实施缩小省区的良机。此后，由于宁、粤对立及"九一八"事变发生，缩省在国民政府面临诸多急于处理的难题背景下，无法提上日程。

　　1932 年 12 月，伍朝枢等在国民党四届三中全会上再次提出《缩小省区案》，并经会议通过决议："催促政治会议从速办理。"④但缩省牵涉甚为广泛，在内外危机频现的背景下，国民政府难以下决心毅然办理。且主张缩省甚力的伍朝枢等并非实际主政者，因此此一决议基本是徒托空言。1933 年 6 月，内政部以国内已出现行政督察公署等组织，可以"辅助省政府权力之所不能及"，而重划省区"恐市虎杯蛇，易启猜疑"⑤为由，婉拒缩小省区提案。热闹一时的缩省讨论就此基本终结。

　　南京国民政府成立后，1927 年 8 月公布《省政府组织法》。1928 年 4 月、1930 年 2 月、1931 年 3 月数作修订，1931 年修订后持续影响时间较久。最初颁布的《省政府组织法》规定，省政府"在中国国民党中央执

---

①　陈冰伯：《今日之县政》，同文图书公司 1933 年印行，第 125 页。

②　《缩小省区案》，《申报》，1931 年 3 月 1 日。

③　《缩小省区草案》，《申报》，1931 年 4 月 21 日。

④　《三中全会昨决议明年召集国民参政会》，《申报》，1932 年 12 月 20 日。

⑤　《内政部为报对缩小省区等提案研讨意见事致行政院密呈，1933 年 6 月 29 日》，《国民党政府政治制度档案史料选编》下册，第 343 页。

行委员会指导之下,奉国民政府命令,综理全省政务"①。1931 年《修正省政府组织法》将之修改为:省政府"依国民政府建国大纲及中央法令,综理全省政务"②。党治色彩有所淡化。

省政府实行委员合议制,设省政府委员七至九人,组成省政府委员会,省政府主席由国民政府就委员中指定。省政府设秘书处、民政厅、财政厅、教育厅、建设厅。厅长由行政院提请国民政府任命。

《修正组织法》特别提出:"现任军职者,不得兼省政府主席或委员。"③民国以来,军人把持省政现象屡见不鲜,为防微杜渐,南京国民政府采取军民分治之法,任命一批文职官员任省政府主席,如邵力子为甘肃省主席,张群为湖北省主席,吴忠信为安徽省主席,张难先为浙江省主席。但在战争频频的中国,这一做法不可能持久。根据国民政府任命命令的统计,南京政府从 1927 年至 1949 年对全国三十五个省共任命省主席 253 人次,其中军人为 190 人次,占总数的 75%。

《修正组织法》详细规定了省政府委员会和省政府主席的职权。应经省政府委员会议决事项为:对于省行政事项发布省令或制定省单行条例及规程,撤销省政府所属机关发布的违背法令或逾越权限的命令或决定,关于地方行政区划之确定及变更,关于全省预决算,关于处分省公产和筹划公营事业事项,关于咨调省内军警等绥靖地方事项,关于所属全省官吏的任免等。省主席的职权是召集省政府委员会并担任会议主席,代表省政府执行省政府委员会的决议和监督全省行政机关职务的执行,处理省政府日常及紧急事务。

---

① 《省政府组织法》(1927 年 6 月),《国民党政府政治制度档案史料选编》下册,第 297 页。

② 《修正省政府组织法》(1931 年 3 月),《国民党政府政治制度档案史料选编》下册,第 325 页。

③ 《修正省政府组织法》(1931 年 3 月),《国民党政府政治制度档案史料选编》下册,第 325 页。

　　从《组织法》的条文看,省政府委员会掌握省政,主席实际权力有限,但在实施过程中,各地情形不一,如果担任省政府主席者具有较高的政治军事地位且施政方式强势,则一般委员很难与之抗衡,因省政府委员名义上虽由国民政府决定,实际多由省主席保荐,或在正式任命之前先征得省主席的同意,省主席往往可以通过人事关系控制省政府委员会。加上省政府议政一般不采取表决方式,而是讨论协调,省政府主席作为强势一方更易操控会议,名义上的合议制完全有可能被操作成长官制。相反,如果省政府主席相对弱势而政府委员强势,则极易形成省政议而不决、相互扯皮的现象,影响行政效率的发挥。

　　南京国民政府成立后,一直在探索加强地方行政效率的方式方法,曾有过将省政府主席制改成省长制的动议,但迄未实施。合署办公制度是其企图解决省政府机构庞杂、多头并行、效率低下弊端的尝试。北京政府时期,中央各主管部直接在各省设立只对中央负责、不受省行政干预的厅;国民政府时期虽不再采纳这套制度,但省政府所属的民政、财政、教育、建设等厅仍要接受中央相应主管部门的命令,并对其负责,省厅和县局(科)既要对省县两级政府负责,又要对上级主管部门负责,这样的多头控制,显然不利于行政的有效展开。1933 年 10 月,在蒋介石就省政府组织办法改革事宜征询意见时,湖北省主席张群首先提出推行省政府合署办公制度:"省府各厅处,似可于现制之下,先行合署办公,一切文书,皆以省政府名义行之,各厅处主管事项,由各厅处长副署。则各厅处上对主管部省政府,下逮各县及各厅处,相互间往来层转文件悉皆省去,准此推之,人员经费,自可节省其半。"①

　　张群的意见提出后,蒋介石把张群的建议和自己对合署办公的一些看法,分别电豫、皖、浙、苏、赣等省政府,征询各省看法。各省回复态度不一,浙江省主席鲁涤平赞同此提议,认为:"合署办公集结各厅于一整个省府之内,则在任何制度之下,均能收统一简捷实效,本省刻正计

---

① 《张群原电》,《大公报》,1933 年 10 月 22 日。

划进行。"①宁夏省主席马鸿逵声称于 1934 年 5 月 1 日起开始实行合署办公，达到了节省经费和"提高行政效率"②的效果。河南省主席刘峙、江苏省主席陈果夫则反对合署办公，陈果夫明言合署办公制度"裨益殊鲜"③。安徽省主席刘镇华、甘肃省主席朱绍良在回复中模棱两可，声称合署办公在精神不在形式，利弊互见。细究起来，各省的回复中，不难看出派系纠葛的影子。

南昌行营秘书长杨永泰对实施合署办公态度积极，他明确指出："我国自国民政府成立以后，政府机关都仿照俄国采行委员制，所以各省省政府按照国府所订省政府组织法，也采用委员制。委员制自然有他的特殊价值与优点，但是根据多年以来实行的经验，其最大的优点，亦就往往变成了最大的缺点，即因权力不集中之故，各委员彼此牵制得很厉害。省政府一切政务，都取决于省府全体委员所组成之省政府会议……凡有一案提出，必发言盈庭，很难折衷一是，而左牵右掣，欲求政令之顺利推行，每不可得。"④杨氏此言，避开了为防范地方坐大而实施委员制这一背景，强调要加强省权，提高效率，道出合署办公的实质即改变省行政权不集中，以提高省主席权力。

既要吸取清末民初以来的教训，防范地方坐大；又要加强省级行政权，提高行政效率，南京政府对此一直左右为难。合署办公只是形式上加强了省政府的统一行政，并未真正提高省主席的权力，其效能难有成算，但风险相对较小。经过反复权衡，蒋介石决定在各省予以实施。

---

①　《鲁涤平电南昌行营陈述改革省制意见》，《大公报》，1933 年 11 月 21 日。

②　《马鸿逵电蒋中正自五月一日实行政府合署办公》(1934 年 6 月 2 日)，蒋中正文物档案 002080200167106，台北"国史馆"藏。

③　《电豫甘陕皖浙赣鄂各主席转告陈果夫所陈研究省府合署办公问题之复电》(1933 年 10 月 28 日)，《蒋中正总统档案·事略稿本》第 23 册，台北"国史馆"2005 年版，第 339 页。

④　《我们应该怎样发挥七分政治的力量》，沈云龙主编《近代中国史料丛刊》初编《杨永泰先生言论集》，台北文海出版社 1982 年版，第 51 页。

1934年7月，蒋介石在给豫、鄂、皖、赣、闽五省省主席的电文中，提出现行省制的几点弊端：第一，就现制本身来看，为"头重脚轻、基础不固。论组织则省庞大而县缩小，论经费则省极巨而县极微，治官之机关太多，而治民之机关太少，伴食高官之人员太多，而深入民间之人员太少"。因此，需要缩小省府编制，扩大县府组织。第二，就横向观察，各厅、处并肩而立，各成系统，各固范围，各私则用，涉及两厅以上事务，往往迁延不决，权则相争，过则推诿，"欲革除今日省政之弊，惟有打破各厅、处并立之分割局面，而并为整个一体之省政府"。第三，从纵向观察，"省政府与各厅、处，县府与各局、科，均截然形成两级，中央部会往往认省之厅、处为其直属机关，彼此直接行文"，导致省府与县府间存在层层节制的流弊，因此，必须使整个省府对中央院、部负绝对责任，整个县府对省府负绝对责任①。蒋介石所言，是当局从行政角度考虑采取省府合署办公制度的动因。

　　与蒋介石电文同时，军事委员会南昌行营颁布《省政府合署办公办法大纲》，这一制度先在江西、湖北、河南、安徽、福建"剿共"战争最激烈的五省试行。办法大纲共十四条，明确实施省政府合署办公的目的是"力谋地方政务之推进、保持省府意志之统一及增进一般行政之效率"，规定秘书处、民政厅、财政厅、建设厅、教育厅、保安处均应并入省政府公署，至少应先并入民政厅及保安处。省政府合署办公后，一切文书概由省府秘书处总收发，"省府所属各厅、处上对中央院、部，下对专员、县长或市长及其所属之科或局，均不直接往复文书，概以省政府之名义行之"②。1936年10月，行政院公布《省政府合署办公暂行规程》，通令全国一体实行，规定省政府的秘书处、民政厅、财政厅、教育厅、建设厅、

---

　　① 《训令豫鄂皖赣闽五省政府》（1934年7月1日），《蒋中正总统档案·事略稿本》第26册，台北"国史馆"2006年版，第456—460页。
　　② 《省政府合署办公办法大纲》（1934年7月1日），《蒋中正总统档案·事略稿本》第26册，第464—469页。

保安处应一律并入省政府公署内合署办公。如房屋不足,至少须先并入民政厅及保安处,同时扩建省政府公署,以使各厅并入,省政府所属机关,除上述各厅处及呈准行政院特许设置者外,应分别裁并或尽量缩小,节余经费应悉数拨增各县行政费。

　　从行政效能角度看,合署办公不失为减少开支、提高效率的一种具体方法,合署办公推行后,的确收到了一些效果,各厅处的会计、庶务等统一于省政府,政府采用集中统一的财务收支计划,有利于控制经费的支出和合理使用。各厅、处的会计、庶务人员裁减,可以节省部分开支,广西省合署办公后经常费减少10%,办公费减少28%[①]。湖北省政府合署办公后,省府及各厅、处裁员达二分之一以上[②]。但因国民党是由多种政治势力混合的政治集团,政府各机关分别为小集团所把持,不少省份虽奉命实行合署办公,而人员并未裁减,经费亦减不下来,相反由于规定各厅处均要搬进省政府集中办公,便兴建土木;又由于文书集中到秘书处总收总发,秘书处事务空前繁忙,不得不增加员额及经费,弄得经费不减反增,事务也更形集中。事实上,当时蒋介石就曾提出合署办公的几点问题:"省府与各厅处间,依然各地办公,其散漫无约、混淆不清……殊无足称";"集各厅处之文件,悉由省统收、分办之后,概须主席核行,厅长副署,一人之精力时间有限,能否肆应裕如,亦属疑问。"[③]事实证明,蒋的担心不无道理,合署办公制度很容易走向创制者愿望的反面。

　　南京国民政府成立后,长时期未对成立省民意机关作出筹划。直到1938年国民参政会成立后,不断有参政员对此提出意见,国民政府才决定各省设立省临时参议会,于同年9月26日公布《省临时参议会

　　① 莫寒竹:《省政府合署办公问题的综合研究》,《汗血月刊》第9卷第1期,1937年2月。

　　② 张景瑞:《各省合署办公之实施及其成效》,《汗血月刊》第9卷第1期,1937年2月。

　　③ 《省政制度将有变更》,《大公报》,1933年10月13日。

组织条例》。省临时参议会参议员须具有下列两种资格之一：甲、具有本省籍贯并曾在省内公私机关或团体服务两年以上著有信望者；乙、曾在省内重要文化团体或经济团体服务两年以上著有信望者。各省临时参议员名额不等，多者 50 名，少者 20 名。省临时参议员不是由人民选举产生。各县可在本县居民中根据前述两种资格中的甲项，按规定名额遴选出候选人交省政府。省政府与省党部可在本省文化团体和行政团体中根据前述两种资格中的乙项，按规定名额的一倍遴选出候选人。各省政府将上述两种候选人名单呈报行政院，转国防最高委员会议决。省临时参议会设正副议长各一人，由行政院从参议员中提名，经国防最高委员会决定。由参议员的产生办法可以反映出省临时参政会并不是真正的民意机关。

二　市制和特种地方军政制度的建立

　　1928 年 7 月，国民政府分别公布《特别市组织法》和《市组织法》。规定中华民国首都、人口在百万以上者及其他有特殊情形者，依国民政府之特许，可设立特别市，"特别市直辖于国民政府，不入省县行政范围"[①]。到 1930 年 1 月，全国共设立南京、上海、北平、天津、青岛、汉口、广州七个特别市。《市组织法》规定人口在 20 万以上的都市可经国民政府特许设市，"市直隶于省政府，不入县行政范围"[②]。

　　1930 年 5 月 20 日，国民政府公布新的《市组织法》。该法在民国时期施行较久，影响较深。《市组织法》将市分为行政院辖市与省辖市两种。院辖市的条件是："一、首都。二、人口在百万以上者。三、在政

―――――――――

　　① 《特别市组织法》(1928 年 6 月 20 日)，《中华民国史档案资料汇编》第五辑第一编《政治》(一)，第 125 页。
　　② 《国民政府公布之市组织法》(1928 年 7 月 3 日)，《中华民国史档案资料汇编》第五辑第一编《政治》(一)，第 82 页。

治上经济上有特殊情形者。"①省政府所在地即使符合上述条件之一者仍应归省管辖。根据这一规定，全国当时确定南京、上海、天津、青岛、汉口五城市为院辖市。北平、广州等城市人口虽符合院辖市条件，但当时为省会所在地，故根据规定为省辖市。不久，河北省会迁天津，北平恢复为院辖市。1931 年 6 月，国民党中政会议决汉口市改隶湖北省而为省辖市。到 1931 年 11 月，全国有行政院直辖市四个：南京市、上海市、北平市、青岛市②。1933 年，国民党中政会议决以陕西长安为陪都，改名西京，为院辖市。抗战爆发后，重庆成为陪都，升格为院辖市。到 1947 年，院辖市增为九个：南京、上海、北平、天津、青岛、西京、重庆、哈尔滨、大连。

新的《市组织法》规定，凡人民聚居地方有下述情形之一者，设省辖市：一、人口在 30 万以上者；二、人口在 20 万以上，其所收营业税、牌照费、土地税每年合计占该地总收入一半以上者。省辖市地位与县相同。省辖市虽为数不少，但仍有不少经济文化比较发达的城市因不符以上要求而被宣布废市改县，如苏州、无锡、烟台、郑州、福州、芜湖、南宁等。抗战爆发前，经国民政府核准的省辖市有杭州、广州、汉口、济南、成都、武昌、重庆、贵阳、昆明、南昌、长沙、包头、连云港等，尚不具备规定条件但已设立市政委员会或市政筹备处的有无锡、烟台、郑州、开封、桂林、福州、厦门、九江、衡阳、芜湖、汕头、南宁、兰州、自贡、韶关等。

市的行政机构为市政府，市长下设各局、科分掌民政、财政、教育、建设、警察、卫生等项事务。市政府设市政会议，每月开会一次，议决提出于市参议会的议案、市政府所属机构办事章则、市政府所属各机构间不能解决事项、市长交议事项等，并不具有实际决策权力，市政大权主

① 《市组织法》(1931 年 5 月 20 日)，《立法专刊》第 3 辑，立法院秘书处 1930 年编印，第 150 页。

② 《中国国民党第四次全国代表大会内政部工作报告》，《革命文献》第 71 辑《抗战前国家建设史料——内政方面》，台北中国国民党中央党史委员会 1977 年版，第 43 页。

要掌握在行政首长手中。

市的民意机构为市参议会。根据 1932 年 8 月公布的《市参议会组织法》，市参议会为"全市人民代表机关"，市参议员由市公民直接选举，市参议员的名额在人口 20 万之市为 15 名，超过 20 万者，每 5 万人口增加一名。市参议员不得兼任本市市政府及其所属机关公务员。市参议会每两个月开常会一次，所作决议市长应当执行；市长如认为决议不当时可送交市参议会复议，如参议员三分之二以上仍执前议而市长仍认为不当时，应即提付市公民依法复决之。将议会与行政的争执诉于全民公决的这一项规定，不同于省议会与省主席的争执由行政院"核办"的规定，凸显出市为自治单位的地位。市公民对市参议员得行使罢免权，对市参议会的决议得行使复决权。事实上，由于民主环境及保障机制的薄弱，这些反映市公民意愿的罢免权、创制权、复决权，落实起来仍然十分困难。

南京国民政府依据孙中山地方自治原则，地方行政制度采用省、县两级制。在推行过程中，由于各省区域辽阔，再加上交通不便、战乱等因素，省管县实际力有未逮，对政府政令推行和有效管理形成相当阻碍。30 年代初，长江流域各省出于配合"剿共"军事、增进行政效率的需要，纷纷在省县之间增设特种行政组织。1931 年 6 月，蒋介石提出在南昌行营设置"党政委员会"，自兼委员长①。江西全省"剿匪"区域共四十三县划分为九个分区，每区设置党政委员会分会，负责指导各区军事、政治、经济等事务②。7 月，蒋介石通令各"进剿"部队"关于宣传事项，应由党政委员会指导施行，俾收统一之效"③。党政委员会主要

① 《蒋中正任定何应钦等为剿赤匪军前敌总司令官并设行营党政委员会自兼委员长》(1931 年 6 月 25 日)，蒋中正文物档案 002060100037025，台北"国史馆"藏。

② 《党政委员会组织成立呈报中央文》(1931 年 7 月 13 日)，蒋中正文物档案 002060500009012，台北"国史馆"藏。

③ 《通令各剿匪部队嗣后关于剿匪宣传应受党政委员会指导》(1931 年 7 月 23 日)，《蒋中正总统档案·事略稿本》第 11 册，第 419 页。

负责党务、民众自卫及赈济三方面工作:"关于党务方面,即筹划及指导剿匪区域内党部及民众团体之组织及活动宣传训练等方法";"关于民众自卫方面,即指导督促剿匪区域内保甲制度之实施、户口之编查、自卫团队之整理与扩充及招集流亡、训练自治等";"关于赈济方面,即筹划剿匪区域灾民之赈恤、田地田赋之整理及产权之确定、农村之恢复等"①。1932年6月,国民党中央执行委员会授权鄂豫皖三省"剿匪"总司令蒋介石、粤赣闽三省"剿匪"总司令何应钦处理所属区域"党政事务"②。江西省政府决定在省县之间设置行政区,划全省为十三个行政区,在省政府指导监督下"综理辖区行政及保安事宜"③。在此前后,其他省份也有类似的机关设置,包括安徽的首席县长制、江苏的行政区监督制、浙江的县政督察专员制等。

1932年8月6日,鉴于现有省、县行政结构难以满足管理需要的实际状况,行政院正式公布《行政督察专员暂行条例》,在全国推行。与此同时,豫鄂皖"剿匪"总司令部也于同日公布《剿匪区内各省行政督察专员公署组织条例》,首先在豫、鄂、皖三省颁行。以上两个条例的公布,标志着国民政府行政督察专员制的初步确立。

《行政督察专员暂行条例》的颁布机关是以汪精卫为院长的行政院,行政院作为国家机关,《条例》必须考虑和立法原则不相冲突,不能从根本上破坏孙中山关于地方行政制度实行省、县两级制的遗训,因此《条例》在变通的意旨下,力图将其限制在一定的时间和空间范围内。该《条例》规定,省政府在离省会较远地方,因有特种事件发生,可指定数县为特种区域,临时设置行政督察专员。行政督察专员由省政府就本督察区域内各县县长中指定一人兼任,于不抵触中央法令范围内,辅

---

① 《李德钊剿赤谈》,《申报》,1931年9月2日。

② 《中央执行委员会第二十三次常会决议》(1932年6月23日),国民政府档案001012071114,台北"国史馆"藏。

③ 《江西省政府为设置行政区长官事致行政院呈》(1932年6月7日),《国民党政府政治制度档案史料选编》下册,第454页。

助省政府督察特种区域内地方行政,于某项特种事件办理完毕后撤废;行政督察专员之设置,经省政府委员会议决,并由省政府将设置理由及督察区域,咨请内政部转呈行政院决定行之;专员得于原领县政府内附设办事处,该办事处亦得于本督察区域内流动设置。行政督察专员对于本督察区域内各县、市政府地方行政,有随时考察及督促、指导权;专员对于本督察区域内各县、市政府行政人员,认为有应行奖惩之必要时,得随时呈明事由,密报省政府及主管厅核办;专员"因维持治安之需要,对于本督察区域内各县市之警察保卫团可节制调遣之"①。

《行政督察专员组织条例》的颁布机关是以蒋介石为总司令的豫鄂皖"剿匪"总司令部,其对新制的要求更急迫,所颁布的《条例》更着重于新制的有效性,以利该制的推行。《组织条例》规定:豫鄂皖"剿匪"总司令部依各省"面积、地形、户口、交通、经济状况、人民习惯,酌划一省为若干区,各设行政督察专员公署"②。公署直隶豫鄂皖"剿匪"总司令部,并受省政府指挥、监督,综理辖区内各县、市行政及"剿匪"、清乡事宜。行政督察专员由豫鄂皖"剿匪"总司令部委派,并由省政府加委,兼任驻在地之县长。行政督察专员可随时考核辖区各县、市长及其所属员兵成绩,并呈报豫鄂皖"剿匪"总司令部及省政府,知照主管厅、处分别奖惩或其他必要之处分;如遇有紧急处分之必要时,专员可先行派员代理被撤职之县长等;专员对于区内各县县长之命令或处分,认为违法或失当时,可命令停止或撤销;专员兼任该区保安司令,承全省保安处长之命,管辖、指挥该区各县之保安队、保卫团、水陆公安警察队及一切武装自卫之民众组织。

1932年9月,根据《暂行条例》,浙、赣两省率先推行行政督察专员

---

① 《行政院公布行政督察专员暂行条例令》(1932年8月6日),《中华民国史档案资料汇编》第五辑第一编《政治》(一),第102页。

② 《剿匪区内各省行政督察专员公署组织条例》(1932年8月25日),国民政府档案0010120711114,台北"国史馆"藏。

制。同月,据奉豫鄂皖"剿匪"总司令部之令,豫、鄂两省同设该制。
1932年10月,国民政府训令行政院,要求在各省普遍设置行政督察专员,强调在督察区内实行军民二政统一,行政督察专员制有向常设机构发展的趋势。11月,安徽省将首席县长制取消,按《组织条例》改行行政督察专员制。1933年3月,江苏省依据《暂行条例》开始在全省推行该制。9月,河北省亦依据院颁条例首先在滦榆、蓟密两区推行该制。

1933年1月,在为"剿共"军事配合而推出的行政督察专员公署基础上,南昌行营进一步改组江西各地专员公署,扩大专员公署权力,专员一律兼任保安司令,并须逐渐兼任专员公署所在地县长;同时,为专员公署增加经费,配设技术人才。1934年"福建事变"后,又在福建推行专员公署制度,将全省分为十区,设置专员。

1934年7月,南昌行营颁布《各省行政督察专员职责系统划分方法》,规定新任县长应赴该管行政督察专员公署请训,接受指导;省政府奖惩县长,依该管专员之考察报告为重要依据;行政督察专员公署可检查县财政,承转省县行文。行政督察专员公署作为省县政府间又一层级的地位更加明确。到1935年,山东、四川、湖南、贵州、陕西、甘肃等省,也相继推行该制。

1936年3月18日,国民政府军事委员会颁布《各省行政督察专员及县长兼办军法事务暂行办法》。3月25日,行政院颁布《行政督察专员公署组织暂行条例》。10月15日,行政院又修正公布该暂行条例。新条例明确宣布1932年颁布的《暂行条例》和《组织条例》均告废止,取消行政督察专员制设置时带有临时性质的特别限制,明确规定"行政院为整顿吏治、绥靖地方、增进行政效率起见,得令各省划定行政督察区,设置行政督察公署"[1],专员公署为介于省县之间的"省政府辅助机关"。除原有职权外,条例进一步扩大专员公署职权,包括审核及统筹

---

① 《行政督察专员公署组织暂行条例》,《国民党政府政治制度档案史料选编》下册,第492页。

辖区内各县、市行政计划或中心工作,审核辖区内各县、市地方预算、决算及单行法规,处理辖区内各县、市争议事项,于不抵触中央及省之法令范围内得订立单行规则或办法,受军事委员会委派兼办军法事务,核考辖区各县市长及所属行政人员业绩等。此后,行政督察专员制进入快速推广阶段,据 1937 年 2 月国民党五届三中全会上国民政府内政部的工作报告称:"现在全国各省已分区设置行政督察专员者,计为江苏省十区,先设八区,浙江省九区,安徽省十四区,江西省八区,湖北省八区,河南省十一区,福建省七区,贵州省八区,陕西省七区,甘肃省七区,四川省十八区,广东省九区,湖南省先设四区,山东省先设三区;最近又增设四区,河北省原设二区,现已裁撤。各行政督察区所辖之县,自四五县以至十三四县不等。行政督察专员,对于所辖各县市行政,随时督察指导,自无鞭长莫及之憾。"①

专员公署的建立健全,在省、县之间增加了一级有相当行政权的督察机关,对改变交通不便状况下,省管县鞭长莫及的弊病有相当作用。不过,专员公署制度同时也带来一些问题,江西方面就有反映,县与专员公署同地设署者,双方往往"权限不清,非事之代庖,则事事推诿"②。

南京国民政府时期,在特殊形势下,曾设立一些特别的行政机关。1922 年,中国收回中东铁路主权,因地方中俄杂居,管理困难,决定将中东铁路沿线划为特别行政区,管理区内行政、外交、军警、司法事务。"东北易帜"后,内政部曾向东北政务委员会征询对东省特别区的改组意见,东北政务委员会称该区地位特殊,请暂予保留,随后国民政府决定保留东省特别区建制。特别区直属行政院,管辖范围以哈尔滨为中心,南至长春,东至绥芬河,西至满洲里。

① 《中国国民党五届三中全会内政部工作报告》,《革命文献》第 71 辑《抗战前国家建设史料——内政方面》,第 328—329 页。
② 《检阅临川崇仁宜黄南丰南城黎川六县清乡善后事务之总讲评》,《军政旬刊》第 26 期,1934 年 6 月 30 日。

1930 年 10 月,中国从英国政府手中收回被强租三十余年的威海卫军港。1931 年 4 月,国民政府公布《威海卫管理公署组织条例》,设威海卫管理公署,直隶于行政院,"掌理行政及监督地方自治事务"①。管理公署设专员一人,政务由专员召集行政会议议决执行。1945 年 10 月,威海卫行政区被撤销,改为省辖市。

1931 年 12 月 7 日,国民政府国务会议决议:划广东省琼崖全属为特别行政区,直隶行政院,设行政长官。1932 年 3 月 12 日,西南政务委员会制定《琼崖特别区政府组织条例》,赋予特别区政府"管理全区行政事务监督全区行政机关职务之执行"的权力②。后因陈济棠暗中阻挠,改建事宜未能实施。抗战胜利后,1947 年 8 月,行政院院务会议通过以琼崖改为海南特别行政区,隶属行政院,1949 年 4 月正式成立行政长官公署,派陈济棠为行政长官。

蒙古、西藏因情况特殊,不设省,为中央政府管理下的两地方。

1932 年,应"围剿"工农红军的需要,军事委员会先后成立"剿匪总司令部"四个,分别为 1932 年 4 月成立的"赣粤闽边区剿匪总司令部"(总司令何应钦)、5 月成立的"鄂豫皖剿匪总司令部"(蒋介石兼任总司令)、1935 年 10 月成立的"西北剿匪总司令部"(蒋介石兼总司令)、12 月成立的"湘桂黔边区剿匪总司令部"(总司令李宗仁)。"剿匪总司令部"除主持本地区的军务外,还总揽所在地区党务和政务,对重大问题有便宜处置之权,性质上属于临时性地方军政机构。

三　县制的改造和创建

根据孙中山的政制设计,"县为自治单位,省立于中央与县之间以

---

① 《国民政府公布之威海卫管理公署组织条例》(1931 年 4 月 25 日),《中华民国史档案资料汇编》第五辑第一编《政治》(一),第 131 页。

② 《琼崖特别区政府组织条例条文及各司处组织条例》(1932 年 3 月),国民政府档案 001012071063,台北"国史馆"藏。

收联络之效"①。县在孙中山地方自治思想中具有十分重要的地位。南京国民政府成立后,对县行政制度及自治制度多有创制。

　　1927 年 6 月,国民党中央政治会议第一百次会议作出决议,全国各县一律实行县长制,县政府和县长分别代替县公署和县知事,令各省遵照执行。1928 年 9 月,国民政府公布《县组织法》,规定省政府按所属各县"区域大小,事务繁简"②依次分为一、二、三等。1929 年 6 月,国民政府重订《县组织法》。上述两法确立了国民政府县制的框架,基本思路是为实现县自治打下基础。循着这一方针,国民党"三大"有关决议案强调:"吾人今后必须矫正从前重省轻县之传统观念,而易以总理重县轻省之新观念。总理于民权主义与建国大纲中,汇精聚神,唯在直接民权对于县自治之实际行使。由此可知,县自治者,实三民主义之基本知识。"③

　　国民党中央认为:"训政时期,重在进行地方自治之工作,故县长人选比诸任何官吏为重要。"④在《县组织法》中,规定县长的资格一由考试取得,包括县长考试、高等行政人员考试及经其他考试而获得考试院复核及格者;另一由学力及经历取得,包括在教育部认可之院校研习法律、政治、经济、社会学科毕业者、曾任荐任官三年以上或最高委任官五年以上经甄别考试及格者、现任县长曾经内政部呈荐者等。这一规定对学历和资历的认定非常严格。1934 年国民党中央政治会议规定,曾于中华民国有功劳,或致力于国民革命七年以上有成绩证明属实者,也

————————

　　① 《国民政府建国大纲》,《孙中山全集》第 9 卷,中华书局 1986 年版,第 128 页。

　　② 《县组织法修正》(1928 年 9 月 11 日),国民政府档案 001012071107,台北"国史馆"藏。

　　③ 《对于政治报告之决议案》,《中国国民党历次代表大会及中央全会资料》上,第 638 页。

　　④ 三届三中全会通过《注重县长人选案》决议,《国民党政府政治制度档案史料选编》下册,第 9 页。

可担任县长①。这就为军人当政和淆乱规制开了方便之门。

　　被任命为县长之官员,应先试署一年,试署期满考核成绩优良者予以实授,实授以三年为一任,三年期满成绩优良者可以连任或升任等级较高之县(1929 年修正组织法将任期改为两年)。但在实施过程中,保荐之风盛行,县长往往因人而任,又因人而免,多数县长不等任满三年即已离职。1930 至 1934 年间,福建更动县长 289 人,平均每个县长任期只有 284 日,最短的只有四天②。多数县长任期在半年至一年间。这样频繁地更动地方官,使其无法真正了解、管理地方事务,地方权力更多落入士绅和胥吏手中。

　　1933 年 6 月,国民政府修正公布《县长任用法》,规定县长在任期内不得调任,非依《公务员惩戒法》应予停职或免职者外不得停职或免职。同年 7 月,内政部又咨文各省,凡各省未按《县长任用法》规定自行任命的县长,应一律作为代理县长,限一个月内由各省政府检齐其履历证书送考试院铨叙部甄别其资格,领取甄别合格证书,再按《县长任用法》正式任命。

　　国民政府规定考试应成为县长任用的主要途径,但据 1932 年内政部统计,各省通过考试取得县长职位的安徽为 17.6％,比例最高;其次是浙江、湖南两省,分别为 11.5％、12.4％;江西、江苏、湖北、河南分别占 3.2％、2.7％、1.2％、0.3％,陕西、福建、贵州、甘肃、热河、青海、绥远等省均为零③。考试并未成为县长出身的主要途径。1935 年 9 月,国民政府颁布《县长考试条例》,规定在全国广泛采用考试这一法定程序,县长考试在中央政府派员主持下分省每三年举行一次。

　　县政府设有若干局或科。局为县政府的外部行政组织。1928 年

---

　　①　钱端升:《民国政制史》,《民国丛书》第 1 编 24 辑,上海书店 1989 年版,第 193 页。

　　②　《县政调查统计·福建省》,《内政调查统计表》第 21 期,1935 年 5 月。

　　③　内政部年鉴编纂委员会:《内政年鉴》民政篇,商务印书馆 1936 年版,第 832—838 页。

国民政府颁布的《县组织法》规定县设公安、财务、建设、教育四局,必要时可设卫生局与土地局。局受省主管厅和所在县县长双重指挥与监督。科是县政府内部行政组织。1928年的《县组织法》规定一等县设四科,二等县三科,三等县二科。科秉承县长意志办理日常行政。1929年修正县组织法规定县政府设科减为一至二科。

县的民意机关为县参议会。1928年的《县组织法》中规定县参议会"以县民选举之参议员组织之,任期三年。每年改选三分之一"①,但各地并未建立这一机关。1932年、1933年、1934年国民政府一再行文,催各省成立县参议会,应者仍寥寥无几。

根据《县参议会组织法》和《县参议会组织条例》的规定,县参议会为"全县人民代表机关"②。每乡(镇)可选举一名参议员。由职业团体选出的参议员不能超过全县参议员总数的十分之三。参议员任期二年,连选得连任。县参议会可议决县自治、预算、单行规章、县财政、县公债、县民负担、县有财产的经营及处分、县长交议事项等,并有建议县政兴革事项,听取施政报告及向县政府询问等权。县参议会的议决事项交县政府有关部门执行。如县长延不执行或执行不当时,县参议会可呈请上级机关核定之。如县长认为参议会决议不当,应具明理由送参议会复议,如全体参议员三分之二以上坚持前议,而县长仍认为不当时,"应即提付县公民依法复决之"③。

《县组织法》实施过程中,出现一些弊病,主要是县属各局名义上由县政府管辖,实际均听从省政府相关各厅处指导,形成各局在县政府之外自行其事的局面。针对此一状况,1932年12月,第二次全国内政会议通过"县政改革案"和"地方自治改革案",进一步加强县长权力。要

---

① 《县组织法修正》(1928年9月11日),国民政府档案001012071107,台北"国史馆"藏。
② 《县参议会组织法》,《国民党政府政治制度档案史料选编》上册,第665页。
③ 《县参议会组织法》,《国民党政府政治制度档案史料选编》上册,第667页。

求县政府一律以设科为原则;科或局均合并于县政府内办公,实行县政府合署办公;县政府只以县长名义对外行文;县政府为行政管理兼自治机关。

在地方行政制度中有一个与县同级的特殊行政组织,名为"设治局",设立在边远省份一些特殊地区。这些地区或因政治经济落后,人烟稀少,交通不便,或因民族杂居,关系复杂,或因民众文化知识程度较低,不能设立县治,又需要有相当机关加以治理,以往在这一类地区设立了与县治相等的特殊组织,如新疆、贵州的"分县",东北、西北的屯田局、云南的"临时行政委员",广东的"化徭局"、"化黎局"等等,名目极多。国民政府为统一行政,于 1931 年 6 月颁布《设治局组织条例》,规定在尚未设置县治地方,"暂置设治局,至相当时期,应改设县治"[1]。设治局虽与县同级,其机构较县政府简单,《设治局组织条例》规定设局长一人,置佐理员并酌用雇员。设治局不设自治机关,因为设治局仅是过渡组织,在经济文化得到一定开发后,可改设县治。截至抗战爆发,国民政府在云南、四川、新疆、黑龙江、吉林、甘肃、宁夏、热河、察哈尔、绥远、河北等省共设置过六十个设治局,其中有云南砚山等二十多个局陆续改县。

在"剿共"战争期间,政府和军事机关在一些地形较为偏僻,"平时政治力量,已有鞭长莫及之患"[2]地区,本着"适应剿匪需要,增加行政效率"[3]的原则,加设特别行政区,就近控制。1933 年 7 月 27 日,南昌行营在江西设置特别行政区,以崇仁、宜黄两县交界的一部分治地为凤冈特别行政区,永丰、乐安、吉水三县交界的一部分治地为藤田特别行

---

① 国民政府公布《设治局组织条例》(1931 年 6 月 2 日),《国民党政府政治制度档案资料选编》下册,第 535 页。

② 《筹设找桥慈化洋溪三特别区政治局案》,《军政旬刊》第 11 期,1934 年 1 月 30 日。

③ 《国民政府军事委员会委员长南昌行营办法江西特别区政治局组织条例》,《西路军公报》第 11 期,1934 年 5 月 15 日。

政区,同时设立新丰、龙冈特别行政区(旋被裁撤)。10 月、12 月,行营
又分别在宜丰找桥、宜春慈化和安福洋溪、井冈山大汾设立特别行政
区。特别行政区设政治局,隶属于行营和江西省政府,负责"处理全区
一切行政事务。政治局对各级机关之关系,与县政府同"①。

　　理论上,县自治应为南京国民政府完成训政、推进宪政的中心工
作,县级行政具有十分重要的地位,但是实际上并不尽然。仅以经费而
论,据统计,1933 年度,河南、湖北、安徽、江西四省县政经费分别为
109.1 万、88 万、95.7 万、113 万,平均到每县河南为 9830 余元、湖北为
1.26 万余元、安徽为 1.57 万余元、江西为 1.38 万余元②。以一县之
大,每月平均区区千元经费除维持政权最基本的运转外,确难指望其有
开创之举。蒋介石自己承认:"县为执行一切政令之中坚,其重要如此,
而行政经费之微薄又如彼,实无从充实组织,延揽人才。"③另外,行政
督察专员公署的设立固然强化了政权的垂直控制能力,但在省县之间
添加具有行政层级意味的一级机关,无形中削弱了县级行政机关的重
要性,对国民政府理应推进的地方自治实际不无阻碍。

　　1928 年 9 月的《县组织法》规定县以下机构为区—村(百户以上乡
村)、里(百户以上街市)—闾—邻共分四级。1929 年 6 月公布《重订县
组织法》,改村为乡,改里为镇。每区由二十至五十乡镇组成。1930 年
再修正时,改为每区十至五十乡镇,并规定每乡镇不得超过一千户。

　　县以下设立区、乡、闾、邻多级体制,难免叠床架屋,推行也不得力。
到 1932 年,江西全省八十一县只有二十一县着手实行,实行地区也是

---

　　①　《江西省特别区政治局组织条例》,《国民政府军事委员会委员长南昌行营处
理剿匪省份政治工作报告》,南昌行营 1934 年编印,第 28 页。

　　②　《训令豫鄂皖赣闽五省政府》(1934 年 7 月 1 日),《蒋中正总统档案·事略
稿本》第 26 册,第 457—458 页。

　　③　《训令豫鄂皖赣闽五省政府》(1934 年 7 月 1 日),《蒋中正总统档案·事略
稿本》第 26 册,第 458 页。

"省、县、区、乡、闾、邻之间,脉络阻滞,遂致精神涣散,形式差池"①。1932 年 12 月第二次全国内政会议决定,县以下之区、乡、闾、邻各组织,由各省自行决定存废,但不得少于二级或多于四级。1934 年春,国民党中政会通过《改进地方自治原则》,规定"县地方制度采用两级制,即县为一级,乡(镇、村)为一级,区在情况特殊的地方也可以设置,但是例外的情形"。这项规定把以往的县—区—乡(镇)三级制度改为县—乡(镇)的两级制。

《乡镇自治施行法》规定,乡镇可根据自治办理程度选举或由县长择定乡镇长,选举监察委员,正副乡镇长和监察委员为"无给职","因情形之必要得支办公费"②。乡(镇)民意机关为乡(镇)民代表会,由每保选举代表两名组成。乡(镇)民代表会须在全县范围内均完成了健全机构、编查户口、整理财政、设立学校等自治事项,经省政府派员调查确实,报请内政部核准,才能设立。因此,30 年代乡(镇)民代表会并未得到认真实施。

国民党中央原规定训政为期六年,1935 年为完成地方自治时期,但直到 1935 年春,自治法规尚未确立,训政的三个阶段(自治扶植阶段、自治开始阶段、自治完成阶段)中的第一阶段也仅只开始。以经济社会较为发达的江苏为例,30 年代中期,这里自治机关尚仅"到县为止。区以下之乡镇公所,多未设立完备。即呈报设立,亦不过为纸上空文"③。至于自治的成绩,国民政府内政部的报告坦率承认:"进展颇多窒碍。"④具体而言,"办理地方自治之经过,能达到预定之成绩者,实不一见。即就办理较优之省市而言,则各省自治机关组织完成之后,自治

---

① 闻钧天:《中国保甲制度》,上海商务印书馆 1933 年版,第 516 页。

② 《乡镇自治施行法》(1929 年 9 月),国民政府档案 0010120120008,台北"国史馆"藏。

③ 戴建标:《改进地方自治之根本问题》,《地方自治》创刊号,1936 年 3 月。

④ 《中国国民党第五次全国代表大会内政部工作报告》,《革命文献》第 71 辑《抗战前国家建设史料——内政方面》,第 229 页。

之事业既难推进，人民之信仰亦未增加。盖所谓自治机关，本为民众自身结合所以谋本身之福利，而结果乃纯变为下级行政机关负传达公文及征发之任，于其本身所负之责任，亦渺不相涉。故有时观其步骤虽甚合，考其实质则全非。驯至人民因办理自治而负担日重，怨望日增"①。事实上，无论是地方自治的推行抑或省、县行政结构的建立，国民政府都表现出对孙中山政制设计亦步亦趋的特点。问题是，现实永远比理论更复杂、更生动，教条化地对待理论的结果，只能在无情的现实面前屡屡碰壁。

第四节　蒋介石巩固最高统治权的努力

一　整顿内部与编遣计划的提出

北伐军占领京、津后，为表示军事结束，功成不居，1928 年 6 月 9 日，蒋介石宣布辞去国民革命军总司令以及军事会委员会主席职务；12 日，又宣布辞去国民党中央政治会议主席职务。蒋的辞职，本身就是故作姿态，冯玉祥、阎锡山、李宗仁、白崇禧等文、武大员自也心知肚明，纷纷凑趣电蒋，一片挽留之声。张静江、吴稚晖等则以"东三省问题，尚未解决"②为辞当面相留。14 日，国民政府与国民党中央政治会议相继复函蒋介石，告以："大业一日未成，即责任一日未尽，仍当始终其事，奠安大局。"③国民党中央执行委员会并决议派蒋赴北京祭告孙中山，一则以祭奠孙中山为蒋提供打消辞意的台阶，二则以此凸显蒋介石为孙中山继承人的地位。至此，蒋介石算是工夫做足，表示将继续负责。

---

① 陈冰伯：《今日之县政》，第 72 页。
② 《中央要人一致留蒋》，《申报》，1928 年 6 月 12 日。
③ 《国民政府与中央政治会议慰留令》(1928 年 6 月 14 日)，《蒋中正总统档案·事略稿本》第 3 册，台北"国史馆"2003 年版，第 515 页。

6 月 12 日、15 日,国民政府分别发表对内、对外宣言,北伐告竣,统一完成,军政时期结束,训政时期开始,此后将从事整顿与建设,务求完成建设新国家的目的。对内宣言提出五大施政目标:厉行法治、澄清吏治、肃清匪盗、蠲免苛税、裁减兵额①。此时,蒋介石认为军事已定,开始谋划党务、建设等多项事宜。6 月 11 日,他在日记中写道:"下午与稚、静二老谈天,研究政治现状,决开第五次中央全体会议,令余与冯、阎、李为政府常务委员,军事分区整理,派胡、汪为公使,余总觉不甚彻底也。党事无办法,则一切皆无办法,如何能使党务统一也。汪、胡、共、无四派,如何能调剂其间;张、宋、孙三者如何能使其息疑,和衷共济;冯、阎、白三者如何能使其推诚无争也。"②次日,又在日记中计划:"将统一思想,整理党务,收束军事,设施政治诸端,草定方案。对于国民会议及外交政策亦计及之,以告国人也。"③

经过十多年的持续内乱,国家终得基本统一,元气的恢复尚待时日,整顿与建设,更是千头万绪。国民党元老李烈钧谈到此时最急要任务有三:"一要裁兵,整顿军务";"二要整理财政";"三为对外的废除不平等条约"④。可以说道出了全国大部分人民的心声。1929 年 2 月,蒋介石记下其此一阶段施政计划,大致可看出当时蒋介石处理内外问题的基本思路:"六月二日奉安以后之政策:一、改良农村,奖励农产与森林,确定以农为立国之本。令内政、农矿二部限本年内将全国各省之田租与农民生活状况第一期调查完毕,以定二五减租实行之步骤;二、改良教育,强迫普及,注重小学与职业教育;三、发展电气与铁道事业,务期于廿三年以前增加一万英里铁道,并于黄河、长江、珠江三流域利用水力扩充电气,尤注重于西北交通之发达,以期国防与经济同时发展

---

① 《国府对内宣言》,《申报》,1928 年 6 月 13 日。

② 蒋介石日记,1928 年 6 月 11 日。

③ 蒋介石日记,1928 年 6 月 12 日。

④ 李烈钧:《在国民政府第四十次孙中山纪念会上的演说》(1928 年 7 月 10 日),《李烈钧集》下册,第 654 页。

也;四、减轻出口税,增加工作时间,以求工商业之发达;五、定三年以内,即至民国廿一年六月底止,以有计画有次序禁绝鸦片之吸种;六、导淮以五年为准,完成计画,但同时进行修治运河与黄河之准备;七、继续执行国军编遣会议之决议,必使其切实完成;八、调查户口,以民国二十一年六月底止完竣,由内政部负责执行,同时执行乡村自治××(按:两字无法辨认)完成;九、丈量地政,至民国廿三年底全国地图第一期测量完竣。十、已经开办之矿产,准于继续所有权,但以十年为限,并科其相当之税率。其他依照实业计画依次实行,必使三民主义于最短期内见诸实行,不落口头空谈也;十一、统一币制,以为整理金融之基。十二、稽核盐务,精炼白盐,杜绝偷漏,调节盐价,减轻加斤,以副民生之实;十三、对外则以全力收回治外法权,与各邻邦限期画定国界,以保国权。"①

蒋介石的计划基于对全国的通盘考虑,各地也有自己的努力目标。6月底,河北省国民党党务指导委员会提出准备实施的十四项任务:一、建设廉洁省政府;二、铲除贪官污吏、劣绅土豪;三、没收逆产,救济难民、伤兵;四、减收地租25%以利农民;五、组织农工银行,救济失业农工;六、设立合作社,以裕民食;七、取消苛捐杂税;八、整理交通;九、铲除官府式教育制度;十、组省经济委会,清理省库;十一、铲除土匪;十二、实行妇女解放;十三、实行征兵制度②。由出自不同层级的上述两个计划,基本可以看出当时国民党从中央到地方对未来施政的设想。

经过长期的内战,国家困穷已达极点,挽救经济、整顿财政是政府亟待着手的问题。1927年8月,各省区商民协会函呈国民政府,要求"召集经济会议,容纳关于经济团体,如农、工、商、学与劳资两方等代表及政治、法律、财政、经济、外交专家为委员,讨论议决新税税制及关税

---

① 蒋介石日记,1929年2月27日。
② 《河北指委会对时局宣言》,《申报》,1928年6月30日。

管理、保管、征收等重要问题,并创制一切关于经济之法案"①。国民党
"二次北伐"占领京津后,国民政府财政经济统一工作加紧展开。6 月
20 日至 30 日,由宋子文主持,国民政府在上海召开第一次全国经济会
议,全国各大商会、银行公会、钱业公会的主要职员,实业界领袖、经济
专家及有关官员一百二十人出席。宋子文提出会议需要讨论的"财政
上重大问题":金融、公债、税务、贸易,要求与会者充分贡献意见②。会
议支持宋子文提出的裁减兵员、限制军费开支、编制预算、建立强有力
的国家银行等各项财政措施,通过提请政府裁兵、统一财政、改革税收、
保护关税、整理交通及公债等提案。会议高度关注当时对经济发展和
财政统一有着决定意义的裁兵问题,讨论了军队数量、军费限制、裁兵
方法、步骤、被裁官兵的安置等,通过裁兵通电,提出:裁减军队,全国留
五十师,每师 1 万人;军费全年总额 1.92 亿元,占全国收入的三分之
二;组织裁兵机关,中央设全国兵工建设委员会,各省设分会。希望政
府"于三个月后,将全国裁余军队之数额,化兵为工之成绩,公布天
下"③。会议决定组织裁兵促成会筹备委员会,选举虞洽卿、杨杏佛、冯
少山等二十五人为常务委员。

　　1928 年 4 月,财政部长宋子文提议召开全国财政会议,以"议定机
关费、事业费及划分国地两税、征解中央税款"和"救济金融、划一币制、
整理旧债、推行新债各事"④。7 月 1 日至 10 日,全国财政会议在南京
召开。宋子文主持会议,财政部、各省政府、各集团军代表百余人出席。
会议目标为谋求"财政之统一,税制之革新,国家地方收支之划分,预算

　　①　《各省区商民协会为召集经济会议讨论经济法案及关税税则呈》(1927 年 8
月 29 日),《中华民国史档案资料汇编》第五辑第一编《财政经济》(一),江苏古籍出版
社 1994 年版,第 58 页。
　　②　《经济会议昨日开幕》,《申报》,1928 年 6 月 21 日。
　　③　《经济会议请求裁兵之通电》,《申报》,1928 年 6 月 30 日。
　　④　《国府秘书处奉准由财政部召集全国财政会议并抄送原提议函稿》(1928 年
4 月 28 日),《中华民国史档案资料汇编》第五辑第一编《财政经济》(一),第 43 页。

决算之厉行,金融制度之改进"①。着重讨论统一全国财政问题:限制军费开支,编制全国预算,统一币制。会议通过《筹备关税自主裁撤厘金案》、《整理盐务案》、《确定全国预算宜先确定大政方略案》等多个提案,决定统一全国财政,废除厘金制度,"一律裁撤厘金,所有物资课税、节节设卡之积弊,绝对涤除";划分国地税,地方不得截留国税或任意增加新税;设立中央银行,废两改元,统一币制;1929 年 1 月 1 日起实行关税自主。这次财政会议奠定了国民政府财政管理的基本格局。会议响应当时掀起的裁兵声浪,要求把每年军费开支压缩到 1.92 亿元,建议发行特种公债,筹措裁军费用②。

8 月 10 日至 18 日,全国交通会议举行。各省市代表一百二十人参加,交通部长王伯群主持会议。鉴于全国交通事业千疮百孔、濒于破产的境地,会议提出分三步整顿全国交通的任务:第一步恢复交通常态;第二步提前筹办急需事业,如完成粤汉铁路株洲至韶关段,修筑沪杭甬钱塘江至曹娥江段、陇海线灵宝至兰州段,健全全国无线电讯网,筹备航空运输,准备接管海事行政等;第三步为未来事业从速建设,如规定全国铁路路线,整顿扬子江等。会议通过交通整理设计方案一百四十余件③,决定取消中美、中日无线电合同,将招商局收归国有,实行官商合办。

无论是全国经济会议还是财政会议,裁军都是讨论的重点,这确是社会经济恢复发展的必要前提。国民革命军从广东出发北伐时,仅约十万人,到 1928 年底已发展到四个集团军,总兵力二百余万人。其中,蒋介石的第一集团军 50 万,冯玉祥的第二集团军 42 万,阎锡山的第三

---

① 《1928 年全国财政会议部分文件》,《中华民国史档案资料汇编》第五辑第一编《财政经济》(一),第 44 页。

② 《全国经济财政会议要案汇存》,《国闻周报》第 5 卷第 26 期,1928 年 7 月 8 日。

③ 《全国交通会议纪》,《银行周报》第 12 卷第 33 期,1928 年 8 月 28 日。

集团军 30 万,李宗仁的第四集团军亦在 30 万左右①。维持如此庞大的军队,成为压在国家社会头上的沉重负担。据统计,全国军队共计 84 个军 270 个师,常年经费约需 5.46 亿元,临时经费 9600 万元,共计约需六亿多元,实发数目 3600 万元,而国民政府当时全年预算总收入仅 4 亿元,加之新办的各种税收,亦不过 4500 万元②,即使将全年收入全部用作军费,"而不敷甚巨"③。中央如此,地方也不例外,以湖南省为例:"湘省军费,月需二百五十余万之多,尚系指在湘部队而言,开出湘境以外作战者,尚不在内。以湖南地方之小,民力之敝,何能担负月需二百五十余万之养兵费⋯⋯在军队因四折发饷,实有不能充饥御寒之苦,在公家因民力已尽,亦有负担不起之虞,对公对私,均感困难。"④

庞大军队的存在严重影响着国民政府财政的统一。由于军费开支浩大,政府无法足额拨发部队经费,欠饷更是司空见惯,这种状况在各个集团军均存在:第三集团军情况最好,有山西田赋盐税作保证,出入不大;第一集团军每月应付军费银 1260 万元,实际上"仅发给半数"⑤;第四集团军"军饷仅能对折发给,每月通常不敷一百万元";最惨的是第二集团军,军队数量多,开支大,国民政府每月只给 200 万元的军火供应,其他全靠地方,而第二集团军辖区地瘠民贫,收入很少,1927 年底,"每军士及总指挥每人各发现银五元,临敌之际有时赏发每军士一二元不等"⑥。由于军费不足,各集团军常常在所辖区域截留税款,发行军

　　①　《蒋介石关于全国各军缩编为师并组织整理委员会分期进行报告》,《中华民国史档案资料汇编》第五辑第一编《军事》(一),江苏古籍出版社 1994 年版,第 627 页。
　　②　何应钦、刘纪文:《建议分期缩减全国军备以纾财力案》,《申报》1928 年 7 月 4 日。
　　③　《经济会议请求裁兵之通电》,《申报》,1928 年 6 月 30 日。
　　④　《鲁涤平对军缩财政之谈话》,《申报》,1928 年 10 月 9 日。
　　⑤　《全国财政会议汇编》,上海商务印书馆 1928 年版,第 41 页。
　　⑥　《全国财政会议汇编》,第 41 页。

票,强行向地方民众索款。川、滇、黔等省地方实力派更在辖地内任意发行钞票,征收税捐,使国民政府的财政状况雪上加霜。因此,"军费一日不能确定,则精确之预算即一日不能成立"①。大规模战争结束后,对既有军队实施编遣,裁汰老弱病残,加强军队建设,提高军队的战斗力,是恢复国家正常秩序的必由之路。

北伐占领北京前后,蒋介石等国民党军事领袖开始认真思考和筹划实施裁兵。攻克北京之前,国民党内裁兵呼声已起。1928 年 5 月 23 日,蒋介石连续发出三电,在致内政部及江苏、安徽、浙江省政府主席电中,提出:"北伐如成,则裁兵在即,江浙皖三省,至少每省须消纳五万被裁之官兵,以为生产之用。"②致刘纪文电中强调大规模军事结束后,"整顿军队不可稍缓……第一集团军总员共裁至廿万人"③。致何应钦电则明确提出其裁兵主张:"第一集团军急须乘时检阅整顿","军队如不裁减,万无整顿之望,即政治亦必随之破产。全国军队,固当待会议解决,而我中央基本部队则应早以行动为表率。"④电文初步提出了编遣第一集团军的基本构想:先从第一、第二、第三军团开始整顿,改编十至十二个师,每师三旅,每旅二团,完备骑、炮、工、辎重、特种、航空等各兵种,首先裁汰官兵约 15 万人。对被裁官兵拟充任警察,组织护路队、警备队与筑路队等;组织裁兵委员会,具体研究各军应裁减的数目及编配;组织编制委员会、抚恤委员会;等等。5 月 30 日,蒋介石再电何应钦,指出:"现急需办者:一、军事收束筹备会。二、裁兵安置筹备会。

①　《财政部向国民党三全大会提出之财政部工作报告》(1929 年 3 月 17 日),《中华民国史档案资料汇编》第五辑第一编《财政经济》(一),第 534 页。

②　《电内政部暨江苏、安徽、浙江省政府主席》(1928 年 5 月 23 日),《蒋中正总统档案·事略稿本》第 3 册,第 399 页。

③　《蒋总司令致刘纪文处长为北伐将终指示整顿军队之急务电》(1928 年 5 月 23 日),《中华民国重要史料初编》绪编(三),台北中国国民党中央党史会 1981 年版,第 161 页。

④　《电何应钦、朱绍良》(1928 年 5 月 23 日),《蒋中正总统档案·事略稿本》第 3 册,第 404—405 页。

三、营房设计会。四、军队改编委员会。此四者以裁兵安置为最要而最难，其法不外分区裁汰安置。第一期以四个月为限，江浙皖三省政府负责筹设安置冗兵各一万五千人，每期可裁汰四万五千人，一年之间可裁十三万五千人。中央则设各种学校如警察、宪兵、路工、交通、电气、测量、浚河、航空各种人材养成所，每种多则三千人，少则三百人，约计可安置官兵五千人之数。其费用则由政府预筹，可发行公债三千至五千万元。"蒋在电文中进一步强调："革命后之建设，能否实行，全视裁兵计划能否成功，而尤在于吾辈能否切实进行也。革命之建设能否实行，全视裁兵计划能否成功。"①

　　蒋介石的裁兵主张，得到了国民党中央的全力支持。6 月 14 日，国民党中央政治会议第一百四十四次会议决议对部队"化兵为工，力谋收束"。6 月 23 日，蒋向国民政府呈文，提请设立"裁兵善后委员会"，"协同各部及建设委员会办理裁兵事宜"，以使"化兵为工，可期早日实现"，并提出以张之江为裁兵善后委员会会长②。6 月 26 日，国民政府第七十四次会议通过蒋介石提出的设立"裁兵委员会"的议案③。7 月 10 日，国民党军事委员会常务会议通过《国民政府裁兵善后委员会组织条例草案》，规定裁兵善后委员会隶属国民政府，负责设计裁兵后军队的收容方法。

　　在蒋示意下，南京中央所属部队将领纷纷表态响应裁兵主张。6 月 13 日，钱大钧对记者发表谈话，认为"裁兵一举，自为目前不可缓之要务"，国家建设要正常展开，"舍裁兵外，无以节省多数之费用"④。6

　　①　《蒋中正电何应钦等军事收束以裁汰安置为最要最难》（1928 年 5 月 30日），蒋中正文物档案 002020100023006，台北"国史馆"藏。
　　②　《蒋介石关于设立裁兵善后委员会并请委张之江为会长给国民政府呈》（1928 年 6 月 23 日），《中华民国史档案资料汇编》第五辑第一编《军事》（一），第599页。
　　③　《国民政府委员会第七十一至八十次会议速纪录》（1928 年 6 月—7 月），国民政府档案，001046100018，台北"国史馆"藏。
　　④　《钱军长谈裁兵问题》，《申报》，1928 年 6 月 13 日。

月下旬,第十七军军长曹万顺致电军事委员会,提出:"请先由职军开始裁编。"①6月30日至7月1日,何应钦主持第一集团军所属各军师长召开军缩会议,通过"国防海防各军分配办法"②,决定先将第一集团军部分军队兵额压缩三分之一。何应钦在讲演中以日本维新为例,要求各军事领袖效法日本藩王,将军权交还中央。具体而言,整军"第一步先党化军队,然后将个人军队化为国有,一切用人行政,都听从政府的命令";"第二他的驻在地,须听从政府的命令";"第三军需要独立,长官不能干涉";"第四军事教育要统一"③。

　　面对国民政府的裁兵决议以及颇具声势的裁兵舆论,冯、阎、李等军事领导人不敢沉默,纷纷表态支持,以争取政治上的主动权。6月14日,李宗仁致电谭延闿、蒋介石,陈述对时局的意见:一、以政治手段收复东三省;二、召集各方领袖开军缩会议,分期裁减兵额,裁余之军队,集中军权,统一训练;三、统一财政,制定建设方案;四、废除不平等条约;五、统一党的意志;六、酌定国民会议开会日期④。同日,国民党中央政治会议密电蒋、冯、阎、李,严禁收编反动军队,酌量裁减原有军队,其所针对的对象主要是进驻北京后大力收编当地武装的阎锡山。对此,冯、阎、李等的反应颇具深意。阎锡山立即复电,表示:"锡山裁兵节饷,夙具此心。十七年来,但有缩减之方,从无扩张之举。"同时就所谓收编武装的指责为自己辩护:"凡遇自拔来归者,均酌予收编,然亦均系禀明蒋总司令,得其允准者也。"⑤李宗仁的复电一方面表示"亟宜实行兵工政策";另一方面因其自身也收编

　　① 《曹万顺军自请裁编》,《申报》,1928年7月1日。

　　② 《第一集团军缩会议》,《申报》,1928年7月2日。

　　③ 《何应钦讲演缩减军备》,《申报》,1928年7月5日。

　　④ 《李宗仁电谭延闿蒋中正条陈对奉及军队与政治外交党务等意见七条》(1928年6月14日),国民政府档案,002090102011028,台北"国史馆"藏。

　　⑤ 《阎锡山复中央政治会议密电》(1928年6月16日),《中华民国史档案资料汇编》第五辑第一编《军事》(一),第598页。

有大量部队,而极力为收编事开脱和打抱不平:"有时因环境关系,暂予羁縻,亦势所难免。应请严令各军,如有特别情形,必须呈候军事委员会核办。军政完全统一,自易着手。陈义过高,无裨事实,恐转失中央威信。"①李济深则由其总指挥部秘书长出面表态:"军事结束后,此时正须裁兵减政。"②相比之下,冯玉祥表现得更加诚恳:"如何裁减兵额,如何化兵为工,固玉祥寤寐向往,尤馨香以祷其早日实现也。"③

对于裁兵,冯、阎、李其实各怀心思,反应也都出自自身利益,但在舆论和环境压力下,对裁兵之举表面上都不能不表示赞同,而且调门愈唱愈高。6月23日,阎锡山再次发出通电,力主裁兵,强调立国大事,"裁兵尤为要中之要","当此军事结束,训政开始之时,真正全民视线,惟集中于裁兵之点,能裁兵则能建设,能讲民生;不能裁兵,则建设民生都是空文。且能裁兵,则今日北伐完成,武装同志,都是有功国家;不能裁兵,则今日拥兵之多,难免不变为后日民众之罪魁"④。阎锡山此电,以民众意向为依归,可谓字字属实,句句在理,虽不一定是其肺腑之言,却切中肯綮。阎电发出后,白崇禧马上致电响应。7月5日,冯玉祥公开发表对时局的意见,主张统一军政,彻底裁兵,废除各集团军,各军事领袖常驻首都参加中央工作。军事将领的表态,一个比一个陈义更高,其中虽多有言不由衷之处,但毕竟加入了全国裁兵舆论的大合唱,为裁兵编遣计划的推出作了铺垫。

① 《李宗仁复中央政治会议密电》(1928年6月16日),《中华民国史档案资料汇编》第五辑第一编《军事》(一),第598页。
② 《李济深对时局之态度》,《申报》,1928年6月22日。
③ 《冯玉祥复中央政治会议密电》(1928年6月16日),《中华民国史档案资料汇编》第五辑第一编《军事》(一),第598页。
④ 《阎锡山再电主裁兵》,《申报》,1928年6月24日。

二　编遣会议的召开与流产

　　1928 年 6 月 26 日,蒋介石离南京赴北平。此行任务一是到西山碧云寺祭奠孙中山,二是与冯、阎、李等人协商军事善后问题。7 月 3 日,蒋介石抵达北平,5 日发出致冯玉祥、阎锡山、李宗仁、李济深、何应钦等人的通电,宣称:"今日非裁兵无以救国,非厉行军政财政之统一无以裁兵,凡我同志,必当以真正觉悟与全国人士切实合作,以完成此重大之职责。"①蒋介石以公开通电的形式,将倡导裁兵的大旗掌握在自己手中。

　　7 月 11 日、12 日,蒋介石召集第二、第三、第四集团军总司令冯玉祥、阎锡山、李宗仁及白崇禧、鹿钟麟、陈绍宽等讨论整理军事方案。13 日,蒋介石、冯玉祥等人在北平举行记者招待会,蒋将与冯玉祥、阎锡山、李宗仁等达成的共识——《军事整理意见书》向社会公开,作为实施裁兵的基本方案。《军事整理意见书》首先阐明裁兵的必要,强调"裁兵能否实行,军政能否切实整理,今已为国家存亡之关键"。意见书详细阐述了编遣的具体方案:决定召开编遣军队的"特别军事善后会议",由会议议定军队复员、裁兵具体办法,以及军政统一后的军制、军额、军费等问题,会议结果呈报国民政府公布,由军事委员会执行。同时对具体编遣提出八条意见:一、实行兵工政策,扩大警察编制,设立各种研究班,安置被裁士兵;二、由财政部印发 3000 万至 5000 万军事善后公债,筹措裁兵经费;三、组织裁兵委员会或编遣委员会具体负责裁兵问题;四、根据军费占国家收入一半的原则,确定全国年军费为 2.5 亿元,兵额为 50 万;五、军队编制以师为单位,直接隶属于国民政府中央军事委员会;六、妥善安置军长以上级别的军官;七、实行军区制,全国划为:苏

---

　　①　《蒋中正电冯玉祥、阎锡山、李宗仁、李济深、何应钦各总指挥申论非裁兵无以救国》(1928 年 7 月 5 日),蒋中正文物档案 002090101009234,台北"国史馆"藏。

皖赣、闽浙、两广、两湖、四川西康、云贵、陕甘、鲁豫、燕晋、热察绥、东三省、新疆十二个军区,每军区驻兵四万至五万人,军区长不得兼任省政府主席;八、抚恤伤残军人①。

　　7月14日,蒋介石进一步整理出《军事整理案》及《编遣部队之裁遣方法》等具体裁兵计划。《军事整理案》规定设立国防会议,作为全国最高军事统率机关,直隶国民政府,国民政府之下设立军事委员会,负责统帅军政全部责任。同时制定了编留军队的整理计划:一、设立编遣委员会,由各集团军总司令、海军总司令、参谋次长加上中央委员三至五人组成,直隶于国民政府;编遣委员会成立后,国民革命军总司令及各集团军总司令一律取消,各军均听编遣委员会的编遣。二、由中央统一各部队的编制、训练、经理及军械的分配、补给,取消各集团军总司令,所有节制、调遣、人事权收归中央,破除旧日一切以地方为依据、以个人为中心的制度及习惯。逐渐实行征兵制。三、国军平时以师为最大单位,军事委员会在各集团军及后方部队选拔精良部队,归中央直辖,先编成六十个师,再求精简为五十个师。编制、训练、经理、枪械以及节制调遣均听编遣委员会的命令。四、统一军事教育,各师下级干部轮番入中央军校补习教育。五、着有战功及资深学富的将领,由编遣委员会审定,一律补官给俸,军长以上级别者调军委会任职,愿出洋者给以旅费。六、各师、团易兵而教,相互参合②。《编遣部队之裁遣方法》规定了被遣士兵的安置计划:一、在编遣委员会里设国军编练部、宪兵编练部、警保设计部、兵工设计部、屯垦部。二、精选编余官兵及各地警察,编成宪兵20万,直隶中央。三、从国军及宪兵编余部队中,再选若干编为警察与保安队,直隶于省政府。四、兵工设计部研究兵工技术及

---

　　①　《军事整理意见书》,《蒋中正总统档案·事略稿本》第3册,第625—636页。
　　②　军事整理案,《自反录》第二集卷一,蒋中正文物档案002060500008006,台北"国史馆"藏。

管理方法,选择最急、最要、最易者先行。五、以冗兵开垦边荒,充实边防①。

　　蒋、冯、阎、李等国民党军实力派人物7月北平会面,为1929年1月国军编遣会议的召开奠定了基础,是编遣会议筹备酝酿中的第一个重要阶段。7月25日,蒋介石离北平回南京参加国民党二届五中全会。8月8日至15日,国民党二届五中全会举行。决定结束军政,开始训政时期,依据国民政府建国大纲设立立法、司法、行政、考试、监察五院。会议通过《中央政治会议案》和《政治分会存废案》,要求各地政治分会限1928年年底前取消;修改政治分会暂行条例第四条,规定各政治分会"不得以分会名义对外发布命令,并不得以分会名义任免该特定地域内之人员"。会议通过《统一党的理论案》、《民众运动案》等多项议案②。《统一财政确定预算整理税收并实行经济政策财政政策以植财政基础而利民生案》确定划分国家、地方税收的原则,设立预算委员会核定收支。会议改选中央执行委员会常务委员会,推举蒋介石、丁惟汾、于右任、谭延闿、孙科、胡汉民为常务委员。

　　确立军事整理方案是全会重要使命之一,全会通过《整理军事案》,内容为:一、军政军令,必须绝对统一;二、全国军队数量,必须于最短期间切实收缩;三、统一军事教育;四、裁军为整军理财的第一要务;五、在国防上,海军、空军及军港要塞之建筑,均为重要③。决议还决定将提案交蒋介石、冯玉祥、阎锡山、李宗仁、李济深、杨树庄六人进一步规划,然后由国民政府核定施行。国民党二届五中全会的决议向着召开编遣会议的方向又迈进了一步。

　　蒋、冯、阎、李7月在北平讨论编遣计划时,曾议定军队分三期编

　　①　《编遣部队之裁减办法》,《蒋中正总统档案·事略稿本》第3册,第641—645页。
　　②　《政治分会存废案》,《中国国民党历次代表大会及中央全会资料》上册,光明日报出版社1985年版,第544页。
　　③　《整理军事案》,《中国国民党历次代表大会及中央全会资料》上册,第538—539页。

遣:第一期为自裁自编,第二期为召开编遣会议进行统一编遣,第三期则在第二期统编基础上再把全国军队缩编为 50 万。自裁自编于 1928年 7 月即开始进行,至 1928 年 12 月中旬,四个集团军均宣称已基本完成任务。经过整编,各集团军分别拥有的步兵数额为:第一集团军十二师二旅,第二集团军二十师数混成旅,第三集团军和第四集团军十二师左右①。从数字上看,第一集团军编遣力度较大,但究其实,主要是编制的压缩,人数裁减实际有限。自裁自编的效果正如何应钦所说,许多人给他写信反映"裁兵不过是一个美妙的名词,实际上绝没有那回事"②。这样的结果,朝野各方自然也都了然于胸,这一段时间实际是各实力集团为应对裁兵而留下的准备期。自裁自编到期后,召开全国统一编遣会议便提上日程。

12 月 3 日,国民政府公布《国民革命军编遣委员会筹备简章》,决定成立编遣委员会筹备会,任命何应钦为筹备主任,正式展开编遣会议的各项准备工作。26 日,蒋介石决定编遣会议提案要点:一、取消集团军。二、军政军令在编遣期间,皆由编遣会议决议执行。三、不得自由调动部队③。

在会议筹备的同时,南京中央继续发动广泛的裁兵舆论宣传。12月中旬,国民党中央宣传部专门举办"整理军事宣传周",召开民众大会宣传裁兵,蒋介石、冯玉祥、何应钦、胡汉民、戴季陶等纷纷出席演讲"裁兵"、"编遣"。上海特别市党部把 12 月 19 日至 22 日定为上海宣传周,召开大会、发表通电,强烈呼吁裁兵。国民党上海六区党部联合通电全国,要求各军事将领参加编遣会议,直诋与编遣相左的行为为"反革命"。同时,各地亲政府乃至中立报刊也大量发表文章、评论,支持编遣会议。

---

① 《各军现有步兵额》,《申报》,1929 年 1 月 21 日。
② 《何应钦在总部纪念周之演说》,《申报》,1928 年 10 月 31 日。
③ 蒋介石日记,1928 年 12 月 26 日。

经过半年的酝酿、准备，1929年1月1日，国军编遣会议在南京正式开幕。5日，编遣委员会召开第一次大会。大会通过吴稚晖起草的"不偏私、不欺饰、不假借、不中辍"宣言，作为编遣委员会必守的信条。蒋介石发表讲演，以日本为例，强调"削藩"，要求把军权收归中央。直截了当地表示："要造成现代式国家的条件是什么？即是（一）统一。（二）集中。"蒋以日本倒幕运动成功后，各藩化除藩兵、军权收归中央为例指出："国军的基础树立，反动势力镇压下去——全国统一，才能名实相符，中央政府才能着手改良一切政治。"蒋一再阐述军事财政统一的重要性，强调："要造成健全稳固的中央政府，就得把构成现代国家要件的军权首先集中起来，统一起来，才有办法。今后能否统一，能否集中，全在我们同志一念之转移。"①希望各军事领袖开诚合作，站在中央、统一的立场上，以国家为重，达成军事、财政的统一。

继第一次大会之后，编遣委员会又于1月8日、1月11日、1月17日、1月22日召开第二至第五次大会。第五次大会推选吴稚晖、谭延闿、蒋介石、冯玉祥、阎锡山、李宗仁、李济深、杨树庄、何应钦、宋子文、张学良为编遣委员会常务委员，于大会闭幕后组织编遣委员会常务会议，定期开会，讨论决定编遣的有关事宜。编遣委员会负责拟定国军兵额，划分卫戍区域，拟定全国军费，规定现有各部队官兵裁留标准，接管现有各军队程序，校阅全国现有陆、海、空军，筹办编余官兵分遣安置等事宜。编遣委员会委员长由陆海空军总司令蒋介石兼任，设总务、编组、遣置、经理四部，分别由李济深、李宗仁、冯玉祥、阎锡山为主任。委员会下设编遣区办事处，为国军编遣委员会的地方编遣机构，负责该区内军队之编制、遣置、点校及编遣期内之训练、绥靖、兵器器材整理统计等事宜。

1月25日，编遣委员会第六次大会后，举行闭幕典礼，蒋介石、胡

---

① 蒋介石：《关于国军编遣委员会之希望》，《蒋中正总统档案·事略稿本》第5册，第24—54页。

汉民、蔡元培相继致词,并发表闭会通电。编遣会议历时三个星期,讨论了三十多项议案。其中最重要的为第四次大会通过的《国军编遣委员会进行程序大纲》。《大纲》全文共十七条,主要有六方面内容:一、国军编遣委员会已经成立,国民革命军总司令、各集团军总司令、海军总司令、各总指挥及其他战时高级编制立予取消。取消之后,设编遣区,各编遣区办事处承编遣委员会之命,于编遣尚未完毕前,负责一切。这就等于取消了冯、阎、李等人对所辖军队的合法统帅权,军权收归中央。二、各编遣区内从前解拨总司令部或总指挥部的军费及各区截留的国家税收,一律移交财政部管理,再由财政部拨交编遣委员会经理部,经理部再转发各部队。现存之军实及一切军用品,存放指定之储藏库统一保存。各兵工厂之制造,一律停止。三、全国现有军队分六个编遣区编遣:即蒋、冯、阎、李四个集团军各设一个编遣区,东三省设一个编遣区,川、康、滇、黔为一个编遣区。中央直辖各部队及海军各舰队,应由编遣委员会径行派员缩编。四、全国陆军步兵不得超过六十五个师,骑兵八个旅,炮兵十六个团,工兵八个团,总兵额约 80 万人,军费为 1.92 亿元。军费缩减至全国总收入的 40％为止。各编遣区编留部队至多不得超过十一个师。五、各省区依地方财力及必要,可由编遣会核准,将编余官兵改编为地方警察、保安队,人数以 3000 至 6000 人为限。六、现有军队,不论原属何部,自归编遣委员会管辖后,应留驻现在防地,非奉编遣委员会的命令不得移动①。

　　大纲最大的看点是编遣区的划分,这是影响各方力量消长的关键,是各方斗智斗力的结果,其中包含有很大的奥妙。从表面看,冯玉祥、阎锡山、李宗仁的第二、第三、第四集团军与蒋介石的第一集团军是平等的,各设一个编遣区,因此所裁士兵人数也基本相等。实际则不然,

---

　　①　《国民党召开编遣会议发布大会宣言暨裁兵及统一财政等历次决议通电》(1929 年 1 月 5 日—26 日),《中华民国史档案资料汇编》第五辑第一编《军事》(一),第 627—630 页。

方案中规定中央直辖部队的编遣,为蒋介石留下了一个活口,由于握有中央大权,蒋可以把第一集团军兵员转移到中央编遣区编留,实际比冯、阎、李多了一个可以利用的编遣区,编遣的结果自然会比冯、阎、李保留更多军力。在各集团军自行缩编过程中,蒋的用心已经暴露。缩编前第一集团军有四个军团及总预备队、后方警备部队,总计官兵50万人。在自行缩编时,蒋介石把方振武的第四军团和陈调元的第三十七军改由中央直辖,改成中央缩编部队。在缩编过程中,中央直辖部队又都由第一集团军兼办。编遣区办事处的组成也是如此,何应钦为中央编遣区办事处主任,朱培德为第一编遣区办事处主任,项雄霄、葛敬恩、贺国光则分别兼任两个编遣区办事处的总务局长、军务局长、处置局长,两个编遣区你中有我,我中有你,可以操作的空间巨大。

　　当然,中央直辖部队的提出,也并非毫无根据,以后来编成的中央直辖部队十二个师成分看,这些多属北洋或地方部队:"如河北徐源泉、郑俊彦,皖北岳维峻,鲁境任应岐、刘珍年、谢文炳、刘志陆、刘桂堂、福建张贞、卢兴邦等部"[1]。他们在北伐大潮中卷裹进南京政权中,和各实力集团均没有历史联系,由中央统一编遣说起来尚属名正言顺。又如福建、山东部队不属于指定的六个编遣区范围,将这些部队放进中央直辖编遣,也应是比较好的选择。事实上,这些部队编遣后,相当一批人员并没有落入蒋介石的控制之中,如福建张贞、卢兴邦部分别编为暂编第一、第二师,岳维峻、谢文炳、刘志陆、刘珍年、刘桂堂部分别编为新编第一、第二、第三、第四师,这些部队基本还是处于半独立状态,中央直辖部队十二个师中半数以上不为蒋介石所掌握。郑俊彦、徐源泉、任应岐部分别编为第四十七、第四十八、第四十九师,相对而言,这部分部队蒋可以调动。方振武的第四军团和陈调元的第三十七军本为第一集团军析出,不过方振武部曾经归属冯玉祥,只是"二次北伐"时才归第一

<hr/>

　　① 《蒋介石关于全国各军缩编为师并组织整理委员会分期进行的报告》(1929年3月15日),《中华民国史档案资料汇编》第五辑第一编军事(一),第641页。

集团军指挥，陈调元部远在豫鲁，和白崇禧有附属关系，将其归属中央直辖，既在情理之中，也可以理解为偏私之举。无论如何，这样一个编遣区的存在，使蒋有了上下其手的空间，这是蒋拥有中央权威的天然优势。

其实，编遣中的空间，冯玉祥、阎锡山、李宗仁都十分清楚，从保存实力的目标出发，虽然表面上他们不能不附和裁兵主张，但实际上私下里都在打着自己的小算盘。编遣方案的通过后面就有一个十分复杂的勾心斗角过程。早在"二次北伐"完成，裁兵宣传声入云霄时，冯玉祥就提出，裁兵"不可令各集团军比例裁汰"，其公开理由是"军队系国家所有，非各军事领袖总司令所得而私"①，实际则是因为冯部人数较多，如按集团军比例裁撤，则冯部裁撤最多，实力受损最大。会议筹备时，冯玉祥授意石敬亭等向蒋介石提出："此次编遣军队宜用'下楼'办法，而不宜用'跳楼'办法。所谓'下楼'办法，乃先编遣四个集团军总司令部，过半年再编遣各方面军总指挥，再过半年编遣各军，如此仅一年即可编遣至师部。此种按步下楼之办法，虽缓慢而较安全。跳楼办法则为从集团军至师部均一次编遣。"②这一建议很明显是希望由各集团军自身主导编遣进程。冯进而提出有利于己的裁留标准："强壮者编，老弱者裁；有枪者编，无枪者裁；有训练者编，无训练者裁；有革命功绩者编，无革命功绩者裁。"③按照这一标准，保留最多的当然是冯玉祥的第二集团军，裁遣最多的则是蒋介石的第一集团军和阎锡山的第三集团军。在北伐过程中，蒋介石收编了十几万降军，势力膨胀最快；阎锡山因为大量招降纳叛，扩充实力，实力大增，成为众矢之的；白崇禧在前线也收编了一些降军。惟独冯玉祥的第二集团军出力多实惠少，冯玉祥对此愤愤不平，所以曾多次提出裁兵重在不收兵的主张。

---

① 《冯玉祥歌电全文》，《申报》，1928 年 7 月 9 日。
② 《石敬亭将军口述年谱》，台北中研院近代史所 1997 年版，第 103—104 页。
③ 《冯玉祥日记》第 2 册，江苏古籍出版社 1992 年版，第 468 页。

　　冯玉祥的裁留标准当然为蒋介石、阎锡山、李宗仁所不满。蒋介石见有机可乘,在编遣会议上鼓励冯玉祥提出自己的裁兵方案。冯玉祥拟定的方案为:第一、第二集团军各编十二个师,第三、第四集团军各编八个师,其他部队共编八个师。冯玉祥的方案,把自己划到与蒋介石并列的第一序列,而把阎、李置于第二序列,显然对阎、李不利,激起阎、李二人对冯的不满。1928年12月26日编遣筹备会上,冯玉祥的方案遭到阎锡山、李宗仁方面的激烈反对,李宗仁公开表示:"余意裁兵愈多则前途愈有可为,惟须合于中庸之道,各方被裁兵额,务求平允方可。"①蒋介石则不置可否。阎锡山趁此与蒋介石、何应钦等联络,提出一个与冯氏不同的方案:第一、第二集团军各编十个师,第三、第四集团军各编八个师,其他非正式队伍编六到八个师,余下六到八个师由中央处理。阎锡山的提案加进了中央编遣区,明显对蒋介石有利,而其本身并无实质利益。老谋深算的阎锡山主要欲借此拆散他最担心的蒋、冯联盟。蒋介石在阎的提案基础上,又提出增加一个东北编遣区。

　　编遣会上,蒋介石把冯、阎两个方案分别提交会议讨论,冯、阎立即为此发生冲突,李宗仁看到阎案有离间蒋、冯的性质,也表示倾向阎案,冯玉祥陷于孤立。局势的发展正是蒋介石乐于看到的,在阎案已占上风的情况下,他顺水推舟,也表示赞成阎案:会议最后确定的方案正是以阎案为基础的,蒋巧妙地达到了自己的目的,又使各方无话可说。

　　总体而言,作为拥有中央政府的最高统治者,蒋以中央编遣的名义,在此中得到事实上更多的份额,尚不能算是过分。其挟中央政府的权威,利用广大人民渴望裁兵的心理以及冯、阎、李之间的矛盾,召集编遣会议,期望用和平的政治手段,削弱冯玉祥、阎锡山、李宗仁等地方实力派的军事力量,进而剥夺他们的军权,也有其不得不然之理。但蒋求治太急,对地方实力派逼迫太紧,会中他曾在日记中写道:"今日编遣会,以焕兄报告最实在,任潮最支吾……今日形势,编遣事非强制执行

────────────

　　① 《李宗仁之编遣会谈》,《申报》,1929年1月7日。

似不为功,应与焕章接洽之。"①强制推行编遣的意愿非常急迫。在其本身并不具备消灭地方实力派的足够力量的背景下,招致反弹几乎不可避免。对蒋介石高举中央大旗欲消弭第二、第三、第四集团军实力于无形的计划,冯、阎、李当然不肯听从。冯玉祥拟定的方案受到攻击后,即表示消极,不再出席编遣会议。李宗仁经过几次电报催促,才于 12 月 28 日到南京,抵触心理非常严重。

编遣会议一闭幕,冯、阎急忙返回防地,李宗仁则留在南京观察动静,各方面都积极做战争准备,以便在战场上一决高低。蒋介石花费半年精力酝酿、筹备编遣会议,在会上尽管达到了目的,却也种下无穷后患。会议进行过程中,蒋曾在日记中写道:"军阀习惯性成,除不胜除,余乃为内外夹攻之人,思之但有郁闷而已。"②他把责任归之于地方实力派对权位的把持。而冯玉祥的观感则是:"蒋专弄权术,不尚诚意,既联甲以倒乙,复拉丙以图甲,似此办法,决非国家长治久安之象。"③区区一个编遣会议及几个决议,不可能真能使几大军事首领轻易就范。尤其是蒋、冯离心,蒋、冯同盟破裂,更埋下无穷祸根。冯氏 1928 年 10 月 13 日抵京,就行政院副院长兼军政部部长职,几大实力派中,最能表现与蒋合作诚意,而蒋一开始也希望与冯结盟,1928 年 8 月 8 日的日记中曾规划"焕章入府"④为其出任国民政府主席的条件之一。但是,编遣决议实际已使蒋、冯间的良好气氛化为无形。会后不久,2 月 5 日,冯氏向蒋"面请短假返汴休养"⑤,由此开始了蒋、冯间的长期对立。冯玉祥离心,蒋对全国的统治主动权大为削弱,李宗仁、阎锡山乃至冯玉祥,都有了向蒋启衅的决心与可能。

---

① 蒋介石日记,1929 年 1 月 8 日。
② 蒋介石日记,1929 年 1 月 5 日。
③ 《冯玉祥日记》第 2 册,第 571 页。
④ 蒋介石日记,1928 年 8 月 8 日。
⑤ 《冯玉祥日记》第 2 册,第 567 页。

三　国民党第三次全国代表大会的召开

1926 年国民党"二大"后,时局急剧变化,国民党经历了异常剧烈的分化重组。蒋介石地位继续上升,蒋介石、汪精卫、胡汉民三足鼎立的局面仍得到延续。1928 年 1 月,蒋介石经短暂下野后于国民党二届四中全会复出,这次会议胡汉民、汪精卫均未参加,胡汉民到土耳其考察党政关系,汪精卫也离国赴欧。"二次北伐"完成后,1928 年 8 月,国民党召开二届五中全会,虽然汪精卫和胡汉民均未到会,但在训政等诸多政治及理论问题上,会议采纳了胡汉民的主张,意味着蒋、胡合作拉开帷幕。会议通过决议,决定 1929 年 1 月 1 日,召开国民党"第三次全国代表大会"①。8 月底,胡汉民、孙科等回国。9 月 20 日,国民党中央常务会议补选胡汉民、孙科为常务委员。随后,胡负责起草《训政纲领》,经 10 月 3 日第一百七十二次中常会通过。此《纲领》基本原则是国民党总揽政权,"以政权付托中国国民党中央执行委员执行之";又由国民党独揽治权,五项治权"由中国国民党中央执行委员会政治会议行之"②。这些,为国民党召开第三次全国代表大会作了准备。

1927 年清党之后,国民党人数急剧减少,据统计,至"三全大会"召开时,已登记持有党证的党员为 26 万人,较清党前的百余万大幅度下降。至 1929 年 10 月扩大登记,党员总数为 63 万,其中 1926 年入党者 40％,1927 年入党者 40％。以广西为例,清党前党员人数约五万人,"自清党后,尚有二万人。最近经训练整顿后,只得万余人,前后相差约五分之一,再经最后之登记完竣,实数仅存六千余人"③。长沙的情况

---

①　《第三次全国代表大会开会日期案》,《中国国民党历次代表大会及中央全会资料》上,第 542 页。

②　《中华民国训政纲领》,《国闻周报》第 5 卷第 39 期,1928 年 10 月 7 日。

③　《黄绍雄在粤报告广西状况》,《申报》,1928 年 11 月 5 日。

更为夸张,"马日事变"前,全市 30 万人口中,"党员有十九万人之多",事变后,党员人数急剧减少,实行登记"审查合格党员只一千五百二十六人",其中"学生六二五,教员三七三,政界三二一,党务七六,军界五九,工人四四,商人六,其他八,农人无"①,国民党在民众中的组织基础丧失殆尽,其代表性也大受影响。

为壮大自身力量并清除党内异己分子,南京中央决定"整理党务",通过组织手段,对党员进行"特种登记"、"总考查",以"彻底改组各级党部"②。"特种登记"限于登记同盟会至 1924 年国民党改组以前的党员,以此恢复一批 1924 年国民党改组后失散党员的党权,增加国民党老旧分子的比例。这些措施,遭到许多地方党部的抵制,登记工作进展缓慢,原计划三个月登记完(1928 年 4 至 6 月),直到 12 月仍未完成,其间地方党部与中央党部,下级党部与上级党部之间,发生了尖锐的冲突。

1928 年 10 月 25 日,国民党中常会一百七十九次会议通过"三全大会"代表名额及产生办法。此办法规定代表"由省市选出全额之半,中央指定全额之半",这就等于剥夺了党员的一半选举权;同时还规定"未办完登记未正式成立之省特别市党部之全国代表大会之代表,由中央指定之"③,登记截止期为 1928 年年底,中央包办的范围进一步扩大。上述决定充分暴露了蒋介石急于包办"三大",独揽党权的野心。对此,南京市党务指导委员会首先发难,反对"指派"代表,指责:"将党员之选举权完全剥夺,本党改组之意义完全消失。"他们的矛头隐隐指向胡汉民,认为:"立法院委员既不由党员选举,亦多不合中央所定之标准。既夺党员之权而集之于中央,再多中央之权而付之政治会议,违反

---

① 《长沙市之党员统计》,《申报》,1928 年 12 月 24 日。
② 《革命文献》第 17 辑,第 190 页。
③ 《中央常务会议》,《申报》,1928 年 10 月 26 日。

民主政治之精神"①。在遭到国民党中央警告后,南京市党务指导委员会提出总辞职,并尖锐指出:"现有军事北伐政治南伐谣言,更畏久为本党大敌者以高位,覆辙故蹈,失败堪虞";"三次代表大会为期将届,大会重要议案迄未依法公布,所议决代表大会及登记各案,有违民主法治精神,渐入多头政治途径。"②南京各区党部及区分部召开的党员大会明确反对中央指派半数代表及进行特种登记的做法,指出:"第一次全国代表大会之代表,由省市选出全额之半,中央指定全额之半,当时因各省市情势不同,在反动势力压迫之下,选举殊多困难,故不得不有此权宜办法,此类比例,既不适用于二次大会,何能拘束于三次大会。""十三年改组时,或改组后,凡未履行登记之分子,依例应失去党员资格。"③南京市党部的抗议,引起强烈反响。何香凝发表通电,认为中央指派代表"无异于将本党民主制度完全摧毁",并强调:"总理十三年改组本党,其意谓中国有治人,无治法,欲求治法,先从本党做起,改组后将党归全体党员,即欲党完全采取民主制度。"声明:"本人此次绝不在第三次代表大会希望当选,并先行辞去中央委员,以明本身不能匡救中央之责。"④上海、江、浙、皖等省市党部也对指派代表计划提出抗议。丁惟汾在北平、天津及整个华北掀起抗议风潮,并指名驱逐胡汉民、戴季陶、陈果夫三人出中央。

汪精卫系在国民党二届四中全会失势后,汪派陈公博、顾孟馀分别主办《革命评论》、《建设》两个杂志,揭露南京国民党中央独裁、腐败,提出改组国民党的纲领和办法。1928年9月两刊虽被查封,但为改组派的形成打下了思想基础。蒋介石对汪派的陈公博等也未采取赶尽杀绝做法,为日后可能的合作留下余地。1928年年底,陈公博、顾孟馀、王

---

① 《一周间国内外大事述评》,《国闻周报》第5卷第45期,1928年11月18日。

② 《京市指委辞职理由》,《申报》,1928年11月4日。

③ 《京市下级党部态度》,《申报》,1928年11月5日。

④ 《何香凝电中委抗议》,《大公报》,1928年11月14日。

法勤、王乐平、白云梯、朱霁青、潘云超、郭春涛等国民党二届中执监委开会决定成立"中国国民党改组同志会",设总部于上海,奉汪精卫为领袖。改组派提出"恢复十三年改组精神、改组国民党"的口号,实际并非恢复1924年孙中山改组国民党的精神和三大政策。他们指责"代表封建残余势力的蒋介石",是"党皇帝、党诸侯、党大夫"集团,比历史上任何军阀"更狡黠、毒辣、凶狠"。改组派在反对南京中央包办国民党三大的活动中发挥了重要影响。

为缓和矛盾,11月16日,国民党第一百八十三次中常会决定,"三大"延期至1929年3月召开,代表产生办法另定。17日,蒋介石在徐州发表谈话,强调:"党员对党应当服从,而下级党部对上级党部决议有不满意时,亦只有在党的范围内建议,建议无效,亦应服从,决不能因此诋毁某一中委个人。"①20日,胡汉民、戴季陶等召集到南京请愿的苏、浙、皖、沪、宁等省市代表训话,解释第一百七十九次中常会决议,希望"谅解"。12月7日,中常会临时会议对代表产生办法作了修改:一、凡省或等于省之党部,于1929年2月15日以前正式成立,经中央审查认为组织健全者,其代表得完全由党员选举产生;二、1929年2月1日以前,省或等于省之党部未正式成立者,其代表由省依中央规定之选举法,选出加倍人数,由中央圈定或由中央指定加派人数,由省代表大会选举之;三、县市以下之下级党部,组织尚未健全之省(或等于省)其代表由中央指定之。②

12月29日,国民党中央党部对各县市代表比例名额作出规定:党员200人以下者选代表两名,200至400选三人,400至600选四人,600人以上选五人,以五名为限。县市代表再参加省代表大会选出正式代表,各省或特别市代表至迟须于1929年2月底以前选出。修正的

---

① 《徐州会见各报记者》(1928年11月7日),《蒋中正总统档案·事略稿本》第4册,第390页。

② 《蒋中正总统档案·事略稿本》第4册,第514—515页。

选举法规定结束登记,建立党部的省市由中央核准后可以选举代表,到 11 月底,已结束登记者有六个特别市(宁、沪、穗、汉、平、津)、六省(苏、浙、粤、桂、晋、豫)、三路(平绥、沪宁、津浦),还有十九个省市未完成登记或完成登记者未正式建立党部,这样有相当数量的省市无法选举代表①。据一百九十九次中常会透露,全国仅有宁、沪、穗、粤三市一省选举代表,选出加倍人数由中央圈定的有苏、浙、鄂、晋、桂、甘、汉口、天津八省市,河北、四川、湖南、河南、山东、安徽、江西、北平等十九个省市以及特别党部代表均为圈定和指派。当国民党河南省党部指责"中央主张指派,违反了民主精神"时,胡汉民却理直气壮地表示:"中央是由健全的民主产生的集权机关,难道对于下级还未能民主的机关反而不能指派代表吗?"②

为笼络、分化改组派和党内的反对力量,争取更多支持,1929 年 2 月 3 日,蒋介石发表《本党最近的几个重要问题》,对国民党政策变化作出解释,同时表示,下届国民党中央执监委员必须具备对本党主义有真切的认识,在本党有相当历史,有奋斗成绩三个条件,强调汪精卫在党内拥有深长的革命历史,其被推为中央委员,"我敢保旧日同志,也一定推重他的"③。但是,改组派并不罢休,3 月 11 日,汪精卫、陈公博、顾孟馀等发表《关于最近党务政治宣言》,指斥南京中央与北洋军阀无异,"党已不能代表民众","百分之八十的代表为中央所圈定和指派","所谓代表者,已完全丧失其意义"④。3 月 14 日,南京市党部召开大会,通过《反对非法的第三次全国代表大会案》,亲蒋分子捣乱会场,大打出手,多人受伤。军警包围会场,逮捕七人。

---

①	《全国办理总登记概况》,《申报》,1928 年 12 月 16 日。

②	胡汉民:《怎样免除一切纠纷及怎样进行一切建设》(1929 年 3 月 11 日),《革命理论与革命工作》第 2 辑,第 12—13 页。

③	《蒋中正三日宣言之全文》,《大公报》,1929 年 2 月 5 日。

④	《汪精卫等关于最近党务政治宣言》(1929 年 3 月 11 日),国民政府档案(一)2009,中国第二历史档案馆藏。

1929年3月15日至3月27日，国民党第三次全国代表大会在南京召开。大会代表共466人，其中除54名上届中央委员为当然代表外，直接选举产生的代表87人，选后圈定的代表122人，其余208人由中央圈定或指派①。直接选举产生的代表不到总数的19％。开幕时出席正式代表210人，中委20人，列席者38人。不到会者除汪系、桂系的代表外，还包括冯玉祥、白崇禧、于右任、林森、陈铭枢等军政要人，会议气氛十分紧张。

胡汉民致开幕词，赋予代表大会以重大责任："在训政时期中，国民大会的政权乃由本党的全国代表大会代行，所以凡政治上一切最高的方针与原则，无论是外交的、财政的、军事的、内政的、教育的……都有待于大会决定。"胡汉民认为："总理给我们的遗教，关于党的，关于政的，已非常完备，而且事实上都已条理毕具。我们只要去奉行，只要摸着纲领，遵循着做，不要在总理所给的遗教之外，自己再有什么创作，这一点各位同志都要注意。"②蒋介石在开幕式上着重对国民党在新形势下面临的理论问题作了阐释，指出："（一）本党所代表的民众，决没有阶级之分。既不排斥农工阶级，也不限于农工阶级。一切被帝国主义者所剥削，被封建势力所蹂躏的民众，都是本党应该代表的民众……（二）三民主义之为社会主义，总理在其遗著和演讲中，已经反复说明。因为三民主义的革命，不仅是民族革命，而且包含社会革命。平均地权和节制资本，就是实现社会革命的方法；社会革命，就是实现社会主义的手段。中国之不能采取阶级斗争，固由总理再四说明了，然而决不因为三民主义不赞成阶级斗争，便说三民主义不是社会主义，而有些人竟把三民主义中间的社会革命性抹煞，这也是明白的违反

---

① 《第三次全国代表大会代表及中央委员出席一览》，《中国国民党历次代表大会及中央全会资料》上册，第687—706页。

② 《开幕词》，《中国国民党历次代表大会及中央全会资料》上册，第616—619页。

总理的三民主义。"①会前,蒋介石在有关文章中更明白地解释了国民党工农政策的改变的理论依据:"我们要知道,社会经济是整套相连的一个体系,我们一方面要运用政权,在不妨碍发展生产的条件下,谋分配的平均和满足,同时并应该使生产者在增加生产品的产量上,获得生活条件的增进。三民主义的主张阶级联合,而不主张阶级斗争,就是因为以政治力量解决经济,是有把握的。我们在北伐出发以前,积极的唤起农民工人自动的起来奋斗,因为那时候农民工人确实是被压迫的,农民和工人的奋起足以促成革命的进展,及至北伐成功以后……如果我们还要奖励农工的反抗意识,则其结果,必定是农民工人,反过来压迫地主和工厂主。"②

会议进行过程中,蒋介石、谭延闿、何应钦、陈果夫分别作党务、政治、军事、监察报告。大会通过决议案二十五起,主要内容是:

(一)确立国民党一党专政的政治体制。大会通过了《训政纲领》"追认案"和《确定训政时期党、政府、人民行使政权、治权之分际及方略案》。大会认为,中国国民党乃在政治的知识和经验的幼稚上,实等于初生婴儿的中国国民之母,党员有"保养"、"教育"、"训练"成年之责,因此,训政时期,"以政权付托于中国国民党之最高权力机关","以治权付托于国民政府","此其以中国国民党独负全责,领导国民,扶植中华民国之政权治权"。这样,国民党一百七十二次中常会所提出的国民党一党专政体制,通过"三全大会"得到确认。决议还规定:"于必要时,得就于人民之集会、结社、言论、出版等自由权,在法律范围内加以限制",强调国民"须服从拥护中国国民党,誓行三民主义"③。

(二)"确定总理主要遗教"为"训政时期最高根本法"。会议通过决

①　《中国国民党第三次全国代表大会开幕词》(1929年3月15日),《先总统蒋公思想言论总集》卷十,第379—380页。

②　《蒋中正三日宣言之全文》,《大公报》,1929年2月5日。

③　《确定训政时期党、政府、人民行使政权、治权之分际及方略案》,《中国国民党历次代表大会及中央全会资料》上册,第658—659页。

议重申"三民主义、五权宪法、建国方略、建国大纲及地方自治开始实行法,为训政时期中华民国最高之根本法。举凡国家建设之规模,人权、民权之根本原则与分际,政府权力与其组织之纲要,及行使政权之方法,皆须以总理遗教为依归"①。决议案指"本党过去数年党之一切理论、法令、规章,为共产党之反动思想所搀混"②,由此否定国民党改组后的政纲理论及重新解释的三民主义。

(三)修正《党章》,严密党纪。大会认为:"自清党以来,党员对于党纪,每多忽视。"要求加强党的纪律,树立党组织的权威。修正的《中国国民党总章》共十二章八十七条,其中有三条纪律规定,要求"严守党的秘密";"不得于党外攻击党员及党部";"党内各问题得自由讨论,但一经决议后即须绝对服从";"党员不得有小组织"等。规定下级必须绝对服从上级,"权力机关应接受上级机关之命令,并执行其决议,但在执行上有困难时,得用书面陈述意见,若上级机关仍令遵照执行时,应即服从执行"③。

(四)组成以蒋介石、胡汉民为核心的中央党部。会议追认二届四中全会关于开除二届中执监委中跨党共产党员的国民党籍的决议。开除改组派陈公博、甘乃光、顾孟馀党籍,对汪精卫书面警告;开除李宗仁、李济深、白崇禧的党籍。恢复"西山会议派"林森、张继、谢持、邹鲁、居正等人党籍,形成蒋、胡与"西山派"合作的局面。会议选出中执委三十六人,候补中执委二十四人,中监委十二人,候补监委八人。三届一中全会又推蒋介石、胡汉民、谭延闿、孙科、戴季陶、于右任、丁惟汾、陈果夫、叶楚伧九人为常委。蒋兼组织部长,陈果夫为副部长,叶楚

①　《确定总理主要遗教为训政时期中华民国最高根本法案》,《中国国民党历次代表大会及中央全会资料》上册,第654页。

②　《确定总理主要遗教为训政时期中华民国最高根本法案》,《中国国民党历次代表大会及中央全会资料》上册,第653页。

③　《中国国民党总章》,《中国国民党历次代表大会及中央全会资料》上册,第663—676页。

伧为宣传部长,戴季陶为训练部长,陈立夫为中央党部秘书长。

　　大会通过军事、内政、外交等方面的决议。强调"军令"、"政令"权属中央,"务求军令绝对统一",消除"割据相循"①。外交报告决议案中,将废除不平等条约与维护国民党统治相联系,强调废约的必要条件为"全国人民之思想必须统一于三民主义之下","物质建设迅速进行,国民经济日臻巩固,而后国力充实,外交上方有胜利可期"②。

　　蒋介石是国民党"三大"的大赢家,"三大"之后其向掌控党权的目标大大迈进了一步。但仅凭一次代表大会,尚不足以彻底改变国民党长期历史形成的体制和秩序,因此蒋在选举后感叹:"于此选举得一经验,乃知党员幼稚,不顾政治之现实而徒凭一己之理想,对选举则只顾个人而不顾大局。可知党政非有十分把握,会场非有十分预备,不易举办也。"③蒋介石欲令整个国民党唯令是从,尚难达到。次年初,在回顾这段历史时,他的总结是:"余追思去年经过之错误,其祸根皆伏于第三次全国大会不能贯彻我混合选举第一、二次中央忠实同志委员为中委,而竟陷于偏面。其次为行政院无人负责,以致对俄外交失败而不可收拾。第三,不能预防冯之叛乱,偏于一方而使编遣不成,因此改组派假革命乃得乘机而起,而陷国家社会于不安至今。惩前毖后,可不痛改,如固执不化,则为害于党国,其盍有既极!"④

　　国民党第三次全国代表大会制定了一整套与第一、第二次大会相左的方针政策,外交上放弃反帝旗帜;内政上假"训政"之名,实行一党专政,将民生主义的"耕者有其田"和"节制资本"政策束之高阁,维护乡村地主豪绅的强势地位。改组派的陈公博更指出了三全大会的致命问题,由于全会代表多由南京中央指派,"南京所喜欢的人才

---

　　①　《中国国民党年鉴》,1929 年宣传篇,第 781 页。

　　②　《对于外交报告之决议案》,《中国国民党历次代表大会及中央全会资料》上册,第 652 页。

　　③　蒋介石日记,1929 年 3 月 27 日。

　　④　蒋介石日记,1930 年 1 月 7 日。

有被派的资格,南京所不喜欢的人,当然会被排斥。这所谓凭一己之好恶以用人,而人亦只有阿其所好。从前帝皇时候,单凭着一己喜怒以治天下,还有亡国之忧,何况民国成立,民智已渐开明;又何况国民经几次反专制的奋斗,若果代表不采选举方法,有志和有识之士怎肯参加。所以这次大会光是指派代表,实是软性和慢性亡党一个方法"①。蒋介石和陈公博都提到了国民党三大对党国的危害,只是双方的取向完全不同,一个是抱怨尚未完全达到操控大会的目标,一个则强调操控大会使党完全丧失民主精神和活力。孰是孰非,只有依靠此后的历史来检验了。

四　孙中山奉安大典的举办

孙中山 1925 年 3 月在北京逝世后,国民党中央执行委员会根据孙中山生前遗愿,决定以南京紫金山为安葬地,灵柩一直暂厝于香山碧云寺。1928 年 8 月 8 日,国民党结束"二次北伐"仅仅两个月,便在二届五中全会上匆忙决定 1929 年 1 月 1 日为孙中山安葬日。11 月 9 日,南京国民政府派出林森等人为迎榇专员,前往北平迎榇南下。由于南京中山陵园迟未建成,灵柩奉安日期不得不几经变更,初延至 1929 年 3 月 12 日孙中山逝世纪念日,最后定为 6 月 1 日。1929 年 1 月 14 日,南京国民政府公布《总理奉安委员会章程》,蒋介石亲任主席,开始具体筹办孙中山灵柩南迁事宜。

孙中山是国民党的精神领袖,被尊为国父。南京国民政府成立后,纪念孙中山成为各级政府及机关学校的常态化仪式。早在 1926 年 1 月 16 日,国民党"二大"就通过决议,规定"海内外各级党部及国民政府所属各机关、各军队均应于每星期举行纪念周一次"。2 月 12 日,中央党部议决公布《纪念周条例》,对纪念周的具体执行办法作了详细规定,

① 　陈公博:《苦笑录》,现代史料编刊社 1981 年版,第 135—136 页。

明确每周周一上午 8 时为纪念周活动时间,举行纪念周的目的是"为永久纪念总理,且使同志皆受总理为全民奋斗而牺牲之精神,与智仁勇之人格所感召,以继续努力,贯彻主义"①。1930 年代,纪念周程序中又增加向"党、国旗"行礼的仪式,以强化参加者对国民党与中华民国的认同。奉安大典和纪念周一样,是一次前所未有的最隆重的孙中山纪念活动,虽然也反映了全国民众对孙中山这位革命先行者无限敬仰的共同心声,实际也是服务于强化国民乃至政权内部认同国民党和当时的最高权力拥有者蒋介石这一最终目标的。

　　奉安大典的组织者是国民政府,宣传方针是要向全国人民宣传总理遗教,整个奉安仪式与宣传无不体现严格的权力规范性与统一性。国民党中央宣传部制定统一的宣传大纲、标语与口号,宣传孙中山一生的事业是"领导中国民族独立、文化复兴、民生发展之国民革命运动"。大纲反复强调三民主义是立国之本,而奉行三民主义的国民党是领导国民建设中华民国的唯一合法政党,因此要求国民"拥护本党、赞助本党",将中国建设成为"民有民治民享之新中华民国"②。国民党试图通过奉安大典在全国发起一场声势浩大的党化宣传和教育运动,向广大民众强势灌输其意识形态。所发布的标语与口号纯属典型的政治话语,充斥着强烈的国民党权威意识。

　　奉安宣传特别重视面向普通民众,强调宣传品"内容不可复杂,文字须雅俗兼通"③,宣传形式应简明、直观,统一规定宣传方式为:"一、编发各种宣传品。二、讲演总理革命之伟大精神及史略。三、演放有关总理革命之各种影片。四、奏演哀乐及留声机之总理演说片。五、张贴

---

　　①　《总理纪念周详解》,中国国民党浙江省党务指导委员会训练部 1929 年编印,第 3 页。

　　②　《总理安葬宣传大纲》,《中央周报》第 50 期,1929 年 5 月 20 日。

　　③　《沿途各地迎榇纪念大会宣传计划》,《中山陵档案史料选编》,江苏古籍出版社 1986 年版,第 325 页。

各种迎榇图画、照片"①。

为扩大影响,奉安之前,国民党专门开通迎榇宣传列车,规定"车停各站时,任人围观"②。1929 年 5 月 10 日,宣传列车从南京浦口出发,经过滁州、蚌埠、徐州、泰安、济南、天津等地,5 月 21 日到达北平。宣传列车过站时,均作停留,"以资演剧、放电影、表演魔术种种宣传","一路散发传单,并摄影放活动电影"③。所经之地,国民党党部均召开迎榇纪念宣传大会,参与民众达数十万之多,仅济南一市即有十余万人参加④。济南党部为扩大迎榇影响,还特地制作了一枚"济南各界迎榇宣传纪念章"。

与此同时,国民党上海、江浙、南京地方党部又组织沪宁、沪杭两路宣传列车,由杭州开往上海、南京,沿途停靠,进行宣传。24 日,沪杭宣传列车抵达杭州后,举行各界代表大会,浙江省党部组织表演歌舞新剧、发表演说,全场民众达一万多人⑤。沪宁、沪杭两路宣传列车在江苏昆山、苏州及无锡表演"天下为公"剧目,各地均有数万人参加⑥。国民党动用铁路资源,精心策划和操作宣传列车的沿线造势,"由游戏之中将革命之意义刺入民众之脑际",取得了部分预设的宣传效果⑦。

为烘托仪式的气氛,加大宣传力度,国民党从中央到地方,制作和

---

① 《总理奉安之纪念与宣传》,《中山陵档案史料选编》,第 324—328 页。

② 《沿途各地迎榇纪念大会宣传计划》,《中山陵档案史料选编》,第 352—353 页。

③ 《迎榇宣传列车抵徐》,上海《民国日报》,1929 年 5 月 13 日。

④ 《济南各界之迎榇宣传纪念大会》,《中央日报》,1929 年 5 月 20 日。

⑤ 《两路宣传列车在杭工作》,上海《民国日报》,1929 年 5 月 27 日;《沪方各界敬谨参加大典》,上海《民国日报》,1929 年 5 月 30 日。

⑥ 《沪宁沪杭两路宣传列车在苏锡之宣传》,上海《民国日报》,1929 年 6 月 1 日。

⑦ 总理奉安专刊编纂委员会编:《总理奉安实录》,南京出版社 2009 年版,第 72 页。

出版发放大量须知、纪念册、画刊等宣传品,让民众充分了解奉安大典的重要性与神圣性,中央宣传部出版《总理重要宣言合刊》。这些纪念书刊图文并茂,将奉安大典的影响扩展至全国各地。

国民党不仅要求各省市党部与政府派代表前往南京参加大典,而且还要求各大学派一至三名代表、各专门学校派一至二名代表,各省派农民,各省各特别市派工人、商人、学生团体及妇女三至五名代表至南京参加这一活动。各代表由当地党部或政府甄选和介绍①。国民政府颁布《总理奉安赠赙及纪念办法》和《总理葬仪赠送纪念树木办法》,鼓励各界捐建建筑、捐送树木等②。同时,要求奉安前后全国下半旗③。这些宣传动员,为奉安大典的举行奏响了最强音。

1929年5月26日,孙中山灵柩从北平启运南下,28日抵达南京。奉安大典虽然在首都南京举行,实际上是一个从北平肇始、途经冀、鲁、皖、苏四省,迄于南京,全国各地普遍参与的空前的国家圣典。这一圣典由奉安大典的前奏与正式仪典组成,前奏主要是奉移与迎榇两大仪式的链接和组合。整个奉安大典的路线图是:自碧云寺至北平站,再由北平至天津,经济南、徐州抵达南京。其中,自北平碧云寺至浦口全程均为奉移仪式,而由浦口至中央党部礼堂则是迎榇典礼。奉安委员会严格规定了由北平碧云寺至浦口的奉移程序。

灵车从北平东车站开出后,党政官员及各界民众均齐集沿途所经各站,设祭致奠,大站如济南、泰安、徐州等地,迎榇仪式规模更为宏大与隆重。济南早于5月中旬即着手准备迎榇,扎有松柏牌坊与演讲台,全城街道均悬标语。27日,蒋介石亲自至蚌埠恭迎,增添了奉安大典

① 《参加奉安大典人员及代表名额之规定》,《河南教育》第1卷第19期,1929年。
② 《总理奉安赠赙及纪念办法》、《总理葬仪赠送纪念树木办法》,《浙江财政月刊》第2卷第8期,1929年;《安徽教育行政周刊》第2卷第8期,1929年。
③ 《令所属各机关各学校:令知总理奉安全国一律下半旗及志哀七日》,《上海特别市教育局教育周报》1929年第2期。

的隆重性①。大站迎榇场面热烈,小站同样人山人海。如孟子故乡邹城以及临城车站,迎榇民众成千上万。5 月 28 日,灵榇抵达浦口,奉安大典的迎榇仪式开始。仪式按国民党颁布的《迎榇礼节》,由浦口至中央党部依次举行,之后举行公祭。6 月 1 日,孙中山灵榇奉安中山陵,完成了一场隆重的国家典礼。

　　自北平移灵至南京奉安,沿途经过了北平、天津、河北、山东、安徽、江苏五省,五省地方党政首脑及数百万民众参与了这场奉安活动。一些地方政府事先举行总理奉安纪念大会筹备会,地方党政首脑等主持研讨和规划有关举办纪念会事宜。早在5月11日,上海江湾党政部门就着手筹备,并议决要案多项,届时印发各种宣传品②。14日,山西省党部成立总理奉安纪念大会筹备会,向南京的纪念建筑赠款,同时准备瓷制总理民元莅晋留影、总理民元在晋遗像3000份③。天津也筹备召开奉安纪念大会,"决议立纪念碑及多印总理遗教等小册子,藉以唤起民众"④。

　　在南京举行奉安大典的同时,各地均举行奉安公祭仪式。6 月 1日,江西南昌各界在体育场公祭总理,三万余人参加祭仪。奉天举行全省公祭大会,全市停止娱乐。青岛、江苏镇江、徐州、淮阴、无锡、松江、南通、常州、丹阳、扬州,安徽安庆、芜湖、蚌埠,福建福州、厦门,湖北汉口,山西太原等地均举行隆重的奉安公祭仪式,一般都有数千或数万人参加。厦门举行公祭仪式时,外领、外商、外校亦下半旗志哀,政府动用飞机悬坠黑布于两翼在空中盘旋,晚上戒严⑤。上海全市举行各界奉

---

　　①　《总理灵榇昨日下午三时奉停中央党部今日起公祭三日》,上海《民国日报》,1929 年 5 月 29 日。

　　②　《总理奉安典礼筹备讯》,上海《民国日报》,1929年5月12日。

　　③　《晋省党部筹备纪念奉安》,上海《民国日报》,1929年5月15日。

　　④　《津市筹备迎榇宣传大会》,上海《民国日报》,1929年5月15日。

　　⑤　《各地举行奉安公祭》,《申报》,1929 年 6 月 3 日;《镇江各界举行总理奉安公祭》,《申报》,1929 年 6 月 3 日;《总理奉安日公祭典礼纪》,《无锡县政公报》1929 年第 5 期;《地方通信》,《申报》,1929 年 6 月 3 日。

安公祭大会,各机关、团体、学校还自行组织公祭仪式,各商铺、娱乐场所停止营业①。山西太原有两个奉安公祭会场,一处在中山公园,约一万人到场,另一处也有数千人参加②。浙江杭州在西湖公共体育场举行公祭大会,十余万人参加,会后分组演讲,各界民众均可参与。同时,组织演讲队,深入城镇及郊区宣讲,并有汽车队绕行全市,分发传单③。广东作为孙中山的故乡,奉安纪念仪式更加隆重。早在5月下旬就颁布"总理奉安日志哀办法",要求各商店悬挂蓝字纪念灯笼,正午工厂、兵舰同时鸣放汽笛,电力公司开启电灯,所有党员自备黑纱缠左臂④。

　　孙中山奉安大典体现了民间与国家的有机融合,而且通过民间强化了对孙中山的纪念。最典型的基层祭仪是福建省建瓯县奉安纪念大会,会场设在县党部"总理纪念堂"。据亲历者回忆:这次奉安纪念大会,是本县前所未有的、最隆重、规模最大的仪式,游行队伍雄壮整齐,全市最热闹的街道国旗飘扬,屋檐上空全部遮上长条白布,整条街如同白色世界。游行队伍由一对大锣鸣锣开道,接着是鼓手队、军乐队,一路吹奏,四名穿着白衣裤的扛夫抬着一座像亭,亭的四角,扎了白彩球,亭中供孙中山遗像及香炉、烛台等,后面跟着的是一队穿白长衫黑马褂、臂带黑纱的官员,暨各界代表人物,并有士兵保护。之后是工、农、商、学各界队伍,共一千多人,浩浩荡荡⑤。

　　宗教纪念仪式也融入奉安纪念。中国佛教会专门呈文奉安委员会,请求准予派代表四十八人参加奉安大典,并通告全国佛教各寺庙及

---

　　①　《前日各界举行奉安公祭大典》,《申报》,1929年6月3日。
　　②　《各地纪念奉安》,《中央日报》,1929年6月3日。
　　③　《杭州各界公祭总理大会》,《申报》,1929年6月3日。
　　④　《总理奉安日志哀之办法》,《广州民国日报》,1929年5月26日。
　　⑤　张士英:《六十余年前孙中山奉安纪念在建瓯》,《建瓯文史资料》第16辑,政协福建省建瓯县文史资料委员会1991年编印,第49—52页。

佛教团体于奉安日举行祈祷大会①。各地寺院及佛教徒积极响应,如上海各寺庙及宗教团体,召集全市僧众居士,齐集首刹留云寺,举行总理奉安祈祷大会,有僧侣数百人参加。中国佛教会还编辑《中国佛教会纪念总理奉安特刊》,其中收录《佛教徒参加总理奉安典礼的意义》等文②。特别值得一提的是,班禅为奉安大典撰写祭文,缅怀孙中山的伟大功绩③。中华道教会也召开奉安纪念会,基督教总主教亲自参加南京奉安大典,上海基督教各教堂联合举行奉安纪念仪式④。

由于国民党的强势和广泛宣传,使奉安大典的影响迅速传播全国各地。许多人虽然未能亲历大典的场景,但却通过各类媒体的传播,感受到大典的隆重悲壮的气氛,从而被不自觉地纳入奉安大典的活动之中。1929 年 6 月 1 日,远在昆明的聂耳在日记中写道:"在我的预料中,理想着今天定要天晴——因为是奉安纪念,少不了青天白日照耀在总理的柩前。"然而,昆明依然下着小雨,但他仍去"总登记处开纪念会",在聂耳看来,这是"天为总理而流泪"!⑤ 闻一多也曾参加武汉大学的奉安典礼纪念会,并撰写祭文,高度赞扬孙中山的丰功伟绩,并称国民党将"煌煌遗教,奉作宝书,和平统一,实践非虚"⑥。许多奉安大典直接参与者终生难忘这一盛典。沈松林作为大学生代表参加"护灵",几十年后依然记得"人们见到孙中山遗容

---

① 《中国佛教会致奉安委员会呈》,《中国佛教会公报》第 1 期(1929 年 7 月),"呈文"第 1 页。

② 《前日各界举行奉安公祭大典》,《申报》,1929 年 6 月 3 日。

③ 《蒙藏委员会迻译班禅为孙中山奉安所撰祭文致总理奉安专刊函》,中国第二历史档案馆、中国藏学研究中心合编:《九世班禅内地活动及返藏受阻档案选编》,中国藏学出版社 1992 年版,第 14 页。

④ 《今日各界举行奉安公祭大典》,《申报》,1929 年 6 月 1 日。

⑤ 《聂耳全集》编辑委员会编:《聂耳全集》(下卷),文化美术出版社、人民音乐出版社 1985 年版,第 213—214 页。

⑥ 张烨编:《闻一多诗歌散文全集》,中国致公出版社 2001 年版,第 282 页。

时，失声痛哭，频频挥泪"①。

奉安大典作为南京国民政府一手承办的国家仪式，既具备旧式帝
王葬礼的崇隆，又超越了旧式帝王葬礼在时间、空间及社会影响等方面
的局限。它利用民众对孙中山"振兴中华"的理想和不屈不挠、愈挫愈
奋的人格魅力的尊崇，成功透过国家强有力的社会渗透功能，在全国各
地产生了广泛而深远的社会影响。南京国民政府利用党政权力，动用
公帑十六万多银元及各类资源②，营造了一场有广泛代表参与的国家
仪式，自有一定的正当性。然而，奉安大典一方面强化了孙中山政治符
号的象征功能，另一方面又展示了国民党执政后的党国权威，在意识形
态层面强化了国民党的党治权威。当然，不可否认，在当时蒋介石最高
统治权并不稳固的历史条件下，也在相当程度上夹杂了蒋介石的个人
私货。据曾任过蒋介石随从秘书的黄埔系骨干将领曾扩情数十年后披
露："蒋介石自任黄埔军校校长以来，即以孙中山先生的唯一继承者自
居；尤以 1928 年由日本回国，复任国民革命军总司令后，更为热中【衷】
于此。为了赚取人们以信仰孙中山先生的情感意识来信仰他，特把孙
中山先生写给他的亲笔信函数十件精印成册（用优质的宣纸，长约尺
余，宽可六寸），广为传送。是年 10 月，蒋介石特派我到四川，主要任务
就是把这本册子分赠各军军长，如杨森、刘湘、刘文辉、邓锡侯、田颂尧
等人。并指出其中孙中山先生对胡汉民、汪精卫两人有所批评的一函，
强调地对我说：'从这一件函的文句，可以看出孙总理在世时，对胡、汪
两人并不重视和信任；以他两人意志薄弱，不足以胜任繁剧，更不足以
担任革命重责，只能在一般的政治交往上当当代表，应付场面而已。望
向川中各军领导人，对此加以恳切说明：不要指望胡、汪两人对国家大

---

① 沈松林：《中山先生奉安典礼追忆》，杨炳、洪昌文主编《孤山拾零》，中华书
局 2005 年版，第 145 页。
② 《总理陵园管理委员会报告·经费》，总理陵园管理委员会 1931 年编印，第
2 页。

事有何决定性的作用。'这毫无疑义地【的】是：假孙中山先生的大帽子，来压倒他平日视为主要政敌的胡、汪两人，以抬高自己的身价，意图博得四川军人对他的特别信仰。"①孙中山奉安大典的举办，与曾扩情所说蒋"特把孙中山先生写给他的亲笔信函数十件精印成册，广为传送"一事，有着异曲同工之妙。

---

①　曾扩情：《蒋介石两次派我入川及刘湘任"四川剿匪总司令"的内幕》，中国人民政治协商会议全国委员会文史资料研究委员会编：《文史资料选辑》第33辑，中国文史出版社1986年9月版，第106页。

第三章　南京国民政府统一初期的外交

第一节　初期外交政策与"修约"外交

一　转向与列强妥协的外交政策

　　1927 年南京国民政府成立后,由于政治上经历了从容共到反共的巨大调整,政治理论和权威的合法性都面临重大挑战,为了尽可能减少冲击,争取正统,在一段时期内,其政策宣传仍然沿袭既有的观念和做法。4 月 18 日,南京国民政府举行成立典礼,以国民党中央执行委员会政治会议名义发表宣言,在强调劳农政策的同时,对外政策仍举着反对帝国主义的旗帜,声称"务于最短期间,肃清军阀,打倒帝国主义,完成国民革命之大业,以促进世界革命"①。身为国民革命军总司令的蒋介石也未放弃"打倒一切帝国主义"、"打倒军阀"的口号,并声言要延续联俄政策,表示:"讲起苏俄的问题来,现在我们实在并没有反对过他。我们对于总理所定下来的联俄政策,到现在还是没有变更过。我们对于苏俄联合战线的政策,仍旧是一个样子的。"②

　　由于南京国民政府当权者仍打着"打倒帝国主义"的革命旗帜,仍

――――――――――

　　①　《中央执行委员会政治会议宣言》(1927 年 4 月 18 日),《蒋中正总统档案·事略稿本》第 1 册,第 283 页。

　　②　《详述共产党破坏国民革命之事实》(1927 年 4 月 20 日),《蒋中正总统档案·事略稿本》第 1 册,第 309 页。

然把推翻帝国主义的压迫作为国民革命的任务,南京国民政府初期对于英、日等国采取了较为强硬的态度。1927年5月10日,外交部长伍朝枢宣布国民政府以废除不平等条约为己任。希望通过和平谈判缔结平等新约。17日,南京国民政府特派江苏交涉员郭泰祺就英国士兵强奸华妇一案向英国驻沪总领事提出严重抗议,并要求惩治凶手。对于日本不断增兵山东的侵略行径,南京国民政府于1927年6月1日、1928年4月21日两次提出强烈抗议。

南京国民政府对英、日的强硬态度顺应了中国人民反对英、日帝国主义的革命形势。1927年6月4日,国民党上海市党部召集各妇女团体、各学校代表会议,组成由21个团体参加的反对英兵强奸华妇案后援会,掀起抗暴斗争。后援会要求南京政府与英方"据理力争"①,并通电全国,提出撤退列强在华的海、陆军队,收回外人在华掠夺之租借地等要求。针对日本增兵山东的侵略行为,上海、南京、杭州等地发起大规模的抵制日货运动,蒋介石出席杭州的市民大会并发表演讲。北伐军总司令部政治训练部发表的宣传大纲声称:"我国民政府已经握有对日之绝大威力,日本若一意孤行,而不及早觉悟,立即撤兵谢罪,我国民众必扩大反日运动,与日本经济绝交,未及与日本兵戎相见,已可致日本之死命也。"②

南京国民政府虽有上述反帝举措,但其更重要的发展趋向则是逐渐调整对外政策,降低对外宣传的调门,尽力与东西方列强寻求妥协,这是其赢得东西方列强的支持,巩固统治地位的重要步骤。早在1927年3月31日刚刚抵达上海举行的外国记者招待会上,蒋介石就明确表示:"国民政府所定政策为不用武力和任何群众暴动以变租界之地位。凡愿意平等待我之国家,即为吾人之友,纵使从前曾压迫中国,吾人也

---

①　《女界对英兵暴行之愤激》,《申报》,1927年6月5日。

②　《反对日本出兵山东宣传大纲》,《申报》,1927年6月14日。

愿与之合作,与之联合。"①6 月 13 日南京国民政府的布告称:"本府兴师北伐,志在铲除军阀,解北方同胞于倒悬,俾先总理之三民主义得以实施于中国,而非与各国为敌。凡我军人当知爱护党国,体谅斯意,嗣后对于各国之兵舰商船,不得擅施射击,对外人之生命财产,军行所至,尤须随时加意保护,以重邦交。"这是南京国民政府向帝国主义列强妥协的信号。

"宁案"处理是列强相当看重的一个问题,南京国民政府成立后,对解决"宁案"十分重视。1927 年 5 月初,外交部长伍朝枢向美国驻上海总领事高斯表示准备尽快谈判解决"宁案"。7 月 13 日,南京国民政府向美方提出解决"宁案"办法六条:1. 国民政府负责解决这一事件;2. 国民政府将把对与该案有牵连者的处理情况告知美国政府;3. 道歉,并严禁对美国人的生命财产采取各种形式的暴力行为;4. 成立一中美联合委员会,调查美国人生命财产损失,然后予以赔偿;5. 希望美国政府对炮轰南京表示歉意;6. 废止中美间现行条约,并立即缔结平等互利新条约②。这一办法同时也适应于"宁案"各相关国家。南京国民政府提出的解决办法,实际承认中方应对"宁案"负有责任,相当程度上照顾到了列强的利益,这是其打开与列强交涉大门的重要步骤。但由于国内气氛及南京国民政府在当时国内政局中的地位、处境都使其无法对列强作出过多让步,因此在所提解决办法中也提到英、美应对炮击南京城,造成中国军民伤亡事件道歉、赔偿,并要求修改现行不平等条约。

南京国民政府成立后外交上的微妙转向,一定程度上得到了列强的理解和回应。5 月 3 日,美驻北京公使馆一等秘书戴伟士向国务院提出:"现在同最能代表所谓民族主义运动的蒋介石派别建立良好关系

　　①　上海《民国日报》,1927 年 4 月 1 日。
　　②　FRUS,1927,Vol. 2,pp. 224 - 226;转见陶文钊《中美关系史》,中国社会科学出版社 2007 年版,第 133 页。

是十分可取的。"①9日,英国首相张伯伦在下院声明说:"南京事件促
使民族主义者阵营内部久悬未决的分裂公开暴露出来……到三月份,
它发展到直接把矛头指向国民革命军总司令蒋介石——共产党对他的
权力是很嫉妒的。南京暴行的组织者们似乎曾经有一个企图,那就是
把蒋介石卷入到同外国列强的冲突中去。"他最后强调列强处理南京事
件的"缓和态度"是想不使南京国民政府在"建立秩序"方面"感到
为难"②。

　　1927年7月15日,武汉国民政府开始清党后,宁、汉双方"殊途同
归"。虽然由于南京国民政府曲折透露出其亲善愿望,使英、美等国对
其抱有相当期望,但在蒋介石尚未显示足够实力,尤其是英、美在华利
益没有得到充分保障时,英、美的态度有很大保留,英国政府坚持要求
南京国民政府必须先行彻底"清共",根除排外势力,方可解决"宁案"。
同时又以"南京惨案"未得到"合理解决"为由,对南京国民政府不予承
认。正如英国政府在蒋介石"四·一二"政变后给其公使蓝普森的电文
中所指示的,英国对待南京新政权的态度:一取决于该政权事实上在中
国行使权力的范围,二取决于该政权本身满足列强愿望的程度③。

　　8月13日,蒋介石突然宣布下野,一个月后汪精卫也宣告引退。
中英谈判未及正式开始,"宁案"也被搁置。其后蒋介石采取了联汪制
桂的策略,于1928年1月复职任国民革命军总司令兼军事委员会
主席。

　　蒋介石复职后,在南京国民政府内地位有所加强,外交上力图有所

---

　　①　《戴伟士致凯洛格》(1927年5月3日);转见伯纳德·科尔著、高志凯等译
《炮舰与海军陆战队——美国海军在中国》(1925—1928),重庆出版社1986年版,第
130页。

　　②　《英国首相张伯伦在下院的声明》(1927年5月9日),《中华民国外交史资
料选编》(1919—1931),第405—406页。

　　③　英国外交档案,FO,371/13169;转引自申晓云《四一二前后的蒋介石与列
强》,《历史研究》2000年第6期。

突破,其倾向东西方列强的态度更为明显。在复职时的记者招待会上,蒋急切呼吁"急迅改定"外交方针,称"我们既然要对俄国绝交,便必须与各国一致来反对第三国际"①。1928 年 2 月国民党二届四中全会通过宣言,一方面表示:"吾国民革命之努力,唯一之根本目的在于民族之平等与国家之独立,而废除不平等条约,则为达此根本目的之具体的方案",同时更强调:"吾国民须知,一起反帝国主义之运动,惟有以实际的建设为真正手段者,乃得实际之效果……生聚教训,为独立自强之始基;独立自强,为平等地位之根本。"②暧昧的语言中传递出的真实含意,是要淡化国民革命时期留传下来的反帝色彩。

随着南京国民政府外交政策进一步向着温和的方向倾斜,1928 年 2 月 21 日,取代伍朝枢出任外交部长的黄郛发表对外宣言,不再提"打倒帝国主义"的口号,而要求修改不平等条约。宣言称:"按照外交手续,与各国厘正不平等各约,期获得中国在国际上应有之平等地位……同时,国民政府亦必须依照国际法,十分努力,以尽其国际上应尽之合法义务。"宣言还提出南京国民政府今后与各国交往准则:一、切盼最短期内,得与各友邦开始商订新约,以平等及相互尊重领土主权为基础;二、在新约未订前,国民政府准备与各友邦维持并增进其亲善关系;三、国民政府当按照国际公法,尽力保护居留外人之生命财产;四、今后各地方与外国政府或公司订立的任何条约或契约,经国民政府参预或认可的均认为有效;五、对于重要悬案,国民政府准备适当时期,以公平及互谅之精神设法解决;六、对于干涉中国内政,或破坏中国社会组织之外国,国民政府为保全本国生存,不得不采取并施行最适宜之应付方

---

① 《蒋介石在上海招待新闻记者的演说词》,程道德等编:《中华民国外交史资料选编》(1919—1931),北京大学出版社 1985 年版,第 410 页。

② 《第二届中央执行委员会第四次全体会议宣言》,《中国国民党历次代表大会及中央全会资料》上,第 514 页。

法①。随后,外交部立即着手办理"宁案",派何杰才、金问泗、袁良三司长分别与各国驻沪总领事接洽。二三月间,英使、美公使先后抵沪。

　　关于宁案的谈判,首先在中美间进行。通过何杰才与美驻上海总领事克宁翰的接触,美国政府首先与南京国民政府达成谈判解决"宁案"的共识。2月26日,黄郛与美国驻华公使马慕瑞开始讨论。3月30日,中美双方就解决"宁案"达成协议,互换照会。南京国民政府外交部在照会中将这一事件归责为"共产党于国民政府未建都南京前所煽动而发生",但国民政府"仍负其责"。照会"以极诚恳之态度"向美国政府表示歉意,保证"决不致再有同样之暴行及鼓动",并"惩办肇事兵卒及其他人"。照会同意"依照国际公法通行原则,对美国在宁领馆人员及美侨所受生命财产上之损失,担任充分赔偿。为此,国民政府提议组织中美调查委员会,以证实美人从有关系之华人方面所确受之损失,并估计每案中所应赔偿之数目"②。美国政府在同日的复照中表示同意照中方所提道歉、赔偿、惩办"肇事者"三点解决"宁案",在照会中特别提出,"并信所有该事件各犯,尤以亲身负责之林祖涵一名为最要,其惩办一层必能依照表示,从速完全履行"③。

　　南京国民政府急于与列强就"宁案"达成妥协,旨在于寻求列强承认及在修约问题上取得突破。因此,黄郛在随后发出的致美照会中特别强调:"南京事件发生之问题,业经本日换文解决",希望两国"以平等及互相尊重领土主权为原则,修订现行条约,并解决其他悬案"④。美

---

　　①　《南京国民政府外交部长黄郛发表的对外宣言》,《中华民国外交史资料选编》(1919—1931),第413—414页。

　　②　《南京国民政府外交部长黄郛关于解决南京事件致美驻华公使照会》,《中华民国外交史资料选编》(1919—1931),第416—417页。

　　③　《美国驻华公使马慕瑞复外交部长黄郛照会》,《中华民国外交史资料选编》(1919—1931),第418页。

　　④　《南京国民政府外交部长黄郛致美使马慕瑞照会》,《中华民国外交史资料选编》(1919—1931),第419页。

国方面对中国的修约愿望表示同情,肯定:"美政府希望当时所以必须载在旧约各条款之情形有以改善,俾得随时遇机将所有不需要及不妥当之约章得经双方同意,正式修改。"①中美就南京事件解决及谈判修约问题达成共识,是南京国民政府在外交上的重大突破,意味着其逐渐获得列强的重视和承认,国际空间有所拓展,同时反过来对其国内统治权威的树立也有正面影响。而美国之所以对中国做出友好姿态,与日美太平洋争霸的背景是分不开的,正如南京国民政府有关报告中所谈到的:"美国因与日本太平洋上势力之冲突,当遇事与之声援,故国人心目中引以为友者首为美国。然此为政治外交上之事而已,国防上则在我军备未完以前,不能得美国实力之援助。"②

继中美达成协议之后,1928 年 8 月 9 日,南京国民政府外交部长王正廷与英国驻华公使蓝普森达成解决"宁案"的协议,互换照会。其条件与中美解决"宁案"相同。英国对中国方面在照会中提出的修约要求,也予以同情,表示:"本国政府对于中国修约之要求,认为根本合理……兹为对于中国素常维持之友谊与同情的态度作进一步之表示起见,准备依相当程序,由依法委派之代表与贵国政府商议修订条约。英国政府之意,决不因南京事件变更以前对华之态度,而认为该事件与修约政策无关系之另一问题。"③此时,南京国民政府通过"二次北伐"已经基本完成国家统一,因此,较之美国方面的表态英国更加肯定南京国民政府的合法性,态度也更为积极一些。继英、美之后,同年 9 月 24 日和 10 月 1 日,中意、中法也都按照美、英条件解决南京事件。只有日本因"济南惨案",迟至 1929 年 5 月 2 日始与南京国民政府达成解决"宁案"协议。

---

① 《美国驻华公使马慕瑞复外交部长黄郛照会》,《中华民国外交史资料选编》(1919—1931),第 420 页。

② 《国民政府拟:国防计划与外交政策,1929 年 4 月》,《中华民国史档案资料汇编》第五辑第一编《外交》(一),第 45 页。

③ 《英国驻华公使蓝普森致外交部长王正廷照会》,《中华民国外交史资料选编》(1919—1931),第 425 页。

二　寻求各国承认的活动

　　"宁案"解决,南京国民政府又占领平津,各地方实力派均宣布"归顺",全国统一基本实现,南京国民政府迫切希望获得各国正式承认。作为一个一再声称要废除不平等条约的政党及其政权,在修约问题上取得某些突破是其与列强建立正常关系的必要前提。列强鉴于国民革命后中国政治、民气出现的不可忽视的变化,虽表示愿意与南京国民政府谈判修约,但正如美方在给中方的照会中强调的:"美政府希冀贵国有代表贵国人民之政治施行实权,俾得诚实履行贵国一方面关于修改约章所有应尽之义务。"①也就是说,他们要求中国在首先承担"义务"的前提下展开修约,是"修改"而不是废除不平等条约。英国首相张伯伦在会晤访欧的国民党元老胡汉民时也表示,英国准备与中国修约,但必须通过和平谈判完成,而不是单方面宣布无效。为此,"二次北伐"完成后,南京国民政府连续发出宣言,表明政府的立场,强调国民党的外交决不同于共产党,将循外交常轨和国际公法正常进行,遵正当之手续重订新约。对"友邦"以平等原则,依合法手续所负之义务,必相信守。对共产党,亦必不容其存在。对此美国政府率先表示欢迎,1928 年 7 月美国在尚未承认南京国民政府时与其签订关税条约,美国国务卿凯洛格将之解释为:"美国政府于当年 7 月 27 日同南京政府签订新的关税条约,从技术上讲已构成美国承认南京政府这一事实。"②11 月 5 日,凯洛格正式宣布承认南京国民政府。8 月 17 日,德国在与南京国民政府签订新约时承认国民政府。挪威、比利时、意大利、丹麦、荷兰、

---

　　①　《美国驻华公使马慕瑞复外交部长黄郛照会》,《中华民国外交史资料选编》(1919—1931),第 420 页。

　　②　*The Secretary of State to the Minister in China*(*Mac - Murray*),FRUS,1928,Vol. 2,pp. 190 - 191. 转见仇华飞《美国与中国关税自主》,《民国档案》2002 年第 1 期。

葡萄牙、瑞典、西班牙等也相继承认。英、法两国动作较慢,但也先后于12月20日、12月22日承认南京国民政府,随之南京国民政府在国联取得合法地位。

1928年11月,南京国民政府驻美公使施肇基在华盛顿签署《关于废弃战争作为国家政策工具的一般条约》,是为南京国民政府加入的第一个重要国际条约。该条约又称《白瑞安—凯洛格公约》或《巴黎非战公约》,1927年法国外长白瑞安和美国国务卿凯洛格倡议发起。1928年8月27日,美国、法国、德国、日本、意大利、英国等十五个国家和地区的代表在巴黎签订,1929年7月25日生效。《公约》包括序言和三条正文。主要内容是:缔约各国谴责用战争解决国际争端,并废弃以战争作为在其相互关系中实施国家政策的工具;缔约国之间的一切争端或冲突,不论性质和起因如何,只能用和平方法加以解决;任何签字国如用战争手段谋求利益,即不得享受公约给予的益处。

《非战公约》酝酿阶段,南京国民政府外交部曾要求中国驻美、法外交官探询可否由美国政府邀请中国作为发起国加入,未获成功。《公约》签字当天,美国政府向中国发出加入邀请。9月初,国民党中央政治会议和国民政府先后决议同意加入。9月14日,南京国民政府外交部照会美国驻华代办,表示:“我国人民对贵国等所倡之非战运动,求世界之永久和平,自始即深表赞同,现既订成公约,我国政府极愿与诸国一致行动,正式加入此项公约,共同促进世界之文明。”照会同时不忘重申中国的修约立场,强调:“本国政府深信,各国必将依据本约之精神,使数十年来中外不平等条约以及其他侵犯中国主权之事实,如驻扎外兵于中国领土等行动,皆能于最短期间,以公正之方式一一废除。”①

在中国与各国的交涉中,对日交涉进行得最为困难。日本对侵占中国早有野心。1927年6至7月召开的东方会议,确定了对华武力进

---

① 《南京国民政府赞同加入非战公约致美驻华代办照会》,《中华民国外交史资料选编》(1919—1931),第454—455页。

取的"积极政策",会后日本公开出兵山东,企图对华武力干预。日本的种种作为,使一向标榜对日本素怀"亲厚之情",有意与日本发展关系的蒋介石,也无法向其靠拢。

1927 年 8 月蒋介石下野后,曾将寻求日本支持作为其重要目标。8 月 24 日,蒋介石致函黄郛,表示:"弟决先赴日本,兄在沪主持一切,而弟预备做一年环球之游也。"[1]最初,他计划往日、德、英、美、法、意等国遍游一番,实际只访问了日本一国。9 月底,他抵达日本后发表的简短谈话是:"余此次来日,乃欲观察及研究十三年以来进步足以惊人之日本,以定未来之计划。且余以友人居日者甚众,欲乘此机会重温旧好,并愿藉此与日本名流相晋接。"[2]很显然,蒋介石对日本之行怀有浓厚的期望。日本是蒋留学的旧地,也是他内心曾经向往的地方,他指望从这里获得外交上的支持,为日后的外交乃至整体政策定下蓝本。

然而,日本之行给蒋带来的更多是失望。他在日记中写道:"日本对华之误点,一、以为中国革命成功,其东亚地位动摇,尤其不能确保满蒙权利;二、中国南北分裂,可以从中操纵;三、利用无智军阀,压制民众,彼之政治家远不如俄国矣。"[3]在和日本首相田中义一举行的会谈中,尽管蒋介石一再向田中强调:"日本有必要帮助我们的同志,早日完成革命,消除国民的误解。"指出:"如日本借口有碍列强关系,不得给予中国任何援助,这是抹煞中日关系的论调",但收效甚微[4]。田中要求蒋介石以"解决长江以南问题为当务之急",反对继续北伐,并在援蒋问题上裹足不前,使蒋深为不满[5]。日本的不信任及不合作态度使双方

---

[1]　沈亦云:《亦云回忆》上,第 262 页。

[2]　《时事新报》,1927 年 10 月 1 日。

[3]　蒋介石日记,1927 年 10 月 11 日。

[4]　《田中义一与蒋介石会谈记录》,见章伯锋主编《北洋军阀》第 5 卷,武汉出版社 1990 年版,第 511 页。

[5]　《田中义一与蒋介石会谈记录》,见章伯锋主编《北洋军阀》第 5 卷,第 511 页。

关系坚冰重重。此后,蒋介石积极寻求向英、美靠拢,期望取得英、美的支持,1927 年 11 月,蒋介石从日本回国后,在会见美国海军亚洲舰队司令布里斯托上将时提出:如果中国不能成功地"抵御"日本和俄国,"太平洋就会爆发大战";美国应该提供援助和技术顾问,帮助中国统一,并防止爆发这种大战①。

　　1928 年"二次北伐"期间,由于北伐军进兵山东,威逼京津,与日本竭力破坏中国统一的阴谋发生冲突,日本军方意图用武力干涉中国内政。4 月 19 日,田中内阁通过"第二次出兵山东案"。次日,日海军在青岛登陆,陆军也奉命出动,陆续向济南开进。日军出兵山东后,南京国民政府和蒋介石一方面提出抗议,要求日方"迅将所拟派赴山东之军队,一律停止出发"②,另一方面则积极和日方谋求妥协,国民党中央执行委员会决定:"为完成北伐计,应以全力避免不利益之行动。"③4 月下旬,蒋介石致电黄郛、张群等,表示:"观察情形,田中必助奉挣扎,其势颇急,拟请岳军兄速赴日,与田中面说以公私关系。只要其不妨碍北伐,不损失中国国权与中日邦交,则其他如招商投资与汉冶萍等,当无问题,即在华既得之权利,亦必如常保护……此虽明知无效,以个人关系一试之。"④同时他屡次申诫前方将士,要求"对日本始终忍耐,勿出恶声,勿使冲突"⑤。

　　中方的忍让并没有使日方有所收敛。5 月 2 日,日军开始在济南

　　①　伯纳德·科尔著、高志凯等译:《炮舰与海军陆战队——美国海军在中国(1925—1928)》,第 136 页。

　　②　《外交部长黄郛为日本出兵山东向日本外务省提出严重抗议照会》(1928 年 4 月 21 日),《中华民国重要史料初编——对日抗战时期》绪编一,第 120 页。

　　③　《中央执行委员会关于日本出兵山东事件之应付方案》,《民国档案》1993 年第 4 期。

　　④　《蒋中正电黄郛田中必助奉拟请张群赴日与其面说不碍北伐不损国权》(1928 年 4 月 26 日),蒋中正档案 002020100020007,台北"国史馆"藏。

　　⑤　《蒋总司令令各军对日本勿使冲突电》(1928 年 4 月 24 日),《中华民国重要史料初编——对日抗战时期》绪编一,第 124 页。

设防,派铁甲车巡逻城内外。当天,北伐军与日本领事就日军驻兵一事展开谈判。3 日,日军驻济南部队向中方寻衅,开枪向中国军民射击,中国军民猝不及防,死伤惨重。

冲突发生后,蒋介石仍然竭力退让,他自己事后说:"当时我就下命令给各师长,要他们各师的军队约束自己部下,不许出外面去,并且听候命令,不要同日本人来冲突。"①5 月 3 日,他在日记中写道:"下午,日军开炮,隆隆不绝,事情扩大,余限各军于下午五时撤离济南。各军照撤。"②4 日,谭延闿、张静江等致电蒋介石,强调:"日兵挑衅,意欲逼我于忍无可忍,资为口实,勿堕奸计。前敌武装同志力持镇静,总司令部不宜与日军逼处太近,似可慎择老成持重之将领,在济妥慎应付。"③当日夜,蒋介石下令除留少数部队继续在城内卫戍外,其余部队均撤离济南,准备渡河北进。

5 日,蒋介石致函福田,表示:"各军已先后离济,继续北伐。"④同时他本人也离开济南,次日抵达党家庄,与从河南赶到的冯玉祥会晤,确定绕过济南,继续北伐的方针。蒋介石的退让,并没有换来日军的善意,日军的逼迫日甚一日。7 日,日军第六师团师团长福田彦助向蒋介石发出最后通牒,提出中国军队撤退、惩处中国军官等五项无理要求,并限 12 小时以内答复。蒋介石派熊式辉、罗家伦连夜赶赴济南与日军交涉,日方又谬称期限已过,拒绝谈判。8 日拂晓,福田下令重炮攻城。9 日,蒋介石向福田提出六点答复:"(一)第四十军长贺耀组因不听我令,未能避免冲突,业经免职;(二)胶济路沿线及济南周围二十华里以

---

①　蒋介石:《誓雪五三国耻》,《济南五三惨案》,台北正中书局 1978 年版,第 2 页。

②　蒋介石日记,1928 年 5 月 3 日。

③　《谭延闿、张人杰、蔡元培致蒋介石告以中央对济方针电》(1928 年 5 月 4 日),《中华民国重要史料初编——对日抗战时期》绪编一,第 127 页。

④　《蒋介石为改道北伐致日军师团长福田函,1928 年 5 月 5 日》,《中华民国重要史料初编——对日抗战时期》绪编一,第 127 页。

内,华方暂不驻兵,济南城内概由武装警察维持秩序,其在城内现有驻兵,撤退时得安全通过;(三)本军治下地方,为维持中日两国睦谊起见,早有明令禁止反日的宣传,亦已切实取缔;(四)辛庄、张庄之部队已奉命开拔北伐,该两处暂不驻兵;(五)本军前为贵军所缴之枪械请即交还;(六)八日贵军立发重炮袭击我军部队,为维持中日两国睦谊起见,请立即停止军事行动。"①这六条,实际完全答应了福田的要求。

由于蒋介石刻意忍让,日军虽然仍处处寻衅,耀武扬威,但也无法再起纠葛,而且由于南京方面绕道北伐,日军毕竟尚不具备全面干预北伐的决心与能力,因此只能继续在济南地区武力示威。据不完全统计,济南事件中,中国军民死伤达四千多人。中国的领土主权和人民的生命财产遭受日军肆无忌惮的蹂躏,日军一见中国穿制服或成群民众,即开枪射击,"凡留西发、穿皮鞋、系皮带及带中央角钞,中山装、学生装,以及平顶、光顶而有帽痕者,均指为革命党,获住必杀。有一卖糖小孩,持有中央角钞竟死于日兵枪刺之下。女子剪发亦不能免,且先割去两乳,然后用刺刀屠割全身,至气绝而后已"②。

惨案发生后,蒋介石虽蒙受莫大耻辱,还是向日军完全屈服,绕开济南北上。同时,南京国民政府主席谭延闿于5月10日向国际联盟提出申诉,要求根据盟约第十一条第二项,召开理事会会议,"知照日本,停止日军暴行,并立即撤回山东军队"③。12日,谭延闿又致电美国总统柯立芝,请求调解。新任外交部长王正廷出访英、美、法,争取同情和声援。

日军在济南的侵略行径,激起中国民众的强烈愤慨,面对社会各界

---

① 沈亦云:《亦云回忆》下,第369页。

② 《国民革命军总司令部参谋处济南惨案记录》,1928年6月,《中华民国史档案资料汇编》第五辑第一编《外交》(一),江苏古籍出版社1994年版,第281页。

③ 《南京国民政府主席谭延闿为日军在济南启衅通告国际联盟秘书长要求国际调查公断电》,1928年5月10日,《中华民国外交史资料选编》(1919—1931),第439页。

日益高涨的反日浪潮,南京国民政府于 5 月 6 日召开国民党中央执行委员会常委会,通过《五三惨案应付方案》和《对日经济绝交办法大要》,指示各地党部切实"指导各种民众团体,如商会、商民协会、学生会、工会、农民协会、妇女协会等及与日商有交易往来之各行商联合组织抵制仇货委员会,主持关于对日经济绝交之一切事宜","对日经济绝交之期间,由全国抵制仇货委员会根据外交之形势规定之,但各地务须一致,不得先后参差"①。10 日,再次召开中央执行委员会常委会,通过《五三惨案宣传方略》和《宣传大纲》,要求民众"应集中于中国国民党指导之下,作有组织、有计划、有目的的反日运动",拥护南京国民政府用外交手段解决"五三"惨案,以帮助北伐早日成功②。"一切封闭商店、检查及烧毁存货、罢工罢市之无益行动,皆徒损国家元气,而伤国民之富力,宜极力避免"③。

1928 年 5 月 7 日,依据中央执行委员会的指示,国民党上海市党部召集总商会、商民协会、农民协会、学生会、妇女协会等二十一个民众团体代表会,率先宣布成立上海各界反对日军暴行委员会。随后,南京、广州、武汉、长沙等地也纷纷成立同样性质的反日组织。7 月 21 日至 27 日,全国反日代表大会在上海举行,浙、苏、皖、湘、鄂、赣等十五省百余名代表出席会议。大会通过组织大纲,宣布成立全国反日总会,"以团结全国民众作有系统之组织,本革命之精神,实行对日经济绝交,打倒日本帝国主义"④。反日会的成立,在全国各地掀起一次又一次的反日浪潮。

---

① 《国民党中央关于"济南惨案"之政策方针文件一组·对日经济绝交办法大要》,《民国档案》1993 年第 4 期。

② 《国民党中央关于"济南惨案"之政策方针文件一组·五三惨案宣传大纲》,《民国档案》1993 年第 4 期。

③ 《国民党中央关于"济南惨案"之政策方针文件一组·五三惨案宣传方略》,《民国档案》1993 年第 4 期。

④ 《全国反日会昨日之会议》,上海《民国日报》,1928 年 7 月 27 日。

日本出兵山东以"护侨"、"护路"为词,本为一场有限的军事行动,加上南京国民政府曲意容忍,中国民众反应强烈,日方再无扩大事态的借口和决心。5月14日,日本决定"不扩大战事,并循外交交涉收拾事态",但提出四个先决条件:道歉、处罚有关人员、赔偿损失及保障今后日人的"安全"。延至1928年7月18日,日本方派驻上海总领事矢田七太郎赴南京开始谈判。8月12日,王正廷与矢田在上海接洽交换意见。此时,南京国民政府和东北张学良之间关于"易帜"的谈判正在进行,日方竭全力阻止,对解决济案谈判并不热心,谈判无结果告终。"东北易帜"宣布缓期三个月后,9月18日中国外交部司长周龙光访矢田,再提交涉"济案"、"宁案"之议。日本派遣参谋本部第二部长松井石根中将来到济南与张群、王正廷交涉。

10月1日和3日,张群在日本与首相田中交涉。19日,矢田到南京与外交部长王正廷及周龙光开始正式谈判。中方坚持解决"济案"须以日本军队全部撤出山东为前提,日方则不同意把撤兵作为解决"济案"的先决条件,企图将其作为谈判中的筹码。交涉陷于僵局。10月24日,谈判暂告结束。

11月7日,矢田再赴南京谈判。中方又提出撤退山东日军、恢复津浦铁路交通、交还胶济路沿线20里以内的行政权等要求,并保证保护日侨的安全。日方反对以撤军为先决条件,并要求中国严厉取缔反日运动。会谈再告中断。由于英、美各国都已承认南京国民政府,田中内阁的强硬政策在日本国内遭到质疑,处境不利,为避免在华权益受到他国排挤,其对"解决""济南惨案"、承认南京国民政府不得不采取积极态度。1928年11月,日本政界要人床次竹二郎来华,先后与张学良、蒋介石会谈,表现出希望共谋打开僵局途径的态度。在与蒋介石的会谈中,双方达成默契,以"解决"济案作为日本承认南京国民政府的条件。

"东北易帜"后,日方派芳泽谦吉来华谈判。芳泽来华前,曾声明将竭尽全力谋求中日交涉的圆满解决。中国方面则在12月30日和

1929 年 1 月 14 日的交涉中,提出日军必须先允撤出山东方可再议其他。1 月 25 日,王正廷与芳泽开始会商。日方同意中国的撤兵条件,且于 1 月 30 日通过中日关税协定,但田中在 2 月 4 日的训令中却推翻成议,尤其是反对原议中对等赔偿和互相致歉的条款,使谈判再度中断。延至 3 月,在中方作出双方各自"调查"损失情况取得一致再定赔偿的让步后,田中内阁方同意再行协商。

日本政府在"济案"及"修约"等问题上的顽固态度,激起中国民众的愤怒。1928 年 12 月,上海市党部宣传部通过《民国日报》、《申报》发放问卷针对对日问题进行民意调查,回收的万余份问卷中,对于应付日本帝国主义的手段,除抵制日货外,选择"不合作"的 6340 人,占被调查人数的 55.1%;选择"卧薪尝胆,准备一战"的 2792 人,占 24.3%;选择"振兴实业"的 1520 人,占 13.2%;选择"运用外交手腕"的 243 人,仅占 2.1%①。可见由于日本的压迫,民间主张对日强硬的呼声相当高。1929 年 3 月初,全国反日暴行委员会第二次代表大会在上海召开。会议通过决议,要求南京国民政府在"济案"交涉中最低限度必须做到日本道歉、惩办责任者、赔偿及担保以后不再发生此种事件和撤退驻华日兵,否则将宣布与日本经济绝交。

1929 年 3 月 24 日,中日双方重新谈判。3 月 28 日达成最后协议,并于当日在南京、东京同时以芳泽与王正廷互换照会及声明书、议定书的方式发表。日方在给中方的照会中表示:"山东日军撤去后,国民政府以全责保障在华日侨生命财产之安全,则帝国政府拟自关于解决本案互换签字之日起,至多两个月内,将山东现有日本军队全部撤去";"关于日军撤去前后之措置,应由中日两国派委员就地商议办理"。声明书称双方对去年 5 月 3 日济南所发生之不幸事件"悉成过去",期待"两国国交益致敦厚"。议定书宣布设立"中日共同调查委员会",双方

---

① 《反日民意测验结果》,上海《民国日报》,1929 年 1 月 6 日。

任命同数委员,实地调查事件中"两国所受之损害问题"①。由于中国方面已私下接受"对等赔偿"的秘密协议,所谓调查不过是欺人之谈。"济南惨案"中,中方军民死亡 3254 人,受伤 1450 人,实际死伤人数在 1.1 万以上。而日本侨民死伤仅各 15 人,财产损失中方亦较日方巨大,达 2.4 亿余元②,如此"对等赔偿",实际是中国方面作出巨大让步。

协议签订当天,蒋介石致电冯玉祥报告交涉情况:"济案交涉经甚多周折,现已得一结果。芳泽今日来京签字,日军亦自今日起撤退。即请转告良诚兄准备接收。"③3 月 31 日,中方接管济南,山东省政府发布布告,宣布"日军即行撤退,一切军政事宜,概由我方接管"④。日军此后开始准备撤出,5 月 12 日全部离开济南,开赴青岛,5 月 20 日全部撤离山东回国,由中方接防。

"济南惨案"交涉完成后,3 月 29 日,中日双方开始着手解决"宁案"。由于此前已有英、美等国交涉先例,关于"宁案"的交涉进行较为顺利,4 月 1 日开始会谈,15 日达成协议,16 日双方又就 1927 年 4 月 3 日汉口日租界事件达成协议。5 月 2 日,王正廷与芳泽互换照会,就南京事件向日方"道歉"并承担赔偿损失。由于日方要求赔偿数额过高,南京政府于 1930 年 7 月 20 日提请日方核减。延至 1931 年 3 月 24 日,有关南京、汉口两事件赔偿问题的换文始由蒋介石批准,距达成协议已过两年。

1929 年 6 月 1 日,国民党中央在南京举行孙中山的奉安大典,日

---

①　《行政院为报告济案交涉情形的呈文》(1929 年 3 月 30 日),《中华民国史档案资料汇编》第五辑第一编《外交》(一),第 308—309 页。

②　《济南惨案死伤及财务损失统计表》,《中华民国外交史资料选编》(1919—1931),第 443—447 页。

③　《电冯玉祥》(1929 年 3 月 28 日),《蒋中正总统档案·事略稿本》第 5 册,第 311 页。

④　《一周间国内外大事述评》,《国闻周报》第 6 卷第 13 期,1929 年 4 月 7 日。

人头山满、犬养毅等以国宾身份参加典礼。6 月 3 日,日本宣布正式承认南京国民政府,委任芳泽谦吉为驻华公使,芳泽于当日递交了国书。而南京国民政府为了表示与日本"修和",先于 4 月 24 日下令取消反日运动,继于 6 月 8 日将全国反日会改名为全国国民废除不平等条约促进会。不过,在内心中,蒋介石对日本的侵华野心仍有很深的戒心,1929 年 6 月,他在日记中写道:"对外方针,亲美联英,排俄拒日,此其大致也。"[1]1929 年国民政府拟订的国防计划则判断:"由外交之现势、地理之地位、历史之事迹而判断,将来与我发生战争公算较多之预想敌国,首为陆海相接而有满蒙问题、山东问题及其他多数利害冲突问题之日本。经营满蒙为日本三十余年来积极进行而无稍变更之政策。山东撤兵,虽已议定,而其政治、经济上之势力仍盘踞于胶济一带,有机可乘,则再进兵乃意中事。旅顺、大连在甲午战后,因俄、德干涉而交还矣,卒又成今日之局,乃其先例也。日本占领山东,其直接为图在华北之势力,而间接则为巩固其经营满蒙之政策者。中国一日不自强,则日本一日不舍弃山东、台湾。台湾为我东南之门阈也,乃日本据之,我今日虽无收回之力量,然为将来之大问题。"[2]

三　与列强"改订新约"的交涉

废除不平等条约是孙中山晚年对外思想中的一项重要内容,也是国民革命的主要诉求之一。在全国要求废除不平等条约的浪潮影响下,北京政府统治的最后几年,曾与列强谈判修订不平等条约。南京国民政府成立后,将修订不平等条约作为其外交纲领。修约的主要内容为取消协定关税、领事裁判权、内河航行权、沿海贸易权以及收回租界、

---

① 蒋介石日记,1929 年 6 月 2 日。
② 《国民政府拟:国防计划与外交政策》(1929 年 4 月),《中华民国史档案资料汇编》第五辑第一编《外交》(一),第 43 页。

租借地、铁路、邮政及海关等，试图通过与列强的谈判，达到废除旧约、改订新约的目的。

南京国民政府将列强在华特权分为五大类，预定修约外交分五期进行：第一期恢复关税自主权；第二期取消治外法权；第三期收回租界；第四期收回租借地；第五期收回铁路利权、内河航行权、沿海贸易权等。按王正廷的设想，"要在 1928 年内完成与各国谈判收回关税自主权，而于 1929 年和 1930 年为进行撤废领事裁判权之期；1930 年与 1931 年为着手收回租界主权与撤销外国驻军之期；1932 年则拟自外人手中收回内河航行权与沿海航行权；1933 年则拟收回各国的租借地，恢复中国固有的全部主权"①。无论是哪种计划，关税问题都被放在第一位。南京国民政府之所以将恢复关税自主权作为首先希望达到的目标，是因为现行的协定关税不仅损害中国主权，而且对整个中国经济也有着直接的制约作用。解决这一问题，不仅具有政治意义，还有着巨大的经济利益。它既可作为政府外交得分的宣传，有助于中国民族经济的振兴，也可增加政府收入，解决财政困难。

1927 年 7 月 20 日，南京国民政府声言协定关税有碍国家主权，宣布在当年 9 月 1 日实行 1926 年关税会议时各国提出的新税率，加征附加税并取消内地厘金及货物税。但此时南京国民政府尚不稳定，在与北洋军阀的作战中遭到挫折，加之有关国家进行武力威胁，调集军舰分驻中国各海关。南京国民政府被迫在 8 月 29 日自找台阶，宣布关税自主原则上仍于 9 月 1 日实行，但增征关税和裁撤厘金等实际措施"暂缓举办"②。

同年 11 月 2 日，伍朝枢再次代表南京国民政府发表宣言，表示：

————————

①　《东方杂志》第 26 卷第 21 期，1929 年 6 月 10 日；参见李恩涵《九·一八事变前中英撤废临时裁判权的交涉》，《中央研究院近代史研究所集刊》第 17 期，台北中研院近代史所 1988 年版，第 160 页。

②　《国民政府为增加关税暂缓的布告》(1927 年 8 月 29 日)，《中华民国史档案资料汇编》第五辑第一编《外交》(一)，第 10 页。

"（一）凡从前北京政府与各国所订各种不平等条约，现今无存在理由，当由国民政府以正当之手续概以废除。此等条约中规定修改期限而现已期满者，更应即予终止，由国民政府与关系各国，分别改订新约。（二）各种条约协定，非经国民政府缔结，概不发生效力。"①然而南京国民政府对现行条约既不能"自行废除"，又无法取得各国之"谅解"，所谓无效云云，实系空谈。

国民革命军进入北京后，南京国民政府于 1928 年 6 月 7 日发表宣言，宣称在军事时期终结，整顿与建设工作即将展开之际，不平等条约所加于中国的诸种束缚使建设工作极难收效，因此，"另订新约，以适应现今时势要求，实属无可再缓"②。15 日，更发表对外宣言，宣称："遵正当之手续，实行重新订约，以副完成平等及相互尊重主权之宗旨"，宣言承诺重订新约后，将进一步促进"中外邦交之亲睦，人民友感之增加，国际贸易交通之发展，外侨生命财产之保障"③。7 月 7 日，外交部发布订约三原则，宣布条约期满者当然废除；尚未期满者则以相当手续解除而重订；旧约满期新约未定者，由中国另订适当临时办法，处理一切。7 月 9 日，南京国民政府又颁布《中华民国与各外国旧约已废新约未订前适用之临时办法》，规定在此期间，"在华外人应受中国法律之支配及中国法院之管辖"，"凡华人应纳之税捐在华外人应一律照章交纳"④。

南京方面在修约方面表现出的积极态度，和国内形势的发展密切相关。随着军事上的进展和国家的基本统一，国民党内部要求以更加强硬态度面对列强的呼声高涨。1928 年 7 月，何应钦在上国民党中央执行委员会的呈文中明确认为："不平等条约之废除，非运用本党之革

①　参见洪钧培著《国民政府外交史》，上海华通书局 1930 年版，第 235 页。

②　《统一告成国民政府对外宣言》（1928 年 6 月 7 日），林泉编《抗战期间废除不平等条约史料》，台北中正书局 1983 年版，第 435—436 页。

③　《国民政府废除旧约宣言》（1928 年 6 月 15 日），《中华民国史档案资料汇编》第五辑第一编《外交》（一），第 33—34 页。

④　《外交部公报》第 1 卷第 3 号，第 132、133 页。

命外交,无由实现。如以软弱求怜之方式,期得帝国主义者之谅解与同情,自动废止对华侵略之依据,实为痴人梦想。"强调:"外交之措词与态度,均应以强硬不屈之精神出之,一洗前怯懦嗫嚅之劣习。外交至短刀相接,战争虽力应避免,然革命民众之行动,实可为革命外交之后盾也。"①与此同时,冯玉祥、李宗仁等也公开要求采取强硬的外交政策,"力矫以前之软弱,以达废除不平等条约之目的"②。8 月 2 日,谭延闿、蔡元培联名向国民党二届五中全会提出外交问题提案,要求尽快废除不平等条约,提出:"国民政府为贯彻废约之主张,现在正当而有效的办法,为即时向列强分别开始废约的谈判;要求在一定之期限内(自现在起半年以内),依平等互惠的原则订立新约。如列强拒绝谈判,或限定之期间已过,而新约尚不能成立,则政府宣言,以无约待遇此等国家。"③

　　国民党上层不断呼吁废约,来自基层的呼声更为强烈。上海国民党党务指导委员会公开呼吁:"我们深深地尝着了不平等条约的苦滋味,因此决定要把此卖身契完全销毁,我们当然不是希望卖身契中的条件的改善,我们也并不愿意仅把卖身契中的文字的修正,我们只是希望从根本上把整个的卖身契作废,把整个的卖身契宣告无效,这一点就是我们不赞成修改不平等条约的根据。"④1929 年初,国民党上海市执行委员会训练部在上海市做的民意调查显示,主张废除不平等条约的达到总数的 95％,只有 3％的人主张修改,要求废约者占据绝对多数⑤。这些建议和呼吁,对南京国民政府的外交政策不能不造成影响和压力。

---

　　①　《何应钦等为请厉行"革命外交"的呈文》(1928 年 7 月 21 日),《中华民国史档案资料汇编》第五辑第一编《外交》(一),第 35—40 页。

　　②　《粤政会复李宗仁电》,《申报》,1928 年 7 月 25 日。

　　③　《关于外交问题提案》(1928 年 8 月 2 日),《蔡元培全集》第 5 卷,中华书局1988 年版,第 273 页。

　　④　陈德征:《废约特刊弁言》,《申报》,1928 年 9 月 13 日。

　　⑤　《市训练部民意测验总报告》,《申报》,1929 年 4 月 14 日。

对中国的修约主张,各国反应不一。美国政府率先表示愿与中方接洽,1928 年 3 月 30 日,美国驻华公使在答复南京国民政府外交部照会中表示:"美国政府及其人民,对于中国人民欲使其国家生存日趋稳固,并实现其不受特种义务限制之主权之愿望,深表同情。"①6 月间,驻美公使伍朝枢与美国务卿凯洛格开始会商,财政部长宋子文则在北平与美国驻华公使马慕瑞接洽,美方答应"中美条约不必俟诸期满始议修改"②。7 月 11 日,南京国民政府向美国政府提出希望委派代表与中国谈判修约。美国随后宣布以马慕瑞为全权代表"对于中美间条约与关税之规定,即时商议"③。25 日,宋子文与马慕瑞签订《整理中美两国关税关系之条约》,规定:"历来中美两国所订立有效之条约内,所载关于在中国进出口货物之税率、存票、子口税并船钞等项之各条款,应即撤销作废,而应适应国家关税完全自主之原则。"《条约》同时规定,两国"在上述及有关系之事项,在彼此领土内享受之待遇,应与其他国享受之待遇,毫无区别"④。在列强尚在中国享有关税及其他特权背景下,这一规定保证了最早签订条约的美国实际得到的利益并不较其他国家有所减损。不过,美国同意中国所提关税自主的原则,并派遣代表和南京国民政府谈判修改不平等条约问题,仍然对中国外交打开局面有着重大帮助。外交部长王正廷在给美国公使的复照中表示:"贵国政府及人民与中国政府及人民推诚相与,将使两国历久之友谊,其基础愈趋稳固而愈为光大。"并期望在接下来的谈判中,"于最短期间完成新

---

①　《马慕瑞转达美国务卿关于与中国缔订关税条约照会王正廷电》,《中华民国史档案资料汇编》第五辑第一编《财政经济》(二),第 11 页。

②　《美使对修约之表示》,《申报》1928 年 7 月 13 日。

③　《马慕瑞转达美国务卿关于与中国缔订关税条约照会王正廷电》,《中华民国史档案资料汇编》第五辑第一编《财政经济》(二),第 12 页。

④　《整理中美两国关税关系之条约》,《中华民国外交史资料选编》(1919—1931),第 476 页。

约,以开两国外交上之新纪元"①。南京《中央日报》认为:"中美关税关系条约,是中美两国有约以来的第一个平等条约,是中国修约运动的最初成功。"②相比之下,蒋介石在日记中显得比较冷静,记道:"美国与我国签关税自主之约,其实为平常应有之事。"③

在美国率先签约的影响下,8 月 7 日,德国代表向中方递交一份条约草案,内容包括"保证双方在关税和有关方面不相互歧视"④。17日,中德签订关税条约,内容是中美关税新约的翻版。条约期满的意大利、丹麦、葡萄牙、比利时、西班牙、日本、法国召开圆桌会议,商订对策,除日本坚决反对修约外,其余多愿顺水推舟。法国驻华代办于 7 月 13日照会南京国民政府外交部长王正廷表示:"法国政府对于 1886 年 4月 25 日在天津订立之中法陆路通商章程,1887 年 6 月 26 日在北京订立之中法续议商务专条,及 1895 年 6 月 20 日在北京订立之中法续议商务专条附章,允予修改。"⑤9 月 12 日,王正廷分别照会挪威、瑞典、荷兰、英国、法国五国,请求开始谈判关税问题。

英国政府是协定关税的始作俑者,且为在华权益最多的国家,对废除此项特权向持观望态度。中美关税条约签订后,面对大势所趋的局面,英国态度也转向积极。英国公使蓝普森表示:"本国政府对于中国修约之要求,认为根本合理。英国政府对于中国素常维持之友谊与同情之态度作进一步之表示起见,准备依相当程度,由依法委派之代表与贵国政府商议修订条约。"⑥12 月 10 日起,王正廷与英国驻华公使蓝

---

① 《南京国民政府外交部长王正廷复美国驻华公使照会》(1928 年 7 月 28日),《中华民国外交史资料选编》(1919—1931),第 477 页。

② 《中央日报》,1928 年 7 月 27 日。

③ 蒋介石日记,1928 年 7 月 25 日。

④ 郭恒钰、罗梅君主编,许琳菲、孙善豪译《德国外交档案——1928 至 1938 年之中德关系》,台北中研院近代史所 1991 年版,第 16 页。

⑤ 《南京国民政府外交部关于修约问题致法国驻华代办照会》(1928 年 7 月 30日),《中华民国外交史资料选编》(1919—1931)第 460 页。

⑥ 《外交部公报》第 1 卷第 4 号,第 114—115 页。

普森开始面谈关税自主问题。20 日,正式签订《中英关税条约》。条约承认中国关税自主,规定"现行条约内所有限制中国任意订定关税税则权之各条款,一律取消",但又在附件中规定,中方只能采用 1926 年北京关税特别会议中所拟税率,至少一年内应为对英国货物所征最高税率。条约要求缔约双方对对方人民实施互惠原则,"不得有何借口,使其完纳之关税、内地税或其他税项,异于或较高于各本国或其他各国人民自同一产地所运货物完纳之税项"①。此外,中国还答应设法废除厘金、常关税、沿岸贸易税、通过税、落地税等。比之中美关税新约中国实施关税自主无任何规范性的限制条款,这一条约确实苛刻得多。

在对英交涉同时,1928 年 11 月至 12 月底,王正廷连续与挪威、比利时、意大利、丹麦、葡萄牙、荷兰、瑞典、法国、西班牙九国签订关税条约,允准中国关税自主。比利时、意大利、丹麦、葡萄牙、西班牙五国除确认中国关税自主外,还涉及领事裁判权问题。五国答应于 1930 年 1 月 1 日后,允许取消其在华所享领事裁判权,但条约同时规定,各该国侨民与中国侨民均可在对方内地取得土地财产、居住、经商之自由权。至此,只有日本未与中国缔结关税新约。

南京国民政府在开始交涉关税自主权的同时,也提出颁布和实施临时国定税率的问题。1928 年 12 月 7 日,南京国民政府颁布《中华民国海关进口税税则》,作为关税自主后征税的标准,宣布从次年 2 月 1 日开始实施,以一年为有效期。这一税则对进口货物规定了货值 7.5％至 27.5％不等的税额,自晚清被迫开关以来实施八十余年的"值百抽五"单一税率至此将告终结。由于此时有关关税自主的交涉尚在进行之中,为减少阻力,南京国民政府决定以 1926 年北京关税特别会议上由日、英、美三国委员所提出的七级差等税率为基础制定过渡期的国定税率。由于暂行税则基本内容曾得到列强同意,且税额提高幅度

---

① 《中英关税条约》(1928 年 12 月 20 日),《中华民国外交史资料选编》(1919—1931),第 480 页。

也不大,因此其虽由中国自主颁布,列强多无反对意见,只有日本提出异议,于第二天退回照会,表示不能承认。在关税自主问题上,日本成为中国的最大障碍。

南京国民政府与日本之间关于修约的交涉和整个谈判同步开始。1928年7月19日,南京国民政府外交部照会日本政府,指出中日条约展期将到,"国民政府自应本7月7日宣言之主张,根据平等相互之原则,商定新约。在新约尚未订立以前,当按照本国政府所颁布中华民国与各外国旧约已废新约未成前之临时办法,宣布实行,以维持中日两国之政治、商务关系"①。对此,日本内阁会议决定加以拒绝。25日,日本首相田中义一会见英、美、法、意等国驻日使节,通报日本对修约问题的立场,表示日本不承认中国可单方面宣布终止条约,声称日本准备在必要时采取必要的措施以维护日本权益。31日,日本驻华公使芳泽谦吉在答复南京国民政府外交部长王正廷的节略时,表态可以接受日方"认为适当之改订",但声称南京国民政府以其所颁布的七条临时办法为交涉标准,"为清理解释上或国际惯行上所不应有之事,且为蔑视国际信义之暴举,帝国政府万难容忍",强硬表示:"帝国政府为拥护条约上之权益,将有不得已出于认为适当之处置。"②8月14日,南京国民政府外交部在答复中驳回日本政府所谓1896年的《中日通商行船条约》规定条约有效期为十年,期满后六个月内若未声明更改,则条约继续有效十年,因中方并未在条约期满后六个月内要求更改,因此中日商约仍然有效的说词,指出1896年的中日商约至1926年7月20日又届期满,中国政府已向日本政府提议改订,故对日方的主张"歉难同意"。同时,针对日方所谓"暴举"说指出:"国际间彼此情势,既有变化,断无可以永久适用之条约。因而依据情势变迁之原则,使其效力废止或中

---

① 《外交部公报》第1卷第4号,第115—116页。
② 《日本驻华公使复南京国民政府外交部节略》,《中华民国外交史资料选编》(1919—1931),第464页。

止,准之法理,按之先例,本政府此举,绝无蔑视国际信义之嫌。"日本节略中"竟有此外交文件素不经见之字样,本国政府深为惋惜"①。双方几度交涉,日方坚不让步。

美国与中国签订关税新约后,日本的强硬态度始有所松动。中美关税条约的签订,对有关各国都产生了很大的冲击,加强了南京国民政府在修约外交中的地位,对日本造成了巨大的压力。日本驻上海总领事矢田七太郎感受到了中国民众情绪的变化。他在 7 月 30 日报告中说:"已出现(对美国的)感谢之情一转而成对我国的憎恶怨恨的现象。"②芳泽公使在给外务省的报告中也指出,英、美两国对于中国关税自主及实行暂行国定税率的问题已经达成共识,日本必须意识到它在这一问题上迟早要处于困难的境地,日本可以在声明条约继续有效并保留这一主张的情况下与中国开始商讨修约③。

1928 年 9 月 10 日,田中首相致电驻沪总领事矢田,要求他尽快会见蒋介石或张群,表达日本对南京国民政府的同情,并期待它取得成功的态度。同时要求中方暂缓公布新税率,以获得与中国讨价还价的时间。当时,由于与各国商讨关税自主进展顺利,南京国民政府计划 10 月 1 日公布新税率,自 1929 年 1 月 1 日起开始实施。对此,日本意识到独力阻止中国政府实施这一税率颇为困难,遂准备有条件地同意接受这一税率。中国财政部长宋子文与日驻沪总领事矢田在 9 月开始了多次会谈。中方为向日方示好,提议以 1926 年北京关税特别会议上由日、英、美三国委员所提出的七级差等税率作为中国关税自主后基本税则的过渡办法,但日方并不领情,坚持反对中国于

①　《南京国民政府外交部复日本驻华公使节略》,《中华民国外交史资料选编》(1919—1931),第 466 页。

②　《矢田七太郎致田中义一》(1928 年 7 月 30 日),《日本外交文书》,第 638—640 页,转引自王建朗《日本与国民政府的"革命外交":对关税自主交涉的考察》,《历史研究》2002 年第 4 期。

③　《芳泽谦吉致田中义一》(1928年8月18日),《日本外交文书》,第655—657页。

1929 年 1 月 1 日实行关税自主。11 月 13 日，王正廷与宋子文联合向行政院提出颁布实行新的进口税则的提案，为向日方表示善意，将新税率生效时间由原定的 1 月 1 日改为 2 月 1 日；同时中方承诺新订国定进口税则后，每年于新增收的关税收入项下拨出 500 万元作为整理担保不足的内外债之用。此后，中日之间的谈判气氛有所缓和。日本意识到在税率问题上一意用强并非上策，因而决定稍作退让，接受现实。12 月 30 日，日本政府表示愿意签订中日关税条约。1929 年 1 月 25 日日本派出前驻华公使芳泽谦吉为全权代表，与王正廷在南京开始正式谈判，交涉"济案"的解决。与此同时，王正廷又与日本领事上村达成协议，日本以换文形式表示同意南京国民政府颁布的新税则。

　　1929 年 3 月 7 日，王正廷、宋子文与日代公使重光葵在上海就修订中日商约展开正式谈判。日方在谈判中一再要求与中方订立一个长期的关税互惠协定，实际上是要使中国对日货的关税在实现关税自主后的相当长时期内仍保持在低税率上。12 日，中日双方签订《中日关税协定》草约五条。5 月 6 日，经过马拉松式的谈判，在中国方面接受日方条款后，中日终于订立了新的《关税协定》。该协定规定："凡在中日两国境内关于货物进出口之税率、存票、通过税、船钞等一切事项，完全由中、日两国彼此国内法令规定之。"双方还在换文中确认废除陆路边境优惠税率。中方除答应不歧视日货外，同意在三年内维持日本输华棉织品、海产与鱼产品、面粉等的最高税率。中方承诺，在最短时期内废除有碍于在华贸易发展的厘金、常关税、沿岸贸易税、通过税及其他类似各税。中方还确认以每年从关税中提存 500 万元作为担保，并召开债权人会议整理债务①。

　　1930 年 1 月 1 日，即依照中英关税条约附件规定税率实行一年期满时，中国海关颁布新税率，由 8% 升至 10%，2 月 1 日又宣布用金本

---

①　王铁崖编《中外旧约章汇编》第三册，三联书店 1962 年版，第 798—805 页。

位制征收进口税。中日关税协定签订后,南京国民政府立即修订颁布《海关进口新税则》,于 1931 年 1 月 1 日起实行。新税则按物品性质分为十二等级,税率有较大幅度的增加,分别课征货值 5％至 50％的进口税,比暂行税则几乎提高了一倍。1932 年 12 月 1 日起,宣布征收 10％的海关附加税,次年 6 月降至 5％。1933 年 5 月中日条约所定期限已满,对日本主要货物进口税作了大幅度提高,最高达 80％。关税自主实施后,中国关税收入从 1928 年的 1.3 亿元增至 1930 年的 3.8 亿元,其后因东北沦陷,降为 3 亿元。

关税条约修订成功,使国民政府在修约问题上信心大增。1929 年 1 月 1 日,南京国民政府主席蒋介石发表告国民书,宣称将在三年内完成修约。同年 6 月 14 日,国民党三届二中全会决议"于最短期间内加紧废除不平等条约之工作,如撤销领事裁判权,收回租界等"①。蒋介石饬令行政院及外交部"从速制定履行此案之方案……切实执行"②。外交部在呈文中称:协定关税一项已办,"本部现正从事于撤废领事裁判权工作,期于明年 1 月 1 日实行";其余租界、租借地、沿海内河航行权及外国驻军设警"各项亦均已准备于最短期间内视各国对我之形势采取有效方法分别予以废止"③。

废除领事裁判权是中国在修订关税条约时,正在争取的又一主要目标。中国与条约期满国家之间的交涉首先取得进展。在中国与比利时、意大利、丹麦、葡萄牙、西班牙五国签订的商约中规定,"此缔约国人民在彼缔约国领土内,应受彼缔约国法律及法院之管辖"。然而,这种放弃也是有条件的。如中比两国外长的换文约定:"比国人民应于现有领事裁判权之国半数以上承认放弃是项特权时,受中国法律及法院之

①　《二中全会第二日会议》,《申报》,1929 年 4 月 15 日。
②　国民政府训令,第 503 号,1929 年。
③　外交部王正廷呈行政院文,1929 年 11 月 16 日。

管辖。"①而意、丹、葡、西等国的承诺是,当华盛顿条约的各签字国取消领事裁判权后,这些国家的在华人民将与各签字国人民一同受中国法律和法院的管辖。

　　欲废除领事裁判权,最为关键的是条约期未满但有着重大影响国家的态度,而英、美等国在这一问题上都消极以对。1928 年 9 月 10 日,中国代表在国联吁请修改不平等条约时,法国等国就以成约不得自行解除为由竭力反对,使此议毫无结果。1929 年 4 月 27 日,南京国民政府外交部向英、美、法、荷兰、挪威、巴西六国驻华公使提出照会,说明领事裁判权在中国的危害和不适当性,称中国代表早在巴黎和会时就提出废除对中国司法主权所加之限制的愿望,华盛顿会议时,中国代表又要求"解除政治上、司法上及行政上种种束缚",华盛顿会议表示同情,设法促进在案。中国现已统一,中国政府希望将中国司法制度所受的限制予以解除②。对日本、墨西哥、瑞典、秘鲁四国则望另订新约时明文取消。对此,各国的反馈不佳。美、法、英等国认为废除治外法权应为渐进式的,只愿考虑对领事裁判权加以修改,声称中国尚未有独立之司法制度,还未实行 1926 年 9 月 16 日法权会议上十三国代表组成的"调查法权委员会"所提出的建议,因此,领事裁判权应该逐渐放弃,外人生命财产才有保障。英国 8 月 10 日复照中,进一步要求中国法典必须具有西方法律的原则。荷、挪、巴则称将与他国一致行动③。

　　7 月 12 日,外交部长王正廷对记者表示,自 1930 年 1 月 1 日起,中国将取消各国在华的领事裁判权④。9 月 6 日,外交部再次照会有关国家,要求各国立即派出代表与中国代表磋商废除领事裁判权问题,并谓中国已与其他数国议定 1930 年 1 月 1 日废除领事裁判权。11 月

　　① 《中比友好通商条约》及附件(1928 年 11 月 22 日),《中外旧约章汇编》第三册,第 642—643 页。
　　② 《中华民国外交史资料选编》(1919—1931),第 504—505 页。
　　③ 《中华民国外交史资料选编》(1919—1931),第 510—513 页。
　　④ 《一周间国内外大事述评》,《国闻周报》第 6 卷第 27 期,1929 年 7 月 14 日。

1 日,英、美、法等国在复照中虽同意谈判,但除美国在 11 月中下旬与中国开始谈判外,其他各国均借故拖延,和美国的谈判也无进展。对此,中国政府于 25 日分别致电驻美、英公使,表示英、美如再延宕商讨,中国将于 1930 年 1 月 1 日起,自行宣布废除列强在华特权。但英、美等国仍未采取积极合作的态度。12 月 27 日,国民党中央政治会议鉴于外交部长王正廷与英国公使蓝普森、驻美大使伍朝枢与美国国务卿凯洛格的谈判未有结果,决定由国民政府公布撤废领事裁判权特令:要求自 1930 年 1 月 1 日起,"凡侨居中国之外国人民,现时享有领事裁判权者,应一律遵守中国中央政府及地方政府,依法颁布之法令、规章"①。

从内容看,南京国民政府的这一特令,显然是一个单方面宣布废除领事裁判权的重大举动,其中不存在需要与有关国家协商的意味。这一举措对美、英、法等国产生了很大的冲击,在特令颁布的当天,美国国务院远东司司长亨贝克便对中国驻美公使伍朝枢表示,美方希望从 1930 年 1 月 1 日起,采取步骤来逐步废除领事裁判权,任何无视这一原则的行动,将会引起美国政府的"极端遗憾和强烈反对"②。法国声明无法接受中国片面取消法人领事裁判权。在此之前,英国外相亨德森已于 12 月 20 日给中国驻英公使施肇基发出备忘录,针对南京国民政府一再申明将于新年废除领事裁判权指出:英国无法承认中国片面废约的武断解决方式,但愿意对中国撤废治外法权采取开明与同情的态度,同意以 1930 年 1 月 1 日作为"逐渐废止领判权"③的起点。

---

①　《国民政府令》(1929 年 12 月 28 日),《管辖在华外国人实施条例案》,国民政府外交部 1931 年编印,第 2 页。

②　《美国国务院致中国公使馆》(1929 年 12 月 28 日),《美国外交文件》(Foreign Relations of the United States),1929 年第 2 卷,华盛顿 1943 年版,第 666 页。转引自王建朗:《中国废除不平等条约的历史考察》,《历史研究》1997 年第 5 期。

③　《领判权问题中英互换牒文》,《申报》,1930 年 1 月 4 日。

　　南京国民政府虽然发出措辞严厉的命令，但这更多是为自身此前作出的强硬姿态圆场。在以英国为首的列强软硬兼施下，12 月 30 日，南京国民政府特令发布仅仅两天后，外交部又发表关于废除领事裁判权的宣言，重述特令的内容后表示，中国政府深信各国"对于现由政府准备之办法，如有意见，亦愿于相当期内，与之审议。故国民政府十二月二十八日之命令，实系一种步骤"①。同时口头向外国记者表示，此命令在与有关各国谈判获得满意结果前，将不予执行。这是南京国民政府做的明显妥协，实际意味着次年元旦并不是立即无条件地废除领事裁判权，而是从此开始与列强会商废除这一特权。

　　1930 年 1 月，英国公使蓝普森与王正廷就撤废治外法权开始第一次会谈。随后，蓝普森还与立法院院长胡汉民、司法院院长王宠惠接触，进一步了解中国政府的态度。4 月，中国国内爆发中原大战。中外关于领事裁判权的交涉一度处于停顿状态。九十月间，英、美先后向中国外交部递交了各自的草案。两国方案仍旧保留了在区域和法权种类方面的限制：如在上海等地继续保留领事裁判权，设立特别法庭，外交官、领事官有废案权，领事裁判权撤除以案件之民事、刑事与个人身份之不同类别为顺序，逐步实施等。

　　对英、美提出的草案，中方无法满意。12 月 7 日，王正廷向美国国务院提出对案，强调所有在华美国公民无论是民事还是刑事方面都应服从中国的管辖权。中方同意成立特别法官议事室，聘用外国法律顾问，但这些法律顾问不得干预法官的判决。17 日，王正廷以外交部名义向蓝普森发出备忘录，要求英国应于 1931 年 2 月前解决治外法权问题，强调："英国政府所提逐步撤废在华治外法权的各项建设，经过中国政府的慎重考虑之后，发现是无法接受的；中国政府仍然相信（此问题）

────────────

　　①　《外交部关于废约的宣言》（1929 年 12 月 30 日），《中华民国史档案资料汇编》，第五辑第一编《外交》（一），第 52—53 页。

不需要另外采取其他的行动方式以达其目的。"①

　　1931 年初,英、美陆续在一些问题上作出让步,如同意放弃移审权等,但仍未能满足中国方面的基本要求。1931 年 5 月 4 日,南京国民政府正式宣告法权交涉停顿,同日公布《管辖在华外国人实施条例》,规定自 1932 年 1 月 1 日起实行。该《条例》规定:所有享有领事裁判权的外国人,均应受中国法院的管辖;在沈阳、天津、青岛、上海、汉口、广州、昆明等十处地方法院设立专庭,受理外国人为被告之民刑案件。不在上述十处法院管辖之内者可申请移转管辖。专庭可设中外法律咨议若干人向法院书面陈述意见,但不得干预审判。外人的逮捕及其房屋或办公室的搜查均应依中国刑法典规定执行。外国人可聘请外国律师②。5 月 5 日,国民会议开幕。会议议决"函请国民政府应定期限向各国交涉取消一切不平等条约",经"国民政府会议决议交行政院议复"③。13 日,国民会议又发表《废除不平等条约宣言》,宣称中国国民对于各国以前所加于中国之不平等条约,概不予以承认;国民政府应在最短期内实现中国在国际上之完全平等与自由。但未明定废约期限。在中国的压力下,此后,有关领事裁判权问题的交涉步伐明显加快。数月之中,中国与英、美之间先后达成了大致类似的妥协,1931 年 6 月 5 日中英草约签订,7 月,中美也就局部问题达成协议,中方同意将英美在上海的领事裁判权保留十年,将英国在天津的领事裁判权保留五年,英、美则将其他各地的领事裁判权立即取消。

　　正当中外交涉进入关键之时,日本在东北发动了"九一八"事变。形势的骤变,迫使中国外交的中心随之转变。如何对付日本的侵略成为当务之急,修约之事降到了次要位置。1931 年 12 月 29 日,南京国

----

　　①　转引自李恩涵《北伐前后的革命外交:1925—1931》,台北中研院近代史所1993 年版,第 196—197 页。

　　②　《法权谈判停顿》,《申报》,1931 年 5 月 5 日。

　　③　国民政府文官处致行政院函,第 4510 号,1931 年。

民政府公布命令,宣布"兹因本年各地天灾变故,所有应行筹备事项,尚未就绪,该项管辖在华外国人实施条例,应暂缓施行"①。废除领事裁判权的问题就此暂时停止。

对于领事裁判权的交涉,王芸生曾批评道,南京国民政府"采修约之步骤,以求逐渐改善对外关系,实亦应循之途径。惟须以光明磊落之态度出之,使天下灼然共见,若避难就易矣。而乃大言壮语,则失之伪矣。充此一念,以致法权交涉,步步皆伪,扫兴而终;以欺于国民者,转为外人所欺,弄小巧者成大拙,此其鉴矣"②。

与要求废除领事裁判权同时,1929 年 5 月 8 日,南京国民政府外交部向英、美、法、荷、挪、巴西六国发出照会,要求收回上海公共租界临时法院。租界临时法院是由原租界会审公廨改组而成。1926 年 8 月,作为解决"五卅惨案"的一部分,江苏省政府与英、美、法等十四国领事签订《收回上海会审公廨暂行章程》,这一章程恢复了中国在公共租界临时法院的部分司法管辖权,但仍保留了不少有损中国司法主权的内容。南京国民政府照会发出后,各国均保持沉默,后经外交部多次交涉,1929 年 12 月 9 日,各国代表与国民政府外交部在南京开始谈判收回上海公共租界临时法院,经过多次的往复折冲,包括征求六国以外的比、丹、意、日、葡、西、瑞典等国驻华代表的意见,1930 年 2 月 17 日,中国代表徐谟与英、美、荷等国驻华公使及代办终于签署《关于上海公共租界内中国法院之协定》,确认中国收回上海公共租界内由会审公廨演变而来的审判机关。该《协定》规定:中国得在公共租界内设立地方法院及高等法院分院各一所,依照中国法律审理民刑案件;高等法院之判决,均得依中国法律上诉于中国最高法院,废止领事观审及会审;废除外国书记官长制,由中国任命检察官负责起诉;诉讼一方为外国人时,

————————

①　《国民政府令》,《国民政府公报》第 963 号,第 1 页。

②　转见李恩涵《九一八事变前中美撤废领事裁判权的交涉》,《中央研究院近代史研究所集刊》第 15 期,台北中研院近代史所 1986 年版,第 368 页。

得聘请外国律师充任其代表。《协定》虽在司法主权上取得很大进步，但仍未彻底解决。如关于司法警察问题，外国代表以法警问题事关租界的行政权力为由，坚持不肯让步。《协定》于 1930 年 4 月 1 日起生效，有效期三年。1933 年 2 月 8 日又延期三年，并规定可继续顺延。1931 年 7 月 28 日，中法代表签署《关于上海法租界内设置中国法院之协定》，取消了上海法租界内的会审公廨。

收回租界和租借地，是撤废不平等条约的当然内容。自 1843 年英国在上海开埠以来，总计有八个国家在十个通商口岸开辟了二十二个专管租界，其中英国六个，日本五个，法国四个，德国、俄国各两个，比利时、意大利、奥地利各一个。另在青岛等五个城市划定租借地。南京国民政府开展改订新约运动后，在收回租界方面投入相当精力，效果却并不显著，虽然收回几处，但主要是英国在华盛顿会议上所承诺而未兑现的。北京政府时期，因中比通商条约逾期失效，中国宣布予以废止，相应地其天津租界也应归还。1927 年比利时宣布愿意交还天津租界。南京国民政府成立后，比利时再度声明愿意交还天津租界。1929 年 1 月，双方开始会商交还租界问题，8 月 31 日，签订收回天津比租界协定。作为补偿，天津比租界工部局所负债务津平银九万多两由中国政府在协定生效后六个月内，偿还比利时政府①。1929 年 3 月，中英正式谈判镇江英租界问题，10 月 31 日，英国正式换文交还镇江租界。实际上，早在 1927 年 3 月国民革命军占领镇江后，群众举行庆祝游行时，英租界当局为避免发生冲突事件，已自动撤掉租界巡捕，改由中国警察入内维持治安，并将工部局改为公安局，中国已非正式收回镇江英租界。这一谈判更多是对现实的承认。

中英关于交还威海卫租借地的谈判早在北京政府时期即已开始，1924 年议定中英交收威海卫专约草案二十九条，后因"北京政变"发生，双方未能正式签约。1929 年 1 月，王正廷向英方提出谈判交收威

---

① 《中华民国外交史资料选编》(1919—1931)，第 487—488 页。

海卫。五六月份，双方展开多次谈判，但未能达成协议。1930 年 1 月，谈判重启。4 月 18 日，中英签订关于交收威海卫专约及协定，英国同意交还威海卫租借地。同年 10 月 1 日中方正式接收威海。在交收威海卫专约及协定中规定 1898 年 7 月 1 日所订租借威海卫专条，即行取消。所有威海卫全湾沿岸 10 英里地方，以及刘公岛与威海卫湾内之群岛交还中国。英国在威海卫区内所有财产赠与中国①。由于英国海军坚持要继续借用刘公岛设施十年，在附件中规定将刘公岛内房屋借与英国政府作为英国海军消夏疗养之用，十年为期，期满可续借。每年 4 月初至 10 月末之间准许英国军舰到刘公岛海面抛锚②。

　　收回厦门英租界的谈判进行较为顺利，1930 年 9 月 17 日中英双方依照收回镇江英租界的前例签订交还厦门租界协定，英国驻华公使蓝普森致南京国民政府外交部长王正廷的照会中声明，"所有 1852 年关于将该处租予英国政府之换文，亦一并作废"③。

　　虽然中国在此期间的交涉中收回了部分租界，但比较重要的港口如上海、广州、汉口、天津等地的租界及北平的使馆区均未交还。九龙租借地英国根本拒绝讨论。法国虽在 1922 年 1 月 31 日在华盛顿会议中即声明放弃广州湾租借地，可是直到全面抗战爆发后，1938 年 10 月广州失陷时也未交还。至于日本的租借地——旅大地区就更无讨论余地。1930 年 9 月 19 日中国司法院长王宠惠曾向日本代理公使重光葵探询日本对废除领事裁判权的态度。日本一口回绝，外务省声称旅大租借权、满铁沿线的驻兵权等绝对不放弃。

　　领事裁判权的交涉尚无结果，原定下步进行的内河航行权及外国军队驻扎中国问题交涉更无实现可能。所以，南京国民政府除向有关各国试探态度外并未实际着手进行。收回铁路权也遇到障碍。"关税

---

①　《收回威海卫案》，《申报》，1930 年 4 月 20 日。
②　《中华民国外交史资料选编》(1919—1931)，第 493—499 页。
③　《中华民国外交史资料选编》(1919—1931)，第 499—503 页。

自主"虽然原则上实现了,但总税务司仍由英国人梅兹担任。海关中的外籍人员非但没有减少,反而从 1929 年的 230 多人增至 1488 人。南京国民政府修改不平等条约的努力,仍然任重而道远。

第二节　中东路事件和中苏边境之战

一　中苏关系恶化与中东路事件的发生

南京国民政府与苏联有着十分复杂的关系。国民党能够迅速登上全国的统治地位,和苏联在国共合作时期的支持、帮助密不可分。国共合作破裂后,国民党和苏联分道扬镳,南京国民政府对苏联大有视若寇仇之势。1927 年 7 月 16 日,上海工部局根据淞沪公安局长杨虎的告发,搜查并封锁苏联远东银行。26 日,南京国民党中央通电取消用孙中山的名义命名的莫斯科孙逸仙大学,命令不得继续向该校派遣学生。

1927 年 12 月,苏联驻广州领事馆人员卷入中共发动的广州起义,南京国民政府对此大为不满。13 日,蒋介石在上海发表对于时局的谈话称:"各地有苏俄领事署做共产党的政治机关,又有苏联远东银行做共产党的金融机关,我以为在革命未成功以前,一定要对俄绝交,待至革命成功后,再来设法恢复邦交。"14 日南京国民政府宣称,广州事变"皆由共产党借苏俄领事馆及其国营商业机关为发令指示之地",命令各省对苏联领事"一律撤消承认","对苏俄国营商业机关一并勒令停止营业"①。限令苏领馆、商船和商务代办处在一周内撤退,逮捕汉口的苏联领馆人员并将其驱逐出境。因为当时南京国民政府的统治范围尚未达到北方和东北地区,因此苏联政府在东北地区的驻华使领馆得以保留。1928 年 2 月,国民党二届四中全会宣言继续对苏联予以抨击,宣称苏联"踞民族统治之榻,而枕共产之梦,继帝俄南侵之野心贪欲,而

---

① 洪钧培:《国民政府外交史》第一集,上海华通书局 1930 年版,第 136 页。

变其策略"①。会议通过决议,"凡与联俄容共政策有关之决议案,一律取消"②。

　　"二次北伐"结束后,1928年8月,蒋介石曾提议"对苏俄外交应加以研究",遭到吴稚晖、张静江、李石曾的反对,蒋介石在日记中记下他当时的反应:"以为不应有此想念,认余为联俄之萌,顿时表示不信之状。呜呼,如此国家与政府,而对俄不准研究,是何心耶。"③许多国民党人还未从联俄的旧事中摆脱出来,不能分清联俄和对俄开展正常外交的区别,这是清楚政治、外交的实用性的蒋介石所以遭到批评的原因。不过,12月"东北易帜"后,南京国民政府亦未再要求尚留驻东北的苏联领馆撤离。正因此,1929年初,中苏关系一度有缓和的趋势,苏联政府甚至试图重新恢复两国的外交关系。苏联外交人民委员李维诺夫曾对中国驻德公使蒋作宾表示,中苏交恶只会对帝国主义有利,前次误会应尽快了结,并许诺称:苏联使领馆人员若宣传共产,中国可严厉取缔;俄人俄官如有参加,照华人一律办理。蒋介石这时虽然不认为中苏已经可以复交,但同意双方可以就此接洽商谈,批示:"对俄复交未至其时,至少须待国内政局稳定,秩序恢复方可也。但雨岩(蒋作宾,字雨岩)与之接洽则可继续进行,不必拒绝,亦不必中止。"④南京国民政府当时拟订的外交政策谈到:"对于俄国之外交,对于苏俄联邦政府仍抱自立、自卫、和平、亲睦之旨,与对于列国无相歧异。"⑤不过,由于刚刚经历一场不愉快的分手,加上苏联与中国共产主义运动的关系,双方互

---

　　①　《第二届中央执行委员会第四次全体会议宣言》,《中国国民党历次代表大会及中央全会资料》上册,第509页。

　　②　《宁汉两方决议案审查案》,《中国国民党历次代表大会及中央全会资料》上册,第526页。

　　③　蒋介石日记,1928年8月1日。

　　④　《古应芬致蒋主席电》(1929年5月),台北"国史馆"藏蒋中正档案·特交文电,第2册,总112号。

　　⑤　《国民政府拟:国防计划与外交政策》(1929年4月),《中华民国史档案资料汇编》第五辑第一编《外交》(一),第46页。

信薄弱,关系的重建相当艰难。蒋介石在 1929 年 6 月 2 日曾写道:"对外方针,亲美联英,排俄拒日,此其大致也。"①对苏联的抵制心理非常强烈。正是在此背景下,加上中东路所处地理位置重要,中苏"共管"的体制矛盾多多,而南京国民政府又存在严重的形势误判,终于导致了 1929 年中东路事件的发生。

中东路,又称东省铁路、东清铁路,是以苏境内赤塔为起点,以海参崴为终点的一条铁路,全长 2186 公里。其中在中国境内的一段是由满洲里到绥芬河的干线长 1484 公里,以及由哈尔滨到长春的支线长 241 公里。1903 年由沙俄出资建成通车。1905 年日俄战争以后,原支线的长春至大连段为日占有,改称南满铁路。1924 年 5 月 31 日中苏双方签订的《中俄解决悬案大纲》、《暂行管理中东路协定》及同年 9 月 20 日苏联与张作霖签订的《奉俄协定》均规定该路由中苏两国共管。但是,苏方实际上并未认真履行相关协定,对应归还中方的非铁路营业项目如电报、电话、矿山、图书馆、天文台、学校等并未交付中方。铁路管理局也由苏联单方面控制。在二千七百多名职员中,中国人只占四百人,且多为翻译及低级职员。路局机关行文,除呈理事会公文及路局会议决议系中俄文并行外,其余均为俄文。一切财政结算也以卢布为准。铁路自 1922 年起盈利陡增,仅 1925 年便盈余 1682 万卢布,虽然自 1924 年至 1929 年的五年中,中国也分得 4850 万金卢布②,但利润的使用和分配权却完全由苏方把持。东北地方当局对中东路这种状况早已心存不满。

中东路事件之前,张学良曾于 1928 年 12 月 22 日强行接管中东路哈尔滨自动电话站,又于 1929 年 1 月封闭了苏方《群众之声》报馆。5

---

① 蒋介石日记,1929 年 6 月 2 日。

② Покуменмц внешней пощмики СССР. Т. R. Mockba 1967. c. 490. 转引自刘显忠《中东路事件研究中的几个问题》,徐日彪编《中苏历史悬案的终结》,中共党校出版社 2010 年 9 月版,第 146 页。

月 27 日,东北地方当局以清查共产党活动为名派军警搜查了哈尔滨苏联总领事馆,拘捕在馆人员三十九人,其中多系苏联国家经济机关及驻中东路人员,还查抄领馆一批文件,"证实"苏领馆与"中国共产团体"有来往。据东北地方当局事后宣称,此举缘于流亡东北的"白俄"分子通风报信,称苏联驻哈领事馆内即将秘密举行共产宣传大会,与会者多为中东路沿线苏联管理下各路站、工厂、商船局、煤油局、贸易局等机关或职工会负责人,因此出动搜查。

事件发生后,苏联外交部于 5 月 31 日向南京国民政府驻苏代办夏维崧提出抗议照会。南京国民政府外交部长王正廷对此态度强硬。他一面去电东北,要张学良派员将查获文件迅速秘密送至南京外交部,以凭会商办理,一面复电夏维崧要求后者拒绝接受苏方抗议。夏维崧得电后还没有来得及向苏方远东司转达,苏联代理外交人民委员加拉罕已经正式发出措辞严厉的抗议函,要求中国政府"从速释放在领馆内被逮之人,发还被搜之公文及掠去之物件钱财"。同时通知中方:"因中国政府之行为已证实不愿并不知介意公认之国际公法,则苏联政府从今起对于驻莫中国代表处及其驻苏联领土上之各领馆,亦不问国际公法之拘束,而不承认其享有国际公法所赋之治外法权。"①

对于中苏在东北的冲突,蒋介石态度复杂。蒋介石这时在国内政治上最关心的是两个问题:一是如何成功地压制住正蠢蠢欲动的各个反蒋派别;一是如何牢牢地抓住像张学良这种封疆大吏,使之为己所用。就前者而言,蒋深信苏联唯恐中国不乱,必会支持共产党并利用反蒋派,于己不利,故反苏防苏是蒋的基本方针之一。就后者而言,蒋深谙以攘外促安内统一,用外争压抑内争的策略,故颇愿看到出现某种举国一致的对外冲突局面,从而不仅使张学良等非依靠南京不可,而且迫使其他异己势力屈服于举国对外的压力之下就范于南京的号令。因

---

① 《夏维崧致南京外交部电》(1929 年 6 月 1 日),《中华民国外交史资料选编》(1919—1931),第 536 页。

此,张学良反苏的举动,蒋不仅高度肯定,而且有意推动其采取更加激进的做法。当然,注意到苏联公开威胁不再承认中国驻苏各使领馆享有治外法权,南京外交部这时多少有点担心。王正廷 4 日电告张学良这一情况后,特别提出:"形势紧张,亟应妥善应付。"并询问张:若绝交,吉、黑沿边,以东省兵力能否足资防御,希即妥筹详细电复①。张学良这时对此显然还不以为意。他随即回电,态度轻松,说:"服务地方,守土有责,奉安期间,自由集会,中央迭有禁令。兹苏驻哈领事馆,召集共党秘密开会,不但扰乱地方治安,且违背中俄协定,不得已将领事馆搜查。"②

　　进入 6 月初后,苏联方面在中苏边境频繁调动军队,而中东铁路苏方员工亦以罢工等形式向东北当局表示抗议。张学良的反应,一是派兵增防边界地区,一是准备夺回中国本应享有的控制在苏联路局局长手中的中东路那一半管理权,不得已时不惜强行撤换局长。张学良所以要紧接着采取这一措施,也是预先就有所策划的。因为,负责中东路权交涉的东省特区行政长官张景惠和中东铁路督办吕荣寰等早就忍无可忍,5 月间即曾向张学良表达了他们的愤怒,同时提出了强行夺取管理权的主张。6 月 6 日,张学良明确批准了这一行动。电告张、吕:"东路仍本协定精神,要求履行,继续以前经过程序,向俄方催促,若再用延宕办法,则我方须利用此时机出以严厉之手段,解散职工会,封闭苏俄所设商号,其余检查电信,限制居民,驱逐不良分子,皆将次第施行,务达我方所希望而后已。"③

　　蒋介石这时对东北方面搜查苏领馆的态度也很明确,那就是:"决以强硬对苏俄。"④因此,包括中东路问题,其意也主张强硬解决。相比

---

①　张友坤、钱进编:《张学良年谱》(上),第 368 页。

②　张友坤、钱进编:《张学良年谱》(上),第 367 页。

③　《致张景惠吕荣寰电》(1929 年 6 月 6 日),《张学良文集》第 1 卷,第 191 页。

④　蒋介石日记,1929 年 6 月 10 日。

较而言,张学良解决中东路问题的办法,仍拟以遵守 1924 年中苏及奉苏协定为前提。即使强行解除苏方管理局局长职务,也只是以苏方局长违反协定关于中苏双方权限均等的规定为由,并非准备一举整个夺回中东铁路。而蒋介石和王正廷的态度则并非如此。王正廷的想法很简单,中央正在实行"革命外交",废除不平等条约,收回国家各项权益,正好可以把中东路问题当与蒙古、新疆等问题一并向苏交涉解决。蒋介石这时虽未提出同时解决蒙古、新疆问题的想法,但他明确认为,应当趁机坚决收回中东路全权,大不了与苏彻底绝交。为了统一认识,张学良于 7 月 6 日专程赶赴北平与蒋介石和王正廷会商。10 日的商谈中,蒋介石态度很清楚:"决定收回中东路以防止苏俄赤化也。"[1]他鼓励张学良坚决清除东北的"共产主义势力",并允予全力支持,表示中央可出兵 10 万,支拨几百万元军费。蒋介石的支持,坚定了张学良收回中东路管理权的信心,蒋张达成驱逐所有俄籍管理人员,之后争取收回整个中东路的一致意见。当日,张学良命令哈尔滨特区行政长官张景惠、中东铁路督办吕荣寰,要他们强行收回中东路权。

11 日,东北政务委员会等接连发出命令,通知中东路苏方职员,以中东路沿线电话线超越铁路专用规定,实属侵权为由,实行将该电话线完全收回。哈尔滨特警处亦依据长官公署令,以中东铁路各职工会,以及苏联远东贸易局、煤油局、商船联合会等苏驻哈机关宣传赤化为由,一律解散或予以查封。当日傍晚,特警处更进一步宣布将苏驻哈代理领事及中东铁路管理局局长等五十九名苏方人员驱逐出境。吕荣寰于次日公开发表宣言,指责苏方"把持全力,侵害华方权宜之处,日甚一日。其荦荦大者如关于正副局长权限平均用人等项,均未遵照协定履行";"苏俄重要路员,皆系宣传赤化分子,一面假路员之地位,作宣传之工具,一方假工会之势力,把持路权……显有图谋危害驻在国家之行

---

① 蒋介石日记,1929 年 7 月 10 日。

动"①。表示他奉政府令遵照协定，从事执行，以便防止赤化宣传，保持《奉俄协定》精神，并宣布中东路管理局局长暂由中东路华方理事范其光暂代。

13 日，苏方迅速做出反应。苏联照会南京国民政府，宣称中方此举严重违反中苏 1924 年 5 月 31 日在北京所订《暂行管理中东铁路协定》及同年 9 月苏联与东三省自治政府所订的协定。指责中方对 1929 年 2 月 2 日苏方提出的谈判解决争执问题的提议不予答复，擅自改变现状。建议立即召开会议讨论有关中东路的问题，解除中方命令及释放苏方人员，限中方三日之内答复②。

收到苏联政府的照会后，蒋介石除了电示在北戴河避暑的张学良"本原定方针，妥慎处理，持以镇静"③以外，对苏方的威胁并不以为意。其他政府要员，如铁道部长孙科、立法院长胡汉民等，亦相继出面发表谈话，声称苏方照会实为恫吓，不足为虑，强硬表示中央将坚决贯彻对俄策略，绝对不为苏联政府的照会所动。16 日，中方复文宣称，此次东省搜查哈尔滨俄领馆，及对于中东路之处置，"本系阻止骚乱治安事件之勃发为目的"。因"苏联东路局长及该路重要职员，对于一九二四年中俄协定及中东路暂行管理协定，自始即未能切实执行。数年来，该局长等种种违法越权事实不可胜指，至使中国人员欲按照协定执行职务而不可得。尤甚者，苏联人员辄借该路机关作险诈违犯中俄协定之宣传。因此种种原因，该省对于东路不得不有此处置，是违背中俄协定及东路管理协定其责不在我方，至为明显"。中俄关系各事件及东路问题，中方当派驻苏公使朱绍阳回莫斯科与苏方商榷，以谋合理合法之解决④。

---

① 《吕荣寰之宣言及布告》，《申报》，1929 年 7 月 13 日。

② 《苏俄通牒原文》，《申报》，1929 年 7 月 18 日。

③ 《蒋介石致张学良电》(1929 年 7 月 16 日)，蒋中正总统档案·特交文电，18045171。

④ 《外部昨电令驻俄代办转达中国对苏俄希望》，《大公报》，1929年7月17日。

　　哈尔滨领事馆事件尚未解决,张学良继以武力夺取中东铁路,南京国民政府又拒绝苏方照会,早就准备采取相当办法的苏联政府随即宣布对华断交。17 日,苏联外交人民委员会照会中国驻苏代办夏维崧,宣布:(一)召回苏联在华全体外交官、领事及商务代表;(二)召回苏联政府任命之中东路全体职员;(三)停止中苏间全部铁路交通;(四)命令驻苏中国外交官、领事即时离开苏联国境。同时声明保留 1924 年中俄、奉俄两协定中所规定之一切权利①。

　　接到苏联政府断交照会后,蒋介石当即与胡汉民等密商对策。因苏方的举动在南京当局意料之中,故蒋、胡均不甚在意,且估计苏联不敢用兵,胡汉民公开对记者声称:"俄二次通牒态度早已料到,仍系恫吓,不致发生战事。"②18 日,蒋在日记中表示:"接苏俄绝交复牒,即命驻俄使领回国。其末句有苏俄政府声明保留一九二四年中俄所订协定之权利,是其意在保留,是无派兵保护之意,其或不敢用兵;如其用兵,则必以全力赴之,内政或易解决也。"③蒋介石特地致电阎锡山、张学良,为其打气称:"中东路事件,赤俄迄无觉悟。铣日向我通告,召还驻在我国之使领及中东路俄员,断绝中俄铁路交通,并请我国召还在俄使领。赤色帝国主义者充分表现其蛮横之态度,本无足异。且中俄绝交已非一日,苏俄至今宣告等于滑稽。况据其国内形势及国际关系观察,亦未必遽敢向我宣战。中央对于此事,早经决定方针,务须保我主权,决不受其胁迫。惟中俄接壤,绵亘万里,狡谋侵占,不可不防。国际情势复杂,尤须郑重应付,免致造成协以谋我之局……尊处准备有素,当不至稍有疏虞。"④

　　19 日,苏联驻华各地使领馆人员开始下旗离境。当天,南京国民

---

①　《苏俄绝交牒文》,《大公报》,1929 年 7 月 19 日。
②　《苏俄昨宣布对华绝交》,《大公报》,1929 年 7 月 19 日。
③　蒋介石日记,1929 年 7 月 18 日。
④　《蒋介石致张司令长官电》(1929 年 7 月 18 日),蒋中正总统档案·革命文献,统一时期,第五册,第 19 页。

政府对外宣言发表,并正式公布从哈尔滨苏领事馆搜获之文件。其中包括苏俄破坏"中国统一",支持共产主义运动,"组织暗杀团"、"秘密破坏军"炸毁中东路的"文件"①。南京国民政府第三十六次国务会议就苏联宣布正式绝交问题做出相应决定,即:"所有苏俄驻华使领馆人员一律护送出境,我国驻苏俄使领馆人员一律召回本国。旅居苏俄华侨托由驻苏俄德国使馆代为保护,令外交部负责办理。"②中苏两国自此彻底断绝了一切外交关系。

二　中苏交涉的破裂与中断

对东北地方当局 7 月 10 日强行夺取中东路之举,苏联政府在此后近三个月的时间里,基本采取两手策略,一面争取通过和平协商解决争端;一面积极备战,向中方施加军事压力,以恢复中东路事发前的原状。只是随着时间的推移,两手的重点有所不同而已,断交前以"和"为主,断交后便转向以"战"促"和"了。

至于中方,由于苏联宣布对华断交后,即在中苏边境制造紧张空气,张学良首当其冲,感到压力不小。他致电蒋介石、王正廷说:苏方现调动军队,积极筹备,迫近满洲里、绥芬河等处,确有以武力压迫情势,决非局部之事故,非东省独立所能应付,应请中央预定方策,详为指示。事机危迫,不容再迟,否则牵动大局,关系重大③。而蒋介石则继续坚信苏联决不敢对中国开战。7 月 19 日早 8 时,苏军开始在绥芬河一带向中国守军开枪开炮,并扣留行进在黑龙江上的中国船只。他仍断言:"详察国际形势,俄无开战可能,昨日绥芬飞机与炮声是其仍以恫吓性

①　《国府公布苏俄扰乱中国证据》,《申报》,1929 年 7 月 20 日。
②　《中华民国外交史资料选编》(1919—1931),第 540—545 页。
③　《东北边防军司令张学良自沈阳报告苏联政府调动军队迫近满洲里、绥芬等处请中央预定方策电》(1929 年 7 月 20 日),秦孝仪主编:《中华民国重要史料初编》绪编(二),中国国民党中央党史委员会 1981 年初版,第 221 页。

质,我军前方部队须以极镇静态度处之。"①

　　蒋介石这时的态度很明显,就是绝不向苏方示弱,坚决不与苏联直接交涉。他注意到《非战公约》7月24日将正式生效,其主倡者美国政府又对中苏冲突格外"关切",认为可以以此为契机,借助国际的力量,迫使苏方承诺不诉诸武力,承认中方所造成的既成事实。对于蒋的这一主张,20日夜从青岛赶回南京的王正廷不大赞同。他在次日凌晨见蒋时表示:俄国未加入国际联盟,故无要求联盟调停必要。对非战公约组织,也只能限于将中国政府的态度通知签约各国而已。毕竟外交全靠自己,不能依赖他人②。因此,他主张应当对苏联政府的绝交照会做出正式答复,以寻求直接交涉。对此,蒋介石断然反对,严词道:"彼已决绝如此,余决不复,兄必欲复,请以兄私人名义复之可耳。"③

　　这时,正是南京国民政府大力推行所谓"革命外交",与列强各国紧张谈判改订新约的关键时期,东北地方当局武力夺回中东路的举动,在全国范围内引起热烈反响。蒋介石以为苏联宣布断交并在边境实施武力威胁,必将激起社会舆论和民众的强烈不满,正可利用这一民气,提升南京中央政府的声望,并彻底抑制国民党内各派反蒋势力的权力挑战。7月20日,蒋发表致全国将士电,声称:"今日舍努力拒俄以外无忿嚊,舍一致对俄以外无出路。诸将士其同心一德,共同努力,誓贯彻废除不平等条约之目的,以完成我国民革命最后之职责。"④他一面坚持对苏采取强硬态度,一面要求东北地方当局对苏方的军事挑衅力避冲突,其基本策略是希望通过外交途径,推动英美等国主导下的非战公约组织和国际联盟出面调停,以达到不战而胜的目的。

　　但是,列强各国并不是可由蒋介石任意摆布的棋子,他们的算盘比

　　①　《蒋介石致张汉卿电》(1929年7月20日),蒋中正档案,革命文献,统一时期,第五册,第32—35页。
　　②　《美国建议调解中俄争端以后》,《大公报》,1929年7月22日。
　　③　蒋介石日记,1929年7月21日。
　　④　《中华民国重要史料初编》绪编(二),第220页。

蒋介石打得更精。这时,除了德国由于第一次世界大战战败签署《中德条约》已取消在华特权外,其他大国在中国均享有条约特权。南京国民政府废除不平等条约的宣示和东北地方当局武力夺取中东路的实际行动,深深触动了他们的敏感神经,他们乐见苏联利益受损,却不能不顾及自己的既得利益。他们对中方急欲以强制手段废除不平等条约极为反感,惟恐在他们之间出现中东路事件的重演。在此共同立场的支配下,加上苏方坚决反对第三国介入其事,美英等国竟作出了令南京国民政府大失所望的反应。中国驻华盛顿公使伍朝枢明白电告外交部:此次中国攫夺中东路,美英等均印象不佳,法国亦然。美国国务卿明确表示,正因为世界舆论不赞成中国的作法,故苏联的态度已转强硬。中国此举不能不令人怀疑是借口防止俄人宣传共产,目的是要占领中东路。由于顾虑到美英等国的态度,南京政府外交部自 21 日起不得不改变策略,开始突出宣传:此次夺取中东铁路,纯"因哈埠事件发觉东路重要职员及其他机关经理委员均经参加",出于取缔宣传共产的目的不得已而出此,"此后该路问题及关系各事件均先由中俄商洽解决。"①王正廷更强调"今日之驱逐俄员,不是要抢夺铁路,是自卫国家。"②这些言论,不但暗示南京政府此后将寻求中俄直接交涉,且无异于公开承认此前的夺路行动的错误。

　　7 月 21 日,中国驻德公使蒋作宾电告外交部称:俄大使托人来馆表示,俄方不喜欢列强以拥护《非战公约》为辞出面干涉,故甚望中俄能直接交涉,自行解决。"特询我方意旨,倘得双方同意,即可设法转圜云云"③。这一消息使蒋介石和南京政府高层更加确信:"俄国绝不轻用

---

　　①　《外交部致驻各国公使电》(1929 年 7 月 21 日);《外交部致驻英国陈代办电》(1929 年 7 月 21 日),国民政府外交部档,0624.20/5050.02—09,0175,1836。

　　②　上海《时报》,1929 年 7 月 23 日;《南京国民政府外交部公报》第 2 卷第 3 号,1929 年 7 月。转引自《中苏历史悬案的终结》,第 166 页。

　　③　《柏林蒋作宾致南京外交部电》(1929 年 7 月 21 日),蒋中正总统档案·革命文献,统一时期,第五册,第 39 页。

兵,绝不至有战事,东北无大顾虑。"①虽然两日后,蒋作宾就报告苏联大使已向他表示,该国政府已经否定了他的建议,坚持"非中东路恢复原状不开谈判"。但南京政府内部这时对收回中东路仍旧充满着乐观的看法,甚至认定各国论调已为之一变,无有以俄为是者。"俄人之不敢用兵,即此可以断定"②。

张学良这时的想法明显与南京方面不同。这个时候大多数东北军政要人均对张采取如此行动来解决中东路问题抱强烈怀疑态度,张前此的强硬态度在东北高层当中已颇为孤立。苏联不顾刚刚签订的《非战公约》的条文约束,以侵扰中国领土领空相要挟,亦清楚说明苏联绝不会听任中方夺回中东铁路。这更加印证了多数怀疑论者的观点。张学良这时已清楚地了解到,以东北之力,绝不足以停止苏军的进攻。如要对抗苏军,必须引入中央军。但若照蒋介石拟订的方案,将中央军引入东北协防,则内部反对必更强烈。且如此一来不仅东北自主之地位将不保,日本关东军也势必会激烈反对,甚至实施干涉行动。因此,张学良此时已开始深信,将中东路事件限制在局部范围内,依据条约解决问题,最为适宜。

鉴于外交部 21 日肯定夺取中东路为"权宜之措施",且国民政府的宣言也明确提及 1924 年中俄条约的规定,故力主妥协的吉林省主席张作相积极推动与苏联驻哈总领事梅里尼可夫的接触。他注意到梅里尼可夫并未拒绝与东北当局进行交涉。张学良马上做出了积极的反应,他不仅亲自出面,通过与美国《芝加哥日报》记者谈话,解释东北当局绝无破坏 1924 年中俄、奉俄协定,单方面收回中东路的想法,此次之事不过俄方利用中东路宣传赤化所引起,而且立即指示蔡

---

　　①　《南京赵部长致太原阎总司令电》(1929 年 7 月 21 日),阎锡山档案,中东路事件案,2136－2138。

　　②　《南京赵部长致太原阎总司令电》(1929 年 7 月 24 日),阎锡山档案,中东路事件案,2134－2135。

运陛交涉员与梅领事具体接洽。在张作相和蔡运陛等人的坚持下，张学良很快批准发出致苏联代理外交人员委员加拉罕的专函一封，提出四项具体交涉办法：一、双方各派代表定期会议，解决东路问题；二、苏政府另派正副局长；三、东路现在之状态认为临时办法，由俄正局长、华副局长共同签字办事，俟将来会议后，根据中俄奉俄协定规定之；四、被拘苏方人员可以释放，苏联拘留之华人亦须一律释放[①]。为了征得南京方面同意，张学良特意致电蒋介石，作了详细说明，并强调涉及中东铁路以外的各重要问题，自当仍由中央进行交涉，而"中路本为局部问题，不如先由地方径与商洽，即一时未能解决，亦尚有回旋余地"[②]。

张学良此举，让蒋介石倍感恼火，在日记中忿忿然称："苏俄离间中央与地方感情，运动张作相提议条件，恢复其权利。而二张既恐苏联开衅，又怕日本趁机，故议和惟恐不及，而毫不权轻重利害，以动摇中央之方针。外交至此，又得一深刻教训，不仅对外关系复杂，须思虑周到，即对内亦不能只知以外交为团结之机，而其结果或相反也。"[③]但是，张学良地位太过特殊，蒋为牵制关内冯玉祥、阎锡山，非与张携手不可，因而投鼠忌器，敢怒不敢言，复电一方面肯定所谓"先由地方以为接洽回旋余地"的说法，同时提醒张应"防俄利用中央与地方之分，彼乃从中挑拨取利"，"使我中央与地方对俄方针分歧，步调不一，致外交失败，反为其所操纵。故凡既经由中央接手之外交，无论如何困难，必须认定中央为交涉对手，以保国家威信"。最后，蒋建议张务必修改给加拉罕的四条件，即保留原条件中之一、四两条，二、三条并为一条，即"东路现在之状

---

① 《呈国民政府电》，《张学良文集》第 1 卷，第 214 页。
② 《张学良、张作相致蒋介石电》（1929 年 7 月 26 日），蒋中正总统档案·革命文献，统一时期，第五册，第 51 页。
③ 蒋介石日记，1929 年 7 月 27 日。

态,认为临时办法,俟将来会议后,根据中俄奉俄协定规定之"①。言外之意,不能允许苏联继续有权管理中东路,且应为收回中东路留有余地。

因事涉外交,张学良不好独断专行。但张深知不请苏联再派正副局长,苏方必不能答应,故其虽依蒋意将四条改为三条,却仍将原有二、三两条作为附件提出,以符苏方之意。随后,他电蒋表示:"俄另派正副局长一节,准情酌理。为先发制人计,不得不容纳彼方意见。至会同签字办事一层,实系我方提出,如能办到,于将来会议时亦属有益无损。上述两端仍须于函末附带声明,并未列入正式条文之内。"②对此,蒋介石复电严厉指示:"附件不可加入,务请设法注销。"③在蒋介石和王正廷的再三督促下,张学良最终被迫放弃了自己的意见。

东北地方当局与苏联的这轮交涉所以破裂,根本原因是南京中央政府与东北地方当局在要不要立即收回中东路权这个问题上存在严重分歧。张学良坚信暂时无此可能,他的目标是能依据条约规定,允许苏方另派正副局长,争取实现双方平等享有管理权,即算大功告成。但南京方面却坚欲设法废止这项规定,使苏联不能操纵中东铁路。针对张学良忧虑苏联可能再出重拳,王正廷力劝张不必过于担心,"万一接洽决裂,窃度彼方虽严整战备,然亦为签字《非战公约》之国,必不敢以世

---

① 《蒋主席致张学良司令长官指示对俄交涉应注意事项对喀拉罕提议改正各条文电》(1929 年 7 月 27 日),秦孝仪主编:《中华民国重要史料初编》绪编(二),第 240—241 页。

② 《东北边防军司令长官张学良自沈阳报告业将所定三条原文用个人名义函达喀拉罕电》(1929 年 7 月 28 日),秦孝仪主编:《中华民国重要史料初编》绪编(二),第 241 页。

③ 《蒋主席致张学良司令长官指示致喀拉罕原文三条之外附件不可加入电》(1929 年 7 月 27 日),秦孝仪主编:《中华民国重要史料初编》绪编(二),第 242 页。

界为敌,实行宣战。"①

东北地方当局与苏联的交涉破裂后,蒋介石一面为张学良打气:"以现势判断,俄实外强中干,彼除用利诱威胁之外,再无其他方法。如正式开战,乃正彼所忌。"鼓励张学良"能多一时之忍耐即增多无穷之国威,且表现吾兄政治之能力,不久在国际地位上将生莫大之影响"②。一面暗中电示与张私交甚好的北平行营主任何成濬,令其为政府代表前往沈阳,表面"辅佐汉卿主持交涉",实际是监视张学良,"使暴俄无所使其伎俩",并要何成濬与张"切商军事准备,以防万一"。说:"我方对俄终以不主开衅,惟以镇定不屈处之。"③8月14日,蒋介石与胡汉民、王正廷、戴季陶、古应芬等会议决定,仍本预定方针行事,至少对中东路管理权"决谋收回"④。当日,蒋介石在日记中写道:"暴俄野心毕露,必待其侵略虚伪之行动暴露,社会主义国家之虚伪、共产主义国家之侵略行动显著,方得暴露其恶劣、蛮横,而后世人之迷梦方醒,青年之妄想乃消。吾人以革命之立场,决不屈服于暴力之下,与其不战而亡,以污我民族光荣之历史,宁借城背一,同归于尽,保我国民革命之光荣。"⑤蒋介石的政治高调不可尽信,其中所言也未必尽是内心的真实想法,但其可能有的思路还是可以由此窥见一斑。

边境面对可能的大规模的武装冲突,张学良感受到愈来愈大的压力。他致电南京中央强调:"东北与俄接壤之处,绵亘千里,现在防御所能及者,仅在东路两端,即绥芬河及满洲里,而近来俄人来衅,率由陆路

① 《王正廷致张学良电》(1929 年 8 月 5 日),蒋中正总统档案·革命文献,统一时期,第五册,第 72—73 页。

② 《蒋介石致张司令长官电》(1929 年 8 月 14 日),蒋中正总统档案·革命文献,统一时期,第五册,第 77,82—84 页。

③ 《蒋介石致北平何成濬军长电》(1929 年 8 月 14 日),蒋中正总统档案·革命文献,统一时期,第五册,第 76 页。

④ 《蒋王会议主收回管理权》,《大公报》,1929 年 8 月 15 日。

⑤ 蒋介石日记,1929 年 8 月 14 日。

交界处节节进窥,顾此失彼,极感困难,此防不胜防者一。中日韩俄之共产,分布东北各省,平时尚未敢发动,一旦有机会可乘,势必到处爆发,不易遏止,此防不胜防者二。"强烈要求南京中央速决办法,以期早日解决。15 日,张学良下达作战动员令,增派 6 万大军分兵两路奔赴中苏边境,以抵御苏军犯边。16 日又发表声明宣布苏方若再进逼则是甘为戎首。

　　张学良按照蒋意向中苏边界大规模调兵遣将,没有起到丝毫阻吓苏军的作用,这进一步引起了张学良的高度紧张。但注意到苏军此一轮进攻仍是打了就走,并未以消灭守军和攻占中方领土为目的的蒋介石却依旧要张保持镇静。其 17 日即电告张学良称:"暴俄仍为恫吓,行动不敢深入我境也。"他对张派兵 6 万驰援满洲里和绥芬河,及发表声明宣示决心极为满意,声称:"如对俄问题,兄与中正能取一致行动,则未有不操胜算也。"①

　　18 日,蒋作宾电告德国外长建议中国政府想一变通办法,表面上满足苏联要求,实际上收回中东路主权。一直以来,蒋介石坚持强硬对苏,其重要原因之一,是因为非如此无法达到最终迫使苏联放弃中东路的目的。接受苏联方面的先决条件,哪怕只是同意其改派局长,都等于继续认可中东路原有的状态。纵使照张学良的意见,加上双方局长会签的规定,使双方在管理上实现权利均等,也离收回中东路管理权乃至全部收回中东路的初衷相距甚远。德国外长的建议,终于让蒋介石看到了达成目的的一线曙光。因此,一直认为对苏交涉尚不到时机的蒋介石,接电后当即通知王正廷:"准由德人居间调停。"②

　　经数日磋商,蒋作宾与德国外长于 22 日初步达成一项解决办法。其内容四点:"(一)苏联政府推举新局长、副局长,由现理事会委派,苏

　　①　《蒋介石致张学良电》(1929 年 8 月 14 日),蒋中正总统档案·革命文献,统一时期,第五册,第 89 页。
　　②　蒋介石日记,1929 年 8 月 18 日。

联政府训令俄籍中东路职员严格遵守《中俄协约》第六条规定。（二）双方立将五月一日后为此次纠纷被捕之人释放。（三）双方愿按照《中俄协约》解决一切问题，尤须按照该协定第九条第二款（按：即中国有权赎回该路之规定），解决中东路问题，且双方须立即派遣全权代表开议。（四）双方承认自纠纷发生以来之中东路现状，应照中俄、奉俄协定变更之，但此种变更须先由其两国代表会商决定。"①这一解决办法以《中俄协约》为基础，而强调协约早已名存实亡，坚持中东路问题必须根本解决，是南京国民政府这时对苏交涉的基本策略。因此，该办法不为南京国民政府所接受。

26日，蒋作宾来电对所拟办法作出解释：南京对原提解决办法顾虑的关键，其实在第四条"现状"二字之解释，只要指明此"现状"是指纠纷发生后而言，若双方开议后俄不允赎路，我即可据此解释否认变更现状，结果自然可以继续管理该路。此点确定，则其他各条当不成问题②。对蒋作宾的解释，蒋介石表示满意，指示王正廷复电蒋作宾照此办理。27日，外交部正式通知张学良、阎锡山等有关政要：中俄交涉自地方接洽停顿后，现已经过德人从中斡旋，商定四项办法。王正廷并解释道：若开议后俄不允我赎路，我方可反对变更现状，"使理事会不能成立，局长亦不能委派，而现状一日不变更，我方即可继续管理"③。

然而，苏联方面并没有像南京方面希望的那样轻易就范。30日晚，王正廷得到蒋作宾转来苏联29日的正式答复，苏联政府不仅坚持任命新局长必须与中苏开始谈判的宣言一并发表生效，且要求苏方如需任命新局长，中方亦必须同时撤换中东路理事会的中方理事长，否则

---

①　《蒋作宾致介石电》（1929年8月22日），蒋中正总统档案·革命文献，统一时期，第五册，第97页。

②　《上海宋子良译呈蒋主席电》（1929年8月26日），蒋中正总统档案·革命文献，统一时期，第五册，第103页。

③　《外部对俄宣言全文》，《大公报》，1929年10月26日三版；《南京外交部致阎总司令电》（1929年8月27日），阎锡山档案，中东路事件案，2218—2220。

须去掉局长前面的"新"字,一切恢复原状①。

　　苏方的态度大大出乎蒋介石的意料之外,令蒋无法接受。中央政治会议外交组通过决议,要求蒋作宾继续接洽,力争苏联接受原案。王正廷因此声明:"国民政府不能发见何种理由撤换现任东路理事长。"②9月6日,有外电称,苏联外交人民委员李维诺夫正式发表声明,宣称:中苏交涉办法不照苏方意思修改不能再开谈判,苏方的让步条件是:中方撤换理事长,苏方允换局长。对此,南京国民政府外交部也从侧面作出反应称:外电所传恐有错误,实际上前此交涉中,经德国方面转述苏联方面的要求中,并无此项要求。而对苏联政府针对中德商定的办法所提修改意见,亦与德方此前所转述的意见不符。故中方怀疑苏方是否有解决问题的诚意③。

　　9月19日,蒋作宾报来苏方答复意见称,苏方强调,苏联政府对中方提议解决办法之修改意见,乃绝对必要之最小限度的修正,且此修改均系依照中国政府所承认的北京、奉天协定。故此修正案之实行为两国开议前之必要条件,亦是苏联政府始终所主张者。中国政府坚持否认苏联政府立即委派局长,不啻自行撤回其提议,而不欲以妥协方法解决争执。若因此导致冲突扩大,中国政府应负全责④。苏方这时的态度很明确:"苏联政府自始即主张恢复原状,而同意最低限度以中国委任中东路新理事长为委任俄籍新正、副局长之交换条件。倘令中国拒绝此最低限度之条件,即中国无和平解决冲突之意。"⑤

---

　　①　《王正廷致蒋介石电》(1929年8月30日),蒋中正总统档案·革命文献,统一时期,第五册,第104页;《苏俄所改宣言内容》,《大公报》,1929年9月1日。

　　②　《王正廷声明否认妥协》,《大公报》,1929年9月2日。

　　③　转见蒋中正总统档案·特交档案,180378。

　　④　《蒋作宾致王正廷电》(1929年9月19日),蒋中正总统档案·革命文献,统一时期,第五册,第111页。

　　⑤　韩信夫、姜克夫编:《中华民国大事记》第2册,中国文史出版社1997年版,第1049页。

　　鉴于苏联方面坚不让步,列强各国又袖手旁观,再加上这时国内反蒋势力大有蜂拥而起之势,蒋急需张学良率部入关支持,被迫决定对苏让步。24 日,蒋电告何成濬:"对俄外交决计让步结束矣。"[①]注意到柏林交涉因德人居中转达,致使自己的判断发生误解,因此蒋介石一改过去坚决反对东北地方当局直接交涉的态度,在要求蒋作宾准备作出让步的同时,更试图再通过东北地方当局方面去与苏联接洽。要求外交部派亚洲司司长周龙光前往沈阳,授权东北地方当局直接向苏联寻求和平解决,不必拘泥于中央交涉。但张学良此时也是束手无策,其复蒋电称:"至俄事由东北直接交涉一节,由于边境战祸发生以来,交通阻绝,不但对方原任谈判之人早已遣返,无由接洽,即使函电传达,亦苦无法可通。所以实无术再事转圜。此事当初既由中央完全担任,已数月之久,彼外交当局对本案应付计划,自必筹之已熟,今虽有小波折,亦应别图良策,以善其后。"[②]

　　至此,中苏交涉再度陷入困境。尽管王正廷极力否认有所谓苏联政府通知各国驻莫斯科大使,经德国调停之交涉已告中止之说,但事实上,苏联方面确已不再通过柏林与中方进行接洽了。

三　中苏边境之战的爆发与收场

　　如前所说,中东路事件发生后,苏联一直采用和平与武力相威胁的应对策略,7 月 17 日宣布与中国断交后更是重点转向以军事手段解决争端的准备。自 19 日起,苏军便开始采取一些零散的试探性的军事行动。8 月 6 日,根据斯大林和伏罗希洛夫的建议,苏联决定将当时驻扎在远东地区的所有武装力量合并组成"特种远东军",任命熟悉中国情

---

①　转见《何成濬致阎锡山电》(1929 年 9 月 24 日),阎锡山档案,中东路事件案,2250。

②　张友坤、钱进编:《张学良年谱》上册,第 401 页。

况的布留赫尔（加仑将军）为司令，主要兵力由三个步兵师增加到五个。11 日，苏军越过边境线，在满洲里与东北军激战两小时，迫使东北军后撤。12 日，苏军三百余人在飞机和军舰的掩护下，又向松花江边的绥东县发起进攻，占领兆兴镇。13 日，苏军与东北军在兆兴镇激战 5 小时，继而占领满洲里附近的闹尔屯。14 日，东线苏军占领密山。苏军的凌厉攻势，有效促使蒋介石于 18 日批准了蒋作宾"准由德人居间调停"的提议。

　　9 月下旬柏林交涉中止后，中苏围绕中东路的冲突继续升级，苏军进一步加强了对中国边境的军事示威行动。10 月初，哈尔滨特区高等法院开审苏联领事馆案，更是最终引发了苏军对中国东北边境地区连续不断的大规模进攻。10 月 12 日，同江战役爆发。苏军大举出动，向同江中国守军发动大规模进攻。中国海军江防舰队顽强抵抗后几近全军覆没，苏军夺取同江县城，中国守军被迫退守富锦。对于苏军的大举进攻，蒋介石除了推动国民政府拨款 200 万元外，几乎帮不了备受苏军打击、损兵折将的张学良什么忙，而其自身因受到张发奎、俞作柏、李明瑞、唐生智，乃至冯玉祥等部联合反蒋势力的巨大压力，还不得不向张学良索要重炮营以为奥援。这种情况连蒋介石自己也觉良心不安了，他在给张学良的电报中再三解释说："暴俄知我国内乱，故对我提议与德国斡旋之计，均置之不理，且声言概不承认与德国有所接洽云。如此情状，我方求速，而敌方反益延缓，使我前方将士与东北同志困难倍增，此心歉然，莫可名状。"但又说："以意度之，西北问题不了，则俄事亦连带延长，不能速了。"表示这是他不能不请张学良帮助的原因所在①。

　　苏联为什么选择这个时间点采取如此大规模的军事行动？就其自身而言，主要基于以下两方面的考虑：一是蒋介石一直不甘示弱，苏方恢复中东路原状的目标未能达成。为改变其被动应付局面，掌握战略

---

① 《蒋介石致张学良电》（1929 年 10 月 19 日），《中华民国重要史料初编》绪编（二），第 248 页。

主动权,认为有必要加大军事逼和的力度;二是国际、国内时机对苏有利。这年 10 月,苏英宣布复交,西线已无后顾之忧。而东西方各大国特别是日本又明显表现无意直接介入苏中冲突。在国内则素主对华强硬的斯大林取得了党内斗争的胜利,有助于联共(布)统一事权,集中指挥,协调行动,为军事行动的胜利提供了组织保证①。就其打击对手而言,主要是让苏联看到了蒋介石此时已陷入列强袖手旁观、内部反蒋烽火连天的难以招架的困境,对苏联取胜十分有利。蒋介石虽然再三催促外交部抓紧寻求解套办法,可王正廷也表示无计可施。他在 21 日电告张学良:德国出任调停一层已被俄拒绝,中央亦无法可想,东北应设法自了。随即,外交部致电驻外各公使,通告中俄交涉破裂的情况,希望各国能够提供帮助和意见,但各国政府对于中国所面临的困境,态度依然如故,相信中苏两国可以在原有协定的基础上和平解决争端。

　　10 月 30 日,已后撤的苏军再度进占同江县城,并派海陆空军侵入富锦江岸,于当晚夺占富锦县城。从 11 月 17 日开始,苏军又大举展开进攻,兵分东西两路,西路主攻满洲里和扎赉诺尔,东路分别指向绥芬河和密山县。据张学良报告:"十七晨敌飞机廿七架,联合步骑炮兵三万余人,坦克车二十余辆,向满洲里、札兰【扎赉】诺尔同时进攻。"②19日,扎赉诺尔失守,守军第十七旅七千余人损失"逾三分之二",旅长韩光第战死③。20 日,苏军攻占边境重镇满洲里,东北军旅长梁忠甲及所部数千人尽为苏军俘虏。24 日,苏军攻占海拉尔。

　　苏军此次大举进攻,仅几天时间,东路就深入百余里,打下了密山县,并进至佳木斯以北牡丹江以东地区;西路更是由满洲里、扎赉诺尔,经嵯冈一气攻陷了海拉尔。在苏军进攻下,东北军军心动摇,战线崩

---

　　①　参见刘显忠《中东路事件研究中的几个问题》,《中苏历史悬案的终结》,第 153 页。

　　②　《赤军蹂躏满札等处》,《申报》,1929 年 11 月 21 日。

　　③　《张学良电告满札失陷经过》,《申报》,1929 年 11 月 26 日。

溃,士兵们成排成连地缴械投降,极大地打击了东北军的士气,动摇了东北边防。对此,南京国民政府除要求驻外各公使向列强各国通报苏联侵略情形,并向国联和非战公约组织提出控诉,要求各国共同制裁苏联外,只剩下转托德国政府照会苏联,要求苏方顾念《非战公约》规定,接受中方建议,各自从边界后退军队三十英里之一着可想①。

当然,张学良对南京方面的努力已不抱希望。还在海拉尔沦陷前,张学良就已经命令蔡运陞立即设法与苏方人员进行接触,谋求东北地方与苏联方面直接交涉。20日,蔡经过原苏联驻哈尔滨总领事馆工作人员库库林和聂嘉夫向苏联当局递交了一封正式文件,声称希望立即开始就中苏冲突问题进行谈判。当日,库库林前往海参崴,得苏联外交人民委员会复函于25日返回哈尔滨。苏联政府条件依旧:(一)中方承认根据俄中协定恢复东省冲突以前之状态。(二)对于苏联方面根据协定所推荐之正副局长,即行恢复其职权。(三)因纠纷逮捕的苏联人员即行悉数释放。苏联方面并声明,中方对8月29日由德国转达之先决条件未履行前,不能开始谈判。张学良27日电告阎锡山和何成濬称:得此复函后,“良即召集寅僚从长讨论,金以认外部交涉数月毫无结果,东省人死万余,财产损失约数万万,不能不设法了结。良查蒋主席暨外部从前均有电来指定三策,令由地方自了,遂于宥日致电俄外部,对前项三条件大体同意”。据此,张学良还直接去电蒋介石,要求同意“先由地方接洽,缓提国联”,以免节外生枝②。

对于张学良与苏联直接接触,蒋介石曾大表不满:“晚接汉卿电,已与苏俄直接交涉,声明仍请中央委任交涉人员。惟昨日决议以暴俄侵略中东路,满洲里与札兰【扎赉】诺尔事,通告非战公约国与联盟会,而

---

① 《外部方对俄提议调查,忽传已承认恢复原状》,《大公报》,1929年11月29日。

② 《张学良致阎总司令电》(1929年11月27日),阎锡山档案,中东路事件案,2296-2297;《张学良致何主任电》(1929年11月27日),蒋中正总统档案·特交文电,18936218。

奉天则直接与之谈判,如此大事,政出两歧,惹笑中外,惟汉卿电俄措词尚含混,未得谓之完全屈服,然其无经验与胆识,不能坚持到底,致四月辛苦,尽付东流为可惜也。"①但蒋和南京方面并没有办法处理此一问题,只能任由东北方面与苏联谈判。28 日,莫斯科公布了张学良同意接受苏方先决条件以开谈判与苏方的来往信件。对此,外交部只能矢口否认外电关于东北当局已经承诺恢复中东路原状的说法,但它同时亦不能不承认,莫斯科公布的消息亦并非全无根据。其 29 日分别电告各公使,解释说:"俄事近由辽宁与俄商洽,昨已接有张长官详细报告,惟商洽内容与中央意旨相合。""俄事如能直接交涉固中国政府所深望。"东北方面"如与喀氏有所商洽,在张长官答复范围内自不妨酌量进行"。且"最近俄向辽宁提议三条仍不外喀氏主张,已由张长官答复,可由彼推荐正副局长,余待会议解决"②。

　　12 月 4 日,莫斯科传出蔡运陞与西门诺夫斯基就双方开始谈判一事签署的会议纪要,其中主要的妥协就是:蔡运陞代表东北当局宣布中东路理事会理事长吕荣寰撤职;西门诺夫斯基代表苏联政府宣布,在吕荣寰撤职后,苏联政府将推荐新正副局长以代替原正副局长,惟保留委派原正副局长任中东路其他职务的权利。双方约定在共同遵守 1924年中俄、奉俄两协定的基础上,谈判解决中苏之间围绕着中东路所发生的一切冲突③。对此,东北当局很快即予证实,并声称南京中央已经复电,表示完全同意。而外交部却仍旧再三对外表示尚未接到报告。实际上,王正廷一直在暗中与张学良密切联络。蔡运陞与西门诺夫斯基所以会将苏方原提第二条内容,即苏联原正副局长恢复职务,改为中方撤换理事长,苏方推荐新正副局长,就是外交部坚持苏联原局长复职一

---

①　蒋介石日记,1929 年 11 月 27 日。

②　《外交部电》(1929 年 11 月 29 日),国民政府外交部档,0620.20/505002－09,0299,0301。

③　《蔡运陞回辽复命》,《大公报》,1929 年 12 月 5 日。

节"关系重大,实难迁就"的结果①。

6日,张学良正式致电李维诺夫,对蔡运陞与西门诺夫斯基商洽的结果,表示同意。他同时亦向南京方面作了通报,说明双方代表已达成解决办法三项,即:(一)中东路由苏方重新推举正副局长,并保证旧局长任该路他职;(二)责任问题由双方派员调查,无须第三国参加;(三)中苏纠纷由中苏双方会议解决,请国府决定并派大员正式谈判。张坚信:"如此解决既不背中央迭电饬办之意旨,而默察内外大势均非迅速自了无以善后。"故他已自行决定,派蔡为代表,与俄代表定期开议,讨论各项实行以及关于正式会议各问题②。次日,蒋介石、胡汉民、谭延闿三院长及王正廷等开紧急会,讨论张学良6日致李维诺夫电,对俄事如此解决虽不能满意,但亦承认在此时只能忍痛,故决定对张电意见完全采纳。

随着7日吕荣寰被免职,中苏预备会议得以召开。21日,蔡运陞与西门诺夫斯基签订了预备会议记录。其要点为:(一)恢复1929年7月10日以前中东铁路状态;(二)双方释放自5月27日以后拘捕的对方国家的人民,苏方释放被俘的中方官兵;(三)恢复7月10日以后一切被革除的苏籍员工及雇员的职务,并补发欠薪,同时革除冲突期间雇用的白俄人员;(四)立即解散白俄武装并将其组织者驱逐出东三省;(五)立即在东三省恢复苏领馆,并在苏联远东各处恢复中国领馆,东北当局保证予苏联领馆以按照国际公法和习惯所应享有之权利,中俄全面恢复外交与领事关系问题留待中苏会议讨论;(六)立即恢复东三省境内所有苏联商业机关,两国全部之商业关系待中苏会议讨论;(七)切实保障遵守协议与双方利益之问题留待中苏会谈中解决;(八)中苏会

---

　　①　《张学良致阎总司令电》(1929年12月11日),阎锡山档案,中东路事件案,2314—2315。

　　②　《张学良致阎总司令电》(1929年12月11日),阎锡山档案,中东路事件案,2314—2315。

谈将于 1930 年 1 月 25 日在莫斯科开议；（九）双方下令撤兵并恢复边境和平①。

26 日，蔡运陞携苏联新任中东路管理局正副局长回到哈尔滨。随即于次日赶到沈阳，28 日见了张学良。东北政务委员会 30 日发表任命莫德惠为中东路督办，次日苏新任局长回到哈尔滨，经理事会正式任命后，开始到局视事。双方当天分别开始公开释放被拘和被俘人员，中东路管理权之争至此告一段落。1930 年 1 月 1 日，苏联代表西门诺夫斯基到沈阳谒见了张学良，双方声明两国军队同时开始撤兵。中苏之间因中东路问题所发生的军事冲突，至此亦告停止。

然而，随着伯力中苏预备会议草签记录稿送至南京，国民党高层中原本就对张学良的妥协处置有所不满的党政要员立即开始发难。孙科公开在中央党部总理纪念周讲演中主张根本否认伯力会议所签草约的效力；国民党中央政治会议外交组更通过决议，决定不承认伯力会议草约。王正廷据此电告张学良，伯力会议草约超越范围，必须修正。但是，南京国民政府既无力改变战败的现实，又不能真正对张学良形成约束，1 月 30 日，蒋介石在日记中表示："对俄外交，决取强硬态度，拟决议以蔡允【运】升逾越职权且辱使命，故伯力协定书不得批准。惟中东路问题，与张学良以全权办理，准其派员赴俄交涉，但中东路以外，如通商、复使领馆等问题，是为中俄复交问题，不在中东路范围之内。当俟苏俄派全权代表来中央直接交涉，方得解决也。否则虽至决裂，或张作相反抗时，亦必坚持到底，以保革命威信也。"②虽然表面坚持所谓"强硬"，但同意张学良全权办理交涉，实际是对已有结果的承认，再次谈判更多是为维护中央权威而作的一种姿态而已。2 月初，南京国民政府外交部据此发表宣言，一方面提出伯力协定内容有"中国代表无权讨论者，中国代表实属超越权限"；同时又肯定"伯力记录中关于解决中东铁

---

① 《中俄议定书内容》，《申报》，1929 年 12 月 25 日。
② 蒋介石日记，1930 年 1 月 31 日。

路纠纷之办法,业已实行",表明并无改变现状的意图,只是要求两国举行正式会议,"讨论中东铁路善后问题"①。

始料未及的是,外交部发表宣言不过两天时间,阎锡山竟揭旗反蒋。随即,阎锡山、冯玉祥、李宗仁、汪精卫等各反蒋势力一致携手,另立国民政府,并推举阎为国民政府主席,因而引发了著名的中原大战。这场双方各自动员了上百万兵力的大规模战争,断断续续打了半年时间,直到10月底才以南京国民政府的胜利而告结束。受此影响,中苏正式会议只好一再推迟,直至10月11日才得以正式举行。而基于双方在对伯力会议草约问题上各持己见,会谈刚开即告停顿。而后虽两度复开,仍拖数月而无结果。随着1931年"九一八"事变爆发,东北迅速沦陷于日本之手,南京国民政府与苏联方面此后再没有机会就中东路事件的善后问题进行谈判了。

"九一八"事变爆发后,日本侵占东北,赎路问题成为悬案。随着日本侵略威胁的加剧,两国复交问题成为中苏之间亟待商讨的问题。1931年7月初万宝山事件刚发生时,苏联即通过莫德惠向南京国民政府提议恢复邦交,表示:"现今日本觊觎满蒙,国境方面中日紧张。当此时机,中国政府何不重订对苏对日政策,采对俄亲善方针而使本国能专心对付日本? 果能如此,中国之对日实力必占优势,而造福于今日之中国。"②对此,南京国民政府虽屡经讨论,终以双方意识形态不同,拒绝苏方提议,断言:"苏俄对莫代表之表示,真心不外利用中国。苏俄狡猾,断无轻弃侵略野心之可能。故对莫代表所转告之各种建议,我绝不许可,并应予以反驳。"③9月底,为应对"九一八"事变成立的国民党中央特种外交委员会讨论了对苏复交问题,在此问题上开始采取弹性态

---

① 《外部发表对俄宣言》,《申报》,1930年2月9日。

② 《东北政治委员会致蒋介石、国民党中央党部及国民政府电》(1931年7月6日),日本外务省记录A.6.1.0.5;转见鹿锡俊《1932年中国对苏复交的决策过程》,《近代史研究》2001年第1期。

③ 《刘尚清致张学良等电》(1931年7月9日),日本外务省记录A.6.1.0.5。

度,强调:"对俄复交事可进行但不必立刻实行,以保留与欧美交涉之作用并为有条件之交涉。"①此后,由于双方对各自战略利益判断的变化,中俄关系曲折发展,但总体上开始向着缓和的方向迈进。

---

① 《中央政治会议特种外交委员会第 1 次会议记录》(1931 年 9 月 30 日),刘维开编《国民政府处理九一八事变之重要文献》,台北近代中国出版社 1992 年版,第 6 页。

第四章　南京国民政府内部的派系杯葛与争战

第一节　反蒋派自立门户和"人权派"的集结

一　第三党倡言"平民革命"

国共分裂后,一些参加过革命的上层小资产阶级民族资产阶级分子,在革命突遭惨败的震惊之下,反省自己的思想和活动。他们不满意继续受压迫的地位,不满意国民党对政权的垄断及其内外政策,不满意国民党各派争权夺地的争斗;同时又从革命的暂时失败中得出共产党的主张不适合中国的错误结论,主张走国民党、共产党以外的第三条道路。

1927年革命失败前夕,在国民党左派邓演达和共产党个别领导人之间,就曾有解散共产党,再次改组国民党,另组第三党的酝酿。这个主张被中共拒绝。革命失败后,邓演达去苏联,后又到欧洲考察。1927年11月初,宋庆龄、邓演达、陈友仁在莫斯科以"中国国民党临时行动委员会"的名义发表《对中国及世界革命民众宣言》,声明该会的职责是:"宣告南京、武汉的伪党部中央之罪过,以革命手段中止其受第二次大会委托之职权;并临时行使革命指导之机能。"①但这个"临时行动委员会"在当时并未形成一个组织。1927年冬,谭平山、章伯钧、季方等

---

① 《邓演达文集》,人民出版社1981年版,第337页。

在上海成立"中华革命党"，表示继续奉行孙中山的三民主义。这是第三党形成后最早采用的名称。该党与在海外的邓演达保持联系。1930年春，邓演达自海外归国。8月召开十个省区负责干部会议，将第三党的名称正式定为中国国民党临时行动委员会，通过《中国国民党临时行动委员会政治主张》的决议。邓被选为中央干事会总干事，负责主编《革命行动》月刊。该党经过一番整顿后，一度发展很快，曾建立十一个省区和三个市区的地方组织。

　　第三党积极进行反蒋活动，特别是邓演达利用他以前在黄埔军校和国民革命军中的影响，策动蒋系军官反蒋，给蒋介石的统治造成一定的威胁。《政治主张》是第三党的纲领文件。它的基本主张是进行"平民革命"，推翻南京国民政府的统治，建立"平民政权"的国家，进而"实现社会主义"。它所规定的对外政策是：废除一切不平等条约，重新订立完全平等的新约；在"双方完全平等及不干涉中国革命"的前提下，与苏联恢复邦交；同各弱小民族结成反帝国主义的联盟。经济政策是："消除帝国主义者在华的经济统治势力，消灭封建的残余，在集中与干涉的两个原则下面建设国家资本主义。"社会政策是：改良工人的生活，确定八小时工作制和工人罢工的权利，使工人逐渐参加生产管理。第三党十分注意农民的土地问题。它的土地政策是："原则上主张土地国有，而用耕者有其田为过渡的办法。"实现耕者有其田的具体方案与程序是：由国民会议制定土地法，规定农户占有耕地的最高额和最低额；国家发行五十年长期土地公债，将最高额以外的私有土地和国家以外的公共团体的土地收买为国有；同时将军阀、贪官污吏、土豪劣绅及反革命团体的全部财产没收为国有；将一切收为国有的土地，分配给农民耕种，农民只有使用权和收益权。

　　第三党提出了进行"平民革命"和建立"平民政权"的主张，具体怎样进行呢？它的领导人设计的基本方案是：被压迫人民经过各种职业（农工商业）及准职业（学生、妇女、兵士、警察等）团体团结起来，

"自动去开国民会议","以推翻军阀官僚的统治,形成人民自己的政权"①。但在全副武装的国民党统治面前,要实现这样的主张是不可能的。邓演达也曾提出建立"平民革命军"的问题,但他并不是从革命群众中去建立,而是寄希望于那些"潜伏在国民革命军内面而忠实于农工平民大众的分子,必然的能了解他们自己过去的光荣而与新起来的人民打成一片,形成新的革命武装——平民革命军"②。也就是说要凭借邓演达自己在军队中的影响把蒋军军官拉过来,去组织"平民革命军"。

值得注意的是,邓演达一生对于孙中山及其思想表现得比较审慎,很少长篇大论,从他不多的文字中,可以看出他对待孙中山思想采取了一定的扬弃态度。

邓演达在公开场合始终坚持三民主义的立场。1927 年 7 月他发表一篇文章,叫《我们现在又应该注意什么呢?》,这是大革命失败前他的唯一一篇专门谈论三民主义的文章,其中提出中国国民党是革命的政党,"他的理论是完全具体在孙总理所手著的三民主义上面"。"中国的国民革命就是实现三民主义的革命"③。"四·一二"和"七·一五"政变后,邓演达、宋庆龄、陈友仁等到了莫斯科,发表宣言,坚持三民主义立场,并因此而与共产国际和苏俄领导人产生了分歧。由此可见,他拥护孙中山的政治态度是明确的。他自称是"革命的孙中山主义者",并将三民主义作为中国国民党临时行动委员会的奋斗目标。1930 年 9 月,他在《中国国民党临时行动委员会政治主张》中提出:"孙中山先生的主义,完全是适应上述的环境(按:指中国的社会、政治、经济环境)而

---

① 《中国国民党临时行动委员会对时局宣言》(1930 年 9 月 15 日),《邓演达文集》,第 375 页。

② 邓演达:《怎样去复兴中国革命——平民革命?》(1931 年 6 月 25 日),《邓演达文集》,第 311 页。

③ 《邓演达文集》,第 182 页。

生的产物。"表示"我们的争斗目的,就是要实现三民主义"①。但对当时有些人不顾孙中山三民主义的真实含义,依据自己的政治需要胡乱解释的现象相当不以为然。1929 年 3 月间,他给季方与严重的私人信件中,曾经表露了自己的基本态度。他说:"三民主义的解释,我以为愈少愈好,因为多则有冲突及附会的嫌疑和误会。"②而在给严重的信中,则更为尖锐地说:"中国只有保守主义和前进主义(革命主义),孙中山的三民主义现在已经变成《太上感应篇》和三姑六婆的符咒,你来信还要引它,这也是中国保守主义的无聊。"③回国以后,邓演达在提到孙中山的思想的时候,往往回避三民主义这个称呼,而改称为"革命的孙中山主义",就是基于上述考虑。显然,他对于三民主义的冷淡,主要是针对当时国民党统治集团将三民主义庸俗化而发。

在国情的分析上,邓与孙中山的估计是基本一致的,他们对于中国社会将来的发展方向的预测也基本相同。从根本上说,孙中山认为中国革命是复杂的,中国社会一切问题源于封建专制势力和帝国主义侵略势力的互相勾结,以及中国经济上的落后贫穷。孙中山投身于革命后,一直坚持社会革命与政治革命毕其功于一役。辛亥革命以后,孙中山将"国穷民贫"作为中国社会的主要问题。他以为中国社会阶级的分化极不明显,只有"大贫"与"小贫"的区别,没有大富的特殊阶级。因此,中国革命是求得民族解放、民权实施、民生幸福的国民革命。晚年,他更明确地提出:"吾党主义,析言之固为民族、民权、民生;至其致用,实是一个整的,而非三个分的。"④孙中山的上述观点,对邓演达坚持三民主义有特别重要的意义。

<hr />

① 《中国国民党临时行动委员会政治主张》(1930 年 9 月),《邓演达新编文集》,第 240 页。
② 《致季方函》,《邓演达新编文集》,第 464 页。
③ 《致严重函》,《邓演达新编文集》,第 501 页。
④ 孙中山:《致全党同志书》,《孙中山全集》第 9 卷,中华书局 1986 年版,第540 页。

　　1930年9月,邓演达撰写的《中国国民党临时行动委员会政治主张》一文,从政治、经济、社会三个方面对中国国情进行了全面的考察。最后的结论是:"中国现时的社会,在形式上固有异于古代的封建制度;但,就其内容的性质而论,的确还离不了封建势力的支配。因此,整个的中国社会,还滞留在封建势力支配阶段,还是前资本主义时代。同时,又因为帝国主义势力支配着中国的缘故,使中国社会益呈复杂的状况。这两重支配,都是使中国社会不能向前进展的大障碍。"[①]

　　由于中国的特殊国情,邓演达认为中国社会的阶级也有自己的特点。商业资本带有寄生的高利贷性质,受官僚资本及军阀政权的"保护",很难承担民族解放与工业革命的双重任务。占中国人口80%的农民由于无地或缺乏土地,深受地主的剥削,同时又承受着来自国家的苛捐杂税的盘剥。在帝国主义的政治、经济侵略之下,农村经济趋于破产,广大的农民面临着背井离乡的悲惨境地。他们的政治权力更是无从说起。而工人及店员等来自于农村,他们工资极低,还面临失业的危险。另外,自由职业者与教育工作者的生活也是不稳定的,且薪水不足。上述这些人,构成了中国社会的最底层,形成一个"平民的阶级",有着强烈的要求解放的愿望。这个阶级在求自身解放的同时,还负有对外反抗帝国主义侵略的责任。所以,又称为民族的平民阶级。其中工农所受的压迫又较其他人为深且重,所以成为领导核心。

　　邓演达关于"平民阶级"的界定,模糊被剥削了的各个阶级各自具有的特性。他将工人阶级与农民阶级,以至与中小资产阶级一视同仁,从而和孙中山关于"大贫"、"小贫"的认识相近。因此,他认为中国共产党的产生为时过早,共产主义的理论只适合西方发达国家。

　　在土地问题上,邓演达的思想与孙中山的思想也无二致。邓演达

　　① 《中国国民党临时行动委员会政治主张》,《邓演达新编文集》,第237页。

对于土地问题的解决,强调两个原则:第一,反对采取无条件的没收地主土地的方法。大革命失败后,面对中共发动的土地革命,邓演达不以为然。他认为共产党使用没收地主土地的方式,只是一种极端情感的爆发,带有无政府主义者"否定"的色彩。他认为经济制度的转移,单纯地用消灭的方式是难以奏效的。"要用有组织的争斗程序,才能向前进展"[①]。尤其在中国,以小农制度为主,农村内部相当复杂,与西方资本主义国家土地集中的情况是不同的。因此,简单地没收政策不符合中国的经济结构,会给农村生产力的发展造成破坏。

其次,"土地的重新分配及管理必须由革命的政权机关去实行"[②]。对于土地耕者所有的实施,邓演达设想是在平民掌握政权以后,由省、市、县、乡各级会议进行土地的重新分配与管理,着重运用政治的手段,而不是没收的方式。所谓政治的手段,就是平民掌握了政权后,使用政权的力量,进行土地的再分配。实际上,作为中国民主革命基本问题的土地问题或"耕者有其田"的问题,最终因为平民政权没有建立而停在口头上。

邓演达认为中国革命的前景是社会主义。他提出了两个理由:一是帝国主义控制了中国的经济,导致了中国农业的破产,抑制了民族资本主义的发展,他们还使中国的内战加剧。帝国主义的种种行径说明,他们不会允许中国强大,不会允许中国走资本主义的发展道路,不乐于培养与自己竞争的力量。二是现代世界的技术发展,已经不可与英、美、法的资产阶级革命时期相比,中国完全可以借鉴他们的经验,避免私人资本主义的弊端。

因此,邓演达于 1927 年 8 月在莫斯科发表的一份宣言中认为,中国革命"不是纯民族革命,不是纯民主革命,不是纯社会革命——而是一个复杂性的革命,具有民族、民权、民生三种革命性而以社会主义为

---

① 《中国国民党临时行动委员会政治主张》,《邓演达新编文集》,第 237 页。
② 《中国国民党临时行动委员会政治主张》,《邓演达新编文集》,第 414 页。

归宿的革命"①。同时并存的三种革命,是由三种革命对象同时并存决定的。革命的对象就是帝国主义者、封建军阀地主以及依附于前两者而生的高利贷盘剥的资产阶级。三民主义因此是符合中国国情的主义。

在新的历史条件下,邓演达根据自己的认识重新解释了三民主义理论。具体表现为以下几点:

首先,经由"平民"政府实现直接民权。中国国民党在《一大宣言》中宣布:"国民党之民权主义,于间接民权之外,复行直接民权,即为国民者,不但有选举权,且兼有创制、复决、罢官诸权也。民权运动之方式,规定于宪法,以孙先生所创之五权分立为之原则……近世各国所谓民权制度,往往为资产阶级所专有,适成为压迫平民之工具。若国民党之民权主义,则为一般平民所共有,非少数者所得而私也。"②1924 年"北京政变"后,孙中山北上提出了召开国民会议的口号,即由各实业团体、商会、教育会、大学、各省学生联合会、工会、农会、共同反直系的各军,以及各政党选派代表组成国民会议,建立一个各阶级各阶层联合的政府以取代军阀政权。孙中山的这一提议,得到了全国各阶层有识之士的支持,从而掀起了一场全国范围的要求召开国民会议的运动。孙中山的民权思想,由此也出现了一个新的转机,即由过去所设想的建国三程序,转向了关于建立民主联合政府的初步思考。孙中山过早地离去,他的设想失去了深化的机会。可以说,邓演达发展了孙中山的这一思想。

邓演达认为只有广大的人民直接投身于反抗压迫者的斗争,才有可能建立真正的民主政治。他在 1930 年提出:"政治制度是政治争斗的结晶","如果不是有强大的群众,强大的争斗力量,代表着被压迫者

---

①　《对中国及世界革命民众宣言》(1927 年 8 月 17 日于莫斯科),《邓演达新编文集》,第 204 页。

②　《孙中山全集》第 9 卷,第 120 页。

的要求去反抗统治者,则决不会有民主政治"①。因此,平民组织的组成应该是在斗争的最初,而不是在斗争以后。改变政治制度的革命,必然是以武装斗争的方式表现出来。因此,在发动组织群众的同时,也要武装群众,只有这样才能消灭敌人的武装,建立自己的政权。

其次,发展国家资本主义,中国非资本主义的发展前景,是孙中山从开始提出三民主义时就已经明确的。邓演达接受了孙中山的这一思想,提出中国社会的发展方向是社会主义,经济上实施的是"国家资本主义",并强调了下述的两个方面:第一,关于"节制资本",他突出了"以集体的力量构成'计划经济'或'国有经济',一面使生产力加速度的发展,一面使分配向平均的路途——向着社会主义的道路"②。具体地说,平民政权应运用手中的权力,掌握一切关键产业(比如钢铁、机器、造船等行业),特别是独占性的产业(如铁路、运输、开矿等),使之由国家专营,从而利润完全由国家掌握而不被私人瓜分,以有利于从事有计划的生产。因此,平民政权下的经济政策的基本特征是集中调控的国有经济和计划经济,首要的是重要产业集中于国家。同时,邓演达考虑到中国经济的落后,以及经济发展的自身规律,认为与土地的小农所有制要存在一段时间一样,工商业的小私有企业也将存在一个时期,国家将利用自己拥有的集中的金融机关和财政政策,对中小企业进行干涉,以防止私人资本主义的膨胀,并逐步将它们导向社会化。邓给予私人企业的存在和发展的空间,比孙中山的设计要狭窄得多。

再次,他将反帝的民族主义糅入民生主义之中,主张收回外资银行和企业作为国有经济的基础。他认为 20 世纪是资本主义发展到垄断的金融资本主义时期。其主要特征是一切产业机关由极少数的大银行

---

① 《南京钦定的国民会议和我们所要求的国民会议》(1930 年 1 月 5 日),《邓演达新编文集》,第 224 页。

② 《怎样去复兴中国革命——平民革命?》,《邓演达新编文集》,第 402－403页。

控制,国家政策也由大金融家支配,他们的触角伸向社会的各个方面,包括支配人们的生活。作为落后的中国,国内的金融机关部分被封建的钱庄和当铺掌握,另一些则受制于帝国主义在华的银行,因此平民政权建立以后,"帝国主义在华的金融机关,必须分别收回,以构成国有金融机关的基础"①。

从孙中山逝世到邓演达被杀,前后不过六年的时间,然而,中国政治和社会却发生了急剧的变化:北洋军阀的统治被推翻;国共分手;国民党由在野党成为执政党,并将中国引向一个所谓"党治"的时代,在为三民主义奋斗的旗帜下建构了新军阀的独裁统治。要在这瞬息万变的情况下认清形势,理顺思想,不是一件容易的事。邓演达在这个时段,运用唯物史观的一些基本原理作为方法论,对中国社会进行了分析;参照苏联社会主义革命和建设的实际经验,规划了中国社会的发展远景;最终以孙中山晚年的激进思想,也可以说是重新解释过的三民主义作为自己政治思想的内核。他的政论既继承了孙中山的革命思想,又结合现实斗争有所创新。

由于邓演达积极进行反蒋活动,被蒋介石视作眼中钉。1931 年 8 月邓被逮捕,11 月被秘密杀害于南京。邓演达的遇害,使第三党受到极大打击。此后第三党的成员,除一部分投靠蒋介石外,其他人继续坚持斗争,但在蒋介石高压政策下,他们只能在狭小的圈子内进行隐蔽的活动。

二　"改组派"以"改组"国民党相号召

"改组派"的全称叫"中国国民党改组同志会",是南京国民政府统一初期一个时间短暂的国民党内部的在野反对派。它由国民党二届中委陈公博发起成立于 1928 年冬,其中央总部设于上海,以汪精卫、陈公

---

① 《中国国民党临时行动委员会政治主张》,《邓演达新编文集》,第 253 页。

博、甘乃光、何香凝、郭春涛为中央"常委",王乐平负责"组织兼上海指委",潘云超负责"训练",朱霁青负责"民运",顾孟馀负责"宣传",施存统任"秘书长"(后改梅哲之)①。地方支部遍布南京、上海、北平、天津、江苏、安徽、浙江、江西等十七八个省市及法国、日本、越南、香港等国家和地区,会员达一万余人。1931 年 1 月自行宣布解散。

陈公博这时为什么发起成立"改组同志会"? 1928 年 5 月他在上海办《革命评论》杂志时,曾公开说过:"第一,凡一个党,尤其是革命党,经过若干的期间,必须检阅和另定新的训练方法。中国国民党自十三年改组到了十七年,已是五年,非重新检阅,必将腐化。何况中国国民党经过汉、宁的分立,若不再提出新的纲领,必将不适社会革命的要求。第二,党经破碎以后,必须另定团结方法,但经过这几年斗争,谁也有过磨擦的历史,骤然空泛的说团结么,过去的历史,谁也不能忘,如西山会议派哪,大同盟哪(按:即山东的"反帝国主义大同盟",主持者为丁惟汾、路友于等),新中哪(按:即河北的"新中革命青年社",主持者为童冠贤、马洗凡等),实践哪(按:即河北的"中山主义实践社",主持者为李寿庸、许孝炎等),(叁)加过共产党的分子哪。虽然各人或者有痛苦的经验而感觉非再度共同奋斗不可,但要洗去过去的痕迹,非得改组而有新的纲领不为功。第三,过去共产分子有组织,右派的分子有组织,蒋系的分子有组织,独是左派有空的名义而无实的集团。若党内无问题,有没有组织,影响不深,可是蒋中正的罪恶,日益暴露,非有组织,无论宣传政治、军事种种运动,都感觉不能一致。因为要倒蒋,更非有组织不行。"②陈在这里以国民党"左派"自居,声明他发起成立"中国国民党改组同志会",一是为了"检阅"1924 年国民党改组后的历史经验,提出"新的纲领",以适应"社会革命的要求";二是要通过组建新的组织,使

---

① 《改组派最近消息》(王茂如先生转来),未刊件,台北"国史馆"藏。
② 陈公博:《左派是什么?》,转引自司马仙岛著《北伐后之各派思潮》,北平鹰山社出版部,中华民国十九年八月,第 140—141 页。

国民党人忘了以往党内分裂的"痛苦"经历,重新"团结"起来,"再度共同奋斗";第三是为了"倒蒋",要"倒蒋",非有组织不行。前两条都是官样文章,惟有最后这条说了真话,"倒蒋"才是他们成立"改组同志会"的真正目的。换言之,就是为了推翻垄断国民党政权的蒋介石集团的统治。

"改组派"的成分十分复杂,上层分子皆为国民党二届中委,几乎都进入了"改组派"的中央领导层,尤其是汪精卫,更被拥为领袖。一般人称其为汪派,而他们自诩为国民党"左派",其实大多是些不甘忍受蒋介石权力集团的排挤,而自认为可与之相抗衡的国民党要人。他们试图利用二届中委的特殊身份,通过"改组"国民党的途径,否认蒋介石的第三次全国代表大会,另行筹备召集国民党第三次全国代表大会,捍卫自己的合法的"党统"地位。至于下层则主要由两部分人组成,一是在蒋介石"清党"过程中受到严重伤害的真诚追随孙中山参加国民革命的无辜者,二是对蒋介石的倒行逆施严重不满,而又不乐于接受中共的革命政策,曾经投身过国民革命的人士,这两部分人皆以青年学生居多。总的说来,不管上层还是下层,改组派基本是个书生集团。对此,汪精卫等人不无遗憾地说过:"他们是书生,懂党,认识主义,倒不一定于登台时会治国的。"①

1928 年五六月,陈公博、顾孟馀在上海先后创办《革命评论》和《前进》杂志,宣传改组国民党的主张。《中国国民党改组同志会第一次全国代表大会宣言》更提出:"中国国民党已被军阀、官僚、政客、买办、劣绅、土豪所侵蚀,盘踞,盗窃,把持,孙总理之三民主义,已被他们所窜改⋯⋯"②国民党党员堕落有之,失望有之,组织小团体有之,投靠第三

---

①　仙岛:《战场上的中山与研究室里的中山》,转引自司马仙岛《北伐后之各派思潮》,第 244 页。

②　《中国国民党改组同志会第一次全国代表大会宣言》,《中国国民党改组派资料选辑》,第 112 页。

党有之,加入共产党有之,整个的党支离破碎,只有招牌,而无"灵魂",国民党已到了不得不改组的地步。如何改组国民党呢? 陈公博提出:要"巩固党的农工基础,确定农工小资产阶级的联合战线";"提高党的权威,实行党的专政";"促现党的民主化青年化,反对干部少数人的独裁";"严密党的组织,森严党的纪律"①。施存统著专文论述"恢复十三年国民党改组的精神",主张复活"国民革命的联合战线的"国民党②。其政见则体现在汪精卫在《夹攻中之奋斗》中所说的既反共又反蒋上。

为了改组国民党,他们以为首先必须正本清源,端正党的理论。他们认为由于中共的介入以及右派的反动,将国民党的理论,尤其是三民主义思想搞得很混乱,具体表现在:一、国民革命的真正涵义模糊不清;二、国民党的政策除三大政策外仿佛别无政策;三、国民革命的方法除中共的群众运动以外,就是军事发展,别无他法;四、国民党究竟以谁为基础,是否要阶级斗争,非资本主义的道路究竟有几条? 如此等等都有加以澄清的必要,否则"理论愈辩而愈模糊,政治愈动摇而愈空幻,如果非重新建设一种理论,必无以巩固党基,更非在统一理论之下,将党重新改组,必不能领导整个的中国国民革命"③。"改组派"上述观点理直气壮又似是而非。他们自己尚且理论混乱、组织散漫,又何来"改组"国民党的能力? 不过这些声明的确代表了当时寄希望于国民党的一些人的想法——找寻一条既不同于中共发动群众又不同于国民党高层统治军事挞伐的"国民革命"的道路。

其次,要求恢复党的民众基础。他们以为国民党以工农小市民或工农小资产阶级为社会基础,但是,现在国民党差不多没有了民众的基础。施存统以下这段话道出了中产阶级对南京政权的失望:"国民党不

---

① 陈公博:《党的改组原则》,《革命评论》第 10 期,1928 年 7 月。
② 《革命评论》第 5 期,1928 年 6 月。
③ 陈公博:《党的改组方法和时期》,《革命评论》第 18 期。

但没有给予民众一点利益，没有解除民众一点痛苦，而且有些地方因为恐怖共产党而恐怖民众压迫民众，摧残民众了！民众运动下令停止或禁止了！政纲上明白规定的初步的政治自由——言论出版集会结社的自由，实际上也被剥夺了！许多腐化分子把持了党，不许革命的民众入党了！"他们指责南京国民政府在分共的同时，将民众也分给了中共。这样的结果，导致"一个是对于国民党的反抗性，一个是消失国民党的革命性"①。

对如何重塑工农小市民的基础，"改组派"作了一些设想。陈公博提出在国民党的组织中，增加工农的成分，同时，国民党应该有一个工农业发展的计划，晓谕工农，使之与党"同心同德"。另外还要恢复民众组织，开展民众运动，包括建构工会、农会和商会等民众组织。他关于恢复农工运动的纲领有如下特点：第一，将工会、农协置于国民党的严密控制之下；第二，调和劳资之间的关系，做到"泯除三个阶级（指工农和小资产阶级）的特性而使之都成社会生产的一员"②；第三，以职业组织的方式，部分奠定全民革命的基础。"改组派"认为国民党的农工政策是公道的，但他们的所谓"严切指导"不免有"利用工农"之嫌，而其调和政策只是空口白话，所以需要上述设想来完善。

第三，"党的统一"是"改组派"的最强呼声。他们舍不得扔掉的国民党支离破碎不可名状。尽管施存统和陈公博一个认为国民党不断地清党，把革命的分子清洗了出去，以至于目前质变，另一个则认为由于中共的把持，使国民党各地组织涣散，但是，他们一致批评小组织林立，意气之争取代了"党性"的现象，提出打破一切一切的小组织，除了党的改组，没有别的办法。他们要求实现"党的专政"，做到"党外无党，党内无派"。"改组派"和胡汉民虽然存在政见分歧，但在"党的专政"、"以党治国"、"党外无党"一类的政治设计上是互相靠近的。这类设计是他们

---

①　施存统：《恢复十三年国民党改组的精神》，《革命评论》第5期。

②　陈公博：《今后的国民党》，《革命评论》第1期。

试图抑制蒋介石军事独裁的一件武器。

最后,他们以为党的专政,还必须真正树立党的权威。党内以中央党部为首,不能受地方政府的压迫。他们以政治会议为例,以为政治会议本是中央执行委员会的下属,但现在却在中央党部之上。政治会议与各地方政治分会都应该撤消。政府要接受党的政策。中央之政务官应当选择有奋斗历史的党员担任。地方各级政府也要听从党部的指导。各级党部对于各级政府有最小限度之监督权以对抗军权。更为重要的是实行"以党治军"。目前应该确定党部与政府、军队间的界限,限制军队、政府干涉党务。他们提出了一些具体的办法,比如中央应随时互相调换军事长官;不设置军区长,由中央指定驻军地点与数额并可随时换防;军人不得干预党务,不得任地方党部委员等,从而达到以党治国、以党治军的目的。颇有意味的是,他们的这种设计不仅指向了蒋介石,也指向同样强调党权、党义的胡汉民。他们企图将胡依托于政治会议的党权集中到自己的手里。

陈公博等人的"改组"主张问世后,立刻受到了舆论的关注。面对怀有各种反蒋动机要求将"改组"付之于行动的人,陈公博却推诿说:"没有革命的基层干部,改组还没有到期,下层干部还没有接受统一的理论,改组也还没有到期。"这个掀起改组运动的"先锋"面对被他煽动的人们,反过来劝说:"没有充分的准备,必难得充分的改变。我们更不愿因急躁而牺牲了党。"[1]实质上,他们也根本没有还魂之术。

"改组派"自称他们的信条是"相信以民生史观解释三民主义是最正确的解释,反对唯心派及其他似是而非的解释";"相信民族革命政治革命必须与经济革命相辅而行";"相信实现民生主义是国民革命的最后目的。"总之,"相信三民主义是指导革命之最高原则"[2]。

---

① 陈公博:《今后的国民党》,《革命评论》第1期。

② 陈公博:《党的改组原则》,《国民党改组派资料选编》,第76页。

事实上，他们对"最高原则"的研究是不充分的，不过在某些敏感的特别是可以和蒋介石集团争夺理论资源和政治资本的问题上，却有自己特殊的认识。

首先是关于民生主义。陈公博认为应该这样把握民生主义：一、民生主义决不是自由政策而是国家的干涉政策。二、民生主义决不止消极的节制资本和平均地权，其积极方面还要建设国家资本。三、民生主义决不是解决个人伦理问题而是解决社会经济问题。四、民生主义决不是从形而上来建设，而是从形而下来建设。上述四段，旨在说明两个问题，一是经济发展以国家干预的形式进行，同时发展国家资本，强调国家的调控作用；二是反对以故弄玄虚的态度对待民生主义，只从衣食住行的实际建设着手。

陈公博的国家干涉政策似乎包括以下思路：一、力求和平地进行经济建设，互相让步的方式，调和劳资的关系，以党的专政消灭阶级，避免走资本主义国家的老路。他设计的步调是谋求三个阶级的协调（指工、农与"小资产阶级"），团结三个阶级的革命力量，最后是泯除三个阶级的特性而使之都成社会生产的一员。具体措施是：在农村开展合作事业，实行减租；在工厂以红利的方式让工人入股，强迫工厂主为工人负担部分保险金，国家干预增加工资；对商人有所限制，并让他们部分地参加地方合作事业，以便与工人沟通。二、扶持"小资产阶级"的进一步发展，以便稳定经济，他还曾要求实行"新经济政策"，希望国家以行政干预的手段，奖励商人投资，在电气水利方面，目前实行保护和奖励私人资本的原则，但给予年限。从陈的具体论述看，他界定的"小资产阶级"实际上是指包括工厂主和商人在内的中产阶级即民族资产阶级。"改组派"正是由于这类政见而得到了该阶级中一部分人的支持。至于陈关于民生主义是解决经济问题而非伦理问题等说法，显然将矛头指向了戴季陶等人所谓三民主义的哲学基础之类。陈曾表示："只承认由经济的变动，影响及于哲学的变动，决不能由哲学的变动，影响及于经济的变动。因此我很感觉，要树立民生哲学的基础，先要建树于形而下学的衣食住行,决不能将民生哲学基础树于形而上学的忠孝节义。"①他这些观点一方面批判了戴季陶思想之颠倒因果,缺乏依据;一方面声言目前对三民主义哲学基础的探究时机未到,戴劳而无功,从而更明确了民生主义的目的在于实实在在的经济建设。但"改组派"理论家的这些政见带有满足资产阶级政治心理的投机性,他们并没有发展经济的具体方案,更没有开展建设的实力。倒是在关于"平均地权"的问题上,他们在维护既成农业生产关系的观点较少掩饰,而与《新生命》派趋向一致。

他们认为土地问题并不是农民问题中唯一的和突出的问题。首先,在土地的占有上,中国不存在西方式的大地主,土地没有集中到大地主手里,反而有逐渐分散的趋势,自耕农和半自耕农占全体农户的四分之三。其次,在阶级关系上,地主和佃农之间的关系,不是类似封建主与农奴的关系,而近于一种资本家与工人劳动者的关系。前者是主人对农奴的"封建权利",后者是地主对农民的"财产权利";同时,由于土地价值的流动化,地主与农民之间身份可以随意改换;因此,他们认为中国的地主与农民并不是截然可以划分的两个阶级。上述经济的特性,决定了中国的地主在政治上不起左右时局的决定作用,只有在与官僚勾结时才起作用,他们也不具备反抗的能力,只有忍受政府的苛捐杂税。总之,中国不存在一个所谓的封建大地主阶级。其三,某些"改组派"成员根本不承认中国人口众多,耕地紧张的事实,说什么西北一带还有许多荒地,连年兵灾、水旱和盗贼,使许多原本肥沃的土地大量荒芜。他们要人们不要尽在耕地上你争我夺,应该开发地力,有效地使用土地。

"改组派"断言,农村土地革命是完全没有必要的。"改组派"的暴动二原则很能说明问题,他们以为:"第一,以暴动来没收大地主的土地是可以的,以暴动来没收小地主和自耕农的土地是不可以的。"由于中国不存在大地主,所以没收土地政策不可行;暴动没收土地,只是以暴易暴,农村的土地私有制根本没有触动;"第二,以一次的暴动来没收土

---

① 陈公博:《目前怎样建设国家资本?》,《国民党改组派资料选辑》,第281页。

地是可以的,以无数次的暴动来没收土地是不可以的"①。他们认为暴动所损害的不是地主而是自耕农的和国家的经济命脉,因为"中国经济基础,还是建筑在农村里,一旦破坏了这基础,新经济基础一时未能确立,社会上必遭极大骚动和重大的损失;这个损失是整个社会的,不单是地主"②。他们以民族危机国家破碎为由,表示要先夺得国家的主权再言及其他。他们还以农民愚昧、落后、私有欲强为由,提出只有先实行民权,农民有能力发展生产,才能促进民生的进行。

"改组派"不时显示出对孙中山的"平均地权"的赞赏,以为"土地国有"是最终的解决办法。但是,无论是龙鼎还是黄汉瑞、顾孟馀抑或陈公博,他们都不希望农村有巨大的变动,不希望触动现有农村的社会结构,这一政治立场导致他们理论上的诡辩,否认农村存在地主与农民的对立的事实。

其次,以民生主义反对土地革命,以民权主义反对南京国民党政权,是"改组派"的基本手法。1930 年 7 月,汪精卫、阎锡山、冯玉祥以及桂系和"西山会议派"组成中国国民党中央党部扩大会议,通过了党政七项基本条件,包括:(一)筹备召开国民会议;(二)按照建国大纲,制定一种基本法(即约法);(三)另开三全大会,否认南京三全大会的合法性。

召开国民会议是汪、陈"改组派"反蒋的一着棋。汪精卫宣称:"国民会议最大的作用,是要使封建势力的环境,变成民主势力的环境。""国民会议虽可由党发起,而完成国民会议却要靠全国民众的力量。"③所谓"全民的力量",指目前的民众团体,包括总工会、商会、农协、妇协、学联、教育会、大学及反蒋各军。汪声称国民会议的方式,能够充分表

①　黄汉瑞:《农民暴动与土地问题》,《国民党改组派资料选辑》,第 285－286 页。

②　龙鼎:《解决土地问题的讨论》,《国民党改组派资料选辑》,第 298 页。

③　《北平迎汪大会实况》,《国民党改组派资料选编》,第 328 页。

达人民的意愿，创造一种民主的氛围，这种氛围可以杜绝军阀再生；而且只有实行国民会议制度，才能有效地实行党治。

从根本上说，汪精卫认为党与人民、国家的利害是一致的。汪说："党员是为党，党是为国的，党员不得借党图自身之利益，党不得借政图本党的利益。"[①]"依总理北上宣言所示，本党政纲政策，希望在国民会议通过。盖若不经国民会议通过，事实上仅为本党一党之政纲政策，反之，如经国民会议通过，则为国民全体之政纲政策"。即使国民党的政纲为大会所拒绝，也是十分正常的。虽然国民党在这一个政纲上"失败了"，而"国民可在国民会议得到各项权利与自由"[②]。如果撇开汪氏赖以展开其政治活动的阶级基础——与南京政权争夺权力的地方军阀及其依附于他们的投机政客而言，汪的这番话是颇为动听的，也是抓住了反蒋要害的。因为他所阐述的不仅仅是一个形式，一个通过国民会议得到"名分"的问题，而是主权归属问题，即主权是归国民还是属于党，或更确切地说属于借用党的名声的个人。

实行地方自治是"改组派"的第二步棋。汪精卫在《扩大会议宣言》中说："所谓训政不外训练民众行使职权，此一义也；欲训练民众行使职权，必先于其所关系密切之地方，植深固之基础，地方自治乃为训政之第一着手，此又一义也……夫地方自治而不使民众参加，则自治无意义，地方自治而不见之施行，则民主亦无可言。"他指责南京国民政府于1928年宣布训政以来，地方自治全然未行，更有甚者，解散民众组织，以中央党部代替国民会议，以各级地方党部代替各级地方会议，破坏民意机关，钳制人民的言论自由。他表示扩大会议成立后，"当按照建国大纲协助人民筹备自治，使由县而省而国，以完成训政之作，而领导国

---

① 《阎锡山答复新闻记者与汪精卫会谈五要点》，《国民党改组派资料选编》，第371页。

② 《汪精卫在北平中山行馆接见记者就党务及其他问题发表讲话》，《国民党改组派资料选编》，第356页。

民入手宪政时代"①。从理论上讲,或依孙中山民权主义的思路,实行地方自治的确是在全国实行宪政与民主的第一步,但汪回避了实行地方自治的前提,即对于社会结构和人民被压迫地位的必要变革。只要看一看当时被称为"模范"的山西村治实际上是强化了阎锡山军阀统治的事实,即可明了这类"自治"的实质。故汪精卫的地方自治声明,其蛊惑性远远过于其实践性。

　　总之,汪、陈"改组派"在这一时段特别强调实施民主制度的立法原则,宣传如果他们上台,将经由国民会议、约法、自治和立宪来恰当划分国家、政党和人民之间的权力,实现与民主主义并行的民权主义。法治和民主,是"改组派"理论宣传的一大特点,也是这个派别与南京国民政府争夺民众的工具。如此,他们以极强的功利心来倡导、宣扬经过他们解释的孙中山思想,甚至他们中的一些人(如陈公博)还宣称相信唯物史观,标榜自己是工农的代言人,关注工农运动及其组织。他们将种种理论资源拼凑在一起,尽管谈不上理论创新,但编织了一种颇为诱人的政治方案。汪、陈为代表的"改组派"上层人物的人格固不足道,但经由这类方案,我们大致可以了解当时部分中产阶级及其知识分子的政治心理及其意愿。这批人要求政治民主,社会稳定和现成经济结构的和平的变革。他们不满于南京国民政府的专制独裁,更恐惧中国共产党发动的以土地革命为核心的苏维埃运动,希望寻找一条资本主义和平发展的中间道路。这就是汪、陈在 1928 年后的一个短暂时段内,能凭借如上宣传在沿海沿江及北方一些地区策动起一个颇有声势的"改组"运动的原因。

三　"人权派"直击国民党的"党治"

　　1928 年 10 月,国民党公布了《训政纲领》。在训政名义下确立起

---

① 《扩大会议宣言》,《国民党改组派资料选编》,第 381、382 页。

来的国民党一党专政的政治体制,是少数人对政治权利的极端贪婪的垄断。胡适、罗隆基等领悟到党治之下的社会并不是他们期望的"新月";一方面"人权被剥夺到几乎没有丝毫余剩"①;另一方面,"现在我国人民只有暗中的不平,只有匿名的谩骂,却没有负责任的个人或团体正式表示我们人民究竟要什么"②。于是,他们集结在上海新月社的旗帜下,以 1928 年 3 月 10 日创办的《新月》杂志为阵地,讨论政治问题,宣扬自己的主张,矛头直指国民党的"党治"。

最先由胡适在《新月》二卷二号上发表《人权与约法》一文,批评国民党的训政和国民党没有"保障人权",提出"快快制定约法以保障人权"。接着罗隆基在《新月》二卷五号上发表《论人权》一文,提出要发动一个"人权运动","争回人权"。主张"国家的主权在全体国民","人民在法律上一律平等","国民应有思想、信仰、言论、出版、集会的自由"之类。罗隆基还提出所谓"专家政治"。他说"只有专家政治,才能挽救现在的中国"③。他把"国家一切行政官吏的选用,应完全以才能为根据",列为"必争的人权"之一项④。

1929 年 12 月,胡适写了《我们走那条路》一文,发表在《新月》第二卷第十号上。该文是经过集体讨论,作为表达人权派对中国问题的"根本态度"而发表的。他们声称"要打倒五个大仇敌"(也称"五鬼"),即贫穷、疾病、愚昧、贪污、扰乱。这五大仇敌之中,帝国主义、封建势力都"不在内"。新月派标榜:"我们要建立一个治安的、普遍繁荣的、文明的、现代的统一国家。"如何建立这样的"新国家"呢? 他们主张走"演进的路","一步一步的作自觉的改革","一点一滴的收不断的改革之全功"。他们反对"有主义的革命"、"用暴力推翻暴力的革命"。说革命只

① 胡适:《人权与约法》,《新月》第二卷第二号,1929 年 4 月。
② 胡适:《"人权与约法"的讨论》,《新月》第二卷第四号。
③ 罗隆基:《专家政治》,《新月》第二卷第二号。
④ 罗隆基:《论人权》,《新月》第二卷第五号。

能是"煽动盲动残忍的劣根性，扰乱社会国家的安宁"。因此，他们"要
用自觉的改革来替代盲动的所谓'革命'"。

　　针对当时南京国民政府只制定部门法而不谈立宪，他们明确自己
要求立宪的理由是由宪法的性质决定的，从根本意义上说："宪法是人
民统治政府的，而部门法是政府统治人民的。"①宪法是根本代表人民
意愿的，是民意的集中体现。因此，宪法必须或由人民制定，或得到人
民的默许，如果人民不同意，可以通过一定的手续加以修正。他们责问
所谓总理遗教、中山全书、《建国大纲》，是经过"什么一种法定手续，成
为今日中国的宪法，成为我们全体人民应遵守的大典章，这是根本问
题"②。从而质疑当时南京国民政府宣布的以总理遗教和《建国大纲》
为宪法的合法性。

　　其次，他们认为，宪法应该高于一切，是国家中一切组织与人民和
政府共同遵守的根本大法。因此，不但要有守法的人民，更要有守法的
政府和守法的政党。他们十分尖锐地指出，对于他人自由的干涉和侵
犯，不受约束的政府的危害要远远大于个人或团体；同时，他们称："不
但政府的权限要受约法的制裁，党的权限也要受约法的制裁。如果党
不受约法的制裁，那就是一国之中仍有特殊的阶级超出法律的制裁之
外，那还成'法治'吗？"③

　　他们认为法律与人权是相辅相成的。罗隆基赞同卢梭"法律是人
民共同意志的表现"。罗说："人权先法律而存在，只有人民自己制定的
法律，人民才有服从的责任。这是人权的原则之一。"简单地说："法律
为保障人权产生的。法律为人权所产生的。第一项，指法律的功用；第
二项，指法律的来源。"宪法既保障了人权，现时，也要依赖于人权来保
障自己。也就是说，人民依靠自己的力量，来争取人权，保障宪法。革

①　罗隆基：《论人权》，《新月》第二卷第五号。
②　罗隆基：《我们要什么样的政治制度》，《新月》杂志，第二卷第十二号。
③　胡适：《"人权与约法"的讨论》，《新月》第二卷第四号。

命也是人权,而且是不可能被剥夺的人权。他说:"这是人权与法律的关系上的最重要的一点。"言语中含有浓浓的火药味。因为他们看到:"明火打劫的强盗,执枪杀人的绑匪,虽然干的是'以非法行为侵害他人身体,自由,及财产'的勾当,其影响所及,远不如某个人,某家庭,或某团体霸占了政府的地位,打着政府的招牌,同时不受任何法律的拘束的可怕。"[1]

他们所要求的宪法是保障人权的宪法。他们所谓的"人权"为何?罗隆基的《论人权》一文,对此有一个概括:"(一)维持生命;(二)发展个性,培养人格;(三)发达人群最大多数的最大幸福的目的。"[2]他提出自己主张的人权,不是抄袭于欧美的陈旧之物。因为,人权是有时间性与空间性的。1929年中国人所要求的人权为何物呢? 他提出了三十五条。包括国家的主权在全国人民,任何个人或团体,未经国民直接或间接的许可,不得行使国家的威权;法律未经全民直接或间接承认,不具有权威性;政府、官吏应对全体国民负责;人民在法律上人人平等,有充当官吏的权利,任何个人或家庭包办政府多数官员,即是违反人权,等等;要求财政公开,司法独立,军政分开,文武官员民选,拥有思想、言论、出版、集会的自由,等等。针对中国的现状,特别强调了对于军人的约束。

其三,宪政的实现与宪法的颁布不是同一件事。有了宪法,人民当小心地呵护自己的权利,达到真正的宪政。因此,"宪法可成于一旦,而宪政永无'告成'之时"[3]。其实,他们清楚地知道"'人民应享有的自由究有几何?'这个问题是全靠人民自己解答的"[4]。

其四,他们对于"党治"理论进行了批判。关于这个问题,他们的阐

① 罗隆基:《论人权》,《新月》第二卷第五号。
② 罗隆基:《论人权》,《新月》第二卷第五号。
③ 罗隆基:《论人权》,《新月》第二卷第五号。
④ 胡适:《"人权与约法"的讨论》,《新月》第二卷第四号。

述最为自由,无拘无束,因为他们不必扛着孙中山这面大旗,相反对于孙中山的思想他们认为错误的同样进行了批判。比如,孙中山称人们在认识的能力上分成三种——先知先觉,后知后觉,不知不觉;胡适等人则论证这种划分是错误,认为正是这种错误的认识,导致党治理论的出台,使国民党能够以"保姆"自居。

另外,胡适还对于"知难行易"说展开批判,提出"知固不易,行亦不易"观点,尤其政治方面,行与知更当并行不悖。指出孙中山将"知行"过于分立,论证他的划分是没有理论意义的,且在实践上,起到了不好的作用,至少有以下两个消极的后果:一、许多青年同志便只认得"行",而不觉得"知"难。于是有打倒知识阶级的喊声,有轻视学问的倾向。二、一班当权执政的人也就借此招牌"以知识之事已有先总理担任做了,政治社会的精义都已包罗在三民主义建国方略等书之中,中国人民只有服从,更无疑义,更无批评辩论的余地了。于是,他们扛着'训政'的招牌,背着'共信'的名义,钳制一切言论出版的自由,不容有丝毫异己的议论。知难既有先总理任之,行易又有党国大同志任之,舆论自然可以取消了"①。其实,建国是一个十分复杂的事情,需要专门家对此进行不懈的研究,无论是知还是行,都离不开专家。他们主张由专家来治国。

罗隆基在《我对党务上的"尽情批评"》一文中,指出一党专政,和孙中山提倡的民权主义是相矛盾的。民权主义,主张人民是主人,是皇帝,民主的国家"应树立在国民的全体,不在某特别团体或某特别阶级身上"②。现在,国民党天天拿民权来训导百姓,同时,又拿专制独裁来做榜样,手段与目的如此的背离,造成了国民党政治的混乱。他揭露在国民党的专制之下,人民所拥有的权力,甚至于不及无产阶级专政的俄国和法西斯统治下的意大利。国民党剥夺了人民的公权,事实上是将中国3.999亿的小民视为罪犯和叛逆。而且,种种操作证明,国民党也

①　胡适:《知难行亦不易》,《新月》第二卷第四号。
②　罗隆基:《我对党务上的"尽情批评"》,《新月》第二卷第八号。

不是行"党义治国",完全是以"党员治国",腐败在所难免。

　　"人权派"要求立即召开国民大会,要求制定宪法,以此让人民控制政府、管理政府,真正实现主权在民。他们否定了训政的必要性,也就否定了党治的合理性。他们全盘接受了自法国革命以来,资产阶级民主思想的传统,仍然坚持天赋人权、主权在民等等原则,理论上没有多少新意。但他们表现出来的勇气,却是十分可嘉的。

　　反共是胡适、罗隆基等人议论的主题之一。1930 年 12 月罗隆基发表《论中国的共产——为共产问题忠告国民党》,提出所谓从根本上解决共产党问题的主张。罗隆基说:国共相持的结果,只会造成"经济上破产","政治上亡国"。"为中国人民求生计,自然只有希望国民党剿共及早成功。""然而国民党剿共工作的成败,有待于他们的策略"。罗认为,军事的胜利,只是"头痛医头,脚痛医脚";"最根本最敏捷最聪明"的"剿共铲共的策略",是"以思想代替思想的方法"。他说,只要做到两条:"解放思想,重自由不重'统一'";"改革政治,以民治代替'党治'",那么,"共产学说"在中国就不能立足,共产党也就"不剿自灭了"①。

　　总之,"人权派"主张改良,反对革命,把攻击的矛头指向共产党的同时,他们批评国民党的专制独裁,要求允许他们自由地宣传自己的主张,实现专家治国的目的,在政治体制上建立欧美的民主制度。他们的抗争,与其说是为了制定一部民主宪法,不如说是对于国民党"党治"旗帜之下专制独裁的控诉。他们的上述言论,因其正义而具有煽动力,当然也就难容于"党治"的天下。1930 年 11 月,罗隆基一度被捕。胡适的言论也曾受到国民党的指斥。1931 年,《新月》杂志被迫停刊。

第二节　征讨桂系的战争

　　1929 年 2 月 19 日,以李宗仁为主席的武汉政治分会,议决免去湖

---

　　①　《新月》第三卷第十期。

南省政府主席鲁涤平本兼各职,任该省政府委员何键为主席,并派兵将鲁逐出湖南。3 月 26 日,南京国民政府主席蒋介石下令免去李宗仁、李济深、白崇禧本兼各职,分兵进攻武汉,正式爆发了南京国民政府实现南北统一后的首次大规模内战,即通常所说的"蒋桂战争"。

一　"湘变"与讨桂战争的爆发

讨桂战争爆发,原因复杂,蒋介石与桂系之间的历史恩怨为其重要原因之一。1927 年 8 月上旬,桂系趁蒋介石北伐落败之机,逼其下野,可说是蒋与桂系结怨最深的一次。当时,蒋因在徐州被直鲁军击败,表示要引咎辞职,他"召集会议讨论,吴稚晖主张挽留。而何应钦、李宗仁则以蒋之辞职,由于自愿,主不必留。白崇禧且对吴之主张,大不谓然,勃然见乎色"①。在桂系诸将与何应钦的坚持下,蒋介石不得不于 8 月 13 日宣布下野,这件事在蒋介石心里留下了抹不去的阴影。因此,当他复职后,就主"即解决何应钦兵权,钳制李宗仁、白崇禧","企图消灭第四集团也"②。

不过,蒋介石这时还没有动武的意思,而采取了有理有利有节的和平"削藩"策,即冯玉祥所说的蒋介石"坚决主张以师为单位"的编遣全国军队的办法。因为他清楚地知道,北伐战事刚刚结束,国家满目疮痍,人民普遍渴望有一个和平环境来医治战争创伤,发展经济,稳定民生,任何人于此时此刻发动新的内战,都将是自召民怨的不智之举。因此,如前所说,早在 1928 年 7 月 12 日,蒋介石就在北平提出了《军事整理案》、《编遣部队之裁遣方法》等整军方案,并迫使李宗仁、冯玉祥、阎

---

① 中国第二历史档案馆编:《冯玉祥日记》第 2 册,1929 年 2 月 19 日条,江苏古籍出版社 1992 年版,第 575—576 页;参见《蒋介石何以下野》(1),《晨报》,1927 年 8 月 17 日、24 日。

② 《冯玉祥日记》第 2 册,第 576、564 页。

锡山三大军事集团领导人在文件上签了字。而李、冯、阎等人肯于在文件上签这个字,也是因为他们懂得"现在人民恶战事甚于恶蒋"①。"东北易帜",南北统一后,蒋介石于 1929 年 1 月 1 日至 25 日在南京召开全国编遣会议,经过激烈争吵,17 日终于通过《国军编遣委员会进行程序大纲》十七条。这是一个绝对有利于蒋介石中央政府军,而不利于桂系及其他集团军的编遣方案。它全面施行以后,不仅各集团军先前享有的委派人员、调动军队的权力被蒋介石轻而易举地收归中央政府,而且军事实力也将远逊于以蒋介石为首的中央政府军。蒋除中央直辖海军编遣区的海军外,还拥有第一及中央直辖部队两个编遣区总计二十二个师的陆军,其他各集团军则至多不过十一个师,仅为蒋介石中央政府军的一半。据训练总监部部长何应钦说,截至 1929 年 3 月 27 日中国国民党第三次全国代表大会第十次会议时,蒋介石中央政府军中的第一集团军已缩编为十三个步兵师、一个骑兵师、两个独立旅、三个炮兵团、一个交通团,约 24 万余人;中央直辖部队共编为十二个师、两个步兵旅,约 22 万人,总计 46 万余人。而缩编后的桂系第四集团军却只有十三个师,约 23 万人,刚好是蒋介石中央政府军的二分之一②。由此看来,蒋介石的和平"削藩"策,正在稳步推行。桂系不甘心坐以待毙,于是决心武力抗蒋。

1929 年 2 月 19 日,桂系不顾全国编遣会议刚刚通过的《程序大纲》的有关规定,利用行将裁撤的武汉政治分会,议决改组所辖湖南省政府,并密令叶琪、夏威两师入湘解决鲁涤平、谭道源所部武装。21 日,武汉政治分会如实电明蒋介石、中央政治会议及国民政府各委员,由于鲁涤平对所属武汉政治分会的"指导监督""任情阻抗",经该会常会议决,已免其本兼各职,所遗湖南省政府主席一职,改由该省政府委

---

① 《冯玉祥日记》第 3 册,第 46 页。

② 参见刘凤翰前揭文,《抗战前十年国家建设史研讨会论文集》下册,第 531—533、535—536 页。

员何键继任①。同日,李宗仁托词治疗目疾,秘密离开南京,前往上海;入湘桂军夏威部李明瑞旅、叶琪部杨腾辉旅进驻长沙,鲁涤平率部走平(江)、浏(阳),后退入江西。22日,叶琪率部攻常德谭道源部,李明瑞、杨腾辉旅移师浏阳、醴陵,追击鲁涤平部。这就是人们通常所说的"湘变"。

　　值得一提的是有迹象表明,对于"湘变",蒋介石事前是有所闻的。据当时国民党机关报《中央日报》报道,"鲁涤平出走情形:二十日夜半,鲁接下游电告,谓湘局已无法维持,请其速即通电下野。鲁得电后,即通知省府委员暨湘省军事长官,定于二十一日上午七时召开紧急会议;一面令驻省所部,预备开拔。七时许,鲁率马弁多人,由南门外祝威岗私邸,赴省府会议。旋闻李(明瑞)、杨(腾辉)部队已距省垣甚近,形势紧急,乃中途折回,径率师部直辖部队,及戴岳旅全部,仓皇出走,由东屯渡向浏阳退去"②。此报道应该说是可信的,有鲁涤平自己的谈话为证:"在上月二十日下午已接到武汉方面进兵警报,当时部下群情愤激,余以湘省几经蹂躏,剀切晓谕……并表示欢迎何键来省主持湘政。二十一日七时,武汉兵到,本人即率所部两团退出南门,即假水道来京。"③两相比较,说鲁涤平事先接到了"电报"是共同的,不同的只是一说"二十日夜半",一说"二十日下午";前者直说电报来自"下游",后者未明言。至于鲁涤平接到电报后,未组织抵抗便主动退去,则是完全一致的。这种情况表明:蒋介石虽事前知道了武汉的"进兵警报",但并未要求鲁涤平组织抵抗,而是要他"通电下野",主动撤退,采取了先礼后兵的隐忍态度。

　　"湘变"发生后,南京国民政府的第一反应是"湖北此举,破坏中央威信成分不小,倘中央不能制止,则地方割据之形势立成","为维持中

　　①　《中华民国大事记》第2册,第955—956页。
　　②　《鲁涤平离湘前后纪》,《中央日报》,1929年2月28日。
　　③　《鲁涤平谈话》,《中央日报》,1929年3月2日。

央威信计,断难照准"①。但仍没有放弃和平解决的努力,用蒋介石的话说,"中央当以最大努力,避免军事行动"②。冯玉祥也证实"自湘事发生,中央宽大为怀,促其反省,当时曾迭电垂询玉祥意见"③。2月24日,蒋介石偕行政院院长谭延闿亲赴上海,与李宗仁会商解决办法,希望李与中央保持一致,李也答应了蒋的要求④。27日,国民党中央政治委员会举行一百七十七次会议,讨论武汉政治分会改任湖南省政府主席及委员案。会议认为武汉政治分会此举与"修正政治会议分会暂行条例及编遣会有关决议相违,应派监察院长蔡元培会同国府委员李宗仁切实查明,以凭核办;至双方军队应各驻原防,不得自由行动,另派编遣委员会总务部主任李济深与中央编遣区主任何应钦会同秉公彻查具复,听候编遣委员会核办"。为顾全大局,会议还对武汉政治分会前次所议略予迁就,议决湖南省政府主席暂由何键代理,并于3月2日发表正式任命令⑤。会后,蒋介石以国民政府名义致电李济深,促其即日赴汉彻查"湘变"缘由。3月7日,针对社会纷传蒋介石正在调兵遣将,决意用兵一事,蒋特地致函李宗仁,解释说:"武汉自兄来京后,领导无人,中央因鞭长莫及,几等于无,而兄之命令,亦不能有效";"中央为防范计,且为威信计,皆不能不调度军队,作正当之护卫……决不愿轻启战端,只要于威信不失,则余事无不可从长计议。"⑥这封信清楚表明蒋介石虽然在备战,但还是为和平解决"湘变"留有空间,他强调"调度军

---

　　①　《吴稚晖昨在汤山谈话》,《中央日报》,1929年3月25日;《何成濬二月二十六日宥电——湘局严重及赴平辅助》,阎伯川先生纪念会编:《民国阎伯川先生锡山年谱长编初稿》(三),台湾商务印书馆发行,第1219页。

　　②　《蒋主席义正词严之湘事谭》,《中央日报》,1929年3月22日。

　　③　《冯玉祥表示病愈即来》,《中央日报》,1929年4月16日。

　　④　《中华民国大事记》第2册,第957页。

　　⑤　《中华民国大事记》第2册,第958页;李守孔:《国民政府之国家统一运动》(民国十八年至十九年),台北中研院近代史所编:《抗战前十年国家建设史研讨会论文集》上册,台北1985年,第398页。

　　⑥　转引自《中华民国大事记》第2册,第961页。

队",目的在"防范",是为了"正当护卫",他"决不愿轻启战端",只要中央威信不失,余事无不可从长计议"。也就是说,如果桂系"能具'就事论事'之精神,以中央决议为最后之判断者"①,能给蒋介石中央政府一个就坡下驴的机会,战争并不是不可避免的,起码也可暂时避免。

对于和战问题,"湘变"之初,桂系内部的意见不尽一致。李宗仁虽反复声明他"始终为拥护蒋主席完成统一之一人",表示当与中央一致,但事实上他坚持认为武汉政治分会"处置鲁(涤平)部,实出于拯救湘民、安戢地方之至诚,毫无个人权力杂于其间"②,何况这类"整顿内部,消除隐患"之事,其他各集团军已早"有不少先例",极力为"湘变"辩解③。他公开指责蒋介石为"湘变"这样的"局部细故,劳师动众",甚至将裁兵公债移作战费,并于3月8日宣布辞去国府委员一职④。他还大拂蒋意,极力阻止李济深前往南京⑤,显然属于主战派。白崇禧远在平津,但据蒋介石情报系统"确报:一、湘事未发生前数日,由奉开来北平机车十数辆,现集中唐山;二、唐山部队束装待发,开拔费已支给;三、据日本人消息,白有要求该部通过济南之消息"⑥。由此看来,"湘变"的发生,并非白崇禧后来信誓旦旦所说:"今天当真主面前可说我毫无所知。"⑦否则,何以解释他在"湘事未发生前数日",便采取了调集机车十数辆,集中唐山这类遥相呼应的举措? 不过,"湘变"之初,由于对蒋和战态度判定不明和自我准备不足,他暂时没有采取积极主战的态度,

①　慎予:《就事论事》,《中央日报》,1929年2月26日。

②　《中华民国大事记》第2册,第960页。

③　《中华民国大事记》第2册,第961页。

④　《中华民国大事记》第2册,第961页。

⑤　中国人民政治协商会议广西壮族自治区委员会文史资料研究委员会编:《广西文史资料专辑·李宗仁回忆录》下册,南宁1980年,第608—610页。

⑥　《蒋介石以张群名义致何成濬电》(1929年3月16日),未刊件,台北"国史馆"藏。

⑦　《白崇禧先生访问纪录》下册,第932页。

可说是个"'谋定而后动'者","主张桂系应该镇静处之,不可冒动"①。
3月5日,他复电李宗仁说:"对介公所提条件……此次我方政略、战略
均处于不利地位,不如暂时忍耻接收【受】其条件,然后将北方各师以编
遣为名,调回武汉,整理两湖。第一条件则不成为重要问题,概可承认。
至于第四改组两湖省政府,应须得我方同意,亦无不可。请迅速表示,
以免夜长梦多,否则一旦决裂,我方兵力南北分离,未必能操胜算。"②
直到3月8日,李宗仁公开通电辞去国府委员、军事参议院院长,决心
与蒋一战时,他才改变态度,开始与李宗仁等谋划对蒋作战的军事部
署,表示:"将来我方主力似应用大江南岸,进可以直取江宁,退亦足以
占领湘赣,与粤方紧为衔接。"③至于"湘变"的实际发动者胡宗铎等人
更是表现强硬,毫不让步,不但明确表示他们对湘事的处理,与政治分
会条例没有抵触,而且拒不执行国民政府下达的双方军队各回原防,不
得自由行动的命令。3月4日,以上命令已下达五天,入湘桂军叶琪部
仍在益阳继续进击谭道源部,并于5日进驻清水潭。13日,又过了九
天,叶琪部还在攻击前进,占领常德,迫使谭道源退守湘西桃源、大庸等
地④。但是,3月16日,胡宗铎等人却致电胡汉民、李济深,专责蒋介
石调集皖、赣境内各师,向长江上游进兵,"显无和平诚意",并请示胡、
李二人,如蒋军"窜入湘鄂境界,职部是否应迎头痛击,以保中央威信之
处"⑤。其对抗到底的决心,暴露无遗。

　　蒋介石看到胡宗铎等人已不把他视为"中央"政府的代表,知道战

　　①　陈进金著:《机变巧诈:两湖事变前后军系互动的分析》,台北辅仁大学出版
社,2007年,第142页。
　　②　《白崇禧致李宗仁微酉电》(1929年3月5日),转引自陈进金著《机变巧诈:
两湖事变前后军系互动的分析》,第143—144页。
　　③　《白崇禧致李宗仁夏威齐电》(1929年3月8日),转引自陈进金著《机变巧
诈:两湖事变前后军系互动的分析》,第160页。
　　④　以上记载见《中华民国大事记》第2册,第962、960、963页。
　　⑤　《中华民国大事记》第2册,第965页。

争已不可避免,其"发电之日即密令动员之时,日内必实行向中央各师袭击,而冀以迎头痛击之词诬指中央为戎首"①。他一面命令叶琪等"迅即遵令停止军事行动,克日退回原防,毋得故违,致干法纪"②;一面加紧部署军事,令所部各师迅速完成战前准备。3 月 26 日,蒋介石最后下达讨伐桂系令,称"此次逆谋实为李宗仁、李济深、白崇禧等预有共同计划之叛乱行为","李宗仁、李济深、白崇禧等着即免去本兼各职,听候查办"③。讨桂战争正式爆发。

二 政治、军事双管齐下与武汉之战的胜利

蒋介石虽一度希望和平解决"湘变",但丝毫没有放松战争准备,因其一贯的策略就是"口头固可主缓和,而准备应当积极"④。作为一个职业军人,他甚至更希望或者说更习惯于战争解决问题。2 月 26 日,"湘变"发生不过六天,蒋就以长江上游形势严重,密令所部第一集团军第一师师长刘峙(驻徐州)、第二师师长顾祝同(驻蚌埠)、第四师师长缪培南(驻山东兖州)、第八师代理师长朱绍良(驻庐州)、第九师师长蒋鼎文(驻新蒲)、第十师师长方鼎英(驻南京)、第十一师师长曹万顺(驻芜湖)、第十三师师长夏斗寅(驻江苏泰州),准于 3 月 3 日前完成出师准备⑤。次日,又亲电朱绍良,命其注意探访开封政治分会所辖"鲁(山东)省府行动",出师所需挑夫"应在江西派人预招,不可在鲁招夫,免泄

---

① 《中华民国大事记》第 2 册,第 966 页。

② 《中华民国大事记》第 2 册,第 966 页。

③ 《中华民国大事记》第 2 册,第 970 页。

④ 《蒋介石致陈铭枢电》(1929 年 4 月 15 日),未刊件,台北"国史馆"藏。

⑤ 《中华民国大事记》第 2 册,2 月 26 日条,第 957 页;李守孔前揭文,《抗战前十年国家建设史研讨会论文集》上册,第 399 页。又据 1929 年 2 月 27 日《蒋介石致朱绍良电》(原件台北"国史馆"藏),知朱绍良此时为代理师长。

秘密"①。蒋介石的秘密备战活动就此拉开序幕。

3月2日,蒋确定讨桂军由他亲自任总司令,由何应钦任总参谋长,第一军军长为刘峙,辖第一、第二、第九十三师;第二军军长兼第八师师长为朱绍良,辖第八、第十三师及独立第一旅;前敌总指挥兼第三军军长为朱培德,辖第四、第七、第十一、第十二、第十八各师;总部直辖骑兵第二师;总预备队为第六、第十、第四十八师及炮兵团。次日,电令各师向皖鄂、赣鄂边境开拔。南京市公安局也自是日起开始为出征部队征夫。15日,蒋介石为表示严守编遣会议决议,通电撤销国民革命军总司令部及第一集团军总司令部,但暗中又指示朱培德"赶速秘密成立""总指挥部",并严令"勿必通电,以照缩编会议决议案,各总司令、指挥及其集团军名称须于本日取消也"②。

为取得民众的同情和支持,蒋介石自始就严禁出征各部队拉夫扰民、诈欺钱财,更不许其假借罪名,滥杀无辜。3月6日,他电饬各师团长:"各部队拉夫并严禁之,否则,即应由各师长完全负责。近闻杭州、扬州竟有拉夫事实,以败坏本军名誉,殊出意外。此次各部出发应如在粤出发时以不拉夫、不住民房为革命军之标识,万勿自坠名誉,失却国民同情也。"③3月10日,他了解到方鼎英、曹万顺等师确有不守军纪现象,除再次予以制止外,还提出了由南京市政府统一解决各部所需挑夫问题④。对民间助逆嫌疑者的处置,蒋介石也坚持要有事实,不能捕风捉影,鲁莽行事。3月22日,刘峙电告总司令部,鄂东人民自卫团有助逆嫌疑,拟予以缴械以免顾虑。他复电指示:如确有助逆行动者即予照办,否则慎重,以免引起人民重大反感,失却人心⑤。这些事实说明:

---

①　《蒋介石致朱绍良电》(1929年2月27日),未刊件,台北"国史馆"藏。

②　《蒋介石致朱培德电》(1929年3月15日),未刊件,台北"国史馆"藏。

③　《蒋介石致各师团长电》(1929年3月6日),未刊件,台北"国史馆"藏。

④　《蒋介石致方鼎英电》(1929年3月10日);《蒋介石致曹万顺等人电》(1929年3月10日),未刊件,台北"国史馆"藏。

⑤　《中华民国大事记》第2册,第968页。

蒋介石对良好军纪在争取人心,夺取战争胜利方面的意义与作用,的确是十分清楚和重视的。

与此同时,蒋介石又特地成立了一个鲜为人知的"革命军人同志会",作为他的军事情报机构。这是一个直接听命于蒋介石的特殊组织,其任务主要是做"侦探、间谍",蒋亲笔"训示"这个组织的"要素,约有数端:一、极端秘密;二、迅速灵敏(无论调查、报告);三、忠实勇敢。必如此方能尽其责任,亦方能为本会之会员也"①。尽管迄今尚不清楚这个组织的人事构成和具体活动,但可以肯定,蒋介石此次讨桂战争的胜利,不可能与此组织无关。

此外,蒋介石还从分化敌军、争取友军两个方面积极展开秘密备战活动。在分化敌军方面,因"桂系军力当时分驻在两广、武汉、唐山至山海关三个重点"地区,蒋介石采取了"粤、汉、津三路并进,使之首尾不能相顾"的策略,"对粤则为诱捕李济深,使桂系老巢陷于孤立。对华北则使唐生智出马,抓回其旧部,使白崇禧仅以身免。这两路配合俞作柏在武汉的策反活动而收分攻合击之效"②。

李济深与李宗仁、白崇禧、黄绍竑等人同为广西人,虽长期在广东统兵,任第八军总指挥及广州政治分会主席,但素与李宗仁等友善,互为奥援,确是蒋介石西取武汉的一大威胁。为消除这一威胁,阻止两广桂军救援武汉,蒋介石一面加紧拉拢李济深所部陈铭枢等将领,一面采用调虎离山之计,屡电李济深北上入京。2月25日,蒋以国民政府早已任命李济深为参谋部长为由,电促其回南京任职。27日,又如前所说,通过中央政治委员会派其会同蔡元培等人彻查"湘变",并电促其即日启程。李济深接电后,公开表示:"各总司令相率离京系回去办缩编,

---

① 以上引文见《蒋介石致革命军人同志会训示》(1929年3月19日),未刊件,台北"国史馆"藏。

② 程思远:《蒋桂新军阀战争的内幕》,中国人民政治协商会议全国委员会文史资料研究委员会编:《文史资料选辑》第60辑,中国文史出版社1986年版,第171页。

绝无别事,余约一星期内晋京。"①3 月 4 日,国民党中常会核定李济深、陈铭枢、陈济棠等人出席国民党第三次全国代表大会的代表资格,李济深等人准备北上出席三全大会。次日,蒋介石密电陈铭枢:"如任潮兄未起程来京,则兄万不可离粤,更不可派人代理职务。"②李济深做梦也没有想到,蒋介石此时已与陈铭枢联为一气,暗中监视着他的行动。因此,他仍按计划于 11 日经港到达上海,并在会晤蔡元培、吴稚晖、张静江、李石曾等人后语记者:本人担保汉口方面现在决无轨外行动③。13 日,李济深听信吴稚晖等人"蒋先生以人格担保"其安全的诺言,不顾李宗仁对其入京"必被扣留"的警告,怀着"以国事为重"和"跳火坑的精神",与蔡元培、吴稚晖等五人一起到了南京④。21 日,即被蒋介石软禁于汤山。李济深南京被扣后,第八路军独立旅旅长兼广州卫戍司令、公安局长邓世增等人一度欲推桂系黄绍竑为第八路军代总指挥,举兵抗蒋,但很快被早已与蒋介石暗相联络的陈铭枢等人化解。30 日,陈铭枢、陈济棠、陈策、蒋光鼐、蔡廷锴发表联名通电,声明粤省军队为党国所有,不能供一派一系之指挥驱策,其有谋不利于我粤而牵之入战争漩涡者,则为粤人公敌。蒋介石如愿以偿地取得了广东第八路军的全力支持。

对于蒋介石西取武汉来说,阻止两广桂军北上固然重要,而解决河北白崇禧部南下也是不可忽视的问题,甚至是更为重要的问题,因为河北白崇禧部不仅可以沿陇海铁路—平汉铁路增援武汉,还可沿津浦铁路威胁南京的安全。所以尽管白崇禧屡电主张和平,蒋介石仍对他及其所部唐山部队的行踪十分注意。3 月 3 日,他电北平李石曾:"闻白剑【健】生(白崇禧字健生)已回汉,确否? 请代探询其复。"⑤16 日,电

---

①　转引自《中华民国大事记》第 2 册,第 958 页。
②　《蒋介石致陈铭枢电》(1929 年 3 月 5 日),未刊件,台北"国史馆"藏。
③　《中华民国大事记》第 2 册,第 963 页。
④　《李宗仁回忆录》下册,第 608—610 页。
⑤　《蒋介石致李石曾电》(1929 年 3 月 3 日),未刊件,台北"国史馆"藏。

示驻奉天(今沈阳)代表方本仁:"请设法派探常驻唐山,令其每日报告军情。"①同时借张群名义亲电北平行营主任何成濬:"万一唐山部队由津浦路南下,我第三集团军应在天津附近集中兵力,阻止其南下,并详报奉天白之真意为要。"②17日,再电何成濬:"请查北平天津电局将白健生发出电报底码从速检来带京,并请该两处无线电台将白发出或各方致白电报接收速即电京,以便翻译。尤以其谊密与联密两码之电,须格外注意速寄也。"③为争取白崇禧部反正,蒋介石首先想到启用下野年余的昔日劲敌唐生智,因为白崇禧主力李品仙、廖磊等部均系其北伐时期旧部,且将士多为湖南人。蒋一面命龚浩到白崇禧军中活动李品仙等反正,一面密派刘文岛与寓居上海④的唐生智联系,要他出山接长李品仙等旧部。但受蒋严密控制的国民党机关报《中央日报》却故意放风说:"自胶东事变发生,各色失意军人与匪联结,密谋淆乱,已迭见报载,张宗昌既抵烟台,图谋反动。而又传唐生智突于昨(二十二日)日轮秘密来津,匿屋英租界某处,行动极为诡秘,外人鲜有知者,刻津军事当局,正在加意防范中。"⑤把唐生智伪装成和张宗昌一样欲"与匪联结,密谋淆乱"的"失意军人"。事实上,唐奉命抵天津后,"即派亲信邓长庚去唐山进行联络。李品仙得讯,也派朱武彝、杨绩荪去津晤唐。信使往还,络绎不绝……其中只瞒了一个白崇禧"⑥。随即,一个"打倒桂系回湖南去"的口号便传遍了唐山军营内外。据当时报载,"天津客车满贴:(一)欢迎东山再起的唐总司令;(二)唐生智是总理唯一信徒;(三)欢迎

①　《蒋介石致方本仁电》(1929年2月16日),未刊件,台北"国史馆"藏。

②　《蒋介石以张群名义致何成濬电》(1929年3月16日),未刊件,台北"国史馆"藏。

③　《蒋介石致何成濬电》(1929年3月17日),未刊件,台北"国史馆"藏。

④　李静之:《唐生智》,宗志文等主编:《中华民国史资料丛稿·民国人物传》第3卷,中华书局1981年版,第96页。另一说是青岛(程思远前揭文,《文史资料选辑》第60辑,第171页),待考。

⑤　《传唐生智抵津》,《中央日报》,1929年3月2日。

⑥　程思远前揭文,《文史资料选辑》第60辑,第171页。

劳苦功高的唐前总司令等语。署名为五十一、五十三师，一百五十一旅军官讲习所。系通过唐山时驻军所贴，开平、洼里各站亦然①。此外，发放军饷也是蒋介石左右白部的重要手段。他先是命令"何成濬停发白部军费"②，继又电何："如唐山北平之白部能早日逐白，宣言归中央后，则政府可发其一月之饷，以后月饷当由政府担任也，请速进行。"③其间，蒋介石先后嘱财政部长宋子文汇款何成濬100万元，其中50万元归何直接支配④。在唐生智、何成濬的运动下，李品仙等人于19日致电蒋介石，表示愿"追随左右，拥护中央"⑤。20日，唐生智由天津赶赴唐山，李品仙、廖磊等人通电声讨白崇禧，所部重归唐生智节制，成为日后蒋介石讨逆军第五路军。在此之前，白崇禧见部队失控，大势不好，已于3月16日通电辞去第四编遣区主任与三全大会代表，自天津塘沽秘登日轮，直航日本门司⑥。而蒋介石不知"白鹤"已去不复还，迟至18日才密令何成濬"对白务使拘捕，并可悬赏若干"⑦。白崇禧虽未捕得，但河北白崇禧部的威胁总算解除了。

　　利用驻汉桂军内部桂籍与非桂籍军人的矛盾，争取桂籍军人李明瑞、杨腾辉阵前倒戈，是蒋介石分化敌军的又一关键步骤。武汉夏威、胡宗铎、陶钧三军，其中夏威为广西人，胡宗铎、陶钧为湖北人，是以有桂籍与非桂籍军人之分。蒋介石初曾以湖北人暗中游说胡、陶脱离桂系，岂料胡、陶不但不感"知遇"之恩，反而据实报告了李宗仁⑧。后蒋

---

① 《津唐道上有拥唐标语》，《中央日报》，1929年3月25日。

② 程思远前揭文，《文史资料选辑》第60辑，第171页。

③ 《蒋介石以张群名义致何成濬电》（1929年3月16日），未刊件，台北"国史馆"藏。

④ 《蒋介石致何成濬电》（1929年3月18日），未刊件，台北"国史馆"藏。

⑤ 转引自《中华民国大事记》第2册，第966页。

⑥ 此前学术界论著均称白自天津转大连再取道日本南下，误（《白崇禧先生访问纪录》下册，第935页）。

⑦ 《蒋介石致何成濬电》（1929年3月18日），未刊件，台北"国史馆"藏。

⑧ 《李宗仁回忆录》下册，第605页。

通过与李宗仁之弟李德辉有留俄同学关系的郑介民了解到,胡、陶利用地方财权,在军饷分配上每每厚此薄彼,以"客军"待夏威部,引起夏威部"广西人打仗,湖北人享福"的不平,便密派李明瑞韶关滇军讲武堂同学周伯甘赴汉晤李,促其"阵前倒戈,叛桂拥蒋"①。但李明瑞表示要听他表哥俞作柏的意见。蒋于是复派俞作柏至汉,最后说服了李明瑞等人。后来,李明瑞、杨腾辉果然如约行事,蒋介石十分满意,说:"李明瑞反正向义,其志可嘉,以后更觉主义之不可假借,军阀或有所顾忌矣。"②

在争取友军支持方面,蒋介石虽曾联络长江上游刘文辉川军前后夹攻武汉,但重点却放在联络北方冯玉祥、阎锡山、张学良各军事集团上,而冯玉祥第二集团军尤为重中之重。因为冯不仅领有与湖北接壤的河南省,且控制着平汉、津浦两大铁路干线,其向背具有举足轻重的作用。也正因如此,连远在柏林的驻德公使兼驻奥地利王国全权公使蒋作宾,都在为冯玉祥的态度牵肠挂肚。他在 1929 年 3 月 18 日的日记中写道:"国内传来极不好消息,冯(指冯玉祥)派不出席代表大会(指国民党三全大会)。"28 日又记曰:"南京来电,冯之态度已明,愿加入讨桂。"4 月 1 日再记曰:"连日各报纷载,蒋介石亲至武穴附近督战,冯焕章(冯玉祥字焕章)态度仍不明。"③蒋作宾日记所及,唯有冯玉祥,若阎若张,不及一字,说明冯的举动,的确是当时蒋介石及其支持者关注的焦点。

蒋介石既以联冯为重点,投入自然也较阎、张为多,不但"每月至少发五十万,或者八十万至一百万……前一个月甚至发到一百五十万

　　① 程思远前揭文,《文史资料选辑》第 60 辑,第 168 页。
　　② 《蒋介石致胡汉民电》(1929 年 4 月 6 日),未刊件,台北"国史馆"藏。
　　③ 北京师范大学、上海市档案馆编:《蒋作宾日记》,上海古籍出版社 1990 年版,第 30、34、35 页。

元"①,为阎锡山 50 万元②的三倍,且特派邵力子为专使,常往河南辉县百泉、华山冯玉祥军中,请其"赴京、出兵,以保行政院正院长及两湖主席为条件"③。但是,就实际效果而言,恰与蒋的投入成反比,首先表态支持蒋介石讨桂的并不是冯玉祥,而是张学良。从现有资料看,张至迟 3 月 19 日前已向蒋表明了拥蒋讨桂的态度④。紧随张学良之后拥蒋讨桂的是四川省政府主席刘文辉,3 月 22 日,他专电蒋介石表示反对李宗仁、白崇禧。第三个表态的则是阎锡山,3 月 29 日,他致电南京国民政府说:"锡山素以拥护中央,维持和平为职志,遭兹事变,义当整饬所部,静候命令。"⑤惟有冯玉祥却迟迟不肯明言拥蒋讨桂。3 月 6 日,他借口"患神经衰弱等症,手足均肿",告诉衔命而来的邵力子,"一时实难应命赴都也"。次日,又要邵转告蒋介石,他"三五年内,亦应出洋游历,实际考查各国政治社会情形,以为改造中国他山之助也"。一天之后,甚至当着邵力子的面,直言蒋介石西征武汉之非,认为自己"令官兵为民挖渠……较之内战相残,徒以国家人民供牺牲者,胜过万万矣"⑥。

正因如此,所以蒋介石在继续联冯助己的同时,又对冯采取了一定的防范措施。3 月 17 日,蒋得知第八方面军总指挥刘镇华部"二万五千余人",奉冯玉祥之命拟由"杨村、廊房、霸县一带","开往徐州、兖州驻防"⑦,蒋立即以张群名义电示何成濬设法阻止⑧。23 日,又命徐州

---

①　《蒋主席在国府纪念周报告》,《中央日报》,1929 年 5 月 21 日。

②　《蒋介石致何成濬电》(1929 年 3 月 18 日),未刊件,台北"国史馆"藏。原文作:"其中五十万元请交第三集团。"

③　《冯玉祥日记》第 2 册,第 603 页。

④　《蒋介石复张学良电》(1929 年 3 月 19 日),未刊件,台北"国史馆"藏。

⑤　《中华民国大事记》第 2 册,第 973 页。

⑥　以上引文见《冯玉祥日记》第 2 册,第 586—587 页。

⑦　《刘镇华部将开赴兖州》,《中央日报》,1929 年 4 月 1 日。

⑧　《蒋介石以张群名义致何成濬电》(1929 年 3 月 17 日),未刊件,台北"国史馆"藏。此系蒋介石手稿。

毛秉文师增派专探,严密监视陇海东段战略要地砀山、归德一带,每日通信报告该地近状,说:"陇海与津浦两路紧要,务盼兄时刻注意。"①稍后,为防止冯玉祥所部自平汉路南进,又密令何成濬秘集重兵于石家庄,"以防万一"②。在蒋介石的利诱威逼下,冯玉祥长期处于举棋不定的矛盾之中,一方面觉得蒋"对我军感情甚佳,倾向者亦颇众","论公论私,皆不能使蒋独任其艰";另一方面又觉得他"不惮敛天下之怨,而党权亦一人独握,纵能战胜桂派,吾恐继之而起者,仍将大有人在,殊令人不无怅怅耳"。直到3月28日,才为"情势所迫,不得已权行"答应邵力子"我方可出兵十三万,留十四万维持地方治安"。30日,正式电蒋:出兵讨桂,"以韩复榘为总指挥,出武胜关"③。

南北各方讨桂态度的明朗化,大大加速了蒋介石的战争步伐。3月26日,他在明令申讨李宗仁等人的同时,任命朱培德为讨逆军第一路总指挥,刘峙为第二路总指挥,韩复榘为第三路总指挥,何键为第四军军长,陈调元为总预备队总指挥。27日电示朱培德务必"注重于通城、大冶、兴国(今湖北阳新)方面之逆军,其主力或即由该方面进攻我武宁、瑞昌……希令各师长速到前方严密戒备,以待二十九日第十师集中瑞昌,然后齐头并进"④。同时命令方鼎英"九江登陆后,请即向瑞昌集中,对兴国方面警戒搜索,限二十九日以前到达瑞昌"⑤。其间,他还亲自出面坚持启用昔日劲敌张发奎,一面向陈铭枢等人解释:"向华(张发奎字向华)表示绝对服从,且不愿负任何名义,并宣誓决不回粤,中

　　①　《蒋介石致毛秉文电》(1929年3月23日),未刊件,台北"国史馆"藏。
　　②　《陈立夫致何成濬电》(1929年4月2日),未刊件,台北"国史馆"藏。此系蒋介石手稿。
　　③　以上引文见《冯玉祥日记》第2册,第602、607、603页。
　　④　《蒋介石致朱培德电》(1929年3月27日),未刊件,台北"国史馆"藏。
　　⑤　《蒋介石致方鼎英电》,未刊件,台北"国史馆"藏。

(正)可负责担保也。"①一面电令方鼎英等人欢迎其回第四师任职,他说:"刻命张向华兄回第四师指挥。彼对讨桂具有决心,且拥护中央甚诚,请兄等以个人名义,一致欢迎,并请其指挥各师,以坚其志,则于作战更能奏效。希照办。"②28 日,蒋介石下达全面攻击令:一、以主力略取武汉,同时以一部攻击长岳路,期于两广逆军未到前歼灭武汉之敌;二、第一路以主力向岳州、蒲圻间进攻,一部向长沙前进,威胁逆军退路;三、第二路限 4 月 3 日前击破当面之敌,然后以主力经黄陂及沿江前进,限 5 日前到达武汉附近,与第三路协力攻取武汉,以一部渡江策应第一路军作战;四、第三路限 4 月 5 日前分经襄阳、武胜关,到达武汉附近,会同第二路主力攻取武汉③。

　　战争的实际进程,远比蒋介石的预料为迅速与顺利。28 日当天,第二路军占领武穴,抵达广济。30 日,攻克罗田、蕲春,敌退阳逻、黄陂。4 月 1 日,再克黄冈、麻城。同日,蒋亲至黄冈督战。他一面电令方鼎英"夏威部已于艳日(29 日)移至江北,其主力在击破我江北之主力,而江南岸只有叶琪与程汝怀部,其力甚微,请协同第四师速进占领咸宁、蒲圻,即进取武汉为要"④;一面电告宋子文:"哲生(孙科字哲生)介绍之美飞机,以十万一千美金千(衍字)售,先付二万五千美金为定银,余数三个月后还清。请兄直接速付定银与该美人,并令张静愚(航空大队司令)将其中之水机从速□早飞来,如候至虞日(7 日)则无用矣。"⑤在蒋介石的强大军事压力下,胡宗铎首先动摇,于 4 月 1 日晚派出和平秘使,请求停止进兵,但蒋介石态度强硬,表示:一、"可停止进兵;二、但要胡宗铎先就编遣特派员职;三、派重要人来接洽,潘宜之

　　①　《蒋介石复陈铭枢转陈济棠电》(1929 年 3 月 30 日),未刊件,台北"国史馆"藏。
　　②　《蒋介石致方鼎英等电》(1929 年 4 月 1 日),未刊件,台北"国史馆"藏。
　　③　《中华民国大事记》第 2 册,第 972 页。
　　④　《蒋介石致方鼎英等电》(1929 年 4 月 1 日),未刊件,台北"国史馆"藏。
　　⑤　《蒋介石致宋子文电》(1929 年 4 月 1 日),未刊件,台北"国史馆"藏。

（武汉市市长）如愿来,亦不拒绝。"①4 月 2 日,双方主力激战于五通口、新洲、碾子岗、黄陂一带,蒋急调徐源泉师增援,令其 4 日晨开到团风。

在此关键时刻,临时代替突发喉疾的夏威为前线总指挥的李明瑞,果然不负蒋介石厚望,信守当日诺言,在黄陂"率领夏威部",离开战线,"撤至孝感,张贴打倒胡宗铎、夏威、陶钧等标语";并于 3 日与杨腾辉发表联名通电,表示"誓以至诚拥护中央"②。紧随其后,何键也宣布就任湖南编遣特派员及讨逆军第四军军长职,电劝夏威、叶琪等人下野。蒋介石乘势指挥各部全面出击,扩大战果。他命第二路军第八师由茶棚冈西进,骑兵旅向长弘岭、高阳桥西北地区搜索前进,第一师由罗家田经长堰攻敌右侧背,占领黄陂,截敌归路,第九师相机策应第一师;第一路右翼军以第四师经通城趋咸宁,第十一师经通城以北地区向贺胜桥,第十师经金牛镇直捣纸坊,然后合攻武昌、汉阳,接应江北第二路军;陈绍宽海军继续进攻刘家庙。4 月 4 日,蒋乘舰抵达鄂城,以海陆空军总司令名义发表《告第四集团军将士书》,声明政府不得已而用兵,但"惟知严惩祸首,绝不牵连各将士",希望各将士"服从中央,严守纪律,静待后命"③。在蒋介石的军事攻势与政治利诱及李明瑞、杨腾辉阵前倒戈的影响下,胡宗铎、陶钧所部更加动荡不安,"罗霖最先反正",门炳岳、危宿钟旅继起于后,全军顷刻土崩瓦解④。胡、陶见大势已去,不得不匆忙撤离武汉,率残部向鄂西退却。4 月 5 日,蒋介石"兵不血刃,时不

---

　　①　《蒋介石致总部行营陈副处长电》(1929 年 4 月 2 日),未刊件,台北"国史馆"藏。

　　②　《李宗仁回忆录》下册,第 613 页;张文鸿:《李明瑞倒桂投蒋和倒蒋失败的经过》,中国人民政治协商会议全国委员会文史资料研究委员会编:《文史资料选辑》第 52 辑,中国文史出版社 1986 年版,第 76—77 页;《中华民国大事记》1929 年相关条目;《李明瑞旅反抗胡、陶》,《中央日报》,1929 年 4 月 7 日。

　　③　《中华民国大事记》第 2 册,第 976 页。

　　④　《蒋介石致何成濬转唐生智电》(1929 年 4 月 8 日),未刊件,台北"国史馆"藏。

兼旬"①地占领了武汉。4月8日,国民党三届一中全会第三次会议通过吴铁城的临时动议,以全会名义对蒋介石的讨桂"劳绩"表示敬意。

三　攻防结合与征桂目标的实现

蒋介石占领武汉后,并没有就此止步,因为他还有更高的军事目标,即彻底消灭桂系的军事实力,夺取其最后的根据地广西,用他自己的话说就是"直捣其巢穴"②。为实现这一战略目标,蒋介石提出了一个《讨逆军第二期作战计划》,决定由湘、粤、滇三路进攻广西,"以根本铲除桂逆"③,其中湘军为讨逆军第四路军,由何键任总指挥,粤军为第八路军,由陈济棠任总指挥,滇军为第十路军,由龙云任总指挥,并随即开始了紧张的备战活动。4月12日,他电召何键到武汉"面商攻桂及编军问题",决定"约编三师,以吴尚、周斓、刘建绪为师长"。④ 14日,又命何键选派所部二十个团以上兵力,于月底集中桂边,5月1日开始攻击。15日以前占领桂林,然后向柳州前进;命龙云选派所部十二个团以上兵力,限5月20日以前集中广南、剥隘一带,30日以前占领百色,向龙州、南宁前进。对于粤军,因其内部意见分歧,陈济棠主暂取守势,而蒋光鼐、陈策等人力主积极进攻,蒋介石密电陈铭枢:"粤中将士征桂既不一致,强之反召分裂,可只可缓和,以资团结。但须知此种心理,即为亡粤之根性,并知桂题不决,则粤必亡。此时口头固可主缓和,

---

①　蒋中正:《国民政府惟一之政策——和平统一》,《中央日报》,1929年5月8日。

②　《蒋介石致陈铭枢电》(1929年4月15日),未刊件,台北"国史馆"藏。

③　《国民革命军总司令部参谋处关于西征武汉及鄂西诸战役阵中日记》(1929年2—4月),转引自张同新编著《国民党新军阀混战史略》,黑龙江人民出版社1982年版,第269页。

④　《蒋介石致何成濬、唐生智电》(1929年4月13日),未刊件,台北"国史馆"藏。

而准备应当积极,不容稍缓。"他告诉陈铭枢,他已"与湘何键、滇卢汉面定计划,决于本【月】底湘滇兵力集中桂边,桂逆必知,待其移兵防备湘滇之时,粤当出兵协同海军,以占领梧州,直趋南宁。如粤中真不能出兵,则决以朱绍良、方鼎英、李明瑞、杨腾辉各师由海道运粤而加之,以蒋光鼐等忠勇之师协同陈策海军直捣其巢穴,亦绰有余裕……如伯南(陈济棠字伯南)反对此举,则事先不必与其明言,届时彼当赞同也"①。而对陈济棠,蒋介石要求他选派十八个团以上步兵,加上海军、空军,于4月底集中肇庆附近,5月1日出发攻桂,15日以前占领梧州。为满足龙云解除贵州周西成扰其后方的要求,早在4月10日,蒋介石就电令贵州籍人士、交通部次长李仲公"速电周西成,请其即日表明态度,共同讨桂,并派员来汉协商"②。后来,又要求新任讨逆军第七路总指挥刘湘以川军赖心辉部协助龙云监视周西成的行动③。4月23日晚,蒋介石为攻桂问题亲赴湖南长沙,与何键作最后部署,决定将湘、粤、滇三路攻桂时间分别延后五至十天。5月3日,他电令陈铭枢、陈济棠"如期攻桂,以免后患",并告知"中央决定调黄绍竑来中央候用,而先以吕焕炎为广西特派员,伍廷扬【飏】代省府主席,视其以后内部如何变化也……总预备队如必要时,则可调李明瑞南来"④。其所派代表邱文、廖武郎也于同日抵达广州,以所携蒋之密令促陈济棠速就讨逆军第八路总指挥。

与此同时,为最大限度地扫除征桂道路上的障碍,蒋介石对退守鄂西的桂军残部更是穷追不舍,毫不放松。当时,退守鄂西的桂军尚有胡宗铎、陶钧、程汝怀三个师,叶琪师的一个旅,夏威师李朝芳、尹承纲旅各两个团,张义纯师的两个旅,另外是警备旅、特务团等,实力并未削弱

①　《蒋介石致陈铭枢电》(1929年4月15日),未刊件,台北"国史馆"藏。
②　《蒋介石致李仲公电》(1929年4月10日),未刊件,台北"国史馆"藏。
③　《蒋介石致刘湘电》(1929年4月17日),未刊件,台北"国史馆"藏。
④　《蒋介石致陈铭枢、陈济棠电》(1929年5月3日),未刊件,台北"国史馆"藏。

多少,李宗仁、白崇禧盼望他们能够渡江取道湘西回到广西去①。而胡、陶、夏内部也有人建议"将军队扫数渡江,进驻湘西,与广西联成一气……以待大局之转变,转败为胜"②。这是蒋介石预料到的。为阻止胡、陶等部渡江转进,蒋于4月5日抵达武汉当天,便在任命鲁涤平为武汉卫戍司令(未到任前由刘峙暂代)、刘文岛为武汉市长的同时,命令刘峙按原计划攻击前进,务期消灭逆军,以除后患。4月8日,又致电四川刘湘:"能速派一师以上兵力东下更好,但须集中荆(门)、沙(市),截击溃逆,万勿在宜昌停留,使残逆漏网也。"③9日,再电何键速命湘西谭道源率所部至石首、公安、松滋一带截堵武汉方面溃军。10日,指令第二路追击队司令官朱绍良、副司令官夏斗寅率所部自天门、仙桃镇向荆门、沙市追击;第一路追击队司令官张发奎、副司令官方鼎英率所部自武汉、嘉鱼溯江而进,不得有误。11日,电令门炳岳率所部会同谭道源阻止桂军渡江南窜。其间,他还采取又打又拉的策略,一面对已经反正的门炳岳、危宿钟各旅长"照委原职"④;一面致电胡、陶,声明"此次背叛,罪在李、白,对兄等不加追究,如将所部交所属统领,对兄等行动更不加束缚,居汉出洋皆可"⑤。随即派出行营参谋主任贺国光、孔庚为谈判代表,奔赴荆门、沙市胡、陶军中接洽有关事宜。

　　在蒋介石的军事、政治压力下,4月12日,程汝怀等人致电贺、孔,表示桂军各部已在荆、宜(昌)停止待命,请速到沙市会商一切,并请转陈蒋介石命令前方部队停止进兵。但蒋介石未加理睬。陈绍宽继续率

---

　　①　程思远前揭文,《文史资料选辑》第60辑,第175页;《白崇禧先生访问纪录》下册,第944页。

　　②　卢蔚乾:《胡宗铎、陶钧在桂系中的起落》,中国人民政治协商会议全国委员会文史资料研究委员会编:《文史资料选辑》第52辑,中国文史出版社1986年版,第71页。

　　③　《蒋介石致刘湘电》(1929年4月8日),未刊件,台北"国史馆"藏。

　　④　《蒋介石致何成濬转唐生智电》(1929年4月8日),未刊件,台北"国史馆"藏。

　　⑤　《中华民国大事记》第2册,第978页。

海军攻击前进,13 日在马家寨与桂军展开激战。14 日,蒋介石命令朱绍良、张发奎等务于 15 日占领荆门,17 日以前占领沙市。15 日,川军刘湘部东出巴东,到达宜昌附近,蒋再电朱、张所部和陈绍宽海军加速西进,以与刘湘收夹击之效。同时命刘湘以重兵扼守巴东,严防桂军西逃;谭道源部限 22 日前赶至长阳、五峰,阻其南渡。胡宗铎等人走投无路,不得不致电蒋介石,表示输诚。16 日,蒋指示行营总参谋长贺耀组复电孔庚,桂军须即日退出荆门、沙市,所有部队开至建阳驿、半月山、鸦雀岭等处,接受点验、改编。次日,他踌躇满志地电告刘湘:"胡、陶等来乞降,愿听命改编。彼自愿离队出洋,刻已派员谈判中。我军昨已占领沙洋,荆门亦于今日可占领。已令朱(绍良)师长由荆门出当阳,与庚师在宜昌附近联络矣。"①21 日,胡宗铎、陶钧、夏威三人联名通电下野,鄂西战事暂告一段落。

鄂西战事虽暂告结束,但蒋介石仍要求各路追击部队对胡、陶、夏所遗桂军严加戒备。29 日,他一面电令方鼎英部"暂驻原地,一俟新编各师(指胡、陶桂军)调遣完毕,再行移动,于此休息期间请竭力整顿部队"②;一面指示谭道源:"胡、陶、夏已离职出洋,荆、宜各师皆已就范待编,可勿进攻。惟仍须严密戒备,由宜都至巴东一带须择要配备警戒,以防疏虞,并与海军陈(绍宽)司令切实联络。刘湘部唐式遵师长已占领巴东,亦请联络,与其分配警戒任务。"③5 月 3 日,蒋介石听说"吕超、潘宜之、戴天民尚在宜昌播弄是非,并怂恿各师入川扰乱",随即令贺国光"切实查明,并限令宜昌部队将吕、潘、戴等解京惩办"④。8 日,他甚至电饬刘峙:"鄂西各师移防,限元日(13 日)以前开拔完毕,不得

① 《蒋介石致刘湘电》(1929 年 4 月 17 日),未刊件,台北"国史馆"藏。

② 《蒋介石致方鼎英电》(1929 年 4 月 29 日),未刊件,台北"国史馆"藏。

③ 《蒋介石致陈绍宽转谭道源电》(1929 年 4 月 29 日),未刊件,台北"国史馆"藏。

④ 《蒋介石致贺国光电》(1929 年 5 月 3 日),未刊件,台北"国史馆"藏。

延缓,并派队严密监视。如届期不移,则应以违抗命令,用武力解决
之。"①至于夏威及其所部欲回广西,就更不是蒋介石所能容忍的了。
据蒋说"夏威所带军队六团【四月】廿三日以前本想由宜都经黔东回桂,
后经阻止乃夏威始与胡、陶廿四夜同船东下",并于 5 月 1 日到达上
海②。他还曾电令何应钦以"不著痕迹",且极为"优待"的方式,与"令
其劝李(宗仁)、白(崇禧)、黄(绍竑)从速离桂出洋,最好不与外人知"的
动听之言,暂留夏威于上海,"盖恐其回桂报告鄂情也"③。5 月 3 日,
夏威行将离沪,蒋电令陈铭枢等人务于香港阻其回桂④。在蒋介石的
坚决阻止下,夏威及其所部终于未能回到广西。

　　经过近一个月的紧张备战,蒋介石自以为已胜券在握,于 5 月初正
式发动了湘、粤、滇三路会攻广西的第二期"讨逆"作战。湖南何键依据
蒋介石的部署,"以主力经永州、全州,径攻桂林,以一部由右翼经西延、
六峒、义宁绕攻桂林之侧,一部由左翼经灌阳、栗木、恭城,直取平乐"。
其部队被编为四个纵队,以周斓师为第一纵队,"集中新宁、武岗,向义
宁";以刘建绪师为第二纵队,"集中永州、东安,向全州、兴安";以吴尚
师为第三纵队,"集中道县、宁远,向文村、灌阳";以范石生师为第四纵
队,"集中江华、永明,向恭城";以罗潘瀛师为总预备队,"集中衡州、永
州"。5 月 5 日,各纵队及总预备队如期集中完毕,开始分途出击⑤。
云南龙云早在 4 月 24 日便已决定出师讨桂。5 月 3 日,他命所部分三
路入黔,先助李攻周西成,然后向桂之柳州前进⑥。广东陈济棠也于 5

　　①　《蒋介石致刘峙电》(1929 年 5 月 8 日),未刊件,台北"国史馆"藏。
　　②　《蒋介石致陈铭枢、陈济棠电》(1929 年 5 月 3 日),未刊件,台北"国史馆"藏。
　　③　《蒋介石致何应钦电》(1929 年 5 月 2 日),未刊件,台北"国史馆"藏。
　　④　《蒋介石致陈铭枢、陈济棠电》(1929 年 5 月 3 日),未刊件,台北"国史馆"藏。
　　⑤　《国民革命军第四路军战史》,第 32—33 页。该书属印本,无编者、出版地及时间,从内容看显系第四路军自编战史,湖南省档案馆藏。
　　⑥　《国民革命军第四路军战史》,第 31 页。

月 6 日就任讨逆军第八路总指挥,率所部香翰屏、陈维远、蔡廷锴旅和陈策海军各舰队沿西江西进,集中肇庆,准备进攻梧州。

　　但是,战争一开始就没有按照蒋介石预设的方向发展。首先,龙云所部滇军就"始终未入桂境"①。其次,尽管何键所部如期对广西发动了攻势,却没有出现蒋介石原先所期待的局面:桂军因此"移兵防备湘滇",粤军趁机"占领梧州,直趋南宁"。原因是桂军这时已与冯玉祥秘密商定了一个联手抗蒋的计划。依据这个计划,冯玉祥的任务是由河南进攻武汉,威胁攻桂蒋介石中央军的后方,而桂军的任务则是"先下广东,剪除牵制,再和蒋氏周旋"②。5 月 5 日,李宗仁在梧州通电组织"护党讨贼军"(后改称"护党救国军"),自任南路总司令,命附桂粤军"徐景唐部由石龙向广州东部进攻";桂军"分两路向广州西部进攻",黄绍竑指挥第一路"由现地经肇庆、三水向广州进击",白崇禧指挥第二路"经怀集、四会向广州进击"③。这一形势,是蒋介石原先没有预料到的,或者说估计不足的④。

　　面对这一突如其来的新形势,蒋介石首先指示淞沪警备司令熊式辉封锁消息,不让外界了解黄绍竑、白崇禧提师东进的真相。5 月 7 日,蒋致电熊说:"两广战争消息,不准各报登载。"⑤接着,为抵御桂军的进攻,他先后两次电示陈济棠,一次是要求陈立即破坏某些失控的军事装备和设施,如飞机"亦不听命,则请即刻派队烧毁,不可犹豫。军事惟有决心,此时万不能再信政治手段解决,否则反中逆敌缓兵之计也……虎门长洲炮闩,从速拆卸,勿延"⑥。另一次是要求陈密切注意敌军动向,"严防其最险一着,即出小北江,以断粤湘联络之道",并"巩

　　① 《国民革命军第四路军战史》,第 31 页。
　　② 《李宗仁回忆录》下册,第 615 页。
　　③ 《白崇禧先生访问纪录》下册,第 947 页。
　　④ 《蒋介石致朱培德电》(1929 年 5 月 9 日),未刊件,台北"国史馆"藏。
　　⑤ 《蒋介石致熊式辉电》(1929 年 5 月 7 日),未刊件,台北"国史馆"藏。
　　⑥ 《蒋介石致陈济棠电》(1929 年 5 月 9 日),未刊件,台北"国史馆"藏。

固内部，凡内部稍有可疑之部队，应从速解决，或至不能妨碍我主力进行。而与逆军隔绝之处，万不可犹豫不决，临时仓猝，反陷其计也。此时我主力，第一，当先肃清内部，第二，在巩固后方。即先占领石龙、石滩，与虎门联成一线，为我根据，以待中央海陆军之增援；一面设法占领惠州。而广州一时之得失，无足轻重，只要能保存实力，则恢复省城绝非难事。李逆（指附桂李务滋部）已占领石龙，则我军更应回兵扫除后方障碍也，此乃上策。次则以陆军一部与海军扼守河口，而以主力向北江肃清可疑之部队，然后应付西北江之桂逆，是为中策。如固守省城，以待东、西、北江逆军之逆军（衍文）来围攻，是为下策。请兄抉择。"①此外，蒋介石还指示何应钦命何键根据新的敌情，改变主攻方向，由原先以主力"径攻桂林"，改为"乘虚急袭平乐"。后因何键坚持桂林、平乐方向同时用兵，蒋又亲电何，果断命其"应以一部趋桂林，主力速转向平乐，务于五月十八日以前达到该处后，直趋梧州，并以范（石生）部出连山，向广宁、四会前进"。5 月 13 日，何键所部第四纵队占领平乐，对攻粤桂军后方形成包抄态势②。

但是，蒋介石很清楚，从战略全局看，桂军攻粤，即使得逞，也毕竟是局部问题，而河南冯玉祥攻汉则是事关全局的大问题。武汉一失，不但前功尽弃，且湘、粤攻桂各军，也势必腹背受敌，直捣桂巢，焉能有望？正因如此，蒋介石在抵御桂军攻粤的同时，同样重视甚至更加重视防冯攻汉这一战略大计，并当即指派参谋总长何应钦前往武汉坐镇指挥。

如前所述，蒋介石原本一直在联冯讨桂，即使有所防范，也是为了逼冯讨桂，但事实上，蒋对冯玉祥又一直很不放心，长期采取既拉又防的两面政策。早在 3 月 1 日，蒋为四川内乱，就曾致电冯玉祥，促其率部平川③。其真实目的，冯玉祥一看便知，"盖蒋欲本军平川，彼则专力

①　《蒋介石致陈济棠电》(1929 年 5 月 11 日)，未刊件，台北"国史馆"藏。
②　《国民革命军第四路军战史》，第 33—34 页。
③　《蒋介石致冯玉祥电》(1929 年 3 月 1 日)，未刊件，台北"国史馆"藏。

对桂,且恐我与桂合也"①。4 月初,因"冯、韩……无出兵确期",蒋介石一面电令何应钦明白告诉尚留在南京的鹿钟麟,请他催促韩复榘"速以主力出武胜关,我第二路正面主力,必待其入关与我切实联络后,方能开始攻击";一面又命其严加注意冯、韩动向,"瑞伯(鹿钟麟字瑞伯)态度、行动,亦请留心"②;并为此采取了一系列的防范措施,如屯兵石家庄,牵制冯南进。挑拨冯、阎(锡山)关系,以阎制冯。4 月 7 日,蒋电何应钦说:"请百川(阎锡山字百川)兄驻宁之秘书长或参谋长来汉一叙。如徐声钰回京,可将冯与其面谈之计划关于先攻晋一段,与百川兄有关系之人面谈之,使百川兄知冯对其之怀抱也。"③可见,冯玉祥斥"蒋专弄权术,不尚诚意,既联甲以倒乙,复拉丙以图甲"④,并非凭空捏造。又如扣留外购军事装备之事,4 月 7 日,蒋电示宋子文:"凡在外国所购枪炮、钢铁、飞机等件,非有中正命令,无论其任何机关护照,作为无效。非正式留存于海关,但不明说扣留也。"⑤其实,此举也是冲着冯玉祥而来的,因为他所购的飞机随即便在上海被扣⑥。再如展缓驻济日军撤兵问题,4 月 9 日,蒋电示外交部长王正廷等人:"接收胶济,须迟一个月方可实行,最早亦须迟至本月杪。其接收部队须由政府明令指派(不可私相授受),否则政府不能负责也。"⑦所谓"接收部队须由政府明令指派",就是为防止日军撤走后的山东落入冯玉祥之手。此中奥妙,早在 3 月 4 日已为人窥破,并向冯作了报告:"日人虽急欲解决济案,惟蒋又恐鲁归我方,故迟延不决,是其过不在日而在蒋也。"倒是冯

---

　　①　《冯玉祥日记》第 2 册,第 584 页。

　　②　《蒋介石致何应钦电》(1929 年 4 月 2 日);《蒋介石致何应钦电》(1929 年 4 月 3 日),未刊件,台北"国史馆"藏。

　　③　《蒋介石致何应钦电》(1929 年 4 月 7 日),未刊件,台北"国史馆"藏。

　　④　《冯玉祥日记》第 2 册,第 571 页。

　　⑤　《蒋介石致宋子文电》(1929 年 4 月 7 日),未刊件,台北"国史馆"藏。

　　⑥　《冯玉祥日记》第 2 册,第 629 页。

　　⑦　《蒋介石致谭延闿转王正廷电》(1929 年 4 月 9 日),未刊件,台北"国史馆"藏。

玉祥不太情愿往这方面想，3 月 14 日，他在日记里写道："八点起，段其澍来，言外间谣诼繁兴，王外长不愿解决济案者，恐鲁省落于二集团手耳。政府果如是，殊不识大体也。"①但很快就被事实证明这不过是妇人之仁。4 月 17 日，蒋给何应钦连发两电，前电言犹在耳："如日本不允展期，则请政府以明令责成孙良诚（冯玉祥部属，时任山东省政府主席）接防可也。"后电又到："前计是被动时万不得已之举，今既可缓和（指日允展期撤退），自当专心平桂也。"②"万不得已"才同意孙良诚接防，其防冯之心，显而易见。

在蒋介石的多方掣肘下，冯玉祥自觉再"不可不图生存之道"了。4 月 15 日，他指示秘书长魏书香、参谋长陈琢如："山东事已如此，可速电路局预备火车，以便运输军队回豫。"25 日，电示南京鹿钟麟："大局不佳，可设法归来。"28 日，"电孙良诚速将兵由山东撤回开封"。5 月 6 日，面谕所部"可于夜间在武胜关潜埋地雷，敌来即发，一面深沟高垒，勿使得前"，并请邓飞黄"起草讨蒋宣言"。12 日，表示要"通电宣言护党救国"③。16 日，授意所部将领刘郁芬、宋哲元、孙良诚、韩复榘等发表通电，促蒋下野，并宣称拥护冯玉祥为"护党救国军"西北军总司令，从而公开挑明了联合桂系共同抗蒋的态度。

随着冯玉祥联桂抗蒋态度的明朗化，蒋介石的防冯策略也发生了根本变化。在此之前，他的唯一目标是讨桂，敌人只有一个，即李、白、黄桂系集团。因此，不管冯玉祥对讨桂如何消极，他始终坚持以"和缓"为主的单纯防御策略，以免树敌过多。4 月 13 日，他在致何成濬、唐生智的电报中，对此有专门交待："此时鄂西残逆，尚在荆、沙，其实力未消，桂巢亦未捣，如另树一敌，似不相宜。故决先征桂，而对其余，应至

---

① 以上引文见《冯玉祥日记》第 2 册，第 585、591 页。
② 《蒋介石致何应钦电》(1929 年 4 月 17 日)，未刊件，台北"国史馆"藏。
③ 以上引文见《冯玉祥日记》第 2 册，第 615、614、621、623、628、632 页。

和缓。但我第五路军可陆续移运于石庄以北，务须保持秘密，并不可逾石庄以南一步，军略与政略应须一致。请兄弟（此'弟'字似为衍字）务照鄙意，不可稍有参差也。"①即使冯玉祥决定自图"生存之道"，从山东撤退之后，也仍不改初衷地电示何成濬："冯放弃山东是恐我方进攻，乃为避战计，决无攻汉之理。此等大事，当有一定方针，请兄万不可如此主张，否则必误大事也。各部不必移动。"②并电告朱培德说："近日鲁孙（良诚）撤军豫西，鹿钟麟亦擅离南京，冯方各种行动，令人莫解。但中（正）只注重政治，决不用武力，以静观其变也。"③就当时军事形势与任务而言，蒋介石这一策略无疑是可取的，因为蒋毕竟尚无足够的军事实力，同时应付所有的地方反对派。但是，随着冯玉祥态度的急剧改变，蒋介石的态度也在几天之内发生了微妙的变化。5月4日，他致电武汉贺国光、刘峙说："冯未必用兵，但应准备，速将现已计划武汉临时阵地限期构成为最后防线。次将武胜关阵地侦察，亦筑防御工事，暂取守势为要。"④到了5月9日，蒋介石"闻冯决攻汉"，当即要求刘峙对冯所辖河南省的"防御须赶速完备，盖恐其出我不防也"⑤。蒋介石的防冯策略从此便由单纯防御转变为攻势防御了。

为保卫武汉，蒋介石首先想到的是遣散已改编为新编各师的仍集结在鄂西长江北岸的胡、陶旧部。他认为："冯之所以企图攻汉者，以仗胡、陶旧部为之应援也，故必先解决其声援或可消除其野心。"⑥为此，5月9日，他致电驻守沙洋的朱绍良："冯有攻汉之决心，恐与胡、陶旧部联络。中（正）意如其各该部能如期开动、分散各处，然后再定去留为

①　《蒋介石致何成濬、唐生智电》(1929年4月13日)，未刊件，台北"国史馆"藏。

②　《蒋介石致何成濬电》(1929年4月28日)，未刊件，台北"国史馆"藏。

③　《蒋介石致朱培德电》(1929年5月1日)，未刊件，台北"国史馆"藏。

④　《蒋介石致贺国光、刘峙电》(1929年5月4日)，未刊件，台北"国史馆"藏。

⑤　《蒋介石致刘峙电》(1929年5月9日)，未刊件，台北"国史馆"藏。

⑥　《蒋介石致刘峙电》(1929年5月10日)，未刊件，台北"国史馆"藏。

上。否则必须用武力根本解决之，先清肘腋再对外敌。请兄本此意旨，切实施行。"①次日，又进一步要求朱："刻已令巴东唐式遵部、宣都谭道源部于删日（15 日）前切实准备，对宜昌监视。如新编各师不能遵令如期移动，则最迟须于删日一律缴械。请兄督促缪（培南）、夏（斗寅）各师，并确定日期，共同进剿，以免参差。倘其移防经过荆门、沙洋时，亦应临机缴械，不使其窜豫也……万一正在进荆，而尚【未】解决以前，冯方先来攻汉，则兄亦督促各部先消灭胡、夏残部，然后与武汉夹击其攻汉部队可也。"②同时指示夏斗寅："新编各师确与冯方沟通，约期攻汉。如其果不遵令移防，则速照逸民（朱绍良字逸民）兄计划切实施行。否则彼方以乡谊来联，恐陷其毒计，请兄严防而解决之，以免贻两湖后患也。"③5 月 12 日，何应钦到达汉口，依据蒋介石的指示，随即"召集各师长会议"，诱骗胡、陶旧部新编各师长赴汉与会，由豫接密令"可不必到会"的谭道源、方鼎英等人趁机将其所部全部遣散，从而彻底解决了鄂西胡、陶旧部对两湖的威胁④。

　　与此同时，蒋介石还指示所部必须对河南实行攻势防御，积极做好对豫作战的准备。由于当时鄂西胡、陶旧部尚未全部遣散，他再次强调该计划必以解散胡、陶旧部为先决条件，以免冯部占领襄樊，联合胡、陶旧部，攻我武汉。5 月 11 日，蒋致电何应钦等人说："闻四日前信阳集中兵力有四师之众，现在未知去向，其必开往南阳、唐县无疑。证诸李纪才报告⑤，更可确信其必逼近襄樊，或占领襄樊，使鄂西胡、陶旧部发

　　①　《蒋介石致朱绍良电》（1929 年 5 月 10 日），未刊件，台北"国史馆"藏。
　　②　《蒋介石致朱绍良电》（1929 年 5 月 10 日），未刊件，台北"国史馆"藏。
　　③　《蒋介石致夏斗寅电》（1929 年 5 月 10 日），未刊件，台北"国史馆"藏。
　　④　《蒋介石致谭道源电》（1929 年 5 月 11 日）；《蒋介石致方鼎英电》（1929 年 5 月 11 日）；《蒋介石致刘峙电》（1929 年 5 月 11 日），未刊件，台北"国史馆"藏。
　　⑤　李纪才时任襄樊警备司令。5 月 10 日，他电告蒋："南阳石友三部将于今明日向豫南唐县、新野一带游击。"（见 1929 年 5 月 11 日《蒋介石致何成濬电》，未刊件，台北"国史馆"藏）

生变化,然后进取武汉,或其占领襄樊后,先派一部压迫荆、沙,与胡、陶残部会合,再攻武汉,故我军对此必先解决胡、陶旧部为惟一要着。"对刘峙所部"正面武汉主力",他认为宜"固守孝感、应山之线,暂取待机之势,不宜到花园以北。但如其武汉【胜】关守兵不多,则我军可派遣一得力部队占领之,然主力应仍在孝感也"。他电告何应钦等人:"刻已令第五路移驻济宁,方(振武)部移驻徐州,刘镇华及晋军三师集中石家庄、顺德,约翼日(20 日)前可以集中完毕,以时间计之,或尚能策应,武汉不致失机。"为有效防止冯玉祥"果先攻鄂",他认为"第五路应由津浦路运至徐州入陇海路较为敏捷",因此,他要求何应钦等人将"武长路之钢甲车速运来津浦路候用","并令李纪才将襄樊各路汽车速集中花园,勿稍留滞"①。

蒋介石防冯进攻武汉的第三个措施是收买冯玉祥部将为内应。早在 4 月 10 日,武汉刚刚克复,蒋介石就在汉口召见过韩复榘。据冯玉祥说,蒋召见韩时,"张口向方(韩复榘字向方),闭口向方,且用种种手段以牢笼之,宜其视蒋待彼为亲,而余为疏也"②。5 月 8 日,冯玉祥攻汉风声骤起,蒋介石立即电示贺国光、钱大钧:"请即速派员携款由襄樊往南阳,或慕尹(钱大钧字慕尹)电约石友三私来襄樊,面交石友三十万元为饷项,并问其冯近日计划与行动。详告如其果能反抗逆命,拥护中央,则其所指挥各师之饷项,均可由中央负责领给。但必须其有明确表示,或反攻逆军之动作也。"③或许蒋介石自己也觉得如此要求石友三,未免过于性急和不顾后果,因此,紧接着又补发钱大钧一电,表示宜嘱石友三不可过早暴露自己。他说:"石友三派李明志来京接洽,刻已派其回汉见兄,请托前任石部秘书现为总部参议某君,与李同访友三,并

① 以上引文见《蒋介石致何应钦等电》(1929 年 5 月 11 日);《蒋介石致何成濬电》(1929 年 5 月 11 日),未刊件,台北"国史馆"藏。
② 《冯玉祥日记》第 2 册,第 640 页。
③ 《蒋介石致贺国光、钱大钧电》(1929 年 5 月 8 日),未刊件,台北"国史馆"藏。

再接济其五万元,由经理处领支可也。嘱石将冯之最近计划与命令抄寄报告,并嘱其久驻南阳,非至其长上有反抗中央命令时,不可露泄其真实之举动,盖过早恐于大局反不利也。此意应口授,不可形诸文字。"①蒋介石这一招还果然屡试不爽,5 月 22 日,韩、石二人便通电"拥护中央",给了冯玉祥重重一击。仅仅过了五天,5 月 27 日,冯玉祥即宣布下野,这已是后话了。

当然,冯玉祥对蒋介石的心思也是一清二楚的。4 月 23 日,他就对人说过,蒋介石在"设计谋我"。后来,又进一步指出:"蒋氏视我军为心头之患,眼中之钉,处心积虑,必消灭之而后快。"至于怎么"设计",怎么"处心积虑",他解释说:"蒋令晋阎出兵豫西,刘峙直捣汴、洛,又利用杂牌军队攻我南面,是对我军取包围法也。"②这一观察与前述蒋介石的防冯部署大体不差。也正因如此,冯玉祥虽表面上与广西李宗仁等人遥相呼应,令所部通电拥护其为"护党救国军"西北军总司令,但实际上只是虚晃一枪,并无攻汉的实际行动。相反,为了自保待变,自 4 月28 日起,他便命令所部"为本军计,当退守潼关以西",以免"后方有危,为人所乘"。所谓"后方有危,为人所乘",指的就是"晋阎"即阎锡山"出兵豫西"。5 月 1 日,冯又指示魏书香:"我军将石友三部四师,驻扎紫荆关,留一师或两师驻武关。陇海路部队可尽移陕、甘……如此布置,关外无事,则埋头训练,兼事屯垦,一旦有事,则率领数十万健儿,直捣中原,必为无敌之师也。"③到了 5 月 15 日,更命令豫南韩复榘、张允荣部炸毁武胜关隧道及附近桥梁,脱离武汉前线,全军收缩西撤。

随着冯玉祥全军西撤,武汉形势缓和,蒋介石迅将注意力转向两广战场。当时,粤军李扬敬、香翰屏部及海军中山、江大等舰正在广东清远、芦苞一带,与白崇禧亲自率领的吕焕炎、王应榆、黄旭初部对峙。5

---

① 《蒋介石致钱大钧电》(1929 年 5 月 8 日),未刊件,台北"国史馆"藏。

② 以上引文见《冯玉祥日记》第 2 册,第 620、629、636 页。

③ 以上引文见《冯玉祥日记》第 2 册,第 623、625 页。

月18日,陈济棠下达总攻击令,命香翰屏部沿广三路进攻,陈章甫、李扬敬部直逼芦苞,海军各舰自马口发起攻击,戴戟部及教导队向军田增援。21日,粤军大获全胜,先后收复芦苞、白泥、大塘、清远等地,桂军损失数千人,王应榆被俘,黄旭初受伤,残部向四会溃退。与此同时,何键也命令各纵队协同粤军夹击梧州。为增援粤军,5月19日,蒋介石命令李明瑞、杨腾辉率所部两师南下,先后于25日和28日从湖北经上海海运抵达广东。30日,李、杨沿西江挥师西进。6月2日,与湘、粤联军共克梧州。6日,李明瑞在梧州就任第八路军副总指挥,拒绝接受黄绍竑、白崇禧所派代表请其收编黄、白桂军的要求。12日,蒋介石任命俞作柏为广西省政府主席,李明瑞为广西编遣特派员。17日,俞作柏命李明瑞等人三日内攻克桂平。18日,各部开始总攻,李明瑞、杨腾辉部由藤县攻江口,范石生、许克祥部由大湟山绕攻桂平之侧,海空军也投入战斗。桂军不支,纷纷请降。23日,李、杨进入桂平。白崇禧、黄绍竑自知大势已去,随即将残部交吕焕炎、梁朝玑统带,先后取道龙州、越南,逃亡香港。27日,李明瑞部占领南宁。7月15日,俞作柏在南宁宣布正式成立广西省政府,就任省政府主席之职,蒋介石如愿以偿地取得了以夺取桂系根据地广西为目标的第二期作战的最后胜利。

第三节　征讨冯、张、唐及"护党救国军"的战争

一　蒋、冯矛盾的发展与两次讨冯战争

如前所述,蒋、桂战争中,冯玉祥的态度、处境都极为微妙。冯玉祥兵强马壮,拥有河南、陕西、山东数省之地,这些地区,又与蒋、桂拼争的战场相邻,他的动向,对蒋、桂双方胜败影响至大。如冯出兵助李,则冯、李携手,可在西、北、南形成一条牢固的战线,对东南及南京构成强大威胁;如冯与蒋介石联合,则北可使白崇禧部悬成孤军,南可对两湖

形成居高临下之势,桂系将难以幸胜。所以蒋、桂冲突爆发后,双方都竭力拉拢冯玉祥,蒋介石派邵力子为特使,许冯以"行政院院长及两湖主席"①,引诱冯氏出兵助己;李宗仁也派代表见冯,晓以利害,提醒其防止被蒋各个击破。

从利害关系说,冯玉祥作为地方实力派,当然更倾向桂系一方,私下里他也对桂系表示支持、同情。但桂系制造"湘变"、惹起事端,首先输了道理,加之蒋介石以中央相号召,冯玉祥也不想公然与其对抗,而且两湖地区毗连其陕、豫基本区,又是鱼米之乡,他也不无攘为己有的私心。正如他在日记中所说的:"如有机会,宜向湖北发展。按中国历史,不能得湖北便不能守河南。至陕、甘根据地,无论如何不可轻易放弃。倘能将陕、甘、鄂、豫四省守住,便可管毂南北东西。"②冯玉祥的如意算盘是,坐山观虎斗,效鹬蚌相争、渔翁得利之法,坐观蒋、桂相争,削弱实力,待时机成熟时,进兵两湖,将势力范围向华中拓展。因此,蒋、桂冲突爆发后,蒋介石要拉拢、利用冯玉祥,而冯也愿意被利用,蒋、冯之间上演了一出勾心斗角的好戏。3月初,南京方面电冯商讨对桂问题时,冯回电说:"(一)胡部(指桂系的胡宗铎)行动已派员密查;(二)原驻兖州之第四师如果调往江南,则拟派刘镇华军接防。"③在桂系问题上含含糊糊,但对接防兖州则毫不推辞,既不贸然开罪桂系,也不反对中央用兵。冯玉祥自以为圆滑,但其用心其实尽在蒋、李二人眼中。

冯玉祥用心深长,蒋介石也将计就计,佯装不知冯氏出兵的目的,尽力促成冯玉祥加入战事。3月下旬,南京方面公开发表冯氏致蒋电报,内称:"玉祥服从中央,始终一致。前经迭电声明,已有准备。至于

---

① 《冯玉祥日记》第 2 册,第 603 页。

② 《冯玉祥日记》第 3 册,第 29 页。

③ 《西征讨桂占领武汉解决鄂西诸役阵中日记》,国民政府战史编纂委员会档案廿五 563,中国第二历史档案馆藏。

出兵路线及作战方略,统祈主席指授机宜,庶免歧异。"①此举意在使冯再无反水借口。28 日,蒋介石连续致电冯玉祥,请其"令韩总指挥所部限于 4 月 2 日以前经过襄阳武胜关,微日以前须到达武汉西部及其南部,兜击武汉,以与我下游诸队收协击之效"②。同日,委任韩复榘为第二路军总指挥。

　　韩部接受委任后,屯兵于豫鄂边境,虽然桂系与冯心照不宣,在"武胜关无兵驻防"③,韩部仍逡巡不进,坐以观变。直到 4 月 5 日蒋介石抵武汉并命韩部"在现地停止待命"④后,冯玉祥方才着忙。同日,他致电蒋介石报告:"前方已在襄樊之间与敌接触甚为猛烈,沿平汉线各部因车辆缺乏不免稍迟,业经电令催现正星夜前进中。"⑤7 日,蒋介石再次分别致电冯玉祥、韩复榘,令其在原地停止待命,而冯、韩也对蒋 5 日电装聋作哑,连电向蒋"报捷",称已占领武胜关,并向广水追击,弄得蒋介石"以韩部装聋,不听命令,甚疑"⑥。直到 4 月 8 日,冯、韩见大局已定,武汉尽收蒋介石囊中,方在广水一带被迫止步。对韩的行动,蒋介石当然心知肚明,4 月 8 日他致电何应钦,告以:"自支日起电令韩复榘约十余通,迄无一复,昨日忽入武胜关,铁甲已过孝感,幸此间已严防

---

　　①　《西征讨桂占领武汉解决鄂西诸役阵中日记》,国民政府战史编纂委员会档案廿五 563,中国第二历史档案馆藏。

　　②　《西征讨桂占领武汉解决鄂西诸役阵中日记》,国民政府战史编纂委员会档案廿五 563,中国第二历史档案馆藏。

　　③　《西征讨桂占领武汉解决鄂西诸役阵中日记》,国民政府战史编纂委员会档案廿五 563,中国第二历史档案馆藏。

　　④　《西征讨桂占领武汉解决鄂西诸役阵中日记》,国民政府战史编纂委员会档案廿五 563,中国第二历史档案馆藏。

　　⑤　《西征讨桂占领武汉解决鄂西诸役阵中日记》,国民政府战史编纂委员会档案廿五 563,中国第二历史档案馆藏。

　　⑥　蒋介石日记,1929 年 4 月 7 日。

备,勿念。"①

蒋、桂一战,冯玉祥虽然机关算尽,却毫无所获,桂系出乎意料的快速失败,使他无法及时作出反应,结果是客观上既充当了蒋介石帮凶的角色,而在蒋面前又丝毫没能讨好。3 月底蒋介石在日记中写道:"焕章电文总无作战明确之表示,不能不令人疑虑也。"②占领武汉后,蒋在日记中已公开表现出对冯的愤恨:"焕章将余四日至今之电置之不闻,而派韩复榘今突入武胜关,且到孝感附近,其来电可笑,视人人为小孩可欺。而其心劳日绌,如见其肺肝然矣,取巧投机之徒,必自杀也。"③这段日记,虽或为蒋故意作态,但其对冯不留情面的态度已可窥见一斑。

桂系败走,唇亡齿寒,冯玉祥不由得深自戒惧。1929 年 4 月初,冯玉祥一方面两次发出通电,声讨桂系,指责其在北伐前后的自私行为,试图以此缓和与蒋关系;同时他也深知此举未必会有效果,因此作出一系列部署,准备应付"祸变之发生"④。4 月下旬,冯在开封召集师以上军官集会,加力调整军备,将驻山东、河南一带部分兵力回撤,收缩防线,集重兵于豫陕交界的潼关一带,扼要拒守,摆出一副准备确保原有基本地盘的哀兵姿态。

冯玉祥对蒋的担心确实不无道理。蒋介石虽一再拉拢冯氏携手对桂,但对冯始终保持高度戒备。东线军情紧急时,他密令所部对陇海线冯军"严密预防"⑤,防止冯军乘乱直捣南京后方。冯玉祥依违两可的

① 《蒋中正电何应钦对韩复榘部忽入武胜关事进行军队部署》(1929 年 4 月 8 日),台北"国史馆":蒋中正文物档案,002010100011039。国史馆档案中将此文件标为 1928 年 4 月 8 日,有误。
② 蒋介石日记,1929 年 3 月 31 日。
③ 蒋介石日记,1929 年 4 月 7 日。
④ 《冯玉祥日记》第 2 册,第 610 页。
⑤ 《西征讨桂占领武汉解决鄂西诸役阵中日记》,国民政府战史编纂委员会档案廿五 563,中国第二历史档案馆藏。

态度,他洞若观火,各地也不断送来有关冯、桂联络的密报,鲁涤平甚至向他报告,桂系作战命令有"左翼冯玉祥"①字样,对这一切,当时他都不动声色。但桂系之乱平靖,踌躇满志的蒋介石便开始与冯玉祥算总账。4 月,蒋介石制定对冯作战计划,规定:"为防编遣期内冯军发生异变起见,国军集中主力于豫西、鄂西及平汉、陇海沿线一带,俟其发动,一举而歼灭之。"②同时,蒋镇压桂系兵变后,还特招从武胜关南进的韩复榘到武汉,优礼有加,褒奖备至,并馈送巨款,竭力加以笼络。韩复榘平时在西北军中,冯玉祥对他和其他将领一样,呼来喝去,很少顾及个人尊严。蒋氏此举,使韩复榘感激涕零,对冯氏渐生二心。

5 月初,蒋、冯冲突日渐明朗。1 日,蒋在日记中写道:"冯部人员全部离京,用具皆出卖殆尽,检得其文电,准备向潼关好退却。如此自扰,诚以国家为儿戏,何能革命!"③8 日又记有:"检得冯电,其攻汉准备甚急,是诚无信罔义之人,为反革命之尤者。"④15 日,刘郁芬、孙良诚等冯部将领公开通电,揭起反蒋旗帜,推冯玉祥为"护党救国军西北路军总司令"。同日,冯玉祥致电蒋介石,针对蒋邀其进京面商、消除误会的说法,反唇相讥:"李任潮曾为蒋公前参谋总长,以息事宁人入京,旋即遭禁。李德邻、白健生均与蒋公久共患难,军事甫定,因忌生变。李、白诸公且如此,其余可知。"⑤断然拒绝蒋的邀请。同时,冯在华阴召开军事会议,决定收缩兵力,缩短战线,将山东、豫东驻军全部西撤,集中陕西、豫西待命。

冯玉祥摆出一副收缩防御的姿态,蒋介石虽阳示宽柔,多次发出通

---

①　《西征讨桂占领武汉解决鄂西诸役阵中日记》,国民政府战史编纂委员会档案廿五 563,中国第二历史档案馆藏。

②　《国军对冯警备计划》,国民政府战史编纂委员会档案廿五 520,中国第二历史档案馆藏。

③　蒋介石日记,1929 年 5 月 1 日。

④　蒋介石日记,1929 年 5 月 8 日。

⑤　《冯玉祥致蒋删电》,《申报》,1929 年 5 月 21 日。

电,劝告冯玉祥及西北军及时罢手,私下里却加紧备战。他调集朱培德第一路军集中于开封、徐州之间,刘峙第二路军屯扎于信阳、襄樊一带,唐生智第五路军分布于洛阳、郑州地区,从东、南、北三面对冯部形成包围之势。5 月 8 日,蒋电告刘峙等:"豫方已积极备战,且已委石友三为南路总指挥……我方应积极准备作战,万勿延缓。"①11 日,确定对冯战斗序列,以参谋总长何应钦兼代总司令,部队分为左右两翼,右翼军总指挥刘峙,前敌总指挥顾祝同;左翼军总指挥朱绍良,前敌总指挥张发奎。当时蒋刚刚经历对桂战事,南方一带尚不安靖,因此他虽有趁平桂之势再定西北的雄心,但又无足够信心全面与冯对垒,军事重点放在防御地位。5 月 17 日,他致电在北方活动的何成濬,告以:"此时决不主张用兵,仍求政治解决,兄当依此进行为盼。"②基本可以反映他当时的真实态度。

依靠掌握中央的优势,蒋介石再施惯伎,加紧用官位、金钱收买冯部高级将领,从内部策反西北军,此前与蒋已有往还的石友三、韩复榘等成为重要策反对象。5 月 8 日,蒋介石致电贺国光、钱大钧:"请即速派员携款由襄樊往南阳,或慕尹兄电约石友三私来襄樊,面交石友三十万元为饷项,并探冯近日计划与行动详告。如其果能反抗逆命,拥护中央,则其所指挥各师之饷项,均可由中央负责领给,但必须其有明确表示或反攻逆军之动作也。"③蒋介石亲电冯部大将韩复榘,极尽拉拢之能事,自称:"前在汉埠握手倾谈,备极欢洽,比承赐教,益佩公忠。"④对

①　《蒋中正电刘峙豫方已积极备战我方亟应备战》(1929 年 5 月 8 日),蒋中正文物档案 002020200003026,台北"国史馆"藏。

②　《蒋中正电何成濬中央对冯玉祥不主张用兵仍求政治解决请以此与阎锡山详商整体计划》(1929 年 5 月 17 日),蒋中正文物档案 0020802003 98081,台北"国史馆"藏。

③　《电贺国光、钱大钧》(1929 年 5 月 8 日),《蒋中正总统档案·事略稿本》第 5 册,第 493 页。

④　《电韩复榘》(1929 年 5 月 8 日),《蒋中正总统档案·事略稿本》第 5 册,第 494—495 页。

韩虚下以待。5 月 18 日,任命建制隶属冯玉祥的刘镇华为讨逆军第十一路总指挥,对刘予以利诱。21 日,刘镇华部率先脱离冯部,致电蒋介石,宣布就任蒋任命的"讨逆军第十一路总指挥"。刘、冯之间早有嫌隙,此前 2 月间,刘就曾致电冯氏,告以"万勿因政争而兵争","倘再起战祸,人心向背,遑待龟筮"①。因此,刘之离冯就蒋,尚属顺理成章。

　　给予冯玉祥致命一击的,还是韩复榘等心腹将领的倒戈。5 月 22 日,韩复榘突然在洛阳发出通电,宣布"维护和平,拥护中央"②。接着,石友三、马鸿逵、杨虎城等纷纷起而响应,冯玉祥的几十万大军,数日间,就被弄得七零八落,尤其是韩复榘的叛离,更令冯玉祥极为痛心。既扰乱了他的军事部署,也动摇了他反蒋的信心和决心。与此同时,蒋对韩的叛冯如获至宝,当得知韩叛消息后,得意地判断:"截留韩复榘致石友三电,乃知其廿二日已发通电反对冯逆,拥护中央。是冯逆军阀命运已至末日而尚不觉悟乎。"③同时立即电告韩复榘:"贵部集中洛阳,给养必感困难,刻令汉口中央银行发给一百万元以为接济各师饷需之用,希即派员往领。"④

　　此时,粤方对桂系残部的战争也进展顺利,受到有利形势鼓舞,蒋介石不再像争端初始那样阳示退让。5 月 23 日,国民党中常会决议开除冯玉祥党籍,并革除其本兼各职,授予政府讨伐全权。次日,国民政府下令通缉冯玉祥,对冯玉祥紧逼不放。国民党中央宣传部发表告国民书更是历数冯玉祥的"罪行":"当民国十六年,宁汉分裂之际,冯逆一面与徐谦邓演达等,勾结为奸,极意挑拨;一面复阳作调人,主张集会开封,以显其举足轻重之劳。二次北伐之役,师行在途,攘功争名,百般要

　　① 《刘镇华致冯玉祥寝电》,《刘茂恩回忆录》上,台北学生书局 1996 年版,第 217 页。
　　② 《韩复榘等通电》,《申报》,1929 年 5 月 26 日。
　　③ 蒋介石日记,1929 年 5 月 23 日。
　　④ 《蒋中正电韩复榘所部集洛阳拨款一百万供给养》(1929 年 5 月 24 日),蒋中正文物档案 002010200005040,台北"国史馆"藏。

挟。洎乎汤山会议,初则迟迟其来,继则觖觖而去,凡以矫示矜武,无所不用其极。"①

　　冯玉祥呈现崩溃之象,蒋介石步步进逼,此时阎锡山态度至关重要。早在蒋、冯军事之争初起时,冯玉祥便竭力拉拢阎锡山共同反蒋,而蒋介石为拉拢阎锡山,也一再表示:"对冯方针,请兄就近观察,妥定缓急,和战皆以兄意为准。如果作战,则一切计划,亦由兄决定。"②阎和冯共处北方,不愿看到冯过于壮大,影响自身的生存,所以在蒋、冯之争中对冯构成重大威胁,是冯始终不能不担心的侧背之患,当时冯的担忧,可以从其日记中窥知大概:"蒋以我军压迫桂军,以晋阎压迫我军,又以奉军压迫晋阎,其计诚狡。"③不过,阎锡山并无吃掉冯玉祥的把握和雄心,因此从维持南北实力平衡、防止南京独大目标出发,他又担心冯被蒋消灭,所以阎游走于蒋、冯之间,既媚蒋压冯,又拉冯抗蒋。5月26日,在冯玉祥败象已显时,他致电冯氏,表示愿负疏解之责,劝冯"解除兵柄,还之中央,同适异国",称其本人愿"解除一切,随兄远游,去则同去,来则同来"④。阎锡山此举,不无一箭双雕之意,既压迫冯玉祥离开西北军,达到削弱冯玉祥的目的;又避免战事发生,防止西北军被消灭,蒋实力进一步壮大;同时所谓与冯共进退的表态,含蓄向蒋暗示冯阎在一定条件下成为盟友的可能,堵住蒋介石兴兵进攻西北军的通路。

　　阎锡山的表态,对蒋介石形成相当制约。同时,限于实力,在拿下桂系后,蒋介石对彻底消灭西北军并无把握,也希望在震慑冯玉祥后,顺势和平解决事变。5月25日,蒋致电冯玉祥,劝其:"如愿涉历海外,增益新知,或优游休养,重辟新路,中正当为婉曲代陈于中央,必有以成

---

　　① 《中央宣传部告同志及国民书》,《申报》,1929年5月26日。
　　② 《蒋中正电阎锡山对冯玉祥方针请就近观察妥定缓急和战皆依其意为准》(1929年5月4日),蒋中正文物档案002020200003025,台北"国史馆"藏。
　　③ 《冯玉祥日记》第2册,第637页。
　　④ 《阎锡山公布规劝冯玉祥忍耐五点以挽危局往来电》(1928年5月26日),《中华民国史档案资料汇编》第五辑第一编《军事》(二),第5页。

全兄之志愿,保障兄之安全……至兄所部,原为国家之军队,兄如远离,则中央必爱护倍至,更何论乎一视同仁。"①在南京中央强大压力和蒋介石的软硬兼施下,27日,为保存实力,避免打一场已无取胜把握的战争,冯玉祥宣布退隐下野,通电表示:"洁身引退,以谢国人。自五月廿七日起,所有各处文电,一概谢绝,从此入山读书,遂我初衷。"②蒋介石取得与冯较量第一回合的胜利。

冯玉祥宣布退隐后,为消除其在西北军中影响,蒋介石坚持迫冯出洋。6月4日,蒋在日记中写下其攻冯部署:"余决以东路军为主力,攻潼关南路;左翼由荆紫关攻西安;岳、杨、高、刘各部由秦晋北攻西安,或以岳、杨由襄樊入荆紫关。"③6日,蒋介石致电阎锡山,表示冯玉祥如能到晋,南京中央可发放西北军欠饷,但冯必须履行"离开西北地盘出洋"诺言④。同时,蒋任命阎锡山为北路军总司令,要求阎出兵配合讨冯。11日,阎锡山电蒋称:"如焕章能践约,则山必须偕行,以全信义;倘其爽约,北路军事山当尽力负责。"⑤12日,蒋在日记中写到:"接百川电,犹信冯逆出洋为诚,此殊可叹也。但余以愿以五百万金促其出洋,不知其果允否。拟以此款交百川,一面电告冯之部下,准备此款,只待冯到晋即可分给一月之饷。"⑥希望通过金钱诱惑达到让冯玉祥出洋的目的。同日,蒋介石两电阎锡山,佯装不知道阎为冯缓颊的意图,坚持对冯部用兵以迫其出洋,强硬表示:"焕章出洋之说,似已绝望,请兄

①　《蒋中正电冯玉祥与桂系军阀及一般反动政客绝往还》(1929年5月25日),蒋中正文物档案002010200003052,台北"国史馆"藏。

②　《冯玉祥宣布洁身引退入山读书通电》(1928年5月27日),《中华民国史档案资料汇编》第五辑第一编《军事》(二),第10页。

③　蒋介石日记,1929年6月4日。

④　《蒋中正电阎锡山若冯玉祥能到晋则中央于限度内可准其所请》(1929年6月6日),蒋中正文物档案002090106007305,台北"国史馆"藏。

⑤　《阎锡山电蒋中正如冯玉祥能践约出洋则必须偕行倘冯爽约则北路军事当尽力负责》(1929年6月11日),蒋中正文物档案002090400005218,台北"国史馆"藏。

⑥　蒋介石日记,1929年6月12日。

毅然决绝,从速进战。"①并明确其进攻部署:"此间即拟调韩石二部到皖鲁,而以东路集中洛阳,南路集中南阳、襄樊。"②16 日,发布对西北军作战命令,规定对西北军第一期作战计划:"为平定西北之目的,先以主力于豫省东、南两方面,取包围姿势,压迫逆敌至郑州以西地区。北路军主力乘机由晋南出清化、济源、陕州各道渡河,与陇海线各军协取虎牢、泗水、洛阳,务在潼关以东地区将敌包围而歼灭之。"③

蒋介石坚持压迫冯玉祥的做法,令阎锡山不无戒惧,同时也从中觅到可乘之机。6 月 12 日,阎锡山、唐生智、何成濬等在太原商定对冯处置办法:冯服从中央,于十日以内外游;国民政府于冯出游时取消通缉令;冯西北军归阎指挥,俟时局安定后,由中央改编。同日,阎派李书城到陕劝冯入晋。

在蒋高压姿态下,为保全西北军,使蒋无进攻借口,冯玉祥势不能再留在西北军中,阎锡山成为其可以依靠的惟一退路,双方特使频相往还。6 月初,冯妻李德全赴山西运城与阎妻会面,展开夫人外交。9 日,冯在日记中表示"决到运城见阎"④。两人的共同朋友李书城到陕后,极力劝说冯氏赴晋,与阎锡山结盟,互同进退,待机反蒋。李书城的邀请,正中冯玉祥下怀,既解了燃眉之急,又可借机与阎氏及各反蒋派联合。正如蒋介石所预测的:"以中测之,彼之来晋,实为挑拨之计居多。如挑拨不动,则再出洋。"⑤6 月 21 日,冯玉祥离陕赴晋,他在当天的日

---

①　《蒋中正电阎锡山冯玉祥将不出洋请速统一大局若其到晋则可拨付 300 万》(1929 年 6 月 12 日),蒋中正文物档案 002090106007321,台北"国史馆"藏。

②　《蒋中正电唐生智何成濬顷冯玉祥既无诚意表示并积极备战我方宜速决定方略早奠西北兹拟第一期作战计划》(1929 年 6 月 12 日),蒋中正文物档案002090400006217,台北"国史馆"藏。

③　《蒋介石颁发对冯玉祥西北军讨伐的命令》,《中华民国史档案资料汇编》第五辑第 1 编《军事》(二),第 12 页。

④　《冯玉祥日记》第 2 册,第 647 页。

⑤　《蒋中正电熊式辉如冯玉祥到晋应促其出洋》(1929 年 6 月 20 日),蒋中正文物档案 002020200003057,台北"国史馆"藏。

记中期许:"此后二、三集团,应站在一条战线上,奋斗到底。"①同日,南京国民政府为坚阎锡山内向之心,决定任其为"西北宣抚使兼办军事善后事宜"②。24日,阎锡山亲到介休迎接冯玉祥,25日冯到达太原。

冯玉祥肯来太原,关键在于他深知阎锡山也具反蒋之心,希望由此结成反蒋联合阵营,阎锡山此时也竭力宣称其将遵约与冯共同出洋,以坚冯玉祥赴晋之心。25日,冯、阎联名发出出洋通电,并呈国民政府请辞本兼各职。同时,阎锡山致电何成濬,内称:"弟之出洋,已成不可易之事实,弟等出洋则国定,主座出洋则国乱。"③明显与蒋拉开距离。

冯、阎在太原会晤,并约同出洋,激起全国舆论哗然,蒋介石不能不慎重对待。虽然他致下属电中称其为"冯阎联合之谣"④,但内心其实非常担心冯、阎联手。6月23日,蒋介石离宁北上赴北平,专程处理冯阎问题。25日,到达北平。同时,蒋通知各方发出电文挽留阎锡山,国民政府五院院长、各省政要及部队将领纷纷发出挽留通电,给足阎锡山面子,竭力拉拢阎站到自己一边。30日,阎锡山抵达北平,蒋、阎两人在北平会晤,蒋对阎备加笼络,许阎以全国陆海军副司令之职,极力向阎氏示好。蒋的另一手段是馈送重金,25日,蒋致电张寿镛,令其与中央银行交涉"筹五千万元速汇平候用"⑤,虽然这笔钱没有显示去向,但此时要求如此巨款,和对阎笼络或不无关系。阎锡山在名利双收后,逐渐软化其所谓与冯玉祥共同出洋的坚持,蒋在会谈后致陈立夫的电文

①　《冯玉祥日记》第2册,第652页。
②　《国务会议任阎锡山为西北宣抚使兼办军事善后》(1929年6月21日),蒋中正文物档案002060100019021,台北"国史馆"藏。
③　《阎锡山电何成濬》(1929年6月24日),《蒋中正总统档案·事略稿本》第6册,台北"国史馆"2003年版,第72页。
④　《电陈济棠、陈铭枢》(1929年6月22日),《蒋中正总统档案·事略稿本》第6册,第68页。
⑤　《蒋中正电张寿镛三百万款电中行直交中正》(1929年6月25日),蒋中正文物档案002070100002054,台北"国史馆"藏。

中如释重负地谈到："百川意已稍转,可望不坚决求去。"①

　　阎锡山接纳冯玉祥,本意就是要以其要挟蒋介石,蒋氏就范,则可从蒋处得益,如若不然,即联冯反蒋,以壮声势。蒋介石既然肯委曲求全,互惠互利,阎锡山对冯也就不再客气。7 月 3 日,阎称病住院,4 日退掉去日本的船票。同时,蒋介石为阎铺设台阶,5 日,国民政府下令撤销对冯玉祥的通缉令,声称:"前因豫鲁撤兵,行为越轨,政府为申纲纪,不得不加以制裁。近据调查情形,冯玉祥养病华山,深自怨艾,遵令解除兵柄,愿即出洋游历,政府追念前劳,允宜曲示宽大。"②9 日,蒋介石、阎锡山和刚从东北赶来的张学良在北平西山举行会议,决定由阎锡山全权处理西北军善后,阎利用蒋、冯之争渔利的目的达到。随即,阎锡山将冯玉祥诱骗到山西五台建安村软禁起来,村庄四周派军队封锁,自己送上门的冯玉祥成为他灵活运用的一个筹码。

　　一心想联阎反蒋的冯玉祥,反而做了阎锡山的人质,恼怒之余,不得不善筹脱身之策。他一面装出若无其事的样子,潜心读书,对前来探视的晋军将领徐永昌总结说:自己落得今日下场,都是因为不读书的缘故③。同时暗中活动,授意西北军将领与蒋互通款曲,以从侧面对阎施压。此时,恰好西北军旧将熊斌应蒋命联络西北军诸将领,欲趁冯氏被软禁之机以饷弹笼络、收编西北军。冯氏遂将计就计,令部将与蒋氏加紧联络,双方在南京展开谈判。据熊斌回忆:"双方条件已大致谈妥,即陕甘两省地盘不动,西北军接受改编为十二个师,官兵粮饷被服一律比

　　①　《电陈立夫》(1929 年 6 月 30 日),《蒋中正总统档案·事略稿本》第 6 册,第 109 页。
　　②　《国民政府下令撤销冯玉祥通缉令》(1929 年 7 月 5 日),蒋中正文物档案 002060100020005,台北"国史馆"藏。
　　③　《徐永昌日记》第 2 册,台北中研院近代史研究所 1994 年版,第 444—445 页。

照中央部队待遇。"①西北军将领鹿钟麟、刘郁芬、薛笃弼等频繁往来京中,蒋介石与西北军关系骤然热络。

蒋介石与西北军关系拉近,阎锡山顿时又大生恐慌,如果西北军果真投蒋,则他视为奇货的冯玉祥变得毫无价值,而且他本人也成孤家寡人,必为下一个"统一"对象无疑。8月召开的第二次全国编遣会议再次显示出蒋介石削弱地方实力派的强烈意向,对实力未受损的阎锡山构成巨大威胁。8月6日,阎锡山投石问路,呈请南京国民政府,辞去山西省主席,南京国民政府旋于10日发布命令,任商震为山西省主席,徐永昌为河北省主席。蒋、阎这一试探和反试探,显示双方已在暗暗较劲。

精明的阎锡山不得不改弦易辙,重新向冯玉祥示好,先是向冯表示:"反蒋运动,本人可在暗中帮忙,绝不出名,且不赞成国民党左派办法。"②接着又于9月30日亲与冯见面。据西北军将领石敬亭回忆,他去山西见冯玉祥时,"冯表示山西不宜久居。适何成濬自奉天来晋,往傅公祠,朝夕过从,相谈甚欢。而南京又派贺耀组率点验人员至西安。贺遣高级人员携函来邀余返陕,商洽部队编遣事宜。函中附中央银行二十万元支票一张"。南京与冯部将热络互动,令阎锡山大为不安,"深感奇货顿失。遂于八月中秋夜设宴于晋祠,与冯公同赏月色。阎语冯曰:'大哥,倒蒋之期已届。'即出示布告、通电二纸,且邀冯至五台山小住,以避耳目,使余回陕西发动,推阎为首领"③。阎锡山的反蒋表态,正是冯玉祥一直等待的佳音,他立即表态同意,双方约定,由冯部先发难,晋军随后响应。

冯、阎中秋前夜之会后,冯玉祥西北军立即中止与蒋介石的谈判,

---

① 《熊哲明先生百年纪念文集》,北京外语教学与研究出版社1994年印行,第20页。

② 《冯玉祥日记》第3册,第31页。

③ 《石敬亭将军口述年谱》,第109—110页。

积极筹划武力反蒋。1929 年 10 月 10 日,西北军将领宋哲元、刘郁芬
等联名发出通电,历数蒋介石六大罪状,包括把持中央,专制独裁,用人
惟亲,待遇不公,制造内乱等,指责蒋"假中央集权之名,行专制独裁之
实",宣称:"蒋氏不去,中国必亡。"[1]随后西北军约 20 万人共组织九路
军,兴师讨蒋。冯玉祥在幕后指挥,宋哲元代任冯玉祥总司令职,孙良
诚任前敌总指挥,兵出潼关,分三路向河南进军。

冯玉祥西北军来势凶猛,不久前还准备不战而取的蒋介石不得不
再启干戈,"对冯部决定痛剿"[2]。10 月 11 日,南京国民政府下令对宋
哲元进行讨伐。13 日,蒋介石出动四路大军共二十多个师,以方鼎英、
刘峙、唐生智、刘镇华分任第一、第二、第五、第十一路总指挥,陈调元为
总预备队总指挥,各率所部及飞机队按照指定地点向平汉路及鄂西分
别集中,准备将冯部"歼灭于潼关—荆紫关—白河以东地区,直驱长安,
一鼓而荡平之"[3]。派何应钦、张治中分任开封、汉口两地行营主任,就
近指导战事。

同时,蒋介石竭力拉拢阎锡山,阻止其与冯部合力出兵。为了拆散
阎锡山、冯玉祥同盟,10 月 13 日,蒋致电财政部长宋子文"请汇阎百川
特别费二百万元"[4]。随后派方本仁赴晋,全力活动阎锡山倒向南京。
10 月 28 日,南京国民政府正式加委阎氏为全国陆海空军副司令。在
蒋、冯冲突一触即发时,阎锡山再次表现出首鼠两端的特性,将与冯联
合出兵的承诺置诸脑后,保境安民,静观时变,对双方作出不偏不倚
姿态。

10 月下旬,蒋、冯在河南展开激战。冯玉祥西北军分左、中、右三

---

[1]　《一周间国内外大事述评》,《国闻周报》第 6 卷第 41 期,1929 年 10 月 12 日。

[2]　蒋介石日记,1929 年 10 月 11 日。

[3]　《讨伐西北叛逆战斗详报》,国民政府战史编纂委员会档案廿五 534,中国第
二历史档案馆藏。

[4]　《蒋中正电宋子文汇阎锡山特别费二百万元》(1929 年 10 月 13 日),蒋中正
文物档案 002010200011035,台北"国史馆"藏。

路,左翼为第一路石敬亭、第二路孙良诚、第三路庞炳勋、第四路宋哲元各部,属冯军主力,入潼关沿陇海路东进。中为第五路刘汝明、第六路冯治安、第七路孙连仲各部,出荆紫关进逼南阳。右翼为第八路张维玺、第九路田金凯各部,出白河窥视襄樊。

　　10月26日起,冯玉祥西北军开始全线攻击,初期进展迅速,连克洛阳、巩县、偃师、淅川、老河口等地,逼进郑州、南阳。面对冯玉祥西北军的主动进攻,蒋介石针对冯玉祥西北军给养、指挥均难以久持的弱点,避敌锋芒,待其师老兵疲再行反击。同时,通过空中侦察发现冯玉祥西北军主力集中左翼,遂令所属第五路第八、第九两军固守黑石关、登封一带阵地,以掩护主力部队之集中;第二路军对荆紫关、白河方面暂取攻势防御,主力集结于花园附近待机出击。29日,蒋致电刘峙,指示:"此次我豫南各军对陕南逆部取攻势防御,利在固守以老逆部,故凡可守之城池,从速准备,闭城守御,不惟南阳襄樊,即邓县新野二城,亦速备守城之具,待敌之疲敝而后决取攻势时,则积极进展。如逆军闭城固守,则我不攻其坚城,派最小部队以监视城逆,而以主力照原定目标越城进取。"①31日,蒋介石转道抵武昌后赴河南前线督师。时人回忆:"此时,蒋总司令处境艰苦,四面八方事故层出不穷,人心浮动,有些部队又未尽可靠。他亲到刘黑七部驻在地禹县和刘春霖驻在地白沙,安定军心、鼓舞士气。刘黑七向总司令说:咱是老粗,只知服从总司令,不晓得别的。总司令送他六挺机枪,一万银圆。于是刘黑七安定了。蒋总司令又由刘黑七处突然来到刘春霖部,该部最为动摇,蒋总司令的突然莅临,出乎刘春霖的意料,刘大骇,遂决心服从听命。蒋总司令至郑州,下车站后走半里多路到刘镇华司令部……总司令镇定如故,若无

---

　　①　《电刘峙闭城固守》(1929年10月29日),《蒋中正总统档案·事略稿本》第6册,第659—660页。

其事。他到郑州走了这一趟,立即使郑州的人心跟着他跑了。"①蒋介石此时指挥虽在战略指导上多有干预,但对前线将领尚能放手,多次指示:"前方情形时刻变化,当由前方高级将领独断,不必事事请命。"②表示:"中不遥制。"③

与此同时,冯玉祥西北军的总司令却仍被阎锡山拘留建安村,指挥战事的宋哲元和孙良诚之间,又素有隔阂,难以协调,极大影响冯玉祥西北军战斗力的发挥。30日,唐生智指挥第五路军全线反攻,冯玉祥西北军攻势遇挫。

11月3日,一直保持观望的阎锡山与专程赶到太原的何应钦会面,在蒋200万元的重金拉拢下,阎表态"极愿协助主座讨逆,以求实现统一"④,同时电蒋愿就任全国陆海空军副司令。5日,阎锡山正式通电就职。随后,北平、太原等地召开"讨逆大会",山西公开站到南京一方。4日,南京方面乘势组织总攻击,由唐生智为总指挥,杨杰、何成濬、刘兴分任左、中、右路指挥,向冯军发动全线反攻,冯军顽强抵抗,蒋军虽有进展,但未能很快击破冯军防线。蒋介石日记记有:"河南作战地形最多为断绝地,而寨堡俨然如城池,数里或十里一寨,敌人以此为据点,以图持久抵抗,是甚难处置。"⑤11月12日和17日,蒋军又两次发起总攻击。蒋冯两军在登封、临汝一带短兵相接,激烈搏杀,冯玉祥西北军终于难以支持,16日、17日两日,蒋军先后占领登封、临汝。蒋介石通电全国报捷,宣称:"逆军经此两役,精锐既尽丧失,内部尤多携

① 《万耀煌先生访问记录》,台北中研院近代史所1993年版,第274—275页。

② 《电徐廷瑶》(1929年11月5日),《蒋中正总统档案·事略稿本》第7册,第34页。

③ 《电蒋鼎文、陈诚》(1929年11月4日),《蒋中正总统档案·事略稿本》第7册,第27页。

④ 《第十军参谋处关于豫西各战场战况及何应钦赴晋拉拢阎锡山成功的通报》,《中华民国史档案资料汇编》第五辑第一编《军事》(二),第52页。

⑤ 蒋介石日记,1929年11月8日。

贰,我军乘胜追剿,当不难指日荡平。"①20 日,蒋军攻入洛阳,"俘虏一万三千余人"②,冯军已呈崩溃之势。22 日,蒋致电阎锡山,极力劝说阎出兵邀击冯部以断其归路,并以冯部溃败之混乱状况相诱:"其退却部队之零乱,未有如此之甚者。"③

11 月下旬,冯玉祥西北军不得不将主力回撤到潼关以西,据关自守,冯玉祥第二次反蒋又告失败。是役,冯玉祥西北军败状惨烈。参加讨冯之役的刘茂恩回忆,西北军溃退时,丢弃大批车辆,"败兵感到终日过着牛马不如的艰苦生活,还要日夜疲于奔命,看到长官们还有汽车可坐,在这种怨恨的情况下,于是群起拦阻汽车,甚至有以枪向长官射击,藉以发泄愤懑的情绪,而乘坐汽车的将领也只有弃车随众步行了。"④不过,冯玉祥西北军的骁勇善战也给在前线指挥战事的刘峙留下了深刻印象:"是役看到对方刘汝明部,于石花街之役,败退之余,犹能极力抵抗,无论战况如何惨烈,精神如何疲困,还能以手榴弹大刀肉搏,沉着应战,若非平时训练有素,阍能臻此。"⑤

二　征讨张发奎及"护党救国军"的战争

1929 年,蒋介石控制国民党"三大",给了"改组派"及国民党内的反对派一记沉重的打击。但他们并不善罢甘休,经过多次挫败,他们深切感到军事反蒋的重要,于是在上海总部成立军事委员会,积极准备从军事上与地方实力派联合反蒋。一些地方军人在蒋的政

①　《中央军克服登临》,《申报》,1929 年 1 月 19 日。

②　《陆海空军总司令部通报攻占洛阳电》(1929 年 11 月 20 日),《中华民国史档案资料汇编》第五辑第一编《军事》(二),第 67 页。

③　《电阎锡山》(1929 年 11 月 22 日),《蒋中正总统档案·事略稿本》第 7 册,第 94 页。

④　《刘茂恩回忆录》上,第 269 页。

⑤　刘峙:《我的回忆》,台北文海出版社 1982 年版,第 74 页。

治压力下,也深感自身缺乏政治号召力,希望利用汪精卫、"改组派"的政治声望对抗蒋介石,因而派代表常驻上海,与"改组派"总部取得联系,共同反蒋。

1929年5月,"改组派"总部集结一些地方实力派代表十余人及各种反蒋小组织一百多个,在上海发起成立"中国国民党护党救国革命大同盟",发起所谓"护党"运动。6月,陈公博到香港,策动军事反蒋,决定成立"护党救国军"。随后,陈公博留香港策动广西的俞作柏与鄂西的张发奎;上海总部则与华中、华北的实力派联络。

张发奎部于1927年退出广东,奉调北上,参加"二次北伐"的后期进军。1928年8月在泰安整军,张发奎部被缩编为第四师。1929年3月,蒋桂战争爆发,张发奎又被蒋介石启用,任第一路追击军司令官兼第四师师长。桂系失败后,张发奎率部进驻鄂西宜昌、沙市。张发奎曾长期追随汪精卫,在政治上效忠于汪,当汪通过"改组派"组织反蒋运动时,张积极投身其中,强烈主张反蒋运动"在此局面之下,不用军事恐不易成功"[1]。

9月初,蒋介石以贯彻编遣实施会议决议为名,令张发奎部移防陇海线,与新一师曹万顺换防。9日,他致电刘峙,部署两师换防事宜:"规定自删日起开始输送,限本月内各师输送完毕……其接防地点在陇海路东段,自徐州至海州,或先集中皖中,但与第四师务必言明。"[2]接下来,蒋介石在有关电文中吞吞吐吐,11日,蒋电刘峙,令其派干员往沙市、宜昌等处,"将我接防部队到达时刻及何旅何团之队号及第四师乘船东下启程时刻,与某旅某团所乘何船,确实调查,随时电报于兄及南京总部,其通电密码可将靖密电本改名京密,发给该员,则与京与汉

---

① 《冯玉祥日记》第3册,第47页。

② 《蒋中正电刘峙新一师移调宜昌荆沙接防第四师》(1929年9月9日),蒋中正文物档案002010200008003,台北"国史馆"藏。

皆可通用"①。动作鬼鬼祟祟,可见其不无谋张之心。事后海军战报也称:"职部于九月初间,闻张逆发奎在宜(昌)、沙(市)一带,有密谋叛变情事。当于月之三日,调咸宁舰由沪开宁,准备一切,以便荆河行军之用。并于七日,增调'威胜'舰由沪赶宁,添装煤粮毕,于九日向汉口出发。计咸宁、威胜两舰,于十、十一两日,先后驰抵汉口,以便护送驻汉陆军,前往荆河防备。"②张发奎本就对桂系兵败后仅任第四师师长怀有不满,又对蒋将其部队调离宜昌真实意图抱有疑虑,因此拒不从命。派出使者与广西及汪精卫接触,密谋间道湖南入广西,与俞作柏会合,然后合攻广东,在广东东山再起。9月17日,张发奎将开到宜昌的曹万顺新一师缴械,改国民革命军第四师番号为"护党救国军"第四师,并发出通电,宣布三项主张:"第三次全国代表大会之违法乱纪,稍有党的认识者类能言之……应请立即解散,再行依法召集";"继续反帝反共的工作";敦请汪精卫"回国主持大计,完成革命"③。19日,蒋介石日记记有接到张发奎通电后的感想:"正午接张逆发奎筱电,叛变本为意中事,惟恐牵动大局,心甚不安。惟照预定计划进行而已。"④

　　张发奎起兵之后,率部渡长江南下,进入湘西石门、慈利、常德、大庸一带。蒋介石一面令刘峙率部追击,一面急电何键予以阻截:"张发奎师集中长江南岸枝江、宜都一带,似有窜常德、湘西至广西模样。请兄速派得力部队在湘西严密防范,如其过境,应节节痛击。"⑤为尽快击垮张发奎部,蒋高额悬赏:"俘获连长一名,奖一千元,营长五千元,副旅

　　①　《电刘峙》(1929年9月11日),《蒋中正总统档案·事略稿本》第6册,第466页。

　　②　《陈绍宽呈报海军各舰队在鄂西截击张发奎等部经过受行政院嘉奖令》,《中华民国史档案资料汇编》第五辑第一编《军事》(二),第156页。

　　③　《张发奎拥汪讨蒋通电》(1929年9月17日),查建瑜:《国民党改组派资料选编》,湖南人民出版社1986年版,第223页。

　　④　蒋介石日记,1929年9月19日。

　　⑤　《蒋中正电何键张发奎师集中枝江宜都有窜常德湘西以至广西之迹》(1929年9月19日),蒋中正文物档案002020200004044,台北"国史馆"藏。

长、团长一万元,旅长、副师长二万元,师长五万元。"①许诺:"张逆如果得早歼灭,则百万之数,中正可以负责拨付。"②20 日,南京国民政府宣布罢免张发奎职务,令粤系将领黄镇球接任第四师师长③。24 日,蒋介石在日记中写道:"何键亦来电,截击张逆,刻闻湘边已开火,心始稍安。以后调遣军队,斟酌稳妥,或可无患矣。"④不过,何键虽然宣称全力堵截张发奎部,并俘获张部副旅长、团长及"士兵二千余名"⑤,但并不愿过多消耗实力,当张发奎部选择南下广西与俞作柏等会合时,其堵截行动可谓雷声大、雨点小。

蒋桂战争末期,南京政府扶植俞作柏、李明瑞控制广西,广西形成俞作柏主政、李明瑞主军事的局面⑥。1929 年 8 月 1 日,俞作柏在南宁宣誓就任广西省政府主席⑦。俞作柏、李明瑞虽然在蒋桂战争中靠拢蒋介石,但并不真心拥蒋,历史上和汪精卫关系密切,因此,其当政后,广西很快出现与蒋离心的趋势。当张发奎部南进途中,汪精卫派薛岳到南宁,与俞作柏密洽,望俞作柏、李明瑞与张部合作攻粤,开创新局面,双方很快取得默契。9 月 24 日,汪精卫联合国民党二届中央执监委员十二人在香港通电反蒋,为俞、张联合行动造势。汪精卫等在通电中号召武装扫逆,声言:"此次对蒋中正之抗争,在本党方面为组织及纲

① 《蒋中正电刘文岛转何键湘中各部奋勇讨逆特定俘获师长等犒赏办法》(1929 年 10 月 1 日),蒋中正文物档案 002010200010007,台北"国史馆"藏。
② 《蒋中正电刘文岛何键党国存亡全在灭张发奎一举希督饬所部截击》(1929 年 10 月 1 日),蒋中正文物档案 002010200010006,台北"国史馆"藏。
③ 《国府下令免张发奎职以黄镇球继任第四师师长》(1929 年 9 月 20 日),蒋中正文物档案 002060100022020,台北"国史馆"藏。
④ 蒋介石日记,1929 年 9 月 24 日。
⑤ 《湘军截击张部告捷》,《申报》,1929 年 9 月 26 日。
⑥ 《蒋中正电杨腾辉等桂省党政由俞作柏负责军事由李明瑞任之》(1929 年 6 月 28 日),蒋中正文物档案,002020200004039,台北"国史馆"藏。
⑦ 《俞作柏等电蒋中正及五院院长谨遵国府任命宣誓就职成立广西省政府》(1929 年 8 月 1 日),蒋中正文物档案,002090106007222,台北"国史馆"藏。

领之所关，在国家方面则为民主与独裁之所系。委员等所致讨者为个人，所争取者为政制。应使此次抗争之结果，依党治而深植民主之基础，使专制独裁永不复现。”①

对俞作柏在广西采取激进措施及靠拢“改组派”，蒋介石早有风闻。5月初，何应钦就报告，冯玉祥准备拉拢与汪精卫“有关系之部队唐生智俞作柏等”②，俞的政治倾向应非秘密。对此，蒋曾电俞，要派吴铁城去广西调查，或由俞亲到南京解释，但俞都加以拒绝。9月9日，蒋介石致电李明瑞称：“闻健侯（俞作柏字健侯）兄好用反对中央之人，并为人所惑，以为中央失败在即者。若不根据事实，调查真相，恐为反动派买空卖空者所误。”③张发奎南下后，蒋判断其“必连桂俞”④，为防范广西方面与张发奎联合行动，蒋明令俞作柏、李明瑞到南京听训。同时，着手准备撤换俞作柏。

9月23日，蒋介石致电陈济棠，商讨撤换俞作柏事：“撤换俞作柏时，最好直委吕焕炎为主席，率队进驻南宁。否则亦须其担任第八路副总指挥，以指挥驻桂各部，俾可从速解决桂局。”⑤26日，蒋介石在致酆悌电中告以：“桂俞不可信，但杨腾辉与吕焕炎效忠中央，如其有异常，必能一举扑灭之。但其至今无表示，中央只待其变耳。”⑥在蒋压迫下，

① 《中国国民党第二届中央执监委员会最近对时局宣言》，查建瑜：《国民党改组派资料选编》，第229页。

② 《何应钦电何成濬通报冯玉祥之策略》（1929年5月2日），蒋中正文物档案，002090400006203，台北“国史馆”藏。

③ 《电李明瑞》（1929年9月9日），《蒋中正总统档案·事略稿本》第6册，第461页。

④ 《电鲁涤平》（1929年9月20日），《蒋中正总统档案·事略稿本》第6册，第481页。

⑤ 《蒋中正电陈济棠撤换俞作柏直委吕焕炎为主席率队进驻南宁速决桂局》（1929年9月23日），蒋中正文物档案，002020200004052，台北“国史馆”藏。

⑥ 《电酆悌》（1929年9月26日），《蒋中正总统档案·事略稿本》第6册，第506—507页。

9月27日,俞作柏、李明瑞发表通电,响应张发奎反蒋行动,俞作柏就任"护党救国军"南路总司令,李明瑞为副总司令,并表示欢迎张发奎回桂。

对俞作柏的反蒋,蒋介石早有应对预案,采取收买吕焕炎等,中立李明瑞,专对俞作柏的策略,企图分化广西反蒋势力,"不用兵而定桂局"①。10月2日蒋介石下令免俞作柏本兼各职,任吕焕炎为广西省政府主席,杨腾辉为编遣分区主任,又委李明瑞的嫡系将领为独立第五师师长。同时,陈济棠遵蒋的命令,调香翰屏、余汉谋、蔡廷锴三师沿西江进入广西;第六路总指挥朱绍良也率部开往广东配合陈济棠部作战。吕焕炎、杨腾辉本为李宗仁、白崇禧旧部,对俞作柏背叛桂系早存不满,此时乐于向蒋靠拢。吕焕炎发表通电,欢迎粤军入桂,杨腾辉等也现不稳之势,致电南京表示"拥护中央、服从命令"②。

10月4日,粤军香翰屏、余汉谋部进抵梧州,广东海军在陈策率领下进入广西境内。5日,南京国民政府宣布免去李明瑞本兼各职,任命吕焕炎兼讨逆军第八路副总指挥(总指挥陈济棠)、杨腾辉为第四编遣分区主任、黄权为第十五师师长。9日,陈济棠令粤军发起总攻,李明瑞、俞作柏所部纷纷投降,13日,吕、杨进入南宁。

吕焕炎虽被蒋介石任命为广西省主席,但并无控制广西的实力,转而希望李宗仁、白崇禧等回桂收拾局面,黄绍竑回忆:"吕焕炎虽也有野心,欲自成局面,但他只能掌握一部,而不能领导全部,因此他虽受了南京的任命,实际上仍旧受我们的指挥。"③"改组派"在广西策划的军事行动失败后,也主动与黄绍竑等联络,表明双方重归于好,共同反蒋。汪精卫与黄绍竑在香港会晤,决定桂系与张发奎联合,东下进取广东。于是,张发奎率部南下,在湘西受到李抱冰、陈渠珍等部截击,10月底,

---

①　《电陈铭枢、陈济棠论桂局》(1929年9月30日)《蒋中正总统档案·事略稿本》第6册,第537页。

②　《杨腾辉拥护中央》,《申报》,1929年10月5日。

③　黄绍竑:《五十回忆》,岳麓书社1999年版,第203页。

突破湘军防线进至湘粤桂边。11 月 22 日,张发奎到梧州与黄绍竑会面,商定实现军事合作。随后,黄绍竑、白崇禧、李宗仁先后回到广西,召集旧部,按李宗仁的说法,当时情况是:"惟焕炎声望不符,不敢遽尔就职。广西各军以及各民众团体乃纷纷派代表来海防,请我和黄、白回桂主持军政大计。我乃于民国十八年秋冬之交,取道广州湾遄返南宁。黄绍竑、白崇禧则先我潜回省内活动。于是齐集南宁,共商善后,广西又变成我们三人联合领导的旧局面了。俞作柏因势孤力单,且为军民所不容,潜逃省外。李明瑞、张云逸和俞作柏胞弟作豫,分成两股,各率残部千余人,退据百色和龙州,组织苏维埃政权,号召赤色革命。"①

11 月上旬,李宗仁在南宁宣布组织"护党救国军",总司令李宗仁,副总司令兼广西省主席黄绍竑,前敌总指挥白崇禧,桂系复振声势。同时,张发奎也率部进入广西。24 日,黄绍竑与张发奎商定成立桂张联军,下辖第三、第八两路军。张发奎为第三路军总司令,李宗仁兼第八路军总司令,两军联合共进广东:"四军由广宁、四会、清远入花县、崇化,担任左翼。七军、十五军由西江经肇庆,攻击军田粤汉路正面,并分兵一路,攻击三水。"②吕焕炎所部留守广西自玉林、贵县至南宁之线。11 月下旬,桂张军分别从横石、洲心圩渡过北江,攻击前进。

对张桂部队的反攻,蒋介石、陈济棠早有布置。12 月 4 日,专程到粤组织广州行营的何应钦下令谭道源、余汉谋、陈继承、香翰屏、李扬敬各师兵分五路向桂张军发起反击,蔡廷锴师留守作预备队。同时,蒋介石令何键的第四路由湖南进攻广西。8 日至 13 日,两军在新田、安里及军田一线展开激战,双方战场达 80 华里。张桂军如蒋介石所言"同床异梦,各不愿牺牲"③,战斗力受到很大影响。经过激烈战斗,张桂军

---

① 《李宗仁回忆录》下,第 622—623 页。
② 黄绍竑:《五十回忆》,第 207 页。
③ 《电杨杰》(1929 年 12 月 9 日),《蒋中正总统档案·事略稿本》第 7 册,第 190 页。

失败,退回广西,"大部即退桂林,一部分退柳州"①。

张桂军退回广西后,粤军追击至广西境内作战,19 日攻占梧州。接着,南路陈济棠第八路军进攻南宁,北路朱绍良部进攻桂林。22 日,留守后方的吕焕炎在玉林发表讨桂通电,桂系陷入前后夹攻之中。此时,北方唐生智反蒋,蒋的应付重心转向北方,广州行营撤销,何应钦返回武汉行营主持,桂系压力稍有减轻。张桂军得以全力平定吕焕炎之叛,迫使吕逃往广州。

1930 年 1 月中旬,张桂联军在平乐一带击退陈济棠进攻。15 日,李宗仁在平乐对张桂联军进行整编,恢复第四、第七、第十五军番号。总司令李宗仁,副司令黄绍竑,前敌总指挥白崇禧,下辖张发奎第四军、杨腾辉第七军、黄绍竑第十五军。

1930 年 2 月,黄绍竑指挥第十五军及张发奎的第四军与粤军主力余汉谋、香翰屏、蒋光鼐三个师在北流一带决战,激战三昼夜,据陈济棠密电所言战况为:"我八路部队自寒晨,在北流与逆敌黄绍雄【竑】所率梁朝玑、许宗武、封赫鲁等部、张发奎全部接触,激战三昼夜。本早,敌以六团兵力来攻,势极猛烈,战至正午,经将敌全线击溃,夺取步枪约三千杆,俘虏二千余。毙敌尸骸遍野,我军亦伤亡颇多。"②就在这时,粤系首领胡汉民因与蒋介石爆发冲突,被软禁于南京汤山,粤、桂达成休战协议,粤军撤兵。第二次粤桂战争(又称桂张攻粤之战或两广战争)结束。

总起来看,1929 年下半年,南北各地正处于暴风雨的前夜,各地以反蒋为中心的暴力冲突层出不穷。但由于力量分散,各怀心思,这段时期,蒋介石可谓无往不胜,而反蒋派则屡战屡败。对此,陈公博评论道:"倘若冯焕章、阎百川、唐孟潇一齐动作,我们逆料立刻可以成功;但阎

---

① 《蒋介石关于对张发奎与桂系军作战军事报告》(1930 年 1 月),《中华民国史档案资料汇编》第五辑第一编《军事》(二),第 168 页。

② 《陈济棠关于在北流击溃张发奎等给古应芬等密电》(1930 年 2 月 16 日),《中华民国史档案资料汇编》第五辑第一编《军事》(二),第 170 页。

百川是不愿意冯、唐发动的,因为冯、唐胜利,他便失了百雄之长的地位。唐孟潇也不愿意冯单独成功的,因为冯据有中原,唐便不能作军人的新兴领袖。因此冯起而唐击之,唐起而阎又蹑之,结果使蒋先生逐个击破。这并不是蒋先生有什么神机妙算,其实坐于军人间的矛盾太多。"①

三　平定唐生智、石友三之变

　　1929 年 4 月蒋、桂武汉之战大获全胜及 5 月的蒋、冯对峙不战而胜后,蒋介石信心高涨,重提年初被中断的编遣计划。7 月 18 日,蒋介石呈请国民政府,提议"召集各编遣区办事处正副主任委员及各编遣特派员"②于 8 月 1 日续开编遣会议,以完成编遣实施计划。

　　7 月 23 日至 31 日,参谋总长朱培德主持召开编遣会议筹备会。8 月 1 日会议正式开幕。参加会议的除国民党中央要员蒋介石、胡汉民、吴稚晖、孔祥熙、何应钦、宋子文外,还有晋军、西北军、东北军的代表,共三百余人。冯玉祥、阎锡山、李宗仁均未出席会议。在重创桂系、压服冯系的背景下,蒋介石完全控制了会议的进程,仅用六天即告结束。会议通过《国军编遣各部队裁留标准》、《实施编遣奖惩条例》、《陆军编制原则》、《点验实施规则》、《安置编余官兵实施法》、《裁兵协会章程》等十六个文件,规定各编遣区军队数量压缩到七个至九个师,每师 1.1 万人,比原规定少两个至四个师。全国的军队编成的总数由原来现定的五十个师扩增到六十五个师,总人数由 50 多万增加到 80 万。编遣期内,军费为 1300 万元。会议正式撤销原属第四集团军的第四编遣区,在郑州、汉口、长沙、南京、开封五处设置直属国军编遣委员会的地方编

---

　　①　陈公博:《苦笑录》,第 148 页。
　　②　《蒋介石给国民政府呈》(1929 年 7 月 18 日),《中华民国史档案资料汇编》第五辑第一编《军事》(一),第 660 页。

遣机构——国军编遣委员会编遣分区办事处和经理分处,对冯、桂所属之河南、两湖、广西等部队实施改编,脱离了冯玉祥的韩复榘的部队列入中央直辖分区改编。会议通过的《编遣区修正案》打破了这年1月编遣会议上确定的四个集团军按比例编遣的原则,蒋介石以中央名义控制的编遣区增加,实力膨胀,冯玉祥、阎锡山、李宗仁等地方实力派力量被大大削弱。

　　8月6日,编遣委员会发布《编遣实施会议闭幕宣言》,明确表态:"要把现有的部队大裁大减,这不是求治缓急的问题,简直是我们救死的问题。"①《宣言》列举了国内对编遣会议的种种疑虑和批评:其一,编遣军队能否实施当视政府的权威如何,政府有了充分的权威,中央决定的办法就能施行,若是政府权威不足,纵再三会议也无济于事;其二,现有的军队,至少当达200万人以上。应遣置者占60%,未免求治太急;其三,兵确应裁,但应先筹安置,若无准备,就想编遣,把数万冗官、百万冗兵悉令遣散,到处流而为匪,恐社会之损失更大;其四,编遣实施会议只注重集团势力均衡,不注重部队素质,蹈了国际缩军的覆辙。对国内这些疑虑和批评,《宣言》一一作出批驳,关于政府权威问题,强调:"民主与集权是连缀一贯的,是缺一不可的,这是现行政制最高之原则,亦即本党组织唯一之生命。"关于求治太急问题,指出即使按照裁减的兵员数额和军费开支也要达到世界的最高率,"竭我们的国力,只能以此为限,过此以往,则百举皆废。若是我们连这个额数也减不到,或者还不愿意去快快的缩减,这就表示毫无能力"。关于裁兵安置问题,认为:"照现在的国家财政实况而论,若是想把大规模的安置事业办好,然后着手裁兵,真是河清难俟,必弄到安置事业和裁遣冗兵两者都办不成,不如快刀斩乱麻,即行裁遣。"关于集团势力问题,《宣言》辩解编遣"实以均衡为经,素质为纬,互相质剂,尚无不得其平之虞。况一经编成之

---

　　①　《编遣实施会议闭幕宣言》,《编遣实施会议之议决案》,中国国民党湖南省党务指导委员会宣传部1929年编印,第71页。

后,皆直辖于中央,更不必怀挟集团成见"①。《宣言》对批评意见的列举和反驳,相当程度上体现了不同利益集团在编遣问题上的是非纠葛,反对者有反对者的理由,实施者也有实施者的道理。在当时的历史背景下,除诉诸武力外,很难相信当事各方能作出其他的选择。何况武力解决本就是蒋介石心仪的方案,1929 年,当幕僚向他建议"于此半年至一年之间,专与反动派奋斗,然后再谈建设"时,蒋介石极为欣赏:"引为知己,先获我心。"②

　　1929 年年中的编遣会议,蒋介石挟胜利之威,在编遣上施以雷霆之势,不仅使冯玉祥、阎锡山等拥有一定实力的军事集团首领深感威胁,还使一批不属于蒋介石亲信的高中级军事将领人心惶惶。这一时期,各地有高中级将领多次举起叛旗,令蒋应接不暇,其中最具影响的当数唐生智、石友三及张发奎的反蒋事件。

　　在蒋介石与其他地方实力派的战争中,唐生智、石友三先后投到蒋一方。唐生智在蒋、桂战争期间协助蒋分化桂系在华北的部队后,被委以第五路军总指挥,又任军事参议院院长,一度享有尊荣地位。石友三在蒋、冯战争中叛冯投蒋,被任命为第十三路军总指挥。虽然因为利益关系,唐、石与蒋结合,但蒋介石和唐生智等的关系始终是相互利用,不是真正的合作。8 月编遣会议后,南京中央削弱地方实力派趋向愈益明显,使唐、石等痛感自身出路渺茫,不甘坐以待毙,唐生智、石友三最终起而反蒋和这一背景直接相关。正如冯玉祥所言:"唐生智、陈调元、刘镇华等反对,表面是反对三全大会,实则因为编遣以后,总指挥、军长名义全行取消,军人又不准兼省委。"③

　　唐生智的政治倾向本为拥汪反蒋,北伐期间,其与蒋介石之间有很深的嫌隙,两人难有交集。蒋、桂战争中,为对付桂系,蒋起用唐生智,唐

---

①　《编遣实施会议闭幕宣言》,《编遣实施会议之议决案》,第 69—74 页。
②　蒋介石日记,1929 年 10 月 1 日。
③　《冯玉祥日记》第 3 册,第 37 页。

也借此获得东山再起的机会,但双方貌合神离。蒋介石对地方实力派的步步打击,更使唐生智为之自危。1929 年 7 月,冯玉祥日记提到:"唐现已觉悟,两次派代表来,均甚诚恳。"①唐生智的反蒋之路有迹可循。

1929 年 10 月,汪精卫从法国回到香港,以"中国国民党第二届中央执监联席会议"的名义,积极策动各地的反蒋运动。分别委任张发奎、唐生智、石友三、胡宗铎、李宗仁等为"护党救国军"第三至第八路军总司令。受到汪精卫"改组派"的策动、鼓舞,唐生智积极联系阎锡山、冯玉祥以及各地大小实力派头目共同反蒋。唐与阎且达成协议,推阎为首领,阎为唐提供 50 万元军费,唐先发动,阎即通电响应。

石友三原为冯玉祥西北军将领,投蒋叛冯是为得到蒋许诺之金钱和安徽省主席的高官。1929 年 10 月 16 日,为在对冯战争中争取石友三、韩复榘的支持,国民党中央政治会议决议任命石友三为安徽省主席。11 月 24 日,蒋介石亲到安庆出席石友三任安徽省主席的就职典礼。此时,两广地区反蒋力量实现大联合,汪精卫与黄绍竑于 11 月在香港晤面,捐弃前嫌,约定张发奎部与桂系联合,共同抗击陈济棠的粤军。随后,黄绍竑与白崇禧、李宗仁相继潜回广西,在南宁成立"护党救国军",李宗仁任总司令,黄绍竑任副总司令兼广西省主席,白崇禧任前敌总指挥。下辖第三、第八两路军,李宗仁自兼第八路军总司令,张发奎任第三路军总司令,两军会合,向广东发起反攻。

为支援粤军陈济棠部,11 月 24 日,蒋介石派何应钦入粤,协助指挥对桂战事,派第三、第八师南下,声援粤军。同时,趁出席石友三就职典礼之机,动员石部南下应援广东。万耀煌回忆,蒋介石"想选派一能战的部队守广州,使守广州的第八路得能出击广西。熊式辉建议派石友三部一师去广州,说石部可守能战。石友三也自告奋勇,愿全军南下"②。蒋介石动员石部南下之举看起来获得成功,蒋介石在致唐生智

① 《冯玉祥日记》第 3 册,第 12 页。
② 《万耀煌先生访问记录》,台北中研院近代史所 1993 年版,第 278 页。

电中称:"中刻抵安庆,晤石汉章,愿率全部援粤,中已照准。两粤得此劲旅,当不足平矣。前方诸事,请兄以敏慎断行,不必顾虑一切也。"①同时蒋又致电宋子文,令其"速雇外国公司海船十二艘到浦口待运"②。

　　蒋介石令石部南下,虽不无分割石与韩复榘部联系,以消除其隐患的目的,但广东军事紧张确是事实,在南京空虚情况下,更不可能如某些回忆所言欲在浦口解决石部。对石友三而言,蒋甫任其为安徽省主席即调其南下,使其不能不怀疑蒋是否真有予以皖省的诚心,而南下长途跋涉,更难防蒋包藏祸心。因此,南下的动议,不能不引起石友三的疑虑。加之当石部按照命令于浦口集中分乘木船经沪转换大轮赴粤时,"改组派乘机造谣,说上船后将被解散,石听了后很起疑心。恰巧蒋总司令又在此时打来电话催促石部赶快登船,石更害怕起来"③。仓皇之下,石友三决定揭旗反蒋,密电约唐起兵,以石部从浦口攻南京,唐部由郑州南取武汉,协同反蒋。

　　1929 年 12 月 2 日,石部于浦口起兵炮击南京,通电公布蒋之罪状,宣言反对内战,呼吁"各方武装同志,共起图存"④。3 日,于滁县通电就任"护党救国军"第五路总司令,宣称要"率十万健卒直取南京"⑤。17 日,在蚌埠自组安徽省政府。

　　蒋介石拉拢唐、石,本为借助他们的力量搞垮桂军和冯玉祥西北军,对投靠他的唐、石,并没有予以充分信任。但石友三、唐生智迅速举起反蒋大旗,仍在相当程度上出乎其意外。11 月 18 日,在击败冯玉祥西北军后,蒋介石在日记中对唐生智还大加赞赏:"孟潇来见,精神甚佳,彼

<hr />

　　① 《电唐生智》(1928 年 11 月 24 日),《蒋中正总统档案·事略稿本》第 7 册,第 104 页。
　　② 《蒋中正电宋子文石友三部已集中蚌埠候船出发速雇船到浦口待运》(1928 年 11 月 24 日),蒋中正文物档案 002080200401073,台北"国史馆"藏。
　　③ 《万耀煌先生访问记录》,第 278—279 页。
　　④ 《一周间国内外大事述评》,《国闻周报》第 6 卷第 49 期,1929 年 12 月 15 日。
　　⑤ 《一周间国内外大事述评》,《国闻周报》第 6 卷第 49 期,1929 年 12 月 15 日。

此欢慰特甚。勇智兼备之将少有也,而复能忠心于党,诚难得也。"①而石友三在离南京近在咫尺的浦口发动兵变,更使南京为之震动。

当石友三宣布反蒋时,蒋介石既担心石友三趁南京空虚,直捣南京国民政府的核心,又担心曾与石同进退的韩复榘继起跟进,皖、鲁同声相应,威胁整个东南地区的安全。此时,他还在冀望驻河南的唐生智部能协助平定叛乱。12月3日,蒋介石致电何成濬、杨杰:"此时石既叛变,韩必动摇,我军腹背受敌,危险万状。惟有先定开封,击破韩部,马必中立,石乃孤立,则事易收拾,此为死中求生唯一活着。故已电孟潇,如能照办,请兄等力助之。"②4日,再电杨杰,强调:"当此生死攸关之际,对唐总指挥更须绝对服从,以一事权。"③殊不料,此时唐生智反蒋已在紧锣密鼓酝酿。3日,唐生智与刘文辉等联名通电,竭力推崇汪精卫、张发奎。5日,在郑州召集各机关团体集会,提出六项政治主张,包括速息内争、一致对外;反对非法的国民党三大;呼吁汪、蒋、阎合作;指责谭延闿、胡汉民、王正廷把持中央,致蒋掩其所长,现其所短;为张发奎评功摆好;所部放弃南京方面颁予的第五路军番号,改称"护党救国军"第四路,一切非法党部,一律解散④。同日,唐又发出"歌电",声言反对内战,要求和平,并在郑州行营就任"护党救国军"第四路总司令。当唐生智反蒋已经表面化时,蒋介石还在对唐作最后努力,亲电唐生智:"此时我前方将士,惟有以至信互助、共同生死、绝对服从之精神,方得死中求生,完成使命,不可为反动派谣言所挑拨。"⑤

---

①　蒋介石日记,1929年11月18日。

②　《电何成濬、杨杰》(1929年12月3日),《蒋中正总统档案·事略稿本》第7册,第142—143页。

③　《电复杨杰支辰电》(1929年12月4日),《蒋中正总统档案·事略稿本》第7册,第150页。

④　《唐生智在郑宣言》,《大公报》,1929年12月7日。

⑤　《蒋中正电唐生智望示以至诚明告最大决心使将士释然勿疑》(1929年12月5日),蒋中正文物档案002020200006028,台北"国史馆"藏。

　　石友三、唐生智携手反蒋，加上韩复榘蠢蠢欲动，鲁、豫、皖联成一线，对南京国民政府安危形成巨大威胁。12月3日，蒋介石一面在对唐生智做着最后的争取，一面召集军政大员紧急会议，商讨对付石友三、唐生智的对策。决定政治、军事双管齐下，派赵戴文回山西、吴铁城至东北，分别活动阎锡山、张学良，争取阎、张反对"改组派"；对石部，主要利用韩复榘、马鸿逵部牵制，只派追兵，不予重点攻击；对唐部立即调集主力，全力进行歼击。6日，蒋介石在日记中写道："接唐逆生智电，叛变之迹显露，其目的在要求和平让出武汉，并以空言恫吓，虚张声势，幸有防备也。如此石逆友三必来攻京，广东尚未决战，处置似难而实较易。我必固守京、汉二据点，并以长江运输之便，不患失守。至其他各处之变故与失地，则置不问。人以为忧，吾反以此为乐也。"蒋特别提示："益之态度暧昧，百川或为此变之背景也。"①

　　由于唐生智部集中于河南中部，唐部反蒋，使进抵洛阳一线的南京方面左翼军就此被唐部分割，成为唐部与冯玉祥西北军挤压下的孤军，蒋对此极为担心："甚恐唐逆以其主力由巩县攻我洛阳，以孙逆扼我临汝、自由归路。"②在致左翼军杨杰等将领的电文中竭力为此孤军打气："此时前方各部陷于孤立无援之苦境，未有如今日之甚者，惟有诸兄团结一致，服从杨指挥官命令，不顾一切以排除万难。即至四面受敌，亦惟有同心一德，死中求生耳。"③蒋的这一弱点，其实也是唐生智可以争取突破的重要环节。

　　不过，石友三、唐生智反蒋，并无周密计划，尤其是石友三，本来就是因一时惊恐，匆忙举旗，根本无周密计划。因此，在南京空虚时，他却于浦口隔岸骚扰后退却至蚌埠间逡巡不进，明显没有与蒋一决高低的

---

　　①　蒋介石日记，1929年12月6日。

　　②　《蒋介石致杨杰电》（1929年12月11日），《中华民国史档案资料汇编》第五辑第一编《军事》（二），第118页。

　　③　《蒋中正电杨杰等以唐生智叛变诸兄皆得安全部队亦未受危乃革命完成之兆》（1929年12月7日），蒋中正文物档案002020200006034，台北"国史馆"藏。

决心。唐、石公开反蒋后,一直保持联络的各地方实力派也态度各异。胡宗铎在湖北施南宣布就任"护党救国军"第七路军总司令,与唐、石遥相呼应,但相隔太远,影响不大。韩复榘在石友三、唐生智反蒋后,虽通电声援:"顷读唐、石两总指挥通电,爱党爱国爱民之旨,溢于楮墨,凡属袍泽,宜表同情。复榘惟有督率所部,本斯主张,一致进行,以期达到和平目的而已。"①但并未有进一步动作。尤其唐生智发动反蒋时联络冯玉祥部,更引起西北军叛将韩复榘乃至石友三的侧目,使其与唐保持距离,反而与蒋介石渐趋接近。

石友三在发动反蒋事变后,蒋介石一面调驻上海的熊式辉第五师渡江进驻浦口,调驻山东的陈调元南下,南北夹击石友三;一面派驻徐州的马福祥,以结拜弟兄身份出面,对石安抚、利诱。石在腹背受敌,进退两难之际,早早就开始动摇。发动事变后几天即"电张之江、李鸣钟来求赦免"②。12月8日,蒋介石在致何应钦电中颇有把握地表示:"石已悔过投诚,并与韩愿任灭唐使命,为将功赎罪之计,故以后专对唐逆较易为力也。"③蒋介石之所以如此有把握,是因为当天他已接到石友三"请求恕谅"电文,蒋顺水推舟,"准其驻蚌,不撤其职"④。其后,双方频繁接触,13日,蒋介石密电杨杰:"韩、石派员来京,愿灭唐以自赎,中正允之。"⑤石友三方面的威胁由此基本化解。

石友三低头求饶后,蒋介石集中全力对付唐生智。他一面令武汉

_____

①　《韩复榘等同情唐生智与石友三反蒋通电》(1929 年 12 月 5 日),《中华民国史档案资料汇编》第五辑第一编《军事》(二),第 88 页。

②　《电杨杰》(1929 年 12 月 7 日),《蒋中正总统档案·事略稿本》第 7 册,第 167 页。

③　《蒋中正电示何应钦陈济棠朱绍良新田支队攻击计划》,蒋中正文物档案 002010200015013,台北"国史馆"藏。

④　《电杨杰》(1929 年 12 月 9 日),《蒋中正总统档案·事略稿本》第 7 册,第 190 页。

⑤　《电杨杰》(1929 年 12 月 13 日),《蒋中正总统档案·事略稿本》第 7 册,第 214—215 页。

守军全力防御，"勿稍犹豫"，在军事上全力防范唐生智的进攻①；一面稳住孤悬敌后的杂牌军将领，给杨杰空运"中交钞票一百万元"②，令其多分给徐源泉、王金钰、王均等师。同时极力争取阎锡山，使之在侧翼威胁唐生智。

　　12月7日，南京国民政府以"背党叛国，附逆有据"③罪名宣布褫夺唐生智本兼各职，通缉拿办。同日，蒋介石致电何成濬，令其与阎锡山交涉，设法接济前方被断绝联系的南京中央军部队，"一切由中央负责偿还"④。同时，赵戴文回到太原，代表蒋游说阎锡山，阎因唐起兵时未能如约拥护其为领袖，已认为唐言而无信，于是接受赵之劝说，助蒋反"改组派"反唐，表示与蒋"共同奋斗"⑤。此时，张学良经蒋派出的吴铁城活动，决定助蒋反唐。20日，阎张联合通电，指责"改组派""乘机窃发，煽惑宣传，无所不至"，表示"拥护中央统一"⑥。蒋又以阎支配河南省政为条件，商定以韩复榘、马鸿逵部扼守陇海路东段，蒋调刘峙部沿平汉线北上，阎派孙楚、杨爱源部分从河北、山西南下，合击唐军。由此蒋、阎、张关系迅速打通，尤其是阎锡山态度的改变，使全局形势迅速朝着有利蒋介石方向变化。因此，当唐生智掀起反蒋声浪，踌躇满志准备大干一场时，却发现自己势单力孤，进退

---

　　①　《电蒋鼎文》(1929 年 12 月 7 日)，《蒋中正总统档案·事略稿本》第 7 册，第 168 页。

　　②　《电杨杰》(1929 年 12 月 8 日)，《蒋中正总统档案·事略稿本》第 7 册，第 174 页。

　　③　《国府下令褫去唐生智本兼各职予以缉拿》(1929 年 12 月 7 日)，蒋中正文物档案 002060100025007，台北"国史馆"藏。

　　④　《蒋中正电何成濬请速令徐源泉等服从杨杰讨唐生智并促阎锡山接济前方给养》(1929 年 12 月 7 日)，蒋中正文物档案 002080200402058，台北"国史馆"藏。

　　⑤　《阎锡山复蒋介石电》(1929 年 12 月 10 日)，《蒋中正总统档案·事略稿本》第 7 册，第 201 页。

　　⑥　《阎锡山、张学良通电拥护中央》，《大公报》，1929 年 12 月 22 日。

两难。

大局基本稳住后,南京方面组成讨逆军,对唐生智发起军事攻击。蒋介石自任总司令,阎锡山为副总司令,刘峙任第二路总指挥,率武汉方面部队沿平汉路北上攻郑州;阎锡山兼北路军总指挥,率晋军由河北、山西向南进攻。18 日,蒋通告阎锡山:"已通令豫西各部归兄节制指挥,务请兄即日进驻郑州,俾得军中有主,以慰军心。对韩、石亦另发一电,令其归兄节制。"①20 日,开始对唐军发起总攻。

唐生智反蒋,基干部队有第五十一师、第五十三师、门炳岳旅、安俊才旅等约十万人,"集结许(昌)、郾(城)间,其前进部队已占领黄山坡、确山、驻马店一带,有沿铁道线南下,直取武汉之企图"②。但是,唐生智初期行动"计划不臧,动作迟慢"③,在豫南逡巡不进,使蒋介石获得从容布置的时间,当阎锡山表明态度后,唐立即陷入困境。

阎锡山态度转变后,原来与唐联名通电讨蒋的将领随即矢口否认,一些列名唐生智反蒋声明的"二、五两路军将领,如范石生、徐源泉、王金钰、王均、杨虎城等通电四方,声明被诬,一政【致】拥护中央"④。12月 21 日,石友三通电表示"主张和平,反对改组派"⑤。撤销"护党救国军"名义,恢复第十三路军番号。唐军陷入孤军作战。22 日,晋军孙楚部进入郑州,向南压迫。与此同时,刘峙下达总攻击令,自南向北进攻的夏斗寅、蒋鼎文两师进入驻马店地区,位于郾城一带的唐军处于蒋、

---

① 《蒋中正电阎锡山豫西各部及韩石归兄指挥并进驻郑州》,蒋中正文物档案 002010200017030,台北"国史馆"藏。

② 《蒋介石关于讨伐唐生智军事报告》,《中华民国史档案资料汇编》第五辑第一编《军事》(二),第 145 页。

③ 刘峙:《我的回忆》,第 81 页。

④ 《蒋介石关于讨伐唐生智军事报告》,《中华民国史档案资料汇编》第五辑第一编《军事》(二),第 145 页。

⑤ 《一周间国内外大事述评》,《国闻周报》第 7 卷第 1 期,1930 年 1 月 1 日。

阎南北夹击之中。

12 月下旬,经过激战,蒋军攻占遂平、汝南,阎军入河南进抵郑州。1930 年 1 月 1 日,驻南阳杨虎城部冯钦哉旅乘风雪之夜袭击唐军供应站驻马店,唐生智虽率主力极力反攻,但因兵力不足,节节败退。4 日,阎锡山在郑州就任讨逆军副总司令,晋军纷纷南下,唐部腹背受敌,更呈全线崩溃之势。同日,蒋介石致电刘峙、杨杰、蒋鼎文等:"逆部既经动摇,应即由诸兄率同所部全力出击,耐冻耐苦,奋勇歼敌,方能表示我革命军之精神,此其时也。万不可以雪厚难进,致使功亏一篑。"①第二路分左、右两纵队展开追击作战:"蒋军长鼎文指挥第一、第六、第九各师与右纵队向谭庄、郾城、新店方面追击。杨军长虎城指挥第七军为左纵队,向北舞渡方面追击。"②蒋军先后攻克郾城、新郑等地,"唐部精锐至此歼灭殆尽"③。9 日,唐通电将所部交给刘兴负责,自己离开部队,随后化装潜逃,经开封至天津租界隐居。10 日,蒋军攻占郾城。13 日,刘兴率部缴械,听候改编。蒋介石以自己的胜利结束了唐生智、石友三的反蒋战争。

第四节　阎、冯、桂系联合反蒋战争的爆发与失败

一　蒋、阎矛盾的加剧与激化

在 1929 年发生的蒋桂、蒋冯、蒋唐(生智)、蒋张(发奎)战争中,蒋

---

①　《电刘峙、杨杰、蒋鼎文等》(1930 年 1 月 4 日),《蒋中正总统档案·事略稿本》第 7 册,第 348 页。

②　《蒋介石关于讨伐唐生智军事报告》,《中华民国史档案资料汇编》第五辑第一编《军事》(二),第 148 页。

③　《蒋介石关于讨伐唐生智军事报告》,《中华民国史档案资料汇编》第五辑第一编《军事》(二),第 147 页。

介石纵横捭阖,采取政治分化与军事打击双管齐下的方针,给桂、冯、张、唐以不同程度的打击。桂系的第四集团军瓦解,冯玉祥西北军则发生分化,张发奎部遭严重损失,唐生智部被彻底消灭。蒋介石取得了一系列的胜利。这一系列的胜利使蒋介石集团的势力迅速膨胀。南京政府实际控制区域由蒋桂战争前的五省一市,增加到中原大战前的湘、鄂、豫、鲁、苏、皖、浙、赣、闽、沪十省一市。广东李济深的 12 万大军包括海军舰队,冯玉祥的韩复榘、石友三、马鸿逵、杨虎城部,湖南的鲁涤平、何键等部都投到蒋介石麾下,蒋介石的军事实力比蒋桂战争前增加了一倍。

　　蒋介石力量的空前增长,同时也使反蒋的地方实力派进一步趋向联合。遭到蒋介石打击的地方实力派,力量不断削弱。即使没受到蒋介石打击的阎锡山,与蒋介石比差距也更大了。失败的教训和客观的形势迫使他们相互妥协,联合起来抗拒蒋介石的武力统一。1930 年初开始的日益激化的蒋、阎矛盾成了地方势力联合反蒋的导火线。

　　在 1929 年蒋介石打击桂系、冯玉祥、唐生智的战争中,阎锡山或作壁上观,或关键时刻落井下石站在蒋介石一边。阎锡山损人利己的政策帮助了蒋介石,暂时避免了与蒋的冲突,保全和发展了自己的力量。但是阎锡山要营建自己的独立王国,不许蒋介石染指自己的势力范围,终究要和蒋发生冲突,尤其是讨唐战争前后,双方的较量逐渐把阎推到了前台。

　　讨唐战争最后时刻,阎锡山大举出兵河南,加速了唐生智的溃败。不过,此时唐实际已经势穷力蹙,阎锡山趁此南下,不无欲借遵蒋讨唐之命名义,将善后主动权抓到自己手里,并借此将河南纳入自身势力范围的企图。阎部南下后,唐生智随即于 1930 年 1 月 7 日晨向阎请降,而阎也"复电允许,并委任刘兴为第八军军长"①。对于阎的意图,蒋介石自是了然于胸,6 日当阎锡山委任河南省主席韩复榘为前敌总指挥

―――――――――

① 《唐生智脱离部队》,《申报》,1930 年 1 月 8 日。

时,他就致电刘峙告以:"阎之委韩,恐是驱韩,我军到郾城后,应观察局势,再定行止。"①对阎深具戒心。尤其是阎直接处置唐部的行为,更使蒋大为光火,在当天的日记中,他痛斥:"以封建思想与腐旧手段,以愚弄人心,阴谋党国,彼自以为能慷他人之慨以利一己,其和能成,然而险狠亦堪受矣。何党国不幸一至于此哉。"②8 日,蒋回电阎锡山,表示:"对西北问题,请兄主持,惟对中央通缉之人,应另予处置也。"③实际是否定了阎处置唐部的权力。

对蒋介石的表态,阎锡山并未妥协。围绕着唐部的处置和河南的归属,蒋、阎间开始明争暗斗。9 日,阎锡山致电蒋介石,以唐生智已遵命引退为由,要求蒋令"前方军队,停止攻击"④。10 日,蒋介石复电阎锡山,表示:"弟意唐一日不远离其队伍,其行踪一日不明,则未可一日疏防。"⑤再次拒绝了阎锡山停止进攻的要求。同日,在给刘镇华的电文中,蒋要刘劝告阎锡山:"积极肃清河南匪军,而调韩(复榘)主皖省,石(友三)驻皖北,雪亚(刘镇华字雪亚)主豫政……如其尚欲利用杂色军队以牵制中央,则养痈遗患,适足自害以害人而已。"⑥而阎锡山则在讨唐结束后,以郑州绅商名义"挽留孙楚军队"⑦。河南的微妙形势,正如时人所言:"所堪注意者,勿宁谓为仍在中原。盖对唐之战虽告结束,而河南一省驻兵四十万,虽无问题亦即问题也。"⑧

---

① 《电刘峙》(1930年1月6日),《蒋中正总统档案·事略稿本》第7册,第377页。

② 蒋介石日记,1930 年 1 月 7 日。

③ 《蒋中正电阎锡山请主持西北问题》(1930 年 1 月 8 日),蒋中正文物档案002080200403101,台北"国史馆"藏。

④ 《唐生智部听候编遣》,《申报》,1930 年 1 月 10 日。

⑤ 《蒋中正电阎锡山商唐生智军之处置办法》(1930 年 1 月 10 日),蒋中正文物档案 002060100026010,台北"国史馆"藏。

⑥ 《电刘镇华嘱其转劝阎锡山》(1930 年 1 月 10 日),《蒋中正总统档案·事略稿本》第 7 册,第 379 页。

⑦ 《郑绅商挽留孙楚军队》,《申报》,1930 年 1 月 22 日。

⑧ 《三周间国内外大事述评》,《国闻周报》第 7 卷第 5 期,1930 年 2 月 10 日。

由于双方冲突激化,1930 年 1 月中旬,阎锡山离开郑州。15 日,蒋在日记中写道:"阎百川以号令不行,昨晚秘密离郑回晋矣。"①阎锡山撒手回晋,意味着蒋、阎双方此前复杂而又奇特的合作将告一段落,双方将进入激烈交锋时期。对阎锡山的态度,樊崧甫有段回忆,可资参考:"冯、唐既败,阎益孤立,国民党改组派汪精卫等乘机怂恿阎起兵反蒋。日本军阀鉴于中国的统一,将不利于他的侵略,亦支持阎发动内战。阎觉得此时争取领袖的机会到了,在唐生智败退漯河时,即跃跃欲动。因唐部解决得很快,才停顿少时,但仍信使四出,拉拢各方,准备及时行动。"②

在蒋、阎矛盾激化时,冯玉祥及西北军的态度对蒋、阎反目起了促进作用。冯玉祥的西北军在 1929 年 5 月和 10 月的两次反蒋战争中遭到损失,但元气仍在,仍控制着陕西、甘肃、青海广大地区,拥兵 30 万。冯玉祥的辖区陕西与阎锡山的根据地山西毗邻,这导致了冯、阎、蒋之间微妙的关系。冯玉祥担心阎锡山抄其后路,阎锡山也担心冯玉祥和蒋介石的夹击,蒋介石则更担心阎锡山、冯玉祥联合。阎锡山把冯玉祥骗到山西软禁后,周旋于冯玉祥、蒋介石之间,对蒋挟冯自重,对冯则声言共同反蒋。蒋、冯对阎锡山欲借此控制西北的意图都非常清楚,心中各有打算。蒋介石惟恐阎锡山、冯玉祥合作,也决不愿西北地区落入阎锡山的手里,壮大阎锡山的力量。冯玉祥则竭力拉拢阎锡山共同反蒋。

蒋、唐战争结束后,蒋、阎矛盾逐渐尖锐。冯玉祥意识到其一心致力的联合反蒋已到关键时刻,力劝阎锡山下决心反蒋,告诫阎锡山"毒蛇蜇手,壮士断腕,当断不断,反受其乱"③。为促使阎锡山下决心反蒋,冯玉祥令西北军实施逼阎的策略。鹿钟麟奉命回陕西代理总司令,

---

①　蒋介石日记,1930 年 1 月 15 日。

②　樊崧甫:《中原大战亲历记》,中国社会科学院近代史所编《近代史资料》第 69 号,中国社会科学出版社 1988 年版,第 232 页。

③　《冯玉祥日记》第 3 册,第 124 页。

12月17日打出"拥护中央，开发西北"的旗号，同时秘密派人到南京面见何应钦，表达联合南京对付阎锡山的意图。同时又派闻承烈、李忻赴河南与韩复榘、石友三联系，谋划合作倒阎。接获上述消息后，阎锡山十分紧张，担心蒋与西北军联合对付自己，不得不向冯寻求联合，冯玉祥的内劝外逼策略奏效。2月2日，冯玉祥在日记中得意地写道："过去半载，百计千方，促阎反蒋，终以彼此利害未全一致之故，迄无所成。今则时势转变，蒋、阎冲突日形尖锐，而阎遂不能不币厚言甘，转而求援于我。"①

冯、阎携手之势已成时，蒋介石才发现上当，在1930年1月底的日记中写道："畅卿（杨永泰字畅卿）来谈冯阎合作之经过：冯恨阎之失约，乃派陈某又来投蒋也。余拟发宣言，西北部队令诚心服从阎之节制，不必再思为人利用……屏蔽西北，政府决无其他之人可以信任，而其他之人应知政府主旨之所在，不可妄思挑拨之术，以乱党国。""中央力求休养生息，安定国家，一意对外，如无破坏统一，背叛党国，称兵作乱者，则中央量力之所及，以补助各省经济政治之发展。至其军队之多寡，则中央任其自决，不强加干涉也。"②蒋这一设想让步不可谓不大，只是对阎锡山来说，这已经有点来得太晚了。

冯与西北军促阎反蒋同时，国民党内各地方派系和一些游离分子以及拥有实力的各方大小军头，都派出代表聚集太原，向阎锡山接头游说，表示惟阎马首是瞻。负责联系的代表包括"西山会议派"的邹鲁，"改组派"的李锡九，桂系的麦焕章、何民魂，韩复榘部刘熙众，石友三部邓崇熙，四川代表王绍文以及刘桂堂部、刘珍年部、孙殿英部、万选才部、周凤歧部、任应岐部等。各大小派系的拥戴和催促对阎形成反蒋可为的看法，也起到了促进作用。

蒋、唐战争后，阎锡山于1930年1月16日由河南回到太原。紧随

---

① 《冯玉祥日记》第3册，第114页。
② 蒋介石日记，1930年1月25日—26日。

其后,蒋介石派吴铁城到太原,请阎锡山补行"中华民国陆海空军副总司令"的就职宣誓仪式。此前,1929 年 11 月 5 日阎锡山曾通电宣誓就职,但没有举行宣誓仪式。蒋介石试图以阎锡山宣誓就职表明阎绝对服从中央,但阎并不就范,1 月 22 日,阎锡山在太原补行就职宣誓仪式,在就职演说中宣称:"整个的党,统一的国,是党国的本身。非有此健全的本身,不能图党国的发展,如党分派别,国倡南北,是将整个的党变为破碎,统一的国形成分裂,陷党国于大不幸,此为锡山所最惊心者。"①词锋直指南京中央和蒋介石。

蒋介石密切关注着阎锡山的一举一动。2 月 9 日致电阎锡山表示:"今日国家危状已达极点,革命成败与党国存亡应由我两人共负此责。弟与我兄如有不一心一德贯彻始终者,党国历史之所不容也。"②暗示阎锡山要慎重不要异动。2 月 10 日,南京国民政府五院院长针对阎锡山等主张和平统一,反对武力统一的宣传,联合发表《告军人书》,声明中央根本政策为和平统一,影射阎锡山挑拨离间,利用他人:"利用别人作工具,以谋一己之私利,此乃无赖之所为。"③同日,阎锡山致电蒋介石,批判蒋介石的武力统一政策:"同持青天白日之旗,同为党军,而互相肉搏,伤亡者皆我武装同志;同奉三民、五权之训,同为党员而开除、逮捕、摧残者皆我总理信徒。况军心不安,武力将何所恃? 党已破碎,党国将何以全?"指出:"军心不定,武力将何所恃?""戡乱不如止乱,不止乱而一味戡乱,国内纷乱,将无已时。"提出解决国事的办法只有"礼让为国,舍此莫由,锡山窃愿追随钧座共息仔肩"④。

阎锡山要蒋下野的复电,明显使其难堪,蒋在日记中的反应是:"山

① 《三周间国内外大事述评》,《国闻周报》第 7 卷第 5 期,1930 年 2 月 10 日。

② 《电阎锡山》(1930 年 2 月 9 日),《蒋中正总统档案·事略稿本》第 7 册,第454—455 页。

③ 《五院院长勖勉军人》,《申报》,1930 年 2 月 11 日。

④ 《阎锡山电蒋中正武力统一不易成功以礼让风全国则苦心自可大白于天下》(1930 年 2 月 10 日),蒋中正文物档案 002020200007005,台北"国史馆"藏。

西人囿于见闻,惯于消极方法以捣乱,故自元年至十六年止,北京政府几无一不为其所倒。去年以此术欺冯,而冯受其欺,入其彀中,乃又欲加之于中正,是诚不知其愚拙而反自作聪明也。"①12日,蒋介石发出复电,坚决表示:"革命救国本为义务,非为权力,权力自当牺牲,义务不容诿卸。"并对阎锡山反唇相讥曰:"凭借武力谋危党国者,舍武力制裁之外,更有何术以实现和平统一之目的。此不但全国国民所当共谅,即兄前月毅然出师,以消灭改组派为己任,固亦此意也。"②13日,阎锡山又复蒋介石12日电,批驳蒋介石革命为义务非为权力说,强调今日非革命与不革命的问题,是革命的力量互相残杀与整个团结的问题。阎进而质问蒋介石:"将多数党员划出党的圈外,国民革命能否进行无阻?多数军人置诸讨伐之列,和平统一能否真正完成?"③阎锡山的复电直戳蒋介石的痛处,令蒋十分恼怒,在日记中矢言"不再复其电"④。14日,蒋公开发表谈话,坚决表示"用舍进退,不能不以党国之命令为依归,决不能以一二人之私议以变更决议,违反法令"⑤。15日,双方笔战升级,行政院长谭延闿、立法院院长胡汉民、司法院长王宠惠及吴稚晖等人电阎指责其名曰止乱,"何异造乱"⑥。阎锡山立即复电谭、胡、王等人,抨击蒋介石的独裁,隐喻谭、胡、王等人为蒋帮凶。

为清除阎锡山电报对军队的影响,16日,蒋介石在南京发表告全国军人书,高举中央旗号,辨明"讨伐"与"内战"的区别,告诫军人:"称兵作乱反抗中央者,谓之叛变,亦即谓之内乱;而制裁反侧,勘定内乱,

① 蒋介石日记,1930年2月11日。
② 《电阎锡山》(1930年2月12日),《蒋中正总统档案·事略稿本》第7册,第463—464页。
③ 《阎锡山电蒋中正党国大治大乱之机在此一转移》,蒋中正文物档案002020200007010,台北"国史馆"藏。
④ 蒋介石日记,1930年2月14日。
⑤ 《蒋抱完成革命决心》,《申报》,1930年2月15日。
⑥ 《胡谭王联名电阎》,《申报》,1930年2月16日。

是为讨伐,而非内战。"①18 日,谭、胡、王三人复电答阎 16 日、17 日电,请阎锡山像日本萨长诸藩那样,"高拱中枢,弼成训政"②。

2 月 19 日,阎锡山再电谭延闿、胡汉民、王宠惠,以"答复者四、请教者四、商榷者二、建议者二"为题,全面系统地阐明自己的观点。认为:一、中央是乱之源。二、有武力支配党就有武力护党。三、党治国家也有挟党专制的可能。四、假借民主之名行专制之实国必不能治。五、提出党员总投票以解决党争。六、四个集团军交于党而不能交于个人。七、建议四个集团军总司令同时摆脱军权入元老院或机枢院。20 日,阎锡山第四次电蒋介石,对蒋介石操纵国民党三全大会和国军编遣予以抨击。提出"全体大会为党国最高机关,不可贻人以口实,若有贻人口实之处,必须设法消除";至于编遣,"个人中心之武力,是党国之障碍,应一起交还于党,再实行编遣"③。

阎锡山的政治攻势十分凌厉,使蒋介石不能不放弃"不再复其电"的誓言,再次上阵。22 日,蒋亲电阎锡山强硬表示,阎逼其引退"无异为反动者解除本党武装,阻止本党革命,此中正所以万万不敢从命也",声言如有反抗中央者,他本人定当"戡乱定变,铲除封建势力,制止反动行为,以实现国家和平统一"④。24 日,阎锡山复蒋电,口气同样强硬,强调:"党国以党为主体,个人中心之武力,是党国之障碍,应一齐交还于党。"电文直指蒋介石的痛处,指出:三全大会代表四百〇六人,纯粹选出者只有七十三人,其他均为指定或圈定,"在钧座之理直气壮者,以为编遣讨伐,皆奉党之决议案而行,外间之不直钧座者,以为指定过半数以上之三全大会,非国民党之三全大会,乃钧座之三全大会,编遣讨伐无异于钧座一人之命令也"⑤。26 日,蒋介石致电阎锡山,指责阎锡山

---

①　《告全国军人文》,《蒋中正总统档案·事略稿本》第 7 册,第 482 页。
②　《国府三院长再电阎锡山》,《申报》,1930 年 2 月 19 日。
③　《阎致蒋号电》,《申报》,1930 年 2 月 23 日。
④　《蒋致阎养电》,《申报》,1930 年 2 月 23 日。
⑤　《蒋阎间最近往来电》,《申报》,1930 年 2 月 27 日。

诬蔑三全大会是别有用心,是"以此为倡乱之口实",嘲讽其"不知有党者,而高谈党之主体"①。话已至此,双方可谓箭在弦上,不得不发。

二　阎、冯、桂系联合反蒋战争的爆发

随着电报战的升级,蒋、阎双方都在积极采取行动。

阎锡山方面派出使者到各地活动。最重要的是与冯玉祥结成联盟。冯玉祥至山西联络阎锡山反蒋,两次被阎所算,阎很担心西北军记取前嫌,所以1930年1月底开始积极拉拢西北军。1月26日答应借10万银元给西北军,作为年关费用。2月中旬又拨50万元给西北军。2月22日,冯玉祥在太原的汽车也被允准与建安村通车,以示合作的诚意。27日下午,阎锡山偕孔庚到建安村会晤冯玉祥,冯、阎沟通了意见。28日,冯玉祥到太原协商反蒋大计。3月8日,阎锡山请冯玉祥回潼关主持西北军事。冯玉祥为坚阎氏反蒋之心,把妻、女留在太原,随即秘密离开太原,9日抵潼关。

冯玉祥力主与阎锡山合作倒蒋,其部下绝大多数人见阎锡山首鼠两端,言而无信,都不愿与阎锡山合作,主张先与蒋介石合作倒阎,再回头倒蒋。石敬亭回忆,1930年2月鹿钟麟等西北军将领于潼关开会,主张对阎用兵,"决定战略为:孙良诚由茅津渡河,攻其右;宋哲元由大庆关渡河捣其左;余跨风陵渡穿其腹;并派快速部队由军渡过河,刺其心。一面积极与南京联系"②。为消除西北军将领对阎锡山的敌对情绪,冯玉祥作了大量的解释说服工作,2月20日致电鹿钟麟、宋哲元、刘郁芬、孙良诚等高级将领,解释反蒋的意义及自己的反蒋决心,认为"此次反蒋,关系国家兴衰,人民生死,全军存亡,至重且大"。"余在此虽不自由,然使蒋能倒,即死亦快慰。否则,虽得自由,心亦不安"。以

---

① 《蒋阎间最近往来电》,《申报》,1930年2月27日。
② 《石敬亭将军口述年谱》,第113页。

示自己与蒋介石势不两立。敦促各将领"捐弃前嫌,追随阎公,迅速动员,万不可迟,更勿为蒋方谣言所分化"①。在冯玉祥的坚持下,宋哲元、孙连仲等将领虽然不愿与阎合作反蒋,也只能勉力服从。

冯、阎结盟,鼓舞了各个反蒋派别,增加了各反蒋派的信心。与冯玉祥结盟的同时,阎锡山从各个方面进行反蒋的部署:一、下令把河北、北平、天津、山西地区的属于国民党中央的机关、党报、企业报刊一律查封、接收;控制该地与外地的邮政、铁路、公路,宣布与南京国民党中央断绝关系。二、自立税则,收取税费,接收了天津海关,截留天津海关每月代征的约 70 万元海关税及附税;推行山西纸币,下令各地使用晋钞;预征钱粮到 1933 年;发行 6000 万军用票充作军费。三、外交上向北平、天津外国驻华领事馆等机构发出照会,声明保护外侨,与各国保持友好关系。四、积极联系"改组派"、"西山会议派"以及其他反蒋派别,调解"改组派"与"西山会议派"的矛盾,准备在北平组织政府,造成南北对抗的局面。为此,阎、冯极力敦请汪精卫出面主持"党务问题"②,希望借重汪精卫的资历在政治上和南京方面抗衡。

阎锡山、冯玉祥等人清楚,反蒋的关键还在于军事行动。早在 2 月中旬,经过各方协商,就酝酿出了军事领导机构。反蒋军队统称为"中华民国军",阎锡山被推戴为"中华民国军陆海空军总司令",冯玉祥、李宗仁、张学良为副司令,刘骥为总参谋长。3 月 15 日,第二、第三、第四集团军将领五十七人由鹿钟麟、商震、黄绍竑领衔发表反蒋通电,拥戴冯、阎等人就职,宣布蒋介石的罪状,表示誓除此贼。

1930 年 4 月 1 日,阎锡山在太原、冯玉祥在潼关、李宗仁在广西桂平通电就职。阎、冯、李把反蒋军队编成了八个方面军:以张桂联军为第一方面军,李宗仁为总司令、黄绍竑副之,白崇禧为总参谋长,下辖三路军:第一路军张发奎,第二路军白崇禧,第三路军黄绍竑,共有五六万

---

① 《冯玉祥日记》第 3 册,第 122 页。
② 《阎冯盼汪北来》,《申报》,1930 年 5 月 12 日。

人。先以第一、二路军由桂入湘,然后第三路军跟进,与冯阎会师武汉。以冯玉祥的西北军为第二方面军,鹿钟麟为前敌总指挥,分兵六路,出潼关,入河南。孙良诚为第一路军总指挥,庞炳勋为第二路军总指挥,吉鸿昌为第三路军总指挥,宋哲元为第四路军总指挥,孙连仲为第五路军总指挥,张维玺为第六路军总指挥,共有兵力30万。阎锡山的晋军为第三方面军,徐永昌任前敌总指挥,总兵力20万人。亦分兵六路:孙楚部为第一路,傅作义部为第二路,杨效欧部为第三路,张荫梧部为第四路,孙殿英部为第五路,万选才部为第六路。石友三部为第四方面军。内定张学良的东北军为第五方面军。四川的刘文辉为第六方面军。湖南的何键部为第七方面军。河南樊钟秀部为第八方面军。(张学良、刘文辉、何键均未就职)

　　反蒋联军的战略部署是:以李宗仁的第一方面军由南向北,直趋武汉;西北军承担平汉路;晋军承担津浦路;陇海路由冯、阎军联合承担。战略计划是:冯、阎联军沿陇海路东进;晋军沿津浦路南下,占济南,与沿陇海路东进的冯、阎联军会师徐州,进逼南京。沿平汉路南下的西北军与沿粤汉路北上的桂张联军,南北夹击湖北的蒋军,会师武汉,控制长江中下游地区。总体上是以陇海线为中心,津浦、平汉线为两翼,中心取攻势防御,两翼游动,待机而进,以武汉、徐州为目标,一旦拿下两地,则全线推进,一鼓而捣南京。南京方面作战报告对其计划的描述是:"查阎、冯、李联合为逆,实力约五十余万,加之附逆之杂军土匪,约近二十万,为苏俄张目之赤匪,更于湘、鄂、闽、赣各地乘机蠢动。当十九年四五月之交,逆军区分为四个方面军,李宗仁领第一方面军约五六万人,由广西分扰湘、粤,冯玉祥领第二方面军约二十万余人;以张维玺一部出陕南,分窥南阳、襄樊。自率孙良诚三路,由潼、陕东犯洛阳、郑州,拟从平汉、陇海两路分窥武汉、徐州。而宋哲元、刘郁芬等分率陕陇部队为第一、第二预备军,倾巢续进,势尤猖獗。阎逆自兼第三方面军约十五万人,分为四路,以徐永昌指挥一、三两路经平汉路向阳武、中牟、延津、开封一带转进至兰封、归德。傅作义指挥第二路由津浦南犯,图与石友三犄角取鲁。石友三领第四方面军,约四五万人,已经渡河,进至东明、临濮附近,图犯曹县、济宁。另有万选才、孙殿英、刘桂棠、樊钟秀、任应岐、王太等部,约十余万人,分据归德、亳州、扶沟、许昌等地,为逆前驱。卢兴邦、高桂滋两部变兵,分据福州、临沂,与逆遥相呼应。"①

面对反蒋派的凶猛势头,蒋介石冷静以对。3月5日,蒋介石在日记中写道:"时局虽有发展,但策略难定,联冯制阎,或联阎制冯,或双方并联,使其互相牵制而听命于中央。阎阴谋,专博旧社会之同情,联旧派以反对中央;冯阳忿,迎合新潮派之趋向,联新派以反对中央。但冯之虚伪,阎之奸诈,皆已信用扫地。前以为用阎制冯为失察者,今是否其时也,详审之。"②10日,得到阎锡山放冯玉祥回陕消息后,他再在日记中表示:"阎之用心可谓险狠,而不知其利害关系,最后冯必攻阎也。今日策略,用冯攻阎,用阎攻冯,或联阎以收拾杂军皆可,但阎非绝路不能悔祸,而中央不必利用他人,先安顿韩、石,使其不为人利用则幸矣。"③总体而言,对北方反蒋联盟渐成气候的形势,他并不惊慌,这一局势事实也早在其预料之中,3月20日,他携宋美龄回溪口老家,悠游山林。按照他自己日记中的说法:"当此反动派联合捣蒋,而我乃回里,必与反动派以造谣机会。实则我心目中本无敌人也。"④

在反蒋派紧锣密鼓策划联合反蒋时,蒋介石也在谋算对付反蒋联合阵线的方策。按照惯例,他继续采取软硬兼施方针,一方面针对阎锡山动摇不定的特性,派人规劝阎氏,尤其让阎的老友赵戴文到太原游说,晓以利害:"全国人都很厌战,希望过太平日子,你这样做,就不怕挨天下人的骂?再者,我在南京一年多,深知他们内部对他信仰很深,成了铁桶子,军队力量也很强大。"赵还指出阎的反蒋大联合实际是乌合

---

① 《蒋介石关于制订讨伐阎冯部署与作战计划报告》(1930年4月),《中华民国史档案资料汇编》第五辑第一编《军事》(二),第226—227页。

② 蒋介石日记,1930年3月5日。

③ 蒋介石日记,1930年3月10日。

④ 蒋介石日记,1930年3月19日。

之众，为利来，趋利而往。赵戴文的劝说虽未改变阎氏的反蒋决心，但一度使阎发生动摇，在日后战争进行中对阎的心态也产生了微妙影响。

另一方面，蒋介石更做好了充分的战争准备，政治上充分利用中央权威向反蒋派发动反攻。4月5日，南京国民政府下令通缉阎锡山；蒋介石发表《为讨伐阎冯两逆告将士书》，声称"此役为封建军阀最后之挣扎，亦即革命战争最后一幕"①。7日，蒋介石又发表《告国民革命军全体将士书》，宣称冯、阎不灭，国无宁日。同一天，国民党中央常委会议决开除阎锡山的党籍；训令华北各地的党员，努力奋斗，铲除反动的阎锡山、冯玉祥。同时发表《告第三编遣区武装同志书》，劝告阎锡山的部下"服膺主义，辨别顺逆，不为利诱"②。国民党中央宣传部颁发了《讨伐阎锡山的宣传大纲》《讨伐冯逆宣传大纲》。值得注意的是，这次战争，南京方面没有颁发通缉令，蒋介石在日记中对此解释为："舍免不能自主，用人亦不能由己。今日之大乱，皆由于武人之报复手段。通缉私仇之人太多，亦由于文人意气用事，排除异己太甚所致。中正竟为人负报仇排人之责，而用舍毫无自主，此党国之所以不安也。受制异甚，诚哉，无自由不能安宁秩序之格言。今日欲求安宁秩序而必欲多加通缉，使人不能安宁，岂不自相背理乎，决意舍免通缉之令也。"③这段话，虽然不一定代表着真实的历史事实，但其所指责的对象却颇值重视，隐含了中原大战后蒋、胡冲突的潜因。

军事准备方面，早在2月上旬蒋阎双方开始电报战时，蒋介石即致电何应钦、何成濬、刘峙、陈调元等布置对西北军事，计划："我方决先取守势，如果彼先启衅，则我平汉、陇海两路先会取汴、郑与黑石关之线为第一期，次则由津浦、平汉两路会取平、津为第二期……第三期则规取

① 《讨伐冯阎书告》，《中央日报》，1930年4月6日。
② 《中执会忠告武装同志》，《申报》，1930年4月8日。
③ 蒋介石日记，1930年5月8日。

晋察绥也。"①此后,南京方面军事动作不断。3月初,蒋介石开始针对晋方行动作出具体军事部署。6日,任命韩复榘为讨逆军前敌总指挥,石友三为平汉路方面军总指挥,马鸿逵、顾祝同为津浦路方面军正副指挥。3月15日,阎、冯发出反蒋通电后,蒋介石立即命令陈调元的第一路军限3月28日以前集中济南附近;马鸿逵的第十五路军3月20日以前集中在兖州、济宁附近;刘峙的第二路军限3月22日以前将第一军集中在徐州、兖州,第三军集中在宿县、涡阳,第八军集中在阜阳、太和,第十一师驻蚌埠;何成濬的第五路军限3月25日以前在确山、信阳、武胜,漯河、西平、驻马店,枣阳、樊城三个地区集中;杨虎城的第十七师在南阳附近集中;范石生的第五十一师、第四十师在襄樊集中。

4月8日,蒋介石到徐州召集前方将领刘峙、韩复榘、顾祝同等开会,研究作战部署,随后又辗转于南京、武汉、河南等地,与当地将领商讨作战计划。蒋介石确定的作战目标是:对陇海线采取主攻,平汉线副攻,津浦线实行攻势防御,力争在陇海线一举摧垮冯阎军队主力,奠定胜局。根据这一战略计划,蒋介石将所部编成三个军团,韩复榘任第一军团总指挥,拒守山东黄河南岸,防止晋军沿津浦路南下;刘峙为第二军团总指挥,驻徐州、宿县等地,率主力部队进攻陇海线;何成濬为第三军团总指挥,拒守平汉路许昌以南地区,并对西北军侧背保持威胁;陈调元部担任总预备队。何应钦为武汉行营主任,负责武汉地区的军事。这一计划具体表述为:"本军基于先求击破敌之主力,而后乘势解决余逆之目的,决以第二军团由陇海西进,占领归德、开封一带。第三军团同时由平汉方面出击,合力攻取郑州、洛阳。而第一军团除派第二十六军扫除鲁西渡河之逆部外,余对津浦路北段及沿黄河南岸暂取佯攻姿势,相继驱逐鲁北之逆军。俟豫境逆军主力击溃后,即会同各军团分途并进,协同东北边防军肃清河北、陕、甘、晋、察、绥之逆部。另以陈济棠

---

① 《蒋中正电何成濬邹鲁奉阎命持电稿赴奉征求张学良同意电询其详》(1930年2月12日),蒋中正文物档案002020200007009,台北"国史馆"藏。

部第八路军朱绍良部、第六军何键部、第四路一部及刘和鼎、张贞二师，分别解决桂、闽溃军，以靖后方。何主任应钦主持武汉行营，就近处理武汉方面军事。"①为了筹措军费，南京国民政府下令停止办理军队编遣，将筹集到的编遣费移作军费。4 月 17 日还决定发行 3000 万元公债。

部署既定，1930 年 5 月 1 日，蒋介石发出通电，誓师讨伐阎锡山、冯玉祥。决定 5 月 11 日总攻。反蒋派方面，3 月 17 日冯玉祥下达动员令。20 日，石友三、孙殿英叛蒋，攻陷了陇海线上的重镇归德。26 日，万选才部自郑州东进，于 30 日占领了开封。战争已拉开序幕。5 月 3 日，阎锡山、冯玉祥在郑州召开会议，相约阎锡山主持反蒋政治，冯玉祥主持反蒋军事。

5 月 11 日，蒋介石按预定的计划发起全面进攻，大战正式爆发。因为战争主要在地处中原的河南省及其邻近地区进行，所以又称"中原大战"。

三　陇海、平汉、津浦各路战况

中原大战以 8 月 15 日蒋介石军夺回济南为标志，战争形势呈现出前后两个阶段性的变化。第一阶段是 5 月到 8 月，第二阶段是 8 月中旬到战争结束。战争主要在陇海、平汉、津浦、粤汉四条铁路线为中心的地区展开。

大战的第一阶段，陇海线是主战场。刘峙的第二军团辖步兵十三个师，加上骑兵师、第二炮兵团、铁甲车队、航空第四队及侦察队配备在该地区。反蒋派方面，陇海线由晋军与西北军共同承担。布置在第一线的是万选才、石友三、孙殿英等游杂部队。万选才的部队驻守在陇海

　　① 《蒋介石关于制订讨伐阎冯部署与作战计划报告》(1930 年 4 月)，《中华民国史档案资料汇编》第五辑第一编《军事》(二)，第 230 页。

线的战略要地归德,孙殿英的部队驻守在位于陇海、津浦三角地带威胁着徐州侧背的亳州,石友三驻防新乡东部地区。归德、亳州均是要地。

陇海线上的战争以双方争夺归德开始。5 月 11 日,刘峙以自己的第一师、陈继承的第三师、陈诚的第十一师猛攻归德守军万选才部。5 月中旬,蒋介石亲赴前方督战,催促大军由陇海路西进,希望一举击垮反蒋联军。刘峙回忆,蒋介石"往往将最快必须三天到达之行程,限于一天到达。我的参谋长刘耀扬在目睹蒋公观看地图,初定三天,继改两天,终限一天之情形,而对我说:'蒋公看地图是越看越近。'"[①]5 月 18 日刘峙部占领归德,俘虏万选才部"五千多人"[②]。蒋军趁势向宁陵进攻,晋军孙楚、杨效欧部开到宁陵、万集一线增援万选才。21 日,万选才部将刘茂恩与陈诚的十一师联系好后,突然劫持万选才,调转枪口反攻晋军。刘峙部乘势猛攻,又占领宁陵、睢县、民权等地,晋军杨效欧部损失惨重。24 日,退到民权、西陵寺、潮庄一线,凭坚固的工事与蒋军激战。

蒋介石虽然急于奏功,反蒋联军也在此进行了顽强抵抗,阎锡山集中全军精锐,与蒋军死拼,冯玉祥也急令西北军主力庞炳勋、孙良诚、吉鸿昌、宋哲元部增援,并以一部迂回蒋军侧后,5 月 26 日突然发起猛攻。孙部有生力量的加入,使战场形势迅速逆转,蒋军大批部队被消灭,被迫向山东方面溃退。31 日,冯军孙大章骑兵突袭归德马牧集机场,正在附近督师的蒋介石,险些做了冯军的俘虏。战线推进到杞县、兰封一线,呈胶着状态。南京方面未能取得陇海战场的主动权,在对峙中伤亡惨重。仅 5 月 29 日一天,顾祝同师第四旅的第七、第八、第十团伤亡官兵"几及三分之二"[③]。6 月 11 日,蒋军从兰、杞一线后撤至民权、睢县一线,意图在此与冯军决战,冯军不甘示弱,立即以主力跟进,双方在

---

①　刘峙:《我的回忆》,第 94—95 页。

②　《刘峙等关于攻占归德俘师长万殿尊并巨创晋军孙楚等部文电》(1930 年 5 月 18 日),《中华民国史档案资料汇编》第五辑第一编《军事》(二),第 248 页。

③　《刘峙关于在仪封附近与阎冯军激战经过报告》,《中华民国史档案资料汇编》第五辑第一编《军事》(二),第 279 页。

此继续形成对峙。17日，蒋军刘峙等部由杞县、太康间进攻郑州、开封，冯军采取诱敌深入战术，故意让开杞县、太康一线，诱蒋军在此进入包围圈。蒋军长驱直入，向开封方向挺进。冯按预定计划令孙良诚、庞炳勋和吉鸿昌部从正面堵击，孙连仲、张自忠部向蒋军左侧背兜抄。蒋介石发现冯军意图后，急从平汉线调上官云相部增援，"抄其侧背"①，并令平汉线积极反攻，以分冯军兵力。蒋本人亲赴柳河车站督战，振作士气。但是，西北军已将蒋军在高贤集、龙曲集等处截成数段，蒋军损失惨重，虽避免被歼命运，但在向周口、商丘方向溃退中，损失惨重。

　　7月6日，蒋介石下令把右自蔡洼、旧考城，左至白楼、顺河集，横亘二百余里的陇海正面战场分成六个守备区，以范熙绩的四十六师、阮肇昌的五十五师为第一守备区，张治中的教导第二师、胡祖玉的第五师为第二守备区，赵观涛的第六师、李云杰的第二十三师为第三守备区。第一、第二、第三守备区统归右翼军总指挥陈调元全权负责。阮勋的第六十五师、徐朋云的第六十六师、武庭麟的第六十七师为第四守备区，以刘茂恩为司令。毛炳文的第八师、韩德勤的第五十二师为第五守备区。上官云相的第九军为第六守备区。第四、第五、第六守备区统归左翼军总指挥朱绍良负责。胡宗南的第一师、顾祝同的第一军、金汉鼎的第十六军、蒋光鼐的第四军为总预备队，由顾祝同任总指挥。自此，陇海战场进入相持状态。

　　陇海正面战场激战的时候，石友三部从新乡以东渡过黄河，占领了东明、考城，向济宁方向推进。韩复榘第一军团第十五路军马鸿逵部、第二十六军范熙绩部奉命拦截石友三。石友三"以阵地持久之战"②，坚守考城，牵制蒋军兵力，马鸿逵等也不愿全力进攻，双方在此形成

───────

　　①　《电上官云相》(1930年6月23日)，《蒋中正总统档案·事略稿本》第8册，第264页。
　　②　《蒋中正电马鸿逵石友三在考城构筑工事请设法使其分析或远离考城》(1930年6月3日)，蒋中正文物档案002020200009008，台北"国史馆"藏。

对峙。

因蒋介石采用陇海、平汉两战场取攻势,津浦战场取守势的策略,主力集结在陇海路,这就便利了晋军南下。阎锡山亲自指挥傅作义的第二路军、张荫梧的第四路军沿津浦路南下。此时,韩复榘不积极作战,稍一接触即向鲁东撤退,晋军遂于 6 月 25 日攻占济南。之后,傅作义部向东追击韩复榘,张荫梧南下攻占了泰安。晋军控制了津浦战场的主动权。

平汉路战场,早在大战全面爆发前,西北军即与何成濬指挥的湖北、河南等省的杂牌军展开争夺战。据守许昌的樊钟秀和据守西华、扶沟的刘桂堂加入反蒋战线,使蒋军在平汉路战场陷入被动。5 月 11 日蒋介石下令总攻后,平汉路蒋军的计划是沿平汉线分三路北进,与陇海战场的第二军团协同行动。北进的部署是:以王金钰的第九军为中路,沿平汉铁道线北进,先击溃临颍、许昌之间的庞炳勋部,向许昌进攻;以蒋鼎文的第二军为右路军,在铁道的东侧,一部经太康、杞县北向兰封,一部经扶沟、通许、陈留向开封攻击前进;以徐源泉的第十军为左路军,在铁道以西地区,经禹县、密县向郑州挺进。目标是攻占许昌、开封、郑州等重镇。5 月 25 日南京军占领临颍,在许昌附近与西北军展开大战。守许昌的樊钟秀被飞机炸死后,冯玉祥以吉鸿昌代第八方面军总指挥,亲自指挥许昌大战。蒋介石对平汉路也寄予厚望,致电前方将领告以:"我军决胜负惟有平汉路进展之一着。"①经过半个多月的激战,蒋军未能抵挡住冯军的攻势,6 月 12 日,何成濬被迫下令退却,全部退到漯河以南地区。

中原战场反蒋军颇有进展时,5 月 22 日,李宗仁、白崇禧、张发奎率领桂张联军,由桂平、定县北上。由于湖南的何键消极抵抗,桂张联军长驱直入湖南。6 月 4 日占长沙,6 月 10 日占岳阳、平江。李宗仁、

---

① 《蒋中正电何成濬等以第十军监视许昌第九军由铁路东区向郑州挺进》(1930 年 6 月 4 日),蒋中正文物档案 002020200008031,台北"国史馆"藏。

　　白崇禧原计划是率领广西的军队倾巢而出,与阎、冯会师武汉,所以将所部分成了两个梯队,李宗仁、白崇禧率第一梯队,辖第四军、第七军、第十五军先行出动,黄绍竑率两个教导队及辎重队为第二梯队跟进。

　　李宗仁、白崇禧的军队进入湖南后,蒋介石急令陈济棠派兵截断其后路,与两湖的蒋军夹击桂张联军。李宗仁、白崇禧占岳阳时,陈济棠派蒋光鼐、蔡廷锴乘虚占领衡阳,把广西的军队截成前后两段。此时黄绍竑的队伍才到零陵,无力夺回衡阳,乃电李宗仁回师,拟击破粤军后,再一同北进。6月17日,李、白部放弃长沙南退,试图击破陈济棠部,与黄会师。桂张军和蒋军在衡阳展开激战,何键追述:当时张发奎部"转身回攻衡州。并且李宗仁、白崇禧等,向部下宣言,广东已有陈济棠在粤边堵截,广西又已经李明瑞占领,均不能去,目前惟一的生路,惟有反攻衡州……鼓励所部,由祈常转折,再攻衡州。此时衡州八路军与五十三师,共有四师之众,迎头痛击,四路军又从侧面抄出,三方合围,几天之内,毙敌四五千人。逆军主力已破,不能支持,乃下令退却"①。7月1日李、白、张由衡阳一线撤出,往广西方向退却。反蒋的第一方面军较早地结束了战事。

　　6月初,西北军在平汉战场取得初步胜利后,没有乘势南下,与桂张联军合击武汉,而是将主力调到陇海战场,桂张联军又被迫回师打通归路,这样就丧失了双方会师夺取武汉的战机。因西北军把主力抽调到陇海战场,平汉战场蒋军所受到的压力减轻,结果何成濬虽败退到漯河以南地区,西北军也无力再组织进攻,平汉战场与陇海战场一样呈僵持局面。津浦路的晋军虽然于6月25日占领了济南,威胁徐州,但是在占领徐州后,却兵分两路:一路东进追击不积极作战的韩复榘,另一路分兵南下。两路分兵后,力量不集中,也没能取得更大的战果。

　　针对陇海线久攻不下的实际状况,蒋介石决定,在陇海线改取守势,收缩阵地,集中部队,固守待机;精锐部队转用于津浦线,避实击虚,

---

　　① 《何键报告作战经过》,《申报》,1930年7月13日。

力争从反蒋联军力量相对较弱的津浦线打开缺口。蒋介石判断："时阎逆主力集中津浦,冯逆主力集中陇海,其后方征调已空。桂逆主力已在湘境覆没,残余回桂。湘鄂赣三省,已令何主任应钦总制三省清剿事宜,后方无虑。平汉线与鄂北两方逆亦无力反攻。此后只须在津浦、陇海两路任破其一即可摧枯拉朽。"①"惟陇海以【已】经数月持久作战,逆之阵地,愈曾巩固,即以优势兵力攻击,犹虑急切难下",津浦路"以我军实力图之,必可一举摧破"②。

　　蒋介石开始逐步调整战略部署。7月1日,任命贺耀组为徐州行营主任,指挥马鸿逵、夏斗寅等部扼守兖州、曲阜,施中诚、陈孝恩、梁鸿恩等旅扼守济宁、徐州,与退守胶济线的韩复榘倚为犄角,静候主力部队的到来。7月7日任命刘峙为津浦路总指挥,率领胡宗南的第一师、蒋鼎文的第九师、陈诚的第十一师、孙桐萱的第二十师、张治中的教导第二师陆续由陇海战场转至滕县、邹县、兖州、曲阜、汶上等地。同时,与桂张联军作战获胜的蒋光鼐、蔡廷锴、钱大钧、金汉鼎也悉数调至津浦路战场。至7月26日,蒋介石军队主力在津浦路战场集中完毕。这一时期,是蒋介石最困难时期,7月15日他在日记中写道:"当此之时,惟有以必死之心,守定不动,以维系军心,抵抗叛逆,如至万不得已时,则惟有一死,以殉党国而已。"③30日,蒋介石亲抵兖州,召集刘峙等确定攻击计划。8月1日,蒋军"以刘峙为总指挥,以陈诚、夏斗寅、马鸿逵、胡宗南各师为中央军,由兖州前方,沿铁路进攻"④,同时以蒋光鼐、蔡廷锴等部为左翼,杨胜治等部为右翼,三路齐发,向津浦线晋军发起全面进攻。

_____

　　①　《陆海空军总司令部自十九年三月至十月政治工作报告》,国民政府战史编纂委员会档案廿五 478,中国第二历史档案馆藏。
　　②　《蒋介石关于对阎冯及其他派系作战经过报告书》,《中华民国档案资料汇编》第五辑第一编《军事》(二)。
　　③　蒋介石日记,1930 年 7 月 15 日。
　　④　《蒋总司令通电报捷》,《申报》,1930 年 8 月 18 日。

　　反蒋派方面,阎锡山指挥的晋军占济南后因分兵导致攻兖州受挫,便在津浦路取守势,而由傅作义的大军向东进攻胶济线的韩复榘,违背了原定的南下徐州与陇海战场配合取南京的计划。与此同时,从6月以来蒋军一直猛攻孙殿英部防守的亳州,蒋介石任王均为攻亳总指挥,令其"务必攻克亳城"①。7月22日,由于西北军援军被蒋军阻截,守军在蒋军持续进攻下力尽难支,被迫放弃亳州。亳州位于陇海、津浦路三角地区,战略地位十分重要,亳州攻下后,反蒋军对宁方军队侧后威胁大大削弱,蒋介石在日记中表示由此可"后顾无虑"②。致韩复榘电中同样乐观表示:"此次陇海阵线更行稳固,而平汉逆军亦为我第十军击溃退至许昌以北,则以后兵力即可使用裕如,不患不足矣。"③攻克亳州后,蒋介石立即把该地部队调至津浦路。

　　战机稍纵即逝,反蒋派方面在战争的第一阶段虽然一度占据优势,但因没有趁机扩大战果,给蒋介石以重新调整部署的机会。随着津浦战场蒋军的反攻,反蒋军逐渐陷入被动。8月4日,蒋介石电陈诚,指示:"逆军既溃决不能抵抗,且晋逆溃退后决难收拾,望第十一师由山口祝阳镇经泰山东北山径之仲宫镇与西紫镇直攻济南,先入济南城之部队赏洋二十万元。所应注意者,严令各官长督率士兵,不准其出入商埠与外侨商店,并由师部派兵保护各领事馆与教堂为要。黄河铁桥亦须严密保护。"④15日,蒋军夺回济南。阎锡山不得不把晋军撤到黄河以北。蒋光鼐军渡河向德州追击。

　　津浦战事紧张的时候,8月1日、2日、3日阎锡山连电冯玉祥,请

　　①　《电王均》(1930年6月13日),《蒋中正总统档案·事略稿本》第8册,第233页。
　　②　蒋介石日记,1930年7月22日。
　　③　《蒋中正电韩复榘亳州为我第三军攻克先解决津浦线》(1930年7月22日),蒋中正文物档案002020200008056,台北"国史馆"藏。
　　④　《手谕先入济南城之部队赏洋二十万元》,《陈诚先生书信集——与蒋中正先生往来函电》上,台北"国史馆"2007年版,第42页。

西北军在陇海战场发动攻势,以解津浦战场晋军之危。冯玉祥了解到陇海战场蒋军的主力确已北调津浦战场后,便下令西北军全部出击。8月1日,冯玉祥通电各将领:"望本破釜沉舟之决心,与敌作最后之角斗。先下归德者赏洋百万元,直下徐州者加赏二百万元,有敢迟疑不前,畏缩不进者,军法俱在,决不宽容。"①然而,津浦线全线出击时,蒋介石预料冯军必乘陇海线蒋军兵力相对空虚之机,在陇海线发动攻势,故仍然坐镇柳河,指挥陇海线战事。6日宋哲元精锐部队加入陇海战场,全力向蒋军左翼猛扑,双方均以此为关系成败的决定之战,都竭尽全力,战场上杀得"尸积成阜,血红沟渠"②。8月正值北方雨季,9日至11日,阵地上连降大雨,双方在泥泞中苦战,冯军虽然有所进展,但始终未能摧垮蒋军防线。此时,官兵厌战情绪甚浓,有些地区"枪炮虽整天地响着,却谁也不打谁,骗骗当官的耳朵"。"有一次我旅派一连兵进攻冯军阵地,有少数进到外壕边上。一个兵受伤跌到壕中,三个士兵跳下去救他。冯军有人叫打打打,另一人说:他们大头儿争天下,管我们小兵什么事,不要打,让他们把伤兵抬回去吧,终于安全地退回来。"③济南攻克后,津浦线蒋军大批回师陇海线协助作战,冯军攻势终告瓦解,蒋介石涉险渡过难关。

津浦战场战事结束后,蒋介石立即将津浦路的蒋军主力调至陇海、平汉战场。蒋介石的计划是在陇海阵地的正面吸引西北军,在平汉战场采取积极的攻击,一路沿平汉路东取开封,截断兰封、杞县的西北军的退路;一路从平汉路西抄洛阳,断潼陕、郑汴之交通,不让西北军回西北,将其全部歼灭。8月31日,蒋介石在商丘发布作战命令,因各军没有集中完毕,迟至9月1日开始全面总攻。

---

①　《冯玉祥日记》第 3 册,第 306 页。

②　《总司令部参谋处对阎冯战役阵中日记》,国民政府战史编纂委员会档案廿五 512,中国第二历史档案馆藏。

③　樊崧甫:《中原大战亲历记》,《近代史资料》第 69 号,第 242 页。

冯玉祥面对蒋军的总攻,没有认识到形势的严重性,仍打算组织郑州会战,扭转败局。他把西北军集结于郑州外围,9月15日致电阎锡山,要求阎锡山以大部兵力攻济南,以一部兵力攻归德,运2万兵至郑州作总预备队,参加郑州会战。阎锡山已丧失斗志,不仅不配合,反而密令陇海线上归冯玉祥指挥的徐永昌渡河北撤。此时,蒋军各部进展顺利,前锋已逼近郑州、洛阳,蒋介石通电乐观估计"战事不久或可告一段落"①。西北军陷入孤军奋战的局面。一直在双方间以中立态度出现的张学良,见时机已经成熟,终于于9月18日统兵入关援蒋,冯、阎腹背受敌。

四　北平"扩大会议"的召开

在军事上与蒋对垒时,反蒋派政治上也积极争取主动,与蒋争夺政治上的正当性。3月28日,"改组派"代表陈公博、王法勤与"西山会议派"代表邹鲁、谢持及阎锡山代表赵丕廉等在北平开会,商议由国民党第一、第二、第三届中央执监委员组织扩大的中央委员会,解决党政问题。因陈公博与邹鲁互相争粤、沪第二届法统问题,会谈无结果。

随着前方军事的全面展开,建立起名正言顺的政府,与南京国民政府分庭抗礼,争取人心,成为亟待解决的问题。冯、阎都急切希望"改组派"与"西山会议派"息争,尽快召开扩大会议,产生政府机关,协助军事上的反蒋活动。阎锡山派人请时在北平的"西山会议派"成员覃振予以调解。覃振避开"改组派"和"西山会议派"的正统之争,提议由国民党中央第一、第二、第三届委员中的革命分子组成中国国民党中央党部委员会,战争时期由党部委员会负责政治,整理党务,党的问题留待国民党全国代表大会解决。鉴于反蒋各方急于达成政治上的表面团结,陈公博也不再坚持所谓法统问题:"谓现在无论新旧老少,凡不满南京政

---

① 《蒋总司令通电告捷》,《申报》,1930年9月17日。

府者,均可联合一起,共同对付,各找出路。至纯粹党章论,恐不足以资号召。此事各军事领袖,最为赞成。"①5 月 4 日至 8 日,覃振、陈公博、茅祖权、胡宗铎等人在天津协商,议定由各方代表召开非常会议,产生党部的扩大会议,然后由党部扩大会议召集国民党第三次全国代表大会。总原则为:对于党务,则召开第三次全国代表大会;对于国事,则召开国民会议制定约法。

5 月 20 日,反蒋派的各方代表在北平开会讨论发表联合宣言与成立国民党中央党部扩大会议问题,关于联合宣言和会议的名称,陈公博与邹鲁又发生争执,陈公博主张使用"中国国民党第二届中央执行委员会扩大会议"的名称,邹鲁、谢持坚决反对。为了使扩大会议早日召开,6 月 1 日,汪精卫发出"东电",对"西山会议派"和陈公博均作出批评,希望迅速召开国民党中央党部扩大会议。6 月 12 日,汪精卫又发表《中央党部扩大会议的必要》一文,对不利于召开扩大会议的各种内部争论作了抨击,督促成立扩大会议。阎锡山也派代表与各方代表协商,积极调解各派的矛盾。

经过汪精卫、阎锡山及反蒋各方的共同努力,7 月 13 日,反蒋各派在北平联合成立"国民党中央党部扩大会议",通过联合宣言,成立办事处。汪精卫等在《联名宣言》中指责蒋介石"背叛党义,篡窃政权",将民主集权制变为个人独裁。宣言称:"本党目的在扶植民主政治,蒋则托名训政以行专制。人民公私权利剥夺无余,甚至生命财产自由一无保障。以致党既不党,国亦不国。"会议提出根据孙中山北上宣言及遗嘱,召集国民会议;否认南京方面已召集的国民党三全大会,要求在最短期间依法召开国民党"三大","以整个的党还之同志,统一的国还之国民"②。

8 月 7 日,"国民党中央党部扩大会议"在北平正式召开,会议通过

---

①　《阎锡山促汪精卫北上》,《申报》,1930 年 4 月 7 日。

②　《联名宣言》,《中国国民党历次代表大会及中央全会资料》上,第 839 页。

扩大会议宣言、组织大纲、中央政治会议规则等文件,成立扩大会议的组织机构,推定常务委员会委员七人:汪精卫、赵戴文、许崇智、王法勤、谢持、柏文蔚、茅祖权。扩大会议宣言指责蒋介石借党治名义实行独裁,表示中央党部扩大会议成立后决于最短期内按照孙中山遗教筹备召集国民会议,制定约法,筹备地方自治,组织民意机关,区分党政军权限,实施中央与地方分权等①。针对南京方面训政的种种问题,宣言提出七点意见:(一)孙中山深信国民党的主义及政策是救国惟一方案,必能于国民会议获得通过,党治不特不因国民会议而生扞格,且将因此日臻发扬。(二)训政时代必有约法,犹之宪政时代必有宪法。约法规定政府与人民之关系,使政府对于人民之干涉,有其不可逾越之限度,人民权利始有保障。(三)地方自治而不使民众参加,则自治没有意义;地方自治不能实行,亦无民主可言。(四)蒋介石倡党政军三位一体之说,军权高于一切,党政日益混淆,扩大会议成立后,将划分中央党部与政府之权限,各保其独立之地位。(五)训政以来,以中央党部代替国民会议,以各级地方党部代替各地方会议,一切措施,皆以一党专制之名,行一人专制之实。此为民主政治之大敌。(六)曲解党治,一切官吏非党人不用,导致党员官僚化,且屏绝党外人才出路。(七)建国大纲,采中央、地方均权制度,今中央用集权之名,行个人独裁之实②。

　　召开"扩大会议"的目的是成立政府。9月1日,扩大会议通过《国民政府组织大纲》,为组织政府制定依据。大纲突出国民党中央党部的权力,国民政府委员、监察院、军事委员会委员人选均由中央党部推定,防范个人权力的过度膨胀③。同日"扩大会议"通过国民政府委员名单。推举阎锡山、唐绍仪、汪精卫、冯玉祥、李宗仁、张学良、谢持为国民

---

　　①　《扩大会议宣言》,《大公报》,1930 年 8 月 8 日。

　　②　《扩大会议宣言》,《大公报》,1930 年 8 月 8 日。

　　③　《国民政府组织大纲》,《中国国民党历次代表大会及中央全会资料》上,第852—853 页。

政府委员,阎锡山为主席。13 日,"扩大会议"通过《实行训政规约》,规定:"在训政期间,铁路、邮电等,由中央政府管理,其余各项政治,依据中央法令,悉归省直接处理。"①这是建立强势地方、弱势中央的标本性文件。虽然该文件主观上希望引领向地方自治的方向,但在军事力量尾大不掉的背景下,也不无重复民初地方军阀割据的可能。15 日,"扩大会议"成立包括罗文幹、周鲠生等六名法学家在内的约法起草委员会,负责起草约法并向全国征询意见。其间,曾计划聘请胡适为起草委员,胡也认真地和罗做过讨论,意见"大致相投"②。

　　9 月 9 日,阎锡山在北平宣誓就任国民政府主席。此时反蒋派的军事形势已经急转直下。张学良东北军入关后,9 月 19 日"扩大会议"由北平迁往太原。汪精卫、邹鲁等眼看失败在即,决定抓紧时间演出最后一幕,向南京政权作一次"悲壮"的宣传战。10 月 27 日,"扩大会议"在太原继续开会,通过约法起草委员会所拟《中华民国约法草案》,全文八章二百一十一条,用以作为"宪法未颁布以前的根本大法"。

　　《中华民国约法草案》规定建设中华民国分军政、训政、宪政三时期。训政时期筹备地方自治,中央与省采均权制度,地方自治成立后,即实行宪政,宪政期间设立五院。草案以较大篇幅规定了人民的权利与义务,声称以法律直接保障人民的各种权利不受侵害,其所规定的人民人身、财产、居住、集会、结社、言论等"私权"和选举、罢官、创制、复决等"公权",在相当程度上体现出现代民主意识。草案规定:"人民非有犯罪嫌疑或证据,不得逮捕拘留、审问或处罚";"凡逮捕拘留人民之命令,除现行犯外,限于法院"。任何组织和个人不得任意抓人;当政府逮捕了嫌疑犯而法院宣判无罪或免诉的情况下,即使有被害人的告发,"其拘留时间应由国家照其本人身份酌给相当之赔偿"。这些条款显然

①　《实行训政规约》,《中国国民党历次代表大会及中央全会资料》上,第 854 页。

②　《胡适的日记》,台北远流出版公司 1990 年影印版,1930 年 10 月 11 日。

针对着南京政权随意抓人、捕人而立。草案对人民自由权规定也较充分，比如"人民有集会之自由，经有负责发起之人向该管官署声明，如无携带武器或直接扰乱社会秩序情事时，不得干涉"；"人民有言论著作及刊行之自由，非经法院审判确定，不得禁止发刊"；"人民有结社之自由，非有犯罪嫌疑或证据，经该管署查明时，不得封闭"。针对军人干政，条款四十一条规定："人民依法律有诉讼于法院之权，除依戒严所规定外，不受军法审判。"①

　　关于训政时期的党政关系，《约法草案》并无十分明确的说法。只是在《扩大会议宣言》中强调党与政府"各守其职，不相逾越，尤当各保其独立之地位，举数年以来党政军三位一体之谬说与弊制，悉摧陷而廓清之"②。与南京政权公然以党代政不同，"改组派"宣传党不得直接干政。在政体设置上，避开五权宪法，只于政府之下设八个部，监察院独立，以便按照民意监察政府。政府标榜公开主义，财政公开，预算交中央党部核定，决算则交监察院审查。官吏的任用采取考试制度，等等。

　　由于军事上的溃败，所谓《中华民国约法草案》只能成为空中楼阁。比较而言，"扩大会议"组成人员非主流派或在野派的身份，使之容易注意到当政者不愿面对的现实，为争取民心，他们的要求相当程度体现出人民的某些要求或愿望。应该承认，"扩大会议"诸人对民主和法治的呼吁，对南京国民政府"党治"为名专制为实的批判，以及太原"约法"的起草等，都在一定程度上反映着近代中国的历史发展要求。当阎、冯等在中原大战失败后，天津《大公报》针对《太原约法》发表社评说："北平所谓扩大会议，在今日国民政府统一之局面下，当然无政治地位可言，其草拟之法案，以效力论，殆与私人之意见书相等。虽然，训政时期中是否需要约法，实为国民党执政后党内外一大悬案。首都党国要人近

---

　　① 《中华民国约法草案》，《中国国民党历次代表大会及中央全会资料》(上)，第856—878页。

　　② 《扩大会议宣言》，《大公报》，1930年8月8日。

亦有人表示及之者。社会方面,则谈之者尤多。可知此事不是党的问题,而是国的问题……国府当局近来迭表宽大之政见,对此昔为同志,今为政敌者所提之法案,今后其有恢闳容纳之机会乎? 多数受治之国民,盖不胜其企盼之情矣。"①对文件本身给予相当肯定。只是这样的文件与其说是汪精卫等的当政宣言,不如说是失败挽歌,这样一部具有民主色彩的约法草案,更多只是其在野身份的产物乃至标志,并不完全代表其真实的政治主张。不须负责任的高调总要比实践力行容易得多。

五　东北军入关与阎、冯、桂系的惨败

无论是对于蒋介石还是对于反蒋派来说,张学良的东北军都是一支举足轻重的力量。1930 年 2 月 10 日蒋、阎电报战初起时,在接到阎锡山要求与蒋共同下野电报时,蒋介石即电请何成濬详询奉张态度,东北方面的动向是蒋介石作出战略决策的重要参考。为笼络奉张,蒋介石一方面令何成濬与张学良保持密切联系,同时派方本仁、吴铁城、李石曾、张群等人,以各种关系前往沈阳劝张疏晋近宁。2 月 20 日蒋致电张以北方事务相托,声称:"阎如启衅,则请汉兄立举义旗,共同努力完成统一也。"②3 月 26 日,为了示惠张学良,蒋介石致电吴铁城主动表示:"内政部长及军事参议院长与外交(部)次长,请汉兄即推人电保,以便提出。"③同时,蒋介石早早就开始其银弹攻势,3 月 27 日,蒋致电宋子文,令其在 4 月 5 日前电汇张学良 50 万元④。

---

① 《汪精卫等约法草案》,《大公报》,1930 年 11 月 1 日。

② 《蒋中正电张学良负责处理西北事变》(1930 年 2 月 20 日),蒋中正文物档案 002060100026051,台北"国史馆"藏。

③ 《蒋中正电吴铁城请张学良推荐内政部长军事参议院长外交次长人选》(1930 年 3 月 26 日),蒋中正文物档案 002070100004033,台北"国史馆"藏。

④ 《蒋中正电宋子文于四月五日前电汇张学良五十万元》(1930 年 3 月 27 日),蒋中正文物档案 002070100004045,台北"国史馆"藏。

　　南京方面极力拉拢张学良,反蒋方面也不落后,阎冯代表贾景德、梁汝舟、薛笃弼等前往沈阳与张联络,极力争取张学良,许以陆海空军副司令职和华北地盘。

　　蒋、阎对立初露端倪时,张学良曾向阎表示亲近,东北和华北、西北接壤,地理上的接近使双方有更多相同的战略利益。1930 年 1 月 17日,阎锡山致电张学良,请其协助从秦皇岛起运外购的飞艇、机关枪、子弹等武器弹药,张学良批示:"电军、警、关,切实给予便利,如咱事一样。"①次日,在给阎锡山复电稿中初言:"晋辽提携,绝无问题。"后改为:"时事纠纷,近顷愈甚,欲图挽救,宜从提携入手,大而可安一国,小之亦有益地方。"②

　　蒋、阎争端愈演愈烈后,张学良从自身利益计,采取坐山观虎斗的立场,公开表态显得不偏不倚。3 月 1 日,张学良发表通电,针对阎、蒋之争声称:"殊途原可同归,图终贵乎慎始。在介公力任艰巨,固鞠躬尽瘁之心;在百公析理毫芒,亦实事求是之意。特恐词纵详明,意难周到,每滋一时之误会,驯启众人之猜疑,或且推波助澜,酿成战祸,循环报复,未有已时。则是二公救国之愿未偿,亡国之祸先至,非二公之所及料,亦非学良之所忍言也……尤望介、百二公,融袍泽之意见,凛兵战之凶危,一本党国付与之权能,实施领袖群伦之工作。"③同时在给阎锡山的电报中表示:"东北四省,对日、对俄关系复杂,外交上不便与南京政府断绝关系。际此时局,处境较具苦衷,外交问题,今后仍与宁府联络进行,尚希谅解为幸。""东北四省,与山西省同有维持华北治安之责,所以视其形势如何,除出兵协助碍难实行外,在维持治安上必要之范围

　　①　奉天省长公署档案,辽宁省档案馆藏;转见赵焕林等《中原大战中的张学良》,《民国档案》1993 年第 4 期。

　　②　奉天省长公署档案,辽宁省档案馆藏。

　　③　《张学良通电望蒋中正阎锡山——本党国付与之权能实施领袖群伦之工作》(1930 年 3 月 1 日),蒋中正文物档案 002020200007029,台北"国史馆"藏。

内,不妨接济武器弹药。"①

　　为拉拢张学良站到南京一边,蒋介石方面采取了各种手段。以高出市场价一倍的价格向东北兵工厂购步枪5万支。随着蒋军在战场上的失利,蒋介石急于拉张学良参战。6月5日,蒋电方本仁、吴铁城,有意任命张学良为陆海空军副总司令并全权负责北方。8日电宋子文,询问其何时可拨付张出兵费用200万元。16日蒋再电古应芬,请李石曾力劝张学良出兵:"凡奉张所要求者,务在可能范围内尽量允纳,即有不合理而难允之件,亦不必拒绝,或竟暂允其请,再在决战后详行讨论可也。现在惟一目的,只要其五日内能出兵平津也。"②6月21日,在蒋介石授意下,南京国民政府任命张学良为陆海空军副总司令。此时,张学良已倾向于蒋介石。1930年7月底,南京方面李韫珩五十三师拟转海运由青岛登陆,协助韩复榘夹击胶济线晋军。当时青岛地区为奉系海军控制,登陆青岛必须获得其同意。蒋介石乃电请张学良令准该部登陆,8月初,因奉张的协助,李韫珩部陆续登陆青岛。对此,蒋介石在日记中表示:"到青岛部队已完全上陆,集中胶州,兵力虽只一师,而青岛为奉天海军所在地,我陆军得以上陆,在逆方观之,必疑奉天方面已加入我战线矣。且青岛可以上陆,则天津亦可以上陆,阎锡山之后方动摇矣。奉军虽未加入作战,而于我之政略战略,皆占先一着矣。"③

　　但是,张学良此时尚不急于明确表态,一则他深知自己在这场大规模内战中举足轻重的地位,因此绝不轻易表态,而是待价而沽,谋求更大的利益;二则东北内部高官看法不一,意见尚需整合。1930年6月5日,张学良召集东北高官商议应付时局办法,会中意见约分成三派:张作相、张景惠、汤玉麟等人主张保境安民,不与任何一方合作;王树翰、

　　①　《致阎锡山电》(1930年3月),《张学良文集》第1卷,新华出版社1992年版,第267页。

　　②　《蒋中正电示古应芬答允张学良要求促其五日内出兵》(1930年6月16日),蒋中正文物档案002010200033036,台北"国史馆"藏。

　　③　蒋介石日记,1930年8月3日。

莫德惠、刘尚清、沈鸿烈、鲍文樾等人主张与南京合作；于学忠、万福麟、王树常、臧式毅、荣臻等人则表示静候张学良决定。

为了促使张学良彻底倒向自己一方，7月，蒋介石任命于学忠为平津卫戍司令，王树常为河北省主席。在巨大利益的诱惑下，张学良以是否就南京方面任命的副司令一职问题征求张作相、汤玉麟等意见，张、汤等表示反对，强调："此时就副司令名位，即须尽副司令职责，势将与阎成对峙局势。我不犯人，人将犯我。环顾内情，熟权利害，窃以为不可。"①张学良在内部反对声中，再次推迟表态，答应蒋军夺回济南就考虑出兵。张认为如果蒋军夺回济南，那表明反蒋联军已陷入被动。8月15日，蒋军占领济南，蒋介石连电张学良出兵。24日蒋介石答应由张学良主持华北，随后又明确答复由宋子文给张学良速筹500万元出兵费，并答应发行1000万元的公债整理奉票。张学良感到出兵的条件已经满足，内心已有"拥护中央"②的打算。9月初，张学良召开东北高级干部会议商讨时局，会中张作相、张景惠仍反对出兵助蒋。张学良心意已决，坚持入关主张，张作相等被迫放弃反对意见。张学良决定令于学忠、王树常组成第一、第二两军，出兵关内。

9月18日，张学良发出通电，"吁请各方，即日罢兵以纾民困"，"静候中央措置"③。20日，于学忠率部先行入关。张学良出兵严重地动摇了反蒋派的军心，阎锡山迅速将晋军向黄河以北撤退，撤回山西，庞炳勋、孙殿英、刘春荣等部均纷纷自由行动，随同晋军撤到黄河以北。而东北军和晋军也形成默契，东北军每到一地，即通知晋军让防，阎按通知节节退兵。21日、22日，东北军和平接收天津、北平。为保持同晋军的关系，东北军到达河北、察哈尔后即停止前进，没有进入山西。

东北军入关后，陇海、平汉两战场的西北军也军无斗志。19日，石

---

① 《张作相复张学良电》(1930年7月23日)，《张学良文集》第1册，第293页。
② 《张学良表示始终拥护中央》，《申报》，1930年9月5日。
③ 《和平通电》，《大公报》，1930年9月19日。

友三通电拥护张学良,率部由鲁西开往豫北。各路友军或垮或撤,冯玉祥西北军处境艰难,面临后路被截、重兵包围的威胁。蒋又派人四出活动,多方利诱,使冯部迅速分化。9 月 28 日起,吉鸿昌、庞炳勋、梁冠英等高级将领纷纷举兵投蒋,赵登禹、刘汝明、魏凤楼、张人杰等一小部分部队退入晋南,平汉线的反蒋军处境险恶。10 月 2 日、3 日,蒋军先后占领开封、许昌。6 日,陈诚部占领郑州。9 日,杨虎城部占领洛阳,25 日占领潼关,截断了西北军回陕西的退路。

在大局已定时,10 月 4 日,阎锡山、汪精卫秘密到郑州与冯会晤,共同商定联合发表停战通电。阎锡山随即发出下野通电,表示:"今者撤兵河北,损失及半,欲再以战争求达目的已属不可能矣。叠奉严命,督促归田……本总司令即日释甲归田。"[1]5 日,阎、冯、汪联名电张学良表示愿意停战,听候和平解决,冯玉祥率副司令部人员撤到黄河以北的新乡。10 月 15 日,阎、冯决定联袂下野,鹿仲麟领衔通电罢兵息战。11 月 14 日,阎、冯通电取消太原的陆海空军总司令部。

蒋介石与张学良约定晋军由张学良负责收编,西北军由蒋介石负责收编。张学良对晋军采取了宽容的态度,晋军被编成第四、五、六、七四个军(1931 年 7 月改为第三十二、第三十三、第三十四、第三十五军),分别由商震、徐永昌、杨爱源、傅作义任军长,另有护路、炮兵、骑兵各一个师,共十六万多人。退入山西的西北军初被编成第三军,1931年 6 月改为第二十九军,宋哲元任军长。黄河南岸的西北军为蒋介石收编。对于阎锡山和冯玉祥,蒋介石坚决要求他们出洋。阎锡山声言要去日本游历,躲到大连。冯玉祥则隐居于汾阳县峪道河。

中原大战历时半年之久,交战双方投入兵力总数达 140 万人,死伤四十余万。给人民生命、财产造成了严重的损失。1930 年度,南京中央的财政支出为 5.39 亿元,其中军务支出就达到 2.45 亿元[2],占到将

---

① 《阎下野电已发》,《申报》,1930 年 11 月 7 日。

② 《财政部十八年度财政报告》,《申报》,1931 年 3 月 17 日。

近一半,连绵的战争严重阻碍了国家建设的有效进行。

中原大战的结果,蒋介石获得空前胜利,统治力量大为加强,全国统一的基础基本稳固。张学良兵不血刃,在关内取得巨大地盘,也是一位大赢家。几位输家中,阎锡山虽被迫暂离山西,但实力尚存,保留有山西地盘,李、白也在广西苟延残喘,只有冯玉祥西北军全部崩溃,从此即离开军队,失去东山再起的资本①。

<h2 style="text-align:center">第五节　争战不断的西南、西北
地方割据势力</h2>

民国中央政府对西南、西北地区的控制向来薄弱。南京国民政府成立后,首要的任务是推翻北洋中央政权的统治,不可能也无此实力实现对全国的武力统一,只能求得与这些地区的表面团结与平衡为满足。因此,西南四川、贵州、云南三省乃至西北一些地区在此后数年间,仍处于各自为政的状态。国民党"二次北伐"期间,蒋介石对西南问题的思考是:"西南川、滇、黔无领袖,甚难处置也。"②由此可知,他此时尚无将西南乃至西北地区纳入自己势力范围的雄心。这就决定了南京国民政府成立后很长一段时间内,西南、西北地区的争端实际仍在各地的地方实力派之间进行。

<h3 style="text-align:center">一　龙云入主滇政及对南京中央的态度</h3>

1926 年 7 月,广州国民政府北伐,横扫两湖和浙赣,北伐军的胜利使与北京政府关系密切的滇系唐继尧处境不利。第一次滇、桂战争后,

---

① 本节叙事较多地参考了魏宏运主编《民国史纪事本末》第三卷(辽宁人民出版社 1999 年 5 月第 1 版)中《中原大战》一文,谨此致谢。
② 蒋介石日记,1928 年 5 月 16 日。

唐继尧排斥异己,撤销各军番号,加强亲信近卫部队,引起滇军将领普遍不满。1927年2月5日,第二军军长兼蒙自镇守使胡若愚、第五军军长兼昆明镇守使龙云、第十军军长兼昭通镇守使张汝骥、大理镇守使李选廷联名发出通电,要求唐继尧驱逐宵小、公开政治、安内睦外。6日,胡若愚、张汝骥两军向昆明进发。10日,胡若愚、龙云等在宜良法明寺集会,商议改组云南省政府,决定新政府采用合议制,成立云南省务委员会,四镇守使等为省务委员。会后,以四镇守使名义发出通电,提出"立即改组省政府,确立合议制度,提前成立军事机构,统一军权"①等要求。他们声称唐氏如不采纳,势必以兵戎相见。唐继尧在各军军事压力下,被迫同意改组省政府,令唐继虞等人出走。2月中旬,胡、张两军先后到达昆明,开始组建新的省政府。新政府推唐继尧为没有实权的云南省政府总裁,不设省长,省务由省务委员会处理,胡若愚、龙云、张汝骥等九人为省务委员会委员。省务委员会之下,设军政、内政、财政、外交、司法、教育、实业、交通八个厅。3月8日,新政府成立,在第一次省务委员会议上,公推胡若愚为省务委员会主席。"二六"倒唐事件使唐继尧成为有名无实的"总裁",此后唐处于被幽禁的困境之中。5月23日,唐继尧病死,旧滇系统治时代结束。

"二六"政变后,南京国民党中央委任龙云为国民革命军第三十八军军长,胡若愚为第三十九军军长,张汝骥为独立第八师师长。云南的实际大权操于胡若愚、龙云之手,尤其是龙云利用驻在省城之便,暗中操控军政决策,引起胡若愚、张汝骥等的强烈不满。1927年6月14日夜,胡若愚联合张汝骥派兵突袭龙云第三十八军,龙云猝不及防,束手就擒。此即云南"六一四"政变。

"六一四"政变发生时,龙云部主要将领卢汉、朱旭、高荫槐、孟坤等

---

①　《云南"二六政变"的前因后果》,《云南文史资料选辑》第6辑,云南人民出版社1986年版,第109页。

趁乱逃到滇西凤仪、下关一带,邀请滇军元老胡瑛代理第三十八军军长,将部队编为四个师,卢汉任前敌总指挥兼第二师师长,指挥部队反攻昆明。第三十八军在卢汉率领下,在祥云、禄丰等地与胡若愚部展开激战,胡军被击溃,卢汉乘胜进逼昆明。7月24日,胡若愚被迫挟持龙云撤离,并将省主席的印信交给周钟岳,请周转告第三十八军切勿追击,他将保证龙云的人身安全。25日,胡瑛率第三十八军进入昆明,胡若愚退至昆明东郊大板桥时,担心遭到第三十八军和唐继尧旧部的联合攻击,向龙云表示和解,双方达成"板桥协约",商定龙云回昆明主持省政,胡若愚、张汝骥即行率部北伐,由龙云在后方补充饷械。8月13日,龙云回到昆明,接任第三十八军军长兼代云南省政府主席,第三十八军3万人整编成六个师,第九十七师师长孟坤、第九十八师师长卢汉、第九十九师师长朱旭、第一〇〇师师长张凤春、第一〇一师师长张冲、新编第七师师长唐继麟。

龙云重新掌权后,并未按照"板桥协约"供给胡、张饷械,胡、张两部因此拒绝出省,停留在滇东曲靖一带。龙云遂命卢汉、朱旭、孟坤等三师出击胡若愚、张汝骥,予以武力解决。胡若愚、张汝骥在龙云压力下,被迫向贵州省主席周西成和四川省主席刘文辉求援。周西成素有觊觎云南之心,又与胡、张为旧日好友,曾与胡若愚、刘文辉在赤水结盟,得到胡若愚、张汝骥的求救讯息后,决定趁此机会向云南进兵。黔军派出五个团的部队入滇,于8月18日占领滇东北宣威县城,并新委县长。9月,再占平彝、师宗。同时,刘文辉也派出一个团的川军援助胡、张,占据滇北寻甸县城等。

此时,逃亡大理的唐继尧之弟唐继虞也趁机举事,发兵进逼昆明。龙云四面受敌,不得不取缓兵之计,派代表向胡、张疏通,双方妥协和解,龙云争取时间回师击溃唐继虞部。在平定唐继尧余部的反叛后,1927年底,龙云集中全部主力攻击胡、张军。

胡若愚是龙云控制云南的最大竞争对手,龙云首先把其作为重点进攻的对象。1927年12月,龙云与胡若愚在曲靖一带展开激战,胡若愚连战不利,退守曲靖,龙云紧紧围住曲靖,使之成为孤城。胡若愚、张汝骥向周西成求助,借黔军反击龙云。周西成欲扶植毛光翔攫取云南省政权,遂决定再次派兵入滇,任命毛光翔为援滇军总司令,阮德炳为前敌总指挥,兵分三路,大举入滇。据龙云电蒋介石报告,入滇黔军"占据师(宗)、罗(平)、曲(靖)、宣(威)等十余县,换官征税,视同征服"①。龙云以胡瑛出任第三十八军前敌总司令,统兵迎战黔军,在曲靖、马街等地连败黔军和胡、张军,黔军各路部队均被"摧破追剿"②,1928 年 1月,被迫退回贵州境内。龙军趁势克服曲靖,胡若愚部被迫退往昭通、宜宾间寻求刘文辉的庇护,就任其委任的川滇边防督办;张汝骥部退到黔西北毕节一带。进入滇境的川军见各路已经败退,也自动退回四川。

击败胡、张及川黔部队的联合进攻,龙云渡过难关,随即致电南京国民政府表示效忠,声称要"长驱贵阳,打倒军阀余孽"③。1928 年 1月,南京国民政府任命龙云为云南省政府主席,并兼国民革命军第十三路军总指挥。4 月 1 日,龙云正式宣誓就职,龙在云南的地位逐渐巩固。

1929 年春,蒋桂战争爆发,4 月 1 日,蒋介石致电龙云,请其迅速出兵广西,并允诺提供"出发军费"④。中旬,任命龙云为第十路总指挥,李燊为前敌总指挥,要求其率部立即集中云南宜良附近,迅速经由贵州独山入桂,限 5 月 25 日前占领柳州。同时又电周西成,要其"当机立断,通电表示赞助中央大计,勿稍犹豫"⑤。为尽可能争取更多力量加

①　《龙云电蒋介石》,云南省档案馆藏;转见荆德新《周西成图滇与龙、李倒周》,《西南军阀史研究丛刊》第二辑,贵州人民出版社 1983 年版,第 177 页。

②　《周西成图滇失败》,《申报》,1928 年 1 月 4 日。

③　《龙云电蒋中正陈述周西成侵略云南情形》(1928 年 1 月 26 日),蒋中正文物档案 002090102013012,台北"国史馆"藏。

④　《蒋中正电龙云望积极入桂》(1929 年 4 月 1 日),蒋中正文物档案 002020200002078,台北"国史馆"藏。

⑤　王家烈:《桐梓系统治贵州的回忆》,《贵州文史资料》第 2 辑,贵州人民出版社 1979 年版,第 22 页。

入对桂作战,蒋介石任命胡若愚、张汝骥为新编第十二、第十三师师长,令其出兵讨桂。

4月18日,龙云在昆明就任第十路总指挥,准备出兵广西。以当时的交通条件,滇军入桂,需要借道贵州,而贵州的周西成与桂系关系密切,不愿与广西为敌,更不愿滇军进入黔境。因此,龙云出兵攻桂是假,借机报昔日周西成黔军进犯滇东之仇是真,龙云此举事实上成了滇黔冲突的导火索。

从攻黔目标出发,龙云联络与周西成不和的贵州李燊部组成滇黔联军。联军分南北两路,南路又分为左右两翼,共有兵力十一团,万余人,由李燊指挥,分由云南平彝、罗平向贵州进击;北路由张冲师和高荫槐旅组成,主要任务是防范胡若愚、张汝骥趁机攻滇。龙云率总指挥部行营随北路前进。昆明方面由胡瑛和孙渡分别代理省政府主席和十三路军总指挥。

1929年5月,龙云以周西成"抗拒义师,阻挠前进"为由,正式宣布"顺道定黔"①,滇黔之战爆发。龙云率朱旭、张凤春、高荫槐、刘正富及李燊所部向贵州进发。周西成则亲自率部迎战,由毛光翔、黄道彬指挥左、中路部队,其本人统辖右路,向安顺挺进。龙云率龙李军从平彝向贵州进攻,拟经黔滇公路,长驱直入,进占贵阳。黄道彬师与朱旭师第五旅先头部队在平彝接战,揭开滇黔之战的序幕。战事爆发后,黔军屡战屡败,由亦资孔、盘县、普安、晴隆一直退到关岭。接着滇军又在镇宁击毙亲临前线指挥的周西成,黔军全线崩溃。龙李联军乘胜前进,于5月27日占领贵阳。随后,龙云扶持李燊"以讨逆前敌总指挥名义,留守贵阳,维持现状"②。滇军继续驻扎在黔西龙里、贵定等地,并深入贵阳以北、乌江南岸,企图通过李燊实现对贵州的控制。

6月,胡若愚、张汝骥及孟坤等在刘文辉支持下,趁滇军深入黔境

---

① 《云南省政府公报》,1929年6月8日。
② 《龙云入黔讨逆通电》(1929年6月4日),云南省档案馆藏。

之机,假借奉命伐桂之名,以胡若愚为靖滇军总司令,分别从川南、滇东北合攻昆明,龙胡之战又爆发。此时,龙部主力仍滞留黔境,闻讯后被迫退回云南,滇军离黔后,周西成残部毛光翔趁机进攻贵阳,李燊势单力薄,在贵州立足不稳,不得不退往云南境内。胡、张、孟部从 28 日开始向昭通发起攻击,7 月 6 日占领昭通。胡、张、孟部虽取得昭通,但费时过久,贻误了战机。龙军则通过在昭通的顽强阻击,争取了从贵州回师的时间。

胡、张、孟攻下昭通后,以张军为先头部队,向昆明进击。龙云急调入黔滇军星夜赶回昆明增援,于 7 月 11 日赶到曲靖,与胡、张部激战于昆明西郊碧鸡关。龙云采用反间计,故意将给孟坤的信送往胡若愚、张汝骥处,挑起胡、张对孟坤的疑虑。当龙云部发动反击时,胡、张不增援孟坤,使孟坤部几遭覆灭。龙云乘势挥师追击,胡、张节节败退,龙部跟踪追击,胡、张、孟军被迫退往滇西北的华坪、永胜及四川会理等地,并节节败退至四川西南角的盐源、木里一带。1930 年春,张汝骥被俘处决,孟坤落水而死,幸存的胡若愚已无东山再起的能力。7 月 20 日,昆明城恢复秩序,龙、胡、张第二次混战结束,龙云确立了在云南的统治地位。

龙云为掌握云南军政大权,在与各地方实力派保持联络同时,历来对南京国民政府采取恭顺的态度,以换取中央政府的支持及承认。1929 年 10 月,当西北军声言反蒋时,他就致电蒋介石,表示"反动军阀,破坏编遣,纵无命令,亦当仗义伸讨"[①],向蒋表态效忠。1930 年中原大战爆发后,为防止桂系李宗仁、白崇禧及张发奎北上,蒋介石于 3 月底命令龙云发兵讨桂,龙以连年战乱,兵疲将乏为由,婉拒出兵,等待蒋介石拿出更好的条件。为诱使龙云出兵,蒋介石答应提供百万元作

---

① 《龙云电蒋中正志切请缨愿效驰驱》(1929 年 10 月 16 日),蒋中正文物档案 002090400006063,台北"国史馆"藏。

"军需之用"①,出征部队每月发给军费法币 30 万元,广东省主席陈铭枢也派人送滇 20 万元②。这笔费用拨付迅速,4 月 18 日,龙云就致电蒋介石告知"京粤拨款均已收到"③。同时,蒋还许诺如攻下南宁,则委派卢汉为广西省政府主席。龙云对蒋介石提出的讨桂条件十分满意,5月,龙云以"讨逆军第十路总指挥"名义,任命卢汉为"前敌总指挥",率领滇军三个师十五个团共二万余人进攻广西。6 月,卢汉指挥滇军分南北两路向南宁推进。蒋介石对龙军抱有厚望,致电龙云称:"刻张桂诸逆,改图窜湘,贵军正宜跟踪前进,肃清逆巢,望勿稍有瞻顾。"④7月,龙军包围南宁。南宁守军韦云淞部三千余人凭城固守,滇军因水土不服,疾病流行,士气沮丧,加之各部"存保全实力之私心,你攻我停"⑤,围攻南宁三月不克。10 月,白崇禧率部返回广西,配合南宁守军,经过两周激战,至 10 月中旬将滇军击溃,迫其退回云南。龙、卢滇军虽未能攻克南宁,还付出损失近半的代价,但在中原大战中拖住桂系后腿,有力支持了蒋介石,蒋对龙云的行动非常感激,作为报答,1931年 11 月龙云在国民党"四大"上当选为候补中央委员。

　　龙云为牢固控制云南,不断整顿和强化滇军,先后开办军官学校、军官团、军官补习队等,培训大批滇军骨干。同时以响应南京中央整编军队名义,削弱异己力量,加强其本身对部队的直接控制。龙云严密控制军队的行为引起卢汉、朱旭、张凤春、张冲四个师长的强烈不满,1931

　　①　《蒋中正电张群催龙云亲征》(1930 年 4 月 10 日),蒋中正文物档案 002010200026022,台北"国史馆"藏。

　　②　《陈铭枢电蒋中正已派员携二十万元赴滇》(1930 年 4 月 5 日),蒋中正文物档案 002090106008032,台北"国史馆"藏。

　　③　《龙云电蒋中正京粤拨款均已令第九十八等三师直达百色》(1930 年 4 月 18 日),蒋中正文物档案 002020200004116,台北"国史馆"藏。

　　④　《电龙云催前进》(1930 年 6 月 3 日),《蒋中正总统档案·事略稿本》第 8册,第 202 页。

　　⑤　胡俊:《近二十年来云南地方军队概述》,《云南文史资料选辑》第 6 辑,云南政协文史资料委员会 1986 年重印,第 7 页。

年 3 月 10 日,四师长以"清君侧"为名武装倒龙。龙云被迫声言"扫墓",离开昆明回昭通,实际只到寻甸羊街躲避风险。龙云离开昆明后,四师长围绕着继任主席人选互不相让,蒋介石在云南之变中也力助龙云,3 月 17 日,他在日记中写道:"以云南事思虑甚切。先电龙云,回省主持,待其复电再定处理办法。对四师长电暂置不复。"[1]当身为滇人的王柏龄回滇活动,蒋介石特电王氏,令其"离滇回京,切勿预闻滇中内部纷争,免致纠纷"[2]。在内外压力下,卢汉、张冲只好把龙云请回重任省主席。

龙云重返昆明,立即宣布四个师长以下犯上,下令扣押,撤销各师番号,实行废师改旅。不久,将卢汉、朱旭、张冲释放,卢汉被委以全省团务督办,朱旭为省民政厅长,张冲为第七旅长兼全省盐务督办。对南京中央,龙云始终采取不即不离的政策,一方面承认中央政府的权威,另一方面又抵制南京方面对云南的渗透,将云南的控制权牢牢抓在自己手里。

二　贵州桐梓系军阀统治的兴衰

南京国民政府成立前后,贵州控制在桐梓系军阀手中,周西成是桐梓系军阀的首领。1923 年,周西成组织"靖黔军",集结犹国材、侯之担、蒋在珍、车鸣翼等一批骨干,在四川涪陵召集军官会议,公开确定"群(毛光翔号群麟)、绍(王家烈号绍武)、佩(江国璠号佩玙)、用(犹国材号用依)"的继承序位,标志着桐梓系集团正式形成。1926 年 6 月,北京政府任命周西成为贵州省省长,掌握贵州军政大权。1927 年 4 月,南京国民政府成立后,周西成任贵州省主席,兼任国民革命军第二

---

①　蒋介石日记,1931 年 3 月 17 日。

②　《电王柏龄勿预闻滇事》(1931 年 4 月 2 日),蒋中正文物档案002010200056003,台北"国史馆"藏。

十五军军长。周西成大批起用桐梓系人员,贵州军政大权悉数落入以周西成为代表的桐梓系集团手中。

周西成控制贵州,对外联合两广,与南京方面保持距离,这是因为周与同为贵州人的王伯群、何应钦有过龃龉,"何王跟蒋介石历史久,若走蒋的门路,必为何王堵死,不能不靠拢两广"[1]。对内加强统治,扩充军力,将贵州陆军讲武学校改为贵州陆军崇武学校,大量培养各类军事人材。同时,对同样出身贵州的其他军事力量极力排挤,导致其与李燊间的激烈冲突。

李燊,号晓炎,贵州贞丰人,是贵州另一重要派系兴义系的代表人物。1926年北伐战争中率部出黔参加北伐,曾任第十六军、第四十三军军长。袁祖铭、彭汉章、王天培相继被唐生智及南京国民政府杀害后,省外黔军只有李燊一部。李燊率部长期在外征战,深感孤军在外不易,意欲回黔。周西成对李燊部不仅不容,而且为削弱李燊的实力,派人收买其部属,这就促使周、李矛盾更加尖锐。当时李燊的部队驻守宜昌,旅汉黔人主张周李合作,多方调解。周李双方遂派代表协商,于1928年初达成协议,规定双方在兵员、军费、武器、情报等方面互相支持。但是,此协定不过是周西成的缓兵之计,不久,即被其撕毁。在云南和四川两方策动和支持下,李燊决定率部回黔倒周。

1928年10月,李燊将其四十三军所属三师1.2万人集结于鄂西来凤。11月,从四川酉阳、秀山出发,拟循黔东大道攻入贵州。周部王家烈率八个团集结于秀山邑梅一线。14日,双方交战于天星坡。李燊集中主力兵力猛攻敌主阵地,王家烈难以招架,继而,李部又以一师兵力发动夜袭,终使王部惨败而退。18日,王家烈退保铜仁,李军进逼铜仁,连续数日猛攻铜仁不下。月底,周部援军到达,李军被前后夹击,只得从铜仁分兵两路后撤。周西成除令王家烈跟追外,亲率主力取道大兴场往松桃、秀山,企图迂回围歼李军。

---

① 　王家烈:《桐梓系统治贵州的回忆》,《贵州文史资料》第2辑,第10页。

周、李交战期间,双方都向南京国民政府申诉对方启衅,以获得南京方面支持。11月9日,周西成致电蒋介石报告李燊进攻情形,对此,蒋介石作出不偏不倚的姿态,致电李燊、周西成望双方勿启兵祸。同时,蒋特电李燊,令其"勿再前进,停止原防,专心训练,为党国之用"①。25日,在双方战况日见激烈时,蒋再电李燊并致刘湘转杨森,严厉指出:"李部职在剿匪,继斌(周西成字继斌)治黔,亦有成绩。前中央命继斌援川,与兄小有龃龉,此过去事。今中央对兄责成致力川事,值此训政开始,全国统一,各方应即停止军事行动。川黔相依唇齿,讵宜再启纠纷,牵动大局。除令李部停止前进外,望兄等专力川省建设,勿启川黔战争为要。"②南京国民政府对西南地区鞭长莫及,但又负有名义上的中央政府之责,因此,其不愿西南多生事端应属正常,但其态度事实上对当时各方并无任何影响。周、李之战并未因为南京方面的调解而缓和,反而愈演愈烈,12月4日,双方在鸡扒坎激战,李燊反击获胜,再度攻至铜仁城下,并将周部主力困于松桃。为摆脱困境,12月7日起,周军猛攻李军扼守的凉亭坳以求突围。双方激战四天三夜,周军伤亡惨重,周西成带数百名残部逃到铜仁。李部在追击过程中遭周部反击,先退至江口、印江,后又退到四川龚滩。1月初,求胜心切的李燊选调二千余精兵,试图出奇制胜,直扑贵阳。周西成以犹国材为前线总指挥,急调贵阳守城部队和崇武学校学生等堵击。双方在贵定石门展开生死战,战斗中李燊负伤,斗志大减,率千余残部从长顺、兴义退向云南。

周西成获胜后,连电南京方面报告战况,蒋回电表示拉拢:"此次滇、黔两省因张(汝骥)部问题,几起衅端,赖兄体谅中央维护苦心,遵令

① 《蒋中正电李燊请将部队留原防地专心训练》(1928年11月13日),蒋中正文物档案002080200397074,台北"国史馆"藏。
② 《致电李燊望停止前进听候解决及电杨森停止军事行动专力川省建设勿启川黔战端》(1928年11月25日),蒋中正文物档案002060100015025,台北"国史馆"藏。

调离张部,避免冲突,良深欣慰!顷已电令龙主席同时撤退东防部队,仍回原防,事关中央命令,当能遵照办理。李燊抗令称兵,既经溃败,川中战事,亦有转机;此后西南一家,力谋建设,黔省庶政,素具规模,应更努力以竟全功。"①

1929年5月,龙云以讨桂为名,顺道定黔,李燊率残部参加对周作战。2日,周西成致电南京中央呼吁制止龙云行动,因周在蒋、桂战争中倾向桂方,蒋对其早已不耐,迟至8日才复电周西成,虽表示对龙云"当明令阻止",却要求黔方首先要"明白宣布讨桂,且实行出兵攻桂,使滇中无后顾之忧"②,明显祖护龙云。周西成知道依赖南京政府既不现实,也无可能,亲赴前线指挥对滇战事。兵分三路,以毛光翔为左翼总指挥,率犹国材师由兴仁迎敌;命黄道彬师为中路,由盘县迎沾益来敌;自率一路向安顺进发。李燊亦分两路向盘县进攻,相继进战盘县、普安、花江等地。12日,周西成由安顺进驻镇宁县安庄坡,准备在此与滇军决战。滇军投入全部兵力,实行猛攻,周军逐渐陷于被动。激战中,亲临前线指挥的周西成中弹重伤,被迫撤出战场。黔军全线崩溃,周西成在退向黄果树时又被李部包围抄袭,激战中周西成再次中弹负伤,在渡过打帮河时被击毙。其部"自相残杀,尸骸狼藉,共死伤二千余众,器械完全损失"③。5月27日,李燊部进入省城贵阳,组成贵州省临时政务委员会,蒋介石明令其为贵州省政府主席,并予以武器支持④。7月,滇军由于后方不稳退回云南,毛光翔、王家烈、犹国材等统率周西成旧部反攻,李燊退出贵阳,沿途遭毛光翔部袭击,伤亡众多,退入滇境仅

①　《复贵州省主席周西成解决滇黔争端电》(1929年1月11日),《先总统蒋公思想言论总集》第37卷,第1页。

②　《蒋中正电周西成望其明白宣布并出兵攻桂》(1929年5月8日),蒋中正文物档案002060100018038,台北"国史馆"藏。

③　《军事杂志》第13期(1929年7月1日),第160—161页。

④　《蒋中正电古应芬照发李燊所请领之枪弹》(1929年6月27日),蒋中正文物档案002060100019027,台北"国史馆"藏。

存官兵数百。李将余部交给龙云,只身流亡香港,1930 年在落魄中病死。

周西成死后,驻兴仁的黔军犹国材师和留守铜仁的王家烈师还保有相当实力,他们会师遵义,推毛光翔为二十五军代军长。1929 年 7 月 8 日,毛光翔进驻贵阳,桐梓系重新控制贵州大局。南京方面欲借周西成之死插手贵州政局,初欲任王伯群为贵州省政府主席,因王"不愿屈就"①,又准备改任李仲公。但南京方面毕竟尚不具备控制贵州的可能,11 月 2 日,南京国民政府顺应现状,任命第二十五军副军长毛光翔为贵州省主席兼第二十五军军长,第二师师长王家烈升为副军长。毛光翔一改周西成支持桂系的态度,"力图向南京政府靠拢,极表恭顺,对国民党开诚欢迎"②。1931 年,毛光翔任第十八路军总指挥,王家烈任第二十五军军长。

毛光翔虽对蒋介石表示服从,但并不能得到蒋介石的信任,蒋支持王家烈夺取贵州省政。1929 年冬,蒋介石任命王家烈为讨逆指挥官,开赴黔边牵制桂系,且寻机向外发展。王家烈在南京中央支持下,以黔东南和黔东北为基地,扩充实力和地盘。1930 年 7 月,蒋命王为"湘黔边区剿匪司令",率部入湘西"会剿"红军,且由中央和湖南省按月拨给军饷,王通过参加"剿共",获得大批枪械,实力大增,同时进一步密切了与南京中央的关系,蒋介石电告其保持联络③。

毛光翔担心王家烈势力得到发展,危及自己的统治地位,多次设计夺取王家烈的兵权。当王家烈认为自己羽翼已经丰满,又有南京方面支持时,便公开与毛光翔决裂,决心夺取贵州政权。1932 年 2 月,王家

---

① 《电龙云》(1929 年 9 月 18 日),《蒋中正总统档案·事略稿本》第 6 册,第 476 页。

② 吴道安:《解放前贵州政局演变概述》,《贵州文史资料选辑》第 13 辑,贵州人民出版社 1983 年版,第 90 页。

③ 《蒋中正电何成濬请嘉勉王家烈》(1931 年 7 月 26 日),蒋中正文物档案 002080200409193,台北"国史馆"藏。

烈在洪江率领四团人马，直趋贵阳，对贵阳形成包围之势，胁迫毛光翔交权。毛光翔权衡利害，将贵州军政大权交给了王家烈，自己专任第十八路军总指挥，退往遵义。

王家烈胁迫毛光翔交印让权后，南京国民政府于3月30日正式任命王为贵州省政府主席兼民政厅厅长、贵州省党部常务委员。王家烈执掌黔政后，为巩固地位，一方面采取亲蒋路线，另一方面为消除肘腋之患而进一步压制毛光翔。两者均加深了王在桐梓系集团内部的孤立并使矛盾激化。毛光翔遂离筑潜赴遵义，与蒋在珍、犹国材、车鸣翼等一起，结成反王联合。1932年11月，蒋在珍、毛光翔首先发难于遵义，开始了二十五军内部的大混战。随即发展为王家烈与犹国材之间持续数年的大混战，最终导致桐梓系集团彻底崩溃，国民党中央势力在"追剿"红军长征中顺势入主贵州。

三　四川军阀内战不断与南京中央的倾向

四川是地方军阀争夺十分激烈的地区，1927年至1932年间，经过长期混战，四川逐渐形成刘湘和刘文辉两强相争的局面。

1927年宁汉对立时，蒋介石指使粤、桂、川、黔军阀兵分六路，会同两湖地方实力派会攻武汉。刘湘被任命为第五路总指挥，杨森任前敌总指挥，蒋亲电刘湘，告以："夏师长斗寅可信，请与联络一致为要。"[①]1927年5月5日，杨森率4.5万人自万县东下，联合驻宜昌的夏斗寅部，顺流而下。21日，杨军占领武汉外围仙桃镇，夏斗寅部占领汀泗桥、贺胜桥，武汉震动。当时，武汉国民政府主力部队北上河南，留守武汉的叶挺部急赴前线，击溃夏斗寅师。同时，武汉国民政府急调唐生智第八军李云杰师包围进犯仙桃镇的杨森部。6月8日，李云杰部发起

---

① 《蒋中正电刘湘等到达荆澧后以主力占领长岳并联络夏斗寅》(1927年4月16日)，蒋中正文物档案002020100013018，台北"国史馆"藏。

进攻,双方在仙桃镇激烈交锋,杨军大败,被歼七个团,其直辖第九师几乎全军覆灭,被迫西逃潜江,潜回四川。

杨森败退回川,刘湘趁机以"出兵助战"①名义派兵进驻万县,欲将杨拒于夔门之外。正当杨森走投无路,进退为难的时候,邓锡侯、刘文辉等在武汉政府策动下,乘虚进袭重庆,刘湘见势不利,即让回万县给杨森,回师击退邓锡侯等的进袭。

7月,直系军阀首领吴佩孚被北伐军击败,辗转入川,投靠杨森,杨森对吴佩孚倍加关照。此举遭到四川各界人士激烈反对和指责。蒋介石也甚为恼火,12月27日,南京国民政府发布通缉令:"吴逆佩孚,殃民祸国,负罪至深。逃窜川边,阴谋煽乱,迭经电饬缉拿……如或瞻徇隐匿,自犯通敌之嫌,政府亦不能宽贷也。"②1928年1月6日明令免除杨森本兼各职,由师长郭汝栋取代其第二十军军长之职③。但杨森不肯交权,与部将的矛盾激化。

其时,刘湘奉蒋介石命令,接收杨森所属各部。刘湘认为倒杨时机已到,指使赖心辉、郭汝栋、范绍曾、吴行光等组织"四部倒杨"。2月,四部在长寿举行倒杨秘密军事会议,组织"讨杨逮吴联军",由赖心辉兼任总司令。4月,赖、郭、范、吴四部对万县形成战略包围,杨森退出根据地,将主力向开江转移。当刘湘电告蒋介石获胜消息时,蒋正处于二次北伐的关键时期,期望刘湘能派兵相助,因此一口表示川事任刘湘处置,"对杨森无主张"④。5月18日,倒杨联军与杨森部在开江展开决

---

①　沈志:《大革命时期杨森两犯武汉被歼记》,《文史资料存稿选编》军政人物(上),中国文史出版社2002年版,第652页。

②　《国民政府缉拿吴佩孚令》(1927年12月27日),《四川军阀史料》第4辑,四川人民出版社1987年版,第476页。

③　《国民政府免职查办杨森令》(1928年1月6日),《四川军阀史料》第4辑,第476页。

④　《蒋中正电李仲公川事全托刘湘》(1928年4月26日),蒋中正文物档案002010100012040,台北"国史馆"藏。

战,由于与杨素有联系的罗泽洲率部袭击倒杨联军后方,杨森取得胜利,刘湘借四部倒杨的目的未能达到。

刘湘自此时对外积极投靠南京中央,对内则大力发展势力,不断分化和打击异己。他长期占领四川繁荣富庶之区重庆,控制长江,势力不断坐大。1928年9月23日,刘湘与保定系刘文辉、邓锡侯、田颂尧三军长在资中县举行会议,就统一意志,裁编军队及组织省政府三大问题达成了协议,由刘湘出任川康裁编军队委员会委员长,刘文辉为四川省政府主席,邓锡侯、田颂尧等为委员。这次会议将川军其他各部屏之于外,激起各军怨恨。10月10日,杨森、刘存厚、赖心辉、郭汝栋、黄隐、李家钰、陈书农、罗泽洲八部联合成立"国民革命军同盟各军军事委员会",简称"八部同盟",推杨森为主席,李家钰、陈书农为副主席。八部同盟决定联合向重庆刘湘进攻,发动下川东之战。

刘湘闻讯,即拉拢刘文辉,让刘文辉等牵制同盟各部,致使真正能向重庆进攻的仅有杨森、罗泽洲两部。杨、罗原计划联合同时进攻,不料罗泽洲为抢占重庆,于10月中旬率先出兵,以至孤军突进。10月17日,刘湘集结主力,亲自督战,在江北一碗水地区迎战罗泽洲,激战两日,罗部溃败。10月19日,刘湘挥师东下,截击来犯的杨森部。10月20日,刘湘在长寿铁山坪发起猛攻,杨森部大败,逃入李家钰防区。刘湘连克梁山、忠州、万县等二十三县,尽收杨森下川东防区,收编杨森近三万人以及郭汝栋部,势力大振。

八部同盟在反刘湘的下川东之战失败后,深怨刘文辉支持刘湘,牵制李家钰等部不敢动作,导致战争失败,决心报复。同时,罗泽洲、杨森在下川东之战失去防地后,与李家钰部同处一隅,僧多粥少,也必须往外发展。1929年4月,李家钰、罗泽洲、杨森、黄隐四部在顺庆组织同盟军,推李家钰为总指挥,决定兵分三路进攻刘文辉的资中、内江防区,发动了上川东之战。4月16日,同盟军出动,由遂宁经宁至向资中、内江发起进攻。4月19日,两军交战,刘文辉部守将向传义先收缩兵力,后发制人。激战两天后,突然全军出击,同盟军败北,退出遂宁。

　　下川东、上川东之战,刘湘、刘文辉击败了八部同盟,势力大增,四川成为二刘并立的局面。刘文辉与刘湘同族,虽然比刘湘小四岁,论辈分却是刘湘的嫡堂叔。1926 年底,刘文辉随川军各部"易帜",被国民政府委任为国民革命军第二十四军军长,不久又兼川康边防总指挥,成为川军保定系第一号巨头。此时,刘文辉率军驻成都,据有下川南眉山、青神、仁寿、宜宾、南溪、屏山、资阳、威远、容县等二十余县,但从下川南至成都的通道,却被占据雅安、西昌的西康屯垦使刘成勋所遮断。1927 年 6 月中旬,刘文辉兵分三路对刘成勋部队发起猛烈攻击。一路由双流向新津进攻;一路由崇庆、大邑向邛崃进攻;一路由眉山、丹棱向名山、雅安进攻。刘成勋在猛攻之下,全线溃败,6 月 29 日,被迫通电下野。其防区包括西康、宁远、邛雅地区全部为刘文辉兼并,部队为刘文辉收编。7 月 6 日南京政府特任刘文辉为军事委员会委员。同年冬,刘文辉和刘湘合力将赖心辉部击溃,又占领泸州、合江、江津、永川、纳溪、古蔺等地,迫使赖心辉退至滇境。"八部同盟"发动下川东之战时,刘湘为了取得刘文辉的援助,将资中、内江、荣昌、隆昌等防地交第二十四军接防。刘文辉遂帮助刘湘击败了杨、李、罗等部,统一了川东。由此四川成为"四巨头"——刘文辉、刘湘、邓锡侯、田颂尧分割的局面,并逐渐形成以刘湘为首的速成系与刘文辉、邓锡侯、田颂尧为首的保定系两大派系争斗的格局。

　　1928 年 9 月,南京国民政府任命刘文辉为川康边防总指挥。11 月,任四川省主席及国军编遣委员会川康裁编军队委员会委员,刘文辉势力迅速发展。1929 年 3 月,四川省政府改组,刘文辉仍任省主席。十年之间,刘文辉不断击败对手,所部发展到十二万之多,防地除西康十几个县外,在四川则据有上、下川南,上川东等六十余县,等于大半个四川,且多是富庶之区。此时的刘文辉,不仅图谋统一四川,还想囊括西南,问鼎中原。

　　当时,刘湘也是拥兵十余万,同样想独揽四川大权。此外,还有大大小小的军阀也在谋求发展,未肯轻易俯首称臣。南京中央此时对二刘显得不偏不倚,蒋介石表示:"二刘共同奠定川局,中极赞成,望其能负责办理,中央自当补助其不足。"①二刘则在蒋与地方实力派争斗中,倾向各异。1929年3月至6月蒋桂战争时,刘湘认为蒋介石大有前途,通电拥蒋并出兵助蒋讨伐武汉的桂军。而刘文辉则支持桂系,与唐生智联系通电讨蒋。刘文辉回忆:"1924年至1932年,是我在四川政治上的黄金时代。当时官居省政府主席,拥兵十几万,据有防区七十多县,等于大半个四川。由于兼任川康边防总指挥,西康地区亦为我的势力所控制……在这种物质和思想条件下,自然不愿局促于四川一隅,一心想要到夔门以外去扩大政治局面。当时国内掀起的此落彼起的反蒋浪潮,我认为是我问鼎中原的大好机会。乃于1929年12月同唐生智等联名发出东、冬两电反对蒋介石,胁迫他下台。"②1930年蒋、冯、阎中原大战,刘湘根据驻京代表邓汉祥的密报,知道张学良率部入关助蒋,于是极力支持蒋介石。而刘文辉估计冯、阎将会获胜,则通电公开反蒋,并联合邓锡侯、田颂尧,准备出兵武汉,作为策应。结果,刘湘两度拥蒋,得到蒋介石的信任和支持,而刘文辉两度失算,陷于被动,虽保住四川省政府主席一职,但已令蒋介石深为不满。

1930年11月,罗泽洲师内部哗变,罗泽洲被扣,罗部隶属邓锡侯第二十八军,邓早有去罗之心,即升陈鸿文为师长,到顺庆接管该师。1931年2月,罗泽洲逃到李家钰处,李、罗联合杨森,向顺庆进攻,企图以武力强迫陈鸿文交出该师,挑起了北道之战。结果,陈鸿文败退成都。3月,邓锡侯率兵进攻李、罗,刘文辉、田颂尧亦派兵助战。李家钰兵败,求刘湘援助,于是,刘湘出兵援李。5月间,在顺庆城周围,全川大小军阀队伍云集,形成互相对峙和牵制的局面,被迫罢战言和。

① 《电何成濬》(1929年10月7日),《蒋中正总统档案·事略稿本》第6册,第570—571页。
② 刘文辉:《走到人民阵营的历史道路》,三联书店1979年版,第3—4页。

北道之战,李家钰退据营山、蓬安两县,实际已依附刘湘。邓锡侯失去所属刘、罗两部队及其防地,势力大弱。而刘文辉乘势占有了乐至、安岳、遂宁、潼南、蓬溪、南充各县,势力大增。到 1932 年,四川经近二十年的混战,仅剩下刘湘、刘文辉、邓锡侯、田颂尧、杨森、李家钰、罗泽洲和刘存厚八个军阀。实力最大者为四川善后督办兼国民党军第二十一军军长刘湘和四川省主席兼第二十四军军长刘文辉。两部实力相当,都企图称霸。刘文辉防区遍及川康八十一个县,多为富庶之区,拥兵十二万左右。刘湘据重庆及重庆以东地区的下川东二十八个县,控制夔门天险,扼长江咽喉,拥兵十万以上,加上结盟各军,总兵力达二十余万。较之刘文辉,刘湘在政治上得到蒋介石支持,1931 年 3 月,南京国民政府"为整理四川省军事起见",在四川设立善后督办,规定:"善后督办在善后期间所有全省驻在军队统归负责处理,并得按该省情形随时咨商省政府,将全省划为若干警备区,每区设司令一员,均由督办呈请陆海空军总司令任命之。"①4 月,刘湘就任善后督办,国民政府随之拨付刘湘包括 500 万发子弹在内的大批枪械。6 月,国民党三届五中全会选任刘湘为国民政府委员。7 月,南昌行营发表刘湘为长江上游剿共总指挥。此后,刘湘与南京中央关系愈见密切。同时,刘文辉由于侵占其他各部防地、收编其他各部部队,树敌太多,邓锡侯、田颂尧、杨森、刘存厚、李家钰、罗泽洲等多股势力与刘湘联合,共同反对刘文辉。

"二刘大战"一触即发,国民政府虽然对刘湘寄予更多希望,但四川爆发大规模战争,南京方面也不能不有所表示。此时战局走向毕竟不明,蒋介石不想把事情做绝,认为处理此事的最好办法还是两不得罪。1932 年 9 月,蒋介石专门致电刘湘,劝告道:"此次川中万一有事,恐绝非一隅关系,小之足以牵动西南全局,大之足以招致国际压迫,而鄂赣

---

① 《国民政府公布四川善后督办公署暂行组织大纲训令》(1931 年 3 月 21日),《中华民国史档案资料汇编》第五辑第一编《军事》(一),第 23 页。

剿匪计划更无法逐步完成,现值国难愈加严重时期,吾人益宜事事持重,切盼吾兄极力消弭,设法阻止,俾得渡此最大危险之关头。"①10月18日,何应钦电蒋,请示对川事处理办法。蒋回电表示:"关于川局处理,最好固在能使战事消弭不发。但日前形势川中各方酝酿愈急,益显严重。而中央一时亦不得易有效制止之办法,且不可有袒护而援助任何一方之明显表示,如兄有与甫澄、自乾两方各个接近之人,不妨各使分工,加紧接近,藉以明了两方之真相及其对于中央之希望,然后静观其进展趋势,再作最后之决定可也。"②表面工夫做到后,蒋介石私下里对刘湘还是有所倾斜。10月12日,张群致电蒋介石,提出如果刘湘能够出面收拾四川乱局,中央政府不妨"因势利导"③,对此,蒋介石应是心领神会,代表南京方面在四川联络的曾扩情回忆,当时蒋介石"关照我以我的名义密电刘湘:如能有把握,在很短期间内解决刘湘,可便宜行事"④。1932年底,"二刘大战"第一阶段战事即将结束时,杨永泰对川黔善后做了如下分析:"关于川黔善后,大要有二:甲、处置过早,则趋势不明,诚恐不协机宜,有徒损威信之虑;过迟,则趋势已定,等于事后追认,无权操自上之恩……现在川省形势,已由两刘对抗,变为刘田联合,且刘田渐已显占优势。处置川事,似宜以刘田为重心。此外,有相当实力,及虽失败而实力尚未完全消灭者,在刘田统驭之下,酌予安顿。"⑤

---

①　《蒋中正电刘湘阻止川军内部冲突扩大》(1932年9月25日),蒋中正文物档案002060100053025,台北"国史馆"藏。

②　《蒋中正电何应钦派员加紧了解川局双方真相及其对中央之希望再作最后决定》(1932年10月20日),蒋中正文物档案002060100054020,台北"国史馆"藏。

③　《张群电蒋中正谈收拾川局方案》(1932年10月12日)蒋中正文物档案002080200059045,台北"国史馆"藏。

④　曾扩情:《我奉命参与策划刘湘解决刘文辉的经过》,《四川军阀史料》第5辑,四川人民出版社1988年版,第12页。

⑤　《杨永泰电蒋中正条陈四川贵州善后大要》(1932年12月19日),蒋中正文物档案002080200066024,台北"国史馆"藏。

1932 年 10 月,除第二十四军外的各部川军将领联名通电讨伐刘文辉,声言:"除祸根而奠川局。"[1]10 月 1 日,驻武胜的新编第二十三师师长罗泽洲首先发难,向驻南充的刘文辉部打响第一枪,川北之战爆发。随后,在刘湘策划、参与下,李家钰、田颂尧、刘存厚部各派一部投入川北战场。第二十四军分北、中、南三路应战,陷于被动。刘文辉决定缩短战线,集中兵力对付刘湘,撤出南充、遂宁地区。从 10 月下旬至11 月初,东线刘湘军克江津、潼南、永川、荣昌、岩江、隆昌;北线杨、李、罗等部克遂宁、安岳、乐至,迫资中;邓锡侯部进驻简阳、资阳。以刘为首的联军部队从东、北两线协力向沱江下游推进。刘文辉全力扼守沱江,在资中、内江、富顺、泸州一线实施防御。11 月上旬,刘湘第二十一军唐式遵第一师、王缵绪第二师和李、罗等部向内江、资中进攻,第二十四军夏首勋指挥第二、第三师顽强阻击,双方成胶着状态。二刘争夺重心在泸县。第二十一军六个旅在海、空军配合下对泸县实施攻击,第二十四军两个旅据城周高地固守。激战半月,双方互有进退,伤亡均重,相持不下。11 月 18 日,联军突破沱江防线,克资中、内江、富顺。泸城守军因势孤发生动摇,21 日,刘湘进占泸县,守军两个旅为刘湘收编。

正当泸城战事激烈之际,11 月 14 日,刘、田成都之役爆发。成都从 1926 年起即由刘文辉、邓锡侯、田颂尧三部联合管理。田颂尧见刘文辉在川北、川中节节败退,威逼刘军退出成都,被刘拒绝。11 月中旬,田军在邓军暗中协助下与刘开战。双方共出动兵力五十个团以上,刘文辉将撤守资阳、内江等地的十八个团增援成都,实力三倍于田军。经过煤山争夺战、东郊战斗、北门战斗,田颂尧部溃败。后经第二十八军军长邓锡侯调解,双方同意停战,战事结束。此后,刘文辉部专力对付刘湘部,集中七万兵力投入战场,向荣县、富顺发动反攻。

12 月 10 日,荣威之役全面开始。第二十四军夏首勋率六个旅、冷

---

① 《唐式遵等联名声讨刘文辉电》(1932 年 10 月 16 日),《四川军阀史料》第 5辑,第 227 页。

熏南率五个旅自乐山、青神进攻荣威。夏部在井研的千佛寺、马踏井、三江镇等要地,与潘文华等部激战五昼夜,伤亡二三千人。刘湘部退入荣县。同期,冷部五个旅攻刘湘右翼唐式遵师,双方在井研东北的东材场遭遇,唐部不支,退荣县双古坟。尔后,两军在荣县城西险隘老君台展开决战,投入兵力达 3 万人,双方死亡三千余人,潘师溃败无法再战。荣威之役历时 11 天,刘湘全线失利。此时,邓锡侯、田颂尧派出四个师部队进攻刘文辉第二十四军川西地区。刘文辉腹背受敌不得不停止进攻。12 月 21 日,双方在老君台签订停战协定。刘文辉兵力损失不大,但防地丧失很多,沱江以东、乐山以南近三十县尽为刘湘所据。

　　刘文辉不败而败,将原因归咎于邓锡侯的背信弃义,决心集中兵力攻打邓锡侯部。1933 年 5 月 9 日,刘文辉再次率部突入邓锡侯防地,刘、邓毗河之役爆发。邓锡侯调集所部近 30 个团,约四万人在毗河北岸固守。刘文辉部攻击逾月,伤亡数千人,无进展。5 月 26 日,刘湘、邓锡侯等在乐至召开"安川会议",决定联合进攻刘文辉。6 月 25 日,刘湘与田颂尧、刘存厚、杨森、李家钰、罗泽洲等发出讨伐刘文辉通电。此时,中共在四川迅速发展,蒋介石希望二刘能携手对付中共,以免予中共以可乘之机,在致张群电中谈到:"刘湘派员携其治川方案来谈,内容以半年内扫除统一障碍组织省府,年内剿灭共匪,一年半内划清中央与地方之税收及整缩军队,其意在先灭刘文辉。中以过去先灭阎冯后剿赤匪以为统一可期,其结果相反之意喻之,属其必先剿匪才可统一川局,名正言顺,亦无人能反对之意力说之。总之测其意似彼已决心,对中正为通告形式,说必无效,川事只有让其自乱而已……如能设法合力灭共,避免二刘之战,使刘湘无法启衅,尤幸也。"①蒋虽想调和二刘,但其既对四川束手无策,又不欲干预刘湘影响与刘关系,因此所谓避免"二刘之战"只是徒托空言。

---

　　① 《蒋中正电杨永泰请张群转告汪兆铭设法灭共以免刘湘与刘文辉之战》(1933 年 6 月 28 日),蒋中正文物档案 002010200086060,台北"国史馆"藏。

7月初,刘湘以安川军名义,组织三路大军共一百一十余团,向驻守川南、川西的刘文辉部进攻,很快挺进到成都附近。8日,刘文辉不得不退出成都,辞去省主席,将所部二十四军分成六路沿灌县至乐山岷江右岸布防。8月3日,刘湘又与杨森、邓锡侯、田颂尧、罗泽洲等联军将领在成都召开"安川剿赤"会议,决定乘胜追击。中旬,刘湘下令全线总攻,灌县、新津刘文辉军内变,安川军全面突破岷江防线,乘胜追击。第二十四军向西撤退,溃不成军。8月底,刘湘率军攻下雅安,刘文辉部队随之瓦解,一百团以上兵力仅剩数团,主要将领或投降或引退。刘文辉率残部万余退至汉源。8月31日,刘湘宣布安川军事告终。此后,刘湘控制了四川将近一半的县份,而且多为富庶地区,"二刘大战"以刘湘完全胜利宣告结束。

刘湘控制四川,由于其与南京中央相对良好的关系,为蒋介石所乐见。1935年,随着南京中央以"追剿"红军之名进入四川,南京与四川矛盾趋于激烈,双方的争持一直延续到抗战爆发。

四　甘肃雷、马之变

中原大战后,原隶属冯玉祥的西北马家军大都投降蒋介石。此时的马家军大致分为两部:一部为驻防青海的马麟、马步芳;另一部为驻防甘肃的马鸿宾、马鸿逵兄弟。其中甘肃马家军势力最大。为了进一步分化马家军的力量,蒋介石将马鸿逵所部调驻河南,但因一时又无法抽调嫡系部队入甘,只好同时利用当地各种政治力量,以收相互牵制之效。

蒋最初拟委顾祝同为甘肃省主席、马鸿宾为青海省主席。后因原南京中央警卫军军长冯轶裴因病去世,为防石友三反叛,蒋急调顾祝同接任,而不得不暂时委任马鸿宾为甘肃省政府代理主席。同时,南京国民政府还任命马文车为驻甘肃视察员,负责协调各方关系。

据陈立夫派往甘肃的谍报员报告,当时甘肃各种政治势力主要分为四派:"(一)中央派马文车同志为领袖;(二)何应钦派以谭视察员克敏所勾结之禁烟总办王廷翰为领袖;(三)冯玉祥派民政厅长李朝杰为领袖;(四)骑墙派马鸿宾为领袖。"①马文车虽然贵为中央视察员,但遇事常常受阻,为此他曾私下向友人发牢骚道:"马代主席系回人,以种族关系激起汉回问题,情形复杂,各同事遇事又推弟首当其冲,应付深感困难,兼以谭视察员克敏系何敬之私人,一切秉承何之意志办理,且受人包围,不顾中央,不顾墨三,因对弟嫉妒,故意多方掣肘。"②而当时驻防甘肃的军事力量则以雷中田为最强,但雷中田同马鸿宾之间又"意见甚深,雷维持地方尚好,马除旧带之部队外,余均不听其指挥"③。

1931年8月7日,南京国民政府改组甘肃省政,任命马鸿宾为省政府主席,而雷中田未能列名省府委员。马文车原以为可获厅长以上官职,结果仅落为没有实权的省府委员。其他省府委员"均系马(鸿宾)派,闻皆系马福祥以金钱运动而得"④。雷中田事先得知消息后,曾致电吉鸿昌:"得南京确息,行政院已通过真除马鸿宾为甘肃主席兼省委,即日呈由国务会议通过发表之说……立赐转电中央力阻发表。"⑤但雷的努力并未成功。为此,雷、马(文车)二人极为不满,秘密联合倒马(鸿宾),并积极同冯玉祥联络,寻求支持。

8月中旬,雷中田的密使到山西向冯玉祥报告西北的军政情况,同时带来了雷给冯玉祥的"报告及附表、照片等件"。冯玉祥得报后,立即致函雷中田,告之"阎总司令已由大连乘飞机返晋,正在秘密进行倒蒋

　　① 《兰州某致南京陈立夫江电》(1931年7月3日),见《蒋方民国二十年往来电文录存》,"阎档"微缩胶卷,80/0511。
　　② 《兰州马文车致上海徐圣禅敬电》(1931年3月24日),《蒋方民国二十年往来电文录存》,"阎档"微缩胶卷,79/1692。
　　③ 《兰州刘秉粹致南昌何应钦宥电》(1931年3月26日),《蒋方民国二十年往来电文录存》,"阎档"微缩胶卷,79/1723。
　　④ 《雷中田致冯玉祥电》(1931年8月23日),《冯玉祥收电稿本》。
　　⑤ 《兰州雷中田陈珪璋鲁大昌致横川吉鸿昌阳电》(1931年8月7日),《蒋方民国二十年往来电文录存》,"阎档"微缩胶卷,80/0777。

事宜",指示雷:"北方各部一俟大规模之联合成熟,即当同时发动。"①此后,雷中田在甘肃积极扩充军队,"收编民团已有数千,各予以游击队名义;纷来请愿收编者尚多",现有军队"人数约两万,枪万余支,迫击炮百余门"②。

8月25日,雷中田等人在兰州发动军事政变,"将马子寅(马鸿宾)扣押城内,缴械数百支。现由各界公推南京视察员马文车代理主席,推职(雷中田)为全省保安总司令,并新编四师,以资扩充甘肃陆军。"雷并请求冯玉祥转告广州国民政府:"汇款接济,以顾军需;西宁马麟、马步芳对我方极表好感,必要时请给以相当名义,将来可资臂助。"③

冯玉祥获此消息后,相当兴奋,立即复电雷中田等人明确要求:"甘省须与南京断绝关系,直属广东政府,并发出通电,明白表示。"并鼓励他们:"进行一切事宜,应以革命的办法,当机立断,不可稍有迟疑……不可为谣言所惑。"④

但雷中田等人因青海马麟、马步芳"尚未联络巩固",特致电冯玉祥表示"此时通电反蒋时机尚早","内地反蒋运动成熟后,请钧座通电甘、青、宁,并甘、青、宁实力派,加以名义,必皆翕然景从"⑤。与此同时,雷、马二人还分别致电南京中央表示因马鸿宾勾结土匪,他们扣马是不得已而为之⑥。冯玉祥无奈,只好接受现实,致函雷中田表示:"如因环境关系,暂时不便向广东政府表示,暂缓亦可。"⑦

雷中田、马文车虽然暂时夺取了甘肃政权,但二人并没有公开宣示

---

①　《冯玉祥致雷中田函稿》(1931年8月16日),《冯玉祥发函稿本》。

②　《雷中田致冯玉祥电》(1931年8月23日),《冯玉祥收电稿本》。

③　《雷中田致冯玉祥密电》(1931年8月31日),《冯玉祥收电稿本》。

④　《冯玉祥致兰州李朝杰、高振邦电》(1931年9月2日),《冯玉祥发电稿本》。

⑤　《雷中田致冯玉祥电密》(1931年9月6日),《冯玉祥收电稿本》。

⑥　《兰州马文车致南京顾祝同宥电》(1931年8月26日),《蒋方民国二十年往来电文录存》,"阎档"微缩胶卷,80/0990。

⑦　《冯玉祥致雷中田函稿》(1931年9月8日),《冯玉祥发函稿本》。

反蒋。这同他们的内外处境是有关的。此时甘肃内部"经济万分缺乏"①,外部青海"二马"的态度尚不明朗。为了打破僵局,并进一步获得广东方面的财政支持,二人联名致电冯玉祥转报广东国民政府表示反蒋决心,并汇报今后倒蒋计划:"第一步肃清反动部队,统一甘肃;第二步宣布独立,拥护革命政府;第三步会合义师直捣中原。"②同时"为适应环境而资联络起见",恳请广东国民政府"任马麟为青海省政府委员并代主席、马步芳为青海暂编第一师师长,以免观望"③。三天后,广东国民政府第二十一次国务会议议决:"特任雷中田为国民革命军甘肃驻军总司令……马步芳为国民革命军甘肃陆军第五师师长。"④粤方并请冯玉祥转告雷、马:"饷械困难,请求接济等情,业经转国府","至于省府各人选,仍请即与雷、马两同志征定示知,以便转达国府任命"⑤。冯玉祥对雷、马等人的财政要求,也尽其所能予以援助。为此,马文车复电表示感谢称:"远蒙接济军需,全陇军民靡不感戴。"⑥

　　当蒋介石获知此事后,深感"甘肃事颇难处置"⑦。这其中主要原因是还掺杂着另一股势力——时任陕西省政府主席的杨虎城,想染指甘肃省政。最初,蒋介石任命马鸿宾为甘肃省政府主席时,即派人转告马文车:"此事陕方绝未闻知,且主之者系含对陕作用。"⑧因此,蒋对马

————————————

　　① 《雷中田致冯玉祥电》(1931年8月23日),《冯玉祥收电稿本》。

　　② 《雷中田、马文车致(广州)国民政府密电》(1931年9月11日),《冯玉祥收电稿本》。

　　③ 《雷中田、马文车致冯玉祥密电》(1931年9月11日),《冯玉祥收电稿本》。

　　④ 《邓仲芝、薛子长、李炘致冯玉祥密电》(1931年9月14日),《冯玉祥收电稿本》。

　　⑤ 《北方军政委员会致冯玉祥密电》(1931年9月20日),《冯玉祥收电稿本》。

　　⑥ 《马文车致冯玉祥密电》(1931年9月15日),《冯玉祥收电稿本》。

　　⑦ 蒋介石日记,1931年9月3日;另见蒋介石日记类抄《困勉记》第19卷,"蒋档"。

　　⑧ 《南京秉元致兰州马文车鱼电》(1931年8月6日),《蒋方民国二十年往来电文录存》,"阎档"微缩胶卷,80/0747。

文车的举动极为愤慨:"马氏实不知大体,只想作官,见之可恶。"①8 月 30 日,蒋电马文车严重警告道:"速将马主席恢复自由,行使职权。""否则目无法纪,反抗中央,罪不容赦。"②而杨虎城得知甘肃事变后,却想乘蒋力所不及之时控制甘省。9 月 2 日,杨主动致电于右任表示:"邓宝珊此次省亲来陕,恰值甘变发生。为事择人,可谓适逢其会。伊在西北方面久负物望,且因地方关系与甘肃各军多有渊源。城意拟由中央与宝珊以相当名义,由虎城就近拨给少数军队带往甘肃,负责结束军事,定可收事半功倍之效。"③随后,杨虎城又直接电蒋转达此意④。而蒋一方面电令甘肃省城公安局长高振邦:"将马文车拿解来京,以肃法纪。"⑤一方面于9月11日电杨虎城表示:"冯玉祥电粤伪府请委雷中田、鲁大昌、陈珪章等为军长,是甘事,冯已有逆谋。此时属宝珊兄万勿参与甘事,免入旋涡。先将马文车事有一结束,马鸿宾行施职权后另定办法。"⑥

此时,蛰居四川已久的吴佩孚,久静思动,在四川军阀邓锡侯的支持下,"声称假道甘、陕,前赴北平",趁机入甘⑦。雷中田等人因得不到粤方的有力支持,"欲利用吴在西北另开辟新局面"⑧。当时"甘肃军政

---

① 蒋介石日记,1931 年 9 月 11 日。

② 《蒋中正电责马文车反抗中央明令囚禁马鸿宾速负责处理恢复其自由》(1931 年 8 月 30 日),《筹笔》第 60 册,"蒋档",档案号 04—0392。

③ 《西安杨虎城致南京于右任冬电》(1931 年 9 月 2 日),《杂派民国二十年往来电文录存》,"阎档"微缩胶卷,48/2026。

④ 《西安杨虎城致蒋中正寒电》(1931 年 9 月 14 日),《杂派民国二十年往来电文录存》,"阎档"微缩胶卷,/2045。

⑤ 《蒋介石致高振邦电》,《事略稿本》第 12 册(台北"国史馆"编印,2004 年 12 月初版),1931 年 9 月 8 日条,第 56 页。

⑥ 《蒋中正电杨虎城冯电粤方委雷中田等为军长及嘱邓宝珊勿卷入甘事》(1931 年 9 月 11 日),《筹笔》第 61 册,"蒋档",档案号 04—0442。

⑦ 《西安杨虎城致蒋中正哿电》(1931 年 9 月 20 日),《杂派民国二十年往来电文录存》,"阎档"微缩胶卷,48/2049。

⑧ 《平凉陈珪璋致西安杨虎城删电》(1931 年 11 月 15 日),《杂派民国二十年往来电文录存》,"阎档"微缩胶卷,49/0441。

界盛传吴将去华北与张学良、冯玉祥、阎锡山联合反蒋,由吴担任元帅"①。雷中田借此借口一面致电冯玉祥表示:"此间对吴迷信过深,故此来各方均表欢迎……如我部即表示反对,恐数日内即生战事,极盼钧座前备两师早日开甘,俾作后援。"②一面致电吴佩孚,表示欢迎来兰州"调解甘、青、宁三省纠纷"③。吴佩孚入兰州后,立即反客为主,先下令释放了马鸿宾,继之公开打出反蒋的旗号。

　　吴佩孚入甘,更加速了甘肃政治的混乱状态。青海马麟为救马鸿宾也出兵甘肃。马鸿宾获释后即投入马麟军中,其弟马鸿逵则多次致电蒋介石请求回师甘肃平叛。而马鸿逵的父亲马福祥则在南京暗中指使,希图重握甘肃省政,使西北马家军连成一片。对此,陕西杨虎城极为不安,特电驻南京代表胡逸民:"对马云亭(马福祥)活动鸿逵赴宁夏事请注意。"④而四川邓锡侯因同省内其他军阀常年内争,也想借此次事件,获得陇南地盘,壮大自己的力量。

　　蒋介石在反复权衡各派力量后,最终只好利用杨虎城来规复甘肃,以达到不使一方势力独大,各派相互牵制的作用。为此邵力子受蒋之命曾电询杨虎城:"此时中央无兵可派,因探询兄处能否派一师前往。如兄能亲自一行尤妙。"⑤10 月 18 日,蒋更直接电令杨虎城:"着即迅令孙师长蔚如率部赴甘。"⑥

---

① 蔡呈祥:《"雷马事变"亲历记》,《宁夏三马》,第 74 页。
② 《兰州雷中田致汾阳冯玉祥马电》(1931 年 10 月 21 日),《蒋方民国二十年往来电文录存》,"阎档"微缩胶卷,80/1589。
③ 《天水吴佩孚致绥定刘存厚朱汉阳筱电》(1931 年 10 月 17 日),《杂派民国二十年往来电文录存》,"阎档"微缩胶卷,48/2115。
④ 《西安杨虎城致南京胡逸民冯钦哉鱼电》(1931 年 12 月 6 日),《杂派民国二十年往来电文录存》,"阎档"微缩胶卷,49/0984。
⑤ 《南京邵力子致西安杨虎城宥电》(1931 年 9 月 26 日),《蒋方民国二十年往来电文录存》,"阎档"微缩胶卷,80/1298。
⑥ 《蒋介石致杨虎城电》,《事略稿本》第 12 册,1931 年 10 月 18 日条,第 185 页。

　　杨虎城所部孙蔚如师入甘后,杨即明确向蒋介石提出条件:"吴子玉此次至甘暗中滥发司令、师长等名目。又据探报吴与川军勾结,居心叵测各等情。且雷中田亦擅增师长数人,助长声势。孙师长蔚如此次奉命入甘,若不恳加名义,诚恐阻滞进行,可否赐予甘肃宣抚使名义,俾得奉命西上早奠甘局。"①杨虎城的话虽说得冠冕堂皇,但实际目的是想俟"蔚如宣慰甘肃之命"发表后,"即行续请中央以蔚如为甘主席"②。

　　孙蔚如率部入甘后,军事进展极为顺利。为了获得甘省主席一职,杨虎城又亲赴南京同蒋介石"商甘政治问题"。但蒋并不愿看到杨虎城的势力坐大,又不愿西北马家军联成一片,故任命邵力子为甘肃省政府主席。对此孙很失望,拟辞去甘肃宣慰使一职。而杨虎城则急电孙蔚如表示:"省府我既无十分把握,此名义似仍为目前所需要,嘱转兄打消辞意。"在杨看来,邵力子终究是一文人,邵主甘政后依然要倚靠孙的军队,并提醒孙:"此时应防子寅染指甘政。"③

　　雷中田、马文车的军事行动最终以失败告终。而西北政局经过一番重组之后,又暂时恢复到平衡状态。

　　①　《西安杨虎城致南京蒋中正冬电》(1931 年 11 月 2 日),《杂派民国二十年往来电文录存》,"阎档"微缩胶卷,49/0357。
　　②　《西安王一山致兰州杜彬丞王宗山文电》(1931 年 12 月 12 日),《杂派民国二十年往来电文录存》,"阎档"微缩胶卷,49/0997。
　　③　《西安子坚致兰州孙蔚如寒电》(1931 年 12 月 14 日),《杂派民国二十年往来电文录存》,"阎档"微缩胶卷,49/0999。

第五章　中共农村革命根据地的发展壮大与南京国民政府的"围剿"

第一节　中共以工农武装割据反抗南京国民政府的统治

一　中共在全国各地深入开展武装革命

　　1927 年国民党武力反共后,中共相继发动南昌起义、秋收起义和广州起义,中共和国民党开始长时期的武装对立。此时,国民党虽然逐渐统一于南京国民政府旗帜之下,但其内部仍然派系林立,扰攘不宁,纷争不断。1928 年初蒋介石重新上台后,又开始"二次北伐",对南方各省控制力度严重不足,这给中共继续领导发动武装起义、开展武装斗争提供了充足的空间。1928 年,中共继续在全国各地领导开展武装起义。1928 年 1 月,方志敏、邵式平、黄道等领导赣东北弋横两县的年关暴动,数日内,起义区域达百余里,组成土地革命军,开始建立区、乡苏维埃政权。1928 年初,朱德、陈毅率领南昌起义留下的部队,在湘南中共党组织配合下,与湘南农民运动结合发动湘南年关暴动,在宜章、郴州、资兴、永兴、耒阳五县建立苏维埃政权,坚持三个月之久。

　　1927 年年底、1928 年春,贺龙、周逸群、段德昌等开始在洪湖和湘鄂西发动农民武装斗争。1928 年三四月,刘志丹、谢子长、唐澍等领导陕西渭华起义,成立西北工农革命军,发动农民开展打土豪、分田契的斗争。1928 年春,郭滴人、邓子恢、张鼎丞等领导闽西龙岩、永定的农民起义,建立地方武装,开展游击战争。

　　从南昌起义开始,到 1928 年至 1929 年各地发动的多次武装起义中,参加起义的武装力量一是来自各地的工人、农民和会党武装,一是受中共影响的原国民革命军力量,后者又是中共领导的起义武装的主力。产生较大影响并且后来存续下来的武装力量,多来自于此。1928 年至 1929 年中最具影响的两次起义——平江起义和百色起义都是中共在国民革命军内部领导发动的,两次起义产生的影响非常深远,分别催生了红三军团和红七军,代表了中共领导开展武装革命的重要模式。

　　湖南平江是国民革命时期的工农运动的活跃地区,中共在这里有良好的群众基础。南京国民政府成立后,地方派系在这里激烈角逐,政权统治极不稳定,加之土劣猖獗,常常"巧立名目,如协进善后等会名称,藉端敛款"[①],民众革命情绪高涨,"把他们的农会解散了,个个都愤愤不平"[②],为中共生存、发展提供了良机。1928 年前后,中共在这里领导举行了几次暴动,并组织游击队开展游击活动,其中 1928 年 3 月"扑城"斗争,参加农民达到 20 万人。6 月,湖南省当局调独立第五师进驻平江地区进行"清乡"。独立第五师第一团在 1928 年春已秘密建立中共基层组织,团长彭德怀于 4 月加入中共。他们利用独立第五师师长周磐与南京中央的矛盾,培植中共革命力量。7 月中旬,中共湘鄂赣边特委书记滕代远到平江,与第一团的中共党组织取得联系,传达中共湖南省委关于准备必要时举行起义的指示。这时,国民党湖南省当局发现独立第五师第三团第三营营长黄公略为中共党员,电令逮捕。彭德怀、滕代远获悉后,立即召集第一团的中共党员研究对策,决定迅速举行武装起义。

　　1928 年 7 月 22 日,彭德怀、滕代远等领导独立第五师第一团在平

---

　　①　《训令张代指挥官、平江县长查核何迈前呈报平匪情形及善后方法》(1928 年 8 月 21 日),《红旗漫展出辕门——平江起义资料汇编》,中国文史出版社 1986 年版,第 282 页。

　　②　《石明关于平江暴动之经过与现状的报告》(1927 年 9 月—10 月间),《红旗漫展出辕门——平江起义资料汇编》,第 22 页。

江县城举行起义,攻占独立第五师师部、平江县政府、警察局、监狱等处,占领平江城。据国民党方面报告,起义部队夺取"清乡队及挨户团团枪五百余枝,子弹、军装、武器无数,其他捣毁净尽,放出狱囚二百余名……是晚召集各乡匪首及城中共党,成立苏维埃政府及共产党执行委会,改换红军旗帜,散发传单,鼓吹工农暴动"①。

平江起义成功后,立即"成立工农兵苏维埃政府"②,起义部队改编为中国工农红军第五军第十三师,彭德怀任军长兼师长,滕代远任军党代表兼师党代表,全军共两千五百余人。当时,红五军决定,利用平江周围有利地形作战,争取歼灭国民党军一两个团后,撤出平江,向江西、鄂南发展,在湘鄂赣三省边界地区创建革命根据地。

7月底,湖南省当局调集八个团兵力向平江城进攻,红五军主动退出平江,转战于湘鄂赣边区。8月,因部队减员较大,将三个团缩编为五个大队。10月,红五军和地方游击队合编为三个纵队和一个特务大队。11月初,根据红五军军委决定,黄公略率领第二纵队留在平江、浏阳一带坚持游击战争,彭德怀、滕代远率领红五军主力向井冈山挺进,12月到达宁冈,与红四军会师。

和平江起义一样,百色起义也是中共在国民革命军内部领导开展的,而且其触及层级更高,直接利用了蒋介石与桂系之间的复杂关系。

1929年春,蒋桂战争爆发,李宗仁、白崇禧等战败,失去广西控制权,俞作柏、李明瑞在蒋介石支持下,取得广西政权。俞作柏、李明瑞主政广西后,并未采取对蒋一边倒的政策,从其本身思想和抵制蒋介石对广西控制等多重目标出发,积极与中共联络,大量引进中共党人,接纳中共干部到其军政机关协助工作。中共中央利用这一有利时机,先后从中央和广东省委派出邓小平、贺昌、张云逸、陈豪人等四十多人到广

①　《平江清乡委员会魏洁岑等报告关于彭德怀在平江起义情形代电》(1928年8月2日),《中华民国史档案资料汇编》第五辑第一编《军事》(三),第9页。

②　《彭德怀自述》,人民出版社1981年版,第98页。

西，由中共中央代表邓小平统一领导。对于中共和俞、李这一时期的接触，后来共产国际远东局曾批评中共中央"对俞作柏有过幻想"，谈到："他同你们耍花招，旨在为了改组派的利益来利用共产党日益增强的影响，并使党或某些党组织听其摆布。我们当即看出政治局有些动摇，甚至发展到李立三曾认真考虑能否接受他入党的地步。当广西特委要求公开同俞作柏结盟时，同志们，这没有任何夸张地、十分明确地反映了政治局一时不清楚怎么办和摇摆。"①其实，中共中央当时的想法并非没有现实的可能性，而利用乃至制造国民党的内部矛盾对中共也有利而无害，远东局的批评倒是暴露出其对中国事务的隔膜，尤其对国民革命中形成的国共间千丝万缕复杂关系的缺乏了解。

　　1929 年 9 月，俞作柏、李明瑞发动反蒋事变，但蒋介石很快联合广东陈济棠展开镇压，俞、李反蒋失败。俞、李失败的消息传到南宁，引起很大骚动，中共决定趁此打出自己的旗帜。10 月中旬，邓小平、陈豪人、张云逸等分别率中共影响下的武装开往百色地区。22 日，邓小平与张云逸率教导总队和特务营进抵百色，开始紧锣密鼓地筹划武装起义。28 日，第四大队和右江农军密切配合，分别在百色、奉议、恩隆等地同时行动，收缴广西警备第三大队武装，拉开百色起义的序幕。30 日，中共广东省委通知广西特委，决定建立中共广西前敌委员会，由邓小平担任前委书记，统一左右江地区的党和军事指挥。11 月初，前往上海向中共中央汇报工作的龚饮冰秘密回到百色，向中共广西前委传达中共中央的指示和命令，批准在右江地区举行武装起义，建立红七军和右江革命根据地。

　　12 月 11 日，中共广西前委在百色召开百色起义和红七军成立庆祝大会，中共中央代表邓小平任红七军前委书记（1930 年 3 月 20 日

---

　　①　《共产国际执行委员会远东局和中共中央政治局第三次联席会议记录》，《联共（布）、共产国际与中国苏维埃运动（1927—1931）》第 8 卷，中央文献出版社 2002 年版，第 296 页。

任政治委员），张云逸任军长。同日，广西前委在恩隆县平马镇召开右江地区第一届工农兵代表大会，选举产生右江苏维埃政府领导人，雷经天任主席，韦拔群等十人任委员。百色起义与其他很多起义不同，它是在国民党内部激烈内斗和派系分化中应运而生，起义过程中没有激烈的武装斗争场面，开创了中共领导武装起义的一种全新模式。

1930 年 2 月，邓小平、李明瑞、俞作豫又在广西领导龙州起义，成立红八军，开辟左江革命根据地。3 月，在国民党军优势兵力的进攻下，左江根据地丧失。11 月，红八军余部编入红七军。此时，右江根据地生存也十分艰难，邓小平报告，在右江的最后三个多月，"没有一天停止武装行动，与豪匪武装的作战简直成了家常便饭"①。11 月，红军主力离开右江根据地，经过长途跋涉，于 1931 年 7 月到达中央苏区。

总计从 1927 年秋至 1929 年，中共在全国各地发动武装起义达一百多次。这些起义扩大了中共在群众中的影响，并生成了中共领导下的武装力量，这些都为中共领导开展武装斗争、建立农村根据地准备了条件。

中共在各地发动组织武装起义最初的目标是进攻城市，但都先后遭到失败，剩下来的武装自觉不自觉地开赴农村，以求继续保存力量。这其中，毛泽东的秋收起义队伍最为引人注目。毛泽东率领的秋收起义队伍为避开强大对手的攻击，辗转到达井冈山后，采取积极发展的方针，分兵发动群众，打土豪，分田地，恢复发展地方党组织，建立地方武装和各级政权。1927 年 11 月下旬，成立湘赣边界第一个红色政权——茶陵县工农民主政府。到 1928 年 2 月，宁冈、永新、茶陵、遂川都有了共产党的县委，以井冈山为中心的革命根据地初步建立起来。

---

① 邓小平：《七军工作报告》(1931 年 4 月 29 日)，《邓小平军事文集》第 1 卷，军事科学出版社、中央文献出版社 2004 年版，第 7 页。

　　1928 年 4 月下旬,朱德、陈毅率南昌起义余部及湘南农民军转战到井冈山,在宁冈砻市与毛泽东率领的部队会师,合编成中国工农革命军第四军(6 月,根据中共中央指示,改称中国工农红军第四军),朱德任军长,毛泽东任党代表,陈毅任政治部主任,王尔琢任参谋长,势力大增。在和湘、赣两省军阀的斗争中,井冈山根据地扩大到宁冈、永新、莲花三个县全境,5 月下旬成立湘赣边界特委和边界工农民主政府。12 月,彭德怀、滕代远率红五军主力由湘鄂赣地区到达井冈山。至此,井冈山根据地初具规模。

　　对于南京国民政府和各地地方政权而言,能够在城市中心地区击退红军,维持自身的安全,虽然就力量对比言,实为理所当然,但已足够使他们松一口气。中共退向农村,本为被迫之举,却意外而又情理之中地获得生存发展的良机。井冈山根据地的存在和发展,揭开了中共农村割据展开革命的序幕,也使南京方面不得不面对中共绝境逢生的现实。国民党方面发现,江西红军形成彭德怀部,朱德、毛泽东部,方志敏、邵式平部"潜通声气,相为犄角"的局面,"致使各地内成空虚,每遭匪乘。地方团队既无组织,少数军警更为所劫,且时人多以寻常股匪目之,殊少注意,初不知星星之火将成燎原也"①。从 1928 年 1 月开始,湘赣两省驻军对井冈山反复进行多次"进剿"、"会剿",均无功而返。5 月,杨如轩报告江西省主席朱培德,要求"赣省兵力必有两师,湘军亦须两三师"②,以集中部队对红军展开追剿堵截,此时,国民党"二次北伐"尚在进行,南京方面尚无法向江西大规模增兵。6 月 6 日,鉴于北伐军事已基本结束,朱培德致电蒋介石,报告中共在江西迅速发展,"各地纷纷请兵,省中已无兵可派",要求从北伐部队中"准予抽调一部回赣",对

---

　　①　《关于平江起义经过史稿》,《中华民国史档案资料汇编》第五辑第一编《军事》(三),第 9 页。

　　②　《杨如轩电朱培德等匪向茶陵退去是役刘安华阵亡官兵死伤亦多》(1928 年 5 月 23 日),蒋中正文物档案 002090300026041,台北"国史馆"藏。

付中共武装①。9 日，蒋回电朱培德，同意其"将第三军陆续撤回江西"②。随后，国民党军队集中湘赣两省十个团兵力分头出动，对井冈山根据地进行第一次"会剿"。红军以灵活机动的游击战术取得龙源口大捷，打败了国民党军队的"会剿"。

7 月，湘、赣两省国民党军队又集中十八个团对井冈山根据地实行第二次"会剿"。8 月 13 日国民党军队趁红军大队离开时进攻井冈山，红军不足一营的部队凭险据守，取得黄洋界保卫战的胜利。赣军因红军大队迫近遂川，急忙回师救援，湘军见赣军退走，也纷纷后撤，红军趁机反攻，三战三捷，湘赣省军对井冈山根据地的第二次联合"会剿"再告失败。湘赣省军"会剿"的失败，和两省军队的相互猜忌、保存实力有着十分重要的关系；而国民党军队军纪的败坏也有损于其战斗力的发挥，刘峙在电文中汇报他从江西同乡那里得到的报告："人民就近请求当地驻军前往捕剿，驻军竟向人民勒索开拔费，始允开拔，及费到手，则暗中通报共匪，令其远飏。到远地方后，又勒人民供应给养，循环需索，故兵来则匪去，兵去则匪之报复较前尤烈。"③

11 月，蒋介石连续电令湘、赣两省对红军实施大规模"会剿"，组织湘赣两省剿匪总指挥部，以鲁涤平为总指挥，何键、金汉鼎为副总指挥，何键在前线代理总指挥，调集两省军队八个旅二十五团兵力，分五路对井冈山根据地展开第三次"会剿"，企望"压迫该匪以井冈山、大小五井而歼灭之"④。红四、五军及湘赣边界特委在宁冈县柏露村举行联席会议，决定由彭德怀率领红五军和红四军一部留守井冈山，毛泽东、朱德率红四军主力出击赣南，插入敌后开展游击战争。1929 年 1 月，红四

① 《朱培德电蒋中正赣境共军猖獗请准予抽调一部回赣肃清共党以免蔓延》（1928 年 6 月 6 日），蒋中正文物档案 002020200011002，台北"国史馆"藏。

② 《蒋中正电令朱培德第三军撤回江西》（1928 年 6 月 9 日），蒋中正文物档案 002010100014008，台北"国史馆"藏。

③ 《刘总指挥关心赣西匪祸》，《申报》，1928 年 6 月 13 日。

④ 《湘赣两省第三次会剿朱毛》，《申报》，1928 年 12 月 1 日。

军主力进军赣南,国民党方面报告:"朱毛股匪乘我会剿各军尚未集中完毕,即由井冈山匪巢沿湘赣边境窜至遂川西南。"①随后,主力红军转战闽赣边。井冈山留守部队由于力量过于薄弱,被迫放弃井冈山,彭德怀率留守部队向赣南方向游击,寻找红军主力会合。国民党军占领井冈山后,展开凶狠报复,金汉鼎甚至提出"将井冈山人民一律勒令出境",对此,南京中央政府也无法同意,回复中认为其"过于操切"②。

红军主力南下赣南、闽西后,迅速在此建立根据地。随着蒋、桂战争爆发,江西兵力抽调他省,赣南兵力更为薄弱,当时报章记载:"本省驻军第七及第十二两师,刻正忙于讨桂,在赣南者仅十五旅刘士毅部而已,朱毛乘此机会,由瑞金向西侵入于都……声势较前尤为浩大。"③中共在瑞金、兴国、宁都、于都、长汀、永定、龙岩等地都建立了红色政权,金汉鼎报告,红军活动于赣闽之间,"声势更大"④,"职以五团兵力负责赣西南匪共充斥之区,有进剿之兵,即无堵截之兵,任重材轻,时用兢兢"⑤。金之报告虽不无为己卸责之意,却道出了红军迅速发展这一事实。

朱德、毛泽东率红军进军赣南、闽西,是其后来不断取得发展壮大的关键性抉择。江西、福建是南京国民政府中央统治力量及地方政治军事势力都相当薄弱的地区。以江西为例,1933 年底,江西邻近省会南昌的丰城、清江两县分别只有国民党员 250 人、210 人,国民党党务

---

① 《1929 年敌军阻挠红军下井冈山档案史料一组》,《浙江档案》1987 年第 8 期。

② 《金汉鼎呈请采择施行剿匪除共计划》(1929 年 3 月 9 日),国民政府档案 001012300003,台北"国史馆"藏。

③ 《赣军开往赣南堵剿朱毛》,《申报》,1929 年 4 月 16 日。

④ 《金汉鼎电蒋中正何应钦共匪趁我军集师讨桂逆而重起逆焰回赣活动且声势更大》,蒋中正文物档案 002090300013142,台北"国史馆"藏。

⑤ 《金汉鼎电呈蒋介石报告赣西南中共充斥》(1929 年 4 月 22 日),秦孝仪主编《中华民国重要史料初编——对日抗战时期》绪编(二),中国国民党中央党史委员会 1981 年编印,第 282 页。

工作"无进展,甚至已陷停顿状态"①;而同年省会南昌的调查,国民党员也由 20 世纪 20 年代末的 2000 多人减少到 600 来人,且"没有方法能把这几百个党员团结组织起来"②。由于中央权威软弱,地方力量又极不发展,当中共在赣东北展开革命宣传时,地方政权十分惊恐,甚至不得不采取放任态度:"以前他们所张的反共标语,县长下令取消了,他说:'共党是惹不得的,越惹越厉害,到是不管的好'."③统治力量的薄弱,大山屏蔽的自然环境,国民革命运动打下的良好基础,赣南闽西背靠广东这一与南京中央政府保持半独立状态地区的特殊地理态势,为红军和苏维埃的发展提供了难得的有利条件。

对中共以赣南作为根据地所起到的作用,陈诚曾有很精当的分析:"第一因为地理环境关系,赣南位于赣江上游,地势高峻,山岭重迭,交通极为不便,这是打出没无定的游击战最理想的地带。共党最擅长的就是打游击战,所以他们选定了赣南作主要根据地。而且赣南的经济条件也很优越……出产的种类数量,都很丰富,维持一个经济生活自给自足的局面,是可能的。""第二因为政治环境关系。江西政治环境最利于共党发展,其故有二:一、江西东面的福建,十九路军驻入以前,政府于此素乏经营,十九路军驻入以后,即逐渐反动,为政府之患。江西南面的广东,形同割据,反抗中央,固已匪伊朝夕。江西西面的湖南,与政府同床异梦,于共党亦无所害。故共党据赣南,所虑者惟北面耳。二、民国以来,江西遭受军阀的摧残,为各省之冠。北伐成功后,人民对于改善政治环境的要求很高,希望非常之大。不想当时国家统一徒俱虚名,军阀割据,内乱迭起,政府对于改善地方政治,有心无力,赣南山乡辽远,遂致更成化外。人民的希望破灭了,在艰苦中挣扎生活,似乎毫

---

①　《视察丰城清江新淦三县报告书》,《军政旬刊》第 5 期,1933 年 11 月 30 日。

②　《中国国民党南昌市党部改组三月来的工作》,南昌《市政半月刊》第 1 卷第 5、6 期合刊,1934 年 10 月 1 日。

③　《江西工作近况》(1928 年 7 月),《中央革命根据地史料选编》上,江西人民出版社 1982 年版,第 9 页。

无出头之日。""第三因为人口稀少……共党拥有庞大的军队,最为困难的问题就是补给。既要建立一个根据地,就不能流窜就食,而须取给于当地。当地如为贫瘠之区,自属无法供应,如为富饶之境,则不但人口密集,且必为重兵驻屯之地,如何容得共军窜扰盘据【踞】? 刚好这时有一个富而不庶的赣南,为政府注意力之所不及。共党如选中了这个地方作根据地,大可不费吹灰之力而得之。"①

中共在赣南闽西的壮大,形成所谓"汀、连、杭各属赤焰遍地,交通断绝"②的局面,终于使蒋介石再无法坐视不顾。1929 年年中,对桂战争基本结束后,蒋介石开始加紧对中共部队的"进剿"。6 月,电令国民党驻漳州的张贞部,"如期遵令进驻龙岩、连城围剿残匪,以期一劳永逸"③。7 月,任命金汉鼎为闽粤赣三省"剿匪"总指挥④,集结赣、闽、粤三省军队向闽西地区发动"会剿"。在国民党军队优势兵力压迫下,"会剿"初期红军一度遭遇挫折,但红军及时调整战术,不与国民党军队正面交锋,而是采取游击突袭战法,伺机打击对手薄弱部位。经过近两个月的奋战,到 9 月再次打破国民党的"会剿",收复龙岩,占领上杭。

国民党军队屡战无功,当时曾有分析道出几点原因,颇称精当:"A、因循不追,怀保全实力之私心,使赤匪得苟延残喘,日事扩充。B、不顾全局。为湘省之匪,驱入赣境,湘军即不再前进,作为匪已逃匿无踪,以粉饰太平;反之,江西亦如此,闽、粤亦如此。赤匪因得此剿彼窜,终难肃清。C、不能合作。同在一省以内之军队,因派别、籍贯之不同,

---

① 《陈诚先生回忆录——国共战争》,台北"国史馆"2005 年印行,第 16—17 页。

② 《福建省防军第二混成旅卢新铭等部报告与红军在闽境战斗情形文电》(1929 年 7 月 24 日),《中华民国史档案资料汇编》第五辑第一编《军事》(三),第 37 页。

③ 《蒋介石电张贞令进驻龙岩连城"剿共"》,秦孝仪主编《中华民国重要史料初编——对日抗战时期》绪编(二),第 282 页。

④ 《蒋中正电粤闽赣三省主席及军长等派金汉鼎为粤赣闽三省剿共指挥》(1929 年 6 月 29 日),蒋中正文物档案 002020200011020,台北"国史馆"藏。

而不能合作,甚且排除异己,以巩固自身位置。D、指挥不统一。职位相等,甲部军队乙无权指挥,致不能收指臂之效,故军队虽多而无用。"①

　　除此之外,红军屡次打破国民党军队的进攻,和其灵活机动的战略战术、正确的政策策略赢得群众的支持息息相关。金汉鼎发现,闽西群众心向中共,以致国民党方面"侦探宣传员无法接近匪区探取匪情"②。为与中共对抗,国民党方面也开始有针对性地制定政策,和中共进行政治争夺。金汉鼎在有关报告中对"剿共"军事作出相当深入的分析:"共逆匪众具有相当组织,所持谬说有时亦能麻醉一般意识薄弱之群众,且匪党于乡村组织尤为严密,使民众之被胁从者欲自拔而无由,故恃单纯兵力以剿共,所得结果,仅能消灭有形之共匪,而共匪在乡村之潜势力,仍日益滋长,表面上似为剿共之成功,而实际确未著何效果。汉鼎有鉴于此,意以为剿共工作除军事力量外,一方面应赖党的力量,使三民主义的宣传深入乡村,以打破共匪种种谬说,唤醒被麻醉胁从之群众,同时用以分化共匪之内部而懈怠其团结,另一方面应以政治设施严厉清乡而消灭共匪在乡村之组织,同时扶植民众自卫力量用御共匪之压迫,如是以党政军民全力活动,共匪将无隙可乘。"③1929 年 11 月,南京国民政府以编遣委员会名义颁布《国军剿匪暂行条例》,针对红军往往利用省际边区政权力量相对薄弱地区求取发展的状况指出:"悍匪往往麇集两省边境之处,难免此剿彼窜,各区必须协同办理或施行会剿,如有

　　①　《中央革命据据地红军战况史料——上海银行通讯简介红军在赣活动及蒋介石围剿计划》,《历史档案》1986 年第 1 期。

　　②　《金汉鼎电蒋中正朱毛匪踪所至赣西南各县受毒已深闽省龙江汀杭连各县人已匪化》(1929 年 7 月 26 日),蒋中正文物档案 002090300026141,台北"国史馆"藏。

　　③　《金汉鼎呈会剿共匪计划》(1929 年 8 月 27 日),国民政府档案 001012300006,台北"国史馆"藏。

必要时并得由本会临时特派专员督剿之。"①此后，国民党方面作出一些收揽民心、笼络群众的动作，尤其对军队的扰民行为进行整顿，力图挽回民心，不过由于其政权控制力和组织力的薄弱，又缺乏有效地争取民众的方针政策和理论基础，努力实际效果仍然有限。

1929年末，国民党内部再起争端，冯玉祥、唐生智、张发奎各部揭旗反蒋，紧接着又是中原大战，蒋介石对江西、福建红军鞭长莫及。在此前后，红军迅速壮大，彭德怀率一部在莲花、永新、遂川、万安等地活动；方志敏领导的红军一部在赣东北占据着弋阳、德兴、乐平、贵溪间大片地区；黄公略等一部在赣西北占据着铜鼓、万载、修水、平江、浏阳等县边境；袁文才等一部在赣西占据着永新、宁冈、遂川等地；段月泉、李韶九、胡竹笙等部占据着吉水、永丰、南丰、乐安间之地区。力量最强的是朱德、毛泽东部，活跃于闽西、赣南广大地区，八攻吉安、五打赣州，对国民党在该地区统治形成重大冲击。

1930年春，包括兴国、于都、宁都、瑞金、安远、寻乌等县的赣西南根据地初步形成。3月下旬，中共赣西南第一次代表大会在吉安富田召开，选举产生中共赣西南特委，刘士奇任书记。随后，成立赣西南苏维埃政府，曾山任主席。与此同时，包括龙岩、永定、上杭、武平、长汀、连城等县的闽西革命根据地初步形成。3月18日至24日，闽西第一次工农兵代表大会在龙岩召开，宣布成立闽西工农苏维埃政府，邓子恢任主席。到1930年下半年，赣南闽西红色区域"由南丰到永新，由寻乌到峡江，横断江西半壁；由赣州到吉峡，围绕赣江流域纵横数千里，联系到闽西、东江、湘东、鄂南等几大块赤色政权"②。这一时期红军的壮大发展状况，可以从南京国民政府江西省主席鲁涤平的辞职电文中一见

---

①　《国军剿匪暂行条例》(1929年11月16日)，国民政府档案001012300006，台北"国史馆"藏。

②　《赣西南刘士奇给中央的综合报告》(1930年10月7日)，《中央革命根据地史料选编》上，江西人民出版社1982年版，第353—354页。

端倪:"职自受命入赣,已逾两年。原冀竭其驽骀,荡涤冗秽,无如变乱迭作,征伐频繁,剿匪计划,无由实施,防军远征,匪势转炽,事违初愿,治丝益棼。"①

随着根据地的稳固发展,红军也不断壮大。1930年初,红六军(后改为红三军)在赣西南建立。4月,闽西地方武装组成红十二军。6月,以红四军为基础,与红三军、红十二军合编为红一军团,朱德任总指挥,毛泽东任政治委员。红五军、红八军、红十六军合编为红三军团,彭德怀任总指挥,滕代远任政治委员。8月,红一军团与红三军团组成红一方面军,毛泽东任前委书记兼政治委员,朱德任总司令,彭德怀任副总司令。

赣南闽西根据地的迅速壮大,使之获得共产国际和中共中央的高度重视,10月24日,中共中央政治局在关于苏区的工作计划中谈到:"我们现在确定湘鄂赣联接到赣西南为一大区域,要巩固和发展它成为苏区的中央根据地。环绕着它的首先是赣东北与湘鄂边两个苏区根据地,再则,鄂东北与闽粤赣两个苏区也很重要。"②1931年2月,共产国际代表使用了"江西的主要根据地"③的提法,3月,共产国际远东局的报告中出现"朱(德)—毛(泽东)的中央(苏)区"④这一概念,中央苏区的地位已经初步奠定。

除中央苏区外,各地其他起义部队也相继建立了革命根据地,并得到不断发展。到1930年上半年,全国红军已发展到十三个军,近十万人,枪约六万多支,开辟了大小十五块革命根据地,分布于江西、福建、湖南、湖北、安徽、河南、广东、广西、浙江、江苏、陕西等十多个省。其中

① 《鲁涤平电辞本兼各职》,《申报》,1930年4月24日。
② 《关于苏维埃区域目前工作计划》,《中共中央文件选集》第6册,中共中央党校出版社1991年版,第429页。
③ 《盖利斯给别尔津的信》(1931年2月10日),《共产国际、联共(布)与中国革命档案资料丛书》第10卷,中央文献出版社2001年版,第56页。
④ 《共产国际执行委员会远东局给共产国际执行委员会的信》(1931年3月28日),《共产国际、联共(布)与中国革命档案资料丛书》第10卷,第200页。

主要有：贺龙、周逸群等建立的湘鄂西苏区；潘忠汝、吴光治和徐向前等建立的鄂豫皖苏区；彭德怀、滕代远等建立的湘鄂赣苏区；方志敏、邵式平、黄道等开辟的闽浙赣苏区，邓小平、张云逸、韦拔群等开辟的左右江苏区。此外，在广东的海陆丰和海南岛，川东的宣汉、达县地区，江苏的如皋、南通、泰兴地区，也都建立过红军和革命根据地。革命的星星之火，已发展成燎原之势。

二　中共"六大"的召开与工农武装割据理论的提出

由于共产国际及中共党内理论准备和经验的不足，在武装革命开展同时，"左"的情绪也在发酵。1927 年 11 月，瞿秋白在上海主持召开中共中央临时政治局扩大会议，会议接受共产国际代表罗明纳兹的"不断革命"的错误观点，通过《中国现状与共产党的任务决议案》，认为中国革命是"民权主义到社会主义的无间断的革命"，中国革命"不能不同时推翻资产阶级"，"不能不超越资产阶级的民权主义的范围"；判断中国革命的形势正在不断高涨，要求在全国实行总暴动。由此，"左"倾盲动错误第一次在中共中央取得统治地位。瞿秋白的"左"倾盲动错误给中共造成重大损失，引起中共党内的强烈批评和责难，也受到共产国际的批评，因此，到次年 4 月以后即基本结束。

为总结经验，确定新形势下中国革命的性质、任务和路线，1928 年 6 月 18 日至 7 月 11 日，中国共产党在莫斯科召开第六次全国代表大会。大会通过《政治决议案》和关于苏维埃政权组织问题、土地问题、农民问题、职工问题、军事问题、民族问题等十五个决议案。大会分析了中国的社会性质和革命性质，指出中国社会仍然是半殖民地半封建社会；现阶段中国革命的性质，仍然是资产阶级民主革命；革命的中心任务是以工农民主专政的政权实现反帝反封建两大目标。大会认为当时的革命形势是处在两个高潮之间的低潮时期，中共在当时的策略方针应是争取群众,准备武装起义,而不是进攻。

　　适应中共广泛发动武装起义,在各地建立苏维埃政权的形势,大会通过《苏维埃政权的组织问题决议案》,规定:共产党在准备武装起义中,就要"秘密建设政权的核心";起义后要"坚决而敏捷地成立政权机关"。最初的政权采取革命委员会的形式,而后过渡到正式的苏维埃政府。苏维埃"应在劳动群众直接选举的基础上组织起来",代表的大多数应为工人和贫农,也应有小资产阶级下层成分的代表。大会十分重视军事工作,对农民游击战争给予了一定的注意。要求共产党员、共青团员都要接受军事训练,要注意培养军事工作人才,要"赞助农民的游击战争"。革命政权成立的第一天,就要在武装起义队伍的基础上编成常备红军①。布哈林在会上作了长篇发言,特别谈到了红军和农村根据地问题:"我们觉得在一个农民区域中,若聚集了这么多不生产的群众、红军,虽然他们再红些,再数倍的红,但他们总是些活的人,需要饮食的。一个同志说,在乡里做工生活好些,因为乡中有鸡吃。那么,他们是农民之一个很大的负担了。农民在开始的时候,自然对待他们是很好的,看他们这样奋斗,杀了好多土豪劣绅,但是他们今天将我的最后的一个老母鸡吃了。第二天则这样喊的人要多些了,第三天则这样喊的人更多些了。最后便会有人说:'见了鬼! 什么红军! 还要我的米、我的鸡给他吃。'……因此我们认为不要将红军聚到一个地方,最好将他分成几个部分,三部分,四部分,看当地的条件怎样。分聚到各地方,经相当的时间再转一个地方,到这个地方住一些时,杀一杀土豪劣绅,吃一吃饭,喝一喝鸡汤,再到另外一个地方……这样也可以变成组织的连系,时去时来,都带着一定的任务。"②布哈林的发言,代表了联

---

　　①　《苏维埃政权的组织问题决议案》,《中共中央文件选集》第 4 册,中共中央党校出版社 1991 年版,第 390—413 页。

　　②　《国际代表在中国共产党第六次全国代表大会上关于政治报告的结论》,《共产国际、联共(布)与中国革命档案资料丛书》第 11 卷,中央文献出版社 2002 年版,第 180 页。

共（布）及共产国际对中国革命策略的基本看法，在后来的具体指导中，这种看法常常会体现出来。

中共"六大"选出了新的中央委员会，向忠发为总书记，李立三为中央秘书长兼任宣传部长，周恩来为组织部长（后又兼任军事部长），项英、瞿秋白、张国焘、蔡和森等七人为政治局委员。

中共"六大"以后，乘国民党内部分裂和混战之机，中共武装革命顺利发展。1930年国民党内发生蒋与阎、冯、李之间的中原大战，形势一时显得对中共发展空前有利，同时也催生了中共党内的急性病。1930年6月11日，李立三在上海主持召开中共中央政治局会议，通过《新的革命高潮与一省数省的首先胜利》的决议案，使以冒险为特征的"左"倾错误再一次统治了中共中央领导层。李立三认为无论是中国革命还是世界革命，都到了大决战的前夜。一省或数省首先胜利，就是向社会主义革命转变的开始，因此，主张在实际工作中已不再需要逐步积聚和准备革命的力量，而是要准备全国性的武装暴动。号召在全国中心城市举行武装起义，提出"进攻、进攻、勇敢地向中心城市进攻"，"打下长沙，夺取南昌，会师武汉，饮马长江"等冒险口号。并决定将党、团、工会的各级领导机关合并为武装起义的各级行动委员会，命令红军进攻武汉、长沙等中心城市。

李立三的"左"倾错误在党内统治的时间虽然只有三个多月，却使刚刚发展起来的革命力量遭受了重大损失。许多地方的城市党组织因为急于组织暴动而暴露了艰苦发展起来的有限力量，先后有11个省委机关遭受破坏，武汉、南京等城市的党组织几乎全部瓦解。红军在进攻大城市时也遭到很大损失，先后丢失了洪湖及右江等革命根据地。1930年9月，瞿秋白、周恩来根据共产国际指示召开了六届三中全会。会议纠正了李立三对中国革命形势的左的估计，停止了组织城市暴动和红军进攻大城市的冒险计划，恢复了党、团、工会的独立组织。

　　在农村革命的实践过程中,毛泽东等总结各根据地斗争的经验,结合对全国总形势的认识、判断,逐渐摸索出一条工农武装割据的革命道路。1928年10月、11月,毛泽东先后写了《中国红色政权为什么能够存在?》、《井冈山的斗争》等著作,结合当时中国社会的特点,第一次从理论上系统分析和论证了中国红色政权能够存在和发展的条件。这些条件是:第一,中国是几个帝国主义国家间接统治的半殖民地半封建大国,政治经济发展不平衡。在中国,自给自足的农业经济占着优势,农村具有相对的独立性,可以不完全依赖城市而存在,这就为红色政权的存在和发展提供了经济条件。而列强在中国所实行的划分势力范围的分裂剥削政策和地方性的农业经济,又造成了白色政权间长期的分裂和战争。这就使革命力量可以利用反动派之间的空隙而长期存在和发展。同时,中国又是一个大国,地域宽广,革命力量大,有回旋余地。第二,红色政权首先发生和能够存在的地方,是有着革命影响的地方,如湖南、湖北、广东、江西等省。大革命播下的种子,为建立红色政权准备了良好的群众条件。第三,由于引起中国革命的基本矛盾不但一个也没解决,而且日益发展,所以全国革命形势是向前发展的,红色政权必然能长期存在和发展。第四,相当力量正式红军的存在,是红色政权存在和发展的必要条件。第五,共产党组织的有力量和它的政策的不错误,是红色政权存在和发展的重要主观条件。

　　在上述两篇著作中,毛泽东还把武装斗争、土地革命和根据地建设有机地结合在一起,提出了工农武装割据的思想。武装斗争是中国革命的主要形式,没有革命的武装斗争,就不能有效地开展土地革命,也不能建立和发展革命根据地。土地革命是中国民主革命的基本内容,没有土地革命,就不能充分地发动农民,红军战争就得不到广大群众的支持,根据地也就不能巩固和发展。根据地是中国民主革命的阵地,不建设根据地,武装斗争就没有后方的依托而将陷于失败,土地革命的成果也无法保持,两者相辅相成,缺一不可。

　　闽、赣两省成长为土地革命中心，根据毛泽东当时的解释，从区域角度看主要有两点：一是白色政权的长期分裂与战争造成红色政权发生和存在的可能，一是民主革命影响准备了红色政权产生的条件①。江西、福建作为南京国民政府中央统治力量及地方势力都相当薄弱的地区，最为符合毛泽东所说第一个条件；而国民革命曾经在江西、福建掀起的巨澜，为中共在两省的组织发展提供了十分有利的基础。因此，当国共合作破裂，中共独立开展土地革命时，其中心地区主要围绕着国民革命基本区展开绝非偶然，而江西自身的条件又使争取江西有了现实的可能性，毛泽东认为，江西有利于革命发展的客观条件主要有三："一是江西的经济主要是封建的经济，商业资产阶级势力较小，而地主的武装在南方各省中又比哪一省都弱。二是江西没有本省的军队，向来都是外省军队来此驻防。外来军队'剿共''剿匪'，情形不熟，又远非本省军队那样关系切身，往往不很热心。三是距离帝国主义的影响比较远一点，不比广东接近香港，差不多什么都受英国的支配。我们懂得了这三点，就可以解释为什么江西的农村起义比哪一省都要普遍，红军游击队比哪一省都要多了。"② 毛泽东的上述论述将中共发展放到全国政治、军事和社会环境中予以衡量，注意到力量对比这样非常现实而又不可忽略的关键环节，这是毛泽东实事求是思考方式的具体体现，也是他之所以能领导开展武装斗争、建立根据地并在中共党内成功崛起的重要因素。

　　1930 年 1 月，毛泽东在党内通信中又进一步提出"朱德毛泽东式，方志敏式之有根据地的，有计划地建设政权的，深入土地革命的，扩大

　　①　参见毛泽东《中国的红色政权为什么能够存在?》，《毛泽东选集》第 1 卷，人民出版社 1991 年版，第 49—50 页。
　　②　毛泽东：《星星之火，可以燎原》，《毛泽东选集》第 1 卷，第 106 页。

人民武装的路线"①是正确的。政权发展应该波浪式地向前扩大,那种先争取群众然后再举行全国武装起义夺取政权的理论,不符合中国国情。只有红军、游击队和红色区域的建立和发展,才是促进全国革命高潮的最重要因素。毛泽东的这些论述,初步解决了局部政权与全国政权的关系等攸关根据地生存发展的重大问题,为中共的农村割据发展道路作出了有益的理论探索。其对中共革命乃至民国历史的影响,可谓草蛇灰线,伏延千里。

第二节　苏区的壮大与南京国民政府的"围剿"

一　土地革命的开展与苏维埃中央政府的成立

建立农村根据地,开展农民革命,土地问题是重要一环。秋收起义队伍创建井冈山根据地后,经过打土豪、发动群众等准备,1928 年 2 月开始分田。6 月龙源口大捷后,土地革命全面展开。12 月,毛泽东总结一年来土地革命经验,制定《井冈山土地法》,用法律形式否定地主土地所有制,在中共领导农村革命斗争中具有重要意义。但法案规定没收一切土地而不是没收地主土地,没收土地归苏维埃政府所有而不是归农民所有,禁止买卖土地,这些规定没有充分满足农民的现实利益。

红四军进军赣南闽西后,1929 年 4 月,制定和颁发《兴国土地法》。该法根据中共"六大"提出的没收地主阶级的一切土地、耕地归农精神,把没收一切土地改为没收一切公共土地及地主阶级土地,这是一个原则性的改正。7 月,闽西党的"一大"通过《土地问题决议案》规定:自耕农的田地不没收;田地以乡为单位,按原耕形式,抽多补少平均分配;对

---

① 　毛泽东:《星星之火,可以燎原》,《毛泽东选集》第 1 卷,第 98 页。

富农只没收多余的土地,不要过分打击;对大中小地主区别对待,给地主以生活出路。这些政策比较符合农村实际,得到广大群众的积极拥护,闽西出现"分田分地真忙"的景象。

在领导农民开展土地革命时,中共成功的策略对鼓动农民起来革命发挥了重要作用。当时很多记述都提到,农民作为被"发动"的革命者,其阶级意识和自觉的阶级对立是在中共领导的土地革命中逐渐发展起来的,在这样的背景下,如何取得农民的信任,满足农民的愿望,至关重要。中共领导的土地革命的第一步,往往是和农民经济利益密切相关的减租、平谷(限制谷价)、废除债务、抗捐等,这些使大部分农民受益,农民"一尝其味,决不会轻易忘记"①。从赣南闽西看,开始多以分谷子相号召,中共各级领导机关都注意到,"大多数贫民对粮食要求非常迫切,所以分谷子这个口号能发动了千千万万的广大群众起来"②;"群众说,只要分得十斤粮,死了一千人都值得"③。所以《红色中华》发表文章明确要求:"在分田之先必须要做散发财物——豪绅地主、反动派的衣物、谷、米、猪肉、用具等杂物分发给群众的工作以启发群众斗争,加深群众对分田的要求与认识。"④在满足农民经济利益,取得农民信任后,进一步将土地革命推向深入就顺理成章。

1930年初,红四军主力回师赣南。2月7日,红四军前委在江西吉安陂头召开联席会议,批评了赣西南地区迟迟不分田的错误,提出一要分,二要快,决定按人口彻底平分土地。会后,赣西南的土地斗争迅速

---

① 《罗明致福建临时省委信——关于巡视永定的报告》(1928年11月21日),《闽西革命史文献资料》第1辑,中共龙岩地委党史资料征集领导小组1981年编印,第320页。

② 《中共闽西特委报告》(1929年8月28日),《福建革命历史文件汇集》甲8册,第127—128页。

③ 《中共福安中心县委工作报告》(1933年7月10日),《福建革命历史文件汇集》甲19册,第120页。

④ 翰文:《我对分田的几点意见》,《红色中华》第15期,1932年3月23日。

开展,三十多个县的广大农民分得土地。6月,在闽西长汀南阳召开的红四军前委、闽西特委联席会议,重申了分配土地应以人口为标准;并针对富农把持肥田,以贫瘠土地让人的做法,在抽多补少的基础上增加了抽肥补瘦的原则。

上述有关土地问题的会议和文件,大都规定了土地国有,造成地权极不固定,有些地方田地一分再分,农民无法安心耕种,影响了农业生产。针对这一问题,1931年2月,毛泽东以中央军委总政治部主任名义写信给江西省苏维埃政府,要求各地各级工农民主政府发出布告,说明土地归农民私有,租借买卖自由,他人不得侵犯,从根本上解决了土地所有权问题。在土地革命过程中,中共不断总结经验,终于形成符合中国农村实际情况的土地革命方针和正确的土地分配方法,即依靠贫雇农,联合中农,限制富农,保护中小工商业者,消灭地主阶级,变封建半封建的土地所有制为农民土地所有制;以乡为单位,按人口平分土地,在原耕地基础上,实行抽多补少,抽肥补瘦。

在赣南、闽西苏区摸索开展土地革命同时,其他各苏区也都进行了土地革命,并制订出相似的政策。1927年11月,方志敏等在赣东北领导弋阳、横峰起义,1928年12月成立信江苏维埃政府,规定了土地分配办法:以村为单位,平均分配土地。凡是不反对苏维埃的人民均有得土地之权。谁种归谁,抽多补少,抽肥补瘦,好坏均匀。这和赣南、闽西政策基本相同。鄂豫皖根据地1928年底规定,只没收地主、反革命分子的土地和富农剩余的土地,中农土地不动,反对了绝对平均主义,保护了中农利益,缩小了社会的波动面,是一条成功的经验。

当中共不断摸索土地革命经验争取民众支持时,南京国民政府在土地问题上基本无所作为。即使是温和如浙江实行的二五减租,也因遭到地主的激烈反对无疾而终。蒋介石本人对土地问题的判断也偏于乐观,提出:“今日中国之土地,不患缺乏,并不患地主把持,统计全国人口,与土地之分配,尚属地浮于人,不苦人不得地,惟苦地不整理。即人口繁殖之内地省区,亦绝少数百亩数千亩之地主,而三数十亩之中小耕农,确占半数以上。职是之故,中正对于土地政策,认为经营及整理问题,实更急于分配问题。既就分配而言,本党早有信条,即遵奉平均地权遗教,应达到耕者有其田之目的,而关于经营与整理,则应倡导集合耕作以谋农业之复兴。盖本党立场,不认阶级,反对斗争,关于土地分配,自应特辟和平途径,以渐进于耕者有田。"①因此,蒋介石对于采取改变现有农村秩序的任何激烈举动都不以为然。不能说蒋介石对土地状况的判断毫无依据,问题是,在当时中国农村普遍贫困的背景下,即使是并不十分畸形的土地占有状况,也足以导致贫富分化状况的产生,而"如果贫富的差距就是生死之别,即使是贫富差距不那么明显,也会构成最严重的问题"②。在严峻的现实面前,任何的书生气都足以导致严峻的后果。蒋介石和国民党对土地问题的轻忽,使中共的土地革命几乎是在没有竞争对手的状况下展开。

随着土地革命展开及对国民党军事进攻的击退,各苏区更加巩固并不断发展,特别是赣南闽西苏区连成一片,成为全国最大的苏维埃区域——中央苏区。为加强对全国苏区的统一领导,1931 年 11 月 7 日至 20 日,中央、闽西、湘鄂赣、湘赣、湘鄂西、豫东北、琼崖苏区及红军代表、全国总工会、海员工会、左联和地下党代表共 610 人,在江西瑞金召开中华苏维埃第一次全国代表大会。会议主要任务是成立中华苏维埃共和国临时中央政府并接受中共中央提出的各项法令草案,制定成法令颁布。大会依据临时中央有关宪法大纲的来电原则,制定、通过《中华苏维埃共和国宪法大纲》。《宪法大纲》确定中华苏维埃共和国的政权性质是工农民主专政。规定:"中国苏维埃政权所建设的是工人和农民的民主专政的国家。苏维埃政权是属于工人、农民、红军兵士及一切

---

① 蒋介石:《电汪院长叶秘书长为解决土地问题详陈分配及整理意见以贡参考》,《军政旬刊》第 8 期,1933 年 12 月 30 日。

② 黄仁宇著,张逸安译:《黄河青山》,北京三联书店 2001 年版,第 291 页。

劳苦民众的。""这个专政的目的,是在消灭一切封建残余,赶走帝国主义列强在华的势力,统一中国,有系统的限制资本主义的发展,进行国家的经济建设,提高无产阶级的团结力与觉悟程度,团结广大贫农群众在它的周围,以转变到无产阶级的专政。"①会上还通过临时中央提供大会讨论的《中华苏维埃共和国土地法》、《中华苏维埃共和国劳动法》和《经济政策》等法规,以法律的形式把土地革命中实行的平均分配一切土地的政策固定下来,并规定工农大众享有劳动和取得物质待遇等种种权利。

大会选举产生中华苏维埃共和国中央执行委员会,毛泽东当选中华苏维埃共和国中央执行委员会主席,项英、张国焘为副主席。中央执行委员会下设人民委员会作为中央行政机关,毛泽东为主席,人民委员会下设外交、军事、劳动、财政、土地、教育、内务、司法、工农检察人民委员部和国家政治保卫局等办事机构。根据《宪法大纲》,中央执行委员会是最高权力机关,人民委员会在中央执行委员会之下处理日常政务,并发布一切法令和决议案。中华苏维埃共和国临时中央政府的成立,标志着中国国土上已经有两个性质根本不同的政权同时并存。

在苏维埃中央政府成立时,自 1927 年长期活动在上海的中共中央遭到重大打击。中原大战结束后,蒋介石加强对中共地下组织的破获行动。1931 年 4 月,中共中央政治局候补委员兼中央特科负责人顾顺章在武汉被捕叛变,造成中共重要领导人恽代英、蔡和森被捕遇害。6月,中共中央总书记向忠发被捕,随即被杀。七八月份,中共中央宣传部领导人罗绮园、杨匏安及中共中央军委委员、江苏省军委书记李超时相继被捕。大批中共高级领导人被捕遇害,加之一批干部被派往苏区,中共中央组织亟须重新健全。此时,经共产国际代表米夫同意,向忠发被捕后实际主持中共中央工作的王明准备赴莫斯科担任中共中央驻共

---

① 《中华苏维埃共和国宪法大纲》,《苏维埃中国》,中国现代史资料编辑委员会1957 年翻印,第 17 页。

产国际代表团负责人,周恩来将赴中央苏区。9 月 22 日,中共中央在上海成立临时中央政治局。根据共产国际远东局的提议,新政治局由秦邦宪(博古)、张闻天(洛甫)、卢福坦、刘少奇、黄平、陈云、李竹声、康生、王尽仁等九人组成,秦邦宪为主要负责人。

二　国共接合部的"赤白对立"和两党的不同态度

20 世纪 30 年代前后,苏区周边地区曾出现严重的赤白对立现象。所谓赤白对立,是指苏维埃区域与非苏维埃区域之间的对立,它不是由土地革命加剧的阶级间的对立,而是一种非阶级的由多种因素引发的以地域为中心的冲突。而这种冲突又主要发生在苏区边境地区。早在1928 年 10 月,赣东北就有报告提到:"环绕割据区的民众,还不知道我们的好处。土劣已感觉我们与他们不利,设法使民众起来反抗我们了。故环绕割据区域的民众非常反动,每日跟着反动军队,来我地抢东西。凡民众有食器用,只要能搬运者,莫不抢劫一空。"[1]1929 年底,中共鄂豫边苏区有关文件提到,由于不注意赤色区域外的工作,"形成了赤色区域的农民孤军作战、赤白对立的现象"[2]。

赤白对立的出现,和中共阶级革命的宗旨是有距离的,作为土地革命的倡导者,中共以领导全国人民革命为己任,非苏区区域从原则上说,理应是革命的发展对象,当地人民潜藏的革命热情和苏区人民也应是一致的。但是,赤白对立现象却在相当程度上挑战着中共这一理念,严重影响着苏维埃区域的发展:"各县警卫营或连,特别是赤少队很多都不愿到白区域去,以为白区群众都是些'虎豹豺狼',不能同它们接

---

① 《弋阳、横峰工作报告》(1928 年 8 月),《江西革命历史文件汇集》(1927—1928 年),中央档案馆、江西省档案馆 1986 年编印,第 296 页。

② 《中共鄂豫边第一次全区代表大会文件·政治任务决议案》,《鄂豫皖革命根据地》第 2 册,河南人民出版社 1989 年版,第 7 页。

近。"与此同时，"白区群众的怕游击队名之为'刀子队'，造成了赤白对立的现象，如铜城铁壁一般"①。

　　这样一个中共不希望看到的现象，其最初出现，客观看，和中共土地革命初期实行的错误政策不无关系。1928年前后，中共在盲动政策指导下，普遍执行了烧杀政策，对地主等革命对象进行肉体消灭，打击对象甚至蔓延到苏区外的一般群众，中革军委总政治部指出："红白两边，杀过来，杀过去，成了不解的冤仇。这其中，在革命方面犯了许多盲动主义、报复主义的错误，乱抢乱烧乱杀的结果，反造成那边的群众更加坚决的反对革命。"②同时土地革命政策本身也必然严重触及到地主等农村强势阶层的利益，作为报复，受到国民党军队支持的反苏维埃地方武装回到当地后，往往对参加革命的民众展开屠杀。地主疯狂的屠杀又激起民众的强烈愤恨，以致"报复心理非常浓厚，盲动主义时代精神的复活，群众无论如何要求以烧杀抢劫来答复白色恐怖，其气之高真不可制止"③。在对立情绪不断蔓延的情况下，相互间的报复行为，有时往往超越了阶级对抗的范畴，变成了区域之间的对抗。福建"蛟洋农民烧丘坊房子二百余家，白砂赤卫队烧茶地房子九十余家"④。福建宁德横坑民团与中共开辟的游击区敌对，引起苏区群众愤慨，"见横坑人即杀，横坑人就不敢向游击区域来买东西"⑤。由此直接形成了赤白对立局面。

---

　　①　《中共河西道委给苏区中央局的综合工作报告》（1932年5月17日），《江西革命历史文件汇集》1932年（一），第111页。

　　②　中革军委总政治部：《争取三都七保的意义和工作方法》，《中革军委总政治部通讯》第3期，1931年2月26日。

　　③　《赣西南刘作抚同志报告》，《中央革命根据地史料选编》上，江西人民出版社1982年版，第225页。

　　④　《中共闽西第一次代表大会之政治决议案》，《中央革命根据地史料选编》中，第117页。

　　⑤　《中共福安中心县委工作报告》（1933年7月10日），《福建革命历史文件汇集》第19册，中央档案馆、福建省档案馆1984年编印，第120页。

　　作为一个以群众革命为生存基点的政党,中共对群众利益、群众情绪始终予以高度重视。赤白对立现象出现伊始,中共各级部门就已有所意识,随着其范围的扩大和危害的增长,更予以高度重视并力图加以克服。中革军委总政治部要求:"坚决反对烧杀政策和报复主义。游击队在每次进攻反动统治区域之前,必须对自己部队及参加斗争的群众宣传纪律,绝对禁止侵犯贫苦群众的利益,不准乱烧他们的屋,不准乱杀他们的人,不准乱拿他们一点东西。"[①]中共采取的这些措施在一定时间和程度上收到了成效,但是一直到苏维埃革命终止,赤白对立现象也未得到完全制止,而且在一些地区、一些时段甚至有愈演愈烈之势。直到 1934 年初,毛泽东在"二苏大"报告中仍然强调:"苏区与白区交界地带的工作,应该看得非常之重要。在这些地带苏维埃与游击队,必须完全遵守苏维埃的基本政策,禁止一切不分阶级乱打土豪的行为。没收地主阶级及反动派的财物,必须大量的发给当地群众……必须把造成赤白对立与群众逃跑的原因除掉了去。"[②]之所以如此,一方面是因为早期赤白对立的后患难以短时期消除,其负面影响会持续存在;另一方面,苏区内外造成赤白对立的新因素不断出现,使赤白对立成为大部分苏区难以克服的硬伤。

　　一部分地方武装和游击队乱打土豪是赤白对立持续并加深的重要原因。苏区大量的地方武装供应依赖地方,在战争环境下常常难以为继,利用到白区活动机会,筹集粮款,是其解决本身收入的一个重要途径,而各级机关对这一做法实际也采取默认态度:各级部门"检查工作

　　① 《中共苏区中央局通告第十号·地方武装的策略组织和工作路线》,石叟档案 008·5524/2612/0559,中国社会科学院近代史研究所图书馆藏缩微胶卷。
　　② 毛泽东:《中华苏维埃共和国中央执行委员会与人民委员会对第二次全国苏维埃代表大会的报告》,《苏维埃中国》,中国现代史资料编辑委员会 1957 年编印,第302 页。

时,首先问'多少钱',不去检查打豪劣地主与民众的情绪如何"①。游击队进入白区后,"大多数都是陷于单纯筹款的泥坑中,许多行动不是为了群众利益而是自己去找经费,一到白区,豪绅地主走了,贫苦工农也乱捉乱打一顿,造成一种白区群众害怕游击队,甚至在豪绅地主欺骗之下来反对苏区,为难游击队,造成一种脱离群众的赤白对立的严重现象"②。后来,毛泽东在回顾这一段历史时,痛切地谈到:"土地革命时期打土豪办法,所得不多,名誉又坏。"③

除维持生存需要外,地方武装和游击队军纪、政治工作薄弱、素质较差也是导致上述问题的重要原因。地方武装发展过程中"总带有或多或少的强迫,甚至完全用强迫命令而编的","兼之平时没有教育训练与党的领导薄弱……到白区乱抢东西则是普遍的发现"④。虽然当时指导机关明确要求"党要坚决转变乱拿白区许多东西,不问穷人富人都捉来的许多错误,应当把赤卫军、游击队在白区行动的政治教育与军事纪律的建立成为目前主要工作,才能避免赤白对立"⑤。但是,在中共领导人尤其是一些不谙苏区实际的领导人掌控苏区后,不顾客观可能一味强调发展、壮大地方武装,上述问题不但无法克服而且愈演愈烈。

应该承认,在所有这些因素中,农民本身的利益需求是造成赤白对立的基础性动因。中共的土地革命和农民的支持息息相关,为获得农民的支持,一定程度上对农民利益的让步是不可缺少的。事实上,当中

---

① 《中共福州中心市委符镭关于福州工作情况给中央的报告》(1933 年 12 月),《福建革命历史文件汇集》甲 13 册,第 196 页。

② 《中共湘赣苏区省委报告》(1933 年 2 月),《湘赣革命根据地》上,中共党史资料出版社 1990 年版,第 594 页。

③ 中共中央军委致刘伯承、邓小平电,1947 年 7 月 30 日,《毛泽东年谱(1893—1949)》下,中央文献出版社 2002 年版,第 213 页。

④ 《中共会昌县委十、十一两月工作报告》(1932 年 12 月 3 日),《江西革命历史文件汇集》1932 年(一),第 367 页。

⑤ 《中共鄂豫皖中央分局给陂孝北县委会的指示信》,《鄂豫皖革命根据地》第 1 册,第 397 页。

共武装攻打城市或到白区活动时,当地群众通常都是积极的参加者。这一方面反映了农民的革命要求,同时也和其搜罗财物这一利益目标有关。在此背景下,不分阶级、贫富乱拿财物变得难以避免。当时,中共领导人对如何在发动群众参加斗争同时又保持严格的纪律颇感困惑,默认群众的抢掠行为势必破坏苏维埃政权的形象,强硬制止又担心引起群众不满。总的看,中共多采取教育和引导方式,不加以过于激烈的控制,由于农民本身的利益冲动,抢掠行为事实上无法完全制止。福建连江群众到白区去,拿走的东西"从棉被衣服直到饭碗,火钳都要被他们带着回去。而且还说:'我跟你们打土豪,你们是很划算得来的,我们只拿一点东西,但是你们却由我们的帮助罚了很多钱和得了很多武装"①。

除中共本身原因外,当时,中共的对手国民党方面及地主也为赤白对立的形成推波助澜。在动员农民的能力、方法、投入的精力及可利用的资源、手段上,国民党在苏维埃时期远远无法和中共相比,正由于此,作为在民众中缺乏深厚基础及影响力的一方,赤白对立事实上为他们所欢迎。赤白对立可以有效地限制中共力量向其控制区域的渗透,而其对苏区的影响,由于拿不出像土地革命这样富有号召力的实际措施,本来就困难重重。因此,和中共极力想消除赤白对立不同,赤白对立为国民党统治地区构筑了一道天然的屏障,是他们乐于看到的。同时,维持及造成赤白对立,也符合其封锁苏区、打击中共的战略目标。

国民党方面制造和加剧赤白对立主要凭借的是苏维埃革命的被打击者及中共在开展革命过程中的一些错误。随着土地革命的进行,苏区内外的地主、富农作为土地革命的打击对象成为国民党政权的坚定拥护者,同时一部分中农及包括贫农在内的其他一些阶层出于对中共

---

① 《中共福州中心市委关于巡视连江工作报告》(1933 年 11 月 10 日),《福建革命历史文件汇集》第 3 册,第 148 页。

的误解也产生恐惧心理,而中共苏维埃革命初期的盲动政策及后来的
"左"倾政策都加剧了这一倾向。中共有关报告承认:"盲动主义乱烧乱
杀,不做地方群众工作,缺乏宣传,打土豪只为游击队本身,不把当地豪
绅财物发散各地贫苦工农。这种错误往往被豪绅地主利用去争取群
众,说游击队是土匪,并利用群众来和游击队对抗。造成群众非阶级的
赤白对立,以抵抗革命势力向外发展。"①这样,当国民党方面试图在政
治上与中共展开竞争时,这些都成为中共可被突破的软肋。和国民党
政权一样,作为土地革命中的被打击对象,赤白对立也符合着豪绅地主
的利益,因此,他们比国民党政权更积极地制造着赤白对立:"龙港的豪
绅(非赤色区域)利用宗法社会关系,鼓动一些盲目群众,准备向当地同
志进攻。"②湖北阳新"南乡土豪有少数能用改良主义团结氏族民众(如
将家财散给家族,诱骗同志自首)",他们可以"号召一部分民众向我们
进攻"③。

　　当国民党政权和豪绅地主在维持赤白对立上达成一致时,他们最
常动用的资源是宗族制度。主要由地主构成的农村士绅阶层在农村社
会具有重要的影响力,由于他们在乡村中拥有的财富、文化、社会资源,
通常成为宗族的控制者和代言人。宗族凝聚力越强,其权威和号召力
也愈大。苏维埃革命展开后,为对抗中共土地革命的影响,国民党政权
和地方豪绅充分利用宗族制度并将其与地方观念结合,发挥出相当的
作用。1930 年间国民党政权在鄂豫皖地区曾"利用封建宗族策划分裂
农民队伍,使许多地方发生农民反水,出现许多以户族为首的反动据点

　　① 《赣西南工作综合报告》(1931 年),《江西革命历史文件汇集》1931 年,第
268—269 页。
　　② 《鄂东巡视员曹大骏的报告》(1929 年 8 月 31 日),《湘鄂赣革命根据地文献
资料》第 1 辑,人民出版社 1985 年版,第 131 页。
　　③ 《关于阳新工作的报告》(1929 年 9 月 21 日),《湘鄂赣革命根据地文献资
料》第 1 辑,第 145 页。

和反动武装,对根据地实行烧杀抢掠"①。福建漳州也报告:"这里姓杨的农民,我们没有工作,在士绅地主领导之下帮助反军进攻我们,这是给我们火线上一个很大的打击。"②通过宗族和地方观念的号召,在一些宗族和地主豪绅力量较强地区,形成制造赤白对立对抗中共的有力力量。鄂豫皖苏区的麻城黄土岗区"十数万农民群众在有力的反动官领欺骗领导之下团结起来,加以普遍的封建迷信的红枪会的组织,使该区成为纯粹的反动白色区域,数月来没有方法打入革命的宣传与组织进去。该区反动枪会不断的向赤色区域进攻,有时数百、有时数千群众前来,赤色区域群众亦数百数千的与之对峙"③。由于该区组织得力,在三面均已赤化后,中共仍始终未能实施渗透。同样,中央苏区兴国、于都、宁都、永丰四县交界的三都七保地区民性"在历史上有名的蛮悍,从来不纳税,不完粮,不怕官兵",苏区建立后,他们"受土豪劣绅的欺骗,中氏族主义的毒很深。那些豪绅地主团结本姓穷人的口号是'宁可不要八字(命),不可不要一字(姓)',这种口号在那些地方有很大的影响,因此所有的群众都被豪绅地主抓在手中"④。此外,中央苏区大量存在的"土围子"也基本是宗族力量的集合。

　　在挑起赤白对立的过程中,农民好利的心理常被国民党所利用。鄂豫皖苏区报告国民党方面和豪绅地主"利用群众爱东西的心理,去领导群众出来抢东西,抢去的东西,牛、羊、谷等,他们得十分之七,群众得

①　陈康等《红二十五军和蔡升熙同志》,《人民日报》,1985年11月24日。

②　《北冀关于漳州红三团行动的报告》(1933年8月25日),《福建革命历史文件汇集》甲11册,第91页。

③　《鄂东北特别区委员会给中央的报告》(1929年9月),《鄂豫皖苏区革命历史文件汇集》第5册,中央档案馆、湖北省档案馆、河南省档案馆、安徽省档案馆1986年编印,第142页。

④　《中革军委总政治部·争取三都七保的意义和工作方法》,《中革军委总政治部通讯》第3期,1931年2月26日。

十分之三"①。福建漳州民团则"配合各地如潮水般的反动群众……向赤区进攻,抢掠赤区群众的猪、牛、粮食,搬不动的东西放火烧,锅子不要的就打破"②。在对中央苏区展开第五次"围剿"期间,国民党军队专门制定规章,组织割禾队,怂恿区外农民"由驻军率领,冲入匪区"③,抢割稻禾,粤赣省逃跑群众就经常在国民党军队组织下"回来抢禾"④。

为制造赤白对立,实现对苏区的封锁,利诱之外,国民党政权对农民还极尽威吓之能事:"麻城赤白的群众,因为交易断绝的关系,每每夜晚赤白区民众挑东西到山寨里去做生意,夜中而市,后被军队察觉了,杀了一些农民,以后又不敢来往。"⑤盲动政策时期,中共为发动农民革命,曾有将农民房屋烧毁、财产毁坏以逼迫农民参加革命的情况发生,由于这样做既违背中共的革命原则,也未始有利于争取民众,因而很快被制止,倒是国民党方面后来又有人采取这种方法与中共对抗。他们"压迫农民反水的方法,将此地农民的东西没收带他们到另一地方去抢,准抢三天归各反水农民,然后逐一做去,使这些农民被迫的不得不反水"⑥。这一做法可谓一箭双雕,既使农民不得不跟随他们,同时还可加剧赤白对立。

作为一种贯串苏区发展始终的现象,赤白对立的产生、延续,除了

---

①　《中共鄂豫边特委综合报告》(1930 年 11 月),《鄂豫皖革命根据地》第 2 册,河南人民出版社 1989 年版,第 122 页。

②　《中共漳州县委书记蔡协民给厦门中心市委的工作报告》(1932 年 8 月 16 日),《福建革命历史文件汇集》甲 19 册,第 24 页。

③　《匪区割禾办法》,《国民政府军事委员会委员长行营南昌行营处理剿匪省份政治工作报告》第 11 章,南昌行营 1934 年编印,第 48 页。

④　《中共粤赣省委、省苏给各地指示信》(1934 年 8 月 9 日),《闽粤赣革命历史文件汇集》1933—1936,中央档案馆 1984 年编印,第 46 页。

⑤　《中共鄂豫边特委综合报告》(1930 年 11 月),《鄂豫皖革命根据地》第 2 册,第 133 页。

⑥　《总前委第一次扩大会记录》,1931 年 6 月 20 日于康都。

前述诸多现实原因外,更进一步看,它还和苏维埃革命的起源、动力,中国农村阶级分化的实际状况及农民作为小生产者追求利益的天性密切相关,这些因素和现实的原因交相影响,既构成为一些导致赤白对立现象的政策得以出现的内在原因,又使得一些错误政策的负面影响被加深、放大,从而进一步加剧着赤白对立的发生、发展。

苏维埃革命是中共在国共合作破裂,自身面临生存危机时的选择,军事的推动是苏维埃区域形成、发展的主要支配力量,由武力所造成的苏区与非苏区的分隔,使区域的对立极易成为现实。苏维埃区域多在交通阻隔的山区,这里的特殊地理和经济状况影响着大地主的发育,以自耕农为主的农村社会格局,对中共阶级革命的判断和实践带来困惑,相当程度上成为中共"左"的政策的重要诱因;而这些地区特别明显的公田制度,和这里根深蒂固的宗族制度相结合,为赤白对立的发生提供了社会条件。农民追求利益的天性,决定了中共发动农民过程中既可以充分运用利益驱动号召农民,同时也可能需要承受这种利益冲动带来的消极影响乃至重大破坏。

赤白对立在诸多因素影响下,成为苏区的一种痼疾,它的存在,事实上成为苏区发展壮大的绊脚石。从苏区建设看,由于赤白对立,"经济不能流通,不但小商人不能做生意,手工业品不能出售,而一般农民日用必需之品(油盐等),也因此而缺乏甚至买不到……农民无处借贷,粮食也不能出售,所以在赤区农民感觉革命后更痛苦,虽然是没有地主豪绅及高利贷的压迫和剥削了"[1]。这一描述当然不一定完全准确反映当时苏区的实况,但确实说出了赤白对立对苏维埃政权巩固、发展的障碍。这些问题,在苏区进一步壮大及国民党长时期的"围剿"中,将逐步显露。

---

① 子修:《赣北工作综合报告》(1930 年 7 月),《江西革命历史文件汇集》1930 (一),第 264 页。

三　南京国民政府对中央苏区和红军的
第一、第二次"围剿"

　　1930年中原大战期间,全国各地群雄并起,对垒各方错综复杂,一片混乱。共产国际和中共高层在此背景下,作出形势有利于己的判断,希望加速扩大根据地,攻打大中城市,将革命推向夺取政权的高潮。在此形势下,革命力量最为发展的湘赣地区红军,被要求进攻中心城市长沙与南昌,湘赣两省红军的行动,在国内掀起了巨大的波澜。

　　中原大战爆发后,蒋介石的核心部队纷纷北调,湘鄂赣地区防御力量薄弱。彭德怀回忆:"此时,蒋冯阎军阀大战已开始,鲁涤平命令民团集中守县城,这对我消灭地主武装,发动群众,扩大苏区很有利。湘赣边苏区和湘鄂赣边苏区,连成了一片,中间没有白军隔断。"①5月下旬,反蒋的李宗仁、张发奎部从广西大举北进湖南。6月初曾占领长沙,国民党湖南省政府主席、第四路军总指挥何键急忙调兵抗击,虽于7月初将桂张联军逼回广西,但主力被迫布置于湘桂边界,长沙防御力量薄弱。6月下旬,彭德怀率红三军团先后攻占咸宁、蒲圻、鄂城、嘉鱼、通山、通城,并声言攻打武昌。蒋介石被迫把钱大钧两个师从岳州运往武昌加强防务。彭德怀获知岳州空虚,率红三军团乘胜挥师西进直逼岳州。7月4日,一举攻占岳州城。随之决定乘湘系军阀何键与张桂联军正在湘桂边界混战,长沙城守备薄弱之际,出其不意,进攻长沙。

　　7月27日,红三军团从金井、春华山一带向长沙开进。当日晚九时攻占湖南省会长沙城。湖南省政府财政厅长张开琏报告,当时"所有讨逆各师,远在桂境及洪宝常澧一带,一时调援不及"②。省主席何键在随后的报告中称,因"众寡悬殊,四面均被围困",长沙不守,其本人

---

① 《彭德怀自述》,第145页。
② 《张开琏电告长沙情形》,《申报》,1930年8月2日。

"冒弹出西门渡河转道鄂西","暂退湘西待罪"①。红三军团攻克长沙。虽然国民党方面事后在战史中对此轻描淡写,称:"至七月下旬,湘主席兼第四路总指挥何键,为应付世局,巩固边防计,远出湘南,亲自指挥,留长部队,因亦甚薄。彭、黄两匪,遂认为有隙可乘,由平、浏疾趋长沙施行猛袭,单薄防军,自难抵御。"②但省城被占,仍然震惊中外,被红军作为攻打目标的武汉"杯弓蛇影,几有谈虎色变之慨"③。8月2日,蒋介石致电何应钦转告何键,要求"速集所部,近期进剿,得早日恢复长沙,以挽危局"④。武汉行营主任何应钦一面调兵加强武汉守备,一面派军队增援何键。8月5日凌晨,国民党军队十几个团渡过湘江,从南北两个方向夹攻长沙,海军在江面助战,"外舰……亦仗义协助"⑤。激战一日,因众寡悬殊,又无后援,彭德怀遂决定撤离长沙。5日晚,红军放弃长沙向浏阳方向撤去。长沙之役,是十年内战时期红军攻下省会的唯一战例,对扩大红军影响意义重大,不过,这一战役实现于国民党方面内部混战引起的混乱中,并不意味着红军实力已经壮大到可以进攻大城市的程度。

红三军团攻占长沙前后,江西方面红军一直在为是否执行中共中央的命令攻打南昌举棋不定,以致李立三批评道:"在全国军事会议中发现了妨害红军发展的两个障碍,一是苏维埃区域的保守观念,一是红军狭隘的游击战略,最明显的是四军毛泽东,他有他一贯的游击观念,这一路线完全与中央的路线不同。他以为江西是革命首先胜利的区

---

① 《何应钦转报何键来电报告长沙失陷经过》(1930年8月1日),秦孝仪主编《中华民国重要史料初编——对日抗战时期》绪编(二),第286页。

② 《国民党政府战史会编:关于红军攻克长沙经过情形的史稿》,《中华民国史档案资料汇编》第五辑第一编《军事》(三),第21页。

③ 《武汉治安异常巩固》,上海《民国日报》,1930年8月6日。

④ 《蒋介石致何应钦转何键电》(1931年8月2日),秦孝仪主编《中华民国重要史料初编——对日抗战时期》绪编(二),第287页。

⑤ 《何键自长沙报告确实占领长沙电》(1930年8月5日),秦孝仪主编《中华民国重要史料初编——对日抗战时期》绪编(二),第289页。

域,条件是:一、资产阶级弱,二、无地方军阀,三、帝国主义的力量弱。他对红军的发展,则完全是游击战争的观念。这一问题必须要根本解决。"①

1930年6月,根据中共中央指示,刚刚成立的由毛泽东任主席的中国革命军事委员发表通电,宣称将"统率红军第一军团向南昌进发,与红军第二、第三各军团会师武汉,夺取湘鄂赣数省首先胜利,以推动全国革命高潮"②。此时,由于国民党内混战正酣,驻赣第九路军第十二师、第十八师、第五十师外调加入对张桂联军和中原地区的作战,南昌相当空虚。江西省政府主席兼第九路军总指挥鲁涤平得知红军夺取南昌、九江的计划后十分震惊,立刻命令南昌、九江、吉安等城市加紧修筑工事,召集"商会主席团秘密紧急会议,并宣布朱、毛又近吉安,嘱立筹二万元,备制电网,防御省垣"③。蒋介石又调第十八师两个旅返回江西,加强防务。

7月,已改编为红一军团的江西红军越过吉安,向吉水、永丰、樟树攻击前进。27日进抵南昌附近的高安、上高地区。南昌守军龟缩城内,不敢和红军正面交锋。朱德、毛泽东面对国民党军队准备固守的状况,没有贸然进攻南昌,8月19日,毛泽东给中央写信反映:"若直进南昌,则敌人主力没有消灭且在我军后,南昌又四面皆水,于势不利。"④放弃了进攻南昌的计划。

8月下旬,获悉红三军团已撤出长沙,并在平江地区受到何键部的

---

① 《柏山在中央政治局会议上关于目前政治任务决议案草案内容的报告》(1930年6月9日),《中共中央文件选集》,中共中央党校出版社1991年版,第108—109页。

② 《为进攻南昌会师武汉通电》(1930年6月25日),《江西党史资料》第六辑《罗坊会议前后》,中共江西省委党史资料征集委员会1988年编印,第51页。

③ 《中央革命根据地红军战况史料——上海商储银行汉行红军又近吉安函稿》(1930年6月30日),《历史档案》1986年第1期。

④ 毛泽东给赣西南特委并转中央的信,1930年8月19日。

追击,红一军团立刻西进湘赣边境,向红三军团靠拢。红三军团从长沙撤出后,进至长寿街休整。不久,得知红一军团从江西进军浏阳,歼灭何键一个旅。两军相向开进,8 月 23 日,在浏阳永和市会合。两个军团的前委举行联席会议,决定把两个军团合编为中国红军第一方面军,成立中共红一方面军总前敌委员会和中国工农革命委员会。朱德为方面军总司令,毛泽东为方面军总政委、总前委书记和中国工农革命委员会主席,彭德怀为方面军副总司令,滕代远为副总政委。方面军下辖第一、第三军团共三万余人。

　　红一方面军成立后,决定再次攻打长沙。8 月 29 日,红军主力进抵长沙近郊。国民党军队吸取上一次长沙不守的教训,在长沙及其近郊地区加强守备,一共配置六个师、一个旅兵力,准备"待匪至而聚歼之"①。红军连续发动对长沙的两次总攻击,均未能突破守军阵地,阵地前"死如山积,血溅尘沙"②,红军自身遭受重大损失,仅一军团伤亡"下级干部一百以上,士兵一千六百左右"③。9 月 12 日,毛泽东主持召开有湖南省委代表参加的方面军总前委扩大会议,下决心从长沙撤围,部队回到江西。

　　10 月初,红一方面军发起攻打吉安的战斗。当时,吉安周围都在红军控制下,已成为一座孤城,只靠赣江同外交通。4 日晨,在赣西十多万群众和地方武装配合下,红一军团向吉安发起总攻击。当晚,守军邓英率部乘夜潜逃。红军胜利攻占吉安城。占领吉安后,红一方面军内部再起攻打南昌、九江的声音,毛泽东不便同中央决定和红一方面军内许多干部的意见公开对抗,只能决定将部队先向南昌以南的袁水流域推进,等待战机。14 日,红军撤出吉安,移师向北。朱德、毛泽东命

---

　　① 《湖南省政府政治报告》,湖南省政府秘书处 1931 年编印,"剿匪"第 15 页。
　　② 何键:《湖南铲共汇编》,秦孝仪主编《中华民国重要史料初编——对日抗战时期》绪编(二),第 334 页。
　　③ 毛泽东:《攻长沙不克的原因》(1930 年 9 月 17 日),《毛泽东军事文集》第 1 卷,军事科学出版社、中央文献出版社 1993 年版,第 170 页。

令:"方面军以直占南浔路待机略取九江、南昌之任务。第一步拟先歼灭高安当前之敌而占领之。"①10 月下旬,中原大战以蒋介石的胜利而告结束,南京方面部队大批南下,并源源向赣鄂湘方向开动,准备发起大规模的"剿共"行动。获悉这一消息,毛泽东立即在罗坊召开总前委紧急会议讨论,会议从敌强我弱的实际状况出发,认识到要战胜国民党军队的"围剿"必须退到根据地腹地才有可能,决定整个方面军东渡赣江,由原来在湘江、赣江间转移到回旋余地大得多的赣江以东区域活动,待机破敌。

红军和苏区的日益发展扩大及在湘赣地区掀起的巨大波澜,引起了南京国民政府的极大震惊和不安。1930 年 8 月底,何应钦奉蒋介石命,召集湘鄂赣三省绥靖会议,研究对付红军的方法,其中,江西省党部代表呈送的提案,提出从政治民生上改进自身办法六条:"一、严惩贪污土劣及遇匪潜逃之官吏,委派有政治经验能为本党奋斗者,担任各县县长。二、匪共肃清之后,应限期严格清查户口,办理联结。三、招集灾民从事建筑道路、开水利,以收寓赈于工之利。四、创办小规模工厂,救济失业工人。五、厉行合作社之推广,以活动农村经济。六、厉行减租运动。"②10 月 10 日,中原大战已稳操胜券,蒋介石发表纪念"双十节"的《告父老文》,将"肃清匪共"列为"五项政治措施"之首,明令:"划定区域,责令分区,各负全责",按"整个会剿计划,务使歼灭根株","自军事告终日起,期以三个月,至多五个月,限令一律肃清"③。中旬,蒋介石分别任命孙连仲为江西"清乡"督办,谭道源为赣西"剿匪"司令,张辉瓒为永丰县"剿共清乡"委员会主任,胡祖玉为赣北"剿匪"司令,朱绍良为福建"剿匪"司令,并提出"剿匪"以赣南为重点。

①　《红一方面军进攻高安的命令》(1930 年 10 月 19 日),《江西党史资料》第六辑《罗坊会议前后》,第 167 页。

②　《何应钦呈送湘鄂赣绥靖会议决议案》(1930 年 9 月 5 日),《中华民国史档案资料汇编》第五辑第一编《军事》(三),第 32 页。

③　《一周间国内外大事述评》,《国闻周报》第 7 卷第 41 期,1930 年 10 月 20 日。

　　10月底,奉调国民党军队纷纷入赣,共调集十一个师两个旅,近十万人,并派定三个航空队,随时准备助战。11月,国民党召开三届四中全会,会上要求确定剿共与军事善后为施政急务,并规定:"铲共剿匪,中央应视为最要急务,党、政、军、民务以全力切实协作,期于三个月至六个月内办理完竣。"①会议期间,蒋介石接见南京中央党部请愿的湘、鄂、赣、豫等省"乡民",表示"四中全会后本人就赴湘、鄂、赣督剿匪共"②。12月2日,蒋介石致电鲁涤平,指示:"各路军希督促其如期急进,现在江西兵力甚多,不必待友军之到齐,始行围剿。请先严令各部猛进,务于此一个半月内将江西所失各县收复。"③根据蒋的命令,鲁涤平将所部编为三个纵队,以张辉瓒、罗霖、谭道源为第一、第二、第三纵队司令,由上高、高安、樟树、丰城地区沿赣江两岸对红军发动总攻击,企图寻红军主力决战。面对国民党军队的优势兵力,红军采取后退化解策略,避免与国民党军队主力过早决战。国民党军队重新占据吉安、永丰、宜黄、乐安等地,稳住南昌等大城市的防御。事实上,由此开始,由于地方实力派受到很大削弱,南京中央统治逐渐趋于稳定,国民党军队从总体上开始了对红军的全面攻击,红军蓬勃发展势头受到遏制,双方进入长达数年的大规模"围剿"和反"围剿"时期。

　　12月7日,蒋介石赶到南昌,召集师以上军官举行"剿共"会议,把"剿共"列为中原大战后的第一要务。蒋介石认为:赣南是红军主力所在地,"此股一经扑灭,其余自易解决"。26日,在南昌设立"陆海空军总司令行营",以鲁涤平兼行营主任。出动三路部队,除鲁涤平第九路军外,包括朱绍良为总指挥的第六路军,辖毛炳文第八师,许克祥第二十四师,张贞第四十九师,刘和鼎第五十六师及一个独立旅;蒋光鼐为

　　①　《确立最短期内施政中心,以提高行政效率案》,《中国国民党历次代表大会及中央全会资料》上,第921页。

　　②　《四中全会记》,《国闻周报》第7卷第46期,1930年11月24日。

　　③　《电鲁涤平令各部猛进收复江西各县》(1930年12月2日),蒋中正文物档案00201020054030,台北"国史馆"藏。

总指挥的第十九路军,辖蔡廷锴第六十师,戴戟第六十一师,马昆第十二师三十四旅。他给实际出动的四万多部队制定的战略是"分进合击",要求"以根绝各匪之目的,决于吉安、泰和、赣州以东,永丰、乐安、南丰以南地区,向东固匪巢包围而聚歼之"①。蒋介石对红军的游击战术有所耳闻,他的如意算盘是,各路追击包抄,形成一个大包围圈,使红军无可游击之地,从而分头追击,合围聚歼。

刚刚取得中原大战胜利的蒋介石,显然过低估计了红军的力量,在他看来,江西红军不过是个"地方事件"②。长沙被打下后他仍称:"长沙虽失,共犯实癣疥之疾耳。"③因此,这一时期,他多次声称要在一两个月内解决红军,对红军的实力和战斗力缺乏一个客观的估计。

国民党军队第一次"围剿"发动后,红军第一方面军约四万人,在毛泽东、朱德指挥下,采取积极防御、诱敌深入的作战方针,以少数兵力节节阻击,消耗、疲惫对手,主力则隐蔽集结于宁都北部的黄陂、小布地区。

12月16日,鲁涤平发出总进攻命令,限各师20日开始行动。12月底,国民党军队左路毛炳文师占领广昌后,向宁都前进,右路蒋光鼐、蔡廷锴两师占领泰和、万安后,向兴国前进,左右包抄,指向东固、古龙冈地区。中路张辉瓒、公秉藩、谭道源各师分由永丰、吉安、乐安出发,占领赣西南根据地中心东固,对此,蒋介石在日记中得意地表示:"今日江西永丰之东固为共匪朱毛之老巢已克,则其余当易歼灭矣。"④随后,该路继续南进,逼向古龙冈地区。

此时,国民党军队表面看进展顺利,几路部队分头并进,将红军压

①　《关于第一次赣南围剿经过史稿》(1930年12月),《中华民国史档案资料汇编》第五辑第一编《军事》(三),第46页。

②　李家白:《反共第一次"围剿"的源头之役》,《文史资料选辑》第45辑,文史资料出版社1964年版,第76页。

③　蒋介石日记,1930年8月5日。

④　蒋介石日记,1930年12月22日。

缩在古龙冈一带进行决战,大有取得战略主动之势。但国民党军队方面作战实际隐藏着致命伤,红军对敌军行踪了如指掌,国民党方面战报承认:"匪区民众,久受赤化,所得我方消息,即行转告匪军。"①而国民党军队进入苏区作战,却处处受制,公秉藩回忆:"苏区群众看见国民党军队来了,就实行坚壁清野,房屋一空,看不见人,连锅勺碗筷都沉入水塘,盆盆罐罐也转移了。"②第十八师报告则称:"东固暨其以东地区,尽属山地,蜿蜒绵直,道路崎岖,所有民众,多经匪化,且深受麻醉,盖匪即是民,民即是匪。对于我军进剿,不仅消极的认为恶意,且极端仇视,力图抗拒。如是,对于我军作战上发生下列之困难:(一)我军师行所至,农匪坚壁清野,悉数潜匿山中;(二)潜伏山中之匪徒,对于我军状态窥探无遗。如是,我军企图完全暴露;(三)我军不仅不能派遣一侦察,即欲寻一百姓问路,亦不可得,以故我方对于匪情全不明确,即友军之联系亦不容易;(四)山地道路崎岖,行军已感困难,而匪徒对前进之道路亦无不大加破坏,我之前进,几使我无路可走,盖一则可予我之极大疲劳,一则无形中可迟滞我军。"③

朱、毛要从国民党军队的这一内伤中打开缺口。12月30日,鲁涤平下达作战命令:要求第十九路军在赣州蔡廷锴师本日即急进雩都(今于都),抄袭宁都,戴戟师抵兴国后即经古龙冈向宁都侧袭,第六、第九两路军协同歼敌于黄陂、麻田各处,再行收复宁都,"各师统限于元旦拂晓由现地攻击前进"④。

鲁涤平下达攻击部署命令当天,第十八师师长张辉瓒率师部及两

---

① 《关于第一次赣南围剿之经过情形》,国民政府军事机关档案廿五 1010。

② 公秉藩:《记龙冈战斗溃败经过》,《文史资料存稿选编——十年内战》,中国文史出版社 2002 年版,第 322 页。

③ 《第十八师失败之检讨》,《东固·赣西南革命根据地史料选编》下,中央文献出版社 2007 年版,第 769 页。

④ 《鲁涤平电蒋中正以朱毛彭黄诸匪部全在东关寨李庄黄陂小布等处谋抵抗》(1930 年 12 月 30 日),蒋中正文物档案 002090300026328,台北"国史馆"藏。

个旅推进到古龙冈,遭红军伏击。30 日晨 5 时许,两军接触,张一面应战,一面求援;下午 3 时,红军冒雨出击,张部副旅长洪汉杰、团长朱志等相继被击毙。此时,张部"四面被围,地势险峻,粮弹罄尽,既难突围而出,复无坚守之资"①。当晚,张师部被红军突破,张本人、旅长王捷俊、代参谋长周伟黄、团长李月峰以下 9000 人被俘。根据毛泽东后来的回忆:"第一次反'围剿'时先想打谭道源,仅因敌不脱离源头那个居高临下的阵地,我军两度开进,却两度忍耐撤回,过了几天找到了好打的张辉瓒。"②

　　张师被歼后,鲁涤平不得不马上调整部署,下令公秉藩师迅速撤回富田、东固之线,谭道源师由沅头东移,向洛口之许克祥师靠拢。蒋介石却不甘心失败,连电前方要求继续"进剿"红军。1931 年 1 月 3 日致电林蔚指示:"朱蒋两路迅向龙岗急进会战,戴蔡两师更应乘此匪共骄矜之时,急进求战。不可因此撤退,以张匪氛。"③同日,两电鲁涤平等:"已令蒋朱各路如常向龙岗急进围剿朱毛,前方情形,中不能遥制,应由兄独断专行负责挽救,不得推诿,以一挫自馁也。"④同时确定进攻部署:"一、鲁总指挥率公师、罗师、谭师在赣江以东扼要布防堵截。朱总指挥率戴师、蔡师以及毛、许各师即由原地向龙岗匪巢进剿,并令朱总指挥进驻宁国或兴都居中指挥,以期一鼓荡平,勿使一挫以自馁也。"⑤然而,就在同一日,谭道源师于撤退途中在东韶南方山中再遭红军追

---

　　①　《关于第一次赣南围剿经过史稿》(1930 年 12 月),《中华民国史档案资料汇编》第五辑第一编《军事》(三),第 50 页。

　　②　《中国革命战争的战略问题》,《毛泽东选集》第 1 卷,第 220 页。

　　③　《电林蔚》(1931 年 1 月 3 日),《蒋中正总统档案·事略稿本》第 9 册,第 282—283 页。

　　④　《蒋介石电鲁涤平应向龙冈急进围剿》(1931 年 1 月 3 日),秦孝仪主编《中华民国重要史料初编——对日抗战时期》绪编(二),第 368 页。

　　⑤　《蒋介石致鲁涤平、朱绍良等电》(1931 年 1 月 3 日),秦孝仪主编《中华民国重要史料初编——对日抗战时期》绪编(二),第 369 页。

击,"苦战终日,精疲力竭,势难再支,不得已只得突围而出"①。战斗结果,谭部一个多旅被歼。此战红军虽然予谭师以重大打击,但未达到歼灭的目的,毛泽东后来认为"江西宁都县东韶地区打谭道源的作战……吃了兵力不集中的亏"②。虽然,毛泽东高标准地对己方提出不足,但国民党军队在五日内连败两仗,"进剿"计划完全被打乱,蒋介石在痛责鲁涤平"张皇失措"③之余,也不得不吞下失败的苦果,第一次"围剿"遂以失败告终。

第一次反"围剿",红军"战争损伤约二千人"④,毙伤俘国民党军队达万余人,堪称以弱胜强的范例,这既与国民党军队从上到下轻敌冒进有关,也是中共方面战术成功的直接反映,毛泽东后来总结:"到了江西根据地第一次反'围剿'时,'诱敌深入'的方针提出来了,而且应用成功了。"⑤

1931 年 2 月,蒋介石重整旗鼓,任命麾下头号大将,军政部长何应钦为"陆海空军总司令南昌行营主任",代行总司令职权,组织第二次大规模"围剿"。这次出动的兵力除第十九路军原有编制不变以外,增调了王金钰的第五路军,孙连仲的第二十六路军,并重组了朱绍良的第六路军。此外,参加"围剿"的还有韩德勤第五十二师、刘和鼎第五十六师、周志群新编第十四旅、卢兴邦独立第三十二旅、张贞第四十九师、香翰屏第六十二师。共集结十九个步兵师,四个步兵旅,一个骑兵师,三个航空队,总兵力达十多万人,兵力较第一次"围剿"翻了一番。

---

① 《国民党军第五十师谭道源部与中央苏区红军在东韶街战斗详报》(1931 年 1 月),《中华民国史档案资料汇编》第五辑第一编《军事》(三),第 58 页。

② 《中国革命战争的战略问题》,《毛泽东选集》第 1 卷,第 225 页。

③ 《蒋中正总统档案·事略稿本》第 9 册,第 316 页。

④ 《苏区中央局十月三日自瑞金来的长电》,《兴国文史资料选辑》第 3 辑《中央革命根据地第三次反"围剿"专辑》,兴国县政协文史资料研究委员会 1990 年编印,第 48 页。

⑤ 《中国革命战争的战略问题》,《毛泽东选集》第 1 卷,第 207 页。

　　吸取第一次"围剿"失败的教训,蒋介石改变战略为"集中优势兵力","稳扎稳打,步步为营"。以宁都为目标,确定以"厚集兵力,严密包围,及取缓进为要旨"①,在严密封锁、包围基础上,发起进攻。"围剿"作战方针是:"以歼灭赣南匪军之目的,以主力分别由东、北、西三方面进剿,一部由南面协剿,并依稳扎稳打,步步为营之原则,将匪军严密封锁,逐渐紧缩包围圈,断绝匪区物资来源,最后一举而歼灭之。"②3月30日,蒋介石电王金钰,告以"进剿"原则:"赤匪利用山地险要,飘忽无常,与前之讨逆各役,迥不相同。为慎重严密起见,已饬各部以稳扎稳打为主,进攻不得过猛,与友军切取联络,齐头并进,每日以进展二十里为限。经过地方,使匪不能漏网。同时辅助地方,组织民众自卫团,并肃清后方,使匪不易再逞。"③根据以上方针,国民党军队从江西吉安到福建建宁,构成一条数百里长的战线。

　　第二次"围剿"准备过程中,国民党方面在政治上也力图有所作为。何应钦提出:"要消灭共匪,非党政军全体总动员集中力量团结意志不能挽救危机,军事只可以治标,正本清源以及休养生息的种种任务,是望政府和党部来担当责任。"④为此,南昌行营成立江西地方整理委员会,对江西地方政治、社会展开整顿:将各县反共义勇队一律改组为保卫团,区团以下均设守望队,形成全面监视巡查网;制定《处理被匪侵占财产办法》,规定赤化收复区域土地、房屋各归原主,恢复地方秩序,同时蠲免1930年度全省田赋、地租;颁布《保护佃农暂行办法》,规定地租最高额不得超过40%,如遇天灾,佃农要求减租,地主不得拒绝;组织由地方逃至中心城市的青壮年"难民"随军返乡,协助运输、带路,或参

---

　　①　《关于第二次赣南围剿经过史稿》(1931年3月),《中华民国史档案资料汇编》第五辑第一编《军事》(三),第62页。

　　②　"国防部"史政局编:《剿匪战史》第1卷,台北1967年版,第125页。

　　③　《蒋中正电王金钰饬各部稳扎稳打与友军切实联系》(1931年3月30日),蒋中正文物档案002060100034030,台北"国史馆"藏。

　　④　《在赣欢宴各界之演说》,江西《民国日报》,1931年2月26日。

加筑路。这些措施,虽由于缺乏具体组织实施的决心和能力,实际效果有限,如蒋介石自己所说:"劳师转饷,苦战连年,地方贤良士民,竟无出而相助者。"①但起码表明国民党方面对自身在地方政治建设上的薄弱环节已心知肚明,并力图在政治和组织上和中共争夺民众。

4月1日、3日,何应钦两次下达总攻击令,限令5月国民大会召开前"克服各县"②。随后国民党军队开始全面推进,压向赣南、闽西中共根据地。

此次作战分南北两路展开,北路分左、中、右路,第六路军为左路,由朱绍良任总指挥,辖胡祖玉第五师、毛炳文第八师、许克祥第二十四师、路孝忱新编第十三师,以主力由南丰、八都夺取广昌,并以一部进占头陂、新安、白水(今赤水)之线。第二十六路军为中路,由孙连仲任总指挥,辖第二十五师(孙连仲兼)、高树勋第二十七师、关树人骑一师,由乐安、宜黄分两路向东韶、小布进攻。第五路军为右路,由王金钰任总指挥,辖上官云相第四十七师、公秉藩第二十八师、郭华宗第四十三师、郝梦龄第五十四师、罗霖第七十七师,分两个纵队分别从吉安、吉水、永丰南进,向东固、藤田方面进攻。三路最终目标为宁都。南路为第十九路军,由蔡廷锴代总指挥,辖第六十师(蔡廷锴兼)、戴戟第六十一师及第十二师马昆第三十四旅,由兴国向龙冈头、城冈、江背之线进攻,策应右路军会攻宁都。

红军在第一次反"围剿"后未及休整补充,只有三万多兵力。面对国民党军队铁桶般压来的庞大阵势,红军采取先破弱敌,在紧密链条间寻隙突破再行反击的方针。毛泽东、朱德决定:红军主力"以极迅速行动首先消灭王金钰敌军,转向敌军围攻线后方与敌军作战,务期各个消

---

①　《蒋委员长告江西各县离乡避匪之贤良士民书》(1933年9月22日),《军政旬刊》第2期,1933年10月30日。

②　《蒋中正总统档案·事略稿本》第10册,第429页。

灭敌军,完成本军任务"①。4 月中下旬,红军主动放弃广昌、宁都等大片地区,对此,国民党方面宣传:"自本月对匪开始总攻以来,已连将匪之第一第二阵线,完全冲破……综计收复区域,纵横共达三百余里。"②其实,红军并没有为一时一地得失所动,而是主动西移至东固附近地区隐蔽集中。

1931 年 2 月,因在约法等问题上的冲突,蒋介石拘禁胡汉民,由此引起两广方面反蒋行动不断发酵。5 月初,两广方面连续发出反蒋通电,迫蒋引咎下野。28 日,粤方以非常会议名义成立国民政府,国民党内政争有向武力冲突演化的趋势。对此,蒋介石一方面积极在政治上全力应付,军事上则加紧准备对赣南苏区的围攻。大批部队南调与广东接壤的江西,既可参与对中共的"围剿",也可起到防范两广部队北进的作用,不失为一石二鸟之计。5 月 2 日,蒋介石致电何应钦,指示:"粤局如变,赣南剿匪部队仍须照常围剿,勿因此功亏一篑。并令各部务于十日内占领宁都,击溃赤匪之主力,则两粤叛军心为胆寒,或可以政治方式解决之,即使其向北出兵,则粤军必不敢出境攻赣,只有桂军攻湘。如我军能于十日内击溃赤匪,则桂军尚不能过衡州也。"③次日,蒋介石又电告朱绍良:"两粤或有变故,我军务于十日至半月内击破赣南赤匪主力,占领宁都,则两广或可用政治方法解决,不至发生危险,请兄部速照预定计划急进。"④中旬,蒋在日记中进一步透露其想法:"上午对南北战局甚为踌躇,以我如取守势观变沉机,则主动不能操自我

① 《战前部队集中的命令》(1931 年 4 月 19 日),《朱德军事文选》,解放军出版社 1997 年版,第 32 页。

② 《毛师收复广昌,南昌行营参谋处通电》,《申报》,1931 年 4 月 18 日。

③ 蒋介石电何应钦指示赣南剿共部队应照常围剿勿因粤局变动致功亏一篑,1931 年 5 月 2 日,秦孝仪主编《中华民国重要史料初编——对日抗战时期》绪编(二),第 370 页。

④ 《蒋中正电示朱绍良务于十日至半月内击破赣南赤匪并先剿匪再讨逆》(1931 年 5 月 3 日),蒋中正总统档案 002010200056060,台北"国史馆"藏。

也,以敌方计划必得我军进攻广东时,则北方乃乘机敢动而我甚欲先解决石孙杂部,平定北局,然后再攻广东也。然此时犹不便对石孙取攻势,以诱起其他部队之误会。故粤如不设伪府,则取放任态度,以得北局之开展,对粤使粤桂内讧,对北使石孙速变。而一面剿匪,一面准备以待时机之成熟也。"①

此时,国民会议正在南京召开,"剿共"问题是其重要议题之一。会议通过决议高调表态,认为:"赤匪之为祸,诚如国民政府剿匪报告之所言,不特足以倾覆吾国之政制,而且足以破坏吾国之社会,断绝吾民之生计,消灭吾国之人口,危害吾民族之生存,此一全国国民共同之大患,必须全国上下通力合作以破除之,决不可如过去所持之心理,以为仅仅依赖国军之进剿,或仅仅责望当时省政府局部之努力,即可扑灭之而有余也。国民政府既已始终自矢其贯彻剿灭赤匪之决心,各省军、警、行政长官自亦不容懈怠其防匪剿匪之责;而吾国民全体尤必周知赤匪之毒害与罪恶,人人以消弭赤祸、肃清匪类之责自任,从而予中央与地方军政当局以最大之协力与赞助。"②当"围剿"军事正紧张展开时,国民会议的决议可以指望为其充当强心针的作用,但是,当国共两党军队在战场上正式展开接触时,国民党方面却崩溃得意外迅速。

5月13日,王金钰指挥国民党军队第五路军脱离富田巩固的阵地,向东固地区前进。同日,朱德、毛泽东发出命令:"本方面军为各个破敌,巩固苏区,向外发展起见,决心先行消灭进攻东固之敌,乘胜掩击王金钰属全部,努力歼灭之,以转变彼我攻守形势,完成本军目前的任务。"③16日,王金钰所属第二十八师公秉藩部和第四十七师王冠英旅进逼东固时,遭隐蔽于白云山红军拦击、围攻,激战一昼夜,红军"前仆

---

① 蒋介石日记,1931年5月15日。
② 《国民会议对于国民政府剿灭赤匪报告之决议案》(1931年5月14日),秦孝仪主编《中华民国重要史料初编——对日抗战时期》绪编(二),第356页。
③ 《消灭进攻东固之敌的命令》(1931年5月13日),《朱德军事文选》,第35页。

后继，愈战愈多"，公秉藩"恐陷十八师覆辙，乃向富田后退"①。是役，该师副师长王庆龙、旅长柴乔松等战死，官兵死亡达二千余人，全师五天后只收容到一千五百人左右，几乎全军覆没。王冠英旅被俘近三千人。王金钰报告："此次悍匪尽趋职路右翼，至第六、第廿六两路均无多匪。"②证之中共方面的部署，王所言尚属事实。不过国民党军队内部也有报告，此次失利主要是由于："王金钰之基本部队四十三、四十七、五十四师，每次故意延缓，不肯前进，廿八师兼程突进，余部均作壁上观。"③毛泽东则谈到："当打王金钰时，处于蔡廷锴、郭华宗两敌之间，距郭十余里，距蔡四十余里，有人谓我们'钻牛角'，但终究钻通了。主要因为根据地条件，再加敌军各部之不统一。"④

　　由于红军是自西向东攻击，国民党中路军紧接右路军之后也遇败绩。高树勋率第二十七师于5月18日进至南团，受命驰援藤田的郝梦龄师，前进至中村，先头第八十一旅即遭伏击，高率师部直属队和池峰城旅部增援至中村，被红军和游击队团团围住。高树勋最终丢掉部队才得以逃脱，此役第二十七师伤亡官兵二千余人。据孙连仲报告："敝部奉命向沙溪前进，号日高师先头王旅行抵石马浔南中村以西地，遇枪匪主力，激战终日，初意其为农匪，继而愈演愈烈，至马戌匪力已达两万余人，将我王旅围困，经我高师极力增援，始得解围。"⑤国民党方面战史认为此役是第二次"围剿"中"战事最烈者，匪军虽遭重创，高师亦受

---

① 《公郭两师进攻东固匪巢之血战》，《申报》，1931年5月29日。
② 《王金钰电蒋中正现彭德怀匪主力在水南街图犯吉安》（1931年5月18日），蒋中正总统档案002090300039057，台北"国史馆"藏。
③ 《曾愚函转蒋中正上次东固剿共惨败情形》（1931年5月20日），蒋中正总统档案002020200011104，台北"国史馆"藏。
④ 《中国革命战争的战略问题》，《毛泽东选集》第1卷，第218页。
⑤ 《朱绍良电蒋中正共军兵力增至二万余人重创王布恩旅》，蒋中正文物档案002090300024145，台北"国史馆"藏。

损甚剧"①。

右路和中路国民党军队相继失败,南路第十九军虽进至富田,亦不得不回师兴国,又撤返赣州。红军于是得以进一步集中主力,围攻广昌城。战斗于 27 日打响,当晚即攻占广昌。守城第五师遭受重创,师长胡祖玉重伤后死亡。进而,进占建宁的刘和鼎的第五十六师,也在 5 月31 日遭到红军的围攻,"大约消灭三团以上,缴枪约二千支以上,缴到西药可供全方面军半年之用"②。几战下来,国民党军队遭到重创,第二次"围剿"不得不草草收场。

第二次反"围剿",红军损失约四千人③。这次反"围剿",红军使用无线电侦察,保证了战斗战役情报的准确及时,"几乎每一仗敌人的命令我们都很清楚。我们根据敌人的命令打仗,很主动。电台发挥了非常重要的作用"④。

第三节　南京国民政府对中央苏区和红军的第三次"围剿"与红军的壮大

一　南京国民政府第三次"围剿"的发动

第一、二次对赣南红军的"围剿"连遭挫败后,蒋介石不得不认真面对眼前的对手。准备第三次"围剿"时,明显区别于此前"围剿"军中几

---

① 《关于第二次赣南围剿经过史稿》(1931 年 3 月),《中华民国史档案资料汇编》第五辑第一编《军事》(三),第 68 页。

② 《总前委第五次会议纪要》(1931 年 5 月 30 日),《兴国文史资料选辑》第 3辑《中央革命根据地第三次反"围剿"专辑》,第 147 页。

③ 《苏区中央局十月三日自瑞金来的长电》,《兴国文史资料选辑》第 3 辑《中央革命根据地第三次反"围剿"专辑》,第 48 页。

④ 《中国人民解放军历史资料丛书·通信兵》第 1 册,解放军出版社 1995 年版,第 61 页。

无国民党军队主力部队的状况,陈诚、卫立煌、蒋鼎文等蒋信重的将领出现在"剿共"名单中,显示蒋对"围剿"红军重视程度大大加强。1931年6月国民党三届五中会发出书告,宣称:"今政府决于匪祸已成之区,大举师徒,克期剿灭;于匪祸未成之区,积极清乡,防其滋蔓……如此悉全国之力,以扑方张之寇,自可壁垒一新。"①

更能显示蒋介石决心的,是第二次"围剿"失败后半个多月,6月22日他亲到南昌,自任"围剿"军总司令,此后两个多月时间长期驻在江西,就近指挥战事。在赣期间,蒋介石与部属反复研究"进剿"方略:"此次剿赤,惟有隐蔽兵力,声东击西,预备强大兵力出匪不意,凡抄袭部队须冒用红旗,使匪混乱也。"②此时,苏区核心地域位于赣西南的东固地区,这也是前二次"围剿"国民党军队的伤心地,而红军主力则在赣闽交界地区,"围剿"进攻方向在此两点中如何抉择,颇费思量。20日,在致何应钦、熊式辉电中,蒋提出的初步计划是:"先洗扫赣南匪巢为第一步计划,对其主力则派相当兵力以监视之……此次作战主旨,第一、不在阵前集中,应预定目标,纵长配备,相连续进,出匪不意,使其不能详悉我之部队与兵力为主。第二、主力部队专任进击,占其全力随地集中,不使分留后方,而另派后继部队以防剿各区,如此占领宁都广昌后对粤或援闽皆不致误时失机也。第三、先将其老巢击破,确实占领,再将其赣南各县城占领,然后再定第二步计划。"③反复权衡之后,6月下旬,蒋决定不以苏区核心地域为主攻方向,将主攻击点确定为其所判断的红军主力所在方向,即赣东左翼一线。对此,他日记中记有:"研究战略,决定右翼地形复杂,进展困难,故取守势,暂不求进步,所以重兵贯

---

①　《为一致协力扑灭赤匪告全国同胞书》,《蒋中正总统档案·事略稿本》第10册,第292页。

②　蒋介石日记,1931年6月27日。

③　《蒋介石致何应钦、熊式辉电》(1931年6月20日),秦孝仪主编《中华民国重要史料初编——对日抗战时期》绪编(二),中国国民党中央党史委员会1981年编印,第373页。

注左翼,另以强大部队第六、第九两师控置于黎川、建宁与南丰之间,以备赤匪由闽边以抄袭我主力之侧背也。深思熟虑,终觉战略未妥,于心不安者,而今则贯通断行必无疏漏矣。"①6月底,蒋介石任命何应钦为前敌总司令官兼左翼集团军总司令,辖第三军团(第五、第八、第二十四师)、第四军团(第九师)、第一路进击军(第六师)、第二路进击军(第十一、第十四师)共七个师及闽西北各部从南丰进攻;陈铭枢为右翼集团军总司令,辖第一军团(第六十、第六十一、第五十二师)、第二军团(第二十五、第二十七师)、第三路进击军(第四十七、第五十四师)共七个师从吉安进攻;第十师及攻城旅为总预备军。第二十八师、第七十七师及第十二师之三十四旅,为吉、泰、万、赣四县守备军。第二十三师、第七十九师位于南城、宜黄、临川、樟树地区,担任"清剿"和维护后方。当时报章报道:"赣省现有军队,合计不下二十万人。"②30日,蒋介石发表《出发剿匪告全国将士书》,声称"歼灭赤匪为唯一之急务",要求实现"戒除内战,保障统一"和"剿灭赤匪,安定社会"之重任③。

　　7月1日,蒋介石亲下"第三次剿匪总攻击令":"(一)以第二路进击军陈诚部之第十一师及第十四师分由南城、黎川向宁都攻击前进。(二)以第一路进击军赵观涛部之第六师及预备军第十师卫立煌部由南城、南丰向广昌地区之头陂攻击前进。(三)以第三军团朱绍良部之第八师及第二十四师分由南丰、新丰向黄陂攻击前进。(四)以第四军团蒋鼎文部为左翼集团军预备队,于临川、南城间集结相机策应第一线作战。"④7月初,何应钦和陈铭枢部分别从南丰、吉安出发,采用"长驱直入"、"分路围剿"的战法,形成钳形攻势,企图先击破红军主力,然后再

---

　　①　蒋介石日记,1931年6月28日。

　　②　《剿赤军各路布置完妥》,《申报》,1931年6月28日。

　　③　蒋介石:《出发剿匪告全国将士书》,《先总统蒋公思想言论总集》卷三十,第147页。

　　④　蒋介石:《下第三次剿匪总攻击令》(1931年7月1日),《先总统蒋公思想言论总集》卷三十七,第30页。

深入"清剿",捣毁中央苏区。

与国民党方面积极准备相比,红军方面当时多少显得有些放松。第二次反"围剿"结束后,红一方面军总前委判断:"两广反蒋军队正想急进湖南。蒋有先对付两广的必要,对我们有改守势的可能。"①6月22日,国民党第三次"围剿"已箭在弦上,总前委一方面判断"目前蒋介石准备三次进攻革命,已是事实";另一方面又认为:"如果广东军去打长沙,而红军又不打抚州,则蒋自然也会先打广东的。因此目前我们不再向抚州逼。如敌退出南丰,也只用少数部队进南丰,而不以大部队逼抚州。我们的队伍只在蒋介石的偏僻地方,而不去广东政府的地方。这样就使蒋不得不对红军转处守势,去对付广东政府。"②毛泽东进一步判断:"敌人如由南丰前进,只能在广昌以北有船运输,所以敌人八月十五号以前只能进到广昌。以后有新谷了,才能再进。七月以前我们可以努力筹款。八月也可以不管他,主要在于、瑞、石、汀四县布置巩固苏区做战场。"③显然,红军对国民党军队会如此之快发动第三次"围剿"缺乏充分估计,之所以如此,一是认为第二次"围剿"失败后,国民党方面短期内很难再次组织起大规模的"围剿";二是注意到宁、粤间爆发冲突的可能,判断此一形势势必影响到蒋介石对苏区的进攻。

宁、粤冲突发生后,由于有此前国民党内争予以红军发展良机的先例,相当程度上使中共放松了对蒋介石的警惕。但是,令中共始料未及的是,惯于在国内政争中纵横捭阖的蒋介石,却有其自己的出牌方式:

① 《总前委第六次会议纪要》(1931年6月2日),《兴国文史资料选辑》第3辑《中央革命根据地第三次反"围剿"专辑》,兴国县政协文史资料研究委员会1990年编印,第151页。

② 《总前委第九次会议纪要》(1931年6月22日),《兴国文史资料选辑》第3辑《中央革命根据地第三次反"围剿"专辑》,第158—159页。

③ 《红军一方面军总前委第一次扩大会议记录》(1931年6月22日),《兴国文史资料选辑》第3辑《中央革命根据地第三次反"围剿"专辑》,第162页。

即在政治上全力应付两广攻势同时,军事上不是停止而是加紧准备对江西苏区的围攻。蒋介石此举,初看来,似涉行险,但细细分析,却有一石数鸟之效:大批部队南调与广东接壤的江西,既可参与对中共的"围剿",又可防范两广部队北进,还可保持对广东的威胁,中共方面注意到,蒋介石计划在消灭红军后,"乘胜南进,攻打广东,达到一箭双雕的目的。我们缴获敌军绝密命令和很多赣南、广东东北部军事地图,证明进剿军确曾有此意图"①。陈铭枢也回忆,他从两广出走经日本再到南京后,蒋介石告诉他:"共匪不是短期所能消灭的,到进剿到一定阶段时,就要你担负起打回广东的任务。"②

更重要的,此时展开"剿共"军事对蒋摆脱政治上的不利形势大有裨益。拘禁胡汉民后,蒋介石因逾越常轨,遭到各方怀疑、指责,政治上十分被动,急需制造事端,转移视线,如粤方发动后他在日记中所写:"此次粤变之来,其祸因当不能避免,但胡事发生后,如果即亲往江西剿共,使陈济棠、古应芬无所借口,则其变或可暂缓。"③循着这一思路,迅速发动新一轮"围剿"在其可谓亡羊补牢之举。的确,当时国民党内能够使各方无法反对的即为"剿共",粤方在反蒋同时,也绝不敢放低"剿共"的声音,宣称:"今日我国民革命军人之最大责任,一曰剿共,二曰讨蒋。"④明确表态:"即使为国人所共弃如蒋中正者,若能以剿共自效,国府亦断不加以一兵。"⑤因此,当蒋出现在"剿共"战场时,粤方很难在其与中共作战时贸然北进,这等于蒋已经在政治上给自己上了一道保险。

---

①　郭化若:《粉碎蒋介石亲自指挥的第三次"围剿"》,《兴国文史资料选辑》第3辑《中央革命根据地第三次反"围剿"专辑》,第12页。

②　《陈铭枢回忆录》,中国文史出版社1997年版,第70页。

③　蒋介石日记,1931年6月10日。

④　《国民政府慰劳剿共将士通电》,《中国国民党历次代表大会及中央全会资料》上,光明日报出版社1984年版,第973页。

⑤　《国府告全国武装同志电》,《中国国民党历次代表大会及中央全会资料》上,第975页。

所以此时发动"围剿"战争,成为蒋介石应付各方攻击的挡箭牌,在蒋居然有不得不然之理。

　　对于在夹缝中生存的中共武装而言,国民党内部争斗的走向和自身的发展息息相关,他们对此自然会保持高度关注。毛泽东曾明确指出,反"围剿"准备的时机,"要从敌我双方情况和二者间的关系着眼。为着了解敌人的情况,须从敌人方面的政治、军事、财政和社会舆论等方面搜集材料。分析这些材料的时候,要足够地估计敌人的整个力量,不可夸大敌人过去失败的程度,但也决不可不估计到敌人内部的矛盾,财政的困难,过去失败的影响,等等"①。6月底,毛泽东在解释为什么要将主力移向闽西开展群众工作时指出了中共、南京、广东三方的特殊关系:"依大局来看,过去所拟三军团去宜黄、崇仁,四军去寻乌、安远的计划,不但客观上帮助了蒋介石打击两广,为蒋介石所大愿,并且要很快引起两广的对共行动,乃由我们一身遮断两广反蒋视线,使之集注于我们自己,必然要促进蒋粤妥协对共的进程,我们不应如此蠢。"②这是说的不去触动两广这一方面,同时,毛泽东还指出:"去南丰以北,目前事实上即不许,整个策略上也不宜。因一则无巩固政权可能,二则威胁长江太甚。西南北三面都不可,便只有东方是好区域。"③避免威胁长江太甚,当然指的是尽可能不去触动蒋介石,这和前述总前委会议的分析是一致的。中共不想触动两广,甚至希望避免与南京正面相向,这种很容易被指责为机会主义的策略,实乃洞悉局势的高明之举。

　　只是,在当时的国共对垒中,中共毕竟是处于弱势和被动的一方,

---

　　①　《中国革命战争的战略问题》,《毛泽东选集》第1卷,人民出版社1991年版,第201页。

　　②　《毛泽东致以栗、震林等同志信》(1931年6月28日),江西党史资料第19辑《中央苏区第三次反"围剿"》,中共江西省委党史资料征集委员会、中共江西省委党史研究室1991年编印,第41页。

　　③　《毛泽东致以栗、震林等同志信》(1931年6月28日),江西党史资料第19辑《中央苏区第三次反"围剿"》,第41—42页。

出牌的主动权握在蒋介石手里；而在蒋看来，中共乃是国内政争诸多棋子中比较重要的一枚，他如何出牌，出什么牌，并不会以中共的动向为转移。7月，当蒋介石的"围剿"发动起来后，从广西长途跋涉到江西的红七军对蒋介石此举目的作了分析："在政治方面积极进攻，提出'专力剿匪'的口号，削弱粤桂反蒋行动的影响，阴谋拆散反蒋的结合。"①至于"粤桂方面，亦明知内部组织成分的复杂，无论在军事上、经济上及政治上，均极力巩固广州第二国民政府的基础，等待北方冯、阎、张继起反蒋，再会师长江，争取天下"②。红七军不愧是经历过国民党内部政争的历练，对宁粤冲突、对蒋介石出牌方式的观察有细致入微之处，可惜第七军7月初才到达江西，无法为中共当时的反"围剿"决策提供帮助。

在各方追求最大利益的算计下，蒋介石在前一次"围剿"失败后一个月迅速开始了第三次"围剿"，这一对蒋而言主要是基于政治算计的决策，意外地却误打误撞，出乎中共意料之外，使政治经验毕竟还欠丰富的中共显得有点措手不及，在军事上一度造成国民党方面有利的局面，后来毛泽东客观反省道："第三次战役，因为不料敌人经过第二次战役那么惨败之后，新的进攻来得那么快……红军仓猝地绕道集中，就弄得十分疲劳。"③这应该是坦率而负责的总结。

二　国民党军队对红军的"追剿"和失败

1931年7月1日，蒋介石"进剿"命令发出后，红军方面通过一方面军总部电台很快截获了这一消息。郭化若回忆："蒋介石七月一日发出第三次'围剿'的命令，我们当天在建宁就得到消息。对于这次'围

①　《军阀混战的形势与前途》，红七军政治部编《火炉》第1期，1931年7月18日。
②　《军阀混战的形势与前途》，红七军政治部编《火炉》第1期，1931年7月18日。
③　《中国革命战争的战略问题》，《毛泽东选集》第1卷，第213页。

剿'的战略意图、方针、计划、部署、指导思想等大概都了解个轮廓。这是我们战略指导上特别是判断情况、定下决心必不可少的前提。"①尽管如此,由于中共没有估计到蒋介石会如此迅速发动新一轮"围剿",事先准备不够充分,仍形成第三次反"围剿"初期红军仓促应战的局面。红军主力当时集中在赣东和闽西北,红三军团在黎川、红四军在南丰、红三军在宜黄及南丰以西地区,红十二军在建泰地区,主要任务是开辟新区,进行筹款,兵员补充和战争动员均未有效展开。当国民党军队发动进攻后,整个根据地实际处于开放状态,而国民党军队在左翼南城、南丰一带厚集兵力,又使红军难以由现地直趋赣西南老根据地,不得不绕道闽西南地区。

对红军主力此时滞留闽西北,国民党方面相当清楚,6 月 20 日蒋已明确红军主力"向赣东闽北转移"②。7 月 2 日,陈诚报告蒋介石黎川一带红军主力"有窜建宁、宁化之虞"③。正因如此,蒋介石在左翼厚集兵力,陈诚的第十八军及第六师等精锐部队放在这一方向,蒋本人也在此路亲自督阵。3 日,蒋介石致电左翼朱绍良等:"此次我军左翼兵力数倍于赤匪,对于侧背之掩护兵力尤为雄厚,故我前方各路之进击部队,尽可能专心挺进,决无后顾之忧。且挺进部队以寻求匪军主力为目的,故进度愈急速愈为得机。"④

不过,对红军下一步的行动方向,有了两次"围剿"难以捉摸的印象后,蒋介石和国民党方面不敢遽下判断,5 日,罗卓英向蒋报告:

---

① 郭化若:《粉碎蒋介石亲自指挥的第三次"围剿"》,《兴国文史资料选辑》第 3 辑《中央革命根据地第三次反"围剿"专辑》,第 12—13 页。

② 《蒋介石致何应钦、熊式辉电》(1931 年 6 月 20 日),秦孝仪主编《中华民国重要史料初编——对日抗战时期》绪编(二),第 373 页。

③ 《陈诚电蒋中正何应钦黎川匪以朱德彭德怀为主有窜建宁宁化之虞该路军拟向黎川搜匪主力攻击并规定各部行动等》(1931 年 7 月 2 日),蒋中正文物档案002090300027088,台北"国史馆"藏。

④ 《蒋介石致左翼朱绍良、孙连仲、陈诚等电》(1931 年 7 月 3 日),秦孝仪主编《中华民国重要史料初编——对日抗战时期》绪编(二),第 375 页。

"朱德、彭德怀两部约二万人于将乐附近,退却时扬言先解决福建国军再回江西。"①虽然事后看,报告有相当的准确性,但在信息混乱的状态下,国民党方面并没有据此改变计划,而是在侧翼保持强厚兵力,然后按部就班地自北向南压迫。这样的行动方向多少显得有些机械,缺乏变通,不过对付红军,以变应变似乎并非国民党军队的有利选择。何况,离开预定进攻方向,在左右缺乏协同背景下,国民党军队大有可能堕入红军彀中,毛泽东后来说得很清楚:"江西第三次反'围剿'时,假如当时敌人进攻的规模没有那样大,而敌有一路从闽赣交界的建宁、黎川、泰宁前进,这一路的力量又适合于我们的攻击时,也可以设想红军就在福建西部的白区集中,首先打破此敌,不必绕道千里走瑞金到兴国。"②

　　7月10日,红军主力从福建建宁出发,绕道闽西地区千里回师赣西南老根据地。中旬,到达瑞金壬田后决定继续往西北集中于都北部山区隐蔽,等待战机。这一段时间,国民党军队进展顺利,19日占领宁都,25日进占龙岗。30日,蒋介石向南京报告:"赣南东固、龙岗、黄陂、小布、古龙岗皆已为我军占领。"③不过,这样的占领之不足为喜,蒋介石清楚,前方将领更心知肚明,陈诚在给未婚妻的信中道出:"至于进展之速及屡克各城,盖非出匪不意,不但不能肃清土匪,且为匪所算也。"④

　　其实,真正的问题是交手双方对对方的动态有多少了解,就此而言,客观地看,国民党方面在这一时期似并不处劣势。7月11日,蒋介

---

　　①　《罗卓英电蒋中正第十一师已抵黎川》(1931年7月5日),蒋中正文物档案002090300024175,台北"国史馆"藏。

　　②　《中国革命战争的战略问题》,《毛泽东选集》第1卷,第210—211页。

　　③　《蒋中正电王树翰朱培德叶楚伧》(1931年7月30日),蒋中正文物档案002020200011134,台北"国史馆"藏。

　　④　《此次剿匪非出匪不意不但不能肃清土匪且为匪所算也》(1931年8月6日),《陈诚先生书信集·家书》上,台北"国史馆"2006年版,第59页。

石日记载："探知赤匪仍欲以全力攻我右翼,击破一点,以摇动全局也。"①此所谓右翼,指的是相对南丰、南城、广昌左翼一线的吉安、富田、东固一线,这确实是中共主力准备集结的方向,证明国民党方面的情报是准确的。对于正在于都一带隐蔽待机的红军主力,国民党方面这时也有觉察,7月17日,上官云相报告,彭德怀部已进至沙溪、中村、黄陂,准备引诱我军深入②。23日,罗卓英进一步报告,红军计划"在龙岗、东固一带集结主力"③,诱敌深入实施决战。当时蒋的日记记下了其对红军动向的准确了解,7月20日记有:"闻赤匪十日来由老巢向古龙岗窜去者有三万人之众,乃决心即向龙岗、东固攻击前进。"④28日日记明确写道:"知第六师已克黄陂、小布矣。第十九路昨日亦克东固,则其所谓老巢者,皆已为我占领,惟其主力尚未击破,乃麇集于平安寨、马鞍石一带,乃必设法击破之。粤桂虽将逼迫湘赣,乱我战略,以助赤匪,而我仍先击破赤匪为第一任务。粤桂石逆实皆不足平也。"⑤可见,此时蒋介石对红军主力的动向掌握确实相当清楚。

如国民党方面所发现的,7月中下旬,红军主力向西北方向开动。7月22日到达于都北部银坑、桥头地区,28日进至兴国高兴(圩)地区,在长途跋涉之后,进行短暂的休整。31日,朱德、毛泽东判断富田方面国民党军队力量薄弱,指挥红军主力由兴国高兴圩地区向富田开进,"以绕入敌背捣其后路,使敌动摇震恐,然后消灭其大部队之企图,决定

---

①　蒋介石日记,1931年7月11日。

②　《上官云相电蒋中正据降匪供称彭德怀三师分至沙溪中村黄陂欲诱深入再决战已饬属严防以待》(1931年7月17日),蒋中正文物档案002090300027109,台北"国史馆"藏。

③　《罗卓英电蒋中正据俘匪供述匪仍图诱我深入在龙岗、东固一带集结主力与我决战等匪情》(1931年7月23日),蒋中正文物档案002090300027164,台北"国史馆"藏。

④　蒋介石日记,1931年7月20日。

⑤　蒋介石日记,1931年7月28日。

先夺取富田、新安"①,试图在此打开缺口,重演第二次反"围剿"由西向东横扫的一幕。以龙岗为中心的这一带老根据地具有良好的群众基础,是红军击败国民党一、二次"围剿"的福地,朱、毛不惜千里回师,选择在此发动战略反攻,主要是基于此,这就是毛泽东分析的:"当敌人大举进攻红军时,红军总是从白区退却到根据地来,因为根据地的人民是最积极地援助红军反对白军的。根据地的边缘区和中心区,也有区别;对于封锁消息、侦察、运输、参战等事,中心区的人民比较边缘区为好。所以'退却终点',在过去江西反对第一、二、三次'围剿'时,都选在人民条件最好或较好的地区。"②

但是,红军此次千里回师,目标太大,很难不被察觉,加之国民党方面拥有空中力量,更增添红军大部队隐蔽行动的困难③。长时间的长途行军,对红军保持战斗力也是一个巨大考验。而红军的进军方向,虽然有其不得不然之理,却也在蒋介石意料之中,使其可以从容应对。因此,当红军发出进攻命令后,形势其实不容乐观。右翼赣西南地区,虽然不是初期国民党方面的主攻方向,却是其钳形攻势的落剪之处。7月30日,陈诚的第十八军主力由宁都开至龙岗一带,正"待命龙岗"④,随时可以向富田进发,十九路军更是在此蓄势已久。红军出动当天,国民党方面又侦得动静,作出一系列严密部署,十九路军和十八军这两支"进剿"军中最精锐部队分扼南北,东边有第三路进击军及正赶往兴国的第六、第九师,西边是赣江天险,红军大有堕入对方包围圈的嫌疑,正

① 《夺取富田新安的命令》(1931年7月31日),《兴国文史资料选辑》第3辑《中央革命根据地第三次反"围剿"专辑》,第220页。

② 《中国革命战争的战略问题》,《毛泽东选集》第1卷,第207页。

③ 第三次反"围剿"结束后,苏区中央局谈到国民党空中力量的影响:"敌飞机轰炸威力颇大,一年来我军被其损伤者近千人。侦察亦有相当作用。"(《苏区中央局十月三日自瑞金来的长电》,《兴国文史资料选辑》第3辑《中央革命根据地第三次反"围剿"专辑》,第49页)

④ 《何应钦电蒋中正据陈诚电军情近况现待命龙岗急候钧令指示进止》(1931年7月30日),蒋中正文物档案002090300027184,台北"国史馆"藏。

因如此,蒋介石在日记中信心满满地表示:"据飞机报告,今晨有匪之主力二万人由兴国经沙村、洞口向新安、富田方向前进,来抄袭我十九军之侧背,幸发觉尚早,布置犹能及也。乃重下第九次命令,严令六、九两师星夜进攻兴国,俾得夹攻,如能如计,则赣南赤匪或能于此一网打尽也。"①

8月初,国民党军队纷纷逼向高兴圩地区,试图在此逼迫红军主力决战。3日,蒋介石在日记中写道:"赤匪主力尚游魂于兴国西北石陂、沙村之间,扬言由小布来攻白沙,其实乃欺诈我兵力而已。第六师到太平寨,围剿未破,分兵监视,而直攻兴国,颇得法,明知其为牵制兵力而已。惟决战未定,心实忧虑,恐被其漏网也。"②蒋此时虽也自称忧虑,但担心的乃是红军会否漏网,已经很有几分鱼已上钩的激动。反观红军,人困马乏,四面皆敌,处境十分艰危。生死存亡,几在毫发之间。

面对危机,朱德、毛泽东保持了清醒的头脑,当察觉富田一带国民党军队已有严密防范时,红军立即改变计划,折回高兴圩地区。毛泽东后来回忆:"我不得不改变计划,回到兴国西部之高兴圩,此时仅剩此一个圩场及其附近地区几十个方里容许我军集中。集中一天后,乃决计向东面兴国县东部之莲塘、永丰县南部之良村、宁都县北部之黄陂方向突进。"③苏区中央局在稍后的电报中对此描绘简单明了:"两月奔驰,全无休息,疲困已极,疾病甚多。既入兴国,仓猝应战,初向富田,折回兴国,由西向东,深入黄陂,又疾驰五百里。"④

战争是与对手双方的较量,计划随形势而变化,乃题中应有之义。8月5日,红军在国民党军队重重包围之中,采取中间突破方法,向国民党军队相对较弱尚未合围的东部突进,在国民党军队相隔仅20公里

① 蒋介石日记,1931年7月31日。
② 蒋介石日记,1931年8月3日。
③ 《中国革命战争的战略问题》,《毛泽东选集》第1卷,第219页。
④ 《苏区中央局十月三日自瑞金来的长电》,《兴国文史资料选辑》第3辑《中央革命根据地第三次反"围剿"专辑》,第47页。

的空隙地带衔枚疾走,乘夜穿过,安全进到莲塘地区。红军能作出并成功实施这一决策,是朱德、毛泽东审时度势、大胆用兵的体现,同时和其长期在此活动,对地形地势有充足了解及该地区良好的群众基础直接相关。毅然放弃原定计划,向东突进,是红军摆脱第三次"围剿"以来窘迫局面、化被动为主动的关键一步,意义非同寻常。

红军向东突破后,战场形势为之一变。7日,红军在莲塘主动出击国民党上官云相四十七师,该师在第二次"围剿"时已遭红军打击,是国民党军队链条中较弱部分,红军发起攻击,迅速歼其两个团,接着又乘胜在良村追歼退却的郝梦龄第五十四师两个团。此役,据国民党方面战报记载:"上官云相部分防六处,相距过远,且以四昼夜前进四百五十里,深入匪区,突破该匪进犯,致陷重围……卒以调援不及,众寡悬殊,不得已退驻沙溪。"①

莲塘、良村之战后,红军兼程东进。8月11日,一举突入黄陂,歼毛炳文部两个团。红军居然可以在绝境中反戈一击,在蒋介石心间蒙上浓厚的阴影,使其清楚认识到"剿共"必须要付出的重大代价。10日他在日记中计划今后作战应"注重据点,不多追剿,俾得节省兵力,免得疲于奔命也"②。黄陂战斗后次日,再次在日记中表示:"剿匪之难,甚于大战,彼利用地形熟识,与民众协从,故避实击虚,随其所欲,而我官兵则来往追逐,疲于奔命。"因此,他调整今后的计划为:"如欲剿灭赤匪,决非一朝一夕之故,必集中兵力,构筑据点,开阔道路,发展交通,使匪无所藏窝,而官兵行动自如,乃可制其死命也。"③显然,其进剿信心已严重动摇,不再期望迅速"剿灭"红军。

莲塘、黄陂两役后,当蒋介石唉声叹气、忧惶无主时,中共方面自身

---

① 《关于第三次赣南"围剿"经过史稿》(1931年7—9月),《中华民国史档案资料汇编》第五辑第一编《军事》(三),第75页。
② 蒋介石日记,1931年8月10日。
③ 蒋介石日记,1931年8月12日。

评判也不乐观,苏区中央局指出,7月底以来,红军"在约三个星期中,出入敌军重围之中,争取良村、黄陂两役胜利,至八月十六日二次被敌包围,是为一年来三次战争中最艰苦的时刻"①。也就是说,虽然莲塘、黄陂两役红军取得歼灭战的胜利,但红军总体上的被动态势仍未彻底改变,当国民党军队以绝对优势兵力转向东面的黄陂,密集接近包围红军,红军处境仍然十分艰难,红十二军东进乐安的疑兵事实上并未能调动国民党军队主力②。究其原因,首先当然是由于国民党军队兵员上的绝对优势;其次红军活动范围始终在老根据地,活动空间有限,这也使红军和国民党军队始终如影随形。

　　当时,蒋介石并不知道红军的真实处境,或者说,即使内心明白也无暇顾及。宁、粤冲突日渐激化,粤方扬言北进,同时北方石友三及阎锡山、冯玉祥动作频频,都令蒋介石颇为头疼。在各方巨大压力下,8月初,蒋一度认真考虑过辞职问题,并对辞职后的政军系统布置提出计划:"顾长苏,蒋长浙,朱长闽,熊长赣,鲁长沪,四军团移浙,二军移苏,一军团移汕,三军团移闽,第五第六第十第十一第十四第廿三第五十三第廿六路第四十七第五十四第七十七第廿八各师暂驻江西。"③上中旬,蒋对红军基本处于围而不攻状态,其中原因,固有对红军战斗力惧怕的因素,更有怕与红军作战实力受损影响其应对广东进攻的担心;同时国内政局不明,蒋自身进退出处难定,红军的存在对蒋也实在难言祸福。16日他在日记中写道:"阎回晋后北方尚在酝酿中,江西赤匪未平,豫南吉部谋叛,两广逆军思逞,湖南态度不明,此五

----

① 《苏区中央局十月三日自瑞金来的长电》,《兴国文史资料选辑》第3辑《中央革命根据地第三次反"围剿"专辑》,第47页。

② 8月中旬,在红军由君埠西进兴国后,蒋介石立即获知消息,电赵观涛等告知其已由"君埠西逃"。《蒋中正电赵观涛卫立煌等》(1931年8月16日),蒋中正文物档案002020200011138;台北"国史馆"藏。

③ 蒋介石日记,1931年8月6日。

者应研究而熟虑之。"①20 日日记记有："近日最急者为吉鸿昌部处置问题，其次为商震、杨爱源、孙楚之位置。"②又到了蒋通盘考虑抉择的时候了。

在对红军围而不攻同时，蒋介石命令各部对已占领的中共老根据地大肆烧杀。16 日，蒋电陈铭枢，表示："清野焚毁之策，中极赞成。请兄详细计划准备完妥后即令各部队切实施行。限十五日内焚平完毕可也。"③同时指示焚烧办法和地区："毁平匪区办法应切实计划派员负责监督，分区施行。如今日得将中坪之匪击破，则第一纵队担任龙冈、城冈以南古龙冈、琵琶陇（含内）、江背洞、龙冈头以北地区；第三纵队担任安福硕田、江口以北至大金竹、南坑地区，其在龙冈、东固西北地区由第二纵队与该守备队任之。"④"小布及其以西之南坑圩与其以南之蔡江圩以及肖埠、源头、南陵各圩应皆平毁。"⑤对赣西南根据地中心东固更为残酷，具体执行的指挥官汇报："奉层峰电令，以东固匪巢人民匪化已深，无法挽救，着以东固为中心点，纵横二十五里一律平毁净尽，格杀无余。"⑥

8 月底，形势再变，因蒋介石恋栈不肯下野，粤方动员日急。粤桂联军下入桂动员令，开始进兵湖南。25 日蒋介石在日记中记下其对局势发展的应对构想："据各方消息，两广已动员攻湘，约计下月初侵入湘

①　蒋介石日记，1931 年 8 月 16 日。
②　蒋介石日记，1931 年 8 月 20 日。
③　《蒋中正电陈铭枢赞成清野焚毁之策请详订计划五日内毁平完毕》（1931 年 8 月 16 日），蒋中正文物档案 002020200011136，台北"国史馆"藏。
④　《蒋中正电陈铭枢详订毁平匪区办法分区施行及击破中坪匪后部队部署》（1931 年 8 月 16 日），蒋中正文物档案 002010200060033，台北"国史馆"藏。
⑤　《蒋中正电令赵观涛将小布及以西以南等地区平毁》（1931 年 8 月 24 日），蒋中正文物档案 002010200060041，台北"国史馆"藏。
⑥　《国民党军第五十三师李韬珩部配备东固移防赣东情形的报告》（1931 年 8 月 17 日），《中华民国史档案资料汇编》第五辑第一编《军事》（三），第 78 页。原标题中"李韬珩"应为李韫珩之误。

境……决计抽剿赤之兵以当叛逆，预料时局开展，解决之期，不出一月也。电召敬之、真如来省商决方略：（一）叛逆攻湘，我仍专心剿赤；（二）尽撤剿赤之兵对付叛逆，以求先灭叛逆再清赤匪；（三）维持剿匪现状至抽出主力援湘，此三者决定其一也。"①9月1日，粤桂联军联合反蒋的唐生智军队，开始进兵湖南。4日，南昌行营决定大规模收缩兵力，"所有剿匪各军，除以一部就地监视匪军外，其余分别转进，主力向吉水、吉安、泰和、赣州集结，准备讨逆"②。国民党军队开始全面的战略收缩。

红军抓住国民党军队这一战略收缩的机会，于7日与第十九路军蔡廷锴的第六十师、蒋鼎文的第九师在高兴圩地区展开激战。关于此役，蔡廷锴报告与红军"激战肉搏数十次"终将红军"击溃"③。陈铭枢随后则报称："自虞夜至庚未，匪更以主力密集部队，反复向我高兴圩之六十师冲锋，肉搏二十余次。蔡军长廷锴亲率部队巷战，均将匪击退……我各军自围匪以来，此为第一次之决战。而匪之凶悍与其死亡之可惊，亦为战役中所罕见。"④国民党方面后来编辑的战报称此次战斗"实为剿匪以来最胜利最激烈之血战"⑤。

关于高兴圩一战，国共两方面资料可以相互印证，红四军林彪、聂荣臻战斗刚结束时报告："此次战役损失较大，职军及三十五军、三十五师，现收容之伤病已有六百左右，但还有一小部分在阵地未及收容。阵

---

①　蒋介石日记，1931年8月25日。

②　《何应钦将军九五纪事长编》上，台北黎明文化事业股份有限公司1984年版，第262页。

③　《蔡廷锴电蒋中正何应钦等》（1931年9月9日），蒋中正文物档案002090300044176，台北"国史馆"藏。

④　《陈铭枢通电我十九路军及第九师在兴国之高兴圩老营盘一带与匪朱毛彭黄等全部五万余遇战两昼夜将之击破》（1931年9月9日），蒋中正文物档案002090300027059，台北"国史馆"藏。

⑤　《关于第三次赣南"围剿"经过史稿》（1931年7—9月），《中华民国史档案资料汇编》第五辑第一编《军事》（三），第76页。

亡的数目不知……全军共计伤团长六名,阵亡两名,其它尚未统计。"①据红一方面军战斗结束后统计,此役红军伤亡被俘总数达三千余人②。如此损失对于当时实力非常有限的中央红军而言,确实不可不谓重大,毛泽东后来曾明确表示:"一九三一年九月的江西兴国县高兴圩地区打十九路军的作战……吃了兵力不集中的亏。"③

高兴圩战斗后,红军仍在继续寻求机会打击退却中的国民党军。15 日,红军在方石岭一带向蒋鼎文的第九师、韩德勤的第五十二师发起进攻。蒋鼎文部一个炮团和辎重部队被歼,韩德勤部被击溃散。韩德勤报告称:"赤匪侦知职师与九师向东固前进,遂以全力向老营盘方面星夜东移,向我袭击。职师苦战竟日,率以弹尽援绝至遭惨败。"④据接战的红军部队战斗结束后统计,此役俘虏官兵三千多人,自己阵亡官兵不到三百人⑤。方石岭一战,红军方面以极小的代价获得全胜,堪称第三次反"围剿"以来扬眉吐气的一仗。

第三次"围剿"和反"围剿"是在国民党内部再一次发生严重分裂的背景下进行的,虽然相对中原大战前,这次分裂没有演变为宁、粤双方的军事冲突,但武力相向的可能始终存在。冲突刺激了第三次"围剿"的迅速展开,并意外造成对国民党军队有利的形势,但也严重影响着蒋介石的"进剿"决心,使其在遭遇挫折后立即选择保存实力。这其中的

---

① 《红四军关于作战情况的报告》(1931 年 9 月 9 日),《兴国文史资料选辑》第 3 辑《中央革命根据地第三次反"围剿"专辑》,第 274 页。

② 《红一方面军九月七、八两日战斗结束统计表》(1931 年 9 月 30 日),《兴国文史资料选辑》第 3 辑《中央革命根据地第三次反"围剿"专辑》,第 272—273 页。

③ 《中国革命战争的战略问题》,《毛泽东选集》第 1 卷,第 225 页。

④ 《何应钦电蒋中正据蒋鼎文韩德勤面陈向东固途中匪由老营盘来袭五十二师遭惨败经过》(1931 年 9 月 28 日),蒋中正文物档案 002090300027063,台北"国史馆"藏。

⑤ 《红军第一军团第四军九月十五日战斗结束统计表》(一)、(二),1931 年 9 月 18 日;《红三军团及七军九月十五日战斗结束统计表》(1931 年 9 月 19 日),江西党史资料第 19 辑《中央苏区第三次反"围剿"》,第 114—117 页。

曲折变化,非常鲜明地印证了毛泽东当年所论述的红军存在发展很大程度上依靠国民党内部冲突的论点:"因为有了白色政权间的长期的分裂和战争,便给了一种条件,使一小块或若干小块的共产党领导的红色区域,能够在四围白色政权包围的中间发生和坚持下来。"①第三次"围剿"和反"围剿"的进程与国民党内部的震荡离合密不可分。

三　其他苏区的反"围剿"及中央苏区的壮大

在中央苏区"围剿"和反"围剿"激烈进行时,国民党军队对其他各苏区"围剿"也在展开,国共之间的武力争斗取代国民党内的派系战争成为这一时期内战的主要形式。

鄂豫皖苏区以大别山区为中心,东临江淮平原,西扼平汉铁路,南濒长江,威胁武汉,对南京国民政府统治形成巨大威胁。1930年10月,与准备"围剿"中央苏区同时,蒋介石集结八个师、三个旅兵力,由武汉行营负责,部署对鄂豫皖苏区的第一次"围剿"。11月2日,蒋介石命令参谋总长朱培德尽快制定《豫鄂皖三省连界剿匪计划大纲》,"必须规定开始与终结日期,各部队开始行动日期与所经过地点与日程,亦须在命令上规定"②。12月上旬至次年3月,国民党军队对鄂豫皖苏区进行长达三个月的"围剿",却劳而无功,其第三十四师被歼,师长岳维峻被俘。对鄂豫皖"围剿"的状况,参战的国民党方面将领总结:"我在麻城一带只能消极的防匪,不能积极的完全消灭。虽然恢复几县,但匪情依旧猖獗。受命之初,武汉行营限一月内将匪肃清,可见对匪情并不了解,许多部队剿匪时到匪区走一次,回来报告说肃清共匪了。这怎算

①　毛泽东:《中国的红色政权为什么能够存在?》,《毛泽东选集》第1卷,第49页。
②　《蒋介石指示朱培德对豫鄂皖三省连界剿匪计划大纲补充规定电》(1930年11月2日),秦孝仪主编《中华民国重要史料初编——对日抗战时期》绪编(二),第290页。

数呢？武汉行营以耳代目，新闻记者更不知匪。自唐生智在驻马店称兵，加上阎、冯作乱，而导致共匪坐大，已成星火燎原之势。"[1]

1931年3月下旬，蒋介石开始布置第二次"围剿"，"围剿"部队增至11个师，采取"追堵兼施"战术，限令5月底将鄂豫皖红军完全肃清。蒋介石亲笔致函前方将领，嘱以："望督励所部，努力进剿，以期一劳永逸也。剿匪不仅以驱匪他窜，实欲消灭其实力，直捣其巢穴为第一要务。"[2]4月上旬，国民党军队首先在皖西发动进攻。红军集中主力，打击深入皖西的国民党军队。经过一个多月作战，红军歼灭对方部队数千人，国民党军队的第二次"围剿"再次停滞。此后，蒋介石为集中兵力进攻中央苏区，对鄂豫皖改取守势。鄂豫皖红军趁机发动反击，扩大根据地，支持中央苏区的反"围剿"战争。

1931年9月，蒋介石亲到武汉，布置对鄂豫皖苏区的第三次"围剿"，出动部队增加到15个师。由于日本侵华及国民党内部争权，"围剿"行动迟迟未能发动。11月7日，鄂豫皖苏区的红四军与红二十五军在黄安县七里坪合编为中国工农红军第四方面军，徐向前任总指挥，陈昌浩任政治委员。全军共约三万人。随后，红军乘国民党方面尚未布置就绪，开始主动出击。12月，红四方面军取得黄安大捷，俘第六十九师长赵冠英及其所属五千余人。1932年四五月，在皖西苏家埠、韩摆渡一带，击垮国民党军队三万多人的进攻，俘虏皖西"剿共"总指挥厉式鼎以下二万余人，缴枪二万余支，击落敌机一架。蒋介石对鄂豫皖的第三次"围剿"再遭失败。此时，鄂豫皖苏区和红军发展迅猛。1932年1月10日至20日，中共鄂豫皖省第一次代表大会于河南新集召开，选举产生中共鄂豫皖省委，沈泽民任书记。代表大会接受中共六届四中全会精神，强调要在"全国革命形势逐渐成熟的条件之下，坚决进攻，和

---

[1]　《万耀煌先生访问记录》，第313页。

[2]　《致吉鸿昌书》(1931年3月23日)，《蒋中正总统档案·事略稿本》第10册，第328—329页。

帝国主义作战,【与】湘鄂赣苏区打成一片,建立全国统一的苏维埃政府"①。2月,鄂豫皖省工农兵代表大会在河南光山县新集召开,选举产生鄂豫皖省苏维埃政府,高敬亭为主席,辖十五个县苏维埃政府及一个中心县、一个特区苏维埃政府。苏区最盛时面积达四万余平方公里,人口350万,东起潢河,西迄京汉线,北达潢川、固始,南至黄梅、广济,拥有五个县城,建立起包括二十余个县的革命政权。

　　洪湖苏区地处湖南、湖北两省边界,1930年10月,发展到拥有湖北省监利、沔阳、潜江、公安、石首和湖南省华容、南县等七座县城,控制着岳阳、沙市间长江两岸大片乡村,纵横达百余公里。1930年12月至1931年7月,国民党军队对洪湖苏区连续发动三次"围剿",洪湖苏区红军主力一度转移,周逸群、段德昌等领导地方游击队坚持斗争。10月,移往湘鄂边的红三军重回洪湖,至1932年春发展到一万五千余人。12月11日,湘鄂西苏区召开工农兵第三次代表大会,正式成立湘鄂西省苏维埃政府。1932年1月22日至30日,中共湘鄂西"四大"在湖北监利召开。选举产生新的湘鄂西省委,杨光华任书记。根据中共中央的指示精神,湘鄂西"四大"通过的有关决议强调:"利用目前顺利的政治与军事的条件,争取一二个重要的中心城市,以开始革命在一省数省首先胜利,是放在党的全部工作与苏维埃运动的议事日程了。"②

　　湘赣苏区和赣南、闽西苏区相互呼应。1931年10月17日至25日,湘赣省召开第一次工农兵代表大会,成立湘赣省苏维埃政府,袁德生为主席,张启龙、彭德怀为副主席。11月初,国民党军集中十个师加上地方武装近八万人开始部署"围剿"湘赣苏区。计划多路出动,将苏区分割包围,然后分区"清剿"。中旬,国民党军队开始全面行动,第七

────────────────

　　① 《中共鄂豫皖省委给中共中央的报告》(1932年2月2日),《鄂豫皖革命根据地》第2册,河南人民出版社1990年版,第210页。
　　② 《中共湘鄂西省第四次代表大会政治任务决议案》(1932年1月27日),《湘鄂西革命历史文件汇集》第2册,中央档案馆、湖北省档案馆、湖南省档案馆1985年编印,第198页。

十七师进占莲花,第十四师进占永新,第二十八师进占永阳。为打退国民党军队的"围剿",中共湘赣省委组成以林瑞笙为书记的临时前敌委员会,统一指挥反"围剿"战争。1932 年 1 月 3 日,前敌委员会率独立第一师、第三师在永新予国民党军队第十四师以很大杀伤。随后,又对莲花国民党军队第七十七师展开围困。3 月 2 日,国民党守军弃城逃往萍乡,红军收复莲花。至此,湘赣苏区反"围剿"斗争结束。

中央苏区第三次反"围剿"后,由于"九一八"事变爆发及国民党内部的争斗,国民党军队在江西全面后撤,中央苏区进入快速发展时期。1931 年 10 月 3 日,苏区中央局给中共中央的电报尚报告,"除瑞金全县赤化外,石(城)、汀(洲)、于(都)、会(昌)四县大部尚是白色",其他如寻乌、安远、信丰、泰宁、建宁、宁化、清流等,还"须用一长时间去争取"①。到次年初红军攻打赣州时,苏区已经扩大到不仅于都、长汀、会昌、石城尽入苏维埃掌控之中,赣县、宁都、广昌、寻乌、安远、宁化、清流等县也全部或部分纳入苏区版图。

1931 年底,驻宁都的第二十六路军孙连仲部在参谋长赵博生等人策动下发动起义,促成了红军实力的迅速壮大。孙连仲部原属冯玉祥西北军,前一年中原大战中被迫接受蒋介石改编后,孙连仲被委为第二十六路军总指挥,率部开往山东济宁一带整编。第二十六路军下辖第二十五师(孙自兼师长)、高树勋的第二十七师、关树人的第一骑兵师共约四万余人。蒋介石对孙部非常重视,怀柔备至,因担心其在山东被韩复榘拉拢为韩所用,极力促成孙部南下至江西参加"剿共"战争,如此既可增厚江西"剿共"兵力,又可设法使孙效忠于己。1931 年初,蒋介石日记中多有调孙部南下的记载:"石友三、韩复榘将有联合,希图抗拒,此时孙连仲部如能开至江西,则统一即可实现矣"②;"第十二师张与仁

---

①　《苏区中央局十月三日自瑞金来的长电》,《兴国文史资料选辑》第 3 辑《中央革命根据地第三次反"围剿"专辑》,第 50 页。

②　蒋介石日记,1931 年 1 月 10 日。

率萧希贤部叛变,在海州附近反抗金汉鼎,及得萧电乃知其事已解决,不致为患。惟外间闻之,恐因此牵大局,又恐孙连仲部因之延不开赣……当此时局,将安而未安,孙部定开而未动之时,诚千钧一发,朽索六马之象,可不慎乎"①;"今日萧部变乱虽平,而孙连仲部未开,心犹悬之。"②这样密集的记录在蒋介石日记中并不多见,可见其对此的高度重视。

1931 年二三月份,经过蒋介石派出代表反复劝说,并馈送孙连仲大量金钱后③,孙部遵命如期开往江西,这使蒋介石大大松了一口气,在日记中写道:"孙连仲部逐渐南下,余计其将实行,则统一实现,更有把握。孙部南移与否,实为统一成败之大关键也"④;"孙连仲部既到江西,南北二方之局势,已形稳固"⑤。政治人物对实力的极端注重,在蒋调动孙连仲上可见一斑。

孙连仲部调赣后,以江西清乡督办的头衔率领第二十六路军参加对中央苏区的第二次"围剿"。第三次"围剿"占领宁都后,孙连仲部驻守宁都。"九一八"事变后,蒋介石外有日本压力,内有西南逼宫,被迫在江西采取收缩态势,这就使孤处宁都的二十六路军形势越来越不利,给养遭遇严重困难,"每天兵站发一点糟坯米,又没有菜吃,大部分以盐水下饭"⑥。加之二十六路军从北方南开,不习水土,部队传染病流行,战斗力严重下降,中共有效的宣传更加剧了军心的不稳。宁都起义参加者回忆:"部队进入江西地界后,沿途的岩石上、路旁的墙上经常发现有红军留下的标语,这些标语的字迹大小不一,多是用石灰水刷上去

① 蒋介石日记,1931 年 2 月 3 日。
② 蒋介石日记,1931 年 2 月 5 日。
③ 参见《致刘伯坚信和宁暴经过的报告》,《宁都起义》,军事科学出版社 1999年版,第 45—46 页。
④ 蒋介石日记,1931 年 2 月 21 日。
⑤ 蒋介石日记,1931 年 3 月 13 日。
⑥ 《致刘伯坚信和宁暴经过的报告》,《宁都起义》,第 47 页。

的。标语的内容有:'打倒帝国主义!''打倒国民党!''打土豪,分田地!''天下穷人是一家!''欢迎白军弟兄当红军!'等等。这些标语的每一条,都使我感到新鲜,觉得亲切,并深深地印在我脑海中。有一次,部队开到江西宜黄县城,我竟被满街的红军标语触动得彻夜难眠。"①

　　1931年12月14日,在中共地下党人策动下,驻宁都的国民党第二十六路军一万七千余人,在第二十六路军参谋长、中共党员赵博生及第七十三旅旅长董振堂、第七十四旅旅长季振同、第七十四旅一团团长黄中岳率领下举行起义。15日,部队改编为中国工农红军第五军团,由季振同任总指挥,萧劲光任政治委员,董振堂任副总指挥兼第十三军军长,赵博生任参谋长兼第十四军军长,黄中岳任第十五军军长。宁都起义和红五军团诞生,大大增强了红军的力量。

　　形势的发展,再次激起中共中央的乐观情绪。12月4日,中共中央发出《给各苏区中央分局、省委及红军各军政治委员的训令》。《训令》指出,粉碎敌人的进攻,获得一省数省的胜利,已经不是遥远的前途而是今天行动的总方针。"在争取一省数省首先胜利的总任务之下,应该首先将大江以南与大江以北的各个苏区汇成两个大的苏区"。"目前红军行动的总方向应该首先是使中央区(闽西在内)与湘赣边苏区完成一片,巩固赣南根据地,然后与湘鄂赣、赣东北两苏区密切的联系起来,造成包围南浔线以争取江西省首先胜利的形势;另一方面,在大江以北应以鄂豫皖苏区为中心,使皖西北与鄂东苏区与鄂豫皖中心区完全打成一片,并与鄂北鄂西密切联系起来,造成包围京汉路南段与威胁长江的整个局面"②。根据这一计划,训令对各苏区红军的具体任务和编制作了规定。1932年1月9日,中共中央作出《关于争取革命在一

---

　　①　《雪三自述》,《李雪三将军·雪三文集》上,军事科学出版社1995年版,第438页。

　　②　《给各苏区中央分局、省委及红军各军政治委员的训令》,《中共中央文件选集》第7册,第538—539页。

省与数省首先胜利的决议》。决议对苏维埃革命的形势作出十分乐观的估计,强调:"红军与游击队的发展,造成了包围南昌、吉安、武汉等重要的与次要的大城市的形势,过去正确的不占取大城市的策略,现在是不同了;扩大苏区,将零星的苏区联系成整个的苏区,利用目前顺利的政治与军事的条件,占取一二个重要的中心城市,以开始革命在一省数省的首先胜利,是放到党的全部工作与苏维埃运动的议事日程上面了。"①

在中共中央乐观态度影响下,毛泽东扎实推进根据地建设的方针受到质疑,军事盲动倾向再次抬头,这集中反映在打赣州问题上。1931年12月6日,中共中央即曾指示红一方面军"首取赣州"。赣州是江西南部中心城市,地处赣江上游章、贡两水汇合点,三面环水,城池坚固,易守难攻。对攻赣州,毛泽东不无疑虑,反对贸然进攻,但中共领导层多认为:"夺取赣州,是我们向外发展的第一步!所以我们要首先夺取赣州,是因为可以把赣南反动势力完全消灭,把中央苏区与湘赣苏区打成一片,向吉安、南昌取包围形势。夺取赣州之后,我们更容易夺取一省或数省首先胜利。"②对夺取赣州抱有厚望。1月10日,中央革命军事委员会根据中共中央精神下令进攻赣州,由彭德怀任前敌总指挥,红三军团及红七军、红四军为主作战军。2月4日,中央红军陆续进抵赣州城郊,赣州攻击战开始。担任赣州城防的国民党军队第十二师第三十四旅马昆部,加上地方武装共八千余人,利用坚城固守,同时向吉安方向国民党军队求援。

蒋介石此时刚刚重新回到南京中央,正为上海淞沪战事焦头烂额,接到江西赣州守将马昆的求援电报后虽曾批示:"务望赴援解围,以保

①　《关于争取革命在一省与数省首先胜利的决议》,《中共中央文件选集》第8册,第39页。

②　定一:《夺取赣州》,《青年实话》第10期,1932年2月15日。

重城为要。"①但内外交困之下，一度有过放弃赣南乃至江西的设想。1932 年 2 月中旬，他致电时任江西省主席的熊式辉表示："如果局势紧张，或至不能不放弃剿匪计划亦未可知……今大势如此，倘不早有决心，不惟兵心动摇，且恐兵渐化匪，故拟主力撤至赣东者，以其尚可集团，亦可策应，比死钉在匪区或较胜一着也。"②蒋放弃江西的主张遭到赣籍的熊式辉强烈抵制。18 日，朱绍良、熊式辉在回电中提出："江西剿共计划早已放弃，现在部队只是防区，如将主力撤至赣东，并防区之计划而亦放弃之，恐我军反主为客，将被匪剿。虽众不足恃，牵制保守一隅亦不可得。"③熊式辉等的反对，应在蒋的意料之中，对熊的回电，蒋批："前电主力集中赣东之原则决行。皓辰。"④值得注意的是，原批文中还有"江西暂时放弃"字样，后抹去，应是避免过度刺激江西地方之故。20 日，蒋介石回电熊式辉等，坚持撤出主力部队的计划，强调："第十八军与第六第十第八十三各师决调赣东，如不得已时，赣江两岸只可放弃，仅守新淦与抚州以北地区，赣南赤匪决非现在军队所能剿清。"⑤此时，淞沪战事已近尾声，"赣南赤匪决非现在军队所能剿清"的说法，真实暴露出蒋在"剿共"问题上的消极态度，倒是熊式辉比他坚决得多，熊在回电中强硬坚持："抽调防区部队，坐视地方沦于匪手，职之立场决

---

① 《马昆电蒋中正共军围攻赣城拟请迅予派队驰援》(1932 年 2 月 5 日)，蒋中正文物档案 002020200019002，台北"国史馆"藏。

② 《蒋中正电熊式辉朱绍良上海形势刻决定抵抗到底南昌与开封交通恐中断》(1932 年 2 月 16 日)，蒋中正文物档案 002020200019005，台北"国史馆"藏。

③ 《朱绍良熊式辉电蒋中正江西剿共计划已放弃将主力撤至赣东恐不妥》(1932 年 2 月 18 日)，蒋中正文物档案 002020200019006，台北"国史馆"藏。

④ 《朱绍良熊式辉电蒋中正江西剿共计划已放弃将主力撤至赣东恐不妥》(1932 年 2 月 18 日)，蒋中正文物档案 002020200019006，台北"国史馆"藏。

⑤ 《蒋中正电熊式辉朱绍良第十八军第六第十第八十三各师决调赣东》(1932 年 2 月 20 日)，蒋中正文物档案 002020200019007，台北"国史馆"藏。

不能办。盖为人如此办理,其肉将不足为故乡父老食也。"①在江西地方坚持下,蒋介石放弃江西的设想未能成真,吉安方面国民党军队虽然颇多延误,但最终还是出发向赣州方向增援。

赣州攻击战从 2 月初开始后一直延续到 3 月 7 日,历时三十三天,红军采用强攻和坑道爆破等多种进攻手段,一度占领城楼,突入城内,守军旅长马昆报告:"兼旬以来,匪众迭次登城,均被击退。乃漾晨八时,东门城垣又被爆破,匪以炮火机枪乘势掩护,悉其精锐向我猛攻,同时西南两门亦鏖战甚烈。昆等分头督杀,初以机枪佯示威,而匪众蜂拥扒城,我乃施行快放者,匪以前仆后继,来势愈凶,我方弹药用罄,继以肉搏。呐喊之声,震动天地,匪尸骸垒集,并有授首城垣而坠尸城外。而我方伤亡亦重。"②由于城内守军顽强抵抗及红军攻坚能力不足,红军始终未能拿下城池。3 月 7 日,城内守军和从吉安赶到的城外国民党援军里应外合,向攻城红军发起反击,红军被迫撤出战斗。整个攻击战红军付出 3000 人的惨重伤亡。

赣州战役后,中共苏区中央局在赣州东北的江口召开扩大会议,总结围攻赣州的经验教训,讨论中央红军行动方针问题。毛泽东在会上指出攻打赣州是错误的,主张红军应集中力量向敌人统治比较薄弱、党和群众基础比较好、地形条件比较有利的赣东北方向发展,在赣江以东、闽浙沿海以西、长江以南、五岭山脉以北广大地区建立农村革命根据地,发展革命战争。但中央局多数人坚持临时中央政治局的主张,力主红军主力沿赣江而下,向北发展,相机夺取赣江流域的中心城市。为此,中革军委于 18 日发布训令,决定将中央红军分成两路:中路军(即第一、五军团)在赣江东岸活动,西路军(第三军团)到赣江西岸活动。

---

① 《熊式辉电蒋中正抽调防共部队使地方沦赤共手职决不能办》(1932 年 2 月 27 日),蒋中正文物档案 0020202000019008,台北"国史馆"藏。

② 《国民党军第三十四旅马昆等报告围攻赣州情形电》(1932 年 2 月 24 日),《中华民国史档案资料汇编》第五辑第一编《军事》(三),第 82 页。

尔后两路军夹江而下,逐次夺取赣江流域中心城市。3 月 30 日,毛泽东致电苏区中央局,建议由红一军团和红五军团组成东路军夺取漳州,苏区中央局接受了这一建议,决定中路军改称东路军,临时到福建活动一时期,筹措给养,然后继续执行赤化赣江流域的计划。4 月 10日拂晓,毛泽东和林彪、聂荣臻指挥红一军团乘敌不备,首先攻占龙岩。19 日拂晓,对漳州外围守军发起进攻,迅速突破守军主要阵地,向纵深方向扩展。守军张贞部见大势已去,连夜烧毁军械库,弃城而逃,红军占领漳州城。漳州战役中,红军歼灭国民党军队第四十九师大部,俘敌一千六百余人,缴枪两千余支及其他大量军用物资,并筹得大批经费。

面对红军在闽赣两省的积极行动,国民党方面虽然没有如蒋介石所建议的放弃江西,但完全处于被动防御状态,几无还手之力。如当时报章所载,江西"全省八十县,完全沦陷匪手者有瑞金、于都、横峰、石城等二十余县,名存实亡者有铜鼓、德兴、永丰、安福等二十余县,土共出没无常者有修水、吉安、南丰等二十余县"。① 尤其是赣中、赣南几乎完全放弃,只有赣州、吉安两城留在手中。福建省大部分地区也在中共力量影响之下。

中央苏区的急剧发展,加上鄂豫皖、洪湖、湘鄂赣等苏区的烘托,1932 年前后,南京国民政府在长江中游地区节节退却,几无防御之力。具体看,红军在此主要形成几大区域:"一、鄂东皖西豫东之股。前共军邝继勋等部,陷广济,扰圻水,攻黄安,经中央派徐源泉往剿,乃收得失地,逐出鄂境,窜入皖属英山。而皖方陈调元不协剿以绝根株,此股共军乃得休息于英山、霍山之山地中,近则已下攻六安,有向皖腹地侵攻之势";"二、鄂西湘北之股。湘鄂交界处之洪湖,为鄂西共军贺龙、段德昌、王毅民之根据地。去年中央军队曾集中大军包剿,而洪湖匪未肃清。广东事件发生,剿共主力徐源泉开调湖南,共军气势复盛。近则往

_____

① 《赣省举办产销税》,《申报》,1932 年 6 月 9 日。

北进扰京山、应城,于是长江、汉水之上皆有共军之踪迹";"三、赣南之股,此为共匪之最大股。据《民报》南昌通讯,此股归朱德、毛泽东直辖,有人十万上下,有枪七八万枝。赣南赣江本岸为其根据地,赣东、闽北及信江流域一带与铜鼓、万载湘鄂赣边境为其支流,其伪中央苏维埃政府军事委员会、军事政治学校等机关多设于瑞金、石城、于都、兴国等山中";"四、闽南之股。闽南之股系赣南共匪之分股,上已述之。此股为罗炳辉、彭德怀、季振同、林彪四部,约四万余人,近则攻陷龙岩、漳州。中央守漳之张贞师节节败退,现云霄亦危"①。此时,南京国民政府在长江中游一带又一次陷入全面被动,红军的急剧发展,如时人观察所言:"汉口一地已同大海中一孤岛,四周共祸猖獗,如方升之潮,怒涛澎湃,日事冲击其沿岸,此实可惊而骇目者也。"②

① 《湘鄂革命根据地红军作战情况史料》,《历史档案》1987 年第 1 期。
② 《湘鄂革命根据地红军作战情况史料》,《历史档案》1987 年第 1 期。

第六章 南京国民政府内部矛盾的发展与广州"非常会议"的召开

第一节 南京国民政府内部矛盾的发展

一 蒋、胡矛盾的发展与胡汉民被扣

中原大战的结束,标志着蒋介石击败了国民党内几乎所有敢于公开同他对抗的军事集团,南京国民政府看起来已稳定全国统一的局面。踌躇满志的蒋介石为进一步加强自身的统治,主张召开国民会议,制订训政时期约法。这件事却引起胡汉民的强烈反对,终于导致国民党统治集团的再次分裂。

1928 年 6 月,国民党完成"二次北伐",全国统一基本实现,军事行动告一段落。依照孙中山遗教,南京国民政府理应结束军政,进入训政。但是训政时期是否需要一部约法,在党内始终没有形成一个统一的解释。8 月,国民党二届五中全会在接受胡汉民《训政大纲》提案的同时又颁布约法提案。胡汉民回国后,约法问题被搁置。1929 年 3 月,国民党第三次全国代表大会对胡汉民提出的《训政纲领》予以追认,并正式确定以"总理主要遗教为训政时期中华民国最高根本法"的原则,明确指出"三民主义、五权宪法、建国方略、建国大纲及地方自治开始实行法,为训政时期中华民国最高之根本法"。这也就是说,在训政时期有"总理遗教"就够了,不再需要制定什么约法。大会为了强化这一观念,更附加说明:"总理遗教,不特已成为中华民国所由创造之先天

的宪法,且应以此为中华民国由训政时期达于宪政时期根本法之原则。其效力实较中国以前所见之约法为更大也。"①

胡汉民主张一党专政、中央集权,反对训政时期颁布约法,虽被三全大会所通过,却引起社会各界人士的反对,即使在国民党内也存在着众多的反对声音,加之蒋介石借统一"党权",排除异己,更加激化了原有的矛盾。在不满南京中央的情绪下,尽管国民党内其他各派势力之间矛盾重重,仍在反蒋这一共同目标下,最终结成同盟,在军事上演变成中原大战,在党政方面出现同南京中央对立的"中国国民党中央党部扩大会议"(简称"扩大会议")和北平"国民政府"。这是国民党统治集团内部对立派系之间,在训政时期是否需要制定约法的一次公开争论。尽管"扩大会议"在军事上遭到失败,但它颁布的《太原约法》却赢得了社会舆论的赞同。甚至连张学良因受社会舆论的影响,也于9月初向蒋介石表示愿与其联合发表宣言,"以开国民会议与定约法"二事为合作前提,以此对抗"扩大会议"。对张氏此举,蒋在日记中斥之为"是其不知党与革命为何事,诚可叹也"②。

正当训政时期约法问题闹得沸沸扬扬,成为社会各方面共同注目的热点时,蒋介石却于中原大战胜利之初,突然翻过脸来,转手接过反对派主张的"召开国民会议,制定训政时期约法"这面旗帜。这样一来就把胡汉民置于十分尴尬的地位。

中原大战胜利后,"军权"牢牢在握的蒋介石,这时不再需要胡汉民所标榜的、高高在上的"党权"的限制,便开始对妨碍他集权的胡汉民发起挑战。特别是在对付"扩大会议"的过程中,蒋介石发现用倡导"民权"、颁布约法来对抗胡汉民所标榜的"党权",是再好不过的借口。而

① 《中国国民党第三次全国代表大会决议案》,《中央党务月刊》第10期(1929年5月),第20—21页。

② 蒋介石日记,1930年9月2日;另见《蒋中正总统档案·事略稿本》第8册(以下均简称《事略稿本》),第517页。

且,"扩大会议"在颁布约法时早已从孙中山遗教中找到了足够的理论依据,使他可以不致背上背叛"党国"的罪名。这可以说是一举两得。

1930 年 10 月 3 日,蒋介石刚刚在前方击败阎锡山、冯玉祥的军队后,便踌躇满志地从开封致电国民党中常会表示:"此战之后,决不至再有军阀复敢破坏统一,与叛乱党国。故本党于此乃可征询全国国民之公意,以备以国家政权奉还于全国国民。"他要求提前召集第四次全国代表大会,"确定召集国民会议之议案,颁布宪法之时期,及制定在宪法颁布以前训政时期适用之约法"①。该电韵目为"江",故此电又被称为"江电"。"江电"公开发表后,一时赢得部分社会舆论的赞许,被视为"制度上之重要改革","开政治解决之端"②。

蒋氏此举还有一个奢望,就是想借民意,将他推上中华民国总统的宝座。按国民政府组织法规定,国民政府主席和五院院长原本是由国民党中常会选出。如若按照孙中山所定《国民政府建国大纲》第二十三条规定:"宪法未颁布以前,各院长皆归总统任免而督率之。"③如此一来,另行编订约法后,五院院长则将由总统"任免而督率之"。据孙科回忆当时"咸传蒋氏欲得一方法为自行制造约法之类,用以为其独裁保障;又有人则谓彼欲自选为大总统者。盖彼之官衔为国民政府之主席,似觉未甚满意,而欲以总统自居。悬此目的,彼乃欲产生一所谓临时约法"④。

蒋氏此举自然遭到立法院长胡汉民的坚决反对。他决不能忍受在

---

①　《中央党务月刊》第 27 期(1930 年 10 月),第 38 页;上海《民国日报》,1930年 10 月 7 日。

②　《蒋请开国民会议之江电》(社评),胡适存剪报,《胡适的日记》第 10 册,台北远流出版公司 1990 年版,1931 年 10 月 7 日。

③　《国民政府建国大纲》,《孙中山全集》第 9 卷,第 127 页。

④　孙科:《倒蒋的理由与趋势》,广州《中央导报》第 3 期(1931 年 7 月 15 日),第 56 页;李宗仁也曾回忆说:"当时盛传,蒋先生将利用约法,出任总统。"《李宗仁回忆录》,第 417 页。

五院之上再设立一个握有绝对权力的大总统。当他接到蒋的电报后，因为事先一无所知，便立刻面嘱中央通讯社不要公开发表蒋电，并且指示：要等到中央常委会讨论决定后，才可公开①。对此，蒋介石只能无奈地慨叹："江电上中央与国府者，为胡、吴诸先生不赞成，故搁置不发表，以为如此，无异自认政治主张之失败也。书生意气用事，固执己见，必使他人绝望无路，不顾国家，因此更乱也。"②10月9日，当中常会提出讨论蒋氏"江电"中要求召开国民会议确定约法提案时，胡汉民立即发言表示："蒋先生提议召集国民会议的意思很好。不过此事关系重大，非慎重不可。我们为慎重起见，似应先开第四次全体会议，让第四次会议去决定此重大问题。"③

召集国民会议，是孙中山遗嘱中的明确主张，并且要求"尤须于最短期间促其实现"。对此胡汉民并不反对。但对蒋介石要求颁布约法一事，胡汉民在一次立法院纪念周的演讲中公开斥为"更是胡闹，因为总理临终的遗嘱，明白要我们大家'务须依照予所著建国方略、建国大纲、三民主义及第一次全国代表大会宣言'。我们在第三次全国代表大会中且已议决将总理所著的这种主要遗教定为效力等于约法的根本大法，如果于此之外再要有所谓约法，那岂不是要把总理的遗教，一齐搁开，另寻一个所谓约法出来吗？"④

对于胡汉民的这些言论，蒋介石是不以为然的。在蒋看来，"对政治问题只要不违反三民主义，用政治正当途径解决者，不论其为何人或敌人之主张，必容纳之"⑤。为了最终达成目的，蒋介石尚能暂时容忍

---

① 程思远：《政坛回忆》，广西人民出版社1983年版，第43页。

② 蒋介石日记，1930年10月6日。

③ 《中国国民党中央执行委员会第一百一十二次常务会议速记录》（台北：国民党党史馆藏，铅笔原件），3.3/15。

④ 胡汉民：《国家统一与国民会议之召集》，《国民会议丛刊》之一，中国国民党浙江省执行委员会宣传部1931年编印，第64页。

⑤ 蒋介石日记，1930年10月13日。

胡汉民的反对言行,并在日记中提醒自己:"此时应牺牲一切成见,赴其全力以达成统一之一点,其他只要不越出本党主义之外,与不称兵破坏统一,则一切要求皆可允纳也。"①

11 月 12 日,国民党三届四中全会在南京召开。会前两天,蒋介石曾担心自己的计划"恐被人疑有偏私",但最后仍决心"我尽我心,是非则听之于后世而已,时人之议论亦何必顾哉"②。于是,蒋将召集国民会议、制定训政时期约法为内容的"江电"作为主席团提案,提交大会审议。"但大会对国民会议问题空气不佳","制定约法亦有少数人反对"③。胡汉民在第一次会议上就提议:"所有议案应先付审查再行提会公决。"④其实在大会召开前的提案审查会议上,胡汉民就力持异议,只同意召开国民会议,反对制定约法。因此当该案在审查委员会送回大会之前,已作了颇多修正⑤。当蒋介石拿到戴季陶主持的修正案后,无奈地感慨道:"其所改者,全无关系,等于不改。而于余提案,则搪塞敷衍,皆出于展堂之责。呜呼!展堂书生之见,终不能改。其于国家政治,只求苟安,消极防人,以期不反,而又不能自立奋起。可悯!可叹!"⑥

此后,全会对"约法案审查时辩论甚烈。反对者谓约法虽政府根本大法,但现在政府已组成,人民权利义务,总理遗教上已明白记载,勿庸约法;赞成者谓政府与人民间之权利义务必须明文规定。结果决留付

---

① 蒋介石日记,1930 年 10 月 11 日。

② 蒋介石日记类抄,《省克记》卷 4,1930 年 11 月 10 日,台北"国史馆"藏"蒋中正总统档案"之"文物图书",毛笔原件,以下均简称"蒋档"。

③ 《大公报》,1930 年 11 月 14 日。

④ 《中国国民党第三届中央执行委员会第四次全体会议第一日速记录》,台北国民党党史馆藏,毛笔原件,3.2/36。

⑤ 蒋永敬:《民国胡展堂先生汉民年谱》,第 493 页。

⑥ 蒋介石日记类抄,《困勉记》卷 16,1930 年 11 月 12 日,台北"国史馆"藏"蒋档"。

国民会议讨论"①。这一争论很快即传到社会上,引起了更大的关注。
11 月 15 日,蒋介石的盟弟、政学系骨干、刚刚进京出席会议的张群再
次向全会提议从速召开国民会议制定约法。张群的提案长达万言,详
细陈列了制定约法的五大理由,其要旨为:(一)速开国民会议及制定约
法,均属总理遗教,徒为倡乱者所阻挠,转以归罪中央。今吾人既于排
除障碍之后,立召国民会议与制定约法,与倡乱者所假借之政治主张,
截为两事。纵接纳反对者之意见,于政府之威信与尊严,并无所损。
(二)党为救国治国之工具,今日通称党国,乃指党治的国家而言,固非
党高于国,或党即国之解释;党与国的机关不能混合。(三)国民会议与
建国大纲上之国民大会根本不同,国民会议的目的,在将本党建国的主
义政纲,提出公认,期得国民彻底的明了与赞助,实为增进党与国民团
结的方法。(四)总理毕生一贯之主张,三十年有如一日,故不能仅限于
遗嘱及建国大纲。(五)各种遗著,所涉方面至广,其中阐明立法原理及
立法政策者固多,不含法律性质者亦复不少。确定根本法之目的,非备
妆饰,原期实行,一条一项,一字一句之中,必须确切简明,始易于共习
共守。尤须严格固定,以保法的权威。

　　该提案最后明确表示:"为实现总理遗教应付今日时局计,为收揽
全国人心巩固革命基础计,似非采纳江电之提议。"该案连署人有吴铁
城、张继、陈布雷、王伯群、丁惟汾、于右任、朱培德等②。张群的提案是
否出自蒋介石的授意不得而知,但提案的核心内容就是针对胡汉民标
榜的"党权"提出挑战。接到张群提案后,大会主席于右任当即宣布将
该案交付全会讨论。胡汉民立即表示反对,他说:"张委员所提之案用
意很好,但关于案中解释各点,不免有些不对的地方……照本席意思看

　　① 《约法案激辩留交国民会议》,《大公报》,1930 年 11 月 17 日。
　　② 张群:《应否采纳蒋同志江电之提议及采纳后应有之进行办法案》,台北国民
党党史馆藏,油印件,3.2/20.43。

来,本案照审查报告通过,该提案可不必发表。"①

胡汉民的发言,立即遭到吴稚晖和李石曾的反对,双方发生了激烈的争执。吴稚晖反复强调张案很有参考价值,特别是"第五点"虽然三全大会已有决议,但并没有什么抵触,很有参考价值。但胡汉民仍坚持己见,他说:"平时有意见,固然可以随便发言,如党内已决议,就应绝对遵守,所以做文字的时候,应该非常留意,不能抄了人家许多话,食而不化……张委员的意思很好,如果作为报告和提案均无不可。但不能抄了《大公报》的批评,就来拼凑成文。所谓自由言论,也一定有一个范围,如果党内已有决议,当然要遵守的。"②

在胡汉民的坚持下,四中全会最后仅决议"于民国二十年五月五日召集国民会议",并没有将制定约法列入其中③。胡汉民在这一回合的较量中,暂时取得了胜利,但他自己也明显地感到在党内缺少同盟者,事实上已无力阻止蒋介石走向独裁。胡汉民在四中全会的开幕词中,曾不点名地指责蒋介石企图垄断政权。他说:"每个同志应该尽其所能,把所有的聪明才力贡献给党,这原是总理的遗训。但断断不可以某人为万能,希望一切事情都由他一人去担负,以为如此便是把所有的聪明才力都贡献给党了。可是目前却深犯这个毛病,因此兼职之风一时大盛。兄弟认为实有严重纠正的必要……目前的现象,如果不图挽救,则长此以往,已足亡党亡国而有余,更不必再言训政了。"④

胡汉民所说的"某人"指谁?大家都十分明白。他把事情"如果不

　　①　《中国国民党第三届中央执行委员会第四次全体会议第三日速记录》,台北:国民党党史馆藏,铅笔原件,3.2/36。

　　②　《中国国民党第三届中央执行委员会第四次全体会议第三日速记录》,台北:国民党党史馆藏,铅笔原件,3.2/36。

　　③　《主席团提召开国民会议原案》,《中国国民党第三届中央执行委员会第四次全体会议记录》,南京中执会秘书处编印,1930年11月版,第24页。

　　④　胡汉民:《第三届中央执行委员会第四次全体会议开会词》,《中国国民党第三届中央执行委员会第四次全体会议记录》,第543—547页。

图挽救"提到要"亡党亡国"的高度,说明矛盾已达到无法调和的地步。但胡汉民这样大声疾呼,并没有达到预期目的。蒋介石则因胡的"政治掣肘",在日记中愤慨道:"余之天性强果不屈,而乃必欲强余委曲牵就,任彼一人把持,展堂之强人所难,终有使余宁愿独善其身,置天下人类于不顾之一日也。"[①]为此,蒋介石在四中全会上主持通过了新的《国民政府组织法》,进一步提高了国民政府主席和行政院院长的职权。蒋更是当仁不让地以国民政府主席亲兼行政院院长[②]。

胡汉民对此仍不甘心,在大会闭幕当天临时提议:"常务委员任务繁重,以后各部部长可不必由常务委员兼任。"[③]他希望通过这个办法限制蒋在党内的权力,并得到全会原则通过。可是,蒋介石最后仍以国民党中央常务委员的名义继续兼任中央组织部长[④]。这样一来,蒋不仅在"政权"和"军权"上无人抗衡,还不断挑战胡所标榜和依赖的"党权"。这一切,使胡汉民越来越无法忍受。从此他更加公开地同蒋介石唱对台戏,坚持反对制定约法。

1931年1月5日,蒋介石在国民政府纪念周上作报告,再次提出要在本年内召集国民会议,制定一部约法。社会舆论一时也多持赞同态度。《大公报》在四中全会期间就曾发表《中全会何以慰吾民》的社评,呼吁国民党"应即励行蒋主席江电所陈,迅速筹备国民会议,以决定颁布宪法日期,并先制定约法以保障人民公私权利"[⑤]。胡汉民却在同一天立法院纪念周上抬出孙中山的遗教唱起反调:"近来有很多人故意把国民会议与国民大会混为一谈,想藉以遂其捣乱的诡谋,破坏本党党

---

① 蒋介石日记类抄,《困勉记》卷16,1930年11月21日,台北:"国史馆"藏"蒋档"。

② 秦孝仪总编纂:《总统蒋公大事长编初稿》第2卷,第77页。

③ 《胡委员汉民临时提议常务委员任务繁重以后各部部长不必由常务委员兼任案》,台北:国民党党史馆藏,油印件,3.2/18.26。

④ 《中央党务月刊》第40期(1931年11月),第2499页。

⑤ 《中全会何以慰吾民》(社评),《大公报》,1930年11月12日。

治的基础。"根据国民党的"法理",国民会议无权制定约法。在胡看来,国民大会才是"人民行使政权的最高权力机关",他坚持主张:"关于国民会议的一切,无论是会议前的召集,会议中的讨论,必须完全遵依总理的遗教。"①此前,胡汉民还坚决表示:"你们不照主义去做,就是反革命;凡反革命的,便是应该打倒的军阀。"②

其实,胡汉民反对的并不是约法本身,而是反对蒋介石借制定约法之名在五院之上增设一个大权独揽的总统,他始终强调在训政时期要"以党治国",反对蒋借制定约法削弱党的权威。他说:"现在各项法律案还未完备。已有的,又因为军权高于一切,无从发挥其效用。徒然定出大法来,有而不行,或政与法违,不但益发减低了人民对党的信用,法的本身也连带丧失了价值。所以我不主张马上有约法或宪法,不但是为党计,为法的本身计,甚至也为了目无法纪者的军阀自身计。"③

在蒋、胡合作之初,蒋介石尚需要借助胡汉民在国民党内的领袖地位,增强他排除异己力量时的政治筹码,以此显示南京中央的合法性。为此,他可以对胡表示十分尊重。不料胡这次在约法问题上对蒋寸步不让,而且据 CC 派往各地党部特务的调查,支持胡的人还相当多。1931 年初国民党各省区重新改选,"改选结果,胡汉民系占优势"④。陈立夫就曾回忆道:"胡先生的势力很大,只要党能控制局面,他是党的领袖,就能保有很大的势力。"⑤在这种情况下,胡汉民已成为蒋介石实行集权统治的阻力。蒋的忍耐是有限度的,特别是自 2 月以来,蒋对胡

---

①　胡汉民:《遵依总理遗教开国民会议》,《民国日报》,1931 年 1 月 12、13 日。

②　《总理伦敦蒙难纪念大会纪事》(1930 年 10 月 11 日),《中央党务月刊》第 27 期(1930 年 10 月),第 38 页。

③　胡汉民:《革命过程中之几件史实》,《三民主义月刊》第 2 卷第 6 期(1933 年 12 月 15 日),第 115 页。

④　许锡清:《福建人民政府》,《广东文史资料选辑》第 1 辑,广东省政协文史资料委员会 1961 年编印,第 102 页。

⑤　陈立夫:《成败之鉴》,第 168 页。

的所作所为,已到了无法忍受的地步,蒋氏在 2 月 10—16 日这一周的日记中,几乎天天留下对胡汉民愤怒的"控诉":

(2 月 10 日)胡专欲人为其傀儡,而自出主张,私心自用,颠倒是非,欺妄民众,图谋不规,危害党国,投机取巧,妄知廉耻,诚小人之尤也。惟余心暴躁发愤,几忘在身矣,戒之①。

(2 月 13 日)彼借委员制之名而把持一切,逼人强从,此对中央全会与国民会议诸决议案之能显而可见者,至其挑拨内部,诋毁政治,曲解遗教,欺惑民众,一面阻碍政治之进行,凡有重要之案,皆搁置不理,使之不能推行;一面则诽谤政府之无能,政治之迟滞,不知其恶劣卑陋至此,是诚小人之尤者②。

(2 月 14 日)自彼加入政府之后,政府即行不安,党部因之内讧。二年来,内战不息者,其原因固不一端,而推批究总因,实在其政客私心自用,排除异己之所致。吾人不察,竟上其当,且受不白之冤。年来牺牲部下与人民损失如此之多,痛定思痛,莫能自己。而彼不自悟,仍用旧日手段,挑拨我内部,卖好我属部,使我成为怨受,必欲推倒政府,而其身取以代之为快。如其果有此能力,则我求退不得,而此实万难之事也,奈何?③

(2 月 15 日)(胡)对中外人士皆称余为军人,而不知政治,并诋毁政治之无能,而其一面妨碍政治,使各种要案不能通过执行,其用心之险,殊堪寒心。余以国民会议之议案,必须自由提案,自由决议,不加限制,并议定训政时期之约法也。各省党部选举绝对自由,不宜再圈定,而一切议案亦绝对公开,此方足以平乱。不贯彻"江电"之主张,决不能杜绝乱源也④。

----

① 蒋介石日记,1931 年 2 月 10 日。
② 蒋介石日记,1931 年 2 月 13 日。
③ 蒋介石日记,1931 年 2 月 14 日。
④ 蒋介石日记,1931 年 2 月 15 日。

（2月16日）彼阻碍四中全会之提案，明既签字，暗又反对。今又把持国民会议，人为其名，彼受其实，此诚小人之尤者也①。

从以上引述的这几段日记中，我们不难读出蒋氏内心对胡氏的强烈愤慨。此时，蒋已经下了"能恶人"的决心，并以此"自勉"。

2月24日，蒋介石约集戴季陶、吴稚晖、张群同胡汉民再次商讨约法问题，希望做最后的妥协和努力，但胡在谈话中仍坚持反对制定约法，他说："我并不是不主张约法和宪法，我自信是真的为约法、宪法而奋斗者。实在说一句，当开始反对满清，提倡民权主义的时候，我还不知道你们何在？而且也无处认识你们。"②当晚，蒋介石开始考虑使用非常手段解决胡汉民，他自叹道："孔子之于少正卯，孔明之于马谡，其皆迫于责任乎？然吾则制止其作恶之机，而保全其身可也。"③

但胡汉民根本没有意识到危险已经迫近。25日他公开对《中央日报》记者发表谈话，更是倚老卖老地声称："我追随总理数十年，总理之重要著作，我亦曾参加若干意见，从未闻总理提及'国民会议应讨论约法'一语。"④仍坚持反对制定约法，力图保持"党权"高于"国府主席"这一政体形式。在胡氏谈话见报当天，蒋介石在日记中愤恨地写道："为胡事，又发愤怒。回汤山休息。彼坚不欲有约法，思以立法院任意毁法、变法，以便其私图，而置党国安危于不顾，又言国民会议是为求中国之统一与建设，而不言约法。试问无约法，何能求统一，何能言建设。总理革命不欲民国之元年参议院之约法，而主张重订训政时期之约法，重订革命之约法，而非不欲约法也……故中正痛定思痛，乃有'江电'，欲要求速订约法，速开全国代表大会，速开国民会议，以免除国内长时战争，不使再有军阀复起，以压制人民，祸乱党国，此乃牺牲二十万将士

---

①　蒋介石日记，1931年2月16日。

②　胡汉民：《革命过程中之几件史实》，《三民主义月刊》第2卷第6期（1933年12月15日），第114—115页。

③　《事略稿本》第10册，1931年2月24日条，第167页。

④　胡汉民：《谈国民会议意义》，《中央日报》，1931年2月25日。

之生命与无数国民之损失所得而来者。而乃政客、官僚凭一己之私，欲藉党国之名位，仍欲为个人之权利，而置人民与将士之牺牲于不顾，不但欲毁坏党国，摧残革命既得之成绩，而且欲引起有约法与无约法之纠纷，或竟贻党国百年无穷之祸患，此恶乎可！且彼既以随侍总理数十年自命，此固世人所皆知为我总理之左右手也。但民国元年本党所既得之革命政权，而彼等人必欲强总理让于袁贼，终总理之世，使本党革命卒无一成者，无非为若辈所把持劫夺，使总理孤立无援，有志之士皆欲随总理革命，而不可得。其阻碍革命，破坏革命之罪恶，不自知悔悟。以总理伟大勇决之精神，卒为彼等偏狭刻薄者所断送。迨我北伐成功，革命稍有希望，而彼以深悔前非，辅助革命，以求归本党。不料其一入本党，前病复发，野心渐萌，两年以来，欲反原定之和平政策，挑拨播弄。全国将士与国民之牺牲之苦痛，滴滴血泪之痛史，皆不值其一顾，呜呼！摧残革命之罪，莫过于是矣，可不痛哉。"①

26 日，蒋介石送请柬邀胡汉民和全体中央委员 28 日到总司令官邸晚餐。当日晚"八时顷，同人毕集，展堂至，介石独令高秘书长凌百、吴警厅长思豫招待之于别室。旋介石出一致展堂函示诸同人，中历陈展堂操纵党权，把持立法院、抗言国民会议不应讨论约法等罪过，累累十九页，由介亲签名，且有亲添注之处"②。事态发展到这一地步，已无法转圜。这一夜，胡汉民被扣押在总司令部。蒋介石仅在日记中平淡地记下一句："本晚宴客，留胡汉民在家，勿使其外出捣乱也。"③第二天，胡汉民写了两封信，一封是声明辞职的，称："因身体衰弱，所有党部、政府职务，概行辞去。"另一封是写给蒋介石的，称："我平生昭然揭日月而行，你必有明白的时候……去年我亦早已提出辞职之议，且自去年与组庵、湘勤等唱和以还，竟自审我非政治中人，而发现自己有做诗

---

① 蒋介石日记，1931 年 2 月 25 日；另见《事略稿本》第 10 册，第 169—171 页。
② 《邵元冲日记》，1931 年 2 月 28 日，第 170 页。
③ 蒋介石日记，1931 年 2 月 28 日。

的天才,实可为一诗家。当十五年自苏俄返国,避居上海,从事译述著作生活者年余,以维生计,以遣长日,竟颇有成就。今后必将以数年之时间,度我诗人之生活也。"胡在信尾还附上一句:"留居此间,室小人杂,诸多不便,能往汤山亦好。"①这两封信被蒋介石再度利用,借以表明蒋并未监禁胡。胡汉民的迁居要求,自然得到了满足。3月1日,胡汉民由邵元冲和蒋介石的侍卫长王世和押解至南京郊外汤山总司令部俱乐部监禁②。

胡汉民被扣一事,史称"汤山事件"。

二　国民会议的召开与主要议决案

1931年2月28日,胡汉民被扣当晚,蒋介石在全体中央委员晚宴中,力陈国民会议应讨论约法。当时吴稚晖、李石曾、蔡元培、叶楚伧诸人都表示附和。会后,国民党诸要员纷纷到吴稚晖处商讨善后。最后,吴稚晖表示:"此事既破裂,则已无法弥缝,惟有力图减少困难及误会。展堂既主辞职,则以静居双龙巷寓次为宜,立法院事作为请假,而由子超(林森字子超)副院长代理之,较为不着痕迹。"蒋当场表示:"诸同志既一致同意,明日即照此办吧。"③

3月2日,国民党中央常务委员会在胡汉民缺席的情况下,通过两项决议案。一是胡汉民同志因积劳多病,又值国民会议即将开会,不足膺繁剧之任,辞国民政府委员、立法院长本兼各职案。决议:通过并选任林森同志为立法院院长,邵元冲同志为国民政府委员兼立法院副院长。二是通过蒋介石等人提议的国民会议制定约法案,并指出:此种约

---

①　胡汉民:《革命过程中之几件史实》,《三民主义月刊》第2卷第6期(1933年12月15日),第120—121页。

②　《邵元冲日记》,1931年2月28日、3月1日,第711页。

③　《邵元冲日记》,1931年2月28日,第710—711页。

法,为中国民族整个的生命所寄,负训政责任之本党,不得不予再三郑重考虑之后,定坚卓不移之决心,并应排除一切困难与谬见,根据总理所指示,以确定其性质范围与产生之方法,俾于国民会议,树久安长治之宏规①。会议推定吴稚晖、李石曾、于右任、丁惟汾、王宠惠、蔡元培、叶楚伧、邵元冲、刘芦隐、孔祥熙、邵力子十一人为约法起草委员,吴稚晖、王宠惠为召集人,负责立即起草约法条文,供国民会议讨论。据出席会议的孙科回忆:当蒋提出议案后,会场"半句钟之久,无一发言。后蒋作默认,糊涂通过"②。

蒋、胡约法之争,最终以胡汉民的被囚和蒋介石的胜利而告结束。从此,国民会议就完全按照蒋的意图发展。对此,蒋曾在日记中愉快地写道:"为胡汉民事积搁公事至两星期之久,一旦清理为之一快。"③

早在1930年11月国民党三届四中全会决议召开国民会议时,国民党中常会即推定蒋介石、胡汉民等十四人为委员,负责草拟召集国民会议之方案④。12月29日,中常会通过《国民会议代表选举法》,交国民政府于1931年元旦正式公布⑤。

根据《国民会议代表选举法》规定,会议代表总额为520人,其分配

①　《中国国民党中央执行委员会第一百三十次常务会议记录》(中国第二历史档案馆藏,油印件),全宗号七一一(5)62;另见中国第二历史档案馆编:《中国国民党中央执行委员会常务委员会会议录》第14册,广西师范大学出版社2000年版,第263页。

②　孙科:《胡展堂先生被扣事件发生之经过》,《为什么讨伐蒋中正》,第100页。

③　蒋介石日记类抄,《困勉记》卷17,1931年3月13日(台北"国史馆"藏"蒋档")。日记原文为:"二星期余之公事,为胡案而积搁,其数百件,一旦理清,岂不快哉。"

④　《中国国民党中央执行委员会第一百一十六次常务会议记录》(中国第二历史档案馆藏,油印件),全宗号七一一(5)61;另见中国第二历史档案馆编:《中国国民党中央执行委员会常务委员会会议录》第13册,第103页。

⑤　《中国国民党中央执行委员会第一百二十一次常务会议记录》(中国第二历史档案馆藏,油印件),全宗号七一一(5)61;另见中国第二历史档案馆编:《中国国民党中央执行委员会常务委员会会议录》第13册,第328-335页。

情形:各省 450 人,各市 22 人,蒙古代表 12 人,西藏代表 10 人,海外华侨代表 26 人;选举采用职业代表制,各地代表应按照定额,由农会、工会、商会及实业团体、教育会、国立大学、教育部立案之私立大学及自由职业团体、中国国民党等团体选出。同时规定,上述"农会、工会、商会、教育会各团体以依法设立者为限"[①]。

　　1 月 23 日,国民会议选举总事务所成立。南京国民政府任命戴传贤为主任、孙科为副主任、陈立夫为总干事,具体负责国民会议代表选举和会议筹备事项,并于各省市设立国民会议选举总监督。根据《国民会议代表选举法》第十四条"中国国民党国民会议代表之选举由中央党部另定之"的规定,29 日国民党中常会第一百二十五次会议又通过《中国国民党出席国民会议代表选举施行程序》,共 21 条,规定各省市国民党员按该省市分得之名额,就中央提名中选出半数或过半数,其余者由党员自由选举[②]。

　　4 月 24 日,南京国民政府正式公布《国民会议组织法》,共 28 条,分别对国民会议的组织、会期、表决方式、会场纪律、秘书处和警卫处的设置等作了具体规定。其中最值得注意的是组织法第二条规定:"中国国民党中央执行委员会、中央监察委员会各委员,及国民政府委员,得出席国民会议。"此外,国民党中央候补执、监委员,各院所属部长、委员长,以及主席团特许人员,可"列席"会议[③]。"因之,中国国民党对于该会议可说有绝对的支配能力"[④]。

---

　　① 《国民会议代表选举法》,国民会议选举总事务所编:《国民会议关系法规汇编》(南京:编者印行,1931 年 3 月版),第 35、38 页;《国民政府公报》第 663 号(1931 年 1 月 1 日),第 1—5 页。

　　② 《国民会议关系法规汇编》,第 69—74 页;《国民政府公报》第 696 号(1931 年 2 月 12 日),第 4—5 页。

　　③ 《国民会议组织法》,《国民会议宣言决议案宣传集》,第 270—275 页;另见《国民政府公报》第 756 号(1931 年 4 月 25 日),第 1—3 页。

　　④ 陈之迈:《中国政府》第 1 册,上海商务印书馆 1946 年版,第 14 页。

　　5月5日,国民会议开幕。南京国民政府主席蒋介石致开幕词,他首先回顾了召集国民会议的历史渊源、召集经过及其职能,特别强调制定训政约法一事。他说:"中正认此事为国民会议之重要使命,历次坚持,致不谅于平日敬爱之友,言之实心有余痛!"并表示"俟(约法)确立以后,尤须政府国民同立山岳不摇之心,秉化日光天之态度,一致遵守,以致中国于治平"①。6日,国民会议召开第一次预备会议,出席会议的正式代表435人,国民党中央执、监委员和国府委员29人。会议首先接受国民党推定的中央委员于右任、国民政府委员张学良为大会主席团成员,并选举张继、戴传贤、吴铁城、周作民、林植夫、陈立夫、刘纯一共同组成主席团②。自8日起正式开会,共开大会八次,通过提案二十余件。

　　在国民会议通过的所有提案中,最重要的自然是12日第四次会议通过的《中华民国训政时期约法》③。国民会议通过的另一项重要决议,是13日发表的《废除不平等条约宣言》:国民会议爰代表全国国民,为下列之决定而郑重宣告于世界:(一)中国国民对于各国以前所加于中国之不平等条约概不予以承认。(二)国民政府应遵照总理遗教于最短期内实现中华民国在国际上之完全平等与自由。右之决定,不仅为捍卫中华民族生存之必要,实亦足以消除世界和平之障碍而涤荡近世文明之污点。深信世界各国对此坚决之表示,必能与以深切之认识,而我全国同胞自必一致拥护此项之决定,不辞任何之艰难与牺牲,

---

　　①　蒋中正:《国民会议开幕词》,程天放主编:《国民会议实录》正编(纪事),国民会议实录编辑委员会编印,无出版时间、地点,中国社会科学院近代史研究所图书馆藏,目录号573·551/6780,第12页。

　　②　《国民会议预备会议记录》(一),《国民会议实录》正编(会议记录),第1—15页。

　　③　约法具体内容参见本书第三章第一节。

谨此宣言①。

17 日,大会一致通过发表《国民会议宣言》,再次强调上述两项主张为"本会议代表国民一致决议",并要求"全体国民当下最后之决心作最大之努力,拥护国民政府以完成此项使命"②。6 月 1 日,南京国民政府正式颁布约法,并发表《约法宣言》,称:国民会议最重要之工作为制订中华民国训政时期约法。政府依照国民会议决议,于本日以约法公布全国,约法亦即于本日发生效力。

召集国民会议和废除不平等条约,是孙中山遗嘱中明确提出的二项"最近主张","尤须于最短期间促其实现"。国民会议算是开完了,《废除不平等条约宣言》也昭告于世。但如何废除、具体步骤以及何时"促其实现",无论国民会议还是南京国民政府均无具体规划。同年"九一八"事变后,因国民党内的四分五裂,国民会议留下的《废除不平等条约宣言》更是形同一纸空文,列强在华所拥有的特权依然如故。

国民会议秘书长叶楚伧在报告国民会议经过时曾自豪地表示:这次大会的代表,可以说是照组织法规定的人数,全都到会了。出席列席的代表中间,包括蒙、藏、回各族,又另有数位女性代表,所以此次的国民会议,是整个的中国民族的国民会议,无一族一界无代表参与的。至大会的议事经过和一切议决案,无不根据总理遗教,讨论通过的。如实业建设程序案,是根据建国方略的;教育实施趋向案,是根据心理建设的;中华民国训政时期约法案,是根据训政纲要及建国大纲的。此外所有比较重要以及其他的议案,都无一不是根据总理遗教而决定的。提案方面,计共有四百五十余件,经大会决议通过的约二十余件,其余的四百余案,都在末了一天的下午,通过解决了③。

---

① 《国民会议第五次会议议事纪录》(1931 年 5 月 13 日),《国民会议实录》正编(会议纪录),第 117 页。

② 《国民会议宣言》,《国民会议实录》正编,第 4 页。

③ 叶楚伧:《国民会议的经过》,《国民会议宣言决议案宣传集》,第 195 页。

　　但是,国民会议是否真如叶氏所称的"是整个中国民族的国民会议"呢? 首先,我们从国民会议的选举机关来看,由国民党中央派往各省市的 31 位国民会议代表选举总监督,如陕西省为杨虎城,山西省为商震,浙江省为张难先,上海市为张群,南京市为魏道明①,这些人都是国民党大员,根据国民会议代表选举法的规定,他们对参选人民团体有认定资格的权利②。也就是说他们可以代表"党"或"个人意愿"来认定参选代表的资格。我们不妨看看当时在鄂豫皖"剿共"的十三师师长万耀煌在其日记中关于湖北选举的真实记录:"国民会议选举事,由民厅主办,每县派一指导员,民政厅长吴醒亚电令各县长接受指导。闻各指导员到达各县后,对县长兼任选举监督曰:'如何办理,你是明白的,我们心照不宣,惟一事必须迅速完成的,就是制造选民名册。'前些时各军师有人来电,要交换选票,如樊崧甫、周磊要我们选赵观涛,他们选夏斗寅。最后仍由总司令圈定,可说是选举与圈定并用,施之于军队原无不可,若民众选举,由党部先行决定人选交民厅办手续,除大都会尚有形式举行,至各县则关门制造,层层转报与报纸公布而已,老百姓根本不知此事。"③

　　主持湖北全省选举的吴醒亚,正是南京国民政府任命的"国民会议代表湖北选举总监督"④。由此,可以想见叶楚伧所言"无一族一界无代表参与"的真实性。难怪万耀煌在日记中不满地表示:"军阀时期选以贿成,为后世诟病,还经过了选,还有人(得了钱)来投票。今日根本

　　① 《国民会议丛刊》之一,中国国民党浙江省执行委员会宣传部 1931 年编印,第 276—278 页;《国民政府公报》第 697 号(1931 年 2 月 13 日)、第 701 号(1931 年 2 月 18 日)。

　　② 《国民会议代表选举法》,《国民政府公报》第 663 号(1931 年 1 月 1 日),第 1—5 页。

　　③ 《万耀煌将军日记》,1931 年 3 月,台北湖北文献社 1978 年编印,第 71—72 页。

　　④ 《国民会议丛刊》之一,第 276 页;《国民政府公报》第 697 号(1931 年 2 月 13 日),第 1 页。

连投票形式都没有,主办地方选举作为如此,难怪外人对本党之不谅也。"①

　　此外,我们再从参加国民会议的代表分配来考查,出席会议的代表名额共 520 人,由各省市选举的国民党代表有 84 人,加上当然出席的 84 人(国民党中央执监委员、国府委员);而当然列席的代表亦有 50 人(国民党中央候补执监委员、各部会首长),另外还有军队党部特许列席代表 15 人。以上共计 233 人,已近大会人数一半。此外,国民党党员参加选举,并未限定不可参加国民党配额以外的职业团体的选举。这就造成国民党员不仅可以参加国民党的选举,也可以参加职业团体的选举,甚至有国民党员在地方党部选举失败后,再加入其他职业团体参选而获得当选的情况。当时在江苏省就不乏这样的例子②。由此可见,所谓国民会议,无非是"扩大"的国民党代表大会而已,而且其中还排斥了国民党内的反对派(如两广代表和改组派等)。可见,南京国民党中央对大会有绝对的支配地位。

　　国民会议选举的代表如此而已,会议通过的决议无论从内容到实质,也很难想象可以代表全体国民了。难怪会议能在最后半天不经过讨论即能"迅速"通过全部提案的 95%。而真正经过大会决议通过的二十余件提案中,最最关键的正如蒋介石所言:"国民会议中间,就是废除不平等条约和训政时期约法为唯一的要案。"③前者在于显示蒋介石完成了孙中山的遗愿,以此表明蒋在"党国"的正统地位,至于何时实现,则另当别论。后者则从法理上满足了蒋介石个人独裁的愿望。

　　国民会议一致通过了蒋介石梦寐以求的《中华民国训政时期约

---

　　①　《万耀煌将军日记》,1931 年 3 月,第 72 页。

　　②　陈之迈:《民国二十年国民会议的选举》,《清华学报》第 11 卷第 2 期,转引自张天任:《宁粤分裂之研究——民国二十年至二十一年》,中坜宏泰出版社 1992 年版,第 56 页。

　　③　蒋中正:《纪念革命先烈的感想》(1931 年 3 月 30 日),《中央党务月刊》第 32 期(1931 年 3 月),第 677 页。

法》。蒋介石在国民会议闭幕式上发表了题为《努力完成训政之大义》的闭幕词,他信誓旦旦地表示:"国民会议之目的,在谋中国之统一与建设。"然而"确认统一与建设之需要为一事,辨明统一与建设必由何道以求得之,又为一事"。为此他"愿恳切开陈于各地父老昆季之前,而蕲求一致之努力"者,"曰巩固统一与尊重法治"。如何"巩固统一"呢? 蒋称:"今后全国同胞,只须以全力维护约法之尊严,则统一之基础自固。"又如何"尊重法治"呢? 蒋言:"在积极方面,凡法律之规定,其应为者,必须尽其事,而不可放弃职责;在消极方面,凡法律所限制其不应为者,必须绝对遵守而不可丝毫衃越。今后全国国民,以至政府官吏与军人,必须皆知守法为立国立人之要则,不可再蹈放纵恣肆之错误,以陷国家于凌乱不安。"①从以上这段话中不难读出蒋氏的心声:于己"凡法律之规定,其应为者,必须尽其事,而不可放弃职责";于人"凡法律所限制其不应为者,必须绝对遵守而不可丝毫衃越。……不可再蹈放纵恣肆之错误,以陷国家于凌乱不安"。

　　然而单就法理上讲,《训政约法》还是遭到社会上的众多指责。孔祥熙在实业部的一次演讲中,谈及"约法上之疑点"时,曾把社会上的这种指责归纳为五点:"(一)'依法律'或'以法律'等语,在约法上规定至四十一处之多;(二)约法中规定五院院长及部会长,由主席提出,外间颇不谓然;(三)委员之任期,约法未有规定,外间亦以为疑;(四)副署问题,约法未经明定,外间亦以为言,不知各院部长对于政务,既有专责,当有副署法律命令之必要;(五)训政年限,未经订明,外间亦颇不满。"②

　　时任武汉大学校长、著名法学专家王世杰就曾对约法评论道:《约法》既欲保障民权,但是"对于人民的权利未采直接保障主义,而采法律

---

　　① 蒋中正:《努力完成训政之大义》(1931 年 5 月 17 日),《国民会议实录》正编,第 1—4 页。

　　② 孔祥熙:《训政约法的要旨及特色》(1931 年 6 月 15 日),《国民会议宣言决议案宣传集》,第 215—216 页。

保障主义。换言之,人权的保障有赖于法律,而法律亦可限制人权"①。在《约法》第三章《人民之权利义务》中,尽管开列了诸多条人民应拥有的种种自由,但每条后均添加一句"非依法律不得停止或限制之"②。这种法律间接保障制同所谓直接保障制最大的不同就是,政府可以依据法律随时停止人民的种种自由。在现代民主国家,法律的修订必须经过人民代表机构,也就是说限制人民的权利,是通过人民代表决定的。但制定《约法》的国民会议代表并非是由全民直接选举产生的,而在训政时期国民党又有至高无上的权力,换句话讲,国民党可随时单独制定法律,依法"停止或限制"人民之自由。

同样,扩大会议在半年多前公布的《太原约法》,虽然无效,却"采直接保障主义"。如该法第二章《人民之自由权利义务》中,规定了诸多自由条款,大都仅附加一句"非有犯罪嫌疑或证据,不得干涉"③。因此,当时舆论对这部《约法》就公开表示许多不满。《大公报》社评在《约法》草案刚刚公布时,就曾写道:"如何使人民纳税及服兵役工役,政府可以随时自由规定之矣。是以就约法言,关于民权之实际保障,殊不充分。将来能否收预期之效,其责任仍全在党及政府。此大可注意之一点也。……训政并无年限,自一种意义言,即可解释为无限之延长。盖自治完成无限期,则训政之终了,亦因而无限期也。从前本有训政六年之党的决议,去年蒋主席江电用意,似在缩短之,今乃得一无限延长之结果乎? 抑六年终了之,党的决议尚有效乎? 吾人纵不必空言求缩短,但亦绝对反对更延长。国议诸君,对此点果作何解也。"④

---

①　王世杰、钱端升:《比较宪法》,第632页。

②　《中华民国训政时期约法》,《国民政府公报》第768号(1931年6月1日)。

③　《太原扩会约法草案》,《大公报》,1930年11月1日。

④　《制定约法之完成》(社评),《大公报》,1931年5月14日,第1张第2版。孙中山在其《建国大纲》中,对于训政期限并未有明确规定,但在其早年所撰《军政府宣言》中则有三年完成县自治与全国平定后六年结束训政颁布宪法的希望。因此《大公报》社评中有六年完成训政说。

　　然而,《约法》草案中规定的人民诸多权利依法律保障等一系列条文,在国民会议讨论时,并未引起与会代表的任何异议,相反地却将原草案第七十九条规定的"约法之解释权由约法委员会行使之"①,改为"本约法之解释权由中国国民党中央执行委员会行使之"②。尽管《约法》规定了今后颁布法律与约法相抵触者无效,借以显示《约法》在宪法产生前为中华民国最高根本法之地位,但《约法》的解释权并不是由代表所谓民意的国民会议所授予,而属于国民党中央执行委员会,且"训政年限,未经订明"。如此这般,嗣后基于党权而颁布的法律若与约法相抵触时,孰为合法,孰为违法,也唯有执政的国民党才有权加以评判。何况排除了胡汉民的国民党中央执行委员会已完全落入蒋介石的控制下,因此也可以说对这部《约法》的解释权,最终是操于蒋介石一人之手。

　　这种冲突很快就表现出来。国民会议结束后不到一个月召开的国民党三届五中全会通过了新的《国民政府组织法》。在立法程序上该法须经立法院审查通过才能合法生效。立法院讨论时,众多立法委员对该法不满。部分立法委员发言,"以为(该法)内容与约法有不尽吻合之处,宜先付审查,再行提会讨论"。甚至更有立法委员指责五中全会"不讲法理,不尊重其主张,今乃提至本院,若吾人为尊重立法职权,应将此案内容加以修改,或则退回国府,否则徒为工具"。其实主持会议的立法院代理院长邵元冲心里非常明白,大家争论的焦点实际上是:经中央全会决议修正通过的法案,立法院是否仍有权审议。他发现该法"已无通过希望,乃折衷众说,以为此案既经全会修正通过,可径由国府公布,无庸经立法程序,遂散会"。但他私下也无奈地承认"然在立法史上实

――――――――

　　① 《国民会议第一次会议议事记录》附件五《中华民国训政时期的约法草案》,《国民会议实录》正编(会议记录),第46页。

　　② 《国民会议第四次会议议事记录》附件三《约法草案修正理由》,《国民会议实录》正编(会议记录),第92页。

开一不幸之例,殊足影响于将来"①。

照理讲,蒋介石派下的政学系是欢迎《约法》的,因此才有张群在国民党三届四中全会上的提案,借此挑战胡汉民派倡导的"党权",并一度引起胡汉民同党内元老的矛盾。陈立夫曾对张氏的这一举动分析道:"临时约法的施行将会提高人民的地位而降低了党的地位,政学系自然赞成利用人民的地位去直接减低国民党的权力,间接用以和胡汉民对抗。"②但当约法尚未起草完毕,政学系即从胡汉民被扣这一事件中明白,蒋介石要的约法并非他们希望的约法。据黄郛日记载:3月25日,"畅卿由宁归,谈国民会议及约法两事已早失去精神,将来必有名无实"③。畅卿即杨永泰,政学系领袖,他的评论颇耐人寻味。

平心而论,孙中山在其《建国大纲》中所规定的训政方式,是由下而上,由县而省,最后至中央,是以民治为基础的。而"国民党在北伐后所实施的训政,是由上而下,而且只在中央,不到省、县,是以党治为构想,与《建国大纲》的精神,颇不相同"④。更有台湾学者指出:此种训政"是空中楼阁,没有基础,是本末倒置,有名无实"⑤。

胡汉民原本想借训政来提升党权,推行党治,以此消除军权及改变既成的军治局面。这在蒋介石羽翼尚未丰满时,正是他们合作的基础。但当蒋介石借"党权"之名消除异己,实现武力统一,大权独握后,胡汉民再想以"党权"压制"军权",则只能是幻想。正如孙中山早年所言:"既借兵权之力,取政府之权力以为己有矣,则其不能解之于民者,骑虎

---

① 《邵元冲日记》,1931年6月15日,第743—744页。

② 陈立夫:《成败之鉴》,第168页。

③ 《黄郛日记》第6册(台北中研院近代史所郭廷以图书馆藏,原稿影印件),1931年3月25日。

④ 蒋永敬:《国民党实施训政的背景及挫折》,《百年老店国民党沧桑史》,第197页。

⑤ 李时友:《中国国民党训政的经过与检讨》,张玉法主编:《中国现代史论集》第8辑"十年建设",台北联经出版事业公司1982年版,第27页。

之势也。"①

孙中山想还政于民深感难矣,胡汉民想还政于党,同样是不可能的。对此,有学者评论道:"北伐之际,未行《建国大纲》中的训政工作,造成军权独大的既成事实,事后要其既得之权力,让之于党,已不可能;要其让之于民,更是不可能了。国民党实施训政之挫折,只是军权与党权的较量下,党权为军权所败。至于民权更非军权和党权的对手了。"②胡汉民后来也曾被迫承认,自 1928 年以来同蒋介石两年多的合作,"是没有党治,只有军治",并愤愤不平地表示:"既然是军治,便非民治,更非党治,军治的帐不能写到党治的帐上来。"③

国民会议"顺利"召开了。最能代表国民会议使命的《中华民国训政时期约法》也经会议一致通过了。此时,蒋介石的权力似乎牢不可破。但事情并不像蒋介石料想的那样简单。因囚禁胡汉民而触发的国民党内的不满,使蒋介石意想不到地面临着另一场更大的挑战。

第二节 广州"非常会议"的召开

一 反蒋派系的再度大联合

蒋介石囚禁胡汉民的消息甫一传出,社会舆论顿时哗然。这件事在国内引起如此强烈的反响是不奇怪的:以胡汉民在国民党内地位之高,又担任着立法院院长,只因为政治主张和蒋介石不同,便可不经任何法律程序被剥夺自由,一夜之间成为阶下之囚。胡尚且如此,其他人如果对蒋持不同意见,其命运更可想而知。这件事自然引起社会各界

---

① 孙中山:《与汪精卫的谈话》(1905 年秋),《孙中山全集》第 1 卷,第 290 页。
② 蒋永敬:《百年老店国民党沧桑史》,第 197—198 页。
③ 胡汉民:《军治党治与同志对中国政治应有的自觉》,王养冲主编:《三民主义与中国政治》,第 50 页。

的强烈公愤,纷纷谴责蒋,要求恢复胡的自由。即使在国民党内,也引起众多要人的不满。据蒋的亲信陈布雷回忆:"此事几引起政潮,党外人士尤资为讥刺口实。"①

胡汉民被扣当晚,陈立夫为了不使事态恶化,于晚宴结束后拉着叶楚伧同见蒋介石,陈氏恳请蒋"就此罢手,千万不要走极端","再予监禁是不妥的"。但蒋并未接受陈的意见,只是轻描淡写地说道:"已经做了,就没有办法再掩饰了。"②与此同时,孙科也找到同蒋介石十分亲近的戴季陶设法营救。出席当天晚宴的马超俊(时任国民党中央训练部部长)回忆道:"十二时散会,我步出军事委员会,警卫森严,如临大敌。孙哲生在我身后,两人相约同车至鸡鸣寺考试院访戴院长季陶,探讨胡先生被扣原因,并请其设法营救,戴氏泪涔涔下,谓:'今日之蒋先生,非民国十三年前之蒋先生,我纵有所陈述,亦恐不易见听。'言下颇有伤感。三人再三商讨,并无办法,乃联袂往中山东路中央建设委员会招待所,拜见吴敬恒、张静江、蔡元培、李石曾诸先生,大家在客厅见面。我们刚入座,吴稚老深知来意,乃大谈汉高祖忌元勋功高震主,大事屠戮,现代历史,似难例外,因将此类故事,古今中外,缕举历三小时,而对胡先生事,如何挽救,毫无主张。"③

其实,吴、张、蔡、李四老对扣胡一事,并非"毫无主张"。蒋介石如此大的举动,如没有得到党内元老的支持,他是很难做此独断的。2月24日,蒋介石即与四老"洽商展案",并称赞"稚晖先生之见甚当","稚老实有政治见解也"④。最初,蒋介石计划用中央监察委员会弹劾胡汉民的方式对外解释此事。为此,蒋于扣胡当天事前"往汤山与吴稚晖、

---

① 《陈布雷回忆录》,台北传记文学出版社1967年版,第82页。

② 陈立夫:《成败之鉴》,第174页。

③ 郭廷以、王聿均、刘凤翰:《马超俊先生访问记录》,台北中研院近代史所1992年版,第141—142页。

④ 蒋介石日记,1931年2月24日。

李石曾、蔡元培等议事"①。会谈内容不得而知,但明显是蒋得到了"四老"的支持,且这"四老"皆中央监察委员。会谈当晚,蒋即扣胡于总司令官邸。随后,蒋向其他在座的党国要人解释时,"吴、李、蔡、叶、戴诸君皆附其说"②。

当时,最令蒋介石不安的是广东省政府主席陈铭枢及其所控制的十九路军和第八路军总指挥陈济棠的态度。为此,蒋于扣胡第二天致电当时在广东的国民政府文官长古应芬并转二陈,内称:"中央昨日密提弹劾展堂案,其大意谓本党遵奉总理遗教召集国民会议,意义重大……乃胡汉民同志以立法院院长之地位独持异议,对于国民会议之职权妄欲有所限制,尤坚不欲有训政时期之约法……是直欲总揽立法权于一己,藉便任意毁法,造行之私图,而置无数国民与同志之牺牲于不顾。不但摧残革命既得之成绩,且引起有约法与无约法之纠纷,重贻党国百年无穷之祸患。胡同志身负党国重任,而越位失职,不自检束一至于此。且胡同志最近之言论、举措多足阻碍革命之进行……将益引起本党无穷之纠纷,尤难姑息坐视,倘再不加检举,何以谢党国而安人心等语。对于此事中无法处理,惟有从保全耆硕,消弭纠纷方面以谋妥善。"③

此后,蒋发觉以胡汉民自动辞职对外解释更为妥当。3月4日,蒋再次致电古应芬等人,即改口表示:"胡展堂先生因对于国民会议坚决主张不得议及约法,中恐引起党国无穷之纠纷,俭晚特与详细讨论。胡

---

① 《事略稿本》第10册,1931年2月28日条,第175页。蒋介石在当天日记中写道:"终日在汤山修正致胡函,与吴、李、蔡等议事。"
② 《邵元冲日记》,1931年2月28日,第710页。
③ 《蒋主席致古文官长并转真如伯南二兄东电》(1931年3月1日),《两广政潮卷》"统一时期第11册",台北"国史馆"藏"蒋中正总统档案"之"革命文献拓影",毛笔原件,以下简称"蒋档·革命文献"。

先生自以政见不合,愿辞本兼各职。故于东日往汤山暂住。"①

同日,蒋介石晚宴立法院全体委员,也以同样方式解释,不再提及监察委员弹劾案了:"此次胡汉民同志辞职事,各位或有不了解真相者。故本晚邀各位同志来此略述大概……不料胡同志竟不顾一切,突于上星期由宣传部以胡同志个人名义,正式发表国民会议不当议及约法问题之言论。中央同志于此甚觉不满,监察院某君欲提弹劾案。余负有政治之责,不得不从中调解,免启政治纠纷,并对该委员声明政治问题由余负责解决,请君不必提起弹劾。故于上星期六日,邀集全体中委讨论约法问题。余谓:凡我中央同志尊重胡同志,固无事不可迁就,独于此大政方针,关于中国祸福与存亡问题,则不能不以去就力争。昔者总理常言:吾对汉民之主张事事可迁就到十分之八九,但对于主义与大政方针有关者,则决不迁就。此总理在日对中正与诸同志屡言之。中正视此约法大问题,决不能以私情迁就,故当时声明:如胡同志以为中正约法之主张不对,则中正可辞职引退。胡同志因自认其主张与中央同志相反,乃表示自愿辞职。"②

但蒋氏此举并没有得到党内元老的一致赞同。3 月 7 日,原本一贯支持蒋介石的戴季陶即借口为超度阵亡将士诵经,离京赴宝华山暂居,以示消极③。8 日,南京国民政府文官长古应芬致电南京请求辞职,立法院秘书长李文范也借口养病留粤不归④。甚至连蒋介石的亲信陈立夫对此也不得不承认:"从胡先生的观点来看,蒋先生只是一名

---

① 《蒋主席致古应芬等支电》(1931 年 3 月 4 日),《两广政潮卷》,"蒋档·革命文献"。

② 《事略稿本》第 10 册,1931 年 3 月 4 日条,第 212—215 页。

③ 《戴院长诵经超度》,上海《民友》第 1 卷第 1 号(1931 年 4 月 6 日),第 16 页;郭廷以:《中华民国史事日志》第 3 册,台北中研院近代史所 1984 年编印,第 18 页。一次,戴氏对前来向他请教营救胡汉民方法的马超俊表示:"'胡先生所居双龙巷,为最大不吉之处。'一语双关,意指两雄相争。而其无意斡旋,亦由此可见。"《马超俊先生访问记录》,第 146 页。

④ 《古应芬呈辞李文范留粤养病》,《大公报》,1931 年 3 月 8 日。

中央执行委员会的委员。以党的风纪角度来看,胡先生是没有错的。假如我是一个法官的话,就法律上来看,我要说胡先生是对的。"①

胡汉民被囚后,蒋介石最初还想封锁消息,"自一日晨起,电报与京沪长途电话,皆严密检查,消息无法传出"②。"蒋介石二日在国府纪念周宣布胡汉民罪之演说词",也由总司令部通知各报"不许登载"③。但纸是包不住火的。蒋介石的结拜兄弟黄郛在 3 月 2 日的日记中写道:"访畅卿兄,得悉廿八晚介石以请客为名已将展堂看管……本日公债大跌,或系受展堂事之影响。"④最先公开反蒋的是国民党海外党部,据《华东日报》3 月 9 日广州专电称:"海外党部对胡颇有信仰,此次胡被监禁消息传出后,新嘉坡党部与其他三海外党部,于五日发出反蒋通电。"⑤

胡汉民被囚汤山后,并没有向蒋介石屈服。他只是向蒋要求允许常为自己看病的铁道部医官邓真德前来照顾⑥。他选择要邓来治病,自然是有其深意的。邓真德是铁道部长孙科的亲信,通过邓的联络,胡汉民先后同孙科、古应芬等取得联系,嘱咐他们一定要在两广建立反蒋局面。在胡的授意下,古应芬便积极策划驻防广东的第八路军总指挥陈济棠发难反蒋。

古应芬到广州后,一面暗中同孙科联系,利用孙科是孙中山儿子的声望,借以扩大反蒋派的声势;同时派人会晤已率军队攻入广西的陈济棠,希望他能与桂方息兵,共同反蒋。这时不属于蒋介石嫡系的地方实力派中只有陈济棠能够独立控制广东这样重要的省份,并且拥有比较

---

①　陈立夫:《成败之鉴》,第 170 页。
②　《胡辞职经过》,《大公报》,1931 年 3 月 6 日。
③　蒋氏之演讲后经修改好才允许发表,香港《华字日报》,1931 年 3 月 3 日、4 日。
④　《黄郛日记》第 6 册,1931 年 3 月 2 日。
⑤　中国青年军人社编:《反蒋运动史》,第 271 页。
⑥　《邵元冲日记》,1931 年 3 月 2 日、3 日,第 712 页。

强大的军事力量，但他内心总是惴惴不安。特别是当时亲蒋的省政府主席陈铭枢，一直对他构成重大威胁。尽管此时十九路军已奉命北调江西参加"剿共"，但二陈之间的矛盾并没有得到缓解。胡汉民的被囚，使陈济棠更清醒地意识到自身的危险处境，如不反蒋迟早也会被蒋吞掉。为此，他于3月5日致电南京表示：请爱护胡汉民，以免内忧①。

除古应芬外，胡汉民的另一重要亲信、立法院秘书长李文范这时也来到广州，力劝陈济棠反蒋。"他是扣胡前以南京中央党部广东党务视察员的身份来的。在这一次广东省党部的集会上，李就提议电蒋质问何故扣胡，反蒋空气逐渐到了表面化阶段"②。

在古、李的影响下，陈济棠的反蒋态度逐步明朗。他明白此时没有其他力量可以单独举起反蒋大旗，他如果能率先反蒋，对蒋不满的各派政客和军事势力定会拥他充当盟主，从而扩大他的政治影响。因此，他决定先同正在对垒的张（张发奎）、桂联军停战，从广西撤军。他还亲自同张发奎会商合作③，并派心腹林翼中到南宁会晤李宗仁、白崇禧，表示愿意捐弃前嫌，联合反蒋。李、白、张在屡次战败之余实力大为削弱，已有岌岌可危之势，获此良机得以重整桂系，自然是求之不得的事情，"因此峰回路转，两广化干戈为玉帛，又由敌对之局转而为合作了"④。

此时，担任广东省政府主席的陈铭枢虽然一贯亲蒋，但对蒋介石扣押胡汉民也曾表示不满。不过他同陈济棠之间的矛盾颇深，特别是此次反蒋的核心人物古应芬同陈济棠关系密切，他自知无法成为领袖，遂于4月28日悄然潜往香港。这样，广东的军政大权便完全置于陈济棠的控制之下。

古、陈之外，孙科是参加反蒋行动的另一大将。孙科当时担任着国

---

① 《陈济棠电京请加爱护》，《大公报》，1931年3月6日。
② 罗翼群：《西南反蒋的回忆》，《南天岁月》，第83页；3月11日，李文范同古应芬分别致电南京国民政府辞职，郭廷以《中华民国史事日志》第3册，第19页。
③ 郭廷以：《中华民国史事日志》第3册，第29页。
④ 《李宗仁回忆录》，第418页。

民党中常委、国民政府铁道部长。他一向与胡汉民合作,并同"西山会议派"关系密切。1928年孙科随胡自欧洲返国后,尽管被增选为中常委,但在南京政权中并没有什么实际发言权,同宋子文、孔祥熙也有着利害冲突。胡汉民的被囚对孙科震动很大,自然引起孙科对蒋氏的不满,更使他产生兔死狐悲之感。

通过自己的下属、铁道部医生邓真德的联络,孙科立即着手策划救胡反蒋。在孙科的基本干部中,文人有马超俊、傅秉常、梁寒操,武人有陈策、张惠长等,又通过梁寒操吸引了"再造派"的王昆仑、周一志、钟天心等一批居于国民党中层地位又比较年轻的干部①。据周一志回忆:"大约是扣胡后的第四五天,马超俊、梁寒操、王昆仑、钟天心、陈剑如、麦朝枢及我共七人,奉孙命秘密计议。由马出面,代孙写了几封密函,决定王昆仑先去上海,钟天心回广州,麦朝枢同我去沈阳见吴铁城,叫他准备拉张学良反蒋。并且叫我同麦路过天津时会见扩大会议失败后在津闲住的邹鲁、覃振、傅汝霖等人,告以反蒋时机又到,请他们务必转达汪派人士,不必再骂胡,以便大家一同反蒋。"②

4月中旬,孙科、马超俊纷纷不辞而别,潜往上海。甚至连约法起草委员会召集人、具体负责制定约法的王宠惠,南京特别市市长刘纪文等人,也纷纷随孙科跑到上海,表示同蒋不合作的态度。此时,胡汉民被扣,汪精卫被排斥,国民会议的开幕日期已迫在眉睫,这一切骤然使孙科在国民党统治集团内的政治天平上明显增强了分量。他的离去对蒋构成了一定的威胁。

蒋介石觉察到孙科等人有反蒋活动后,曾慨叹道:"王宠惠、孙科皆受展堂主使,改组派离间,希望在粤另组政府以倒中央,故其赴沪不回,余以镇静处之……粤方谣盛,余仍以小事视之。"③无论蒋是"以镇静处

---

① 孟曦:《关于"非常会议"和"宁粤合作"》,《文史资料选辑》第9辑,第105页。
② 周一志:《"非常会议"前后》,《文史资料选辑》第9辑,第85页。
③ 蒋介石日记,1931年4月28日;另见《困勉记》卷17,"蒋档"。

之",还是"以小事视之",但其内心绝对不敢轻视这股势力。为此,他于4月28日派吴稚晖、张静江、孔祥熙赴沪力图劝说孙科等人返京。29日再请吴稚晖"警告展堂,属其慎思,不可致粤叛离"。其实,蒋介石深知:"此事症结仍在胡也。"①

　　此时的孙科已不肯对蒋介石的逼迫轻易就范。他感到在这次反蒋救胡的党内斗争中,定能大大提高自己的政治地位。为此,孙科对吴稚晖等人"提议以恢复胡先生自由为前提,然后再谈其他"②。"果然从那时起,国民党的政治市场中就在'胡先生'、'汪先生'之外,又加了一位'孙先生'了"③。

　　由于胡汉民长期支持蒋介石而同汪精卫不和,汪精卫一派最初得知胡汉民被囚的消息后,曾一度表现出幸灾乐祸的态度。汪本人蛰居天津租界发表谈话时曾说:"胡数年来为武人专政之拥戴者,获此结果诚不足惜,惟蒋对立法院长之失职,不在中央党部及国民政府提出弹劾,而竟敢在私寓宴会之际拘押,形同绑票,毫无法纪,以如此之人,而言制定约法,更属厚颜。"④汪的这种各打五十大板的态度,一度引起胡派人物的厌恶。"古应芬、黄季陆等反对最烈,以为与汪合作,则必须屈伏于汪氏之讨蒋主张,而粤方反蒋反居被动地位"⑤。亲胡的驻美公使伍朝枢也极力反对联汪反蒋策略,并以国民党驻美总支部名义致电陈济棠表示:"汪精卫等皆叛党国,久为全国民众共弃,更不应受其利用,

① 蒋介石日记,1931年4月29日;另见《困勉记》卷17,"蒋档"。

② 《马超俊先生访问记录》,第151页;郭廷以《中华民国史事日志》第3册,第30页。

③ 孟曦:《关于"非常会议"和"宁粤合作"》,《文史资料选辑》第9辑,第104—105页。

④ 罗翼群:《西南反蒋的回忆》,《南天岁月》,第86页;《汪精卫对扣胡案谈话》,《华字日报》,1931年3月6日。

⑤ 《某致潼关顾祝同元电》(1931年5月13日),《蒋方民国二十年往来电文录存》,"阎档"微缩胶卷,79/2205—6。

自绝党国。特此忠告,惟慎择焉。"①

　　而此时陈济棠因感力量不足,且"既联桂,即不能拒汪",故"力主迎汪"。"但古(应芬)及各将领以羊城浩劫由汪造成,迎汪何以平民愤。故开会时均不发言,示与汪不能合作。余(汉谋)、香(翰屏)旋谓余等无主张,惟总指挥是听。陈因大愤,遂发表只任军事,其意以为迎汪系政治问题也。"②

　　此时已加入反蒋行列的桂系和"西山会议派"的邹鲁等人,原本在扩大会议时就同汪派合作,当然欢迎汪精卫参加。同时,邓泽如等粤派元老也支持陈济棠的主张③,甚至连胡汉民都不惜同长期政见不合的汪精卫合作。胡通过邓真德同孙科、古应芬联络,表示:"目前舍汪无足与蒋对抗。"④

　　这样一来,古应芬等在考虑各方面的意见后,最终说服了胡派中的反汪人士,促成胡、汪两派之间的政治休战。不过,双方的休战不是无条件的。"虽迎汪,但却阻有不得带公博、孟馀、乃光等极左派人物条件"⑤。胡派只是希望联合汪精卫个人,而排斥改组派其他成员。古应芬、李文范等人在复伍朝枢的电报中,讲得很明白:"汪已声明彻底觉悟,与改组派脱离,而服从公意,共同倒蒋,故公意以为倒蒋

---

①　《国民党驻美总支部致陈济棠电》,《国民党胡蒋内斗材料》,中国第二历史档案馆藏,全宗号七一一(6)134。

②　《天津有日特讯》(1931年5月25日),《杂派民国二十年往来电文录存》,"阎档"微缩胶卷,48/1208。

③　《某致潼关顾祝同元电》(1931年5月13日),《蒋方民国二十年往来电文录存》,"阎档"微缩胶卷,79/2205—6。

④　陈公博:《苦笑录》,第265页。孙科亲信周一志在《关于再造派》一文中,也曾记下了同样的内容,《文史资料选辑》第2辑,第137页。

⑤　《天津俭日特讯》(1931年5月28日),《杂派民国二十年往来电文录存》,"阎档"微缩胶卷,48/1212。

则有联汪之必要,弟等亦以联汪倒蒋服从公意,非个人有所成见也。"①

扩大会议失败后,汪精卫已走投无路。因胡汉民被拘而引起的这场轩然大波,再次给了进退失据的汪精卫重整旗鼓的机会。他明知亲胡的广东军政当局不会真心替自己捧场,但也要抓住这个机会,捞回一些政治资本。"孙科到上海后,派梁寒操赴香港与汪接洽,汪正在无出路中,当然一拍即合,以孙亲来一同到广州下海为条件"②。在这样的形势下,汪到广东有孙科互相依托,也并不孤立。但在孙科尚未公开反蒋前,汪精卫先留驻香港,公开发表谈话称:"不赴广州,只局外接应。"③汪精卫深知此次广东方面不可能推他当主角,但在反蒋这一点上,双方的利益是一致的。为此,他致电广西李宗仁、白崇禧、张发奎,"谓目标愈简,则用力愈专,而纠纷亦愈少",主张首先在"军事上同粤方合作,党务政治,则依次进行,将来再以会议方法共同解决"④。

经过这样一番四面八方的奔走联络,胡汉民派、孙科派、汪精卫派、"西山会议派"、两广地方实力派以及其他反蒋势力便又联合起来,形成一股很可以同蒋介石相对峙的不可忽视的力量。公开打出反蒋旗号的条件,已经成熟了。

打响第一炮的是:1931 年 4 月 30 日,邓泽如、林森、萧佛成、古应芬四人以国民党中央监察委员名义发出弹劾蒋介石通电,历数蒋的罪行:一是起用政学系杨永泰之流;二是陷害许崇智;三是非法扣押胡汉民。其罪行"无一不以个人地位为前提,久置党国大计于不顾",并披露

---

① 《古应芬李文范林直勉致国民党驻美总支部电》,《国民党胡蒋内斗材料》,中国第二历史档案馆藏,全宗号七一一(6)134。

② 周一志:《"非常会议"前后》,《文史资料选辑》第 9 辑,第 85 页。

③ 《粤拟组机关在酝酿中》,《大公报》,1931 年 5 月 14 日。

④ 《天津佳日特讯》(1931 年 5 月 9 日),《杂派民国二十年往来电文录存》,"阎档"微缩胶卷,48/1178;《汪精卫致李白张冬电》(1931 年 5 月 2 日),《大公报》,1931 年 5 月 9 日。

胡被囚事件的真相，指出："胡汉民同志以国民会议不应议及约法，与蒋主张不合，被其监视。蒋犹出席纪念周演讲党员自由问题，且公然指胡同志不能出京，其非法捕禁，已为中外人士所共知。""蒋氏与胡同志为同列，究以何职权而得逮捕监禁中央重要人员？""夫以一国之元首，不惜躬身毁法，乃以约法号召天下，其谁信之？"通电号召"爱护党国诸同志，急起图亡"，要求将蒋撤职查办①。邓泽如等四人都是在国民党内有着很久历史和相当地位的元老，又都是中央监察委员，林森还是胡汉民囚禁后被南京举为代替胡汉民做立法院长的人选。由他们四人联名正式提出弹劾，其影响自然远非一般人的意见所可比拟。受此影响，当日上海公债市场价格即暴跌②。

第二天，汪精卫首先通电响应，并表示："此仍讨蒋之最后一着，吾人惟有相与戮力，以期得最后之成功"，"对于国事，宜以颠覆个人独裁，树立民主政治为唯一之鹄的"③。引起更大震撼的是，四监委通电后三天，以陈济棠为首的广东将领十数人在 5 月 3 日联名发表的反蒋通电。他们声称："今蒋氏罪恶贯盈，神人共愤，四海之内，愿与偕亡。""如蒋中正不亟引退，仍欲负固以暴力维持其地位，则济棠生性恬澹，权力意气之争，向所不屑，耿耿此心，只为党国争存亡，为天下留正气，正义所在，义无反顾。"④陈济棠还调集军队，沿边界布防。广东是国民革命的策源地，又是重要的财赋之区，陈济棠手握重兵，他这一通电发出，使全国为之震动。11 日，李宗仁、白崇禧、张发奎等也发表讨蒋通电，宣称："蒋中正包藏祸心，自盘据【踞】南京中央以来，窃党祸国，无恶不作。""粤方友军已仗义继起通电讨贼，揭破蒋氏历年祸国祸党种种罪恶。本军业经下令动员，尤望全国民众、党中同志及各方革命袍泽，乘时奋起，

---

① 《邓林萧古之卅电》，《民国日报》，1931 年 5 月 4 日。
② 《黄郛日记》第 6 册，1931 年 4 月 30 日。
③ 《汪精卫先生通电》，《民友》第 1 卷第 5 号，1931 年 5 月 4 日，第 4 页。
④ 《陈济棠等粤军将领讨蒋通电》，《民友》第 1 卷第 6 号，1931 年 5 月 11 日，第 19 页。

会师长江,底定金陵。"①

　　蒋介石收到四监委弹劾电后,曾感慨道:"通电对余声罪致讨,余始以其非军阀,为监委,故辞职引咎,以为自白之地。继思剿匪将士与国民会议二事,如余辞职,必受影响,国即绝望矣。"故决定坚不辞职,呈请中央监察委员会审查②。

　　5月1日,针对四监委弹劾电,蒋介石致函中央监察委员会,"请求中央彻底查办",并表示:"如中正果有应得之罪,即请决议处分,提请中央执行委员会公决执行。中正理当静候查办,服从党命,绝不稍有恋栈。"③同时,为了尽快平息反蒋势力,顺利举行国民会议,蒋介石于同日主持召开国民党中央执、监委员临时会议,决议通过训政时期约法草案。"关于两粤事,因重要问题仍在展堂之自由问题……结果决定请展堂出席国民会议,并电粤解释误会"④。2日,吴铁城奉命致电粤方古应芬,表示:"展公(胡汉民)与介公(蒋中正)间知好,偶有违言,朝夕不难如故。现介公及中央同志,均决坚请展公,即日出席国民会议,共商国事,外间谣诼,当可不辩自解。……凡所陈报,弟负全责,望即释除误会,安定人心,共维大局。"⑤

　　当天,古应芬复电吴铁城表示只要释放胡汉民,"则南方决无乱事"⑥。而此时孙科仍滞留上海,尚未决心同蒋决裂。孙的态度至为重要。4日,吴铁城又奉蒋命到沪劝说孙科:"谓公(指蒋)对粤变决从党中解决,不用军事政治手段,并以(孙)科与党关系至深,于危急关头,不

　　①　《李宗仁等桂军将领讨蒋通电》,《反蒋运动史》,第303—304页。

　　②　蒋介石日记,1931年4月30日;另见《事略稿本》第10册,第491页;《总统蒋公大事长编初稿》第2卷,第98页。后两种资料均对日记原文有较大文字润色,但意思大体一致。

　　③　《反蒋运动史》,第289—290页;《事略稿本》第11册,第33页。

　　④　《邵元冲日记》,1931年5月2日,第729页。

　　⑤　《吴铁城复古应芬冬申电》,《中央日报》,1931年5月4日。

　　⑥　蒋介石日记,1931年5月2日;另见《事略稿本》第11册,第31页。

当消极相督责。"①从吴铁城转述蒋介石的态度中,孙科顿感身价倍增,一时又想充当宁、粤间的调解人,缓和双方的紧张局势,于是电蒋表示:"科意今日第一急着,即在先恢复展公之完全自由,则此后各事,自易解决。"同时,他也对蒋发泄了不满:"历代各国元首罪己事本寻常,况属革命党员自讼自刻,尤丈夫光明磊落之事。国难方殷,无任何一人所能独荷,必赖全党忠实同志本昨死今生之义,精诚团结,分工合作,共同负责。然后党国前途,统一建设,庶乎有豸。……鄙意倘蒙鉴纳,则后此奔走斡旋之劳,苟有驱策不敢辞也。"②随后,孙科致电古应芬、陈济棠表示:"弟思之再四,当此祸迫眉睫,苟利党国,汤火不辞,调停之责,再不容卸……务乞兄等在粤力持静默,安定人心,勿使时局急趋横决,至难收拾,是所盼祷。"③

　　然而,就在吴铁城赴沪的当天(5月4日),以吴稚晖、张静江、蔡元培、李石曾为首中央监察委员会复函蒋介石称:"邓泽如等三十日电,其语皆摭拾浮意,任意指斥,深可骇诧,且未合正式弹劾手续,业经本会集议,请蔡元培、张静江、吴稚晖等同志电复邓等,问是否失于检点,公暂勿深究。"④

　　由于有了中央监察委员会的明确支持,蒋介石对于四监委的弹劾案就可以有了交代。于是,"介石对于恢复展公(自由)又有变计"。对于此事,作为蒋氏亲信的邵元冲也无奈地感叹道:"百尔君子,不恒其德,或承其羞,其何能淑?"⑤而蒋则在当日国府纪念周演讲时信心十

　　①　《孙科关于"粤变"及恢复胡汉民自由等事致蒋介石电》(1931年5月5日),中国第二历史档案藏,孙科个人档案,全宗号三〇〇四·41。
　　②　《孙科关于"粤变"及恢复胡汉民自由等事致蒋介石电》(1931年5月5日),中国第二历史档案藏,孙科个人档案,全宗号三〇〇四·41。
　　③　《孙科关于调停宁粤之间矛盾给古应芬、陈济棠的电报底稿》(1931年5月8日),中国第二历史档案馆藏,陈友仁个人档案,全宗号三〇〇五·25。
　　④　《总统蒋公大事长编初稿》第2卷,第98页。
　　⑤　《邵元冲日记》,1931年5月3日,第729页。

足地表示:"有许多反动分子也许想以广东一隅之地反抗中央,而形成其割据形势。他们以为本党自民二以后,都是以广东为革命的根据地,继续革命工作与军阀奋斗,所以也想拿着广东来反抗中央。殊不知现在的情形和以前完全不同。当年总理之所以能以广东为革命的,实在有许多原因……第一,过去的事实都证明,一切反动分子无论是桂系、改组派,都是为怎么自利而捣乱,绝对没有甚么主义;第二,过去叛逆都是在互相矛盾、互相冲突的分子,因一时利害,共同暂时联合起来,一旦利害冲突,立刻就会火并。我们试看他们过去的行为,时聚时散,忽合忽离,就可知他们无组织;第三,反动分子绝对没有像总理这样伟大的革命领袖。固然他们的行动全然是反革命的,不能算是革命。但是连反革命的领袖,反动分子也可以说寻不出一个。我们看看他们既无主义,又无组织,更无领袖。在这种情形之下,他们要以广州一隅来反抗中央,绝对是不可能的,绝对是站不住的……即使或有人想利用这个机会阴谋叛乱,我相信他们不出数月也必会自己消灭的。"[1]

　　5月4日当晚(即国民会议召开前夜),蒋介石在吴稚晖的劝说下主动登门"拜访"胡汉民,请胡出席国民会议,但并未言及恢复自由和职务。胡汉民深知在这种情况下出席会议,无非只是为蒋粉饰太平,自然表示决不参加,并对蒋说:"国事非同儿戏,我更不是三尺童子,岂能听人吩咐。国民会议我要出席,用不着请,我不愿出席,虽请亦徒然。今日尚有我说话余地吗?"[2]双方会晤仅十五分钟。事后蒋在日记中写道:"始见似甚不悦,中则互相含泪,终则似甚勉强也。但为党国统一计,不能不刎颈以交也。但余未有请求其私语,亦不必要也。……访胡一事,为余一生之至难能的事,但访后自觉欢慰,忍人之所不能忍,耐人

---

　　① 《蒋主席五月四日在国府纪念周讲词》(1931年5月4日),《两广政潮卷》,"蒋档·革命文献"。

　　② 《国内一周大事述评》,《民友》第1卷第6号(1931年5月11日),第14页。

之所不能耐也。"①

　　蒋碰了这个钉子后,仍按自己原定计划在 5 月 5 日召开国民会议,通过《中华民国训政时期约法》,以此加强他对政权的垄断。蒋还借用国民会议作为打击反蒋各派的武器,痛骂陈济棠:"不服党的命令,借题违反中央,想联合张桂军、改组派,盘据【踞】广东,以谋反抗,丧心病狂,势将为陈炯明第二。"②他原以为不需要花费多少力气就可以将事态平息下去,很有把握地说:"古应芬等通电,似以监委资格劾本人,而手续不合……故本人对此电绝不计较。如仅用监委资格讲话,当不起其他纠纷。如有武人弄兵,相信中央可不用一兵,在最短期内平乱,不虞动摇时局。"③

　　在蒋的授意下,何应钦、何成濬、何键、鲁涤平四将领也致电陈济棠,要他"悬崖勒马"、"舍刀成佛"④。蒋还利用国民会议先后通过《拥护和平统一案》、《严重警告陈济棠促其悔悟以保和平统一案》、《慰勉国民政府蒋主席中正案》,假借民意巩固自己的政治地位,打击异己势力。在《拥护和平统一案》中宣称:"本会敢代表全体国民昭告中外:自今以后,凡个人或团体消极或积极谋破坏和平与统一者,即为违背国家根本大法之民贼。国民政府……当行使全体国民所授予之权力,用最迅捷妥善之方法,执行严厉之制裁。"⑤

　　从表面上看,反蒋各派前此虽已多次被蒋介石打败,蒋的地位似乎已很牢固。但蒋只是依靠武力和分化收买手段挫败他的政治对手,并没有真正赢得人心;相反,他在铲除异己方面无所不用其极,虽然奏效于一时,却使更多人感到寒心,造成人人自危的局面,从而集结起一股

---

　　①　蒋介石日记,1931 年 5 月 4 日;另见《困勉记》卷 18,"蒋档"。

　　②　《蒋主席在中央纪念周报告》,《民国日报》,1931 年 5 月 12 日。

　　③　《蒋对粤事之报告》,《大公报》,1931 年 5 月 5 日。

　　④　《何应钦等诰诫陈济棠电》,《中央日报》,1931 年 5 月 12 日。

　　⑤　《国民会议第六、七、八次会议记录》,《国民会议实录》正编(会议记录),第 144、214 页。

更加强大的反蒋暗流。各派代表人物仍然散处各地,窥测方向,伺机再起。他们彼此间虽然存在着种种矛盾冲突,但在反对蒋介石集权,希望保持或夺回权力这一点上却是一致的。

国民会议结束的第二天,5 月 18 日,吴稚晖等人再次奉命赴沪劝说孙科、王宠惠回京①。此前,孙科原"拟随稚、石、静、庸诸公入都向介公直陈,务获先复展公自由,然后再与诸同志从长计议彼此相安之道"②。但是,国民会议已经闭幕,约法已经通过,胡汉民的自由却没有恢复,这一切也使孙科对蒋介石有了更清醒的认识。对于孙科此时的态度,吴稚晖曾亲笔致函蒋介石报告:"今与石曾、静江、亮畴自五时同往哲生宅谈至八时半……亮畴默不作声,看来彼知调停甚难,决计远离……哲生言中央制度,最好主席当如卡列宁,绝对不问事,责任在行政长官,主席不兼总司令,应设军事会为公平支配。大家言事实相去甚远……看彼情形知道粤方联汪已变了骑虎之势,彼亦感觉十分困难,毫无结果而散。"③

就在吴稚晖等人劝说孙科返宁的当天,邓演达、陈友仁也悄悄潜入孙宅,"力劝孙不可上蒋的圈套","主张坚决反蒋"。于是孙科不再犹豫,同陈友仁、许崇智三人秘密离沪赴粤④。当蒋介石得知孙科出走的消息后,立即电令在香港的欧阳驹:"此间只知哲生养(22 日)晨由沪到港,未知其到港后之言行如何？请详告。"⑤蒋对孙科加入粤方的行为,

---

①　郭廷以:《中华民国史事日志》第 3 册,第 36 页。

②　《孙科致古应芬等电》,中国第二历史档案馆藏,陈友仁个人档案,全宗号三〇〇五·25。稚、石、静、庸诸公指吴稚晖、李石曾、张静江、孔庸之(孔祥熙),介公指蒋介石,展公指胡展堂(汉民)。

③　《吴敬恒呈蒋主席函》(1931 年 5 月 18 日),《两广政潮卷》,"蒋档·革命文献"。

④　周一志:《"非常会议"前后》,《文史资料选辑》第 9 辑,第 86 页。

⑤　《"欧阳驹致蒋主席五月养电"批语》(1931 年 5 月 22 日),《两广政潮卷》,"蒋档·革命文献"。

极为愤慨,曾叹道:"生子莫生阿斗也。可叹。"①

　　5 月 24 日,孙科、陈友仁、许崇智自上海到香港后,会合汪精卫等同赴广州②。25 日,由任过民国第一任内阁总理的唐绍仪领衔,邓泽如、古应芬、林森、萧佛成、汪兆铭、孙科、陈济棠、许崇智、李宗仁、陈友仁、陈策、林云陔、李文范等联名通电,列举蒋介石篡党窃国罪状,并以最后通牒的姿态限令蒋介石"四十八小时以内,即行引退",并称:"如执事置若罔闻,仍欲凭藉暴力以遂私图,则执事一人实为破坏和平之戎首。何去何从,惟执事图之。"③

　　汪精卫、孙科等人抵达广州的当日即出席广东省党部纪念周,并针对南京中央和蒋介石个人分别发表了措词强硬的演讲。汪精卫的演讲以推翻南京独裁政权为中心,而孙科更在演说中指责蒋介石为"疫鼠",称:"中央党部、国民政府之各种会议,均为老蒋一人所包办。"正式公开他同南京国民政府的对立,并号召粤方武装反蒋:"和平方法,欲蒋觉悟,无异对牛弹琴;欲蒋下野,又无异与虎谋皮。兄弟以为和平已不可能,则不当投鼠忌器。因蒋不是寻常老鼠,而是一个疫鼠,传染甚速,倘我们不忍些痛,急扑杀之,举行大扫除,则非全国皆亡不可。故我们要认定正是大举扫除的时候,不是投鼠忌器的时候。广东方面的同志能举义声讨,决心努力进行,所以兄弟特由上海跑回参加。惟有一点重要者,则望各位同志对于以前之相左离合,概视为旧账不算,从新结合起来,一致倒蒋,重建党国。"④

　　至此,双方的对峙已无回旋余地,到了一触即发的地步。

---

　　①　蒋介石日记,1931 年 5 月 23 日。

　　②　《孙科态度渐明其意不在调解》,《大公报》,1931 年 5 月 25 日。

　　③　《汪精卫唐绍仪等限蒋四十八小时下野电》,《民友》第 1 卷第 9 号(1931 年 6 月 1 日),第 15—16 页。

　　④　《孙科在广东省市党部扩大纪念周之报告》(1931 年 5 月 25 日),《为什么讨伐蒋中正》,中国国民党广东省党部执行委员会宣传部 1931 年编印,第 102 页。

二　广州"非常会议"的召开与宁、粤对峙

1931 年 5 月 27 日,粤方责令蒋介石引退的期限一到,各派立刻在广州宣布成立国民党中央执监委员非常会议,规定:凡是国民党一、二、三届中央执监委员,只要愿意前来反蒋的,一律为"非常会议"当然委员,并公开发表《中国国民党中央执监委员非常会议宣言》,宣称:"现在南京之中央党部,从前表示反对之同志,固不认其存在;曾经参加者,亦以此党部已为蒋中正个人势力所劫持,实无存在之价值。当此存亡绝续之际,唯有以革命之手段……一心一德,以戡大难,以为党国谋长治久安。"[1]第二天,反蒋派又在广州成立国民政府,同南京国民政府相对峙。在他们联名发表的就职通电中,进一步申明他们的政治主张:反对武力统一、中央集权;当以建设求统一,以均权求共治;不主张以武力解决时局,如有以武力相压迫者,亦所不畏[2]。宁、粤分裂的局面至此正式形成。

这一次广州组织政府反蒋的办法,大致还是沿用了前一年北平"扩大会议"的老路,"集合各届中央执监委员、对党有历史宿著忠诚者,相与组织非常会议,以为本党之领导机关"[3]。"嗣后凡本党中央委员莅粤,均一律请其出席非常会议,共策进行。又谓扩大会议亦在谋本党精神团结,此次非常会议为再次之扩大,故扩委均为当然之参加者。惟因各方任务重要,暂不能完全来粤耳"[4]。

不过,这次集合的反蒋派却有明显的地域色彩。国民党元老中,

①　《中国国民党中央执监委员非常会议宣言》(1931 年 5 月 27 日),《中央导报》第 1 期,广州中国国民党中央执监委员非常会议 1931 年 7 月编印,第 1—2 页。

②　《国府委员就职通电》(1931 年 5 月 28 日),《为什么讨伐蒋中正》,第 49—52 页。

③　《非常会议宣言》,《中央导报》第 1 期(1931 年 7 月 1 日),第 2 页。

④　《反蒋运动史》,第 336 页。

一向以广东人为多,而视浙江籍的蒋介石为"新进"。这次中央执监委"非常会议"设常务委员五人:邓泽如、邹鲁、汪精卫、孙科、李文范,秘书长梁寒操,都是广东人。"非常会议"下设四个委员会:一、组织委员会,委员为孙科、古应芬、邓泽如;二、宣传委员会,委员为汪精卫、邹鲁、李文范,并任命王昆仑为"非常会议"机关报《中央导报》主编;三、海外党务委员会,委员为萧佛成、陈耀垣、刘纪文、邓青阳、陈树人;四、军队政治训练委员会,委员为黄季陆、林翼中、黄公度等。其成员大都为广东籍。广州国民政府同样设常务委员五人:唐绍仪、古应芬、邹鲁、汪精卫、孙科,秘书长陈融,国府下设外交、财政二部,分别任命陈友仁、邓召荫为部长,傅秉常、吴尚鹰为次长。他们也都是清一色的广东人。

与"扩大会议"不同的是,广州国民政府不设主席,依照组织大纲的规定,国民政府委员会议,由常务委员轮流主席。除外交、财政两部外,广州国民政府又设立军事委员会和政务委员会,任命许崇智、陈济棠、李宗仁、唐生智四人为军事委员会常务委员,主持军事;指定李文范、刘纪文、麦焕章三人为政务委员会常务委员,负责办理军事、外交、财政以外的一切事宜。

广州国民政府成立后,第一件事就是整顿并扩充武装力量。6月2日,国务会议决定将两广各军队番号定名为"国民革命军",任命陈济棠为第一集团军总司令,李宗仁为第四集团军总司令、白崇禧为副总司令。此外又任命张惠长为空军总司令、陈策为海军总司令。陈济棠旋即将所部扩编为三个军一百五十个团,分别任命余汉谋为第一军军长、香翰屏为第二军军长、李扬敬为第三军军长;李宗仁也将张桂联军扩编为四个军七十二个团,任命张发奎为第四军军长、廖磊为第七军军长、李品仙为第八军军长、黄旭初为第十五军军长①。为了表示两广合作

---

① 《反蒋运动史》,第401—402、405页。

诚意,粤方主动"接济桂军子弹五百万、军费每月廿五万至卅万"①。而广西则表示愿代广东招募新兵。为此陈济棠特致电李宗仁表示:"募兵事此间颇感困难,兄允代募甚为感激。"②

在外交方面,陈友仁6月1日就任广州国民政府外交部长后,首先致电北平各国驻华公使表示:"请贵国政府撤回对于南京政府之承认,并停止与该政府商洽一切。此后凡与南京各机关订立任何合同或条约……均一律不生效力,中华民国国民政府概不承认。"③

6月10日,广州国民政府财政部又强行收回粤海关,此后粤海关税收每月250万两悉数解交广州政府④,同时发行1000万两公债扩充军费⑤。16日,广州政府针对南京政府公开发行8000万元公债一事⑥,致电上海金融界,表示:"自本府在广州宣告成立之日起,蒋氏如再以政府名义,用任何方式名目,举借内债外债,一概认为无效。""如敢故违,不特甘受损失,且系有意助逆,一经查出,定当依照反革命论罪。"⑦粤方希望借此破坏宁方的财政收入。特别是自唐绍仪领衔通电反对南京政府后,上海"公债票等均奇跌"⑧。对此,宁方也以行政院名

---

① 《某致潼关顾祝同元电》(1931年5月13日),《蒋方民国二十年往来电文录存》,"阎档"微缩胶卷,79/2205—6。

② 《广州陈济棠致南宁李宗仁佳午电》(1931年5月9日),《蒋方民国二十年往来电文录存》,"阎档"微缩胶卷,79/2187。

③ 《陈友仁致驻平各公使通告》,《民友》第1卷第11号(1931年6月15日),第16页。

④ 《反蒋运动史》,第387页。

⑤ 《陈济棠发库券千万充军费》,《民国日报》,1931年5月24日。

⑥ 5月30日,南京政府立法院审议通过"中央政治会议交议之发行统税公债八千万元"。《邵元冲日记》,第738页。宋子文在中政会上解释发行八千万的目的,主要就是为对付广东和石友三的缘故。《中国国民党中央执行委员会政治会议第二百八十一次会议速记录》(1931年7月22日),台北国民党党史馆藏,毛笔原件,档案号00.1/125。

⑦ 《反蒋运动史》,第387页。

⑧ 《蒋作宾日记》,江苏古籍出版社1990年版,第326页。

义发表通告："以后凡粤方所发公债及其他收入,行政院概不承认。"①

为了扩大反蒋同盟,广州"非常会议"还发表《致全国各党部各同志书》,称目前主要任务是:一是在蒋管区"立即秘密组织,从事活动";二是"共(产党)藉蒋为掩护,蒋挟共以自重,故剿共必须倒蒋,倒蒋必须剿共";三是在军事上应与北方各省"亟谋合作,以竟成功","务使党务之发展与军事之发展同时并行";四是各省反蒋党部无论是公开还是秘密机关,都要"取精神之团结,在合法的第四次全国代表大会未开以前……加入共同工作,以期收群策群力、同心同德之效"②。

广州国民政府成立后,宁、粤双方在军事准备尚未周全之时,便不停地相互口诛笔伐。5 月 27 日,蒋在复孙科的电报中首先强硬声称:"中正尽瘁革命,系受总理付托,所任本兼各职,均奉党国命令。既非赵孟之所贵,亦非赵孟所能贱。兄以为中正有负总理付托之重,应去职以谢党国,得以合法之手续向党部建议可也。党果决议令中正去职,中正决不敢稍须恋栈……中正个人之进退不足惜,其如党国之纲纪何? 至谓中正平日对于政事独断自专,更不知何所指而云然。数年以来,国家重大兴革,无不受命于党,且无一不为兄等所共同主张。兄等既躬亲参加于前,奈何横加訾议于后,今昔矛盾,宛若两人,诚可异也。兄若以为前事应有更张,尽可以合法手续修正,凡党有令,谁敢不从。至少川先生等,不知以何种资格要求中正去职,惟有以一笑置之。"③5 月 30 日,孙复蒋电,指责道:"今日南京之中央,实已为兄一手劫持。"并表示:"欲谋统一和平,必先去统一和平之障碍,实非请兄引退不可,所以毅然南下,正期与诸同志共同奋斗,以谋真正之统一和平耳!"④

　　① 《中国国民党中央执行委员会政治会议第二百八十二次会议速记录》(1931年 7 月 29 日),台北国民党党史馆藏,毛笔原件,档案号 00. 1/125。
　　② 《中央执监委员非常会议致全国各党部各同志书》,《中央导报》第 1 期(1931年 7 月 1 日),第 60—61 页。
　　③ 《蒋主席昨复孙科电》,《中央日报》,1931 年 5 月 29 日。
　　④ 《孙科痛斥蒋介石电》,《反蒋运动史》上,第 331 页。

此后,蒋对孙科也不再客气,在蒋的指使下何应钦等九将领联名致孙数千言长电①,指责孙科"不忠、不孝、不敬、不仁、不智",并借孙中山之口教训孙科:"总理在时,同志中有劝以假兄较优之事权,俾资历练者,总理恒以兄下驷,不克重荷为言。或疑为示谦避嫌所应尔,不免为兄抱屈。及今思之,实佩总理之公明。知子莫若父,益信而有征矣。兄问世为日尚浅,然其行谊,则富感情而缺理智,好货利而昧大义,翻云覆雨,胸无主宰,乃其生平最大之毛病。"②广东方面的党国元老萧佛成致电蒋介石,攻击南京国民党中央,称:"以现状而论,今日之所谓统一者,不过独夫之专政统一,非民主政治之统一……望公听纳忠言,将党权交还党人、庶政交还国人,即日自动下野,当可保存数年来之革命历史。若贪恋大位,必效莽、操之所为,则其结果有非弟所忍言矣。"③

电报战虽然打得热闹,终究无补于大事,私下的分化活动是宁、粤双方此时最紧要的工作。5月15日,蒋分别密电陈济棠所部的三个师长。致香翰屏电称:"目前伯南已陷孤立,不惜以广东奉之张桂及改组派。故中正已决定免除其八路总指挥之职,请兄继任,以挽救大局而巩固党国。"④致李扬敬、余汉谋电则表示:"陈炯明当时以一念之差身败名裂,永为耻笑。其部下叶举、洪兆麟、林虎等亦随之陷入泥犁。今日亦为兄等成败存亡之关头,亟宜晓以大义,陈以利害……君子爱人以德,小人爱人以姑息。自应即日脱离伯南,与之断绝关系,以促其最后

---

①　6月1日,何应钦曾电蒋请示:"转呈唐绍仪等十四人以伪国府委员名义电湘鄂赣剿匪各军将士,拟电各总指挥勿庸置复。可否?乞示。"蒋即批示:"请由兄处拟稿驳复为宜。"《"何应钦呈蒋主席六月东电"批语》(1931年6月1日),《两广政潮卷》,"蒋档·革命文献"。

②　《何应钦等电箴孙科》,《民国日报》,1931年6月3日。

③　《萧佛成痛诋蒋介石函》,《民友》第2卷第1号(1931年6月29日),第17页。

④　《蒋主席致蒋总指挥转香师长墨林五月删电》(1931年5月15日),《两广政潮卷》,"蒋档·革命文献"。

之觉悟。而兄等之所以效忠党国,自保令名,厚爱伯南者,实无逾此。"①但香翰屏等人不为所动,香率先将蒋致他的密电公布,并复电蒋介石嘲笑道:"取伯公(陈济棠)之位而代之,用心虽工,而计亦拙矣","执事仍欲用其分化政策,亦多见其不知自量而已! 翰屏……誓当随党国诸先进之后,统率所部,与执事周旋"②。蒋的这一打算归于落空。

　　当时,对陈济棠最直接的威胁,是广东省政府主席陈铭枢控制的十九路军。它同陈济棠的第八路军,原本都是由北伐时李济深第四军属下的两个师发展而成,同为广东部队。中原大战时,两军曾一度联合击破张桂军。此后十九路军北调为蒋介石效力,屡屡获胜,为此还赢取了蒋介石100万元酬赏③,是一支能征惯战的军队。此时,十九路军正在江西"剿共",距广东省境最近。因此它的动向至为关键。虽然陈铭枢对蒋介石扣押胡汉民也曾表示不满,但此次反蒋的核心人物古应芬同陈济棠关系密切,他自知无法成为领袖,于是在四监委弹劾电发出前两天,悄然潜往香港。为了取得陈铭枢的支持,陈济棠先后三次派金曾澄、黄季陆赴港邀陈铭枢回粤合作,但都遭到拒绝④。

　　为了巩固后方,陈济棠趁陈铭枢自港赴沪转往日本期间,先后动用海、陆、空军围缴原陈铭枢组建的四团省保安队,分别将驻扎广州、惠州、黄埔、琼州的保安队数千人全部缴械⑤。同时,陈济棠还派香翰屏赴赣,希望说服十九路军总指挥蒋光鼐、军长蔡廷锴支持粤方反蒋。据蔡廷锴回忆:"时粤既驱逐陈铭枢,复围缴省保安队枪械,一面却派香翰

　　　①　《南京蒋中正致蒋光鼐蔡廷锴李扬敬余汉谋删电》(1931年5月15日),《蒋方民国二十年往来电文录存》,"阎档"微缩胶卷,79/2233—2237。

　　　②　《香翰屏揭破蒋中正挑拨离间电》,《为什么讨伐蒋中正》,第65—68页。香翰屏公布的《蒋中正致香军长电》同原电内容有一定出入,《为什么讨伐蒋中正》,第70页。

　　　③　《蔡廷锴自传》,黑龙江人民出版社1982年版,第228页。

　　　④　《粤挽留陈铭枢》,《大公报》,1931年5月4日。

　　　⑤　《国议闭幕后之广东问题》,《大公报》,1931年5月19日。

屏为代表,欲与我军联络,此种矛盾举动,诚难使我军同情。香君与我在私人友谊上,确甚密切,但我不能因私而有所偏袒……及抵兴国,即同往晤蒋(光鼐)总指挥,公开谈判,商讨两日,均无结果。当时我虽不知蒋、戴(戟)心里如何决定,但我始终表示反对内争,投粤更属不能。香君不得要领,知无可联络,旋归去。当时大局如是,我们均心灰意冷,对于剿赤任务,亦只得放弃。我与蒋总指挥即决心回师赣州,静观时局之演变。"①

当时,十九路军军费仍由粤方按月供给,"其后方司令部,尚照常存在。颇闻蒋、蔡对陈军感情尚佳,对联桂则颇多微词,与张发奎部,感情最恶"②。正当十九路军无所适从之际,陈铭枢于6月初自日本秘密返国。尽管粤方曾积极酝酿迎陈返省,但因古应芬公开反对③,陈铭枢"即应蒋召入京","抵南京后,蒋见我(陈铭枢)欢喜异常,当天即将他悬而待决的腹案告我,即要我到江西重领十九路军,将部队集中吉安,并要我担任'剿赤'右翼军总司令官。他并对我说:'共匪不是短期所能消灭的,到进剿到一定阶段时,就要你担负起打回广东的任务。'不难看出,他要我到江西的主要目的,还在于图粤"④。

蒋光鼐、蔡廷锴得知陈氏回国消息后,于6月6日致电粤方,表示:"本军亟须回粤休养,请让出潮梅防地",并"对粤设施多不满,对古应芬尤指摘,陈济棠接电颇焦急"⑤。陈铭枢一到赣州重领部队后立即通电拥护中央统一,并责问汪精卫等人:"试问蒋公即下野,公等以何术统一时局,弭消祸乱?""又试问公等此时杂凑之内容与形势,以何术能求得本党之真正的民主政府之实现?"⑥13日,陈铭枢又直接致电陈济棠,

①　《蔡廷锴自传》,第241页。

②　《粤传蒋蔡先发部队昨迫南雄》,《大公报》,1931年6月19日。

③　《广东酝酿迎陈铭枢》,《大公报》,1931年6月8日。

④　《陈铭枢回忆录》,第70页。

⑤　《大公报》,1931年6月10日。

⑥　《陈铭枢电汪精卫等》,《中央日报》,1931年6月14日。

要求:"一、古应芬交出政权;二、恢复保安队。""自陈铭枢抵赣,蒋、蔡态度陡变,匪特无合作可能,且恐粤赣战祸一触即发。"①对此,陈济棠只好针锋相对,于 18 日下令财政厅"停发十九路军饷月百二十万,令宪兵及公安局解散该路后方办事处及募兵处"②。

和蒋介石一样,广东国民政府在对宁方口诛笔伐的同时,不断四出活动,联络各派反蒋势力,取得了较好的效果。"两广军政同志,均主张武力解决",于是共推邹鲁"北上和阎、冯及北方诸部联络"③。孙科也致电冯玉祥,鼓励他再次投入反蒋阵营。广东方面的努力,立即赢得冯玉祥的回应,并派"代表赴粤,报告一切"④。7 月 1 日,"非常会议"为团结北方各派反蒋力量,"而收一致之效",决议:"设立中央执监委员天津执行部,代表中央,指导一切。""嗣后所有北方党政军各种进行方案,本执行部当负责办理。"并任命冯玉祥、阎锡山、柏文蔚、王法勤、谢持五人为天津执行部常务委员⑤。

冯玉祥积极响应,其最初的计划是"拟将敝部暂分为三个集团军暨两个独立部队。以宋哲元任第二集团军总司令,石友三任第五集团军总司令,韩复榘任第六集团军总司令。至孙连仲、吉鸿昌拟俟发动时,任为独立部队司令官"。同时,冯玉祥也向粤方表示了自己的顾虑:一、"惟各部官兵困苦异常,倘发动后,对于给养一层,尚有多少顾虑";二、"至于北方党政事务,仍请诸先生筹商进行"⑥。

————————

　　①　《张继到京报告粤事》,《大公报》,1931 年 6 月 15 日。

　　②　《陈济棠停发蒋蔡两师月饷》,《大公报》,1931 年 6 月 19 日;《十九路人员离粤》,《民国日报》,1931 年 6 月 19 日。

　　③　邹鲁:《回顾录》下,第 327 页。

　　④　《冯玉祥复孙哲生电》(1931 年 6 月 12 日),中国第二历史档案馆藏冯玉祥个人档,全宗号三〇〇一·382,以下简称《冯玉祥发电稿本》。

　　⑤　《冯玉祥致宋(哲元)、庞(炳勋)、孙(殿英)、张(自忠)、冯(治安)、刘(汝明)等电》(1931 年 7 月 22 日),《冯玉祥发电稿本》。

　　⑥　《冯玉祥致精卫先生并许孙陈李古诸先生电》(1931 年 7 月 3 日),《冯玉祥发电稿本》。

为了打消冯玉祥等人的顾虑,粤方立即"派李汉魂为代表来顺德对石友三进行联络,许以国府委员和第五集团军总司令,随后又汇来款五十万元"[1]。得到粤方的明确支持后,冯即踌躇满志地电告广州:"此间各将领经数度磋商,已趋一致,晋方亦表示同情。石(友三)若发动,晋军决取一致行动。(孙)殿英部现正准备出发。"[2]

7月18日,石友三正式就任广州国民政府委任的第五集团军总司令,20日在顺德誓师,公开发表讨蒋通电,指责蒋介石、张学良"先用军阀手段,瓜分冀豫察各省地盘,对于冀晋各军完全视为征服之残部,压迫挑拨,饥寒困顿,必欲其自溃而后快"。并表示:"友三等以身许国,宁敢后人,为整师旅,同申讨伐,沉舟破釜,义无反顾,成败利钝,在所不计。"[3]随后,石友三部"开始沿平汉路北进,第一作战目标是占领石家庄,第二作战目标是占领保定,然后进军平津"[4]。

21日,石部占领石家庄,继续向北推进至保定以南地区,28日同东北军发生激战。广州国民政府得知石友三反蒋的消息后异常兴奋,汪精卫特意通过天津执行部转电石友三,封官许愿,为其鼓气,并称:"国府日前已汇交我兄卅万元,日内拟再汇卅万以济急需。"[5]冯玉祥更是积极联络旧部,希望他们能够及时响应,支持石友三。冯致电宋哲元表示:"方今蒋逆已陷于四面楚歌,无暇北顾,而张(学良)逆则有心腹之患,无力难【南】犯,此诚讨蒋以来未有之机会。"[6]他竭力鼓动宋哲元等

①　黄广源:《反复无常的石友三》,见全国政协文史资料研究委员会编《文史资料选辑》第52辑,文史资料出版社1964年版,第222页。

②　《冯玉祥复邓仲和电》(1931年7月17日),《冯玉祥发电稿本》。

③　《石友三等讨蒋通电》,《民友》第2卷第5号(1931年7月27日),第16页。

④　唐邦植:《回忆石友三倒张之战》,《文史资料选辑》第52辑,第202—203页。

⑤　《广州汪精卫致天津胡宗铎、王懋功等俭电》(1931年7月28日),《杂派民国二十年往来电文录存》,"阎档"微缩胶卷,48/1654。

⑥　指张学良叔伯兄弟张学成暗中同石友三联络反对张学良。此时,张学良已得知此事,并破译了张、石间的电报密码。于学忠:《东北军讨伐石友三的战争》,《文史资料选辑》第6辑,第120页。

"即日全体联名通电响应友三"，"促其讨张倒蒋之大联合"①。冯还致电韩复榘，要求其"即日发动，协助汉章"，"万不可稍有观望，致陷汉章于不利，而吾弟亦有孤势之危"②。然而中原大战失败后，冯氏旧部不再像以往那样听从指挥，各将领为保存实力，心存异志，众人的首要目的就是保存实力，大都采取观望态度。

23日，蒋介石、张学良分别通电讨伐石友三。同日，华北各军将领由张作相领衔，商震、徐永昌等76人响应。同时，南京国民政府任命张学良为北路集团军总司令，于学忠、王树常为第一、第二军团总指挥，刘峙为南路集团军总司令，并调中央军顾祝同部"率第一、二、三师部队，经由平汉路北上进击石部，与张学良指挥的部队形成南北两路钳形的攻势"③。同时，蒋还密电刘峙："我军以速灭石部为利，且速进一步则多得一步之益。……一俟顺德占领后，主力再向前推进，可不失夹击之机……晋军如无整个计划必不敢侧击我军也。"④

此时，稳住晋系、鲁韩，不与石同反，对蒋来讲至关重要。除了武力威慑外，蒋介石更不忘使用他最擅长的银弹攻势，且手笔远远大于他的对手广州政府。7月20日，蒋连发二封"万急"电致宋子文：一电"速筹交岳军兄洋卅万元，先汇商震为开拔之用。"⑤二电"请筹备五十万元汇山西调兵之用，务请从速"⑥。22日，又电宋"请另准备五十万元为山

---

①　《冯玉祥致宋哲元电》(1931年7月23日)，《冯玉祥发电稿本》。

②　《冯玉祥致韩复榘电》(1931年7月19日)，《冯玉祥发电稿本》。

③　顾祝同《墨三九十自述》，台北"国防部"史政编译局1981年版，第100页。

④　《蒋中正电刘峙有关攻击石友三逆军之作战计划》(1931年7月21日)，《筹笔》第59册，"蒋档"，档案号04－0218。

⑤　《蒋中正电宋子文张群请宋速筹三十万元交张群即汇商震为开拔之用》(1931年7月20日)，《筹笔》第58册，"蒋档"，档案号04－0205。

⑥　《蒋中正电宋子文速筹五十万元汇山西为调兵之用》(1931年7月20日)，《筹笔》第58册，"蒋档"，档案号04－0207。

东之用,并望速筹,约三日内用"①。24 日,再电宋:"杨爱源廿万元请速交庸兄即汇。"②同日还电询李石曾:"次辰兄如需用款,请转询电告,以便汇上。"③随后,蒋亲自致电山西将领表示:"晋军饷准自六月起由京月助二十万。"④

经过蒋介石这样一番软硬兼施的公开和暗地活动,石友三、阎、冯、广州国民政府所期望的北方反蒋势力大联合,完全化为泡影,整个局势于是急转直下。从 28 日起,东北军主力同石友三在保定一带激战三日。商震率部"从山西沿正太线,经娘子关出井陉到石家庄,自其左翼侧击";南京中央军"刘峙、顾祝同自河南沿平汉线,经郑州过黄河北来,击其后路"⑤。31 日,石友三部在三面围攻中,被迫总退却,撤向山东,依附韩复榘。石率残部逃到山东时仅剩四千多人。曾经拥兵六万、横行一时的石友三部从此土崩瓦解。

尽管北方军事反蒋的努力一时都归于沉寂,但南方的军事部署则迅速展开。

就在石友三通电反蒋的第二天,7 月 21 日,广州国民政府正式颁布北伐讨蒋令,指责蒋"轻视共祸,而亟亟于摧锄异己军队",并要求全国军民:"剿共必讨蒋,讨蒋必剿共。"⑥汪精卫对粤方的这一举措特意在国府纪念周中解释道:"六月间国府曾通电表示,蒋如切实剿共,绝不

---

① 《蒋中正电询宋子文三十万元给商震事另三日内筹五十万元为山东用》(1931 年 7 月 22 日),《筹笔》第 59 册,"蒋档",档案号 04—0234。

② 《蒋中正电宋子文汇杨爱源二十万元请速交孔祥熙》(1931 年 7 月 24 日),《筹笔》第 59 册,"蒋档",档案号 04 — 0243。

③ 《蒋中正电询李煜瀛如徐永昌需款可电告以便汇寄》(1931 年 7 月 24 日),《筹笔》第 59 册,"蒋档",档案号 04 — 0246。

④ 《晋军将领态度》,《国闻周报》第 8 卷第 30 期(1931 年 8 月 3 日),《一周间国内外大事述评》,第 3 页。

⑤ 《戢翼翘先生访问记录》,第 80—81 页。

⑥ 《国民政府讨蒋北伐令》,《民友》第 2 卷第 5 号(1931 年 7 月 27 日),第 14 页;《反蒋运动史》下,第 408 页。

加以一兵一卒。无如蒋对剿共绝无诚意,致匪势蔓延浙闽,且使刘峙等压迫异己军队,因复引起石友三、孙殿英等之反抗,造成北方战局,故国府不得不下令讨伐。"①同日,军事委员会在广州开会议决出师计划:"第四集团军集中桂林,全部入湘去武汉,第一集团军先调两军入赣策应。"②25 日,汪精卫、孙科、唐生智、李宗仁、张发奎等又亲赴广西梧州出席广西军政会议,"决由粤助桂军饷、子弹、飞机,桂调兵一师入粤"③。此前十日,广西李、白部队刚刚"由港购运步枪四千支,迫击炮四十尊,机关枪一百架及子弹一百万发赴梧"④。

　　针对粤方的讨蒋令,蒋介石也不甘示弱。7 月 23 日,蒋介石发表《公告全国同胞书》,强硬表示:"中正百战余生,义无反顾……必期于最短期间,剿灭赤匪,保全民命,削平叛乱,完成统一……叛乱一日未平,即中正之职务一日未了。"⑤于是,双方已形成剑拔弩张的局面。自 29 日起,粤方第四集团军第四军张发奎部及第八军李品仙部分别由广西全州、桂林动员入湘。8 月 2 日,李品仙部先头部队已达湖南永州,第四军吴奇伟部开抵湖南东安,继续向衡州推进;第一集团军第一军余汉谋部、第三军李扬敬部由江北入湘北伐,同吴奇伟部会师,第二军香翰屏部则入东江兼顾闽、赣。粤方军事委员会还在韶州成立了总司令部行营⑥。

　　在军事布置的同时,粤方积极寻求外援。7 月 22 日,广州国民政府派外交部长陈友仁秘密出访日本。陈友仁在日期间先后三次会晤外

　　① 《反蒋运动史》下,第 409 页。
　　② 《一周间国内外大事记》,《民友》第 2 卷第 5 号(1931 年 7 月 27 日),第 11 页。
　　③ 郭廷以:《中华民国史事日志》第 3 册,第 60 页;《民友》第 2 卷第 5 号,第 12 页。
　　④ 《一周间国内外大事记》,《民友》第 2 卷第 3 号(1931 年 7 月 13 日),第 11 页;《李白购到军械一批》,《大公报》,1931 年 6 月 27 日,第 1 张第 3 版。
　　⑤ 秦孝仪总编纂:《总统蒋公大事长编初稿》第 2 卷,第 116 页。
　　⑥ 《反蒋运动史》,第 410 页。

相币原喜重郎,"表示愿以东北权益博取日本军火"。南京国民政府得知此事后,外交部紧急照会日使,要求否决"陈友仁到日购军火及聘军事顾问"。结果,当陈友仁要求日方"履行奉平公司供给广州政府军火合同"时,"币原表示困难",予以拒绝①。陈友仁在日本期间,还一度密访苏联驻日大使,企图寻求苏联的援助。刚从海外归来的宋庆龄曾对新任驻日公使蒋作宾讲:"陈友仁至东京,要求俄大使转达其政府,接济粤方军械、经济等。俄未应允。"②

虽然,陈友仁的外交努力没有取得实际效果,但冯玉祥继策动石友三反蒋后,再次成功策动甘肃驻军雷中田部反蒋,并一度控制了甘肃省政。雷中田原是冯玉祥旧部孙连仲的旅长,中原大战后被蒋介石收编。1931年2月,蒋委任雷为中央陆军新编第八师师长,驻防兰州。此后,雷始终同冯玉祥、吉鸿昌等保持密切联系③。自石友三失败后,冯玉祥深感"吾人今后作法":"应在边远区域,另找根据地,以为将来发展之策源。"④于是"回到西北去",重振西北军成了冯玉祥最大的希望,因此他积极策反雷中田。

如前所述,8月4日,南京国民政府改组甘肃省政,正式任命马鸿宾为省政府主席,而雷中田未能列名省府委员。南京国民政府派到甘

---

①　在三次会谈中,币原代表日本提出的主要内容有:在广东政府成为中国被认可的政府之后,可以与日本缔结协定或条约,并以此结成同盟;该条约还必须包括赋予日本在满洲的诸多权益。陈友仁表示,日本的上述要求,在中国可以通过国民党等机关来实现,还可以通过全国大会批准此种条约。《币原大臣陈友仁会谈录》,外务省编纂:《日本外交年表并主要文书》,东京原书房昭和六十三年第6版,第172-180页;币原喜重郎:《外交五十年》,东京读卖新闻社1951年版,第146-150页;郭廷以:《中华民国史事日志》第3册,第60、63页。

②　《蒋作宾日记》,1931年8月20日,第350页。

③　蔡呈祥:《"雷马事变"亲历记》,宁夏政协文史资料研究委员会主编:《宁夏三马》,中国文史出版社1988年版,第70-71页。

④　《冯玉祥致邓仲芝等函稿》(1931年8月19日),南京,中国第二历史档案馆藏冯玉祥个人档,全宗号三〇〇一·381,以下简称《冯玉祥发函抄本》。

肃的视察员马文车原以为可获厅长以上官职,结果仅落为没有实权的省府委员。二人对此极为不满,于是秘密联合倒马,并积极同冯玉祥联络,寻求支持。冯玉祥则极力鼓动雷中田武装倒戈,并亲笔致函表示:"现在北方大局,虽石(友三)部未能成功,而两广大军业经北进。阎(锡山)总司令已返并(太原),倒蒋局面不久将可实现。深望同志与雷(中田)师长用暴动手段行之。"①

25日,雷中田等人发动军事政变,扣押马鸿宾,推南京视察员马文车为代理主席,雷自任全省保安总司令,与马文车联名致电广州国民政府表示反蒋决心,并汇报今后倒蒋计划:"第一步肃清反动部队,统一甘肃;第二步宣布独立,拥护革命政府;第三步会合义师直捣中原。"②为此,广州国民政府在第二十一次国务会议上议决:"特任雷中田为国民革命军甘肃驻军总司令……马步芳为国民革命军甘肃陆军第五师师长。"③粤方并请冯玉祥转告雷、马:"饷械困难,请求接济等情,业经转国府","至于省府各人选,仍请即与雷、马两同志征定示知,以便转达国府任命"④。冯玉祥还致电雷中田等人,明确要求:"甘省须与南京断绝关系,直属广东政府,并发出通电,明白表示。"⑤

此时,蛰居大连的阎锡山看到新一轮的反蒋局面再次形成,于8月5日请关东军特务机关长土肥原贤二安排,乘日本军用飞机秘密由大连返回山西⑥。阎锡山返晋后,马上引起蒋介石、张学良的恐慌。据徐

①　《冯玉祥致李朝杰函稿》,《冯玉祥发函抄本》。李朝杰,字汉三,冯玉祥旧部,时任甘肃省政府委员。

②　《雷中田、马文车致(广州)国民政府电》(1931年9月11日),《冯玉祥收电稿本》。

③　《邓仲芝、薛子长等致冯玉祥电》(1931年9月14日),《冯玉祥收电稿本》。

④　《北方军政委员会致冯玉祥电》(1931年9月20日),《冯玉祥收电稿本》。

⑤　《冯玉祥致兰州李朝杰、高振邦电》(1931年9月2日),《冯玉祥发电稿本》。

⑥　郭廷以:《中华民国史事日志》第3册,第63页。

永昌日记载："山西之危运,可谓至极,某某日言阎回后之山西决不可靠。"①当时,阎的旧部中许多将领对商震投蒋都表示不满。傅作义甚至在一次晋军会议中要求徐永昌将商震扣押起来。因此,蒋、张极力要驱阎出晋。而南京国民政府新任命的山西省政府主席徐永昌却公开反对,暗中保护阎留山西。"八月十六日,中央派葛敬恩航空署长来察看阎回山西后发生些什么情形,因葛与我(徐永昌)是陆大同学,关系亦好,他信任我的话,觉得阎先生不会有危害国家的行动,电报蒋先生说阎不走亦可,但因蒋先生曾与张汉卿有约,黄河以北归张主持,故张要阎走,蒋亦不肯留阎"②。徐永昌甚至私下致函阎锡山表示:"如外方非逼先生走不可……则我直谓先生之归,是我发起,我承认起来。万一无办法时,我与先生同走。"③

就在阎氏返晋的当天,"非常会议"天津执行部致电阎锡山、冯玉祥及所部诸将领,恳请二人继续领导北方反蒋,并鼓励他们:"蒋逆中正横行一时,非倒蒋势力之不足以制之,实乃倒蒋势力之不能集中,遂演成支离破裂之局。今幸广州建立中枢……时机迫切,恳诸同志即起图之。"④冯玉祥也表示:"事已至此,势非百川(阎锡山)先生出而主持,决无其他良法。"⑤

9月1日,粤方下总动员令,出师讨蒋⑥。为了统一北方各派反蒋武装,广州国民政府国务会议同日议决:"北方党务已有天津执行部负责。关于军事政务应有统一机关,以专责成。着在天津设北方军事政

---

①　《徐永昌日记》第 2 册(1931 年 8 月 23 日),台北中研院近代史所 1990 年版,第 463 页。

②　《徐永昌将军求己斋回忆录》,第 224—225 页。

③　《徐永昌日记》第 2 册(1931 年 8 月 23 日),第 463—464 页。

④　《天津执行部致阎锡山、冯玉祥、徐永昌、宋哲元、庞炳勋、孙殿英、傅作义电》(1931 年 8 月 5 日),《冯玉祥收电稿本》。

⑤　《冯玉祥致王(法勤)、覃(振)、柏(文蔚)、邹(鲁)等电》(1931 年 8 月 1 日),《冯玉祥发电稿本》。

⑥　郭廷以:《中华民国史事日志》第 3 册,第 71 页。

务委员会,以阎锡山、冯玉祥、韩复榘、王法勤、邹鲁、覃振、王葆真、傅汝霖、徐景唐、刘维炽、张文、胡宗铎、王懋功为委员。阎、冯、韩三同志不在天津,请派代表出席。"①2 日,邹鲁致电冯玉祥表示:"两广军队业经出动,半月之内可至湖南腹地,两湖并有相当办法。华北各军务请公力为催动。甘省之举,并可直举讨蒋之旗,以张声势。"②3 日,李宗仁再电阎锡山指出:"两粤大军已动员入湘,请与焕公密饬各同志务须勉持数旬,并积极准备,南北同时动作。蒋迭请张(继)、吴(稚晖)求和,此间业已拒绝。"③阎锡山复电时明确表示:"自当坚持并积极准备,以待大军进展。焕公处已密达矣。"④这一切都鼓舞了粤方的斗志,为此,李宗仁在广州联合纪念周演讲中,踌躇满志地说道:"我们相信的反蒋运动,决不因北方军事而停止,反天天扩大,我们可肯定的便是蒋中正必定倒台,不过时间问题而已。"⑤

　　针对粤方的军事行动,蒋介石急令在江西"剿共"的何应钦:"所有剿匪各军,除以一部就地监视匪军外,其余分别转进,主力向吉水、吉安、泰和、赣州集结,准备讨逆。"⑥当日,蔡廷锴、蒋鼎文、陈诚部即奉令移师,以阻粤桂军北进⑦。7 日,蒋介石在国民政府纪念周报告粤军入

---

　　①　《汪精卫东电》(1931 年 9 月 1 日),《冯玉祥收电稿本》。

　　②　《邹鲁致冯玉祥电》(1931 年 9 月 2 日),《冯玉祥收电稿本》。

　　③　《李宗仁致阎锡山电》(1931 年 9 月 3 日),《各方民国廿年往来电文原案》,"阎档"微缩胶卷,20/2164。

　　④　《阎锡山复李宗仁电》(1931 年 9 月 4 日),《各方民国廿年往来电文原案》,"阎档"微缩胶卷,20/2167。

　　⑤　李宗仁:《北方反蒋新局面》,《中央导报》第 8 期(1931 年 8 月 19 日),第 6页。

　　⑥　何应钦将军九五纪事长编编辑委员会:《何应钦将军九五纪事长编》上,台北黎明文化事业股份有限公司 1984 年版,第 262 页。

　　⑦　郭廷以:《中华民国史事日志》第 3 册,第 72—73 页。

湘事，"略谓粤军犯湘，集兵郴州以南，已逾湘境二百余里"①。为此，蒋介石增调中央警卫军（新任军长顾祝同）"集中岳州、长沙、醴陵及萍乡等地"，"又手书致何键主席，令固守湘潭"②。并电宋子文"再汇发何键三十万元"，以安其心③。张学良也密电何键，向其建议："敌人来犯时退至湘鄂界坚守为佳。"④何键原有三师兵力驻守衡州，得蒋命令后立即主动收缩。宁、粤双方原本"均拟在衡州一战"，湘军主动放弃宝庆后，李宗仁信心十足地电告天津执行部，表示："现在宝庆之敌已逃，自当由永丰直指长沙。"⑤

13 日，粤桂军分五路向湖南进攻。同日，蒋在南京首次公开宣称粤方为"叛军"，并表示"此一战是我国家民族生死存亡之关头"⑥。当日，蒋得杨永泰报告"黄绍竑在桂方情势确与李、白异趣，力促分化桂军"的消息后，当即批复："所谈甚赞成。请属黄即进行。"⑦

9 月 18 日，蒋介石亲自从南京前往南昌督师。行前，蒋还连电张学良表示："对粤和平解决计划已绝望，现决武力讨伐，惟械弹恐不足，请饬东北兵工厂加工赶造，以应急需。"⑧并指示张："据报粤要

---

① 《粤军侵湘情况》，《国闻周报》第 8 卷第 36 期（1931 年 9 月 14 日），《一周间国内外大事述评》，第 2 页。

② 秦孝仪总编纂：《总统蒋公大事长编初稿》第 2 卷，第 124 页。

③ 《蒋中正电宋子文再汇发何键三十万元》（1931 年 9 月 11 日），《筹笔》第 61 册，"蒋档"，档案号 04 — 0443。

④ 《天津贾秘书长致阎锡山静密巧三电》（1931 年 9 月 18 日），《各方民国廿年往来电文原案》，"阎档"微缩胶卷，21/0198。

⑤ 《天津贾秘书长致阎锡山静密筱二电》（1931 年 9 月 17 日），《各方民国廿年往来电文原案》，"阎档"微缩胶卷，21/0194。

⑥ 《蒋主席昨在中央纪念周报告》，《大公报》，1931 年 9 月 15 日。

⑦ 《杨永泰呈蒋主席九月元电》（1931 年 9 月 13 日），《两广政潮卷》，"蒋档·革命文献"。

⑧ 《天津贾秘书长致阎锡山静密巧二电》（1931 年 9 月 18 日），《各方民国廿年往来电文原案》，"阎档"微缩胶卷，21/0203—4。

人邹(鲁)、谢(持)等多名匿居津日界,希设法拿捕。"①但张学良复电时并没有正面答复是否接济军火,而是乘此机会开口向蒋要钱:"宋(哲元)、庞(炳勋)两部军费甚缺乏,请速接济,否则恐为阎、冯利用。"②

　　正当宁、粤双方大规模的武装冲突一触即发之时,震惊中外的"九一八"事变突然爆发。这就迫使宁、粤之间的对立冲突,再也无法沿着原有的轨道发展下去了。

---

　　① 《天津贾秘书长致阎锡山达密筱电》(1931 年 9 月 17 日),《各方民国廿年往来电文原案》,"阎档"微缩胶卷,21/0189—0191。

　　② 《天津贾秘书长致阎锡山静密巧二电》(1931 年 9 月 18 日),《各方民国廿年往来电文原案》,"阎档"微缩胶卷,21/0203—4。

509

第七章　"九一八"事变与南京国民政府各派联合统治的基本确立

第一节　日本发动"九一八"事变

一　中日关系的曲折发展

日本是中国的近邻,作为迅速崛起的邻邦,在中国外交中占有重要地位。

1928 年日本出兵山东,制造济南惨案,中日关系恶化。国民党"二次北伐"后,南京国民政府和列强谈判修订关税条约及废除领事裁判权,日本对此态度消极,严重影响中国舆论和社会的观感,中日关系持续低迷。1929 年 7 月,因在皇姑屯炸车案中"处置失当"引起日本国内责难的田中义一内阁总辞职后,由浜口雄幸组成新内阁,币原喜重郎任外相。7 月 9 日,浜口内阁公布十大政纲,提出"刷新对华外交"的主张,声称对两国间的悬案,"双方都应理解对方的特别立场并予以同情的考虑,以求得公平中正的调和,不拘谨于局部的利害而保全大局"。声明还提出日本的目的在于共存共荣,特别是谋求两国经济关系"自由无碍"地发展。日本将排斥一切侵略政策,但对关系到日本生存及繁荣且为"正当而密切的权益则必须保持"①。浜口和币原较之田中时期,虽然谋求利益的本质没有改变,但姿态确实相对温和一些。1929 年 3

---

① 上村伸一:《日本外交史》第十七卷《中国的民族主义和日中关系的开展》,鹿岛和平研究所 1971 年版,第 306—307 页。

月,币原曾发表文章论述中日关系,提出:"两国关系,迄今以前,久在纠纷重叠之中。两方有形无形之损失,决不为轻。至如何而至于此,则一概归诸日本政府责任,自非公平之观察。从局外者眼光观之,两国政府当局者处理相互外交问题,不无过于受对内关系之系累,此不能无忧也。"①虽然币原回避了日方制造事端的主要责任,对两方采取各打五十大板的立场,但能够对自身的作为有所反省,尚属冷静。

币原任外相后,即着手与中国修复外交,任命佐分利贞男为驻华公使。佐分利贞男1926年底曾奉日本政府之命与蒋介石直接接触,属于对华温和派人物,颇为蒋氏所欢迎。其抵沪时,蒋特电张群:"佐分利到时,应设法到埠欢迎,以表好感。"②佐分利贞男到任后,立即应召会晤蒋介石,两人进行了长时间的谈话,蒋要求日本从大局着眼,全面改善中日关系,提议双方公使馆升格,希望日本在撤废治外法权上采取行动。财长宋子文也表示中国准备尽其财力偿付旧有外债。一个月之后,佐分利归国述职,在箱根突然身亡。此后日驻上海总领事重光葵长期代理驻华公使。9月5日,币原与国民党元老之一张继在东京密谈,探询中国对签订中日互不侵犯条约的意向,日方提出的主要原则是日本承认中国对东北的主权,中国尊重日本在东北的"合法"权益,中日实行经济合作。这大体反映了浜口内阁对华政策的具体方案。然而日本所谓的"合法"权益包含着其从不平等条约中攫取的权益,中国方面不能承认,尤其是来自"二十一条"的条款更为中国所无法接受,以此为基础签订中日互不侵犯条约,有违中国的一贯立场,南京国民政府未予同意。

币原相对温和的对华政策,遭到日本军部强烈的指责。军部力主

---

① 币原喜重郎:《对华问题概况》,《中央公论》1929年第3期;《国闻周报》第6卷第8期转载,1929年3月3日。

② 《电张群》(1929年10月2日),《蒋中正总统档案·事略稿本》第6册,第553页。

实行对华"强硬"的武力威胁政策,指责币原实行的是"软弱外交"。其实币原和军部在巩固与扩大日本在华权益,特别是在所谓满蒙问题上并无分歧,只是前者主张运用外交手段,后者主张使用军事压力而已。1931年初,南京国民政府外交部长王正廷宣布中国修改不平等条约包括收回租界、租借地等,币原闻讯后立即训令重光葵赴南京,于4月14日会见王正廷,提出质问:收回租借地是否包括旅顺、大连,收回铁路是否包括南满铁路。王正廷予以肯定的答复,日方立表反对。4月27日,日本确定对法权问题的交涉原则是:中国开放内地,予日本人以居住、旅行的自由,日本则将除各国侨民的共同租界、日本租界及其邻近地区、铁道附属区以外的中国领域内的领事裁判权撤废。中国还应确保日本在满洲的商租权、在延边的朝鲜人的土地所有权等。币原此举,无异于自我否定其承认"满洲是中国领土"的诺言。

当时,中日之间争执的焦点在东北。日本在中国东北攫取了大量权益,并继续处于扩张之中。币原曾公然宣称:"在满洲我国权益甚多……这些权益大都不仅有条约依据,而且都是深刻长久的历史产物。"①30年代前后,日本对东北提出的主要问题一是铁路,二是商租权。东北的铁路问题很复杂,北有中东路,南有南满铁路,基本形成苏俄和日本分别控制北、南两大主干线的局面。东北地方当局出于自身利益,也在周边地区修筑了部分铁路。日本为扩张在东北势力,确保对东北经济命脉的控制,又计划修筑新的铁路。1927年6月"东方会议"决定的满蒙政策中包括:一、确保日本的既得权益以整顿东三省财政问题;二、采取强硬手段促进满蒙悬案铁路问题的完成②。10月,满铁总裁山本条太郎向张作霖提出先行修筑敦化—图们、长春—大赉、吉林—

① 上村伸一:《日本外交史》第十七卷《中国的民族主义和日中关系的开展》,第332页。

② "东方会议"第5号文件,《关于稳定满蒙政局和解决悬案问题》(1927年7月1日),日本外务省档案胶卷P57,P.V.M.23,第1067—1086页;参见任松《从"满蒙铁路交涉"看日奉关系》,《近代史研究》1994年第5期。

五常、洮南—索伦、延吉—海林等五条铁路,五路纵横东北全境,经济利益极大。张作霖当时为对抗北伐军,需要借助日本方面的支持,同时又受日本抛出的经济贿赂诱惑,同意了日本的修路要求。15日,张作霖和日方订立同意修建五路的密约,张按其惯例在协约上签批"阅"字,以示同意。此一密约因为日本有意泄露,迅速为中国民众所知,激起强烈的反奉风暴。张作霖被炸死后,张学良以有关铁路的问题交由南京国民政府直接处理为由,推拒执行这一协定,表示:"铁路问题,虽向属于地方,今日既引起内外注意,自不能撇开中央政府。"①对张学良的托词,南京方面自是心领神会,以东北地方协定不生效力为张开脱,日方竭力达成的满蒙五铁路协定成为泡影。

和满蒙五铁路协定一样,所谓商租权也是日本以不正当手段攫取的一项利权。1915年日本强迫袁世凯签订《关于南满洲及东部内蒙古之条约》,其中第二条规定,日本国臣民为经营农业,可以在南满"商租其需用地亩"②。此后,日本利用此项规定攫得的商租权,不断地以南满铁路为骨干,向四周掠夺大片土地。据统计,日本攫夺南满线时,铁路区域为一百四十多平方公里,而到1931年9月竟扩充至482平方公里。日本在东北攫获土地四百二十多万亩,以商租名义取得日本领事馆签证备案的就有16.2万多垧。日本对中国土地的夺取,严重威胁到中国的安全,1928年11月,在回答记者是否拒绝商租权的提问时,张学良明确表示:"在今日中国现状之下,条约方谋改善,工商尚未发达,故不宜内地杂居。"③1929年3月,辽宁省政府报告,日本满铁组织移民农业会社,"以多金诱买中国人田地房产,或以轻利息借贷与华人,惟须有田地房屋契约为抵押品,始能有效,以

---

① 《东三省为中国人之东三省》,《张学良文集》第1册,第172页。

② 黄月波等编《中外条约汇编》,商务印书馆1925年版,第407页。

③ 《就对日外交答记者问》,《大公报》,1928年11月16日。

将田地房产吸为己有,而实行移民兼扩充满洲农业计划"①。1929 年
7 月,东北地方当局秘密颁布《惩治盗卖国土暂行条例》,1931 年 6 月
又颁布《国土盗卖惩办罚则》,严厉禁止将土地、房屋及其他场所转
让、抵押、出售或租与日本人,违者严加惩办,以抵制日本蚕食土地,
非法扩大满铁区域的行径。

南京国民政府及东北地方当局都不敢公开废除商租权,只是对国
内土地所有者采取限制措施,虽然作用有限,但一定程度上限制了日本
人夺取土地的速度。日本对此大为不满,屡次向东北地方当局提出交
涉与"抗议",指称中国"侵害"商租权。中方严正指出:1915 年条约属
于"二十一条"的一部分,本是日本强加于中国的非法条约,已经中国政
府多次声明废除,故所谓商租权已失去其法理上的依据。至于商租事
项,本当由双方和平协商,取得一致,不应含有任何不正当的行为和手
段。对此,日方不甘心放弃所得权益,仍然设法逼迫中国方面扩大商租
权的适用范围,并以此作为重大悬案反复纠缠。

由于日本利用攫夺的特殊权益及中国本身长期的混乱状态在东北
苦心经营,到 30 年代前后,日本在东北已经拥有巨大的经济利益。
1931 年 9 月末,日本在东北直接经营的铁路达 1129 公里,通过中日合
办和借款等控制的达 1231 公里,约占当时东北铁路总长的 38%,这些
铁路基本都在满铁控制之下。"九一八"事变前,东北煤产量日资企业
平均占 80%以上,处于绝对优势。生铁产量占中国钢铁总产量的 90%
以上。1930 年,东北的发电量中日本占到 80%。满铁总资产,1907 年
为 1.4 亿多元,1929 年高达百亿元,增长了 68 倍多。1930 年列强在东
北投资总额为 23 亿日元,其中日本为 17 亿日元,占 76%,居于绝对优
势地位。

---

① 《辽宁省政府为随时查报日本移民政策及其侵略计划给特派交涉员密令,
1929 年 3 月 27 日》,《辽宁省档案馆珍藏张学良档案五·张学良与九一八事变》上,
广西师范大学出版社 1999 年版,第 8 页。

日本对东北经济命脉的控制,使张学良深为戒惧,在其成为东北地方领导人后,设法发展本国工业、交通、港口事业,抵制日本对东北的经济控制。为打破日本垄断大连、安东两港的局面,决定继续兴建葫芦岛商港,作为东北对外的吞吐口。葫芦岛港原由清末东三省总督徐世昌在 1910 年开工兴建,1913 年北京政府停止施工。1930 年1 月,高纪毅代表东北方面与荷兰筑港公司代表签订修筑合同,修建年吞吐量为百万吨商港。4 月开始施工,计划 1935 年建成。工程由北平铁路局营业利润投资。当时舆论认为这一消息"应为国人所一致乐闻者也"①。

继葫芦岛筑港工程以后,1931 年张学良又计划修建打虎山—通辽—洮南一线铁路,以摆脱日本对东北铁路的控制。计划尚未订立,日本外务省就迫不及待地作出反应,指责中国违反所谓不修建与南满铁路线平行铁路的约定,是对南满铁路权益的侵犯,扬言日本决不能坐视。中国方面表示:对满铁商业上的效用及价值中方决不会予以侵害,但中国否认日本在南满有修建铁路的独占权。1931 年 1 月 22 日,满铁理事木村锐市开始与张学良进行交涉。木村大谈解决悬案以改善中日之间险恶的空气,提出修筑新线、停止并行线、签订运输协定等要求。张学良表示,外交与铁路问题不属地方权限,他不能自作主张。随后,张学良委派东北交通委员会京奉铁路局长高纪毅为交涉委员会主任,嘱其与日方周旋。高纪毅与木村多方交涉,终因日方坚持不放弃其无理要求而致交涉中断。

借用南京中央力量,以举国之势,对抗日本的压迫,是张学良抵制日本政治和经济控制的另一重要举措。中原大战后,1930 年 11 月张学良到南京,与蒋介石会谈,同意将东北的外交、交通、财政及军事权移交南京中央政府,并且决定在东北成立国民党党部。对于葫芦岛港及东北新铁路的建设,也交由南京中央政府管理。蒋介石决定由张学良

① 《葫芦岛之前途》,《大公报》,1930 年 2 月 7 日。

主持华北政务,将东北边防军改为中央国防军。会谈以后,东北的外交、交通、财政即移归南京国民政府,北宁、四洮、长春三铁路改为国有,葫芦岛港归交通部指导。东北政务委员会的外交处处长王家桢被任为南京国民政府外交部次长。但东北军的改编并未实现。

1931年3月19日,国民党中央常务委员会决定向东北各省派出党务指导员和特别区派遣员。26日,东北国民党党部在沈阳成立。同时,张学良又接受蒋介石的建议,积极引入美国势力。张学良在答复日本记者提问时明确表示,在引进外资时,"不排除日本资本,同时也不能拒绝欧美资本。我们对欧美和日本将一视同仁,但附带说明一下,只在必要时才引进外资"[①]。这年春天,呼海铁路局与美国谈妥借款1000万银元,用以建筑通往鹤岗的铁路支线,以煤矿作保证。5月又与美国谈判修筑吉林—同江铁路;6月与美方福克尔航空公司签订了建造奉天飞机工厂的协定,与福特汽车公司商谈建造汽车装配厂。美孚石油公司在沈阳设有奉天总公司,在大连、营口、沈阳、安东、哈尔滨设立分公司,业务遍及东北各地。美国还向东北提供无线电台设备,使东北基本上建成完整独立的通讯体系。美国凭借其强大经济实力,在东北影响迅速增长,1929年与1913年相比,美国向东北进口增加了十倍,出口增加了八十倍。到"九一八"事变前,美国资本已经渗入东北铁路建设、汽车运输、煤炭工业和电业等重要部门。这些,对一心要独霸东北的日本无疑形成重大挑战。

随着东北向南京中央靠拢,张学良更加积极主动抵制日本势力在东北的扩张,如实行抵制日货,在南满铁路沿线设立税卡,限制日货涌入东北内地;组织"东北国民外交协会",发起收回国权运动等。1931年5月29日,辽宁各团体召开联合大会,直接提出收回旅大、南满及安

---

① 《满铁奉天公所搜集张学良关于满洲铁路等问题谈话情况》(1931年1月12日),《九一八事变前后的日本与中国东北——满铁档案选编》,辽宁人民出版社1991年版,第96页。

奉铁路线，撤退日本军警及日本邮电局等要求。张学良还陆续发出密令：禁止向日人出卖土地、房屋，禁止购买日货，禁止与日本合办各项事业，并通令禁止日人到东北内地旅行。在张学良采取如上措施时，南京中央也相应地作出一些姿态。1929 年 9 月，南京方面公布日本阴谋侵夺东北及内蒙的秘密计划，即"田中奏折"，在国内外引起激烈的反响。日方虽矢口否认文件的真实性，但无法抹杀其行动与计划恰相吻合的事实。

对南京中央和张学良维护主权的举动，已经习惯攫取权益的日本认为其"危害"了日本的"权益"，密谋报复。在对满蒙计划中声称："我国在满蒙之特殊地位，虽得自日俄战争，而许多既得权，乃得自张作霖时代。彼张学良虽然脱离军阀根性，而牺牲其特殊政权奉还南京，以避其重大责任，此不仅高筑炮垒以自卫，且放射外交的毒瓦斯于东亚全土，意欲毒塞我日本之性命，实为空气之大杰作。如谓蒋介石奸雄可怕，则张学良对我政策之阴谋，益为可怕。"[1]日本进一步的侵略举动，已迫在眉睫。

二　日本发动"九一八"事变

日本以外交手段控制东北的计谋屡遭挫败之后，即积极策划以武力侵略东北。早在 1929 年"中东路事件"时，日军即派出观战组，以便对东北军的作战能力作全面判断。他们认为东北军素质不良，战斗力低下，缺乏周密的计划与配合，尤其是害怕炮火的集中轰击。因此，建议对东北军作战时集中使用炮兵。1930 年 7 月，日本关东军参谋团又到北满作侦察旅行，为在北满地区作战作准备。同年 9 月，关东军拟定进攻全东北的作战计划，开始全面积极备战。日本右翼军人团体及其

---

① 《国民政府文官处编关于日本阴谋侵略中国东北的有关文件》(1931 年 8 月)，《中华民国史档案资料汇编》第五辑第一编《外交》(一)，第 347 页。

他右翼团体、法西斯文化人,以北一辉、大川周明等为代表,公开宣称"满蒙是日本的生命线",是日本以十万生灵、二十亿国帑开发出来的"圣地",为"保护"日本在满蒙权益,日本应"不惜一战",等等。1931年3月31日,日本关东军高级参谋板垣征四郎在日本陆军步兵学校发表《从军事上所见到的满蒙》的讲话,宣称中国东北是日本"国防的第一线","对帝国的国防和国民的经济生活有很深的特殊关系",但"从目前中国方面的态度来考察,如果单用外交的和平手段,毕竟不能达到解决满蒙问题的目的"①。这是"占领满蒙先行论"显著抬头的标志。6月19日,日本陆军省和参谋本部联合拟订《解决满洲问题方策大纲》,确定了武装侵略中国东北的原则和步骤,要求"预作最后必须采取军事行动之准备"②。为配合发动侵略战争的步调,日本的对华外交也一反过去"平息"事态,允许在中方接受日本要求的前提下"结束"事件的做法,而改为扩大事态、寻衅滋事、制造悬案的办法以动员国内舆论,为日本发动侵略战争寻找口实。

所谓"万宝山事件"及"中村大尉事件"即是在此背景下发生的。"万宝山事件"是指1931年5月,长春附近万宝山地区中朝农民因修建水渠引起的案件。1931年5月,该地区朝鲜移民为引伊通河水灌溉,开设一条宽九米、长十二公里的渠道,不仅侵占当地农民大量农田,而且因筑水坝,使伊通河两岸中国数千顷水田有被淹之虞。旋经长春市政筹备处与日本驻长春领事田代重德协商达成临时议定书,决定在问题解决前停止施工。但日方于6月24日违约强行突击施工,至月底渠道、水门完成。7月1日,万宝山一带农民四百余人来到现场填平渠道。次日日方出动警察和便衣弹压,中国农民伤亡数十人,受毒刑拷打

① 板垣征四郎:《从军事上所见到的满蒙》,《九一八事变敌方材料》,军事学院图书资料馆藏,第5—12页。

② 日本防卫厅战史室编、天津市政协编译委员会译:《日本军国主义侵华资料长编》上,四川人民出版社1987年版,第185页。

者十多人。

　　"万宝山事件"发生后,日本即在朝鲜进行歪曲报道,散布"朝鲜人被中国人袭击残杀"的谎言,煽动朝鲜人袭击残杀华侨。中国驻朝鲜总领事报告:"此次本馆管内被害最烈者为平壤,次仁川,次京城,次镇南浦,收容避难人数达一万三千余人。"①总计在一连串的暴行中华侨被害的共达779人,其中死亡146人,失踪91人,重轻伤542人。甚至对事件作出真实报道的朝鲜记者金利三也遭到日本暗杀。南京国民政府外交部曾向日本提出严重抗议。日本外务省却发表声明,狡辩日本在此事件上并无国际公法上的"责任"。日本外相币原在此次事件中态度亦极强硬,他训令驻沈阳的日总领事林久治郎称:最近在东北发生的"侵犯帝国权益的事件……我方终究不能保持沉默。如果中国方面坚持这种态度,日本政府将不得不重新考虑改变在中方所切望的法权问题的立场……倘若类似不幸事件的发生今后不能得到充分保障,政府自将采取正当的随机措施,其结果必将产生极为重大的局面"②。币原训令林久治郎警告中方,必须"慎重处理"此次事件,否则"后果严重"。这是币原公开向中方发出的战争威胁。

　　日本的行径激起全中国人民的义愤,上海、北平、天津等地的民众集会,准备对日经济绝交。日方的蛮横态度,使蒋介石也深感愤懑,在日记中写道:"谈日本惨杀朝鲜侨胞案,为之发指。"③但他对各地民众团体准备对日经济绝交一事,仍然担心扩大事态,7月31日,在给国民党中央党部和国民政府批转宋子文、张群的电报时指示:"现在各地反日援侨运动办法,实有审慎将事之必要。若中央地方党政各界,步骤不能一致,势必授人以隙,徒益纠纷。况反动之徒,惟恐不乱,难保不混迹

---

　　①　《驻朝鲜总领事张维诚关于韩侨惨状之报告》,《蒋中正总统档案·事略稿本》第11册,第429页。

　　②　《日本外交史》第18卷,鹿岛版,第44页。

　　③　蒋介石日记,1931年7月24日。

各地,鼓煽风潮。"电文要求通令各地,"如有不法行动,即应取缔,以免为反动派利用,藉安人心而防意外"①。据此,南京国民政府即通令全国"不得加害日本侨民",对民众的反日活动加以限制。

虽然南京国民政府在"万宝山事件"的处理上采取了克制态度,但由于日本的挑衅及两国间恶感的加深,谈判期间,上海、青岛又陆续发生中日冲突事件,使中日关系更形恶化。正在此际,"中村事件"被公诸于世。

1931 年 6 月,日本军官中村震太郎大尉自称日本黎明学会干事,带领日本、白俄、蒙古人各一名,到中国海拉尔、洮南地区搜集兴安屯垦区军事情报,调查日军横切满蒙时,在宿营、给养、供水以及交通等方面可能遇到的情况;秘密联络当地亲日蒙古王公,准备策应日军进占。26日,中村一行为中国驻军发现,被带至屯垦队三团团部,经搜查其笔记"多系记载调查将来军事上应用各项"②,同时还搜查到手绘地形图及关于屯垦军的兵力、武器、营房状况表册③。团长关玉衡决定将其处决,并焚毁尸体。对中村的间谍行为,日本方面非常清楚,日本驻郑家屯领事向奉天总领事报告:"中村大尉遇难之苏鄂王府……属于奉天省政府之所谓禁止履行区域。"④为寻找扩大侵华的借口,日军百般扩大事态,于 8 月 17 日以耸人听闻的笔调大肆渲染"中村被害"事件,并公诸报端。对此,张学良表示将派员详加调查,如情况属实当予严惩,并将驻防当地团长关玉衡扣押,以应付日方。可是日方却借机大肆渲染

---

① 《蒋中正电丁惟汾叶楚伧请中央与国府对于检查日货与违章处罚不为苛求并通令各地方政府特别注意》(1931年7月31日),蒋中正文物档案002090200003144,台北"国史馆"藏。

② 《东北外交研究委员会致外交部公函》,李云汉编《九一八事变史料》,台北正中书局 1977 年版,第 233 页。

③ 关玉衡:《中村事件始末》,《从九一八事变到七七事变》,中国文史出版社1995 年版,第 3 页。

④ 《日本外交文书缩微胶卷》,S119 卷,S42602,第 137 页;转见俞辛焞《唇枪舌剑——九一八时期的中日外交》,广西师大出版社 1997 年版,第 59 页。

中国惨杀日本侨民,煽动日人仇视中国,扬言用武力惩罚中国。20 日,陆相南次郎在日本内阁会议上提出必要时采取武力解决的主张。24日,军务局长小矶国昭向外务省递送了关于"中村事件"如不得解决即占领北满的意见书。关东军更是借机向日本军部提出应由关东军自己来"解决"该事件,反对通过外交交涉以谋解决,认为这一事件实为"扬军部威信于中外,回答国民期待并解决满蒙问题之绝好机会"①。

　　对关东军的活动,日本政府和日本军部虽然予以一定程度的抑制,确定不以该事件作为解决满蒙问题契机的方针,防止关东军借机扩大事态。但日本政府事实上已难以约束关东军的行动,其内部尤其是军部的侵华冲动也在不断高涨,因此并没有采取有效措施阻止关东军的侵华举措。9 月 18 日,东北边防军参谋长荣臻走访日本驻奉天总领事林久治郎,承认中村已经被杀,希望循外交途径解决问题。然而正是这天爆发了"九一八"事变。

　　对中、日间形势日见紧张,日本武力吞并东北野心愈益暴露,关东军已完成临战准备的严峻形势,南京国民政府和蒋介石并非一概不知。1931 年 7 月,国民政府参军长贺耀组致电国民政府,提醒道:"日前中外报载,日军事参议官会议决议于南满设置常备师团,此种于我国主权极有妨碍,即于领土之完整上可谓发生绝大危险,似应由我外部提出抗议,并对世界宣传。查日本政府对满政策近有改变,征候甚多,如宇垣总督正式言明原来统治鲜满为二元制,现改为一元制等,深堪注意。"②蒋介石处理"万宝山事件"时,对日本的企图大有感触,感叹日方"一面交涉,一面侵略,假交涉之谈判,为侵袭之掩护。其欺诈残酷之手段,乃人类所未有之丑技。及目的已达,乃伪让而退,此其一步一步之螺旋而

---

① 角田顺编《石原莞尔资料·国防论策篇》,日本原书房 1978 年版,第 84 页。

② 《九一八事变前夕贺耀组等为日本站东北新动向提请政府有关方面注意来往函电——贺耀组致国民政府文官处电》(1931 年 7 月 10 日),《民国档案》2010 年第 2 期。

进之侵略,吾已见其肝肺矣"①。虽然对日方的侵略计划洞若观火,但出于国内剿共战争及应付地方实力派的需要,蒋介石坚持"攘外必先安内"。7月23日,他通电全国强调:"赤匪军阀叛徒,与帝国主义者联合进攻,生死存亡,间不容发之秋,自应以卧薪尝胆之精神,作安内攘外之奋斗。"②认为:"此次若尤粤中叛变,则朝鲜惨案,必无由而生,法权收回问题,亦早已解决,不平等条约,取消自无疑义。故不先消灭赤匪,恢复民族之元气,则不能御侮,不先削平逆粤,完成国家之统一,则不能攘外。"③与此相应,7月12日,蒋介石致电张学良,强调"此非对日作战之时"④,嘱张克制,力避冲突。蒋介石的这一判断,对日本发动侵华事变后,国民政府从中央到地方的应付方略,都发生了相当重大的影响。

1931年9月18日晚,日本关东军故意炸毁沈阳附近柳条湖村南满铁路路轨,随后谎称中国军队破坏铁路、攻击日军,并以此为由向沈阳发起进攻,炮轰北大营中国军队,从而制造了"九一八"事变。

当时张学良统率的东北军总人数达30万人左右。事变发生时,张部因参加中原大战,移师关内约11万人,留在东北的部队尚有近20万人。日本方面关东军正规部队万余人,另有在乡军人约一万人,满铁沿线的警察等约3000人,共计约2.3万余人,力量上中方完全可与日军一战⑤。但是,面对日本的武装侵略,南京国民政府和东北地方当局都没有足够的抵抗决心。事变爆发前后,张学良有一系列关于不抵抗的指令,1931年7月6日,张学良电示东北政务委员会,告诫:"此时若与

---

① 《蒋中正总统档案·事略稿本》第11册,第550页。

② 蒋介石:《告全国同胞一致安内攘外》,《先总统蒋公思想言论总集》第30卷,第149页。

③ 蒋介石:《告全国同胞一致安内攘外》,《先总统蒋公思想言论总集》第30卷,第150页。

④ 日本外务省缩微档案,转引自俞辛焞《九一八事变时期的张学良和蒋介石》,《抗日战争研究》1991年第1期。

⑤ 参见《日本军队宪兵警察在满铁沿线配置表》(1929年11月1日),《九一八事变前后日本与中国东北——满铁档案选编》,第308—314页。

日本开战,我方必败。败则日方将对我要求割地赔款,东北将万劫不复,亟宜力避冲突,以公理为周旋。"①"中村事件"发生后,他在北平致电留守东北的军政长官臧式毅、荣臻:"查现在日方外交渐趋吃紧,应付一切,极宜力求稳慎,对于日人无论其如何寻事,我方务须万方容忍,不可与之反抗,致酿事端。即希迅速密令各属,切实注意为要。"②

"九一八"事变爆发当晚,据荣臻报告,张学良明确指示:"尊重国联和平宗旨,避免冲突。"③19日,张学良发表通电,内称:"顷接沈阳臧主席、边署荣参谋长皓午电称:日兵自昨晚十时,开始向我北大营驻军施行攻击,我军抱不抵抗主义,日兵竟致侵入营房,举火焚烧,并将我兵驱逐出营,同时用野炮轰击北大营及兵工厂。"④在日军相继占领安东、营口、长春等地,并有向哈尔滨推进消息时,张学良仍指示:"顷闻日军有向哈埠推进之讯,如果属实,仰相机应付。惟彼不向我军压迫,我应力持镇定;万一有向我军施行压迫之动作,该部应即避免冲突暂向安全地带退避,以期安全。"⑤

关于东北当局当时的态度,张学良在事变后有过多次的阐述。19日,张会见记者时表示:"东北军既无抵抗之力量,亦无开战之理由,已经电沈,严饬其绝对不抵抗,尽任日军所为。"⑥20日,再次坦言:"余窥透日军拟在满洲有某种行动后,即下令部下倘遇日军进攻,中国军警不得抗拒,须将军械子弹存入库房。当日军进攻消息传来时,余立时又下

①　吴相湘:《第二次中日战争史》上,台北综合月刊社1973年版,第83—84页。
②　张学良1931年9月6日电,《日本帝国主义侵华档案资料选编·九一八事变》,中华书局1988年版,第67页。
③　《九一八事变之经过情形》,李云汉编:《九一八事变史料》,台北正中书局1977年版,第245页。
④　《我未抵抗日军轰击》,《中央日报》,1931年9月20日。
⑤　《致东特区长官公署等电》(1931年9月22日),《张学良文集》第1卷,第486—487页。
⑥　《此时务须镇静——副座对日冲突谈》,《盛京时报》,1931年9月21日。

令收缴枪械,不得作报复行动。"①24 日,在给蒋介石、王正廷的报告中,张学良更详细报告了当时的状况:"9 月 18 日晚十时许,沈阳城北忽有轰然炸裂之声,既而枪声大作。旋据北大营我第七旅报告,乃知系日军向我兵营攻击。先是,我方以日军迭在北大营等处演习示威,行动异常,曾经通令各军,遇有日军寻衅,务须慎重,避免冲突。当时日军突如其来,殊出意外,我军乃向官方请示办法,官方即根据前项命令,不许冲突。又以日军此举,不过寻常性质,为免除扩大事件起见,绝对抱不抵抗主义。"②

　　地方当局取不抵抗政策,中央政府态度也极软弱。9 月 19 日,国民党中央召开常务会议,国民政府主席蒋介石正在由宁赴赣的途中,会议由戴季陶主持,决定若干应急事项:"众意对外仍采诉之国际联盟,请其主持公道,对内则亟谋全国国民及本党同志牺牲成见,一致联合,又电催介石迅即返京妥商一切。"③20 日,国民党中常会续开临时会议,决议致电粤方要求共谋团结御侮;定 23 日全国下半旗纪念国耻并停止娱乐一天。19、20 两日,国民政府外交部两次对日提出抗议,要求日军立即退出占领区,恢复原状,并保留进一步提出正当要求之权。

　　21 日,蒋介石回到南京,召集吴稚晖、张静江、戴季陶、邵元冲等会商处理方针,蒋对日前中央临时常会决定的若干办法表示赞同,主张对日避免扩大战争,向国际联盟与《非战公约》签字各国申诉,求得公平的决断。同时对国内必要口岸及首都,加紧警卫,并谋求与粤方妥协。22 日,蒋在南京公开发表的讲演中强调:"此刻必须上下一致,先以公理对强权,以和平对野蛮,忍辱含愤,暂取逆

① 《张学良 9 月 20 日之谈话》,《国闻周报》第 8 卷第 38 期,1931 年 9 月 28 日。
② 《致蒋介石王正廷电》(1931 年 9 月 24 日),《张学良文集》第 1 卷,第 490 页。
③ 《邵元冲日记》,上海人民出版社 1990 年版,第 775 页。

来顺受态度，以待国际公理之解决。"①23 日，南京国民政府发表
《告全国国民书》，宣告："政府现时既以此次案件诉之于国联行政
会，以待公理之解决，故已严格命令全国军队，对日军避免冲突，对
于国民亦一致告诫，务必维持严肃镇静之态度……然为维持吾国
家之独立，政府已有最后之决心，为自卫之准备，决不辜负国民之
期望。"②

　　为应付内外危机，9 月底，国民党中央执行委员会常务委员会决定
设立特种外交委员会，作为对日政策之研议机关；同时抽调部队北上助
防，将讨粤及"剿共"计划，悉予停缓，并将日军侵占东北三省事诉诸国
联，信赖国联公理处断。南京国民政府对和战的态度在其告学生书中
说得很清楚："宣战问题，决不能以学生之罢课与否为衡者也。可战而
不战，以亡其国，政府之罪也；不可战而战，以亡其国，政府之罪也；备战
未毕，而轻于一战，以亡其国，政府之罪也；备战完妥，而不敢战以亡其
国，政府之罪也。"③就当时中国的客观环境而言，这篇书告强调的显然
是不可战的一面。

　　当时，南京中央处理事变的基本方针为：军事上不抵抗，外交上不
与日本直接交涉，依靠国联主持公道。蒋介石在次年曾明确表示："以
中国国防力量薄弱之故，暴日乃得于二十四小时内侵占之范围及于辽
吉两省，若再予绝交宣战之口实，则以我国海陆空军备之不能咄嗟充
实，必至沿海各地及长江流域，在三日内悉为敌人所蹂躏。"④所以，虽
然南京方面的抵抗调门比之东北地方当局要高一些，但在精神实质上，
南京中央政府和东北地方当局是一致的，宁、粤谈判时，顾维钧曾致电

　　① 蒋介石：《一致奋起共救危亡》，李云汉编：《九一八事变史料》，第
322 页。
　　② 《国民政府发表告国民书》，《申报》，1931 年 9 月 24 日。
　　③ 《中央发表告全国学生书》，《申报》，1931 年 9 月 29 日。
　　④ 蒋介石：《东北问题与对日方针》，《中华民国重要史料初编——对日抗战时
期》绪编第 1 册，第 317 页。

粤方为张学良解释:"度汉卿兄当时用意,无非因彼出于整齐划一之步骤,而我尚为四分五裂之国家,以一隅而当大敌,实不得不出诸慎重。此种委曲求全之苦心,兄与弟等深知,亦当为粤方诸君所能谅解。"①顾维钧此言,相当程度上道出了南京国民政府和张学良的心声。

由于中国方面从中央到地方都没有坚决抵抗的决心,日本发动事变后,迅速占领沈阳及其周边地区。日本军方材料记载,9月19日,日军接到报告:"已攻进奉天附近、营口和凤凰城,完全解除敌军武装……东北当局已四散逃避","军司令官了解到上述情况,认为如果没有接受幕僚的献策,不把事态扩展到今日这样严重的地步而一举解决满蒙问题,则将贻恨百年,徒劳后悔。"②在这样弹冠相庆的气氛下,关东军的对华强硬和冒险政策被看作先见之明,备受推崇,日本对中国的进一步逼迫和侵略由此已经难以动摇。

三　南京国民政府的应变方针

"九一八"事变爆发后,南京国民政府的基调是不抵抗,但在日本步步紧逼和全国人民抗日呼声的催迫下,也不得不作出不惜一战的表示。事实上,对于不抵抗政策,国民党内部也有不同意见。邵元冲参加中央党部的紧急会议就提出:"所谓不抵抗者,乃不先向人开火攻击,并非武装军人遇敌来袭击至包围缴械时,犹可束手交械而谓之不抵抗主义者。民族主义、国民精神丧失已尽,安怪异族之长驱,如入无人之境也。"③戴季陶、朱培德在致蒋介石电中更说到:"政府只有始终宣示和平,从国际上做工夫,然当地竟无一舍死之人,恐外无以启世界对中国之信赖,

①　《顾维钧等为对日不抵抗乃出于慎重致罗文斡密电稿》(1931年11月23日),《中华民国史档案资料汇编》第五辑第一编《外交》(一),第445页。
②　《满洲事变机密略日志》,《九一八事变敌方材料》,第16页。
③　《邵元冲日记》,第774—775页。

内无以立后代儿孙之榜样。"①对于这样无可辩驳的声音,蒋介石无法坐视不顾。9 月 21 日,事变后三天,蒋在答复山东刘珍年关于如日军犯烟应如何反应时,指示:"如果其海军登岸,则我方划出一地严阵固守,以待中央之命令。此时须忍耐坚定镇静谨守之。"②态度比较含混,虽有伺机而动,暂不抵抗的意思,但也要求严阵固守,不排除进行抵抗。23 日,蒋介石答复熊式辉日本如在上海寻衅应如何应付时强调:"应正当防卫,如日军越轨行动,我军应以武装自卫,可也。"③25 日,致电韩复榘指示山东方面行动方针时明确指出:"我军应在潍县多加兵力,以防日军由青岛或烟台侵入济南,我军决在潍县附近与之抗战。"④10 月 5 日,蒋再次指示上海驻军"集中配备,俟其进攻即行抵抗"⑤。蒋的这些答复出现在其与地方军事长官的函电中,在当时情况下,应不完全是大言惑众。

　　蒋介石做如上表示,当然并非真已下决心与日军决一死战,主要目的还是为顺应民心,应付舆论。事变爆发后,在全国民众尤其是青年学生中激起了抗日救国的爱国热潮。学生罢课、示威、游行,反对对日消极不抵抗政策,并组成请愿团前往南京。9 月 28 日,数千学生在国民党党部外进行大规模游行,中央大学学生冲入外交部将外交部长王正廷殴至重伤,王正廷被迫于 9 月 30 日辞职。面对全国不断高涨的抗日声浪,10 月 12 日,蒋介石公开申明:"到万不得已时,公法与公约,都不

---

　　① 《戴传贤、朱培德呈蒋主席九月皓电》,转见刘维开《国难期间应变图存问题之研究》,台北"国史馆"1995 年版,第 11—12 页。

　　② 《蒋主席致刘珍年师长指示烟台防务电》(1931 年 9 月 21 日),《中华民国重要史料初编——对日抗战时期》绪编第 1 册,第 282 页。

　　③ 《蒋主席复熊式辉参谋长指示对日军越规行动我军应以武装自卫电》(1931 年 9 月 23 日),《中华民国重要史料初编——对日抗战时期》绪编第 1 册,第 286 页。

　　④ 《蒋主席致韩复榘主席指示济南防务电》(1931 年 9 月 25 日),《中华民国重要史料初编——对日抗战时期》绪编第 1 册,第 288 页。

　　⑤ 《蒋主席致张群市长指示上海防务电》(1931 年 10 月 6 日),《中华民国重要史料初编——对日抗战时期》绪编第 1 册,第 290 页。

能维持的时候,也决不惜任何牺牲。"①11月,国民党第四次全国代表大会发表对外宣言,指出:"日本武力占领东三省,至今已将两月,中国忍耐至今已至最后之限度。如日本继续蔑视国联保持正义之主张,不顾国际公约之尊严,而国联及各友邦无法履行其签约国神圣义务之时,中国民族为保障国联《盟约》、《非战公约》及华盛顿《九国条约》之尊严,及执行民族生存自卫权,虽出于任何重大牺牲,亦所不恤。"②会议通过决议:"授予国民政府以采取一切必要的正当防卫手段之全权。"③

当时,南京方面受民众尤其是学生的压力,又遭以胡汉民为首的粤方强烈攻击,不得不作出对日强硬姿态稍稍平息各方的责难。大言既出,蒋介石也不能不有所举措,11月23日,他致电张学良:"警卫军拟由平汉线北运,以驻何处为宜? 中如北上将驻于石家庄,兄驻北平,则可内外兼顾,未知兄意如何?"④随后,蒋调兵遣将,摆出一副准备北上的架势。

但是,石家庄及河北一带是张学良的地盘,东北失陷后,张氏的政治生命已全系于华北,他是决不会轻易放弃的。所以蒋作出表态后,张学良并未响应,而当时情况下,中央军北上又必须与东北军协同,双方不能一致,出兵之议很快搁浅。事实上,蒋介石提出动议时,就未尝没有考虑到张学良的态度,出兵北上,更多的是一种明知不可为而为之的姿态。南京国民政府的真实想法,其对手方日本人的观察具有重要参考价值,日本代理驻华公使重光葵在给日本政府的电文中写道:"国民政府政策是迅速解决内乱(迅速地认真同广东方面的妥协终于实现

---

① 《蒋主席在国府纪念周报告》,《中央日报》,1931年10月13日。

② 《对全世界宣言》(1931年11月14日),《中国国民党历次全国代表大会及中央全会资料》下,第33—34页。

③ 《对日寇侵略暴行之决议案》,《中国国民党历次全国代表大会及中央全会资料》下,第38页。

④ 《蒋主席致张学良告以拟派警卫军北上并拟亲驻石家庄电》(1931年11月23日),《中华民国重要史料初编——对日抗战时期》绪编第1册,第309页。

了），以统一的力量，用'以夷制夷'的传统政策，将此次事件诉之国际联盟（由于最近宋子文的联络，同国联关系已变密切）及主张《非战条约》的美国，用全副内外宣传力，强制促日本军撤退，尽可能与归还山东时一样。在任何场合，都不会同日本国缔结有关今后满洲问题的适当的协定，还有为这个目的进行谈判时，国民政府也不会参加。"①

重光葵的观察堪称老辣，"九一八"事变后，南京国民政府迅速确定诉诸国联的方针。9月21日，中国驻国联首席代表施肇基根据南京政府的指示，正式向国联秘书长德留蒙提出照会，控告日本侵略中国领土、破坏国联《盟约》的罪行，并"请行政院根据《盟约》第十一条所赋与之权力，立采步骤……恢复事前原状，决定中国应得赔款之性质与数额"②。9月下旬，根据中国政府的强烈要求，国联行政会连续举行会议，讨论日本侵占中国东北问题。9月30日的决议肯定日本政府关于"尽速将其军队撤回至铁路区域"③的表态。但是，日方并未如其承诺的那样撤军，相反于10月初出动十二架飞机轰炸锦州。

锦州是辽西重镇，沈阳沦陷后，东北边防军司令长官公署和辽宁省政府迁移至此，是张学良、也是中国政府在东北行使治权的象征。另外，锦州的北宁线铁路属于英国资产，关东军的行动使英、美为之震惊，美国总统胡佛表示"对日军占领区之继续扩大，深切注意"，希望国联"在其调处中日行动之法律权限内，保持一切强制与权力"④。国务卿史汀生向日本驻美大使提出质询和抗议。10月24日，国联行政会再次提出决议案，要求两国政府"不得诉于任何侵略政策或行动"，限日本

---

①　重光葵著，齐福霖等译：《日本侵华内幕》，解放军出版社1987年版，第37页。

②　《我驻日内瓦施代表照会国联联合会秘书长》（1931年9月21日），《中华民国重要史料初编——对日抗战时期绪编》绪编第1册，第324页。

③　《国联行政会希望日军速撤》，《申报》，1931年10月2日。

④　《国联对日人占领东北之裁判》，《国闻周报》第8卷第41期。

在 11 月 16 日以前"立即开始并顺序进行将军队撤退至铁路区域以内"①。这一提案在表决中获 13 票赞成,日本 1 票反对,但根据盟约规定,此类提案须行政院包括当事国在内全体一致通过才具法律效力,提案的约束力十分有限。

日本关东军发动"九一八"事变时,日本统治集团内部对下一步走向尚略有不同。日本军部坚决支持关东军的行动,并准备从朝鲜调集军队增援。日本若槻内阁则主张采取"不扩大事态的方针",发表《关于满洲事变的声明》,宣称日本"在满洲没有任何领土欲望"②。但是,日军的顺利进军刺激着关东军的胃口,也使内阁的担忧和质疑变得多余。日本政府此后的所作所为更像是在国际上帮助军人顶住舆论的压力和列强可能的干预。

对国联绝对多数要求撤兵的意愿,日本方面先软后硬,最后完全置之不理,声称:"10 月 24 日票决之决议案,既未得全体一致之接受,日本不认为有效。"③就在国联提出撤兵提案当天,关东军拟定《解决满蒙问题之根本方案》,明确提出在东北要以建设"独立满蒙国家为目的",新政府其实权操之于日本手中,并以东北四省加热河与内蒙古为领域④。根据此一方针,日军继续在中国制造事端,11 月 8 日,驻天津日军策动汉奸李际春、张璧组织游民千余人发动武装暴乱,袭击市公安局、市政府及河北省政府,天津市当局宣布戒严,拘捕 61 人。9 日,驻天津日本领事借口一名日军排长被中国士兵打死,向中方提出警告,限

---

① 《国际联盟关于解决中日纠纷的有关文件·国联行政院决议案》(1931 年 10 月 24 日),《中华民国史档案资料汇编》第五辑第一编《外交》(一),第 537 页。

② 日本外务省编:《日本外交年表竝主要文书》(1840—1945)下,东京原书房 1985 年版,第 182 页。

③ [美]韦罗贝编、薛寿衡等译:《中日纠纷与国联》,商务印书馆 1937 年版,第 114 页。

④ 日本参谋本部:《满洲事变机密作战日志》,《革命文献》第 34 辑,台北国民党党史会 1968 年编印,第 1023 页。

中国军队"退距日租界三百米突以外,我退去后,炮弹向我界轰炸,甲车向我界出动"①。同日,张学良通电南京报告日军策划天津暴乱的经过。13日,蒋介石面见列强驻华公使,"责问其租界是否为扰乱中国之策源地而设,天津日租界与各国租界有共同负责性之条约,为何各国放任日本扰乱行动,不加干涉,是否要我中国只守一方面条约而对方不惟以条约为压迫中国之护符,且藉此为扰乱中国之张本"②。希望列强能出面对日本政府施压,约束日军行动。26日,日军又一次袭击省、市政府及电话局等机关,并提出中国军队撤出天津,绝对取缔抗日活动等无理要求。

在天津制造事端同时,日军加紧侵占全东北的军事进攻。11月25日,张学良致电蒋介石报告:"日站日本壮丁被征,妇孺归国,年老者均留看守。态度严重,似有袭锦模样。"③26日,关东军第四混成旅团越过辽河,向锦州进犯,前锋进抵打虎山、沟帮子。对于关东军进攻锦州的企图,日本政府认为其过于冒进,担心引发国际冲突。27日,日军参谋本部连续下达四次命令,坚决命令关东军回军,甚至最后一次用了和"奉敕"相同的命令级别,暂时止住了关东军进一步南侵的步伐④。

日军策划进攻锦州时,南京政府代理外长顾维钧向英、美、法提出锦州"中立化"方案:驻锦州中国军队撤到山海关,日本向三国和国联保证不占领锦州,国联派军驻扎"中立区"⑤。张学良对"锦州中立化"方案也非常感兴趣。11月底,张学良与日本驻北平公使馆参事矢野真就

①　《外交部关于九一八事变后与日交涉情况的报告》(1931年9月—1932年9月),《中华民国史档案资料汇编》第五辑第一编《外交》(一),第395—396页。

②　蒋介石日记,1931年11月13日。

③　《九一八事变后张学良致蒋介石等密电一组》,《民国档案》1994年第4期。

④　《满洲事变机密政略日志》,《现代史资料(7)·满洲事变》,第278—279页;参见中国社会科学院近代史研究所编《日本侵华七十年史》,中国社会科学出版社1992年版,第336页。

⑤　《顾维钧回忆录》第1分册,中华书局1985年版,第422页。

"锦州中立化"问题举行直接交涉,张希望日军最大限度不越过原遣地点即巨流河车站,中国须留少数军队在锦县一带即中立区域内,以防止匪患,维持治安①。但日本陆军中央部和关东军对"锦州中立区"方案并不满足,而是极力欲将锦州攘入自己手中,英、美、法三国也不愿直接介入调停,"对担保一层均不允可"②。中立区提议同时引起中国人民的激烈谴责,在舆论强大压力下,12月2日,国民党中央政治会议作出决议:东三省事件应积极进行于国联切实保证之下解决;锦州问题如无中立国团体切实保证,不划缓冲地带,如日军进攻,应积极抵抗;天津与日租界毗连之处如有中立国切实保证,得划临时缓冲地带以避免冲突③。4日,南京国民政府电请国联取消"中立区"计划。7日,国联行政院放弃这一设想。

　　由于中国代表的一再要求,12月10日,国联行政院通过决议,"决定派遣一委员会,该委员会以五人组织之,就地研究任何情形影响国际关系而有扰乱中日两国和平或和平所维系之谅解之虞者"④。该委员会主要任务是审查中、日之间的争议及考虑中日争议之可能解决办法。1932年1月21日,国联调查团正式成立。调查团由英、美、法、德、意五个国家的代表组成。团长是英国人李顿爵士,故亦称"李顿调查团"。根据理事会决议,中国派顾维钧以中国代表处处长资格参加,于能模作为国际联合会调查委员会中国代表处专门委员身份参加,日方参加委员为曾任驻沈阳总领事的吉田伊三郎。由于决议一开始就规定:"该委

---

　　①　张学良1931年1月29日致蒋介石电,《民国档案》1985年2期。

　　②　《顾维钧为撤退锦州华军中日双方态度对立等问题致张学良密电稿》(1931年12月2日),《中华民国史档案资料汇编》第五辑第一编《外交》(一),第459页。

　　③　《中国国民党中央执行委员会政治会议速记录》,刘维开编《国民政府处理九一八事变之重要文献》,近代中国出版社1992年版,第205页。

　　④　《国际联盟关于解决中日纠纷的有关文件·国联行政院决议案》(1931年12月10日),《中华民国史档案资料汇编》第五辑第一编《外交》(一),第541页。

员会对于任何一方之军事办法,无干涉之权。"①所以调查团对于日本的进一步侵略,实际无法起到阻遏作用。

在国联根本无力制止日本,而关东军又得寸进尺,逼迫无度状况下,中国政府和东北地方长官仍旧态度暧昧。虽然知道依赖国联难以有成,但又没有与日本决一雌雄的决心,只能以国联为幌子,继续维持"信任国联,始终与之合作"的态度,寄希望于"公理之裁决"。力图维持不战不和局面,拖过此一危机。

12月15日,尽管用尽心机,蒋介石还是没有逃脱众多的攻击,被迫辞职下野。在他辞职前,12月11日,日本政局发生变化,若槻内阁总辞职。13日,政友会总裁犬养毅组阁。犬养毅任命强硬派的荒木贞夫为陆相,受到鼓舞的关东军策划以"剿匪"为名再次进攻锦州。18日,关东军司令部确定《为反攻锦州向大凌河畔进军的要点》和《进攻锦州附近敌阵地的内定计划》,日军攻锦一触即发。

锦州是中国在东北行使主权的象征,南京国民政府对锦州的得失不能不予以重视。11月25日,顾维钧致电张学良,指出:"弟意锦州一隅如可保全,则日人尚有所顾忌,否则东省全归掌握。彼于独立运动及建设新政权等阴谋必又猛进,关系东省存亡甚巨……是以锦州一带地方,如能获各国援助,以和平方法保存,固属万幸。万一无效,只能运用自国实力以图保守";"顷见蒋主席熟商,亦如此主张。"②同日南京国民政府致电张学良,强调:"对于日本攻锦州,应尽力之所及积极抵抗。"30日再电张学良严厉指出:"日军攻锦紧急,无论如何,必积极抵抗,各官吏及军队均有守土应尽职责,否则外启友邦之轻视,内招人民之责备,外交因此愈陷绝境,将何辞自解?""望该主任深体政府之意,激励将士,

---

①　《国际联盟关于解决中日纠纷的有关文件·国联行政院决议案》(1931年12月10日),《中华民国史档案资料汇编》第五辑第一编《外交》(一),第541页。

②　《九一八事变后顾维钧等致张学良密电选》下,《民国档案》1985年第2期。

为国牺牲,是为至要。"①蒋介石下野前也致电张学良,要求"锦州军队此时切勿撤退"②。全国人民要求保卫锦州的呼声更为强烈,学生罢课、集会、游行示威,反对政府的对日妥协政策,情绪激昂,据顾维钧报告:"北平学生示威团到部,捣毁颇剧,嗣赴中央党部示威,由蔡子民、陈真如出见,均被殴受伤。陈晕倒地,蔡被劫去。幸由士兵开空枪示威,学生溃散,方始救回。"③

张学良以得不到南京方面切实援助为由,拒绝固守锦州。早在12月8日,顾维钧在致张学良电报中就提到:"吾兄所提抽调驻锦军队一部分入关一节,请万勿实行。"④可见,张此时对守锦已无决心。18日,日本天津驻屯军向陆军部报告:"锦州的东北军一旦果真遭受关东军攻击,似有轻轻一战后即撤至关内之意图。"⑤日方的这一报告绝非空穴来风。21日,张学良电令于学忠:"我军驻关外部队,近当日本进攻锦州,理应防御,但如目前政府方针未定,自不能以锦州之军固守,应使撤进关内,届时以迁安、永平、滦河、昌黎为其驻地。"⑥25日电呈国民政府认为:"我东北一隅之兵,敌强邻全国之力,强弱之势,相去悬绝,无论如何振奋,亦必无侥幸之理。"悲观恐日心理暴露无遗。同时,张学良在电中强调"枪炮弹药,极感缺乏",要求"火速饬拨现款百万元"、"速拨枪弹某口径者一千六百万发,某口径者八百万粒"、各种炮弹四十五万发、步枪一万枝,而且"所有弹款,务请于一星期内发到","否则,巧妇难为

---

① 《国府两电令张学良抵抗》,《中央日报》,1932年1月2日。

② 《蒋主席致张学良副司令令锦州军队切勿撤退》(1931年12月8日),《中华民国重要史料初编——对日抗战时期》绪编第1册,第312页。

③ 《顾维钧为蒋介石辞职已获准及北平学生示威团在宁活动情形致张学良密电稿》(1931年12月16日),《中华民国史档案资料汇编》第五辑第一编《外交》(一),第468页。

④ 《顾维钧转报国联行政院拒绝日本提议等事致张学良密电稿》(1931年12月8日),《中华民国史档案资料汇编》第五辑第一编《外交》(一),第475页。

⑤ [日]关宽治、岛田俊彦:《满洲事变》,上海译文出版社1983年版,第346页。

⑥ 《致于学忠第一军司令部令》,《张学良文集》第1卷,第559页。

无米之炊,纵使殚竭愚诚,亦必无济于事"①。

　　12月26日,张学良再电南京国民政府称:"日本在天津现已集结大军,锦战一开,华北全局必将同时牵动,关于此节,尤须预筹应付策略;否则空言固守,实际有所难为。"②张学良此时的真实想法,在其致吴稚晖函中隐约有所透露:"国家之情势如此,国家之实力又如此,胡敢再以救国之故而重其误。"③所谓"重其误",是指他前一年在中原大战中入关助蒋,以致东北实力空虚,给日本人以可乘之机。言下之意,此时再集中兵力守锦可能重蹈"九·一八"覆辙,使日本人在华北生事,所以他声称:"良部官兵,已有牺牲决心,但事关全国,深恐无补艰危。且善后问题,不可不预加筹计。"④除此之外,导致其对自身、对南京国民政府如此没有信心的另一重要原因则应为"中东路事件"。"中东路事件"中,东北军在苏联攻势下的溃退及南京中央政府的无所作为或无法作为,对张学良不能不形成深刻的印象和刺激。

　　出于自身利益的种种考虑,张学良实际放弃了在锦州的抵抗。与此同时,蒋介石下野后新组成的南京中央政府表面上虽一再督促张学良严守锦州,实际却与日方派出的使者秘密接触,谈判东北命运。犬养毅上台后,派其友人萱野长知为密使,赴中国与南京政府接触,先后与司法院副院长居正及行政院院长孙科会谈,并达成初步协议。12月24日,在与孙科会谈后,萱野致电犬养毅报告双方协商结果:"中国政府为解决满洲问题特成立东北政务委员会,任命居正为主席,许崇智、陈中孚、朱霁青、傅汝霖等人为委员……委员会任务是改组东北各省的行政组织,整理行政事项,维持秩序,查办张学良(已和张学良的部分手下取得联系)……解决中日两国间的所有悬案。所有事务将委托居正一人

---

①　《呈国民政府主席电》,《中央日报》,1932年1月7日。

②　《九一八事变后顾维钧等致张学良密电选》下,《民国档案》1985年第2期。

③　《张学良1931年12月30日致吴稚晖函》,《大公报》,1932年1月1日。

④　《九一八事变后顾维钧等致张学良密电选》下,《民国档案》1985年第2期。

全权处理……发表以上各委员的任命时,中日双方即应立刻维持现状,居正到任以后,中日立即商订日本撤兵等事宜。"①这一协议中方未坚持以日方撤兵为谈判条件,而且事实上把张学良排斥在解决东北问题之外,证明南京政府对锦州得失并不十分在意。即使如此,当日本军方得知犬养毅和中方秘密接触,仍然予以强烈反对,迫使犬养毅中断了和中方的接触。

12月28日,日军集中第二师团、第二十师团一个混成旅团渡过辽河攻击锦州。同日,荣臻至北平面见张学良后返锦,下令各军撤退。次日,锦州一带驻军以兵力过疲、损失过重、枪弹缺乏、后援不继为由,向关内撤退,只留黄显声、熊正平率公安骑兵三个总队维持锦州一带治安。1月3日,日军进占锦州,东北全境基本被日军侵占。

日军对锦州的觊觎,由于中国方面放弃有力抵抗,再次轻易获得成功。张学良在日军进迫锦州时,一再强调双方实力的差距,其实这并不能成为有力的理由。当时,东北方面在黑龙江省拥有正规军1.5万人,准军事部队1.8万人;吉林五万多部队由于熙洽率部投降,实力大损,但尚留有部分反日力量;退守锦州的辽宁部队是东北军的主力,尚有十余万人。相比之下,日军加上违令增援的朝鲜军在东北总兵力也只有五万余人,这些部队要控制辽、吉两省已占领的广大地区,还要对付黑龙江的马占山部队,可以抽调用来对付锦州的部队实属有限。同时日军对东北用兵在国际上引起很大不安,日军既须在北边对苏联保持警戒,还要照顾英、美的反应,关东军内部对是否进攻锦州扩大事态也存在意见分歧。因此,日军在东北事实上并不是毫无顾忌。正是由于中国方面的妥协退让,使关东军的冒险行为再次得逞,也进一步刺激了侵略者的扩张野心。有回忆谈到,当时王以哲曾痛切指出:"如果九一八之夜,我们坚决抵抗,事情就不是这样的结局,敌人的野心可能遭到遏

① 萱野致犬养毅电报原件,转见黄自进:《犬养毅与九一八事变》,《中央研究院近代史研究所集刊》第25期,台北中研院近史所1996年版,第328页。

止。我们犯了一个根本性的错误,我们将成为千古罪人,真是有口难辩呀!"①这样的反省,痛切且切中要害。

四　东北军民的抵抗与蒋介石的
"攘外安内"政策

　　日本对东北的武装侵略,激起东北人民的强烈反抗,除工人罢工、市民逃避以及知识界、工商界、银行界、宗教界等拒绝与其合作外,主要还有东北军部分爱国官兵、东北义勇军(群众自发的武装)以及共产党领导下的东北抗日联军的武装斗争。

　　日本发动侵略战争后,东北军基本上执行了不抵抗政策,但局部的抵抗时有发生:1931 年 11 月,日军进犯黑龙江,马占山率部抵抗,歼敌一个步兵联队和一个骑兵队,是为轰动全国的"嫩江桥抗战"。

　　"九一八"事变后,由于黑龙江一带和苏联利益密切相关,日本不愿因此冒与苏联冲突的风险,对在黑龙江一带采取军事行动态度谨慎。关东军为达到占领黑龙江的目的,避开哈尔滨,用汉奸部队打头阵,沿洮昂铁路向黑龙江齐齐哈尔一带进攻。

　　10 月 10 日,北京张学良电令黑河镇守使、步兵第三旅长兼黑河警备司令马占山任黑龙江省代主席兼东北边防驻江省副司令官、军事总指挥。马占山和黑龙江督军署参谋长谢珂等积极布置军事防务,准备迎击日军进攻。13 日,投靠日本的洮辽镇守使张海鹏派伪军三个团为先锋,由通辽经洮昂路向齐齐哈尔进犯,遭守军痛击,双方隔嫩江对峙。齐齐哈尔位于松辽平原,嫩江是其天然屏障。为阻止伪军过江,马占山军拆毁嫩江铁路桥。关东军以洮昂铁路系满铁所建,破坏铁路桥侵害日本财产为由,开始走上前台。

　　为避免与苏联发生冲突,日本向北进攻急需取得苏联不干涉的承

---

　　①　李树桂:《九一八事变目击记》,《从九一八事变到七七事变》,第 37 页。

诺。10月28日,日本驻苏大使广田奉命向苏联副外交人民委员加拉罕询问苏方是否向马占山部派遣教官,提供武器,以及是否打算向中东铁路派出军队。29日,苏联政府致函日本政府,否认向包括马占山部在内的中国东北各支军队提供援助。11月19日,苏联外交人民委员李维诺夫在与广田见面时明确表示:"苏联政府在与其他国家的关系中一贯实行严格的和平与平等关系的政策。它重视维护和巩固与日本现存的关系,对各国间的冲突奉行严格的不干涉政策。它期待日本政府努力维护现存的两国关系,并在自己的行动和命令中应考虑不要破坏苏联的利益。"[1]苏方的明确表态,使日方打消了对苏方干涉的顾虑。与此同时,英、美国家私下里希望日军北进,由其充当远东的反苏堡垒,对日本向北进兵装聋作哑。11月4日始,日军调集嫩江支队、第十六联队第七中队、工兵第七中队"变服华装"[2],与张海鹏军等数千人,向嫩江桥守军阵地发起进攻。马占山率部痛击来犯之敌,多次打退日军的进攻。日方材料显示,日军战死167人,伤六百余人,张海鹏伪军被歼七百余人。

日军进攻失利后,数次要求马占山下野并撤出齐齐哈尔,均遭严拒,马通电全国表示:"大敌当前,国将不国,惟有淬砺所部,誓死力抗。"[3]在整个东北不抵抗的大背景下,马占山的对日抵抗起到了振奋人心的作用,得到全国人民的热烈支持。国民党四全大会通过提案,"以大会名义电慰马占山及黑龙江驻军将士";"令张副司令就近速调大军驰援黑省,抗拒侵略"[4]。

11月16日,日军参谋本部下达"可暂时进入齐齐哈尔"的命令。次日,关东军调集全部增援部队约八千人,在数架飞机和坦克的掩护

---

① 《苏联对外政策文件集》第14卷,莫斯科1968年俄文版,第672页。

② 《张学良通电》,《大公报》,1931年11月8日。

③ 《马占山电告日军侵境》,《申报》,1931年11月10日。

④ 《奖慰马占山及黑省将士案》,《中国国民党历次全国代表大会及中央全会资料》下,第44页。

下,向以洮昂铁路为中心的黑龙江防御阵地发起全线进攻。在日军猛烈攻击面前,守军官兵以一当十,以十当百,竭力抵抗,连续打退日军的十多次进攻,守军亦付出沉重代价。战斗持续到18日下午,守军已弹尽粮绝,伤亡过半,日军以坦克重炮"猛攻急扑,以致全阵动摇,几不能支,幸我军心振奋,以一当百,尚在支持期间,彼军骑兵,更复四出扰乱,同时并以飞机两架,飞至省垣猛炸"①,守军势穷力竭。19日,马占山下达总退却令,收拢残部退至齐齐哈尔,而后向海伦、拜泉、克山一带撤退。

攻占齐齐哈尔后,哈尔滨成为日军下一攻击目标。哈尔滨是东省特别行政区官署所在地,也是中苏共管的中东铁路的总枢纽,日方对进军哈尔滨态度更加谨慎。日本方面与苏方频繁接触,苏方重申实行"不干涉政策"并提议缔结苏日互不侵犯条约,对此,日外务大臣后来不无感激地谈到:"满洲事变当初,苏联政府虽标榜中立与不干涉方针,却同意由中东路运输日本军队,在呼伦贝尔事件时,对救援日本居留民作出了巨大援助。更有甚者,苏联政府鉴于事变之进展,于昭和六年末向我提议缔结互不侵犯条约。"②1932年1月28日,在确知苏联态度后,日本参谋本部批准关东军向哈尔滨出兵。日军两个旅团随即向哈尔滨进攻,2月2日,迫近哈尔滨近郊。依兰镇守使、步兵第二十四旅旅长李杜联络丁超等成立吉林自卫军,展开哈尔滨保卫战,"抗战极烈"③。5日,在日军强攻下,自卫军损失严重,防地相继失守,被迫撤离哈尔滨,退往宾县、巴彦一带,哈尔滨被日军占领。不久,在宾县、海伦的吉林、黑龙江两省政府消亡。张景惠与熙洽等组织东北政务委员会,公开降

---

　　①　《张学良致张景惠等电》(1931年11月20日),《马占山江桥抗战电报选》,《历史档案》1985年第4期。

　　②　《内田外务大臣在第64届帝国议会的演说》(1933年1月21日),《日本外交文书》(昭Ⅱ)2—2,外务省1997年版,第4页。

　　③　《日军占领哈尔滨经过》,《日本帝国主义侵华档案资料选编——九一八事变》,中华书局1988年版,第310页。

日。短短四个多月内,日军侵占中国从山海关至黑龙江总面积达一百多万平方公里的领土。

"九一八"事变后,面对外敌入侵,南京国民政府和蒋介石坚持执行对外妥协政策,这和蒋介石"攘外必先安内"政策有重要关联。1931 年11 月的国民党四全大会期间,蒋再三表白要抵御外侮,"先要国家统一,力量集中"①。同月 30 日又指出:"攘外必先安内,统一方能御侮,未有国不能统一而能取胜于外者。故今日之对外,无论用军事方式解决,或用外交方式解决,皆非先求国内之统一。"②1932 年 1 月 11 日,下野后退居奉化老家的蒋介石借用奉化武岭学校纪念周会上演讲的名义,发表《东北问题与抗日方针》一文,系统阐述了其事变以来所持的退让政策,宣称中国尚无实力可与日本一战,提出"不绝交、不宣战、不讲和、不订约",为"今日我国外交惟一之途径","四不政策",实际成为此后数年蒋介石与日本周旋的基本方针。

在举国抗日气氛高涨,当政者或奔走呼号,声言抵抗,或犹豫迁延,噤口不言时,蒋介石的表态反映了其"攘外必先安内"的强烈信念。当日本占据中国大片国土,民族危机迫切时,蒋介石对立即奋起攘外缺乏信心,而将现实的政策重心集中到安内上。作出这一选择,其所持理由主要有二:一是认为中日间的未来战争形势极为严峻,是关系到民族存亡的一战。强调中国由于久经战乱,国力困乏,军事上也毫无准备,尚不具备抵御日军大规模进攻的能力,在国内没有安定统一时来谋攘外,将使自身"处于腹背受敌内外夹攻的境地","在战略上理论上说,都是居于必败之地"③。因此,大规模的攘外有待国力的充实和内部的安

---

① 蒋介石:《团结内部抵御外侮》,《中华民国重要史料初编——对日抗战时期》绪编第 3 册,第 32 页。

② 蒋介石:《外交为无形之战争》,《先总统蒋公思想言论总集》第 10 卷,台北国民党中央党史委员会 1984 年编印,第 482 页。

③ 蒋介石:《革命军的责任是安内与攘外》,《先总统蒋公思想言论总集》第 11 卷,第 67 页。

定。由此引申，蒋的第二点理由是强调大规模的攘外须待最后关头的来临。从"九一八"事变开始，他对攘外就有所谓最后关头的说明。1931年9月，蒋谈到："如至国际条约信义一律无效，和平绝望，到忍耐无可忍耐，且不应忍耐之最后地步，则中央已有最后之决心与最后之准备。"[①]1932年底，他又在日记中写道："于今于此，虽决心牺牲一切只求保全本党，维持政府，以为救国之道。然非至最后，得到相当价值，于党国确有保存把握，则不作无益之牺牲也。今日谋国之道，外交固为重要，然内政不固，则外交难言。而内政又非巩固基本地区与强固基本军队不可。故以后未至最后时期，决不放弃基本，以顾其他。"[②]日本发动侵华战争后，蒋介石对日本的侵华野心有较明确的意识和较清醒的判断，作为最高统治者，他知道，和日本侵略者最后摊牌终究无法避免。

　　"攘外必先安内"的政策基点，毕竟立足于先安内。蒋虽屡屡以"最后关头"为辞，表明并宣泄对日本侵略的强烈愤怒和抵抗情绪，但是根据他的说法："以我陆海空军之备之不能咄嗟充实，必至沿海各地及长江流域，在三日内悉为敌人所蹂躏，全国政治、军事、交通、金融脉络悉断，虽欲屈服而不可得。"[③]抵抗是为了生存，既然抵抗尚不足以求生存，现实的道路便只能是妥协。抵抗的未来目标和妥协的现实道路在这里悄然结合在一起。因此，"最后关头"既是他在日本压迫威胁其整个生存时，将不惜牺牲、全力一战真实想法的体现；又是他退避锋芒、忍耐求和，借以拖延摊牌时间的策略。

　　总体看，"九一八"后蒋介石的"攘外必先安内"政策，安内是中心，妥协是主基调，但妥协又有限度，"攘外必先安内"的判断和"最后关头"的提法，两者的结合点即要在妥协与抵抗、战与和之间保持一种艰难的

---

　　①　蒋介石:《一致奋起共救危亡》,《中华民国重要史料初编——对日抗战时期》绪编第1册,第282页。

　　②　蒋介石日记,1932年12月9日。

　　③　蒋介石:《东北问题与对日方针》,上海《民国日报》,1932年1月21日。

平衡。"攘外必先安内",有妥协的成分,也有抵抗的因素,在 20 世纪
30 年代初的中国呈现出十分复杂的内容。

第二节 宁、粤和谈与合作分开国民党
第四次全国代表大会

一 宁、粤为和谈讨价还价

"九一八"事变消息传来,整个中国为之震动,中华民族面临空前的
危局。在国难当头的情势下,国民党内相互对峙的宁、粤双方,谁也不
可能再按照自己的意愿行事。面对全国民众要求团结御侮、共赴国难
的呼吁,双方不得不由对峙走向缓和。

当"九一八"事变的消息传抵北平时,正在北平的吴铁城、李石曾、
张继三人立即联名"特急"致电粤方汪精卫、孙科、古应芬等人,请"接受
调停",并称:"此时此际,民族之利害实超出于一切利害之上,今日唯有
剿赤、救灾、御外三事为国人所同情,反是则为人民所不欲。"①20 日,
南京国民党中央致电粤方,表示:"本党同志,必须抛弃其一切意见",
"精诚团结","共赴国难"②。第二天,蒋介石在日记中也写道:"余主张
日本占领东省事,先提国际联盟与非战公约国,以求公理之战胜,一面
则团结国内,共赴国难,忍耐至相当程度,以出自卫最后之行动。对广
东以诚挚求其合作。一、令粤方觉悟,速来南京加入政府;二、南京中央
干部均可退让,只要粤方能负统一之责来南京改组政府;三、胡、汪、蒋
合作亦可。"③

面对迫在眉睫的外辱和全国人民一致要求团结对外的呼声,粤

---

① 《李张吴电粤吁和平》,《大公报》,1931 年 9 月 20 日。
② 《中央电粤请共赴国难》,《中央日报》,1931 年 9 月 21 日。
③ 蒋介石日记,1931 年 9 月 20 日。

方不得不暂停军事行动,公开发出"马(21日)电",表示赞同"和平统一",但同时提出和平统一解决时局的三个条件,主要内容为:(一)蒋介石下野;(二)取消广东国民政府;(三)由统一会议产生统一政府①。当天,孙科出席非常会议纪念周,针对"九一八"事变后南京国民政府要求和平解决宁粤纠纷,作题为《和平统一先要蒋中正下野》的演讲,明确表示:"蒋如下野即可和平解决,不一定要出兵。但蒋下野如是骗人的假话,两广军队仍可随时开动应付。这便是国民政府对于和平的表示。"②阎锡山、冯玉祥等人得知粤方的态度后,立即复电粤方表示:"公等致蒋马电钦佩万分,北方袍泽一致照此进行,必期达到目的而后止。"③

　　21日下午,蒋介石自南昌"剿共"前线返回南京,召开紧急会议,商讨对日方略。同时决定"推派蔡元培、张继、陈铭枢三人赴广东,呼吁统一团结,抵御外侮"④。针对粤方"马电"中提出的三个条件,蒋介石同陈铭枢等人当面制订了解决粤局的三项原则,内容如下:"(一)如粤中能负全责,则在中央同人尽可退让,一切请在粤同志整个的迁来首都,改组政府。至中正个人下野更无问题,只要粤中能确实负责,前来接代,则中正即可通电下野。(二)如粤中不能负责,则应归中央负责主持,而广东政府自当取消,粤方同志即应齐集首都,共赴国难。(三)如要各方合作,则中正更为欢迎,但必须来沪面商,方是开诚相见,同舟共

　　①　《广州国府致蒋介石电》(1931年9月21日),《中央导报》第15期(1931年10月7日),第105页;《陈铭枢回忆录》,第75页。
　　②　孙科:《和平统一先要蒋中正下野》,《中央导报》第13期(1931年9月23日),第4页。
　　③　《阎锡山冯玉祥复广州唐萧诸先生有电》(1931年9月26日),《宁粤合作案》,"阎档"微缩胶卷,12/1326。
　　④　《总统蒋公大事长编初稿》第2卷,第129页。

济之道。"①

28 日，蔡元培、张继、陈铭枢和粤方代表汪精卫、孙科、李文范等人同期抵达香港，双方展开先期谈判②。陈铭枢首先将蒋介石致汪、孙、古的亲笔函交给粤方代表。蒋在信中表示："当国三年，愆尤丛集，过去之是非曲直，愿一人承之，谴无所加，何心复求诿卸。唯愿诸同志以党国为重，念危亡在即，各自反省，相见以诚，不复以平苦【昔】之龃龉为芥蒂，度此漏舟覆巢之惨祸。"③随后，宁、粤双方代表分别阐述了各自解决时局的三原则和三条件。第二天，双方继续谈判，新由欧洲回国的伍朝枢（胡派骨干，接近孙科）也应邀参加④。最后，达成如下两项协议，由陈铭枢等联名电蒋介石："（一）钧座发一通电，为时局危急引咎，并声明议定统一政府办法时立即下野。粤方亦发一通电，亦向国民引咎，并说非统一不能救国，赴京开会，取消广州政府，并不以钧座下野与否为条件。两电须同时发表，电稿均在草拟。（二）须立即变更京沪卫戍警卫组织，俾粤方诸同志即可安心来京，在总理陵前宣誓开会，议决统一政府办法。"⑤

当日，蔡元培、张继二人又将双方草拟的通电文稿报蒋介石，并表示："变更京沪卫戍警卫组织以人选为第一义，拟请任陈真如为首都卫

① 《蒋介石令陈铭枢等同粤方谈判必须坚持原订三原则电》（1931 年 10 月 2日），见中国第二历史档案馆藏陈布雷个人全宗档案，中国第二历史档案馆编《中华民国史档案资料汇编》第五辑第一编《政治》（二），第 777 页，以下简称《陈布雷个人全宗档案》。另见《蒋主席下野与再起》，台北"国史馆"藏"蒋中正总统档案"之"革命文献"统一时期之十一，手稿影印件，以下简称"蒋档·革命文献"。

② 最初宁方拟议中的和谈人选有李石曾，为陈铭枢反对，由陈推荐蔡元培取代李。《陈铭枢回忆录》，第 75 页。

③ 《蒋介石关于派蔡元培、陈铭枢赴港协商共赴国难事致汪精卫等函》（1931年 9 月），《陈布雷个人全宗档案》，第 770 页。

④ 《陈铭枢回忆录》，第页 76。

⑤ 《蔡元培等致蒋介石电》（1931 年 9 月 29 日），《陈布雷个人全宗档案》，第771 页。

戍司令兼淞沪警备司令,已得陈及粤诸同志同意……此事为和议重要关键,发表之期愈早愈好。"①第二天,蒋介石致电蔡元培等表示:"京沪卫戍事宜请真如兄主持,即日照办。中应引咎自责及个人去就不成问题,早经陈明,惟两方通电时间若与实际解决相距过远,照目前形势深虞于外交、财政发生困难。"因此他主张粤方"同志即日来沪,详商一切"②。蒋的这一指示,实际上否认了双方协议中要求蒋先发表下野通电,再行建立统一政府的原则。蒋曾在当天日记对粤方这一前提表达了强烈的不满:"接粤方拟稿通电,仍以统一会议,改组统一的国民政府为条件,并多诬辱之句。当此横逆之来,既要余屈服,又要余负责,而若辈毫无负责勇气,既不顾大局,一意捣乱,而又无能力来组织政府;既不能令,又不受命,且乘此外侮之机,勾结敌国,动摇国本,能不痛心!此时只有逆来顺受,忍辱负重,以求万一之补救。"③尽管蒋口头上说得冠冕堂皇,一再对粤表示"个人下野更无问题",而内心深处是不肯轻意放弃权力的。

30日,宁、粤双方代表自香港抵广州,随即同粤方全体举行会谈,古应芬、萧佛成、邓泽如、陈济棠、李宗仁等粤方党政军领袖,因汪精卫、孙科未能坚持粤方原定的须蒋先下野,而后开和平会议的主张,因此,元老派强硬表示:下野"通电发表之前不能来沪","发表之期,希望在本(10)月五日",并进一步要求:"自通告发表日至开会日至少三星期,并须十九路军全部到达京沪以后。两方所希告之十月十日四全代表大

①　《蔡元培、张继致蒋介石电》(1931年9月29日),《陈布雷个人全宗档案》,第772—773页。

②　《蒋介石复蔡元培等电》(1931年9月30日),《陈布雷个人全宗档案》,第771页。另见《蒋主席下野与再起》"蒋档·革命文献";《日寇侵略之部:二、沈阳事变(第1卷)》,台北"国史馆"藏"蒋中正总统档案"之"特交文电",毛笔原件,以下简称"蒋档·特交文电",档案号20023896。

③　蒋介石日记,1931年9月30日;另见《事略稿本》第12册,第113—114页;《总统蒋公大事长编初稿》第2卷,第135页。

会,拟由两方亦于五日宣告展期。"①此时,阎锡山也致电粤方表示支持,称"现在北方发动较易",请指示"具体办法"②。同时电汪精卫表示:"闻蒋复电拒下野,不知确否?弟意迁就当有界限。"③

10月2日,陈铭枢密电蒋介石报告:"广州若干老同志尚持异议","有人欲加提困难条件,对和议施其破坏伎俩。"他还向蒋解释和议之困难,"甚至张(继)先生与君佩(李文范)同志相对下跪,乃得议定",并恳请蒋在其下野"通电中统议产生之国民政府成立,当解除任务,即日引退一节,乞勿更改,免至和议根本动摇"④。

粤方此举,引起蒋介石的极大不满。蒋当日即复电拒绝,并对蔡、张、陈三人颇有责备之意,蒋致电三人表示:"中国只有一个政府,统一中国方能对外救国。故于此党国存亡之际,不得不在事理上求一圆满解决之道,特与兄等面定三个原则……舍此三者之外,而欲必有条件相要胁,则于情、于理、于公、于私皆不能通,无异背道而驰,殊非中正所愿闻也。兄等竟忘此三个原则及无条件三个字,而乃来此绝无磋商余地之东(一日)电,未知何意,诚令人不解……今粤中同志既不在情理与国难中求解决,又不能来此面商,则先发通电更滋纠纷,无补于事。"⑤对粤方逼迫"先发通电"一事,蒋介石斥之为"直等于儿戏"。他在日记中

① 《蔡元培等关于粤方要求宁方于十月五日共同发表通电后始行召集统一会议事致蒋介石电》(1931年10月1日),《陈布雷个人全宗档案》,第775页。

② 《复广州李锡九西密东电》(1931年10月1日),《宁粤合作案》,"阎档"微缩胶卷,12/1326—1327。

③ 《复广州汪先生电》(1931年10月4日),《宁粤合作案》,"阎档"微缩胶卷,12/1328。

④ 《陈铭枢等关于与粤方谈判情形并请勿改原议定条件等致蒋介石电》(1931年10月2日),《陈布雷个人全宗档案》,第778页;另见《日寇侵略之部:二、沈阳事变》(第一卷),"蒋档·特交文电",档案号20011492。

⑤ 《蒋介石令陈铭枢等同粤方谈判必须坚持原订三原则电》(1931年10月2日),《陈布雷个人全宗档案》,第777页。另见《蒋主席下野与再起》,"蒋档·革命文献"。

愤慨道:"国事危急至此,而若辈尚以敌对态度要胁不止,对国内与中央则施压迫,对倭寇则勾结迁就,是诚无人心矣。呜呼!人心已死,可叹孰甚。"①

粤方得到蒋氏此电后,双方和谈几乎破裂。10月3日,原拟返京的陈铭枢得知蒋电内容,也深恐粤方"借口破坏",再次从香港"与哲生重入广州,与汪同志密为挽救",并电蒋解释道:"以职近日观察,钧座如通电后,汪、孙两同志必可离粤赴沪。汪、孙离粤,则中央对外对内均可绰有余裕……如通电不发,则某等必于双十节开四全大会,汪、孙两位再无术可以斡旋,形成更强【僵】之局……生死关头,系于瞬息,恳再赐察核。"②4日,蔡元培等人也电蒋解释道:"钧座对于培等东电似有误会。此间各同志意见颇多。所谓两方同发通电,全由汪、孙两同志苦心磋商之结果。通电一发,彼等次日即可来沪把晤。不过以通电为会晤之标纽,非作为条件也。江午钧电到后,误会者尤多。现由汪同志设法解释。结果如何,再行报告。"③

面对蔡、陈等人的解释,蒋介石仍毫不妥协。而此时粤方内部开始出现较大分歧。这一分歧又被刚刚返粤的陈铭枢所洞察。10月4日,陈一天连发两密电向蒋报告观察所得:"粤中群情庞杂,老同志成见极深,某等复存心破坏,精卫、哲生暗中调协,意甚诚切。"④"汪先生坚决主张赴沪,下午与某等大辩论。哲生与汪意见一致,伯南(陈济棠)受激动亦甚赞成。明日他们开非常会议解决。他们即不通过,汪亦必行。

① 蒋介石日记,1931年10月2日;另见《事略稿本》第12册,第126页。

② 《陈铭枢致蒋介石江亥密电》(1931年10月3日),《日寇侵略之部:二、沈阳事变》(第1卷),"蒋档·特交文电",档案号20011566。

③ 《蔡元培等致蒋介石电》(1931年10月4日),《陈布雷个人全宗档案》,第779页;另见《日寇侵略之部:二、沈阳事变》(第1卷),"蒋档·特交文电",档案号20011574。

④ 《陈铭枢致蒋介石密电》(1931年10月4日午时),《陈布雷个人全宗档案》,第780页;另见《日寇侵略之部:二、沈阳事变》(第1卷),"蒋档·特交文电",档案号20011585。

枢极劝孙同行,前途可乐观。"①

　　蒋介石得到陈的密报后,态度更加强硬。第二天蒋致电蔡元培等人,转告粤方:"对于通电原则,前电本已赞同,且甚愿早发,无所犹豫。惟当此外交紧急,存亡呼吸之际,不可一日无政府,此电文句虽发,电后仍未下野,而中外心理与事实已等于入无政府状态……通电发表之后,粤中同志尚未来到之前,中间负责无人,万一发生意外,不但无以自解,即粤中同志亦与有责。如粤中同志能早日来沪,或请精卫、哲生、襄勤、君佩诸先生来亦可。诸兄朝到沪,此电夕即发。诸兄若不能来到,此电为国家计,实不能不负责审慎。"②

　　为了加强对粤方内部的分化,蒋介石首先将汪精卫列为主攻目标,密电陈铭枢转汪精卫,称赞:"兄排除众议,毅然来沪,共赴国难,患难乃见真友,遥闻之下,无任铭感。"③由于蒋的强硬立场和粤方内部不和,10月5日,非常会议被迫作出让步,决定:(一)最低限度先释放胡汉民;(二)全体联名请胡复出。汪精卫于会议席上亲笔致函胡汉民,写好后由各人连署,托陈铭枢带往南京面呈。函称:"展堂先生大鉴:蔡、张、陈三先生来,具述和平统一之必要,弟等皆同此心,惟弟等一致之要求在先生即来沪一行。如先生抵沪,此间即举出代表来沪共商统一之进行。弟等已托真如先生先回,与介石先生接洽一切。想对于此等最低

　　① 《陈铭枢致蒋介石密电》(1931年10月4日亥时),《陈布雷个人全宗档案》,第781页;另见《日寇侵略之部:二、沈阳事变》(第1卷),"蒋档·特交文电",档案号2001606。

　　② 《蒋介石关于引退通电必俟粤方代表到沪后发表复陈铭枢等电》(1931年10月5日),《陈布雷个人全宗档案》,第780页。另见《蒋主席致陈铭枢并转蔡元培张继十月歌电》,《蒋主席下野与再起》,"蒋档·革命文献";《日寇侵略之部:二、沈阳事变》(第1卷),"蒋档·特交文电",档案号20023912。

　　③ 《蒋介石欢迎汪精卫力排众议来沪共赴国难密电》(1931年10月5日),《陈布雷个人全宗档案》,第781页。另见《蒋主席致陈铭枢转汪精卫十月歌电》,《蒋主席下野与再起》,"蒋档·革命文献";《日寇侵略之部:二、沈阳事变》(第1卷),"蒋档·特交文电",档案号20023913。

限度之要求必能达到。惟盼先生俯顺弟等之意，即行来沪，以慰同志之望，而促进和平统一之进行。"①同时，广州国民政府也作出如下决定："（一）由蒋决定发表下野通电日期；（二）十九路军调宁后，粤代表方北上；（三）俟在沪商有头绪，粤委始赴京。"②

　　6日，广州"非常会议"公开发表其解决时局主张的"麻电"，强调"民主政治之先决条件，在使武力受政治之支配"，并提出四项具体办法："（一）废除海陆空军总司令；（二）设军区，军区之划分，不必同于行政区域之划分；（三）军需之独立，革除以个人支配军队，以军队长官支配军饷之恶习；（四）国防统于中央，保安属之地方，全国军队应负此两大任务。至于政治，绝对不容干涉。"③至此，双方谈判暂告一段落。

　　10月8日，蒋介石针对粤方态度，致电何应钦告之今后宁方所持立场："对粤方针以无条件合作，并无所谓党政军分工之说；对日备有最后之决心，如逼不得已，惟维持革命之精神、民族之人格，以留历史之光荣。但并无联俄之策，亦决不屈服于日本武力压迫之下也。"④10月10日"双十节"，蒋自省道："自十七年双十节就国府主席以来，至今正三年矣。此三年之中祸患迭起，残乱频乘，而尤以最近半年内为特甚。此皆余智力不足，用人失当，不能自拔之过也。外侮内忧、天灾人祸之来，固由余德薄之所致，而所以致余至此者，乃自名为一般老党员争权夺利，舍责避怨，宁使党国灭亡，而不顾新进后起，其意气用事，实足以灭亡而有余也。世人不察皆加罪于余一人，余亦愿任其咎，否则无人能胜此重

　　①　《汪精卫等致胡汉民函》（1931年10月5日），《胡评议委员木兰捐赠中央党史委员会资料》，台北中国国民党中央委员会党史馆藏，毛笔原件，档案号"胡"251。

　　②　《京粤和议颇乐观》，《国闻周报》第8卷第40期（1931年10月12日），《一周间国内外大事述评》，第15页。

　　③　《粤方政治主张》，《国闻周报》第8卷第42期（1931年10月26日），《一周间国内外大事述评》，第5—6页。

　　④　《蒋介石致何应钦电》（1931年10月8日），《事略稿本》第12册，第144页。

任也。余于此惟有忍辱负重,死而后已耳。"①

　　12日,陈铭枢由粤抵京,向蒋介石报告议和经过。蒋深知此时如再不释放胡汉民,尽管汪精卫、孙科等人愿意北上,"惟古(应芬)等以高压手段阻其行"②,宁粤和谈很难实现。此时宁方要员也"皆主展堂日内即至沪"③。蒋于是被迫答应粤方条件。次日,胡汉民在陈铭枢、吴铁城陪同下先去见蒋。据陈回忆:"他们见面时,表现尚觉融洽,胡对东北问题发言甚多。当即由蒋决定推我及吴稚晖、李石曾、张静江、吴铁城等同胡一起赴沪,候晤汪、孙等人,并欢迎他们入京,开和平统一会议。14日晨,蒋又亲往胡宅拜访,下午我们陪同胡赴沪。此为胡自1928年入京后第一次离开南京。"④

　　15日,胡汉民致电粤方报告平安,并对以往党内纠纷深刻反省道:"过去党内一部分力量属于己有,党即失去团结之本体。人每欲自私,则互相排他;排他则纠纷愈多,而各人遂忙于对人,忽于对事。而奸黠者流,乘虚以入,肆其恶行,亦遂莫由过问,驯致过则归于吾党,权则归于他人。久而久之,党不为人民所重,乃为人民所轻,积渐且为人民所忌恨矣。此其错误,皆不容吾辈各自诿卸责任,弟亦容或为过误中之一人。"但胡又不忘为自己表白,称:"然平日自检,担负既往之过误则较轻,而今日盼望吾辈纠正过去错误之心则最切。"为此,他请求粤方从速"推举代表来沪进行议和,共商大计"⑤。此前,蒋介石拜访胡汉民时,曾自谦道:"余以过去之是非曲直,皆归一人任之,并自认错误。"⑥但当

---

①　蒋介石日记,1931年10月10日;另见《事略稿本》第12册,第148—149页。

②　《陈铭枢为汪精卫决心赴沪并请胡汉民同时到沪会面致蒋介石电》(1931年10月6日),《陈布雷个人全宗档案》,第782页。

③　《邵元冲日记》,1931年10月12日,第783页。

④　《陈铭枢回忆录》,第78页。

⑤　《胡汉民删(15日)电汪孙古萧邓等》,《大公报》,1931年10月17日。

⑥　《蒋介石日记》,1931年10月14日,见《事略稿本》"蒋档"。

蒋得知胡电内容后则慨叹道:"以粤方与展堂阻碍,内忧甚于外患,可叹。"①

　　就在胡汉民赴沪当日,陈铭枢根据双方和议要求,下令调所属十九路军开京沪驻防②。粤方看到胡汉民已恢复自由,符合非常会议的最低要求,于是决定派汪精卫、孙科、伍朝枢、古应芬、李文范五人偕同蔡元培、张继赴沪。后古氏因病无法前往,粤方又加推邹鲁、陈友仁两人为代表。同行的尚有唐生智、张发奎、黄绍竑等,连同随员一百多人,于21日抵达上海。行程中还有一小插曲:船经台湾海峡时遭遇强台风,相当危险。黄绍竑曾开玩笑地对唐生智说:"孟潇,这回如果不是'同舟共济',就是'同舟共葬'了……不论哪一种情况,都会对国家有益的,因为同船的好些人,都是以前内战的捣蛋鬼。"③

　　粤方代表赴沪前,还分别致电阎锡山、冯玉祥等北方领袖,转告广州国民政府主张,并表示决定另设"东南、西南、东北、西北各国防分区","请领导北方同志一致主张"④。阎对"政府主张极表赞同",立即复电表示:"自当遵嘱催促北方一致行动也。"⑤改组派还四处宣传:新政府将以"唐绍仪任国府主席,蒋任国防会主席,其他四国防分会主席以作相、宗仁、济棠、玉祥分任"⑥。

　　汪精卫等人抵沪后立即同胡汉民会合。当时粤方许多人都认为这回汪、胡两位领袖能真诚合作,国民党可以改变过去内部派系斗争的局

　　①　蒋介石日记,1931年10月16日。
　　②　《大公报》,1931年10月15日。
　　③　黄绍竑:《我与蒋介石和桂系的关系》,全国政协文史资料研究委员会编:《文史资料选辑》第7辑,中华书局1960年版,第79页。
　　④　《广州潘宜之致阎锡山辛密铣电》(1931年10月16日),《宁粤合作案》,"阎档"微缩胶卷,12/1338。
　　⑤　《阎锡山复广州潘宜之先生壬密巧电》(1931年10月18日),《宁粤合作案》,"阎档"微缩胶卷,12/1338。
　　⑥　《北平华党明致汉口陈光组马电》(1931年10月21日),《蒋方民国二十年往来电文录存》,"阎档"微缩胶卷,80/1588。

势。当汪、胡二人在伍朝枢寓所见面时,汪也作出一付谦虚诚恳的样子,对胡说:"中山先生在日时,我就是小兄弟,现在经过多少离合悲欢,回想起中山先生,真是痛心! 我情愿听老大哥的教训。"于是胡也就公然用老大哥的口吻说了几句批评的话①。事实上,粤方内部的裂痕早已显现。据蒋派往香港执行分化粤方任务的杨永泰 18 日报告:"汪、孙、李、伍等明晨赴沪,伪府立场全失。故和议完满与否,汪、孙绝不再作回粤想。近日汪极亲孙、尊孙。彼二人亦欲自介于胡派与中央间之调人。当前和局纵不十分迁就,亦必事成。粤方畏赤如虎,不能派兵入赣填防,惟极注意四全大会。"②

同时,南京方面为显示诚意,于 19 日国民党中常会第一百六十五次会议上根据中常委提议:"现值国势危急,本党各同志亟须一致团结,以救国难。"决议:"一,凡本党同志自第二届第四次全体会议以后,因政治关系开除党籍者,一律恢复。俟第四次全国代表大会开会时,提请追认;二,前项恢复党籍者,即请中监会查明开具名单,以便提请四全大会追认。"③计恢复党籍者有:汪精卫、陈公博、李济深、李宗仁、白崇禧、冯玉祥、阎锡山、程潜、柏文蔚等三十五人。

22 日,蒋介石乘飞机自宁到沪,首先在宋子文寓所同于右任、李石曾、陈铭枢、张静江、邵力子、邵元冲等先行会谈。"对于与粤方代表接洽之标准,介石谓只要彼等对于党及政治之系统不动摇及对建国大纲不违反者,其他皆可让步"④。其目的就是要继续维护原有的统治体

---

① 孟曦:《关于"非常会议"和"宁粤合作"》,《文史资料选辑》第 9 辑,第 107 页。

② 《张市长群转杨永泰呈蒋主席十月巧电》(1931 年 10 月 18 日),《蒋主席下野与再起》"蒋档·革命文献"。

③ 《中国国民党第三届中央执行委员会第一百六十五次常务会议记录》,中国第二历史档案馆,油印件,全宗号七一一(5)65;另见《中国国民党中央执行委员会常务委员会会议录》第 16 册,第 436—438 页。

④ 《邵元冲日记》,1931 年 10 月 22 日,第 786 页;《蒋胡汪会谈和平基础已定》,《大公报》,1931 年 10 月 23 日。

系。随后，蒋介石等人同往孙科在沪寓所和粤方代表会晤。此次蒋介石、汪精卫、胡汉民三人的会谈，是自 1926 年胡汉民因廖仲恺被刺案被迫离国后五年来仅有的一次会面。这短短的三小时会谈，也是他们三人毕生中的最后一次。会谈结束后，蒋借口京中有事，当日返回南京。蒋介石离沪后，双方代表继续会谈，达成两点决议：（一）外交方面"须求得一致，共赴国难"；（二）党政军方面，"由京派定代表与粤方代表先在沪详商办法，俟将草案拟定，再入京开正式会议"①。会谈结束后，粤方代表六人又共同联名致函蒋介石，单方面提出粤方共赴国难的七项条件："（一）为共赴国难计，先谋外交之一致行动。（二）关于党国诸疑难问题，拟请尊处派出代表数人，在沪与弟等详细讨论解决方法。俟彼此同意，乃开正式会议，以决定实行。（三）弟等认定党国根本问题，最要在集权于党，而按照建国大纲所定程序，以完成民主政治。此点乃根本原则，尚希鉴察。（四）关于党务，拟召集一、二、三届中央委员会议，共谋解决产生健全的第四次全国代表大会，务扫除过去纠纷，以确定将来基础。（五）国民政府主席，拟仿法、德总统制，以年高德劭之同志任之，现役军人不宜当选。（六）陆海空军总司令一职，拟废除之，另设军事机关，其详另定之。（七）目前在粤所拟双方通电，其用意在使从前纠纷得一结束，决非彼此抛弃责任。故会议决定以前彼此应尽之责任，应照常担负。至于此后对于党国如何服务，一听命于会议。"②

这封信由蔡元培、张继二人携带入京，在 23 日晨召开的中常会上向蒋介石报告。粤方提出的七项条件中，前两条是蒋、汪、胡等人会谈时议定的，并没有新鲜内容。第三、四条重点在于提高党权、削弱军权，目的在于恢复党权高于军权的组织形式。第五、六、七条，明显是针对蒋介石而发，同前一天蒋在宋宅和宁方代表议定的不变更现行政府体

---

① 《蒋胡汪会谈和平基础已定》，《大公报》，1931 年 10 月 23 日。

② 《汪精卫等致蒋介石函》（1931 年 10 月 22 日），中国第二历史档案馆藏，陈友仁个人档案，全宗号三〇〇五·29。

制原则,完全违背。由总统制改为责任内阁制、废除总司令制,目的都是限制蒋垄断政权,并再次要求蒋在正式会谈前公开发表下野通电。面对粤方的七项条件,蒋在日记中愤慨道:"粤方托蔡、张携七条件来京,以为中央已无办法,故提此苛刻无理之要求。倭寇藉粤方捣乱之机,以逼迫中国;粤寇藉倭奴之力,以倒中国,而且其推出代表全为粤人,是广东毅然成一粤国与倭国攻守同盟,以攻中央形势,至此殊为我中华民族羞。对此叛逆不可再以理谕,惟有负责坚持,以报党国,岂有退步之余地乎!"①

对粤方"既不敢负此军国重责,又不肯知难而退",蒋介石深表不满②。第二天,蒋复函粤方代表,表示:"目前第一要义,厥在以一致对外之精神,表现之于事实,使国际观听得所转移,国民期望得所安慰,救国救党,惟此最为急务。至关于党国根本问题,如何斟酌至善,藉立此后良好之基础,而不种将来之恶因,事关内部,无不可以开诚相见,从容商谈。"蒋并正式指定李石曾、张静江、张继、蔡元培、陈铭枢五人为宁方代表,在沪同粤方代表继续讨论,希望粤方"迅与石曾诸先生商定后,即日命驾来京,共赴国难"③。蒋氏复函的核心内容,就是以外侮为由,要求粤方尽快来京,"共赴国难",至于粤方所提改组现政府组织形式等条件,则表示可"从容商谈"。为此,蒋暗中"授意左右要人联名通电拥蒋","并暗行联汪拒胡,以延缓、分化手段应付粤方"④。

---

① 蒋介石日记,1931年10月23日;另见《事略稿本》第12册,第197—198页。
② 《总统蒋公大事长编初稿》第2卷,第143页。
③ 《蒋主席复汪孙等书》,《中央日报》1931年10月27日。
④ 《南京邱文伯致洪江王家烈艳电》(1931年10月29日),《杂派民国二十年往来电文录存》,"阎档"微缩胶卷,48/2081。

二　上海“和平统一”会议的召开

虽然双方对和谈都缺乏诚意，但迫于时局和舆论的压力，无一方敢承担破坏和谈之责。宁、粤代表终于自 10 月 27 日至 11 月 7 日，在上海伍朝枢寓所召开“和平统一”会议，双方共举行正式会谈七次。

第一天会议，宁方代表蔡元培“发言时对蒋电极力主缓发，谓国难临头该电尽可至商得积极办法时发表。张继、铁城主张亦如是”①。会议遂决议：“双方通电原稿（指蒋下野和粤府取消），俟本会讨论就绪，再定发表日期。”②但在第二天的会议中，粤方突然单方面提出《党政改革案》，引起宁方不满，使会谈险遭破裂。该案主要依据前述粤方致蒋函所提出的七点办法所拟定，内容涉及党务、政治、军事、财政、地方制度五方面。蔡元培等“以此案关系重大，中央未之前闻”为由，表示“不便讨论”，并将该案全文电蒋请示③。其实，该案的核心内容，用粤方代表李文范概括的两点最为妥当：“第一对于人的问题，就是要蒋下野；第二对于制度问题，就是要缩小主席权限及废除总司令制。”④

蒋介石接电后，“对粤提制度问题，认目前内外情势严重，非试验时

① 《天津李锡九达密俭电》（1931 年 10 月 28 日），《宁粤合作案》，“阎档”微缩胶卷，12/1352。

② 《上海“和平统一”会议第一次会议记录》，中国第二历史档案馆藏，孙科个人档案，全宗号三〇〇五·4；《与粤代表接洽和平报告》，《粤桂政潮》，台北“国史馆”藏“蒋中正总统档案”之“特交档案”政治类第 35 卷，手稿影印，以下简称“蒋档·特交档案”。

③ 《吴铁城为粤方代表在会议前提出“党政改革案”致蒋介石电》（1931 年 10 月 29 日），《陈布雷个人全宗档案》，第 790－792 页；《吴铁城致蒋介石勘电》，《日寇侵略之部：二、沈阳事变》（第 1 卷），“蒋档·特交文电”，档案号 20012734。

④ 李文范：《和议经过与我们今后的努力》，《中央导报》第 21 期（1931 年 11 月 18 日），第 8 页。

期。以前种种缺陷并非全系制度之过,且现时制度亦系党之公意所形成。党内分裂均因少数同志未能精诚团结所致。此后工作最要为如何使全党负一致守法合作,绝不愿使党国遭此大险。且变更制度无异修改约法,而约法为国民会议所制定,非强使全国民意曲从党内少数意见"①。

为此,蒋介石复电宁方代表强硬表示:"今日所发表两方接洽情形,与事实完全不符……如此捏造,是所不能承认,决非精诚和平团结之意。中不敢同意。"②10 月 29 日,蒋再复电宁方代表,指责粤方所提《党政改革案》:"内容姑不具论,精神上即与团结对外之主旨不相合。此时为党为国均唯有从速集合首都,共赴国难。至党政根本问题,应俟本党多数之讨论决议,无以十余人在租界内谈商,即可决定全党全国大计之理。"蒋氏明确指示:"此等违反党章,不恤国难之提案,不应提出讨论。"③此时,蒋的强硬立场,源自他对粤方内部的洞察。蒋曾分析道:"粤方全为胡汉民一人所阻碍,而汪、孙则愿来合作,以不愿与胡破脸,故不敢明白表示,当使之有转回余地。对粤应决定方针。一如其愿就范不破裂,则暂惟统一之局,因于对外有益也。一如其不愿就范,必欲破裂,则避免内部纠纷,使之回粤自扰,胡汉民已成过去,而其过去历史为阻碍总理,反抗总理,今则欲灭亡本党,叛乱革命,无足计较也。"④于是,蒋介石再派何应钦赴沪与各方接洽,希望有所转圜。何到沪后即"访胡述蒋真意:总司令可废,行政院长可让,但要保留主席及维持第三

---

① 《天津阎秉璋达密陷电》(1931 年 10 月 30 日),《宁粤合作案》,"阎档"微缩胶卷,12/1360—1361。

② 《蒋主席致张群转李石曾等十月勘电》(1931 年 10 月 28 日),《蒋主席下野与再起》,"蒋档·革命文献"。

③ 《蒋介石关于粤方"党政改革案"不应在上海会议提出讨论复吴铁城等电》(1931 年 10 月 29 日),《陈布雷个人全宗档案》,第 792 页;《蒋主席致李石曾吴铁城十月艳电》(1931 年 10 月 29 日),《蒋主席下野与再起》,"蒋档·革命文献"。

④ 蒋介石日记,1931 年 10 月 30 日;另见《事略稿本》第 12 册,第 214 页。

届政统。此点与粤方条件完全背驰"①。而胡汉民则对何应钦表示：
"余爱蒋较任何人为深切。北伐以来其勋绩不可磨灭，受人推崇亦
因此。但年来争执党政军重任，虽云肯多负责，但一人精力智虑何能
顾及。与其多重责任难兼顾，不如大家来负责，徒使集怨于蒋一人，致
使以往功勋灭于一朝。希望蒋明此苦衷，毅然对党国前途重加
刷新。"②

　　为了加强粤方内部的团结，胡汉民还致电天津执行部转阎、冯等
人，再次明确粤方的态度："一，党内大团结，决不为蒋分化政策所中伤；
二，断定蒋无诚意，我方惟有表明诚意谋和，免使破坏和议之责有归；
三，断定蒋必趋陈炯明、吴佩孚、段祺瑞之续，我方最后宁为民二袁治下
之革命党，不为苟且争胜之进步党，为世诟痛；四，蒋对陈铭枢已有怀
疑，陈亦不自安；五，认目前外交尚有办法，而财政、军事颇难应付。再
汪先生态度甚坚决，与胡合作一致对蒋。"③

　　此时，李石曾向蒋介石建议："弟与铁城始终主张沪会性质只能为
国难会议，不宜为对等会议。"④蒋立即复电表示赞同："请推铁城兄为
代表，共同出席。至于会商名称，无论国难会议或何等会议，决不能在
沪正式开会，至多只可称为谈话会也。"⑤其目的就是为了保持南京中
央的正统性，而否认广东中央的合法性。30 日，吴稚晖以"某中委"名

---

①　《上海张涛唐季古致天津之良并转冯玉祥俭电》(1931 年 10 月 28 日)，《杂
派民国二十年往来电文录存》，"阎档"微缩胶卷，49/0063。

②　《天津阎秉璋达致阎锡山密世电》(1931 年 10 月 31 日)，《宁粤合作案》，"阎
档"微缩胶卷，12/1364。

③　《广州潘宜之致太原阎督办丁密勘电》(1931 年 10 月 28 日)，《各方民国二
十年来往来电文录存》，"阎档"微缩胶卷，60/1491；《各方民国廿年往来电文原案》，
"阎档"微缩胶卷，20/2307。

④　《李石曾致蒋介石电》(1931 年 10 月 29 日)，《日寇侵略之部：二、沈阳事变》
(第 2 卷)，"蒋档·特交文电"，档案号 20012768。

⑤　《蒋主席致李石曾十月艳电》(1931 年 10 月 29 日)，《蒋主席下野与再起》，
"蒋档·革命文献"。

义,公开发表谈话:"主张国事由四全会议决。"反对宁、粤在沪举行的所谓"和平统一"会议,实际上是公开响应李石曾提出的沪会"不宜为对等会议"的主张①。吴稚晖的谈话,立即遭到粤方的指责。在粤方看来"某中委"即是蒋本人。为此,胡汉民发表"负责谈话",称:"观近两日形势,和似仍陷悲观,京方某中委仍持一切问题应待四全会解决之前议,使和会前途更多一层阻碍。国事如今日,应迅求党政军根本改革,并速定抗日计划,以保存国家一线生机,乃必多方另辟途径。斤斤个人权位争持,余实怆痛。某中委以不负责任之表示,以论党国重大之事,何异匿名揭帖。若仍谓一切问题应由四全大会解决,则蒋所期望粤代表北来而召集之和议实已失其意义。"②

虽然粤方提出的《党政改革案》被蒋介石否决,但为了最终实现自己的主张,仍以实现政治民主化为由,于30日上海和会第四次会议决议通过一项《中央政制改革案》,包括原则三项、办法十一条,其中最关键的就是第一条:"国民政府主席改称总统,为国家元首,不负实际政治责任。又总统不兼其他公职。"31日,第五次会议时又将该条改为"国民政府主席为国家元首,不负实际行政责任,等于内阁制国家之总统。任期二年,得连任一次。国民政府主席不兼其他公职"③。双方代表于非正式会谈中,还草拟了二项解决时局方案:"一,请总座与胡、汪两先生同入党部,负责为一切政治、军事发动之主体,而政治、军事均由其他同志担任;二,钧座通电发出后,仍公推续任国府主席,但政制须变更,即主席不兼行政院院长,并废除总司令部。汪、孙态度甚好,对此方案

---

①　《天津阎秉璋达致阎锡山密世电》(1931年10月31日),《宁粤合作案》,"阎档"微缩胶卷,12/1364—1365。

②　《天津阎秉璋达致阎锡山密支电》(1931年11月4日),《宁粤合作案》,"阎档"微缩胶卷,12/1383—1386。

③　《与粤代表接洽和平报告》,《粤桂政潮》,"蒋档·特交档案";《上海"和平统一"会议第三、四次会议记录》,(中国第二历史档案馆藏,孙科个人档案),全宗号三〇〇五·4。

亦不坚持成见。胡先生已执意主张实行第一案,谓可免以后一切纠纷。"①对此,刚刚到上海的何应钦特电蒋报告道:"职来沪后,展堂、精卫均已晤谈。顷又与哲生谈话,其态度表示颇好……连日来交换意见,各同志仍有主张必须变更现制度者。又在粤时,有一部分同志之意,党国过去许多纠纷其症结所在,实由党务政治不能分工合作。今后最好将党部权力提高,请蒋先生与胡、汪二先生共负党务方面责任,以推动政治之进行;政府方面则由其次之同志担任,似此分办并进,必可增加党政之效能,减少所谓之纷争。胡、汪二先生亦必乐于从同也。"②

此项《中央政制改革案》,明显是针对蒋介石的,自然引起蒋的极度不满。11月2日,蒋介石在南京国民政府纪念周以《对中央与粤方代表在上海会谈之希望》为题,发表演讲,对粤方猛烈指责,大意分为以下五点:"(一)粤方代表违反总理遗训,无诚意与宁方合作;(二)粤代表故意与宁府为难,是间接援助日本;(三)两星期前曾有辞职之意,现已打消,绝不去职;(四)胡展堂先生语粤代表,称蒋不独应下野,且应放逐外国,如俄国之托罗斯基;(五)粤方代表利用报纸,假借言论自由之名,颠倒是非,抹杀事实。"③

蒋氏的演讲词经上海西文报纸披露后,立即掀起一场轩然大波。广州"非常会议"致电宁方代表陈铭枢等,指责蒋介石:"捏造事实以侮辱我代表,是已表现其无意言和,殊为憾事。诸先生前为居间调人,后为宁方代表,应力为纠正。纵使不幸和议决裂,亦责有攸归"。④ 粤方代表并对蒋氏的五点指责一一予以驳斥:"一,粤方诚意合作;二,并无

---

① 《何应钦致陈诚世电》(1931年10月31日),《事略稿本》第12册,1931年11月5日条,第243—244页。

② 《何应钦致蒋介石电》(1931年10月28日),《日寇侵略之部:二、沈阳事变》(第2卷),"蒋档·特交文电",档案号20012727。

③ 《反蒋运动史》下,第462页。

④ 《国民党非常会议史料一束》,上海市档案馆编:《档案与历史》1988年第1期。

故意与南京国府为难之事;三,详述蒋自愿下野之经过,并谓粤方拟请蒋下野后担任国防会委员长;四,未闻胡有蒋不独应下野,且应放逐之语;五,并未利用报纸反抗京方。"①最后为推卸责任,粤代表还表示:"西报访员谓此演说词为和平会议之催命符,实使和平会议决裂云云,同人深望其言之不中,然若其不幸而言中,则同人不敏,不能负其咎也。"②

3日,胡汉民也针对蒋氏谈话对上海外报记者公开批驳道:"今又有一事骇怪者,即西报载:蒋在纪念周报告,谓余曾语粤代表今日之蒋不仅当使其下野,且当流之外国,若俄之杜洛斯基,使汝不归故土。蒋是否作此言,余不能知,余非史丹林,纵【从】无一兵一卒,不知将如何流放之。余对人毫无问题,对事则不随和。仍愿竭尽所能,尽最后努力。盼同志均能彻悟。若以个人私见,增党之分裂,固无面目见人民,亦无面目见总理于地下。"③但胡汉民并没有明确表示不逼蒋下野。虽然事后宁方指称西文报纸报导不实,以致酿成严重误会,并于4日将蒋氏演讲词全文修改发表④,但粤方并不认为外报转载的蒋氏讲话与事实不符,愤怒的情绪并没有因此而消释。在9日召开的广州国民政府纪念周上,李宗仁则回以《蒋中正应该负破坏和平的责任》为题的演讲,称:"果然不出吾人所料,蒋中正骗人的面目,已经显露出来了。以前蒋中正有电致陈铭枢、张继、蔡元培三位代表,表示可以下野……故此便派代表到上海磋商。不过蒋中正却中途翻悔,毫无诚意,并且在纪念周

① 《天津阎秉璋致阎锡山达密支电》(1931年11月4日),《宁粤合作案》,"阎档"微缩胶卷,12/1383—1386。
② 《粤代表发表谈话》,《时事新报》,1931年11月4日。
③ 《天津阎秉璋致阎锡山达密支电》(1931年11月4日),《宁粤合作案》,"阎档"微缩胶卷,12/1383—1386。
④ 蒋氏演讲全文修订稿见《中央日报》,1931年11月5日。蒋氏原演讲词笔者目前仍未见到,《事略稿本》1931年11月2日条内所收演讲词全文,同《中央日报》所刊内容一致。

中,说许多无理性的话。蒋中正欺骗无诚,已经完全清楚,我们对于蒋中正之不肯下野,是不会和他说好话的。换言之,我们对蒋中正是不妥协的! 进一步而言,必定要使蒋中正数年来的弥天罪恶,要拿国法党纪来制裁他的!"①

此时的中国,正面临着前所未有的内忧外侮。日本军阀毒焰弥漫,侵略者的铁蹄已由辽宁踏入吉林、黑龙江;长江流域又逢百年不遇的水灾,赈灾问题亟待解决。为此,全国各界民众强烈要求执政的中国国民党停止内部政争,团结御侮。当时北洋工学院院长王季绪甚至因忧国而绝食三日,并公开致电蒋、汪、胡三人表示:"和会一日不成,本人一日不食。"②社会舆论对宁、粤双方都有所非难,上海《时事新报》为此发表社评,指出:"剿匪未竟全功,而洪水横流;赈灾急如解悬,而暴日入寇。此三事者,当今之大问题也,国家存亡以之,民族生死以之,匹夫有责,效命不遑,讵复有小己之利害得失,荣辱恩怨值得瞻顾徘徊? 一切是非,一切从违,应超越一切理智与情感,而以是否有裨国难为唯一标准,尽心为此三问题,尽力为此三问题,为此三问题而牺牲一切,即三问题而外,皆视为不成问题。"③

对于宁、粤双方的内耗,连亲蒋的黄郛都表示不满,他在 10 月 29 日的日记中写道:"际此外患当前,所谓党国要人斤斤于此,真是可耻。"为此,他针对"党国要人专议对内条件,置国家重大外交于不顾"而草拟一份"疑惑"书,其中一条谓:"对内会议成则于国家时局裨补如何? 不成则影响遗害如何?"请来访的妻弟沈君怡转交当时社会影响极大的左倾期刊《生活》周刊刊载,借征求舆论意见为由向双方施压④。而一向不公开参与国民党内部斗争的上海银行界,也因和议迟迟无结果,迫于

————————

　　①　李宗仁:《蒋中正应该负破坏和平的责任》,《中央导报》第 20 期(1931 年 11 月 12 日),第 8 页。

　　②　《王季绪绝食垂危》,《时事新报》,1931 年 11 月 4 日。

　　③　《蒋主席问题》(社评),《时事新报》,1931 年 11 月 5 日。

　　④　《黄郛日记》第 8 册,1931 年 10 月 29 日。

内忧外患,于11月初召集紧急临时会议,推举代表晋见宁粤和谈代表,呼吁和平,并公开发表强硬宣言,强烈要求宁、粤双方:"牺牲党见。忠于国家者,必受人民之拥戴,否则亦不能不受真正民意之良心裁判。国民迫于今日党国统一最后之机会,已不能任听诸公处行分裂……同人等专就国民经济一点而论,认为此次和议若不成,统一再绝望,则嗣后社会之经济能力,决不能应政府之政治需要,实属毫无疑义,无论何人当局,想均无以善其后也。"①

在如此强大的社会压力下,尽管宁、粤歧见难以沟通,但任何一方都不敢承担和谈破裂的责任。蒋介石被迫派陈铭枢向粤方解释误会,表示自己的演说,"系一时之意气,不足介意"②。粤方也借此下台,双方代表重新回到谈判桌前,彼此暂时将党政改革案搁置一旁,重点集中在如何召开国民党第四次全国代表大会这一主题上,双方希望借"四全"大会的召开,来结束党争,以此表明党内统一。

11月4日,上海和谈会议重新开始,除原有代表外,宁方又加派于右任、邵力子、何应钦、朱培德四人出席会议。最后经双方会商决定三项办法任选其一:"(一)京粤四全会合开;(二)京粤分开四全会,但以合作精神出之;(三)四全大会展期另选代表。由京粤代表各请示中央。"③第二天一早,宁方代表分别私下拜会汪精卫、孙科,力求实现第一项办法。蔡元培等人当日密电蒋介石汇报洽谈结果:"汪、孙均谓大会虽不合开,四届中央决可团结,非常会议亦可取消,只须协定中委名单及两方同意之宣言,决可负责办到。汪尤切称,其本人决不回粤。俟四届选出,决与中央合作,以谋党之团结。"④同一天,广州"非常会议"

---

① 《银行界求和平》,《国闻周报》第8卷第45期(1931年11月16日),《一周国内外大事述评》,第2页。

② 《陈铭枢昨晨抵沪解释误会》,《时事新报》,1931年11月4日。

③ 《解决四全会办法》,《时事新报》,1931年11月7日。

④ 《蔡元培张人杰陈铭枢吴铁城致蒋介石微酉电》(1931年11月5日),《日寇侵略之部:二、沈阳事变》(第1卷)"蒋档·特交文电",档案号20013090。

致电粤方代表,决定:"关于我方四全会开会日期,决俟宁方四全会确已开会后三天举行,使国人了然于破坏和平之责任究竟属谁。"①此电显示粤方也有所让步,不敢承担破坏和平之责。

6日,双方代表再次集议,据蔡元培等当日致蒋介石密电称:"本日午前九时又开谈话会一次。中间有各大学教授、全国各校学生、上海工界诸代表来见两方代表,均以两方破裂为全国莫大之危险,与昨日银行界代表所言相同,可见社会心理最恶破裂。破裂以后决不问党内何方应负其责,必将以是为全党之罪。故我等此刻不可任其破裂,而以能归罪粤为得计。必需迅速分开,委曲求全,使裂痕不至暴露。今日,本此原则集合谈话,觉维两方分开,尚有办法,故仍照此磋商。我等所要求者有两点:一,中央委员有一致名单,两方同时选出;二,粤方汪、孙两同志决不可离沪。对于第一点,哲生答复谓所拟名单如粤方不能照选,渠即退出粤方。对于第二点,汪、孙均表示愿留。此种办法似尚非绝对不可采用,切望钧座勿坚持。"②

早在上海和谈之初,蔡元培、张继等人曾电蒋请示:"对于四全大会,一、二、三届中委均作为代表出席,及京粤两方代表合开大会两办法,由个人提出,颇受全体赞同,并未决议。尊意如何?"③蒋当即强硬表示:"中央所召集各省代表与粤方所召集各代表无条件的合开四全大会,此断不可,并又在沪开对等会议说,以上二事中央万难承认。"④但事已至此,蒋介石只好无奈地答复何应钦:"此次与粤方会商,精卫意愿

① 《非常会议致胡汉民等电》(1931年11月5日),《档案与历史》1988年第1期。

② 《蔡元培张人杰陈铭枢吴铁城致蒋介石鱼电》(1931年11月6日),《日寇侵略之部:二、沈阳事变》(第1卷),"蒋档·特交文电",档案号20013103。

③ 《张继蔡元培致蒋介石电》(1931年10月28日,《日寇侵略之部:二、沈阳事变(第2卷)》,"蒋档·特交文电",档案号20012655。

④ 《蒋主席致张群转李石曾十月勘电》(1931年10月28日),《蒋主席下野与再起》,"蒋档·革命文献"。

合开全会,但为情面难以自主;哲生主张分开合作;展堂则主张破坏全会,俟明年再开。故精卫表示诚意愿以分开之中站在中央地位。余乃以为合开既不可能,则顺从汪、孙之意,以合作之心分开全会亦可也答之。"①

7日,在双方代表第七次会议上,最终因"南京中央主张第一办法,广州中央主张第三办法,乃拟定采用第二办法"②,达成如下协议:"京粤双方,以合作精神,各于所在地克期开第四次全国代表大会。其办法如左:一、开会时双方发表通电,表示本党统一。二、双方四全大会一切提案,均交第四届中央执行委员会,在南京开第一次全体会议时处理之。三、双方协商中央执监委员候选人产生方法。四、由四届第一次全体会议修改国民政府组织法,并改组政府……关于陆海空军总司令之存废问题,于修改国民政府组织法时决定之……至于前经拟定蒋主席表示下野通电及广州国民政府表示取消通电两原稿,原定俟本会讨论就绪再定发表日期,现在根据党务决议第四项办法,中央政府改组后广州当然取消,故上述通电原稿无须发表。"③

至此,长达数月之久的宁、粤对峙局面,终于达成了和平统一的初步协议。表面上,蒋介石暂时取得了胜利,他没有履约通电下野,但他又将面临着如何修改国民政府组织法的新问题。为此,张学良曾特意致电蒋介石询问:"李、蔡等十同志在上海发关于和平会议之齐电,钧座是否同意? 盼速示。"④蒋对此无奈地表示:"李、蔡等通电,事前弟未有

① 《事略稿本》第 12 册,1931 年 11 月 6 日条,第 245 页。

② 《上海"和平统一"会议第六次会议记录》,(中国第二历史档案馆藏,孙科个人档案),全宗号三○○五·4;《与粤代表接洽和平报告》,《粤桂政潮》,"蒋档·特交档案"。

③ 《上海"和平统一"会议第七次会议记录》,中国第二历史档案馆藏,孙科个人档案,全宗号三○○五·4;《与粤代表接洽和平报告》,《粤桂政潮》,"蒋档·特交档案"。

④ 《张副司令学良呈蒋主席十一月青电》(1931 年 11 月 9 日),《蒋主席下野与再起》,"蒋档·革命文献"。

所闻。但此为无法中之一法，我方委曲求全之意可以昭告于世矣。"①

　　其实，粤方对蒋的意图是十分清楚的。贾景德就曾电阎锡山表示："蒋原意有两种，一为先假下野回奉化，将反蒋势力分化勾结生效后，再用段系督办团叛变故事出山收拾；一为吸收粤代表中有力分子进南京，改组政府，仍维持现在局面。"这也正是为什么胡汉民始终坚持"迫蒋下野，要从制度上改革，不使其独裁再复活"的原因所在②。但由于粤方内部已出现分裂的痕迹，因此在和谈中对蒋作出了过多让步，从而导致反蒋派由表面团结走向分裂。

　　象征团结的新一届中国国民党全国代表大会即将召开，而举行会议的地点却分在两处，各自为政，毫无团结的气氛。国民党统治集团内部的权力之争并没有就此结束。

三　国民党合作分开第四次全国代表大会

　　自广州"非常会议"召开后，宁、粤双方都原拟在 1931 年 10 月 10 日召开国民党第四次全国代表大会③。后因"九一八"事变爆发而被迫推迟。根据上海和谈达成的协议，宁、粤决定分别召开四全大会，选举产生新的中央执、监委员，然后在南京合开统一的四届一中全会。

　　11 月 9 日至 11 日，南京国民党中央首先召开中执会临时全体会议，通过《第四次全国代表大会开幕时间秩序及预备会议日期案》，并先行推定蒋介石、戴季陶、于右任、林森、蔡元培五人为大会主席团成员，

---

　　①　《"张副司令学良呈蒋主席十一月青电"批语》(1931 年 11 月 9 日)，《蒋主席下野与再起》，"蒋档·革命文献"。

　　②　《广州潘宜之致太原阎督办本密冬电》(1931 年 11 月 2 日)，《各方民国二十年来往来电文录存》，"阎档"微缩胶卷，60/1500。

　　③　《第四次全国代表大会日期案》，《中国国民党第三届中央执行委员会第五次全体会议记录》，中央执行委员会秘书处 1931 年编印，第 12 页；孙科：《第四次全国代表大会开会词》，《中央导报》第 22 期(1931 年 11 月 25 日)，第 4 页。

叶楚伧为大会秘书长①。

12 日,南京四全大会召开,出席代表三百四十余人,于右任致开幕词,并增选戴愧生、潘公展、恩克巴图、黄慕松四人为大会主席团成员②。蒋介石在开幕式上发表演说,指出此次大会的两大使命是"团结内部,抵御外侮"。同时,他又特别强调:"我们认为团结的实现,当以不惜牺牲一切来促成,但不可违背党章和总理遗教,更不能违反四全大会的公意,否则如果仅仅达到团结目之一部,而毁损了本党的精神和纪律,则于党于国都无益处。"③蒋氏在致词中只字不提政府改组和自己下野二事,却在总结今后"如何能救国救党"时,自负地写道:"是皆为余之责也,勿以环境险恶而灰心!"④

南京四全大会通过各类决议案共 35 件,其中最重要的就是蒋介石代表主席团提议的《团结御侮办法案》。19 日,蒋介石向大会代表报告此案精神,共三点:"(一)第四次全国代表大会唯一的使命,就是要研究如何恢复国民对本党的信仰,来获得本党的生机;(二)对于国家外侮要由本党负起责来,而且由国民政府主席亲自北上去救国;(三)我自己愿意亲自北上保护国权,来表示本党救国的决心。"⑤蒋氏讲话的真实意图就是:蒋介石要以国民政府主席的身份继续统率军队,如此才能"表示本党救国的决心","获得本党的生机"。他想以此制造借口,拒绝粤方提出修改政府组织法。当日,大会"一致通过蒋中正同志亲自北上,首赴国难",并决定第四届中央执监委员名额定为 160 人,包括原有第一、第二、第三届中央执监委员,除共产党员及邓演达、徐谦、杨希闵、刘震寰

---

① 《中国国民党第三届中央执行委员会第二次临时全体会议决议案》,《中央党务月刊》第 40 期(《中国国民党第四次全国代表大会号》,1931 年 11 月),第 2598 页。

② 《中央党务月刊》第 40 期(1931 年 11 月),第 2486 页。

③ 蒋介石:《党内团结是我们唯一的出路》(1931 年 11 月 12 日),《总统蒋公大事长编初稿》第 2 卷,第 148、153 页。

④ 《省克记》第 4 卷,1931 年 11 月 12 日条,"蒋档"。

⑤ 《总统蒋公大事长编初稿》第 2 卷,第 154 页。

外,共 112 人。余额由宁、粤双方各选 24 人①。

大会通过的另一项重要决议案,就是《中央执行委员会提请追认恢复党籍案》,追认恢复汪精卫、冯玉祥、阎锡山、李宗仁、白崇禧、李济深、陈公博、甘乃光、顾孟馀、程潜、黄绍竑、鹿钟麟、宋哲元、赵戴文、柏文蔚、方振武等人党籍②。23 日,南京四全大会顺利结束。

广州的四全大会开得相当热闹。由于内部意见不一,派系争斗激烈,一度休会、复会,最终彻底分裂,导致大会又分别在广州、上海两地举行。

粤方内部的分裂,其实早在合作之初即现端倪。虽说"反蒋"是他们共同的主张,但除此之外,各自的政治立场迥异,特别是汪、孙两派同古、陈间矛盾重重。古、陈"是发难的中心人物",为了救胡,扩大反蒋声势,不得不联汪,但联合又是有条件的。他们只希望汪一人参加,而拒绝改组派的其他重要干部加入反蒋阵营。甚至连胡汉民也秘密指示古应芬:"目前舍汪无足与蒋对抗者,但陈(公博)、甘(乃光)万不能共事。"汪精卫对此曾无奈地向陈公博表示:"广州是欢迎我,而不欢迎你和(顾)孟馀的。他们有一个口号是'去皮存骨',意思是只请我去,对于我的朋友一概挡驾。"③但为了重返政治舞台,汪精卫只好将其重要干部留在香港,只身一人前往广州。

孙科此次反蒋,得到了粤方元老派的支持。"发难之始,古(应芬)、邓(泽如)集议,拟拥护孙科为盟主,此为邓数年来所抱之主张。缘邓尝谓今日社会宗法观念未除,在派系分歧之局面以下,应以此法为最妥当"④。孙到广州后,也深感身价倍增,并希望将自己的势力扩张到军

---

①　《对于蒋中正同志代表主席团提议团结御侮办法之决议案》,《中央党务月刊》第 40 期,第 2451 页。

②　《中央执行委员会提请追认恢复党籍案》,《中央党务月刊》第 40 期(1931 年11 月),第 2463-2465 页。

③　陈公博:《苦笑录》,第 265 页。

④　《粤局侧面观》,《大公报》,1931 年 6 月 2 日。

队中。为此,"孙科力主扩大海、空军编制,亲孙科的原任南京航空署署长张惠长已经回到广州,还带领了一批广东飞行员回来,结果便把原来隶属于陈济棠的海、空军抽出来分别成立直属国府的海军及空军两个总司令部。海军第一舰队总司令陈策、空军司令张惠长都是孙科的嫡系。由于海、空军脱出陆军而自立门户,卒引起陈济棠和孙派之间不断的尖锐斗争"①。

尽管各派系间矛盾纷纷,但表面文章还是要做的。6月25日,已加入粤方的汪精卫为了显示对"非常会议"的忠诚和反蒋的决心,公开致函改组派,明确宣示取消派别组织:"兆铭之愚,以为自此以后,从前一切系统派别之观念,须完全打破……诸同志即使不肯听从兆铭之劝告,然决不能不遵依中央六月二十二日所颁之誓言,自今以后,如仍有派别之组织,即以违背党纪,在所必罚。"②

但粤方内部各派系间的纠纷,始终未断。即便是被吴稚晖归为一派的广州市长林云陔,对陈济棠干涉市政也颇多不满。广州国民政府成立后,决定改组广东省政府,任命林云陔为省政府主席。林即公开提出三项条件:一是省府职权须得相当行使;二是广州市长、省府秘书长由林任命,不得更换;三是将来省主席因环境关系易人,仍由林复任广州市长③。此外,许崇智等"西山会议派"同汪精卫之间也是水火不容。汪精卫曾抱怨道:"我打算一有机会便走了,在广州非常受气,不独许汝为当众向我无理谩骂,连小小的西山会议派桂崇基也当众和我为难。"④而许崇智不单同汪精卫不合,同陈济棠也是矛盾重重,一气之下出走香港。孙科无奈只好恳请马超俊前往挽留⑤。

---

① 罗翼群:《西南反蒋的回忆》,《南天岁月》,第88页。

② 《汪精卫先生复改组同志会筹委会书》,《民友》第2卷第2号(1931年7月6日),第17页。

③ 《林云陔就粤省主席条件》,《大公报》,1931年6月8日。

④ 陈公博:《苦笑录》,第256页。

⑤ 《马超俊先生访问记录》,第154页。

桂系李宗仁、白崇禧在大败之余参加这次反蒋运动,原本希望借此以图自保,重新求得恢复和发展实力的机会。白崇禧在广西一直把注意力集中于编练民团,扩充武装。李宗仁常驻广州,联络陈济棠,则是为了求得对桂系的发展稍有支持,但得到的仅仅是"每月向财政部领取军费三十万元"①。李宗仁为此常常感到仰面求人的苦恼,满腹牢骚地自称只是一个"联络参谋"。这样自然不能使他们感到满足,因而对两广合作的态度越来越消极。

蒋介石对粤方内幕是看得很清楚的。尽管他分化陈济棠手下将领频频失利,但他很快将视线移到汪精卫身上,充分利用粤方内部矛盾分化对手。当然,蒋介石对汪精卫并不信任,但从囚胡事件引发的宁、粤对峙,也令他吸取了一点教训:就是不能小看国民党内的各种潜在力量,特别是在"以党治国"的旗号下,汪精卫仍有着不小的利用价值。因为,此时在大多数国民党人心目中,汪精卫和胡汉民的"党统"象征比蒋介石强。蒋不得不从汪、胡两人中再次选择一个合作对象。

由于胡的个性是不肯轻易妥协,而汪则相对容易拉拢,特别是汪的地位已非广州(在蒋之上)和武汉(同蒋分庭抗礼)时期,实力和处境根本无法同蒋相比,合作只能是在蒋的主导下给蒋增加一些应付各方的筹码,并不是平等的合作。因此,蒋介石暗中派宋子文同汪精卫联络,表示:"广东要汪先生是只要骨头,不要皮,我们南京要汪先生是连骨带皮一起要。"此话对汪派煽动性很大。顾孟馀曾表示:"我们与其受地方小军阀的气,不如投降中央大军阀。"②

从汪精卫个人处境来讲,本来他已处于走投无路的境地,宁、粤对峙给了他绝处逢生的机遇。他原本已是两手空空,实力全无,非与胡联手无以再起。但粤方对他处处设防,因此唯有借宁粤和谈之机,才有可

---

① 阚宗骅:《陈济棠统治广东时期与新桂系的关系》,《广州文史资料》第15辑,广州市政协文史资料研究委员会1965年编印,第4页。

② 周一志:《"非常会议"前后》,《文史资料选辑》第9辑,第88页。

能重返权力中心。尽管汪精卫也曾宣誓："决不存私见,不立派别。"但正如吴稚晖所言:"他们一闯进去,必有喧宾夺主之可能","狐狸尾巴终是要拖出来的。"①为了壮大自己的声势,汪精卫暗中命令各地改组派支部,"选举"代表二百多人到广州去参加会议。据改组派天津代表武和轩回忆:"就在这年夏天,广州非常会议……准备要开四全大会。在天津的改组派的人们忙于制造出席代表,反正广州的先生们不了解北方各省市情况;同时非常会议在北方没有一点基础,也乐得多些人给他们捧场。长江以北各省市,尤其是华北、西北、东北等处就由我们来分配。举一个例,为了给黄少谷一名代表,以黄代表青海的敏珠尔哈图克图,就可概知其余。凡是能扯上关系的就来个代表。在'九一八'前后,由天津租界制造出来的代表有百多人,先后到了广州。"②

南京的改组派代表,根本"没有经过什么选举,只是乘【趁】机自称代表,到广州去想找新的出路",甚至连改组派南京支部的负责人都不知道③。负责上海地区出席广州四全大会代表选举的范予遂曾回忆说:"非常会议先派张知本为上海执行部负责人,办理所属江苏、浙江及上海市的代表选举事宜。上海市派了张企留、余鹏、范予遂等专门负责办理上海市的选举,张、余二人代表广东派,范予遂代表改组派。先要办理选举名册登记,谁登记的人多,谁就多选出一个或几个代表。事实上双方都没有多少'选民',为了争夺代表就得造假'选民'名册。但这样做并不能解决问题。以此,由范予遂建议先协商好代表分配名额(数目已不记得,改组派少占一人),再协商好各造'选民'二百名,然后各自填写好二百张选票投在票箱里,再开箱计票,宣布当选代表姓名。这就是'非常会议'第四次全国代表大会代表在上海选举的实

---

① 《吴委员敬恒对粤事之答客问》,《粤变文件汇编》,第21页。
② 武和轩:《我对改组派的一知半解》,全国政协文史资料委员会编:《文史资料选辑》第36辑,文史资料出版社1963年版,第152页。
③ 何汉文:《改组派回忆录》,《文史资料选辑》第17辑,第180页。

际情形。"①

"九一八"事变后,宁、粤双方被迫议和。古应芬、陈济棠眼看救胡目的已达到,因此对和谈态度颇为冷淡。而蒋、胡关系破裂后,汪精卫感到有望重新建立蒋、汪合作的局面,对议和最为积极。蒋介石更是主动拉拢,指示宋子文、朱培德密电汪精卫,表示:"介兄与弟等愿与我兄合作,纯出至诚。""兄能早日命驾,尤为介兄与弟等所昕夕盼祷者也。"②

9 月 28 日,宁方派陈铭枢、蔡元培、张继赴香港,同粤方代表汪精卫、孙科、李文范展开先期谈判。谈判前,陈铭枢通过改组派刘叔模和自己的亲信许锡清与汪精卫暗中联络。此时,孙科的态度也开始倾向于汪。孙的亲信傅秉常对此分析道:"'九一八'事变自为促成南京、广州合作之重大原因,另一基本原因乃众人对陈伯南早已厌弃。乃藉'九一八'后,举国'共赴国难'之名义得以下台。哲生对陈伯南亦极不满。"③于是,非常会议派孙、汪等六代表赴沪和谈。古应芬、陈济棠摆出一副送客出门的姿态,汪精卫也流露出离开广州不再回来的神气④。陈铭枢事后曾回忆说:"我在此行感到突出的印象是:汪对和谈最感兴趣,古应芬、陈济棠最冷淡,孙科和桂系是中间偏向汪之主张;而非常会议领衔的唐绍仪,仅备一格,不起任何作用。和谈有初步进展,汪卖气力最大。"⑤

上海和谈前,针对粤方要求发表蒋介石下野通电一事,蒋氏曾提前密电汪精卫,请求暂缓,并称"汪先生老成谋国,谅能容纳"⑥。随后,汪

---

① 范予遂:《我所知道的改组派》,全国政协文史资料委员会编:《文史资料选辑》第 45 辑,文史资料出版社 1964 年版,第 225 页。

② 《宋子文朱培德关于蒋介石愿与汪精卫合作并希汪早日到沪致黄蔺秋密电》(1931年10月1日),《陈布雷个人全宗档案》,第776页。

③ 《傅秉常先生访问记录》,第 123 页。

④ 周一志:《"非常会议"前后》,《文史资料选辑》第 9 辑,第 90 页。

⑤ 陈铭枢:《"宁粤合作"亲历记》,《文史资料选辑》第 9 辑,第 59 页。

⑥ 《朱培德致黄蔺秋转汪精卫密电》(1931 年 10 月 1 日),《陈布雷个人全宗档案》,第 776 页。

同蒋的代表陈铭枢秘密协商,并派顾孟馀随陈先行返京,向蒋"面陈一切"。陈返京前相当愉快地密电蒋介石,报告:"刻再与汪会谈,更极完满。"①蒋汪在和谈前已达成一定的默契。从此,汪精卫不再坚持粤方提出的蒋必须通电下野,广州国民政府始能取消的条件,仅仅要求蒋放弃军事独裁,建立民主集权。

对于重返南京,胡汉民最无指望,因此反蒋情绪最高,甚至不惜再次决裂。他深怕汪同蒋妥协,自己又不是和议代表,只能在后台出主意,极力鼓舞和推重孙科。和谈期间,胡曾致电广东明确表明:"无论如何,弟与汪绝不入京","迫某(蒋)辞职并促制度上限制个人权力"②。而汪精卫此前已同蒋介石达成一定的妥协,自然不愿全力支持胡汉民。尽管汪氏对外宣称一切唯胡氏马首是瞻,但为了表示同蒋氏合作的诚意,公开致函上海《民报》,要求删改自己多年来的反蒋言论:"和议现已开始进行,所有从前带有攻击语气之文句,不宜登载,以妨碍进行,拟恳贵报将攻击文句删去。"③一次,汪精卫在寓所召集汪派高级干部会议,张发奎发言时力主粤方内部应当团结反蒋,张说:"只要汪先生、胡先生合作到底,我们总是拥护的。"此话引起汪氏的不满,当即痛斥张发奎道:"这么多年的军人,还是不懂政治,还要乱说。"这是汪精卫明确对自己部下表示不再和胡汉民合作的开始④。此后,"张发奎、唐孟潇等谈话非常缓和"⑤。

粤方的另一要角孙科,此时对宁、粤合作态度也是相当积极的。这

---

① 《陈铭枢为与汪精卫会谈完满拟赴沪汇报等致蒋介石电》(1931年10月7日),《陈布雷个人全宗档案》,第782页。

② 《胡汉民致协之(陈融)电稿》(1931年10月30日),陈红民辑注:《胡汉民未刊往来函电稿》第3册,广西师范大学出版社2005年版,第19页。

③ 《汪精卫致民报函》,《时事新报》,1931年11月2日。

④ 孟曦:《从"非常会议"到"宁粤对峙"》,《文史资料选辑》第9辑,第108页。

⑤ 《南京汤执中致开封张钫支电》(1931年11月4日),《蒋方民国二十年往来电文录存》,"阎档"微缩胶卷,80/1713。

是因为在他看来，只要蒋下野，而汪、胡又"绝不入京"，四全大会后，宁、粤合开一中全会，自然以他地位最尊，最有希望入主南京。因此在和谈期间对南京方面的要求，"精卫、哲生皆甚尽力斡旋"①。而宁方为了进一步分化粤方，也极力拉拢汪、孙。蔡元培等人曾于11月6日有一密电致蒋介石，表示："……决议设立财政委员会案。此案先由子文、公权两兄与元培、铁城等协商，又由公权商诸精卫，然后共同提出，意在请精卫等加入该会，以谋第一步之合作也。再，本日铁城晤哲生，劝其勿回粤。哲生谓彼可勿去，惟欲广东四全大会确亟合作办法，精卫非去不可。哲生又表示粤全违背议定之合作办法，彼决脱离粤方。精卫告公权其本人决不去，但展堂日内回粤必拉哲生回去。"②

此时的汪精卫早已同蒋暗中联络成功，当然不会再赴广州为胡捧场。汪甚至私下向陈铭枢表示，粤方各人强邀他回粤，他谓："头可断，不可回。"虽然"汪派之代表当然加入粤方，但其重要份子仍坚不欲赴粤"③。最后，粤方无奈地决定派孙科、陈友仁、李文范三人返粤汇报，并主持召开粤方四全大会。

和谈结束后，汪就留在上海，静观时局的演变，随时准备重返南京中央与蒋再度合作。何应钦曾于和谈最后一日密电蒋介石，愉快地报告："今日续议，已得圆满结果。关于此次合作之通电系精卫自拟，措词对中央极尊重。"④同时胡汉民也留在上海，没有同孙科等人一同返粤。这其中的一个重要原因是，和谈期间，胡派重要骨干古应芬在10月28

①　《邵元冲日记》，1931年11月9日，第793页。
②　《蔡元培张人杰陈铭枢吴铁城致蒋介石鱼酉电》(1931年11月6日)，《日寇侵略之部：二、沈阳事变》(第1卷)，"蒋档·特交文电"，档案号20013118。
③　《陈铭枢致蒋介石虞酉电》(1931年11月7日)，《日寇侵略之部：二、沈阳事变》(第1卷)，"蒋档·特交文电"，档案号20013179。
④　《何应钦致蒋介石虞戌电》(1931年11月7日)，《日寇侵略之部：二、沈阳事变》(第1卷)，"蒋档·特交文电"，档案号20013169。宁粤上海和谈通电原文见《国闻周报》之《一周间国内外大事述评》，第4—5页。

日因拔牙中毒而亡。古应芬之死对胡汉民的影响巨大。"此次粤中之分裂,湘芹(勰勤谐音,古应芬字勰勤)实居发路指示之责"①。陈济棠是依靠古的提拔而位居高位的,他对古是言听计从。古在世时,胡的所有主张,都是通过古来影响陈。古去世后,胡、陈之间就失去了一架桥梁。因此胡不肯贸然返粤,而决定在沪遥控。

汪精卫、胡汉民留沪不归,一度引起粤方各派势力的担忧。张惠长、陈策等人曾联名致函胡汉民表示:"粤中同志深望我公早日偕同汪公旋粤领导一切,俾党国大计得有遵循。"②《中央导报》也多次呼吁汪、胡返粤,并多少显露他们对汪、胡此举的不满:"无论从任何方面观察,汪、胡两先生之须返粤,会同此间诸领袖共同主持四次全国代表大会,可以说已是全党同志的公意……如果他们确确实实有此刻留在上海之不得已的理由,那又是另一问题;但我们觉得在目前权衡轻重,胡、汪两先生暂时离开一下上海,是没有什么不可以的……除此而外,我们实在想不出其他理由。"③国民党元老覃振更是致电汪精卫苦苦哀求:"代会开会在即,一切问题均待兄解决,否则纠纷愈滋,党的基础崩溃矣。"他甚至表示:"弟在此扶病从事,痛苦实深,如兄不来,请即电示,以便择地休养,不再问事。"④

广州四全大会开幕前,"非常会议"特派覃振、马超俊赴沪迎接,但汪、胡二人都不为所动,坚持己见,更加速了粤方各派势力的分化。而出席会议的晋、绥代表到粤后,则是遵照阎锡山的命令加紧"与其他省

---

① 《邵元冲日记》,1931年10月29日,第789页。

② 《陈策张惠长陈庆云致胡汉民函》(1931年11月15日),《各方与胡汉民函件函电等》,台北党史馆藏,毛笔原件,档案号"胡"251;另见《胡汉民与各方往来信件微卷》,档案号"胡"86。

③ 一志:《敦促胡汪两先生返粤运动》,《中央导报》第21期(1931年11月18日),第1页。

④ 《覃振致汪精卫电》(1931年11月9日),《档案与历史》,上海市档案馆编印,1988年第1期,第52页。

份代表联络"①。至于开会,除"投票外,其他无庸进行"②。马超俊为此感慨道:"各方代表云集,而拥兵擅权之武装同志,恃势专横,挟持代表,议论庞杂,莫衷一是。"③这一切都预示着汪、胡合作反蒋局面的破裂,也为此后的蒋、汪合作埋下了伏笔。

11月18日,广州四全大会正式开幕,到会代表520人。"非常会议"推定胡汉民、汪精卫、孙科、萧佛成、邓泽如、李宗仁、经亨颐七人,选举李扬敬、黄旭初、关素人、姚褆昌四人组成主席团④。大会由孙科致开幕词,他首先回顾了上海和会的经过,次述大会对今后所负的使命,同时也无奈地表示:"至于四届第一次中央执监委员会议能否开会成功,与蒋氏能否下野,现在尚不能预料。最要的还待于蒋氏有无彻底决心,毅然下野,然后本党才能团结一致,才能有力对外。"⑤孙科的无奈,也正是胡派人物对上海议和的不满。对此,杨永泰曾密电蒋介石报告:"两广实力派认为长期割据为便利,已一致内定推翻和议。胡、古派之粤军总、特党部巧电及近日陈、李、白演词甚露骨,俟汪、胡返即正式表示,纵不返亦欲断……哲生曾抗辩甚烈。闻胡已允返,但仍欲挈汪同行。粤四全谅无好果。"⑥

23日,萧佛成、邓泽如等领衔提出《对沪和会等七次会议决案分别采用或修正案》,该提案完全否决了上海和谈的协议,经多数代表通过,决议:"(一)对沪和会决定中央政制改革案,大体采纳,但仍须审查;

---

① 《阎锡山致上海赵芷青成密青电》(1931年11月9日),《宁粤合作案》,"阎档"微缩胶卷,12/1408。

② 《阎锡山复绥远王军长圃密鱼电》(1931年11月6日),《宁粤合作案》,"阎档"微缩胶卷,12/1392。

③ 《马超俊先生访问记录》,第157页。

④ 《粤四全会昨开会》,《民国日报》,1931年11月20日。

⑤ 孙科:《第四次全国代表大会开会词》,《中央导报》第22期(1931年11月25日),第9页。

⑥ 《陈群转杨永泰致蒋介石密电》(1931年11月21日),《日寇侵略之部:三、淞沪事变》(第1卷),"蒋档·特交文电",档案号20013693。

（二）沪和会决定一、二、三届中委为四届中委一项，根本否决，四届中委由大会自由选举之；（三）开除蒋介石、张学良之党籍。蒋如不发通电下野，则仍在粤组织中央党部及国民政府。"①

当日，汪、孙两派代表极力反对，并声明退出大会。24 日晨，孙科、陈友仁、李文范和汪、孙两派代表一百余人离开广州转赴香港。孙科等人到港后发表《致四全大会书》，公开指责粤方"诸同志推翻和议原案之举，竟若急不及待，唯恐其稍纵即逝"，"党国大事等于儿戏，真可为痛哭流涕长太息也"②。孙科还表示："若必凭党章，则西山会议、宁汉合作、扩大会议亦无根据，四全会立场何在？希牺牲成见，服从汪、胡指导，推翻前议"③。"与此同时，孙派的陈策、张惠长调动海、空军分别在虎门和唐家湾集中，向陈济棠实行武装示威，一度造成军事上紧张局势"④。而刚刚恢复自由和党籍不久的李济深，原拟经香港返穗，"即遭陈济棠反对"。面对自己部下的无情，李济深甚愤怒，于是绕道回桂，"乘机谋倒陈，桂系附李，海、空军亦不与同情"⑤。

汪、孙两派代表离粤后，广州四全大会完全由实力派陈济棠和胡派元老萧佛成、邓泽如控制。据《民国日报》24 日香港电："萧佛成、邓泽如等决以列席者补足人数，定二十六日晨开三次会，如不足数，决以非常手段解决。闻提案有另组中央党部及改组国府各案。"⑥

眼看粤方内部分裂迫在眉睫，远在上海遥控的胡汉民，被迫由幕后走向台前，亲自南下协调内部矛盾。"胡此行系决于敬（24 日）晚汪、胡

①　《反蒋运动史》下，第 479 页；《民国日报》，1931 年 11 月 26 日。

②　《孙等昨已离港赴澳》，《民国日报》，1931 年 11 月 26 日。

③　《天津宥日特讯》（1931 年 11 月 26 日），《杂派民国二十年往来电文录存》，"阎档"微缩胶卷，49/0609。

④　罗翼群：《西南反蒋的回忆》，《南天岁月》，第 89 页；《粤局昨忽见严重》，《时事新报》1931 年 12 月 7 日。

⑤　《天津冬日特讯》（1931 年 12 月 2 日），《杂派民国二十年往来电文录存》，"阎档"微缩胶卷，49/0659。

⑥　《萧邓欲倒行逆施》，《民国日报》，1931 年 11 月 26 日。

等之集议。当时以粤全会破裂,决推伍(朝枢)回粤解释,俾得续会,但恐伍力不足,决请胡同去。胡声明只到港不赴广州,苟两派代表不能一致,本人不返沪,即赴欧养病"①。

　　汪精卫此时曾有一电致阎锡山,对粤方分裂真相分析道:"此次忽起波澜,其原因有三:(甲)一部分人坚持倒蒋;(乙)一部分人欲不和不战,长期割据;(丙)一部分人欲推翻一、二、三届中委连任之决议,多得中委名额,以便竞选。除甲种尚有相当理由外,乙、丙两种动机均不纯粹。弟现设法补救。约数日后可见分晓。"②汪的"补救方法"就是加紧脱离粤方阵营。为此,汪主动向陈铭枢表示,胡等仍设词欺逼他回粤,他"决令在粤代表如推翻和约,即退出大会。若大会能开成,闭幕后即召集自己同志赴京"。汪还向陈铭枢"示哲生本日密电,如大会破裂即来沪"③。在汪精卫的暗中布置下,汪派代表则纷纷北上赴沪。对于粤方内部分化,陈铭枢及时向蒋介石报告。其中一则电报称:"仲鸣电汪云:粤大会破裂原系胡主使……哲生因此破面,陈策、惠长准备实力决裂。故胡不得不求转圜,陈济棠等亦软化。枢得密电亦云:陈、张等准备惊人举动,随哲生行动云。又任潮积极谋倒济棠;李宗仁昨致汪电大意:介石果辞职,当服从先生指导到底等语。综观上情形,粤军事解决亦有急转直下之势。"④

　　27日,胡汉民由沪抵港,立即同粤方要员会商解决党务纠纷办法。据杨永泰报告:"胡、伍抵港,顷与省方来人开会,夜或上省。伍谈话力

　　① 《天津宥日特讯》(1931年11月26日),《杂派民国二十年往来电文录存》,"阎档"微缩胶卷,49/0608。

　　② 《汪精卫致阎锡山国密感电》(1931年11月27日),《宁粤合作案》,"阎档"微缩胶卷,12/1420。

　　③ 《陈铭枢致蒋介石电》(1931年11月23日),《日寇侵略之部:三、淞沪事变》(第1卷),"蒋档·特交文电",档案号20013766。

　　④ 《陈铭枢致蒋介石艳午电》(1931年11月29日),《日寇侵略之部:三、淞沪事变》(第1卷),"蒋档·特交文电",档案号20013976。

诋中央,谓:非践诺下野,不能统一;谓:总座只宜任国防会长。闻胡另有新案……如不下野释兵,仍退回,自组党府。惟此案确否,尚待证明。孙昨在乡语其亲信:今日当过港晤胡,但决不回省与陈再合云云。"①

当日夜,胡汉民即同孙科等人开会协商,达成初步协议②。会后,孙科特致电汪精卫表示:"与展、梯诸人会商补救办法,劝告邓、萧、陈、李等维持和会议决案,惟中有附加必须践言下野之条件。"期间,胡汉民极力劝说孙科返粤,被孙拒绝,最后暂定:"展、梯与科暂留港,非得切实答复决不入省。"③为了说服粤方众人接受调停,胡汉民只好借参加古应芬葬礼为由,亲自赴广州协调各派冲突④。29日,胡即返港,并留函四全大会,解释上海和谈委曲求全之经过,并提出解决办法三项:"(甲)第一、二、三届中央执、监委员,候补执、监委员,除共产及反动分子外,一百十二人由主席团列名,分别提出四全大会为第四届中央执、监委员及候补执、监委员,大会全部通过之。如认为必要时,并可声明此为求和平统一不得已之举";"(乙)除上述一百十二人外,大会选举二十四人。至宁方所选二十四人,大会议决于四届中执会第一次全会开会时,得由该会三分二之决议承认之。""(丙)在议决之日以前,所有因政治关系被大会或中央执委会开除党籍之党员,除共产党份子外,概予恢复党籍。"⑤

---

① 《陈群转杨永泰致蒋介石电》(1931年11月27日),《日寇侵略之部:三、淞沪事变》(第1卷),"蒋档·特交文电",档案号20013013。

② 《京粤和平益趋乐观》,《时事新报》,1931年12月1日。

③ 《陈铭枢致蒋介石俭未电》(1931年11月28日),《日寇侵略之部:三、淞沪事变》(第1卷),"蒋档·特交文电",档案号20013940。

④ 据陈铭枢报告:"胡顷电汪云:我因吊古,即赴省。吊毕,即返港。我拉孙去,孙不肯去。"《陈铭枢致蒋介石艳午电》(1931年11月29日),《日寇侵略之部:三、淞沪事变》(第1卷),"蒋档·特交文电",档案号20013976。

⑤ 《胡汉民伍朝枢致四全大会主席团函》(1931年11月29日),《胡评议委员木兰捐赠中央党史委员会资料》,台北中国国民党中央委员会党史馆藏,钢笔原件,档案号"胡"314;《民国日报》曾简单登载该函三条原则,《民国日报》1931年12月2日。

　　12月1日，广州四全大会最终表示接受胡汉民的三项办法，由秘书处电胡报告结果。同时为了显示团结，"大会派李宗仁，粤国府派马超俊，萧佛成、邓泽如派陈融，陈济棠派林翼中，一日午赴港迎胡汉民、孙科等。"①2日上午，各派人物又"团结一致"，乘专车返省。此时，晋系留港代表十七人也一同返粤。晋方并提出贾景德、杨爱源为中央委员候选人②。

　　3日，粤方四全大会继续召开，会议主要议题是选举中委，当天大会选出中央执、监委员八人，陈济棠实力派占了半数，三位军长香翰屏、余汉谋、李扬敬和陈的亲信林翼中当选，此外还有孙派的张惠长、桂派白崇禧、汪派张发奎和超然派的唐绍仪。第二天，续选举黄旭初、梁寒操等十六人为候补执、监委员，并否决了汪派代表在3日上海召开的四全大会选举结果③。广州四全大会所产生的二十四名新科中委，"粤人居廿四分之十九，北方无一人当选者"④。

　　在此期间，广州四全大会还通过一系列提案，其中重要提案二项：一是胡汉民、孙科、伍朝枢、李宗仁四人共同提案，主要内容是："（一）于若干省政府之上设政务委员会；（二）在中执委会指导下，设执行部于重要地点，分别监督各省市党部；（三）于军委会指导下，必要时设军事分会。"⑤另一重要提案是由主席团提出，包括两项内容："（一）全国一切军官，均须受行政院指挥监督；（二）废除总司令制，改设军事委员会。"⑥

---

　　①　《粤纠纷解决》，《民国日报》，1931年12月2日。

　　②　《上海赵芷青致阎锡山设密支电》（1931年12月4日），《宁粤合作案》，"阎档"微缩胶卷，12/1431。

　　③　《粤四全选出执监委》，《民国日报》，1931年12月5日。

　　④　《上海煜如芷青现密歌电》（1931年12月5日），《各方民国廿年往来电文原案》，"阎档"微缩胶卷，21/0529。

　　⑤　《粤会演武剧》，《民国日报》，1931年12月4日。

　　⑥　《反蒋运动史》下，第490页。

蒋、胡分裂后,胡汉民深感自己无望重返南京中枢,他也自知无力有效阻止蒋介石重掌军权;而统一的国民党四届一中全会即将在南京召开,届时"非常会议"和广州国民政府势必取消。为此,胡汉民以四全大会决议形式通过前案,无非是希望继续保持两广对中央政府的半独立状态。奇怪的是该提案主要由胡派和桂系提出,广东实力派陈济棠并未列名。这也预示着半独立于中央政府的党、政、军三个新机构,不仅得不到南京中央的支持,还将会受到实力派陈济棠或多或少的牵制,由此也显示出两广内部的新矛盾。而后一提案的主要意图,是想从体制上限制蒋今后可能取得的军权,但又缺乏具体的操作性,其效果自然可想而知。

5日,广州四全大会在胡汉民的闭幕词中宣告结束。

此时,汪精卫俨然成为宁、粤以外的又一重心,居于举足轻重的地位。虽然他的实际力量仍很有限,但足够在宁、粤双方待价而沽。自上海和谈结束后,汪精卫即借口同宁方代表洽谈一中全会事宜而拒绝返粤。而蒋介石更是加紧了联汪制胡的步伐。此时,汪精卫深知蒋介石绝不可能轻易放弃权力,而自己手中除了能够控制张发奎一部,缺少强有力的后援。现在投蒋,在新的权力结构中不可能拥有很强的发言权;而当时地方实力派中除张学良、陈济棠力量最强而又绝不会支持汪外,唯有阎锡山的晋系有可能成为自己的新盟友。为此,汪曾主动致电阎锡山征询其对时局的意见。汪电称:"时局前途有两可能:甲,蒋于四届一中提出辞职,惟继任人物须得其同意;乙,蒋提出辞职后仍由四届一中决议复任国府主席,惟行政院长须另任别人,总司令部亦取消,实行和会所定中央政治改革案。甲项如能实现自是较好,乙项公意以为何如并祈赐复。"①阎锡山则复电表示:"两项办法甲项如能实现,诚如兄言自是较好。际此危局,自当以国难为前提,只要外交不感困难,政务

---

① 《上海汪精卫致阎锡山现密筱电》(1931年11月17日),《宁粤合作案》,"阎档"微缩胶卷,12/1415—6。

无碍运用。免得此两层顾虑,乙项亦可迁就。"①

　　粤方四全大会的内讧,却为此时滞留上海的汪精卫提供了一次难得的机会。就在汪派代表退出大会当天,宋子文奉蒋介石之命,亲赴上海向汪精卫"报告南京方面举行第四次全国代表大会详细经过情形"②。汪、宋会谈后,汪精卫立即致电香港退会的汪派代表,假借张发奎欲统率第四军请缨抗战、赴黑龙江救国为名③,提议"退席之诸同志","为今之计,唯有加入第四军,分任军事及政治诸工作,齐心并力,以赴国难"。他还信誓旦旦地表示:"兆铭不肖,倘能随我数年来共生死之铁军将士,及护党救国诸同志同死疆场,自当含笑九原。"④其实汪精卫的真实意图,是借粤方内讧之机,电召汪派代表脱离粤方迅速北上,为今后蒋、汪合作铺平道路,创造条件;而"张通电援黑"的另一重要原因,则是汪精卫分裂张桂联军的计划败露,为桂系察觉。据杨永泰密报蒋介石:"最近李、白发觉张发奎前月密令所部组小组离桂系,已电汪、张,决撤吴奇伟等。"故张发奎极欲率四军脱离桂系⑤。

　　25日,在顾孟馀的具体布置下,全部汪派代表一百六十余人由江苏代表王懋功、福建代表曾仲鸣带领,分批乘轮离港赴沪⑥。汪派代表离港前还一度发表《退会代表宣言》,公开指责粤方:"四全大会一部分代表,不顾当前之大难,断然将和会此种决议案根本推翻,使和平统一之一线曙光,归于消灭。代表等自信数年来之努力,始终如一,但对此

---

　　① 《阎锡山复上海汪精卫共密皓电》(1931年11月19日),《宁粤合作案》,"阎档"微缩胶卷,12/1415。

　　② 《宋子文到沪访汪》,《申报》,1931年11月24日。

　　③ 11月17日,张发奎曾以第四军军长名义发表通电,表示愿率所部"助马占山共制强敌死命,保我东三省一片干净土"。《时事新报》,1931年11月18日。

　　④ 《汪精卫愿随第四军援黑》,《大公报》,1931年11月26日。

　　⑤ 《陈群转杨永泰致蒋介石密电》(1931年11月21日),《日寇侵略之部:三、淞沪事变》(第1卷),"蒋档·特交文电",档案号20013693。

　　⑥ 《退席代表曾仲鸣等百余人前昨已分批抵沪》,《时事新报》,1931年12月3日。

完全不顾国利民福之妄动,则未敢苟同,是以相率退出大会,再图补救之方。"①

26日晚,汪精卫在上海同李石曾等人会商时,为响应汪派退会代表的行动,明确向宁方表示:"胡派粤代表大会以极端恶意对蒋、张、宋永开党籍,及查办财政等类,对粤会不可不加以压制,否则其焰益张。"汪还特别强调"必将破坏和局责任加诸胡派粤代表大会",并表示汪派"退出之代表可举廿四人蹙实中委,履行和议事"②。"联汪制胡"原本就是蒋的既定方针,对此蒋自然是求之不得,立即指示李石曾等人同汪进一步会商,拟"先就已有一、二、三、四届中委召开一中全会。如广州能将廿四中委及时选出固佳,否则如到京中(委)足开合法数,决不能再延。盼汪等先来京,以此促粤觉悟"③。

有了蒋的保证后,汪决定采取极端措施。而粤方内部的公开分裂也为汪的计划提供了机会。为了将破坏宁、粤合作的帽子带到粤方头上,28日,汪精卫特意致电胡汉民、孙科称:"展堂、哲生两兄鉴:连日真如诸兄往返商榷,均以为对日问题不容再缓。如战,则全党一致牺牲;如和,全党一致忍辱负重……介石以为从前集权一人之办法,乃为开创时期所不得不然,现在已行不通,必须改变政治方式,始能统治。欲改变政治方式,则彼必须辞职。将来四届一中选任时,彼主张国府主席及行政、立法院长须展、哲两兄与弟担任,介石自愿任监察院长云云。真如兄三日两度往来,以上所言均可负责。弟发巧电时,真如兄亦在座。弟等前有介石辞职,粤方同志即可入京之约。如介石职已辞,弟等须践

---

① 《粤四全会退席代表发出通电两通》,《申报》,1931年11月28日。

② 《李石曾致蒋介石电》(1931年11月26日),《日寇侵略之部:三、淞沪事变》(第1卷),"蒋档·特交文电",档案号20013883。

③ 《天津艳日特讯》(1931年11月29日),《杂派民国二十年往来电文录存》,"阎档"微缩胶卷,49/0628。

言。广州四全能挽救否？ 如能，速即结束；如不能，请两兄偕梯兄即回。"①

　　同时，为了迫使孙科尽快脱离粤方，汪精卫当天还电邀孙科早日离粤来沪。陈铭枢曾将该电转报蒋介石："汪电哲生大意叙述钧座辞职决心，辞职后过渡办法，及钧座必须汪、孙担任主席及行政院长之意。并云弟意主席应以年高德劭为宜，为全党团结便利计，弟绝不敢担任。惟行政院长，真如只允暂任过渡，弟已代兄答应。一则，介石同志既属望我两人始放心卸责，不宜峻却；二则，真如亦非兄答应，不肯暂任过渡也。至于全党重要人物集中力量共荷艰巨，则介石亦同意此办法，日内实行辞职。则弟等即须践约入京，盼兄届时速来。四全大会能迅速结束最好，否亦听之云。"②

　　此时，汪精卫还希望得到实力派阎锡山的支持。29 日，再次致电阎锡山征询对时局，特别是对外交问题的意见。汪电称："一，四全会当可补救，和议不致推翻，日内可见分晓；二，某（指蒋）有下野意，正商榷中；三，对日问题弟主张不战不和专倚国联决非善策，惟弟等为民主而斗争，决不以外交为利器。如战，则一致牺牲；如和，则一致忍辱负重，决不借刀杀人，亦决不唱高调。"③30 日，阎锡山复电汪精卫，提出补充意见："一，广州四全会可补甚慰；二，某下野事弟意当以其诚意为断；对日问题不战不和专倚国联决非善策，尊意极是。弟意主战系国力问题。若战而败，则不止三省不易撤兵，恐日军所到之处皆为其占领地；主和亦难骤言。弟意不宣战，但必使守土者死守勿失，一面迅成立统一政

　　① 转引自《陈铭枢致蒋介石俭申电》(1931 年 11 月 28 日)，《日寇侵略之部：三、淞沪事变》(第 1 卷)，"蒋档·特交文电"，档案号 20013944。

　　② 《陈铭枢致蒋介石艳午电》(1931 年 11 月 29 日)，《日寇侵略之部：三、淞沪事变》(第 1 卷)，"蒋档·特交文电"，档案号 20013976。

　　③ 《上海汪精卫先生努密艳电》(1931 年 11 月 29 日)，《宁粤合作案》，"阎档"微缩胶卷，12/1425－6。

府,再以外交方式谋挽救之策。"①三天后,阎锡山再电汪精卫表示:"某表示请兄担任主席,弟意救国为要,望勿过事谦退。"②30 日,胡汉民、孙科也复电汪精卫表示:"介石如确诚意,则宜即日实行辞职,由宁方褐人替代渠所任各职,然后四届一中全会在京开会。粤方情形,昨电奉告之四款,邓、萧等今晨答复完全接受,并负责向各方代表疏通。如此可望数日内结束。"③第二天,粤方四全大会表示接受胡汉民的调停后,李宗仁、马超俊为此致电汪精卫报告粤方"补救已有办法",并嘱汪转告汪派代表"即日回粤开会"④。

此时汪派代表早已按计划陆续抵达上海。于是汪精卫借口代表返粤选举已来不及,"决以人数比例,沪粤各自开会选举,沪选中委十人,粤选十四人"⑤。汪想抢在粤方选举前,造成既成事实,逼迫粤方接受汪派选举结果,如粤方拒绝合作,汪即可率新选中委加入京方,合开一中全会,实现蒋、汪合作。

汪精卫大体布置妥当后,于 12 月 3 日召集汪派代表在上海大世界游乐场又召开了另一个国民党四全大会。大会公推汪精卫、陈璧君、王法勤、郭春涛、白云梯、赵丕廉、顾孟馀等七人为主席团。会议主题只有一项,即选举"汪记"中央委员。首先由汪精卫致开幕词,报告开会宗旨:"现在事实上系各方同志的团结,故有此次会议,在南京、广州分别开会。因为达此目的,我们要承认方法。现计我们的代表约二百五十人,广州方面的中委名额为二十四人,大概以三分之一的比例,则我们

① 《复上海汪精卫先生设密陷电》(1931 年 11 月 30 日),《宁粤合作案》,"阎档"微缩胶卷,12/1424—5。

② 《复上海汪精卫先生现密江电》(1931 年 12 月 3 日),《宁粤合作案》,"阎档"微缩胶卷,12/1427。

③ 转引自《陈铭枢致蒋介石艳午电》(1931 年 11 月 29 日),《日寇侵略之部:参、淞沪事变》(第 1 卷),"蒋档·特交文电",档案号 20013976。

④ 《汪氏报告》,《时事新报》,1931 年 12 月 4 日。

⑤ 《在沪举十人》,《国闻周报》第 8 卷第 48 期(1931 年 12 月 7 日),《一周间国内外大事述评》,第 6 页。

可以选出的定八至十人左右。至于他们如何产生,望大家讨论,但本日即要决定,因为最迟今日须要把名单打电去广州。"①大会一致通过汪氏报告,选举唐生智、张发奎、王懋功等十人为中央委员,致电广州四全大会主席团报告,请予备案,随即宣告散会。对此,汪派骨干陈公博事后曾评论道:"不料我到上海,汪先生已在上海大世界游乐场开了一个选举大会,选出了十名中央委员。据汪先生说,广东的名额,本由他们操纵,所以只有招集退席代表在沪开会,根据代表的名额,产生这十名中委。这个办法,我心内真是不赞成,有经验的汪先生,多顾虑的顾孟馀,居然有这样非常手段,我虽然佩服,但究竟以为不可以为训。"②

象征"团结"、"统一"的国民党第四次全国代表大会,终于在南京、广州、上海三地分别完成了各自的议事日程,但党内各派政治势力之间并没有真正达成"团结"和"统一"。在随后召开的四届一中全会上,又很快上演了一场新的权力之争。

第三节　南京国民政府的改组与重组

一　蒋介石下野与南京国民政府的改组

11 月 12 日,南京四全大会开幕当天,蒋介石自我检讨今后"如何能救国救党"时曾一度自信地表示:"是皆为余之责也,勿以环境险恶而灰心。"③并感慨"全国党员谁知余为党之苦心也"④。从这两句话中不难读出蒋氏是不甘心履行他在上海和谈期间对粤方所做的下野承诺,放弃手中权力的,但从中也可以感受到他此时所承受的巨大压力。

---

① 《汪氏报告》,《时事新报》,1931 年 12 月 4 日。
② 陈公博:《苦笑录》,第 267 页。
③ 《省克记》第 4 卷,1931 年 11 月 12 日条,"蒋档"。
④ 《困勉记》第 19 卷,1931 年 11 月 12 日条,"蒋档"。

"九一八"事变后,面对全国人民强烈要求团结御侮的呼声,蒋氏还一度动摇过继续同粤方的争权夺利,甚至愿意放弃内争,专心抗日。不能否认,蒋介石是一个坚定的民族主义者,面对日本帝国主义的侵略,作为一国军队的最高统帅,丧失国土之耻,他是不能忍受的。当他最初得知"九一八"事变的消息,甚至也在日记中写道:"闻暴日不接受国际联盟通知,并主张中日直接交涉,而国联态度因之软化,从此暴日势焰更张。果直接交涉或地方交涉,则必无良果,我不能任其枭【嚣】张,决与之死战,以定最后之存亡。与其不战而亡,不如战而亡,以存我中华民族之人格,故决心移首都于西北,集中主力于陇海路也。"①11月17日,他召集南京干部商讨应付时局对策时,曾毅然表示:"余决心率师北上,与倭决战。对内则放弃选举竞争,诚意退让,期与粤方合作,一致对外。又期民众信仰本党,甘受本党领导,共起御侮也。"当晚,即电嘱陈铭枢赴上海邀请汪精卫来京主持中央②。

对蒋介石此举,汪精卫当然是欢迎的,但他也有难言之隐。18日,陈铭枢电蒋报告同汪会商结果:"钧座主张,汪先生极表同情,惟汪与哲生有进退一致之成约,未便单独。顷汪已急电哲生,大意谓钧座见国难日亟,愿自任国防军总司令,即日出发,盼在汪、孙两人中请一人担任行政院长兼代主席云云,以征其同意。孙若同意,则汪先生依钧座意入京负责;孙不同意,则望以于右任先生代主席,汪个人可入京,并在可能范围内约粤方同志取一致。"③第二天,陈铭枢再密电蒋介石,报告汪精卫之态度:"汪先生云粤方萧、邓等极反对沪和约,经哲生调解,现决定选举可依和会所拟定办理,惟仍坚持蒋不表示下野,则不到京开会。汪现拟办法两项:(一)俟选举后即召集本派之中委来沪,计有二十余人加入

① 蒋介石日记,1931年9月26日;另见《困勉记》第19卷,"蒋档"。
② 蒋介石日记,1931年11月17日;另见《事略稿本》第12册,第353页。
③ 《陈铭枢致蒋介石巧午电》(1931年11月18日),《日寇侵略之部:二、沈阳事变》(第1卷),"蒋档·特交文电",档案号20013548。

京方,则占多数;(二)即明电粤方力争维持和会到第一次全会解决之原议。惟后项恐即决裂,反因此失事,故决照前项进行,电催迅速选举,并一面密电哲生明告自己之态度,以促哲生之离粤。"①此时,在上海的李石曾也积极联络汪精卫,李曾致电吴稚晖、张静江报告汪之最新动态,其中一则电报云:"精卫兄今早来谈,意谓介公须俟妥洽后,若下野果能生效而后方可实行,万不宜贸然下野,既无益于妥协,反致益增纷扰。所见甚是,望商于介公。"②

但蒋介石一度想要放弃中央权力的举动,遭到了宁方内部的一致反对,甚至连他的盟兄黄郛也深不以为然。黄郛曾在日记中写道:"傍晚岳军来报告介石之新决定(让中央于汪,己则以国防军总司令名义出驻北平——原注),予深以为不妥。因此种形式等于对日宣战(最少亦可为谓对日备战)。在此国联尚未绝望之时,似尚不可孤注一掷,举国以殉也。"③

蒋介石此时深信自身实力最终能够左右局面,这是源自对汪精卫的深刻认识,特别是在得到陈铭枢等人的详细密报后,蒋对粤方内部分化态势的判断已成竹在胸。除此之外,孙科的态度也令蒋增添了不少信心。他得知:"哲生曾对其亲信说那一回(反蒋)彻底过,所不能遽然合作者,只关碍展堂一人。缘展堂一月以来所持颇高,而汪等又不能不加以敷衍。此次粤四全之波折,实则汪、胡两派之争执。此后只要展堂

---

①　《陈铭枢致蒋介石皓午电》(1931年11月19日),《日寇侵略之部:二、沈阳事变》(第1卷),"蒋档·特交文电",档案号20013600。

②　《李石曾致吴稚晖张静江电》(1931年11月28日)台北,中国国民党中央委员会党史馆藏"吴稚晖档案",毛笔抄件,档案号"吴"字05897。

③　《黄郛日记》第8册,1931年11月18日。有趣的是此时阎锡山对蒋介石北上的看法,竟同黄郛一致。当阎得知蒋放弃北上的消息后,曾同汪精卫表示:"蒋北上正虑激动日人蛮横,缓来甚好。"《复上海汪精卫先生作密勘电》(1931年11月28日),《宁粤合作案》,"阎档"微缩胶卷,12/1422。

不来或出外暂避,汪等即决赴南京。"①一旦明确了汪精卫和孙科二人的意向,广州四全大会所能带来的危害和不确定因素,也就大打折扣了。11 月 22 日,蒋在日记中充满希望地写道:"大会闭会,幸告一段落,此为对内一难关,今既渡过,是增加奋斗勇气不少,令人发生对党国无穷之希望也。"②

但此刻蒋介石面临的环境仍很险恶。尽管粤方内部已有分化,但并没有彻底破裂;而外患日急,也逼迫着他要尽快做出最后的决定。24日,蒋再次召集熊式辉等干部商谈"北上抗战"之策时,众人"皆坚持不可",对蒋之"辞职下野,则赞否参半"③。12 月 5 日,粤方四全大会终于闭幕。按上海和会决议,四全大会后,"非常会议"自当取消。但蒋介石并未实现下野诺言,为此,粤方四全大会于闭幕当天邀集所有历届及新选执监委员举行临时联席会议,推唐绍仪主席,"议决鱼(6)日结束非常会议,虞(7)日改组中央党部"。"在蒋未实行下野解除兵权以前,仍照常行使职权"。粤方同时决定选派孙科、伍朝枢、李文范、陈友仁四人赴上海,同宁方接洽四届一中全会开会事宜。

尽管粤方否决了汪精卫在上海选举的中央委员,但此时仍不愿同汪公开分裂。为此,粤方主动致电汪精卫表示:"微(5)日联席会议,决定暂仍在粤成立中央党部。俟蒋中正实行下野解除兵柄,我方始北上,参加第四届中委第一次会议。"④而蒋介石则是想尽快将汪拉入宁方营。12 月 5 日,蒋特意派何应钦、邵力子两人赴沪,嘱其用"中正名

---

① 《上海贾秘书长设密艳三电》(1931 年 11 月 29 日),《各方民国廿年往来电文原案》,"阎档"微缩胶卷,21/0480。

② 蒋介石日记,1931 年 11 月 22 日;另见《事略稿本》第 12 册,第 393 页。

③ 《事略稿本》第 12 册,1931 年 11 月 24 日条,第 413 页。

④ 《粤方致汪鱼电》(1931 年 12 月 6 日),《反蒋运动史》下,第 505 页;汪精卫得电后即将该电转何应钦等人,由何等转报蒋介石,〈何应钦陈铭枢致蒋介石佳巳电〉(1931 年 12 月 9 日),《日寇侵略之部:三、淞沪事变》(第 1 卷),"蒋档·特交文电",档案号 20014198。

义","促汪先生即速入京"①。7 日,汪精卫对陈铭枢明确表示:"粤会所举之执监委纵不来,亦可赴宁,但有先决两条件:一要拟具治国方案,经蒋承认;二要整个的合作,不应要此一部分,不要彼一部分。"②随后,汪致电阎锡山表示:"弟现致力于整个合作,如万无可能,亦使双方缓冲,各图自存,不作猛浪打碎之图。弟以为国事如此,无论何方势力及何派分子,均不能单独,非协力共存不可。"③

就在汪、陈会谈的同一天,蒋介石在南京召集干部会商对粤办法时,一度想采取极端措施:取消党治,还政于民,以此打击粤方所谓的"党统"。他当众表示:"拟开国民大会,以本党政权提早奉还国民。因本党自不振作,早已失却以党治国精神,而胡汉民等藉党之资格以毁党害国,且中国由我手而统一,亦可由我手以奉还国民也。"④由此可见,蒋介石实在不忍交出政权。但吴稚晖马上对蒋表示:"此着太险,现在只有安定制动。"蒋"默然思良久",不得不承认吴稚晖之言"尚有深见也"⑤。此时取消国民党"一党专制",结束训政,固然可以打击粤方的气焰,但同时也危及了宁方政权的合法性,蒋只好放弃这一险着。

12 月 10 日,孙科等人到沪,会同汪精卫、邹鲁同宁方代表陈铭枢会商。首先由孙科报告粤方四全大会情形,并表示召开一中全会的前提条件是蒋介石必须下野。如蒋不下野,粤方中委不能赴京开会。陈铭枢当即表示:"蒋可牺牲地位,只求中枢负责有人,随时均可辞职。希

---

① 《蒋主席致张群十二月微电》(1931 年 12 月 5 日),《蒋主席下野与再起》,"蒋档·革命文献"。
② 《上海煜如芷青现密阳电》(1931 年 12 月 7 日),《各方民国廿年往来电文原案》,"阎档"微缩胶卷,21/0535—7。
③ 《上海汪精卫先生建密青电》(1931 年 12 月 9 日),《宁粤合作案》,"阎档"微缩胶卷,12/1435。
④ 蒋介石日记,1931 年 12 月 7 日;另见《事略稿本》第 12 册,第 446 页。
⑤ 蒋介石日记,1931 年 12 月 7 日;另见《事略稿本》第 12 册,第 446—447 页。

望双方议定一过渡办法,俾蒋下野后,中央有人继续负责。"随后,双方商定代理人选必须为"粤方所同意者"①。11日,陈铭枢致电蒋介石称:"胡汉民、孙科等必欲钧座辞职始快。职思当此时机,钧座似亦暂避为宜。"②宁方内部开始出现不一致的论调,为此蒋无奈地在日记中写道:"知哲生等必欲强余辞职始快,真如亦受若辈之迷而未深思国家大计,以余之领袖,而坚强之干部,动以退让为得计。内部之心不一,领袖之志难行。然而余不能用人,而干部左右又不能容人,此国家之所以不定也。余对于政治哲学,近得二语曰:政者进也,贪者退也。领袖欲进,而干部欲退,虽有大力无以推动也。"③

而此时极力拆粤方台的却是汪精卫。据李石曾11日电吴稚晖云:"真如告粤方:介公十四日宣布下野,二十开全体会。精卫谓不宜强介公下野。又谓如介公不下野,粤诸人不到京,伊于国难会议时到京参加云云。弟与公权皆以为如介公决下野,必先妥为布置,方可宣布。否则必失大计。望介公勿轻于宣布。关于妥为布置一节,明日到京面陈。"④

第二天一早,刚从上海赶回南京的李石曾同蒋介石商讨进退问题时,首先表示对陈铭枢的怀疑。李石曾说:"真如亦有劝钧座辞退之言,吾以真如为可疑也。"而蒋则答道:"真如为人诚而愚。愚者未有不自作聪明,李先生疑其伪奸亦冤矣。"下午,蒋召集干部继续研究进退问题。吴稚晖、李石曾、戴季陶都不主张蒋下野,并一致表示:"介公必不可退。

① 《孙科等昨日到沪有重要聚会》,《时事新报》,1931年12月11日。

② 《陈铭枢致蒋介石电》(1931年12月11日),《事略稿本》第12册,第455页。

③ 蒋介石日记,1931年12月11日;另见《困勉记》第20卷,"蒋档"。蒋介石在前一晚(10日)与宁方干部会商后,就曾对何应钦的表现极端不满,他在日记中写道:"敬之到紧要关头,彼必毫不负责,而且怨恨无权,此为最可耻之事也。"另见《困勉记》第20卷,"蒋档"。

④ 《李石曾致吴稚晖电》(1931年12月11日),台北中国国民党中央委员会党史馆藏"吴稚晖档案",毛笔译件,档案号"吴"字05970。

介公退,则中国休矣!"惟有何应钦表示:"真如之言亦自有理。总座请细思之。"①何应钦在关键时刻的表现令蒋非常不满,他无奈地在当天日记中写道:"稚辉、石曾、季陶、铁城皆不主余退,而敬之、真如等则惟恐余退之不速也。余言明此时救国惟有余不退之一法,而欲余不退惟有改为军事时期,一切政治皆受军事支配,而听命于余一人,则国始能救。否则如现事群方庞杂,主张不一,而又不许余主持一切,彼此互相牵制,徒以无责任、无意识、无政府之心理,利用领袖为傀儡,则国必愈乱而身败名裂,个人无论如何牺牲,亦不能救国之危亡也。天下之至惨之事未有如此之甚也。"②此时,蒋介石深知欲"改为军事时期","听命余一人"是根本不可能的,自己如再不下野,一中全会万难召开。

特别是自胡汉民南下后,粤方态度更转强硬。胡氏在一封密函中写道:"门与门系为中国致命一大毒疮,能请西医割去,是一治法,否则用中医拔毒(什么内托外消)打消方剂亦或见效。除却二者便无是处也。"③函中的"门"是指蒋介石,盖取自《水浒》中"武松醉打蒋门神"之义。从这封信中不难读出胡氏倒蒋的决心。为逼迫蒋氏下野,李烈钧一度向粤方提议:"一,北方应再起倒蒋;二,须有组织;三,胡、阎须有联络。"④为此,胡汉民积极同北方联络,密电冯玉祥表示:"和平统一,改组政府,乃以下野为先决条件,既不践约,则一切当无从解决。"并"盼随时电示"⑤。冯氏对粤方的提议"极佩服之"⑥,并复电胡汉民表示:"和平统一之障碍不除,则健全政府永难实现。先生及粤中诸贤达主张正大,举国仰赖……弟虽不敏,当追随努力也。现华北各方鉴于蒋之种种

---

① 《事略稿本》第 12 册,1931 年 12 月 12 日条,第 457 页。

② 蒋介石日记,1931 年 12 月 12 日;另见《困勉记》第 20 卷 20,"蒋档"。

③ 《胡先生亲笔函电及批注》,哈佛大学燕京学社图书馆藏,转引自杨天石《蒋氏秘档与蒋介石真相》,社科文献出版社 2002 年版,第 304 页。

④ 《冯玉祥日记》第 3 册,1931 年 12 月 7 日,第 540 页。

⑤ 《胡汉民致冯玉祥密电》,1931 年 12 月 11 日,《冯玉祥收电稿本》。

⑥ 《冯玉祥日记》第 3 册,1931 年 12 月 7 日,第 540 页。

乖谬,凛于外交之紧急,当从新团结,以安内而攘外,现正致力于此。"①
冯玉祥在日记中还总结了以往反蒋运动的经验教训共 16 条,深感今后
应注意:"使倒蒋派不分裂","须有我们的打算,不可盲目跟人家跑",
"对有实力者,有人望者,须发生密切关系"②。

在各方面的压力下,蒋介石被迫决定以退为进,同意下野。12 月
13 日,蒋向陈铭枢表示:"如粤方十六日尚不来,则以后余再不与调和,
使大局日趋艰危也。如其十六日以前能来到,余可早一日辞让了。"③
同日,粤方得知蒋决定下野消息后即开会讨论,决议两点:"(一)蒋下野
后仍予以自新机会;(二)下野电到,各委即北上。"粤方并同在香港养病
的胡汉民商妥,对双方拟议林森代主席,陈铭枢代行政院长均不反
对④。

12 月 15 日,蒋介石致函中常会,略谓:"第四次全国代表大会,已
以委曲求全之精神,接纳全党团结之方案。而在粤同志,迄未能实践约
言,共赴国难,胡汉民同志等微(5)日通电,且有必须中正下野,解除兵
柄,始赴京出席等语,是必欲中正解职于先,和平统一方得实现。中
正……权衡轻重,不容稍缓须臾,再四思维,惟有恳请中央准予辞去国
民政府主席等本兼各职,另行选任贤能接替,以维团结而挽危亡。"⑤同
日,中常会召开临时会议,决议批准蒋介石请辞国民政府主席、行政院
院长、陆海空军总司令各职,并决定以林森代理国府主席,陈铭枢代理
行政院院长⑥。与此同时,张学良也请求辞去全国陆海空军副司令职。
16 日,中执会核准张氏所请,改任北平绥靖公署主任。至此,粤方要求
悉如愿以偿。

---

① 《冯玉祥致胡展堂电》(1931 年 12 月 15 日),《冯玉祥发电稿本》。
② 《冯玉祥日记》第 3 册,1931 年 12 月 16 日,第 548 页。
③ 蒋介石日记,1931 年 12 月 13 日;另见《事略稿本》第 12 册,第 458 页。
④ 《反蒋运动史》下,第 507 页。
⑤ 《总统蒋公大事长编初稿》第 2 卷,第 159—160 页。
⑥ 《总统蒋公大事长编初稿》第 2 卷,第 159—160 页。

　　蒋介石辞职前,曾得蒋伯诚转呈韩复榘一电表示效忠,韩并向蒋贡献意见三条,电称:"向兄表示决心服从钧座,他方来人接洽仅与敷衍而已,并对钧座贡献意见三点:一、粤方全部来京合作为上策;二、粤方一部来京合作,联络党外人才赴国难为中策;三、万不得已离开中央,暂驻洛阳,整顿北部,使捣乱者对内对外无办法时,再出负责为下策。请钧座切实准备"等语①。蒋对韩复榘的意见深以为然,当即批复道:"向兄所见甚是,当照此酌办也。"②为了减少"再出负责"时的障碍,蒋预先做了周密布置。他在辞职当日早 8 时首先主持召开第四十九次国务会议,一举改组了四个省政府,分别任命顾祝同为江苏省政府主席、鲁涤平为浙江省政府主席、熊式辉为江西省政府主席、邵力子为甘肃省政府主席,贺耀组兼甘宁青宣慰使③。会后 10 时才赴中常会提出辞呈④。另据《黄郛日记》载,蒋介石曾于 12 月 6 日令钱昌照转商黄郛,请黄出任江苏省政府主席,黄郛以"非其时其地"而婉辞⑤。

　　蒋介石此举,实际是为自己卷土重来,预先做好布置。在蒋新任命的省府主席中,多为听命于他的军人。这一举措明显是为了对抗粤方削弱蒋氏军权的企图。第二天,蒋还特意致电各路军总指挥、军、师长表示:"中正辞职通电谅达,但中正对我患难生死相从之将士必仍负责维护,望各安心服务。"⑥这也可以清楚地看出,蒋为准备"再出负责"埋下的种种伏笔。

---

　　① 《蒋伯诚呈蒋主席十二月鱼》(1931 年 12 月 6 日),《蒋主席下野与再起》,"蒋档·革命文献"。

　　② 《"蒋伯诚呈蒋主席十二月鱼"批语》(1931 年 12 月 6 日),《蒋主席下野与再起》,"蒋档·革命文献"。

　　③ 《中央日报》,1931 年 12 月 16 日。

　　④ 《事略稿本》第 12 册,1931 年 12 月 15 日条,第 460 页。

　　⑤ 《黄郛日记》第 8 册,1931 年 12 月 6 日;另见《黄膺白先生年谱长编》上册,第 460 页。

　　⑥ 《蒋公电各总指挥军师长十二月铣电》(1931 年 12 月 16 日),《蒋主席下野与再起》,"蒋档·革命文献"。

12月22日,蒋介石由南京返回故乡浙江奉化。24日,他总结此次被逼下野的教训时曾反思道:"今次革命失败,是由于余不能自主,始误于老者,对俄、对左皆不能贯彻本人主张,一意迁就,以误大局,再误于本党之历史。党内胡汉民、孙科,一意迁就,乃至于不可收拾。而本人无干部、无组织、无情报,以致外交派唐绍仪、陈友仁、伍朝枢、孙科勾结倭寇以卖国而未之预知,陈济棠勾结古、桂各派,古应芬利用陈逆皆未能信,乃至陷于内外挟攻之境,此皆无人之所致也。而对于反动智识阶级之不注意,教育仍操于反动者之手,此亦本人无干部、无组织之过也。军事之干部后进者有熊、陈、胡等,而党务之干部实一无其人,外交更无其人矣。"①

12月16日,当粤方得知蒋介石辞职消息后,立即召开临时会议决定:"一,推唐绍仪等主持粤府,中央党部及国府均暂保存,俟统一政府成立后始撤销。二,陈济棠、余汉谋、李扬敬、香瀚屏因边防重要;萧佛成、邓泽如因政务,均不北上。李宗仁、白崇禧须留一人主持桂事。三,定十八日为举行打倒独裁纪念日,各机关均休假,联合各界举行大会。"②当天,何应钦也向蒋介石报告了在沪粤方委员的动态:"钧座通电昨夜深始到。粤方代表今晨召集谈话会,决定全体入京。本拟于本晚车行,因恐夜车铺位不敷分配,反为不妥,故改为明晨九时乘专车来京。汪先生病仍未愈,拟静养二三日即来参加一中全会。汪夫人及左派人员均先行,不再延期。"③18日,粤方中委李宗仁、马超俊等分两批自广州赴京。宁、粤双方终于能够在南京合开四届一中全会。

随着粤方代表的入京,一个新矛盾又呈现出来。大会召开前,对汪派在沪所选的十名中央委员资格问题,出现较大分歧。因粤方不承认

---

① 蒋介石日记,1931年12月22日;另见《省克记》第5卷,"蒋档"。
② 《反蒋运动史》,第511—512页。
③ 《何应钦致蒋介石电》(1931年12月16日),《日寇侵略之部:三、淞沪事变》(第1卷),"蒋档·特交文电",档案号20014347。

汪派十名中委资格,对此汪精卫曾信誓旦旦地在沪表示:"无论如何,兄弟代表主席团各位同志,可以负责的说,我们对于本会代表在上海选举的结果,一定是尽力维持的。我们或者用温和的手段去力争,或者用激烈手段去力争,甚至我们连中央委员也不做都可以,总要达到目的才罢。"①

对于汪精卫同粤方的分歧,蒋介石自然是求之不得,并极力拉拢汪。16 日,蒋介石主持召开中常会临时会议,讨论出席四届一中全会委员问题。当陈立夫提到汪派"大世界的怎样"时,蒋即表示:"大世界的也要来的。如发通告,笼统一点。大世界的名字可以不写。"②18 日,刚刚入京的汪派主要人物陈璧君、顾孟馀、陈公博即来拜见蒋介石,请蒋"助其解决上海大世界十委员问题",并表示惟"先承诺"此点,"精卫然后乃肯来京"。蒋对此"毅然允之"③。

19 日,南京国民党中央召开谈话会,出席中委四十九人。谈及沪选十名中委问题时,因有蒋的支持,"故多数主张加以容纳,以免留一不良之因"。当晚,蒋介石邀宴到京的中委,特意将汪派十名中委邀请与宴,以暗示他事实上承认汪派中委的资格④。而汪精卫则借口糖尿病重,留在上海医院治疗,静候佳音。

此时一个最有趣的现象是,尽管各派中委纷纷入京,但反蒋派的"大老"胡汉民、汪精卫,以及北方的冯玉祥、阎锡山都以种种借口滞留京外,观察事态的演变。蒋下野通电发表的当天,孙科、邹鲁就急电阎、

---

①　《汪精卫表示必争》,《国闻周报》,第 8 卷第 49 期(1931 年 12 月 14 日),《一周间国内外大事述评》,第 2 页;《反蒋运动史》,第 503 页。

②　《中国国民党中央执行委员会临时常务会议速记录》(1931 年 12 月 16 日),《中国国民党中央执行委员会政治会议速记录》,台北中国国民党中央委员会党史馆藏,毛笔原件,档案号 00.1/126。

③　《事略稿本》第 12 册,1931 年 12 月 18 日条,第 467 页。

④　《十九日谈话会》,《国闻周报》第 9 卷第 1 期(1932 年 1 月 1 日),《一周间国内外大事述评》,第 2 页。

冯,请立即赴京与会。而阎锡山部属曹世振等人则电阎建议:"与赵(戴文)院长、徐(永昌)主席、杨(爱源)督办面商,均谓应复电孙、邹,表示南下出席。徐谓以'约同入京'措词最为相宜。赵谓银行界、党部、军人、英美均不愿蒋下野,最近恐有所表示。振(曹世振)以为蒋如不下野,军人表示定在各中委入京、一中全会开会后,再拥蒋继任主席。彼时在蒋势力范围之下,多数中委难免为彼左右。"①

正是基于这种心态,胡、汪、阎、冯四人全都不肯主动入京,而同时又不断彼此致电,催促对方入京。先是 18 日,胡汉民由香港致电冯玉祥、阎锡山表示:"闻精卫兄病滞沪滨,弟亦因血压过高必须疗养,势难赴京。而此次全会使命至重且大,所赖于两公主持者亦多,亟盼刻日命驾晋京,共商大计。弟虽病搁海隅,亦当悉举所知,随时贡献也。"②随后,汪精卫也自上海致电阎锡山表示:"公偕焕章、次陇、允臣三公同入京,党国之福,万不可因弟之病而致中止。弟如能自支,决无不入京之理也。"③而冯、阎等人一面联名复电胡、汪表示:"国难当前,入京开会,义不容辞。大驾何日起行,尚祈早日见告,以便追随前往。"④同时,再电孙科、李文范、伍朝枢、邹鲁等粤方代表:"弟等聚商,电请精卫、展堂两同志力疾入京。得复,弟等亦即同行。更望兄等一致敦促。"⑤实际上大家都在相互推诿,甚至连已由广州到上海的李宗仁也借口"在粤,

---

① 《太原曹世振致阎锡山静密删电》(1931 年 12 月 15 日),《宁粤合作案》,"阎档"微缩胶卷,12/1452—3。

② 《上海号转胡展堂先生致冯玉祥阎锡山四密巧电》(1931 年 12 月 18 日),《宁粤合作案》,"阎档"微缩胶卷,12/1472—3。

③ 《上海汪先生致阎锡山四密敬电》(1931 年 12 月 24 日),《宁粤合作案》,"阎档"微缩胶卷,12/1486—7。

④ 《阎锡山冯玉祥刘守中赵戴文致上海转胡展堂汪精卫四密漾电》(1931 年 12 月 23 日),《宁粤合作案》,"阎档"微缩胶卷,12/1478。

⑤ 《太原冯焕章等致阎锡山静密敬电》(1931 年 12 月 24 日),《宁粤合作案》,"阎档"微缩胶卷,12/1481。

对叔均(指蒋)下野是否诚意不甚明了,拟看三两日,再同精卫入京"①。各派领袖之间表面上话都说得冠冕堂皇,实际上又相互猜忌、拆台,毫无精诚团结可言。

12月22日,国民党四届一中全会开幕,蒋介石出席一中全会开幕式后,留函孙科、于右任等表示:"全会即开,弟责既完,故决还乡归田,还我自由。惟望全会得到圆满结果,无论如何,终须相忍为国,以期政府早日完成,中正决无另外主张。此去须入山静养,请勿有函电来往,即有函电,弟亦不能拆阅也。"②

四届一中全会共通过各类提案三十九件,其中最重要的提案就是《中央政制改革案》。该案由粤方代表伍朝枢起草,明确规定:"国民政府主席为中华民国元首,对内对外代表国家,但不负实际政治责任,并不兼其他官职;任期二年,得连任一次;但于宪法颁布时,应依法改选之……行政院长负实际行政责任。"③不难看出,以上规定全部是针对蒋介石个人集权而发。全会依据该案修正通过了新的《国民政府组织法》,完全推翻了同年6月三届五中全会通过的《国民政府组织法》所赋予蒋介石的一系列特权。

改组南京国民政府和国民党中央人事组织,是四届一中全会的另一项重要议题。四届一中全会选举结果如下:国民政府主席林森;行政院院长孙科,副院长陈铭枢;立法院院长张继,副院长覃振;司法院院长伍朝枢,副院长居正;考试院院长戴季陶,副院长刘芦隐;监察院院长于右任,副院长丁惟汾。

在国民党中央组织系统中,原设有中央政治会议这一机构。它最早成立于1924年7月,当时称政治委员会,作为第一届中央执行委员

---

① 《上海煜如致阎锡山日密马四电》(1931年12月21日),《各方民国廿年往来电文原案》,"阎档"微缩胶卷,21/0660。
② 《蒋委员遽鸣高蹈》,《民国日报》,1931年12月23日。
③ 《关于中央政制改革案》,《中央党务月刊》第41期(1931年12月),第2625页。

会的政治决策及指导机关,第二届中执会扩大了它的职权,并于1926年7月改称中央政治会议。宁、汉分裂时,武汉恢复设立中央政治委员会,南京继续召开中央政治会议。1929年5月,第三届中执会制定《政治会议条例》,从此"政治会议为全国实行训政之最高指导机构,对于中央执行委员会负其责任"①,成为国家权力中心,并推举蒋介石担任中政会主席②。

为了进一步削弱蒋介石在党内的地位,粤方最初设计的《中央政制改革案》中拟以"国民政府委员会"为国家最高权力机关,以取代原来的中央政治会议的职能,这一提案在蒋、汪两派的联合抵制中终于流产。全会决定仍保留中央政治会议为国家最高权力机构的职能。大会主席团在选举新一届国民政府委员时提出两点声明:"一,五院院长、副院长及所属各部部长、委员会委员长不兼任国府委员;二,现任军人不兼任国府委员。"③从这两点声明中,我们不难发现国府委员只不过是一个尊贵象征而已,其权力大打折扣。

12月28日,四届一中全会最后一次全体会议通过了新的中政会组织原则三项:"(一)中央政治会议,以中央执行委员、中央监察委员组织之;(二)中央政治会议设常务委员三人,开会时轮流主席;(三)中央候补执、监委员得列席政治会议。并推举蒋中正、汪兆铭、胡汉民三人为中政会常务委员。"④从此,中政会由蒋介石一人独尊的地位,改为三常委轮流主席。

尽管在粤方的逼迫下,蒋介石辞去了国民政府主席、行政院长、陆

① 《中国国民党中央执行委员会政治会议条例》,《革命文献》第23辑,台北中国国民党党史史料编纂委员会编印,第443页。

② 《总统蒋公大事长编初稿》第2卷,第17页。

③ 《中国国民党第四届中央执行委员会第一次全体会议第四次会议速记录》(1931年12月27日),台北党史馆藏,毛笔原件,档案号4.2/52。

④ 《决定中央政治会议组织原则并推举中央政治会议常务委员案》,《中央党务月刊》第41期(1931年12月),第2624—2625页。

海空军总司令本兼各职,但这并没有根本撼动蒋介石在国民党内的地位。在新推举的九名中央执行委员会常务委员中,蒋介石再次当选,其余八人是胡汉民、汪精卫、于右任、叶楚伧、顾孟馀、居正、孙科、陈果夫,并以叶楚伧兼秘书长①。国民党第四届中常委同第三届中常委相比较,增加了汪精卫、顾孟馀、居正三名原反蒋派领袖,以代替原亲蒋的谭延闿、戴季陶、丁惟汾②。

29 日,四届一中全会举行闭幕式。居正主席,孙科致闭幕词,于右任宣读大会宣言。随后召开第一次中常会,加选刘守中、杨树庄、王正廷为国府委员,决议:新任国民政府主席、委员和五院正副院长定于三天后的 1932 年元旦宣誓就职。当天下午又召开第一次中政会,通过行政院院长孙科提出的各部人选如下:内政李文范、外交陈友仁、军政何应钦、财政黄汉梁署理、教育朱家骅、实业陈公博、交通陈铭枢、铁道叶恭绰、司法行政罗文幹、海军陈绍宽、蒙藏委员会委员长石青阳、参谋总长朱培德、训练总监李济深、军事参议院院长唐生智、禁烟委员会委员长刘瑞恒③。

所谓"统一合作"政府正式成立,史称"孙科内阁"。

二 "焦头烂额"的孙科内阁

四届一中全会推举蒋介石、汪精卫、胡汉民三人为中政会常委,又同为中常会常委、国府委员,形式上表现了他们的"合作",但由于蒋赴奉化,汪称病上海,胡滞留香港,他们三人之间,神既分离,貌又不合,以至号称"合作政府"的孙科内阁,实际上毫无合作可言。

---

① 《推举中央执行委员会常务委员案》,《中央党务月刊》第 41 期(1931 年 12 月),第 2624 页。

② 谭延闿去逝后,中常委遗缺由朱培德补任,参阅李云汉:《中国国民党史述》第 3 编,台北中国国民党党史委员会 1994 年版,第 47 页。

③ 《国民政府公报》第 964 号(1931 年 12 月 31 日),第 6—7 页。

孙科政府既组成,蒋、汪、胡三人依然天各一方,并且互相牵制。孙科是靠支持胡反蒋,而得以出掌行政院的。但"胡展堂汤山被扣释出未久,积忿未泄,正欲抓住陈济棠以反蒋,胡亦无意于哲生之南京政府。汪胡既难合,蒋汪又均不支持哲生。此时仅陈铭枢愿以十九路军驻防京沪,作哲生之后盾,力挽哲生出面组阁。故哲生赴南京之际,形势极为不佳"①。

政府机构的运作,必须有财政的支持。蒋介石辞职后的第二天即电财政部长宋子文:"闻中旬军费尚未照发,甚为恐慌。无论如何本月份应如期发款维持,勿延。"②得蒋电报后,宋子文即于辞职前将所欠各军军费及各机关政费一律签发支付命令,指令国库如数照付,总额约两千万元③。12月21日,宋子文向行政院递送辞呈,称:"对财政部事务,声明维持至22日止,请政府另简贤能继任;22日后为职务终了之期,即卸除一切责任。"④此举致使孙科接手后的新政府国库空无一文,办事无人,财政完全陷于瘫痪。

而原本与孙科同一战壕的胡汉民,这时对孙科政权也并非全力支持,只是一味鼓励孙继续反蒋,借此削弱蒋的力量。胡曾密电孙表示:"不问蒋即出与否,一切政策如抗日主张,分兵剿共,成立执行部、政委会等案尽先提出,倘见阻挠,即总辞职。此政治家态度应耳。"⑤

胡汉民此时最大的愿望,就是在两广继续保持一个半独立的反蒋局面,对于新政府"并不希望其具以前政府权力,而希望政分会式之政

---

① 《傅秉常先生访问记录》,第135页。

② 《蒋中正电宋子文军费应如期发放切勿拖延》(1931年12月16日),《筹笔》第62册,"蒋档",档案号04—0542。

③ 《宋子文签发支付命令》,《申报》,1931年12月24日。

④ 《宋子文辞呈昨送达行政院》,《申报》,1931年12月22日。

⑤ 《胡汉民致孙科电》,《民国档案》1997年第4期,第70页。

委会早日成立,庶就统一之形式下,各就其范围内自行治理"①。为达此目的,就在四届一中全会闭幕的第二天,广州中央党部和国民政府联席会议即决议设立:中央执行委员会西南执行部、西南政务委员会、西南军事分会②。30日,更决议:此后"三机关每月应支经费均由财政部于西南各省海关税项新增部分拨支……嗣后关税新增部分由两广海关税务司核收解交西南政务委员会"③。

胡汉民此举,对新成立的孙科政权根本不是支持,"纵非变相独立,亦即形同割据"④。宁方的邵元冲亦曾对粤方此举评论道:"此皆足以致哲生之死命者。"⑤这自然引起孙科的强烈不满,立即"十万火急"致电广州,表示万万不可:"查上海和会决议案,原定所有双方四全大会议决案,均提交一中全会处理。一中全会于第二次会议决议改将此项议决案移交四届常会办理。上述三案尤关系重大,自应由四届常会决定颁布条例,始能有所依据,进行组织,方合手续。今由粤方中央、国府联席会议决议,遂行设立,事实上已违反和会及一中全会迭次决议。此期期以为不可者一;一中全会开幕后,双方中央党部即行停止职权,此为党章规定,宁方已是如此,粤方何能独异?今于隔世两日,有此重大决议,不免予人以破坏党章口实,此期期为不可者二;关税统一征解,中外具瞻,苟非政府对峙,何可割裂?今统一政府甫告成立,而粤方遂有截留关税之举,设使别方借口尤效,岂非立陷中央于僵局?此期期以为不可者三。上海舆论自接到粤方上项消息,咸为哗然,视为粤方破坏统

---

① 《天津有日特讯》(1931年12月25日),《杂派民国二十年往来电文录存》,"阁档"微缩胶卷,49/0779。

② 《廿年十二月卅日中央党部国民政府联席会议讨论事项(广州)》,台北中国国民党中央委员会党史馆藏,毛笔原件,档案号4.3/22.49—6。

③ 《廿年十二月卅一日中央党部国民政府联席会议讨论事项(广州)》,台北中国国民党中央委员会党史馆藏,毛笔原件,档案号4.3/22.49—6。

④ 梁敬錞:《九一八事变史述》,第143页。

⑤ 《邵元冲日记》,1932年1月9日,第820页。

一,实行割据。国人指责,众口同声,弟等代表粤方情尤难受。特电条陈,务请暂缓发表实行,以图补救,千万千万。"①

1932年1月7日,南京中常会讨论邓泽如、萧佛成等人提交的粤方三机构组织条例时,孙科愤怒地表示:"广州执行部、政务委员会、军事分会等应该由常会来讨论其组织,才能着手进行。而广州这一回开联席会,把这三种组织条例同时公布了,此种手续简直是破坏中央决议。"孙科并对广州截收粤海关新增收入的行为表示愤慨,明确表示:"此种办法是破坏统一的,中央决不能接受。"最后会议决定"由常务委员详商办法另行提案",而否决了粤方提出的三机构组织条例②。

汪精卫此时正加紧同蒋介石联络合作,同样不愿粤方另组与南京相抗衡的西南三机构,特派曾仲鸣赴粤,"请济棠取消西南新设三机关"③。孙科、汪精卫还致电萧佛成、邓泽如指责"粤设三机关,无异对于统一政府不信任,倘各省效尤,全国又成分割局面"。但萧坚持称:"三机关为适应环境而设,不因汪、孙反对而中止。"④

16日,萧佛成、林翼中、陈融、张惠长等粤方骨干赴港同胡汉民"密议三机关问题","商定结果,胡决不北上,西南自保政策不变更"⑤。然而支持孙科的粤方海、空军将领,在孙的授意下,第二天(1月17日)由张惠长领衔通电全国,表示今后空军将领"誓不参加任何内战,再不为

① 《孙科等致邓泽如萧佛成电》,台北中国国民党中央委员会党史馆藏,毛笔原件,档案号4.3/22.48—7。
② 《中国国民党中央执行委员会第二次常务会议速记录》(1932年1月7日),《第四届中央常会速记录(第1—15次)》,台北中国国民党中央党史馆藏,毛笔原件,档案号4.3/1。
③ 《天津佳日特讯》(1932年1月9日),《各方民国二十年往来电文录存》,"阎档"微缩胶卷,60/2047;《一周间国内外大事述评》,《国闻周报》第9卷第4期(1932年1月18日),第8页。
④ 《汪孙阻粤多设机关》,《民国日报》,1932年1月9日。
⑤ 《广州之三机关》,《国闻周报》第9卷第5期(1932年1月25日),《一周间国内外大事述评》,第5页。

任何个人之工具"。同时海、空军方面还声称:"海、空军权应归中央,听命中央改组两总部。"以示不愿接受西南军事分会控制①。19 日,陈济棠、萧佛成等人通电全国,表示:"军事分会,因中央未设军委会,故遵中央意旨,暂不成立。"但仍坚持遵照四全大会决议案,设西南执行部和西南政务委员会。同日,陈济棠、白崇禧等人在广州宴请南下的于右任,"力言竭诚拥护新政府",并表示以上两机关"纯处监督地位,无割据意"②。至此,粤方拟议组织同南京相抗衡的军事机关——军事分会,在孙科等人的强烈反对下胎死腹中。

孙科上台后,既求不得蒋介石的合作,又寻不到胡汉民的支持,"政府虽告成立,而我重要领袖犹天各一方,未能荟萃,致使党政最高指导机关,提挈失其重心"③。孙科深感新政权难有作为,在参与逼蒋下野后不久,便不得不再次恳请蒋氏返京主持大政。孙科上台后的第二天(1 月 2 日),即电蒋请求"莅京坐镇":"新政府虽已产生,以先生及展堂、季新两兄均不来京,党国失却重心,弟等何克负荷,不幸而颠踬。弟个人焦头烂额固不足惜,其如国事不易收拾。何以先生平昔爱国、爱党,逾于恒人,想不忍袖手而坐视也。务恳莅京坐镇,则中枢有主,人心自安。"④

1 月 5 日,孙科向新闻界谈时局近状时,再次无可奈何地表示:此次国府组织法修改后,最大的不同是行政院由从前对国民政府主席负责,改为对中政会负责。在此制度下,中央最高决定机关在中政会,凡对内对外施政方针,必经讨论决定,政府方能施行。但中政会"负最高

---

① 罗翼群:《西南反蒋的回忆》,《南天岁月》,第 93 页;《民国日报》,1932 年 1 月 16 日。

② 《广州之三机关》,《国闻周报》第 9 卷第 5 期(1932 年 1 月 25 日),《一周间国内外大事述评》,第 6 页。

③ 《陈铭枢电促胡汪蒋》,《中央日报》,1932 年 1 月 7 日。

④ 《孙科致蒋介石冬亥电》(1932 年 1 月 2 日),《事略稿本》第 13 册,第 9—10 页。

指导责任"的三常委蒋介石、汪精卫、胡汉民均不在京,行政院更无所秉承,一切不能决定,故不免种种困难。为此,他向新闻界呼吁:扩大舆论宣传,共同欢迎蒋、胡、汪来京主持①。

以"焦头烂额"来形容当时孙科的处境,可谓恰如其分;但"袖手旁观,任其焦头烂额,而不加援助",又正是蒋介石的既定方针,借此迫使孙科碰够钉子后知难而退,便于蒋自己东山再起。蒋在接到孙科1月2日的"劝驾"电报后自记道:"哲生昨任艰巨之才,吾早已一再忠告之矣。彼乃自知不明,易被人惑,恐今日尚未能彻底觉悟也,吾复何能为力哉。"②

正是基于这样的考虑,蒋介石对南京新政权,完全持一种应付的态度。在蒋的授意下,"蒋方人物对时局均持冷静态度,除赴浙者外,在京各委均缄默"③。当蒋接陈果夫电,得知"我方留京同志开会多不出席,俟等去留应请指示"后,即复电陈"请在京忍耐从事"④;又电宋子文,告以"此时我方当设法促成各方攻粤为惟一工作,对哲生亦不应严拒而联络之"⑤。蒋的亲信刘峙亦电朱绍良表示:"此时我辈似宜以介公之心为心,暂时缄默,以观大局之推移。"⑥但是,一旦涉及军事问题,特别是有关黄埔军校的人事安排,蒋则毫不迟疑,积极部署。1月9日,当蒋得知张治中拟借口养病准备离京,则急电张告以"切不可离去军校,当

① 《孙院长招待新闻界》,《中央日报》,1932年1月6日。

② 《事略稿本》第13册,第10页。

③ 《天津灰日特讯》(1932年1月10日),《各方民国二十年来往来电文录存》,"阎档"微缩胶卷,60/2049。

④ 《蒋介石致陈果夫电》(1932年1月7日),《事略稿本》第13册,第20页。

⑤ 《蒋中正电宋子文缓来奉我方当设法促成各方攻粤》(1932年1月9日),《筹笔》第63册,"蒋档",档案号04—0599。

⑥ 《南京刘峙致南昌朱绍良有电》(1931年12月25日),《蒋方民国二十年往来电文录存》,"阎档"微缩胶卷,80/2043。

在京养疴",并同时电何应钦告以"军校如改校长,请速委任文白。勿延"①。

在一片劝驾声中,蒋、汪、胡三人仍无一人入京。尽管汪精卫表示:"病愈入京,对中央政治会议常委,义不容辞。惟常委有三人,故必须蒋、胡入京,始能成立。本人极盼蒋、胡即日入京。如各省谋割据,必尽力反对。"②其实汪只是借口生病,等待着和蒋一同复出。为此,汪特派唐生智亲赴溪口向蒋表白:"如介石不入京,则精卫亦不入京。"③难怪冯玉祥要讽刺汪精卫此时患的是"政治病"④。

1月8日,在京中央委员开谈话会,"除讨论外交外,对内政金谓长江军人之态度,非蒋来难驾驭;粤桂之设执行部,非胡来难打消;下层党员之意志,非汪来亦无从齐一。讨论结果,再促三人速来主持"⑤。被逼到绝境的孙科在会上沉痛表示:"愿回粤一行,促胡北来。"于右任等人力阻其行,称孙负行政院长重任不能离京。孙说:"短时期离京,到奉化请蒋,到上海请汪。"众人仍多方劝阻。当晚散会后,孙即同财政部长黄汉梁乘车赴沪。居正得知后,立即赶往车站。此时火车已经开动,居正即命站员摇铃停车,旋登车劝阻。孙仍坚决表示:"本人定将胡、汪、蒋一齐拉到南京,达到真正团结目的。"⑥

孙到沪后,致电胡汉民,苦诉"入京两旬,以中枢空虚,秉承无自,外交、内政诸大计,均无从进行",恳请胡"即日来京"⑦。并公开发表谈话称:"中枢空虚,为今日国事最大之险象……余观此险象,不能不为党为

① 《蒋介石致张治中电》、《蒋介石致何应钦电》(1932年1月9日),《事略稿本》第13册,第23页。

② 《汪精卫盼蒋胡入京》,《中央日报》,1932年1月6日。

③ 《邵元冲日记》,1932年1月12日,第821页。

④ 《冯玉祥日记》第3册,1932年1月10日,第559页。

⑤ 《天津佳日特讯》(1932年1月9日),《各方民国二十年来往来电文录存》,"阎档"微缩胶卷,60/2048。

⑥ 《孙科迎汪于右任迎胡》,《大公报》,1932年1月10日。

⑦ 《孙电胡汉民》,《申报》,1932年1月11日。

国再向三先生作一最诚恳请求,苟犹不获允许,则余已智尽能竭,惟有辞职,以免长此迁延时日,贻误党国。"①10日,孙科准备同吴铁城赴宁波求见蒋介石,而溪口方面"得吴铁城电,知哲生拟来甬(宁波)邀介石返京,共支危局,介复电以已入山辞之"②。孙科被迫中止成行,第二天改派张继、何应钦赴溪口求见蒋,"据云劝蒋出山无结果"③。而此时"粤方举动,意气用事,较前更甚,胡意志坚强,决不入京"④。

蒋介石、汪精卫、胡汉民三人天各一方,合而不作,导致中政会不能开会。国难日急,而一切大政方针无法确定。11日晚,走投无路的孙科在上海约集陈铭枢、邹鲁、李文范、陈友仁、马超俊、冯玉祥、李济深、李宗仁、吴铁城等人会商国事,决定破釜沉舟,在蒋、汪、胡不能入京时,设立中政会特务委员会,负中央一切政治上责任,以适应国难及迅速处理各项政务⑤。13日,在沪各中委联袂入京,并邀在京中委同赴孙科寓所举行特别会议,次日通过决议:"(一)通过中央政治会议特务委员会组织大纲;(二)推于右任、张人杰、张继、居正、孙科、陈铭枢、叶楚伧、朱培德、何应钦、冯玉祥、李济深、李宗仁、陈友仁、顾孟馀14委员为中央政治会议特务委员会委员。"

特务委员会组织大纲第一条是:"中央执行委员会于中央政治会议常务委员未实行负责以前,为应付国难,迅速处理紧急政务起见,于中央政治会议设特务委员会,专负其责。但关于重要方针,仍由中央政治

---

① 《孙科重要谈话》,《申报》,1932年1月10日。

② 《邵元冲日记》,1932年1月10日,第820页。

③ 《一周间国内外大事述评》,《国闻周报》第9卷第4期(1932年1月18日),第4页。

④ 《胡仍无意入京》,《国闻周报》第9卷第4期(1932年1月18日),《一周间国内外大事述评》(1932年1月18日),第6页。

⑤ 《上海会谈情形》,《国闻周报》第9卷第4期(1932年1月18日),《一周间国内外大事述评》,第2页。

会议决定之。"①其中的"但书"内容是出自于右任、张静江等人的意见②。至此,孙科政府虽然在法理上拥有自由处理政务的可能,其实对"重要方针"依然无权处理。而当蒋介石得知此事后仍表示强烈不满,立即电朱培德指示:"特别委员会应积极设法打消,请转在京诸同志,此等破坏政府编制举动,大不利于中外之观听也。"③

孙科上台时面临的最大难关,是财政和外交问题。特别是财政入不敷出,成为孙科内阁的致命伤。自统一政府成立后,两广扣留的旧税不但未还,新税仍继续扣留;东三省沦陷后东北军经费完全取之于华北,且每月不敷甚巨;湖北何成濬截用江汉关税;山东韩复榘挪用国税;福建当局擅扣统税;其他各省也陆续效法。而中央政府每月税收仅得上海关税和统税 700 万元④。甚至连蒋介石也暗示部属可以截留国税。当蒋获知刘峙所部给养困难时,就曾致电刘峙表示:"如中央无法发给,给养只可在中央税收借支,以免冻饥,但不可蒙截留之名也。"⑤当时的财政窘况正如孙科所说:"以言财政,几年来债台高筑,罗掘已穷,中央收入,每年本有四五万万,但除还债外,能用之款不及一万万,欲再发债则抵押既已净尽,且市面债券价格,不过二三成,即强发债,于事何补。最近政府每月财政实收不过六百万,而支出方面,只军费一项,经前月财委会核减之数,仍需千八百万。政费教费,尚须四百万,不敷数月达千六百万。财政达到如此极度之困难,即维持国家组织最少限度之必需经费,亦势不能支持。外交、军事种种问题,即有良好办法,

① 《中央政治会议特务委员会组织大纲》,《中央党务月刊》第 42—44 期合刊,(1932 年 3 月),第 39、53 页。

② 《陈铭枢回忆录》,第 89 页。

③ 《蒋介石致朱培德电》(1932 年 1 月 15 日),《事略稿本》第 13 册,第 42 页。

④ 《公债风潮记》,《大公报》,1932 年 1 月 18 日。

⑤ 《蒋中正电刘峙无出山理由念旧部属饥寒中央如无法给养在中央税收借支》(1932 年 1 月 15 日),《筹笔》第 63 册,"蒋档",档案号 04—0616。

亦形格势禁,不能决定。"①这是蒋介石、宋子文下台前有意布下的一粒
棋子。新任财政部长黄汉梁派员接收国库时,不仅"未得分文现金,而
宋且拖欠银界千万元。财部旧人员,自有统系,凡薪给在五百元以上
者,早已奉命一律辞职"②。不仅如此,宋子文辞职时还将财政部的所
有文书档案全部搬走,有意给新政府造成困难③。宋还公开预言孙科
政权维持不了三个月,以损坏银行界对新政府的信任④。

黄汉梁原本是金融界的后进,资望甚浅。黄氏尽管曾任和丰银行
上海分行的经理,该行虽也是上海银行业同业公会的成员,但因为黄是
福建人,不算江浙集团的头面人物,"与东南金融界人士素乏联系"⑤。
加之宁、粤对峙期间,广东方面曾经攻击南京国民政府的公债政策,这
就更加深了上海银行界对新政府的不信任感。种种情势,逼迫着孙科
不得不采取极端措施。

当11日晚孙科等人在上海讨论设立特务委员会时,孙科、陈铭枢
等人,为应付财政困扰,曾提议:暂时停止支付内债本息,挪用内债基金
以应政府开支,以六个月为期。当时政府每月用来偿还内债本息额高
达3400万元⑥。此举引起国内金融界大哗。13日,上海、北平、天津
等市银行公会纷纷发表通电反对。同时,上海证券交易所停止交易。
证券商人联合提出维持内债信用的三项办法:"一、由持券人自行接收

---

① 《孙科返京前谈话》,《申报》,1932年1月13日;《一周间国内外大事述评》,
《国闻周报》第9卷第4期(1932年1月18日),第2页。

② 《一周间国内外大事述评》,《国闻周报》第9卷第5期(1932年1月25日),
第8页。

③ Chang Chin-sen, *The third force in China*. New York, Bookman Associates, 1952, p. 101.

④ 简又文:《宦海飘流二十年》,《传记文学》第23卷第7期(1973年7月),第
92页。

⑤ 《马超俊先生访问记录》,第163页。

⑥ 《一周间国内外大事述评》,《国闻周报》第9卷第5期(1932年1月25日),
第8页。

债券抵押各税之税收机关；二、对于现在经收税收之中央银行及保管内债基金之负责人员，责成其负责保守政府从前法令；三、对于破坏公债信用及截留税收之政府官员，社会上应严重反抗之。"①

这是上海金融界对政府提出的最后通牒，也是给孙科内阁的致命一击。此举也彻底堵绝了黄汉梁的筹款之路。黄慑于上海商人的恫吓，当日被迫提出辞职②。15 日，吴铁城代表政府同银行界协商救济财政。"吴表示政府决减政费，月定二百万，军费月一千六百万，除沪税可提用之七百万外，余一千一百万须金融界设法，每月帮忙"③。当晚，上海银行界会商办法。他们也深知，如同政府彻底决裂，结果肯定是两败俱伤，自身的经济利益也难保证，遂决定："坚持须政府声明不动债金；借款不能如数担任，仅可募筹半数。"④

特委会议决停付的内债，大都是蒋介石当政时所借的款项，他当然不愿看到上海金融界同政府彻底决裂，并对孙科此举极为愤慨，甚至认为孙科的举措是受胡汉民的影响。为了阻止孙科的行动，蒋介石特命张群赴沪协助吴铁城同金融界会商。16 日，张到沪后即向记者转达了蒋氏的旨意，称："蒋认为内债停付本息，固足惹起全国金融震动……然政府财政陷于绝地，不图挽救亦非共赴国难之道。政府与银钱业团体，应本互助合作之精神，在万分困难之中，于可能范围之内，尽力援助政府。"⑤

蒋介石一出面，情况顿时改观。金融界得到蒋的明确答复后，立即改变态度，加之"各方纷往请求（蒋）回京主持大政，蒋亦表示援助，并嘱

①　《一周间国内外大事述评》，《国闻周报》第 9 卷第 4 期（1932 年 1 月 18 日），第 7 页。

②　《黄汉梁上国民政府呈》，《申报》，1932 年 1 月 14 日。

③　《公债风潮有转圜》，《大公报》，1932 年 1 月 16 日。

④　《银界允协助办法尚未定》，《大公报》，1932 年 1 月 17 日。

⑤　《张群谈话》，《民国日报》，1932 年 1 月 17 日。

岳军(张群)在沪帮同筹款,约可得一千万元"。① 16 日,张静江、张继力劝孙科"打消停付息金办法",吴铁城也自沪致电孙科,表示:"与银行界谈判极为圆满。"事已至此,孙科只好以行政院名义于第二天致电上海金融界表示:"现政府决定维持公债库券信用,并无停付本息之事。希即转知各业行会,切勿听信谣言,自相惊扰,是为至要。"②

公债风潮,前后不到五天,终以孙科内阁认输告终。此事也显示出孙科原本寄予厚望的特委会,离开蒋的支持是毫无作用可言的。财政无力解决,尚需"在野"的蒋介石"援助";面对国难,孙科内阁亟待有明确的外交方针,更是需要蒋的"支持"。此时的孙科内阁已实可谓山穷水尽,摇摇欲坠,而蒋介石复出的时机也大致成熟。本来就不甘下野的蒋介石终于主动从幕后走到台前,这也预示着孙科内阁的垮台已经指日可待了。

三 蒋、汪合流与南京国民政府各派联合统治的基本确立

1932 年 1 月 13 日,蒋介石由溪口老家赴杭州。当天,即国民党中常会通过特委会组织大纲之际,蒋在杭州公开表示:"愿以在野之身,尽个人之责。"③明白表示他的"隐居"生活终于结束。张继到上海后立即遵从蒋介石之意公开发表谈话,指陈党内不能团结,责在粤方,以此为蒋氏复出大造舆论:"目前欲解决外交、财政之难关,只有维护统一之一途。统一政府为徇粤方同志之意而组织,其人选大半由粤地来,则无论如何粤方同志应首先表示拥护,始见求统一之真诚……循此以进,统一

① 《蒋作宾日记》,1932 年 1 月 16 日,第 401 页。
② 《一周间国内外大事述评》,《国闻周报》第 9 卷第 5 期(1932 年 1 月 25 日),第 9 页。
③ 《总统蒋公大事长编初稿》第 2 卷,第 164 页。

方名符其实，财政、外交始有办法。届时汪、蒋入京当无问题。余信目前症结不在汪、蒋，而在广东，深盼广东同志，翻然改图，维护统一。尤愿展堂负党国重望，以真诚感动两粤同志……政府亦应负全责，解决广东半独立之状态。"①

15日，蒋介石电召陈铭枢赴杭了解情况后，亲笔致函汪精卫，令返京的陈铭枢经沪时转交汪②。随陈一同赴沪的张群因衔蒋命同上海金融界会商，政府财政恐慌立解。16日晨，陈铭枢至沪，将蒋介石信函交顾孟馀转汪精卫。汪得蒋函后，当天下午即赴杭同蒋晤面。行前汪发出两电，一致胡汉民，一致孙科，说他已应蒋邀赴杭③。此时，蒋汪合作的时机完全成熟。

1月17日，蒋介石同到访的汪精卫会商成功，达成共识，双方决定"维持南京局面事，并有另行改组之说"④。蒋、汪在致孙科电中还表示他们将候胡汉民来杭，即联袂入京，并要孙再电胡促驾⑤。同时又电胡汉民，请"一同入京，协助哲生及诸同志"⑥。蒋在当天日记中慨叹道："昨夜与今日形势甚急，胡派与冯、李等急欲通过绝交案，以为撒烂污下台之地。各友心急连电呼救，余急电请孙来杭，勿使开会通过也。"⑦

此时，蒋介石已经不需要再对孙科客气了。18日，他派毛邦初亲自驾驶蒋氏自备的飞机，直接到南京国民政府找孙科，说蒋、汪有要事相商，须立即前往。孙即与何应钦、吴铁城同机赴杭⑧。当日上午，蒋、汪又继续会商大局，蒋对汪言："以孙科之愚，吾辈为总理计，必力为援

①　《张继谈盼粤方取消特种组织》，《中央日报》，1932年1月15日。
②　《陈铭枢回忆录》，第95页。
③　《汪精卫昨赴杭晤蒋》，《民国日报》，1932年1月17日。
④　《蒋作宾日记》，1932年1月17日，第401页。
⑤　《致孙哲生电》，《民国日报》，1932年1月18日。
⑥　《致胡展堂电》，《民国日报》，1932年1月18日。
⑦　蒋介石日记，1932年1月17日；另见《事略稿本》第13册，第53页。
⑧　《孙何飞杭烟霞洞商谈大政》，《大公报》，1932年1月19日。

手于陷井之中,而置袵席之上。至对于国家大局,吾辈已负诸肩上,尤当高瞻远瞩,深虑熟图。"①从蒋的口气中,不难读出蒋此刻的心态:"国家大局"非负诸其身不可了。

孙科等人抵杭后,即赴烟霞洞会谈,这就是后来所称的"烟霞洞会议"。参加者计有蒋介石、汪精卫、孙科、张静江、何应钦、张继、孔祥熙、邵元冲等人②。会议内容,秘而不宣。会后记者向孙科询问会谈结果。孙只是回答:"圆满,圆满。"记者又问"何时回京"? 孙答:"就去。"③邵元冲在当天日记中对会谈内容写道:"介石力推精卫主持大计,众亦多赞同,又对外交问题等均有所商榷。"④同日,胡汉民复电汪精卫,除继续称病谓"非长期休养不可"外,仍幻想汪能支持孙科内阁,阻止蒋、汪合流,胡谓:"只须中央行责任内阁之职权……而吾辈以在野之身,竭诚为政府之助,则对内对外自能发展,开一新局势。"⑤

胡汉民对汪精卫在政治上的反复无常,深恶痛绝,只是此次被蒋介石扣押,为了反蒋而不得不联汪。然而汪精卫在政治上又一次自食其言,令胡汉民十分愤慨。可是,他此时除了能发表一些斥责蒋、汪的言论外,已是无能为力了。气愤之余,胡汉民在 19 日同中山大学学生请愿团谈话,公开宣布拒绝同蒋、汪合作。他表示:"汉民自十七年入京,计留京三年又二月,未出都门一步。晨夕孜孜,未箭稍苟逸,不特志不伸,言不听,且遭人嫉忌,必至幽囚而后已。今蒋、汪两先生之主张如此,是凿枘不相容,已可概见,故病不能行,固为事实,而主张之不同,尤为明显之事实也。"⑥

20 日,孙科、汪精卫等人一同乘火车赴京。21 日,蒋介石由杭直接

① 《事略稿本》第 13 册,1932 年 1 月 18 日条,第 54 页。
② 《邵元冲日记》,1932 年 1 月 18 日,第 822 页。
③ 《孙科飞杭敦促汪蒋》,《民国日报》,1932 年 1 月 19 日。
④ 《邵元冲日记》,1932 年 1 月 18 日,第 822 页。
⑤ 《胡复汪铣电》,《民国日报》,1932 年 1 月 18 日。
⑥ 《胡汉民先生政论选编》,广州先导社 1934 年版,第 644—645 页。

飞到南京。此时,蒋介石、汪精卫分别发表谈话,论调完全一致。"一般观察,孙科显然未能主持全局,大势所趋,汪、蒋必分负党政重责。冯亦将于此时与蒋、汪合作,搜集旧部,逐渐回复政治地位。"①特别是蒋介石"在杭州《东南日报》发表之谈话要点,对孙氏了无好评。弦外之音,益使孙氏感觉无从乞取助力"。孙科知道自己的戏已经快唱完了,难以恋栈,已"有引退之意"。②

22日,蒋介石、汪精卫入京后召集国民党中央委员齐集"励志社"会谈。开始时先由何应钦报告前方"剿赤"军事问题,次由吴铁城报告上海日人暴乱情形,再由覃振报告最近外交近况。报告毕,与会中委均默不作声,数分钟后,蒋介石起立发言:"关于对日问题,无论战与和两办法,惟须国内真正实现团结一致。总之金瓯不能有一点缺损,否则殊难对付他人的整个计划。"③蒋在谈话中还指责粤方胡汉民破坏统一,并称:"外交问题,全在国内自强,故非先统一国内不可。如广东能切实归附中央,则对内对外,一切问题皆可迎刃而解。否则以广东人而亡国民党,以国民党而亡中国,亡国之罪应由广东人负之。"④

24日,特务委员会议开会讨论国难问题。蒋介石和汪精卫二人发言最多。最后多数与会者反对外交部长陈友仁提出的对日绝交方针,并予以否决。陈友仁当即提出辞呈,离京赴沪。孙科借口追陈友仁回任,随之赴沪。据《事略稿本》记载,当天下午蒋介石"访孙科不遇。公曰:'哲生昏暗,易被人利用,其或将不辞而行乎?'到励志社与汪兆铭相见,汪谓:'哲生往沪邀陈友仁回任。'公曰:'此其借口之辞耳。愚哉!哲生是非不明,人鬼不辨,辜负余援手之心矣。'"当晚,蒋介石临

　　①　《天津养日特讯》(1932年1月22日),《各方民国二十年来往来电文录存》,"阎档"微缩胶卷,60/1953。

　　②　《马超俊先生访问记录》,第163页。

　　③　《汪蒋到京后昨午开谈话会》,《中央日报》,1932年1月23日。

　　④　《事略稿本》第13册,1932年1月22日条,第66页;《总统蒋公大事长编初稿》第2卷,第165页。

睡前思孙科事,再次叹曰:"哲生岂其终不可救药乎? 追念总理,心何能安。"①

果不出蒋氏所料,25 日孙科即随陈友仁在沪同时发表辞职电。下午中常会开会讨论孙科辞职案时,仍决议:"去电孙科同志取消辞意,即日回京,并推张人杰、张继、居正三同志前往催促。在未回京以前,由陈铭枢同志代行行政院长职务。"②随后又加派何应钦、吴铁城赴沪挽留,但"孙辞意坚决,拒绝见客"③。此时谁都清楚,双方的行为不过都是虚应故事罢了。26 日,蒋介石告汪精卫:"孙科无复函,行政院长不可虚悬,请兄速行组院,主持大政。中愿不受名位,竭诚相助。"④同时,蒋还致电宋子文表示:"财政无人主持,请兄即夜入京相商。"⑤

27 日,国民党召开中央政治会议,汪精卫主席,通过重要决议案两项:"(一)本会议常务委员已到京,特务委员会应毋庸存在;(二)成立外交委员会,指定蒋作宾为主席兼常务委员,顾孟馀、顾维钧、王正廷、罗文幹为常务委员。"⑥28 日下午,蒋、汪再次会商外交方针,"确定二点:一积极抵抗,一预备交涉"。在蒋介石的催促下,汪精卫终于表示愿就行政院长之意。当晚 9 时开临时政治委员会,蒋介石主席,决议:孙科辞职,汪精卫为行政院院长,孙科为立法院院长。就在会议进行期间,日本侵略者继"九一八"事变之后,又悍然制造了震惊世界的"一二八"事变,向上海发动武装进攻。卫成京沪的十九路军,在全国人民的支持

---

① 《事略稿本》第 13 册,1932 年 1 月 24 日,第 72 页。

② 《中国国民党中央执行委员会第四次常务会议速记录》(1932 年 1 月 25 日),台北中国国民党中央委员会党史馆藏,毛笔原件,档案号 4.3/1。

③ 《中常会慰留孙科》,《中央日报》,1932 年 1 月 27 日。

④ 《事略稿本》第 13 册,1932 年 1 月 26 日,第 80—81 页。

⑤ 《蒋中正电宋子文财政无人主持请即入京相商》(1932 年 1 月 27 日),《筹笔》第 63 册,"蒋档",档案号 04—0627。

⑥ 《中国国民党中央执行委员会政治会议第 301 次会议速记录》(1932 年 1 月 27 日),台北党史馆藏,毛笔原件,档案号 00.1/127。

下奋起抵抗。

29 日，国民党召开临时中政会，作出重要决议三项："一、政府迁都洛阳；二、在国民政府下设军事委员会，推蒋介石、冯玉祥、张学良、阎锡山、李宗仁、李济深、何应钦、朱培德、陈绍宽、陈铭枢、唐生智 11 人为委员；三、选任宋子文为行政院副院长兼财政部长、罗文幹为外交部部长，批准黄汉梁、陈友仁辞职。"①第二天，蒋介石亲自护送新任国民政府主席林森、行政院长汪精卫等政府首脑渡长江到浦口，乘火车转赴战时首都洛阳。当晚蒋宿浦口，在日记中他记下了自己这一天的忧愤心情："今日上午会敬之、益之、墨三，再会党务干部后，即请林、汪二先生过江。林则延缓以为多事，汪夫人亦有难色。余无职责而不能不为负责之事。观此内情，心地之苦，无以复加。然为国为党，又不能不忍痛茹苦以行也……既无职权，又恐其怀疑，又恐各方对其失礼。此时余诚忍耐之时，受屈之时乎？林、汪专车八时开行，余留宿浦口候消息，恐余等离京后，外交与社会军心不安也。"②

3 月 1 日，国民党中央在洛阳召开四届二中全会，选定蒋介石为军事委员会委员长，冯玉祥、阎锡山、张学良、李宗仁、陈铭枢、李烈钧、陈济棠为委员。根据《军事委员会暂行组织大纲》，军事委员会直隶于国民政府，为全国军事最高机构；军令事项，由委员长负责执行③。14 日，朱培德辞去参谋总长的职务，并力荐蒋介石兼任该职。最后，中政会决议通过此案④。至此，蒋介石再次重掌军事大权，一雪数月前遭

① 《中央日报》1932 年 1 月 30、31 日，第 1 张第 4 版；《中国国民党中央执行委员会政治会议第 26 次临时会议速记录》(1932 年 1 月 29 日)，台北党史馆藏，毛笔原件，档案号 00.1/127。

② 蒋介石日记，1932 年 1 月 30 日；另见《困勉记》第 21 卷，"蒋档"。

③ 《中央党务月刊》第 42—44 期合刊(1932 年 3 月)，第 14 页。

④ 该日会议并决定："本日各种决议案均不发表。"见《中国国民党中央执行委员会政治会议第 303 次会议速记录》(1932 年 3 月 14 日)，台北党史馆藏，毛笔原件，档案号 00.1/127。

"非常会议"逼迫下野之耻。

国难当头,国民党内各政治派系都不得不相互妥协。蒋、汪合流后,暂时结束了宁、粤对峙的局面,原本四分五裂的南京国民政府再次形成以蒋介石为主导、各派联合统治的局面。

参考文献 *

中文档案文献

陈诚档案,"国史馆"藏,台北

国民政府档案,"国史馆"藏,台北

国民政府外交档案,台北中研院近代史所档案馆藏

国民政府与国民党中央各部会档,中国第二历史档案馆藏,南京

蒋中正档案,"国史馆"藏,台北

阎锡山档案,"国史馆"藏,台北

中国国民党党史馆藏档,台北

中国社会科学院近代史研究所图书馆藏档抄件,北京

中研院近代史所图书馆馆藏资料,台北

《国民革命军第四路军战史》,湖南省档案馆藏,长沙

《蒋介石日记》,斯坦福大学胡佛研究所档案馆藏,美国

中文著作

《白崇禧先生访问记录》,贾廷诗等,台北,1989

《北伐后之各派思潮》,司马仙岛著,北平,鹰山社出版部,1930

《北洋军阀》,章伯锋主编,武汉出版社,1990

---

* 本书目所收为本卷所引的主要参考文献。中文和日文书目以书名汉字的音序排列,西文书目以作者姓氏字母顺序排列。

《北洋军阀史》,来新夏等著,天津,南开大学出版社,2001

《比较宪法》,王世杰、钱端升著,上海,商务印书馆,1937

《编遣实施会议之议决案》,中国国民党湖南省党务指导委员会宣传部,长沙,1929

《蔡廷锴自传》,哈尔滨,黑龙江人民出版社,1982

《蔡元培全集》,北京,中华书局,1988

《沧波文存》,台北,传记文学出版社,1983

《陈布雷回忆录》,台北,传记文学出版社,1967

《陈诚先生回忆录——北伐平乱》,台北"国史馆",2005

《陈诚先生回忆录——国共战争》,台北"国史馆",2005

《陈诚先生书信集——家书》,台北"国史馆",2006

《陈诚先生书信集——与蒋中正先生往来函电》,台北"国史馆",2007

《陈独秀著作选》,任建树、张统模、吴信忠编,上海人民出版社,1993

《陈铭枢回忆录》,北京,中国文史出版社,1997

《成败之鉴》,陈立夫,台北,正中书局,1994

《程天固回忆录》,台北,龙文出版社,1993

《德国外交档案——1928 至 1938 年之中德关系》,郭恒钰、罗梅君主编,许琳菲、孙善豪译,台北中研院近代史所,1991

《邓小平军事文集》,北京,军事科学出版社、中央文献出版社,2004

《邓演达文集》,北京,人民出版社,1981

《东北易帜暨东北新建设国际学术研讨会论文集》,张德良等主编,香港,同泽出版社,1998

《东固·赣西南革命根据地史料选编》,中共江西省委党史研究室等编,北京,中央文献出版社,2007

《鄂豫皖革命根据地》,《鄂豫皖革命根据地》编委会编,郑州,河南人民出版社,1990

《鄂豫皖苏区革命历史文件汇集》,中央档案馆、湖北省档案馆、河南省档案馆、安徽省档案馆编,出版地不详,1986

《反蒋运动史》,中国青年军人社编,出版地不详,1934

《冯玉祥日记》,南京,江苏古籍出版社,1992

《冯玉祥军事要电汇编·军务》,民国史料编辑社,出版地不详,1933

《傅秉常先生访问记录》,沈云龙、谢文孙著,台北中研院近代史所,1993

《福建革命历史文件汇集》,中央档案馆、福建省档案馆编,福州,1984

《革命理论与革命工作》,胡汉民,上海,民智书局,1932

《革命文献》,台北,"中央文物供应社",1954—1989

《龚德柏回忆录》,台北,龙文出版社,1989

《管辖在华外国人实施条例案》,国民政府外交部编,南京,1931

《国民党政府政治制度档案史料选编》,中国第二历史档案馆编,合肥,安徽教育出版社,1994

《国民党新军阀混战史略》,张同新著,哈尔滨,黑龙江人民出版社,1982

《国民政府处理九一八事变之重要文献》,刘维开编,台北,近代中国出版社,1992

《国民政府军事委员会委员长南昌行营处理剿匪省份政治工作报告》,南昌行营,南昌,1934

《国民政府外交史》,洪钧培著,上海,华通书局,1930

《国民会议关系法规汇编》,国民会议选举总事务所编,南京,1931

《国民会议丛刊》,中国国民党浙江省执行委员会宣传部编,杭州,1931

《国民会议宣言决议案宣传集》,中国国民党中央执行委员会宣传部编,南京,1931

《寒风集》甲篇,陈公博著,上海,地方行政社,1945

《何应钦将军九五纪事长编》,何应钦将军九五纪事长编编辑委员会编,台北,黎明文化事业股份有限公司,1984

《红旗漫展出辕门——平江起义资料汇编》,中共平江县委党史办公室编,北京,中国文史出版社,1986

《胡汉民先生文集》,中国国民党中央党史委员会,台北,1978

《胡汉民先生遗稿》,"中华民国史料研究中心"编,台北,中华书局,1978

《胡汉民先生政论选编》,先导社,广州,1934

《湖南省政府政治报告》,湖南省政府秘书处,长沙,1931

《胡适的日记》,台北,远流出版公司,1990

《胡适来往书信选》,中国社会科学院近代史研究所编,北京,中华书局,1979

《胡适之先生年谱长编初稿》,胡颂平编,台北,联经出版公司,1984

《黄膺白先生年谱长编》,沈云龙编,台北,联经出版公司,1976

《回顾录》,邹鲁著,台北,三民书局,1976

《蒋廷黻回忆录》,台北,传记文学出版社,1979

《蒋中正总统档案·事略稿本》,台北"国史馆",2003—2007

《蒋作宾日记》,南京,江苏古籍出版社,1990

《江西革命历史文件汇集》,中央档案馆、江西省档案馆编,南昌,1986

《剿匪战史》,台北"国防部"史政编译局,1967

《济南五三惨案》,蒋永敬编,台北,正中书局,1978

《机变巧诈:两湖事变前后军系互动的分析》,陈进金著,台北,辅仁大学出版社,
    2007

《戢翼翘先生访问记录》,台北中研院近代史所,1985

《记者生涯五十年》,金雄白著,台北,跃升文化事业有限公司,1988

《今日之县政》,陈冰伯著,出版地不详,同文图书公司,1933

《抗战期间废除不平等条约史料》,林泉编,台北,正中书局,1983

《抗战前十年国家建设史研讨会论文集》,台北中研院近代史所,1985

《考试院工作报告》,国民政府考试院编,南京,1935

《苦笑录》,陈公博,香港大学亚洲研究中心,1979;北京,现代史料编刊社,1981

《联共(布)、共产国际与中国苏维埃运动(1927—1931)》,北京,中央文献出版社,
    2002

《廖仲恺集》,广东省社会科学院历史研究室编,北京,中华书局,1983

《立法院第一第二两周年立法工作概况》,立法院秘书处编,南京,1930

《李烈钧集》,北京,中华书局,1996

《李品仙回忆录》,台北,中外图书出版社,1975

《李宗仁回忆录》,香港,南粤出版社,1987

《刘航琛先生访问记录》,台北中研院近代史所,1990

《刘茂恩回忆录》,台北,学生书局,1996

《论所谓法西斯蒂》(胡汉民先生政论选辑),王养冲主编,广州,中兴学会,1935

《马超俊先生访问记录》,台北中研院近代史所,1992

《毛泽东军事文集》,北京,军事科学出版社、中央文献出版社,1993

《毛泽东年谱(1893—1949)》,北京,中共中央文献研究室编,中央文献出版社,
    2002

《毛泽东选集》,北京,人民出版社,1991

《闽西革命史文献资料》,中共龙岩地委党史资料征集领导小组编,福建,1981

《闽粤赣革命历史文件汇集》,北京,中央档案馆编,1984

《民国二十三年中国国民党年鉴》,中国国民党中央党史委员会编,南京,1935

《民国胡展堂先生汉民年谱》,蒋永敬编,台北,商务印书馆,1981

《民国史纪事本末》,魏宏运主编,沈阳,辽宁人民出版社,1999

《民国十五年以前之蒋介石先生》,毛思诚编,香港,龙门书局,1965

《民国阎伯川先生年谱长编初稿》,阎伯川先生纪念会编,台北,商务印书馆,1988

《民国政制史》,钱端升,上海书店,1989

《墨三九十自述》,顾祝同,台北"国防部"史政编译局,1981

《宁都起义》,北京,军事科学出版社,1999

《宁夏三马》,宁夏政协文史资料研究委员会主编,北京,中国文史出版社,1988

《内政年鉴》,内政部年鉴编纂委员会编,上海,商务印书馆,1936

《炮舰与海军陆战队——美国海军在中国(1925－1928)》,[美]伯纳德·科尔著、
　　高志凯等译,重庆出版社,1986

《彭德怀自述》,北京,人民出版社,1981

《齐世英先生访问记录》,台北中研院近代史所,1990

《全国财政会议汇编》,上海,商务印书馆,1928

《日本军国主义侵华资料长编——〈大本营陆军部〉摘译》上,日本防卫厅战史室编
　　纂,成都,四川人民出版社,1987

《邵元冲日记》,上海人民出版社,1990

《三民主义与中国政治》(胡汉民先生政论选辑),王养冲主编,广州,中兴学会,
　　1935

《石敬亭将军口述年谱》,台北中研院近代史所,1997

《四川军阀史料》,四川省文史研究馆编,成都,四川人民出版社,1987

《双照楼诗词稿》,汪兆铭著,上海,民信公司,1930

《苏俄在中国》,蒋中正著,台北,"中央文物供应社",1992

《苏联阴谋文证汇编(广东事项类)》,京师警察厅编,北京,1928

《苏维埃中国》,中国现代史资料编辑委员会,北京,1957

《孙哲生先生年谱》,孙哲生学术出版基金编,台北,正中书局,1990

《孙中山全集》,北京,中华书局,1981－1986

《万耀煌将军日记》,台北,湖北文献社,1978

《万耀煌先生访问记录》,台北中研院近代史所,1993

《汪精卫集》,上海,光明书局,1930

《汪精卫先生传》,雷鸣著,上海,政治月刊社,1944

《王若飞文集》,贵阳,贵州人民出版社,1996

《王子壮日记》,台北中研院近代史所,2001

《为什么讨伐蒋中正》,中国国民党广东省党部执行委员会宣传部编,广州,1931

《文史资料存稿选编》,全国政协文史资料委员会编,北京,中国文史出版社,2002

《我在蒋介石侍从室的日子》,张令澳著,台北,周知文化股份有限公司,1995

《我的回忆》,刘峙著,台北,文海出版社,1982

《五十回忆》,黄绍竑著,长沙,岳麓书社,1999

《吴铁城回忆录》,台北,三民书局,1968

《湘赣革命根据地》,湘赣革命根据地党史资料征集协作小组编,北京,中共党史资料出版社,1990

《湘鄂赣革命根据地文献资料》,湘鄂赣革命根据地文献资料编选组编,北京,人民出版社,1985

《湘鄂西革命历史文件汇集》,中央档案馆、湖北省档案馆、湖南省档案馆编,出版地不详,1985

《西南军阀史研究丛刊》第2辑,贵阳,贵州人民出版社,1983

《先总统蒋公全集》,张其昀主编,台北,中国文化大学,1984

《先总统蒋公思想言论总集》,秦孝仪主编,台北,中国国民党中央党史委员会,1984

《新疆五十年》,包尔汉著,北京,文史资料出版社,1984

《新疆风暴七十年》,张大军著,台北,兰溪出版社有限公司,1980

《新疆交涉员樊逆耀南篡杀始末》,石印本,出版地、时间不详

《兴国文史资料选辑》第3辑,兴国县政协文史资料研究委员会,出版地不详,1990

《熊哲明先生百年纪念文集》,北京,外语教学与研究出版社,1994

《徐永昌将军求己斋回忆录》,台北,传记文学出版社,1989

《徐永昌日记》,台北中研院近代史所,1990

《徐旭生西游日记》,中国学术团体协会西北科学考查团理事会,出版地不详,1930

《雪三文集》,李雪三著,北京,军事科学出版社,1995

《阎伯川先生感想录》,阎伯川先生纪念会编,台北,1997

《杨永泰先生言论集》,台北,文海出版社,1982

《杨增新在新疆》,李信成著,台北"国史馆",1993

《亦云回忆》,沈亦云著,台北,传记文学出版社,1971

《于达先生访问记录》,台北中研院近代史所,1989

《粤变资料汇编》,中国国民党广东省党务特派员办事处编,广州,1931

《张溥泉先生回忆录·日记》,台北,文海出版社,1977

《张学良年谱》,张友坤、钱进主编,北京,社会科学文献出版社,1996

《张学良文集》,周毅等主编,香港,同泽出版社,1999

《张学良评传》,司马桑敦著,台北,传记文学出版社,1989

《张学良的政治生涯——一位民族英雄的悲剧》,傅虹霖著,王海晨、胥波译,沈阳,
　　辽宁大学出版社,1992

《浙江之二五减租》,洪瑞坚著,南京,正中书局,1936

《镇江、当涂、和县实习调查日记》,陈少书著,台北,成文出版社,1977

《政坛回忆》,程思远著,南宁,广西人民出版社,1983

《中共中央文件选集》,中央档案馆编,北京,中共中央党校出版社,1991

《中国保甲制度》,闻钧天著,上海,商务印书馆,1933

《中国国民党第一、二次全国代表大会会议史料》,中国第二历史档案馆编,南京,
　　江苏古籍出版社,1986

《中国国民党历次代表大会及中央全会资料》,北京,光明日报出版社,1985

《中国国民党党务发展史料——组织工作》,中国国民党中央党史委员会,台北,1993

《中国国民党江西省党务统计报告》,中国国民党江西省执行委员会编,南昌,1934

《中国国民党中央执行委员会常务委员会会议录》,中国第二历史档案馆编,桂林,
　　广西师范大学出版社,2000

《中国人民解放军历史资料丛书·通信兵》,中国人民解放军历史资料丛书编审委
　　员会编,北京,解放军出版社,1995

《中国现代史料拾遗》,桂崇基著,台北,中华书局,1989

《中国政府》第1册,陈之迈著,上海,商务印书馆,1946

《中华民国史事日志》,郭廷以著,台北中研院近代史所,1984

《中华民国重要史料初编——对日抗战时期》绪编,秦孝仪主编,台北,中国国民党中央党史委员会,1981

《中华民国史档案资料汇编》第4、5辑,中国第二历史档案馆编,南京,江苏古籍出版社,1986、1994

《中华民国立法史》,谢振民著,上海,正中书局,1948

《中华民国外交史资料选编(1919—1931)》,程道德等编,北京大学出版社,1985

《中华民国训政时期约法》,上海,商务印书馆,1935

《中华文史资料文库》,全国政协文史资料委员会编,北京,中国文史出版社,1996

《中苏历史悬案的终结》,徐曰彪编,中共党史出版社,北京,2010

《中外旧约章汇编》第3册,王铁崖编,北京,三联书店,1962

《中央革命根据地史料选编》,江西省档案馆、中共江西省委党校党史教研室编,南昌,江西人民出版社,1982

《走到人民阵营的历史道路》,刘文辉著,北京,三联书店,1979

《朱德军事文选》,北京,解放军出版社,1997

《周恩来选集》,中共中央文献研究室编,北京,人民出版社,1980

《周佛海、陈公博回忆录合编》,香港,春秋出版社,1971

《邹鲁全集》,中山大学校友会编,台北,三民书局,1976

中文报刊

《大公报》,天津

《红色中华》,瑞金

《华字日报》,香港

《京报》,北平

《民国日报》,上海、汉口、广州

《人民日报》,福州

《申报》,上海

《盛京时报》,沈阳

《时事新报》,上海

《新晨报》,北平

《新闻报》,上海

《益世报》,北平

《中央日报》,上海、南京

《布尔什维克》,上海

《春秋》,香港

《档案与历史》,上海

《地方自治》,南京

《东方杂志》,上海

《独立评论》,北平

《汗血月刊》,南京

《革命评论》,南京

《国民政府公报》,南京

《国闻周报》,上海

《火炉》,红七军政治部

《军政旬刊》,南昌

《江西党史资料》,南昌

《近代史研究》,北京

《抗日战争研究》,北京

《立法专刊》,南京

《历史档案》,北京

《历史研究》,北京

《民国档案》,南京

《民友》,上海

《青年实话》,瑞金

《人事行政》,重庆

《三民主义月刊》,广州

《生活周刊》,上海

《市政半月刊》,南昌

《时代公论》,南京

《史学月刊》,开封

《外交部公报》,南京

《文史资料选辑》,全国及各省市

《西北史地》,西安

《西路军公报》,长沙

《新月》,上海

《银行周报》,上海

《云南省政府公报》,昆明

《浙江档案》,杭州

《中革军委总政治部通讯》,瑞金

《中央研究院近代史研究所集刊》,台北

《中央周报》,南京

《中央半月刊》,南京

《中央党务月刊》,南京

《中央导报》,南京

《传记文学》,台北

日文书目

《日本外交年表竝主要文書》,外务省編纂,東京,原書房,1985

《日本外交史》第 17、18 卷,鹿島平和研究所,東京,1973

《石原莞爾資料・国防論策篇》,角田順編,東京,原書房,1978

《外交五十年》,幣原喜重郎,東京,読売新聞社,1951

英文书目

Chan, F. Gilbert, ed., *China at the crossroads: Nationalists and Communists, 1927 - 1949*, Westview Press, Boulder, Colorado,1980

Chang Chin-sen, *The third force in China*, Bookman Associates, New York, 1952

Charles, Mclane, *Soviet Policy and the Chinese Communists 1931 - 1946*, Columbia

University Press, New York ,1958

Ch'i His-sheng, *Nationalist China at War: Military Defeats and Political Collapse, 1931 - 1945*, University of Michigan Press, Ann Arbor,1982

Ch'ien Tuan-sheng, *The government and politics of China, 1912 - 1949*, Harvard University Press, Cambridge, Massachusetts, 1950

Eastman, Lloyd E. , *The Abortive Revolution: China Under-Nationalist Rule, 1927 - 1937*, Harvard University Press, Cambridge, Massachusetts, 1974

Esherick J, ed. , *Remaking the Chinese City: Modernity and National Identity, 1900 - 1950*, University of Hawaii Press, Honolulu,2000

Fairbank, John K Fairbank, *Cambridge history of China.* Vol. 12,13: *Republican China 1912 - 1949*, Cambridge University Press, New York, 1983

Kirby, William C. , *Germany and Republican China*, Stanford University Press, Stanford, California,1984

Lary, Diana, *Region and nation: the Kwangsi clique in Chinese politics, 1925 - 1937*, Cambridge University Press, New York ,1974

Nathan, Andrew J. , *Peking Politics, 1918 - 1923 :Factionalism and the Failure of Constitutionalism*, University of California Press, Berkeley, California, 1976

Papers Relating to the Foreign Relations of the United States (FRUS), 1926, Vol. 1, 1929, Vol. 1, 2, Government Printing Office, Washington D. C. , 1941, 1943

Sheridan, James E. , *Chinese Warlord: The Career of Feng Yu-hsiang*, Stanford University Press, Stanford, California, 1966

Skinner, George William, ed. , *The city in late imperial China*, Stanford University Press, Stanford, California, 1977

So Wai-chor, *The Kuomintang Left in the National Revolution, 1924 - 1931*, Oxford University Press, Hong Kong, 1991

T'ang Leang-li, *The Inner History of the Chinese Revolution*, George Routledge and Son's, Ltd. London,1930

Thomson, James C. , *While China faced west; American reformers in Nationalist*

China, *1928 - 1937*, Harvard University Press, Cambridge, Massachusetts, 1969

Tien Hung-mao, *Government and Politics in kuomintang China 1927 -1937*, Stanford University Press, Stanford, California, 1972

Yeh Wen-hsin, *The Alienated Academy: Culture and Politics in Republican China*, *1919 - 1937*, Harvard University Press, Cambridge, Massachusetts, 1990

Young, Arthur N. , *China's nation-building effort*, *1927 - 1937*, the financial and economic record, Hoover Institution Press, Stanford, California,1971

人名索引 *

A

安俊才　315

B

白崇禧　9—23、46、48、50、55—56、59、
128、137—138、145、153、155、
252、256、258、260—263、265、
271、273—274、281—282、286、
303—305、309、325、333—334、
353—354、378、479、483、485、
492、551、566、568、578、593、
602

白国庆　46

白健生　见白崇禧

白瑞安（Briand）　174

白云梯　151、583

柏文蔚　340、498、551、566

班　禅　163

板垣征四郎　517

浜口雄幸　509—510

鲍观澄　15

鲍文樾　346

北一辉　517

币原喜重郎　503、509—511、518

博　古　见秦邦宪

布哈林（Н. И. Бухарин）　390

布里斯托（Mark L. Bristol）　176

布留赫尔（В. К. Блюхер）　220

C

蔡和森　391、398

蔡子民　见蔡元培

蔡廷锴　261、274、303—304、334—
335、414—415、419、422、438、
496—497、506

蔡元培　82、90—91、143、186、255、260—
261、463—464、475—476、
486、533、542—544、546—547、
550、552—554、559、561—562、

564、570、572

蔡运陞　212—213、222—225

曹世振　595

曹万顺　136、258—259、299—300

柴乔松　422

常荫槐　59—60

车鸣翼　355、360

陈　策　261、269—270、274、303、480、490、492、567、573、575—576

陈　诚　331、335—336、347、384、424—425、430—431、433、506

陈　融　492、578、601

陈　毅　376、381

陈　云　399

陈璧君　583、594

陈伯南　见陈济棠

陈布雷　456、475

陈昌浩　441

陈调元　9—10、13、19、144—145、266、295、308、313、318、328—329、332、449

陈公博　150、152、155—157、236—238、240—242、244、246、299、305、338—339、482、551、566、584、594、598

陈珪章　373

陈果夫　90、111、150、154—155、598、603

陈豪人　378—379

陈鸿文　364

陈济棠　121、261、269—270、273—274、282、302—305、309、329、334、379、427、476、478—480、482、484、486、488、490、492—493、495—498、544、546、550、567—568、570、573、575—580、593、599、601—602、614

陈继承　304、331

陈继善　9

陈剑如　480

陈炯明　488、495、556

陈立夫　107、156、292、369、459、465—466、473、475、477、594

陈铭枢　107、153、260—261、266、269—270、273、354、425、427、437—438、476、479、496—498、533、542—547、549—551、553、556、558—559、561、570—572、576、581—582、585—592、596、598—599、605、607、610、613—614

陈渠珍　303

陈少书　69

陈绍宽　138、268、271—272、598、614

陈书农　362

陈树人　492

陈维远　274

陈耀垣　492

陈友仁　228、230、489、493—494、502—503、551、573、576、587、594、

599、606、612－614

陈章甫　282

陈真如　见陈铭枢

陈中孚　534

陈琢如　277

程　潜　551、566

程汝怀　267、270－271

程天放　68

池峰城　422

重光葵　192、200、510－511、527－528

褚玉璞　9－11、19－20、28、44

床次竹二郎　180

D

大川周明　517

戴　戟　282、414－415、419

戴传贤　见戴季陶

戴季陶　35、90、107、141、150－151、155－
　　　156、215、242－243、455、461、
　　　465－466、475、477、523、525、
　　　564、589－590、596、598

戴愧生　565

戴天民　272

戴伟士（John K. Davis）168

德留蒙（E. Drummond）528

邓　英　411

邓宝珊　373

邓长庚　262

邓崇熙　320

邓飞黄　277

邓青阳　492

邓世增　261

邓锡侯　164、361－365、367－369、
　　　373－374

邓小平　378－380

邓演达　228－236、288、489、565

邓泽如　482－484、486、490、492、544、
　　　566、574－575、578、593、601

邓召荫　492

邓真德　478、480、482

邓子恢　376、387

丁　超　538

丁惟汾　140、150、155、237、456、464、
　　　596、598

董振堂　445

杜洛斯基　见托洛茨基

段德昌　376、442、449

段月泉　387

E

恩克巴图　565

F

樊筠青　6

樊崧甫　319、468

樊耀南　4－7

樊钟秀　14、326－327、333

范其光　207

范绍曾　361

范石生　273、275、282、315、329

范熙绩 14—16、20、332

范予遂 569

方本仁 12、14、27、46—47、51、55、262、295、343、345

方鼎英 31、258—259、266—267、270—272、279、295

方耀庭 见方本仁

方永昌 20

方振武 9、13、35、47、58—59、144、280、566

方志敏 376、381、387、389、393、396

芳泽谦吉 50、180—183、190—192

封赫鲁 305

鄢悌 302

冯焕章 见冯玉祥

冯钦哉 316

冯少山 131

冯轶裴 369

冯玉祥 2—3、6—9、17、24、31—32、58、83、90—91、128、132、137—138、140—147、153、177、182、186、213、220、226、244、252、255、264—266、274—278、280—295、305、317、319—320、324—327、330、332—333、337—338、341、347—348、370—374、387、437、444、453、498—500、503—506、542、550—552、566、590、594—596、605—606、614—615

冯治安 296

伏罗希洛夫(K. E. Ворошилов) 219

福田彦助 177

傅秉常 480、492、570

傅汝霖 480、506、534

傅作义 12、326—327、333、336、347、505

富双英 20

G

甘乃光 155、237、482、566

高斯(Clarence E. Gauss) 168

高桂滋 13、327

高纪毅 514

高敬亭 442

高凌百 462

高树勋 419、422、443

高维岳 59

高荫槐 349、352

高振邦 373

葛敬恩 144、505

公秉藩 414—416、419、421—422

龚浩 262

龚饮冰 379

古湘芹(勤) 见古应芬

古应芬 91、215、345、427、462、476—479、481—483、485—486、488、490、492、496—498、541、544、547、550、566、570、572—573、577、593

顾孟馀　105、150、152、155、237－238、482、566、568、571、580、583－584、594、598、605、610、613

顾墨三　见顾祝同

顾顺章　398

顾维钧　524－525、530－533、613

顾祝同　105、258、287、329、332－333、370、500－501、507、593、614

关树人　419、443

关素人　574

关玉衡　519

广田弘毅　537

郭　同　47

郭春涛　151、237、583

郭滴人　376

郭华宗　419、422

郭化若　429

郭汝栋　361－362

郭泰祺　167

H

韩德勤　332、417、439

韩复榘　14、266、276－277、280－281、284－288、307、309－314、317、320、329、332－336、345、443、498、500－501、506、526、592、606

韩光第　221

韩麟春　56

郝梦龄　419、422、435

何　键　252、254－255、266、268－271、273－275、282、300－301、304、317、326、333－334、382、408－411、488、507

何　廉　74

何成濬　12、26－27、31、37、46、57、107、215、219、222、262－263、265－266、277－278、287、291－292、294、297、311、314、328－329、333－334、343、488、606

何杰才　171

何敬之　见何应钦

何民魂　320

何千里　10－11、46－47

何香凝　150、237

何应钦　59、90、117、121、134、136、138、141－142、144、146、154、185、252－253、259、273、275－277、279－280、284、287、295、297、302、304－306、309、313、320、328－329、356、366、370、409、412、417－420、424－425、488、495、506、548、555－556、558、561－562、572、587、590、593、598、604－605、610－614

贺　昌　378

贺　龙　376、389、449

贺国光　144、271－272、278、280、287

贺耀组　177、272、294、335、520、592

亨贝克(Stanley K. Hornbeck) 195

亨德森(Arthur Henderson) 195

洪汉杰 416

洪兆麟 495

侯之担 355

胡 适 74—75、103、247、250—251、341

胡 瑛 350—352

胡汉民 64、77、82—90、93、96、99、107、140—141、148—153、155、164、173、196、207—208、215、224、240—241、257、305—306、311、322—323、420、427、451—464、472—485、487、489、496、527、547、549—550、552、555—557、559、563—564、566、571—579、581—583、586、588—591、593—595、597—605、608、610—612

胡若愚 349—353

胡逸民 374

胡毓坤 16—20、216

胡展堂 见胡汉民

胡竹笙 387

胡宗铎 257、263、267—268、270、272、283、309、313、339、506

胡宗南 332、335

胡祖玉 332、412、419、423

荒木贞夫 532

黄 道 376、389

黄 郛 170—171、175—176、473、478、560、586、592

黄 平 399

黄 权 303

黄 隐 362

黄道彬 352、358

黄公度 492

黄公略 377—378、387

黄汉梁 598、604、607—608、614

黄汉瑞 244

黄季陆 481、492、496

黄慕松 565

黄少谷 569

黄绍竑 260—261、270、273—274、282、303—305、309、325、334、507、550、566

黄显声 535

黄旭初 281—282、492、574、578

黄镇球 301

黄中岳 445

J

吉鸿昌 326、331—333、347、370、437、498、503

吉田伊三郎 531

汲金纯 18、20

戢翼翘 45

季 方 228、231

季振同 445、450

加拉罕(Л. М. Карахан) 204、213、537

贾景德　344、564、578

江国璠　355

蒋伯诚　592

蒋鼎文　258、315—316、333、335、424—425、438—439、506

蒋光鼐　261、269—270、305、332、334—336、413—414、496—497

蒋介石　1、9—10、12—14、20—28、30—32、34—37、40—59、61、63—65、76—77、82—83、90—91、95—96、106、110—113、116—118、121、126、128—130、132、134—136、138—157、164、166—169、175—178、180、182—183、188、191、193、201—204、206、208、212—214、216—221、224、229、236—238、242、252—253、255—261、263、265、267—269、271—284、286—338、340、343—349、351—352、354—357、359—362、364—366、369—370、373—376、379、382—383、385、387、397、408—410、412—421、424—434、436—438、440—442、444—445、447—449、451—465、469—470、472—481、484—492、495—497、499—502、504—505、507—508、510、514、516、521、523—528、530、532—533、535—536、539—550、552—553、555—557、559、562—566、569—573、575—577、579—582、584—595、597—598、600、602—603、605—607、609—615

蒋梦麟　91

蒋廷黼　74

蒋雨岩　见蒋作宾

蒋在珍　355、360

蒋中正　见蒋介石

蒋作宾　25、27、29、202、211—212、216—220、264、503、613

金鼎臣　39—40

金汉鼎　332、335、382—383、385—386、444

金利三　518

金树仁　4—9

金问泗　171

经亨颐　574

居　正　155、534、596、598、604—605、613

瞿秋白　389、391

K

凯洛格（Frank B. Kellogg）　173—174、187、195

康　生　399

柯立芝（J. C. Coolidge）　178

克宁翰（E. S. Cunningham）　171

孔　庚　271—272、324

孔　明　461

孔　子　461

孔繁蔚　22、25—26、31

孔祥熙　91、306、464、470、480—481、
611

孔昭焱　47

库库林（Кукунин）　222

L

赖心辉　270、361—363

蓝普森（Miles W. Lampson）　169、
172、188—189、195—196

雷经天　380

雷中田　370—375、503—504

冷熏南　367—368

李　杜　538

李　顿（Victor Alexander George Rob-
ert Lytton）　531

李　溶　4—5、9

李　燊　352—353、356—358

李　忻　320

李抱冰　303

李超时　398

李朝芳　270

李朝杰　370

李德辉　264

李德邻　见李宗仁

李德全　291

李汉魂　499

李纪才　279、280

李际春　529

李济深　90、137—138、140、142、146、
155、252、255—258、260—
261、286、317、551、566、575—
576、605

李家钰　362、364—365、367—368

李立三　379、391、409

李烈钧　6、31、89、129、590、615

李明瑞　220、254、263—264、268、270、
282、301—304、334、378—380

李明志　280

李鸣钟　313

李品仙　14—16、19、262—263、492、
502

李任潮　见李济深

李韶九　387

李石曾　82、202、261、343、345、457、463—
464、475—476、486、489、501、
541、549、551、553、556、581、
586、589

李寿庸　237

李书城　291

李惕乾　103

李维诺夫（М. М. Литвинов）　202、
218、224、537

李文范　477、479、482、490、492—493、
543、545、550、554、570、572、
575、587、595、598、605

李锡九　320

李选廷　349

李扬敬　281－282、304、493、495、502、
　　　　574、578、593

李月峰　416

李云杰　332、360

李韫珩　345

李振唐　19－20

李仲公　270、359

李竹声　399

李宗仁　22－24、31－32、83、90、121、
　　　　128、133、136、138、140、142－
　　　　143、145－147、155、186、226、
　　　　251－252、254－258、260、264－
　　　　266、271、273－274、281、283、
　　　　286、303－309、325、326、333－
　　　　334、350、353、378、408、479、
　　　　483、485、490、492－493、502、
　　　　506－507、544、550－551、
　　　　559、566、568、574、576、578、
　　　　583、593、596、605、614

厉式鼎　441

梁朝玑　282、305

梁冠英　347

梁寒操　480、483、492、578

梁汝舟　344

梁忠甲　221

廖　磊　14、262－263、492

廖武郎　270

林　彪　438、449－450

林　虎　495

林　森　90、96、107、153、155、157、463、
　　　　483－484、490、564、591、596、
　　　　614

林　蔚　416

林久治郎　30、36、38、42－43、53－54、
　　　　518、520

林权助　43、45、47

林瑞笙　443

林翼中　479、492、578、601

林云陔　490、567

林植夫　466

林祖涵　171

刘　光　34、37－38

刘　骥　325

刘　湘　164、270－272、357、360－369

刘　兴　297、316－317

刘　哲　43

刘　峙　107、258－259、266、271－272、
　　　　278、280－281、287、295－296、
　　　　298－300、314－316、318、328－
　　　　332、335、382、500－502、603、
　　　　606

刘成勋　363

刘春霖　296

刘春荣　16、346

刘纯一　466

刘存厚　362、365、367－368

刘风竹　54

刘甫澄　见刘湘

刘桂堂　144、320、333

刘和鼎　330、413、417、423

刘黑七 296

刘纪文 134、480、492

刘建绪 269、273

刘芦隐 464、596、598

刘茂恩 298、331—332

刘乃藩 15

刘汝明 296、298、347

刘瑞恒 598

刘尚清 47、346

刘少奇 399

刘士奇 387

刘士毅 383

刘守中 598

刘叔模 570

刘维炽 506

刘文岛 262、271

刘文辉 164、264—265、311、326、350—352、360—369

刘文龙 2、4、8—9

刘熙众 320

刘耀扬 331

刘郁芬 3、8、277、286、294—295、325、327

刘煜生 105

刘珍年 144、320、526

刘振邦 20

刘震寰 565

刘镇华 14、111、265、280、283、288、295—296、308、318

刘正富 352

刘志丹 376

刘志陆 144

刘自乾 见刘文辉

龙　鼎 244

龙　云 269—270、273—274、278、348—355、358—359

卢　汉 270、349—350、354—355

卢　梭（Jean-Jacques Rousseau） 248

卢福坦 399

卢兴邦 144、327、417

鲁大昌 373

鲁涤平 105、110、252—254、256、271、286、317、382、387、408、410、413—417、488、592

鲁效祖 9

鹿钟麟 24—25、138、276—278、294、319、324、325、326、566

路孝忱 419

路友于 237

吕　超 272

吕焕炎 270、281—282、302—305

吕荣寰 46、205—206、223—224

罗　霖 268、413、419

罗炳辉 450

罗藩瀛 273

罗家伦 177

罗隆基 247—251

罗明纳兹（В. В. Ломинадзе） 389

罗绮园 398

罗文幹 47、55、341、598、613—614

罗泽洲　362、364—365、367—369

罗卓英　430、432

洛　甫　见张闻天

M

马　昆　414、419、446—448

马　麟　369、371—372、374、504

马　谡　461

马步芳　369、371—372、504

马超俊　475、480 — 481、567、573 —
　　　　574、578、583、593、605

马福祥　8—9、313、371、374

马鸿宾　369—374、503—504

马鸿逵　111、288、312、314、317、329、
　　　　332、335、369、374

马慕瑞（John Van Antwerp MacMur-
　　　　ray）171、187

马文车　369—375、504

马洗凡　237

马占山　535—538

麦朝枢　480

麦焕章　320、492

毛邦初　610

毛炳文　266、332、413—414、419、435

毛光翔　351—353、355、358—360

毛泽东　380 — 383、387 — 388、392 —
　　　　394、396、398、402、409—412、
　　　　414、416 — 417、419、421 —
　　　　422、426、428 — 429、431 —
　　　　435、439—440、446—448、450

茅祖权　339—340

梅　兹（Sir Frederick William Maze）
　　　　201

梅里尼可夫（Б. Н. Мельников）212

梅哲之　237

门炳岳　268、271、315

孟　坤　349—350、352—353

孟　子　161

米　夫（П. А. Миф）398

米春霖　31

敏珠尔哈图克图　569

缪定保　55

缪培南　258、279

莫德惠　57—58、225—226、346

木村锐市　514

N

南次郎　520

聂　耳　163

聂嘉夫　222

聂荣臻　438、449

钮永建　27—29

O

欧阳驹　489

P

潘公展　565

潘文华　368

潘宜之　267、272

潘云超　151、237

潘忠汝　389

庞炳勋　296、326、331—333、346—347、508

彭德怀　377—378、381—383、387—389、408—409、411、431—432、442、446、450

彭汉章　356

Q

漆　英　31

齐　叙　105

钱昌照　592

钱承德　11

钱大钧　135、280、287、335、408

钱慕尹　见钱大钧

秦邦宪　399

覃　振　338、339、480、506、573、596、612

邱　文　270

犬养毅　183、532、534—535

R

任应岐　144、320、327

荣　臻　346、520、522、535

阮　勋　332

阮德炳　351

阮肇昌　332

若槻礼次郎　529、532

S

山本条太郎　54、511

商　震　13、22、294、325、347、437、468、500—501、505

上官云相　332、419、432、435

少正卯　461

邵力子　32、34、109、265—266、283、374—375、464、551、561、586、587、592

邵式平　376、381、389

邵元冲　463—464、472、486、523、525、551、600、611

沈鸿烈　346

沈君怡　560

沈松林　163

沈泽民　441

施存统　237、239—240

施肇基　174、195、528

石汉章　见石友三

石敬亭　145、294、296、324

石青阳　598

石友三　280、287—288、308—313、315—317、320、326—327、329—332、369、436、443、498—503

史丹林　见斯大林

史汀生（Henry L. Stimson）　528

矢田七太郎　180、191

矢野真　530

司马桑敦　47

斯大林（И. В. Сталин）　215、219、559

松井石根　180

宋美龄　327

宋庆龄　157、228、230、504

宋渊源　107

宋哲元　277、295－297、324－326、
331、337、347、498－500、508、
566

宋子文　91、131、142、187、191－192、
263、267、276、295、306、310、
343、345、386、480、500、507、
510、518、527、551、568、570、
580、599、603、607、613－614

孙　楚　314－315、318、326、331、437

孙　渡　352

孙　科　83、86、90－91、100、107、140、
148、155、207、225、267、453、
464－465、475、478－483、485－
486、489－490、492、494－
495、498、502、534、541－544、
546、549－550、552、561、563、
566－567、570－572、574－
578、581－582、585－589、593－
596、598－603、605－613

孙长胜　16

孙传芳　22、28、44、47

孙大章　331

孙殿英　320、326－327、330－331、
336、346、499、502

孙鹤皋　47

孙连仲　296、326、332、412、417、419、
422、443－444、503

孙良诚　277－278、286、295－297、
324、326、331－332

孙桐萱　335

孙蔚如　374－375

孙逸仙　见孙中山

孙哲生　见孙科

孙中山　33、62、74、79－82、84、87、98、
106、116－117、121－122、128、
138、151、157－158、160－164、
183、201、228、230－232、234－
236、238、244、246、250、339－
340、451、453－454、458、467、
469、473－474、478、495

T

谭道源　253－254、257、271－272、
279、304、412－414、416－417

谭克敏　370

谭平山　228

谭延闿　22、32、49、83、90、94、136、140、
142、154－155、177－178、
186、224、311、322－323、462、
598

谭组庵　见谭延闿

汤阁丞　见汤玉麟

汤玉麟　36、39－40、48、57－58、60、
345－346

唐　澍　376

唐继麟 350

唐继尧 348—350

唐继虞 349—350

唐孟潇 见唐生智

唐绍仪 340、490、492、494、550、570、578、587、593

唐生智 220、260、262—263、277、287、291、295、297、302、305—306、308—319、356、360、364、387、438、441、492、502、550、571、584、598、604、614

唐式遵 272、279、367—368

陶钧 263、268、270、272

滕代远 377—378、381、388—389、411

田桐 35

田代重德 517

田金凯 296

田颂尧 164、362—365、367—369

田中义一 30、36、38、41—43、45、53—54、57、175—176、180—181、190—191、509、516

童冠贤 237

头山满 183

屠文沛 4

土肥原贤二 504

托洛茨基（Л. Д. Троцкий） 559

W

万福麟 17、39、59—60、346

万选才 320、326—327、330—331

万耀煌 309、468

汪精卫 105、117、148、150—152、155、164、169、226、236—238、244—246、299—303、309、311、319、325、339—341、343、347、480—484、490、492、497、499、501—502、541、543—547、549—552、561—574、576—577、579—589、594—595、597—598、601—605、610—614

汪兆铭 见汪精卫

王均 314—315、336

王明 398

王琦 9、20

王太 327

王葆真 506

王伯群 91、132、356、359、456

王宠惠 90、196、200、322—323、464、480、489

王恩贵 20

王尔琢 381

王法勤 150—151、237、338、340、498、506、583

王冠英 421—422

王季绪 560

王家烈 355—356、358—360

王家桢 515

王捷俊 416

王金钰 314—315、333、417—419、421—422

王荩仁　399

王昆仑　480、492

王乐平　151、237

王亮畴　见王宠惠

王懋功　506、580、584

王乃昌　35

王庆龙　422

王绍文　320

王世和　463

王世杰　470

王树常　19、216、346、500

王树翰　31、33—34、40、56、345

王天培　356

王廷翰　370

王以哲　535

王毅民　449

王尹西　105

王应榆　281—282

王芸生　198

王缵绪　367

王泽民　50

王正廷　91、105、172、178、180—182、
184、187—190、192、194—196、
199—200、204—206、209—
211、214—221、223—225、
276、311、511、523、526、598、
613

王之佐　9

危宿钟　268、271

韦拔群　380、389

韦云淞　354

卫立煌　424—425

魏道明　105、468

魏凤楼　347

魏书香　277、281

魏益三　16

闻承烈　320

闻一多　163

吴　尚　269、273

吴光治　389

吴佩孚　361、373—375、556

吴奇伟　502、580

吴尚鹰　492

吴思豫　462

吴泰来　29

吴铁城　269、302、312、314、321、343、
345、456、466、480、485—486、
541、549、605、608—610、
612—613

吴行光　361

吴醒亚　468

吴稚晖　82、107、128、142、202、252、
261、306、322、457、461、463—
464、475、481、486—487、489、
506、523、534、549、556—557、
567、569、586、588—590

吴忠信　22、109

吴子玉　见吴佩孚

伍朝枢　107—108、167—168、170、
184、187、195、211、481、543、

550—551、554、576、578、587、593、595—596

伍廷飏 270

武和轩 569

武庭麟 332

X

西门诺夫斯基（Семеновский） 223—225

熙洽 535、538

夏威 253—254、263—264、267—268、270、272—273

夏斗寅 258、271、279、315、335、360、468

夏首勋 367

夏维崧 204、208

香翰屏 274、281—282、303—305、417、482、493、495—497、502、578

向传义 362

向忠发 391、398

项英 391、398

项雄霄 144

萧佛成 105、483、490、492、495、544、574—576、578、593、601—602

萧希贤 444

小矶国昭 520

谢持 155、338—340、498、508

谢珂 536

谢文炳 144

谢子长 376

邢士廉 27—29、31、44—45、48、53、56

熊斌 293

熊式辉 177、274、309、313、424、447、526、587、592

熊正平 535

徐谦 4、9、288、565

徐承熙 11、19

徐景唐 274、506

徐朋云 332

徐声钰 276

徐世昌 514

徐向前 389、441

徐旭生 6

徐永昌 13—16、293—294、326—327、338、347、500、504—505、595

徐源泉 144、268、314—315、333、449—450

徐之赞 3

徐祖贻 31、40

许琨 9

许崇智 340、483、489—490、492、534、567

许克祥 282、413、416、419

许锡清 570

许孝炎 237

许宗武 305

萱野长知 534

薛岳 103、301

薛笃弼 91、294、344

Y

严　重　231

阎百川　见阎锡山

阎锡山　2、22、26－27、29、32、34、59、
　　　　83、90－91、128、132、136－
　　　　138、140、142－143、145－
　　　　147、217、222、226、244、246、
　　　　253、264－265、276、281、289－
　　　　295、297、305、309、312、314－
　　　　328、330、332－333、337－
　　　　341、343－348、374、437、453、
　　　　499、504－506、542、545、551－
　　　　552、564、566、573、576、579、
　　　　582－583、589、594－596、614－
　　　　615

阎毓善　4、9

杨　虎　201

杨　杰　12、19、297、311－314、316

杨　森　164、357、360－362、364－
　　　　366、368－369

杨爱源　314、347、437、501、578、595

杨畅卿　见杨永泰

杨光华　442

杨虎城　288、315－317、329、347、372－
　　　　375、468

杨绩荪　262

杨匏安　398

杨如轩　381

杨胜治　335

杨树庄　90、140、142、598

杨腾辉　254、263－264、268、270、282、
　　　　302－303、305

杨希闵　565

杨效欧　326、331

杨杏佛　131

杨永泰　111、366、473、478、483、507、
　　　　551、574、576、581

杨宇霆　17、19－20、22、25、27、29、44、
　　　　47、55－56

杨增新　1－8

姚　钰　20

姚褆昌　574

叶　举　495

叶　琪　14、55－56、253－254、256－
　　　　258、267－268、270

叶楚伧　155、463－464、467－468、
　　　　475、565、598、605

叶恭绰　598

易培基　91

尹承纲　270

尹扶一　22

犹国材　355、357－360

于　珍　27、29

于能模　531

于世铭　9、20

于学忠　18、20、346、500、533

于右任　22、91、140、153、155、373、456、
　　　　464、466、551、561、564、585、
　　　　596、598、602、604－606

于芷山 45

余 鹏 569

余汉谋 303－305、482、493、495、502、578、593

俞作柏 220、260、282、299－304、378－379

俞作豫 304、380

虞洽卿 131

袁 良 105、171

袁德生 442

袁金铠 47

袁世凯 1－2、81、512

袁文才 387

袁振青 9、20

袁祖铭 356

岳维峻 144、440

恽代英 398

Z

臧式毅 346、522

曾 山 387

曾扩情 164－165、366

曾养甫 79

曾仲鸣 576、580、601

翟文选 59－60

张 璧 529

张 冲 350、352、354－355

张 弧 34、38

张 继 90、155、429、456、466、506、510、541－543、550、552－554、559、562、570、596、605、609、611、613

张 骏 20

张 群 51、57、109－110、176、180、191、262、265、343、366、368、455－456、461、468、473、500、510、518、608－610

张 文 506

张 贞 144、330、385、413、417、449－450

张伯伦（Arthur Neville Chamberlain）169、173

张鼎丞 376

张发奎 220、266－267、271－272、287、299－306、308－309、311、316－325、333－334、353、387、408、479、483、485、492、497、502、550、571－572、578、580－581、584

张凤春 350、352、354

张辅丞 见张作相

张国焘 391、398

张海鹏 536－537

张汉卿 见张学良

张辉瓒 412－416

张惠长 480、492、567、573、575－576、578、601

张景惠 40、205－206、345－346、538

张静江 82、96、107、128、177、202、261、475、481、486、489、523、549、

　　　　　551、553、586、605－606、611、
　　　　　613

张静愚　267

张开琎　408

张难先　109、468

张品哲　31

张其宽　55

张企留　569

张启龙　442

张人杰　见张静江

张人杰(西北军)　347

张汝骥　349－353

张寿镛　292

张同礼　34、38

张维玺　296、326

张文白　见张治中

张闻天　399

张向华　见张发奎

张叙五　见张景惠

张学良　1、10－14、16－19、21－25、27－
　　　　　60、90、142、180、203－209、212－
　　　　　217、220－223、225、264－
　　　　　265、293、312、314、326、338、
　　　　　341、343－348、374、453、481、
　　　　　500－501、504－505、507－
　　　　　508、512、514－517、519、522、
　　　　　523、525－526、528－529、
　　　　　531、533－536、579、581、591、
　　　　　593、615

张义纯　270

张荫梧　13、326、333

张与仁　443

张岳军　见张群

张云逸　304、378－380、389

张允荣　281

张正地　4

张之江　135、313

张知本　569

张治中　295、332、335、603－604

张自忠　332

张宗昌　9－12、16－20、44、262

张作霖　18、21－25、28、40、43、203、
　　　　　511－512、516

张作相　22、29、39－40、59－60、212－
　　　　　213、225、345－346、500、550

章伯钧　228

赵博生　443、445

赵戴文　91、312、314、327－328、340、
　　　　　595

赵登禹　347

赵观涛　332、425、468

赵森川　3

赵丕廉　338、583

哲布尊丹巴　2

郑　谦　47

郑大伟　12

郑大章　13、16

郑介民　264

郑俊彦　144

中村震太郎　519－520、522

钟少梅 46

钟天心 480

周 斓 269、273

周 磊 468

周 磐 377

周恩来 391、399

周凤歧 320

周鲠生 341

周龙光 180、219

周伟黄 416

周西成 270、273、350—359

周一志 480

周逸群 376、389、442

周震鳞 35

周志群 417

周钟岳 350

周作民 466

朱 德 376、381—383、387—388、393、410—411、414、419、421、431—432、434—435、450

朱 旭 349—350、352、354—355

朱 志 416

朱光沐 47

朱霁青 89、151、237、534

朱家骅 79、598

朱履龢 105

朱培德 144、259、266、278、287、306、312、382、440、456、525、561、570、598、605—606、614

朱绍良 111、258—259、270—272、278—279、287、303、305、330、332、412—413、417、419—420、425、430、447、603

朱绍阳 207

朱武彝 262

朱益之 见朱培德

祝祥本 20

邹 鲁 155、320、338—339、341、480、482、492、498、506、508、550、588、594—596、605

佐分利贞男 510